Z 35799

Paris
1862

Goethe, Johann Wolfgang von

Ouevres complètes

Tome 8

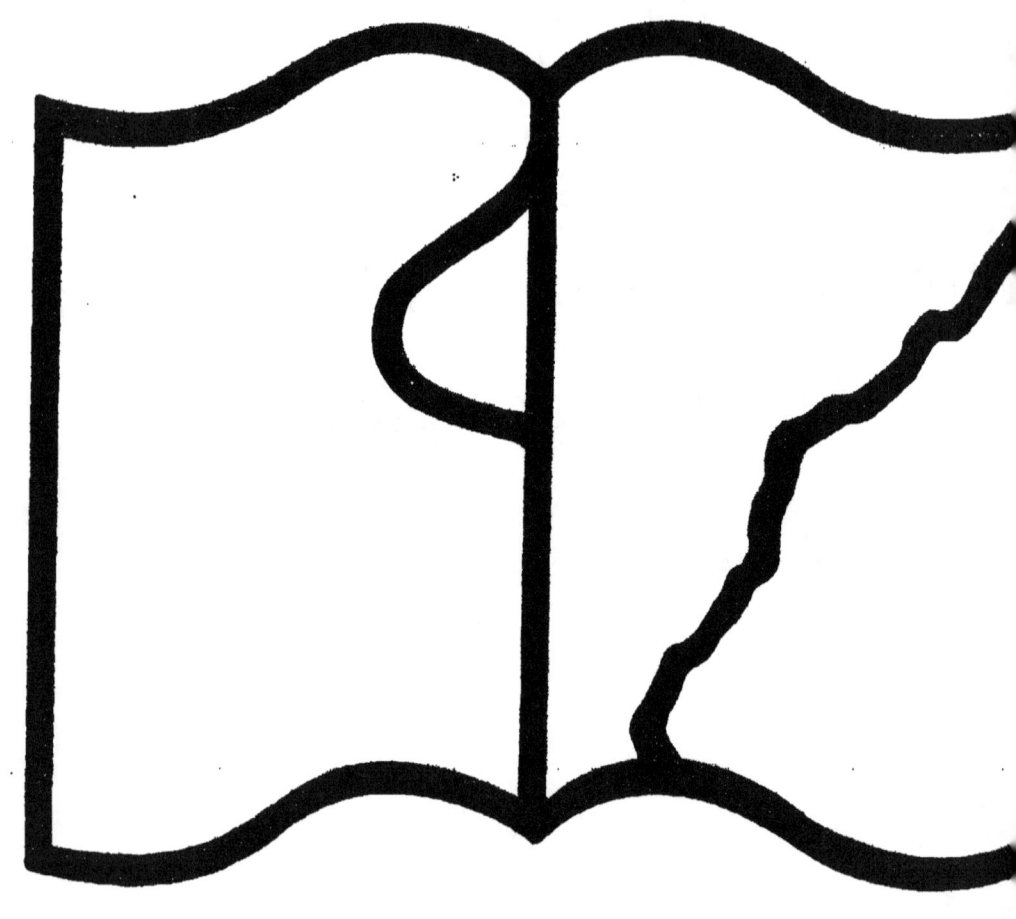

Symbole applicable
pour tout, ou partie
des documents microfilmés

Texte détérioré — reliure défectueuse

NF Z 43-120-11

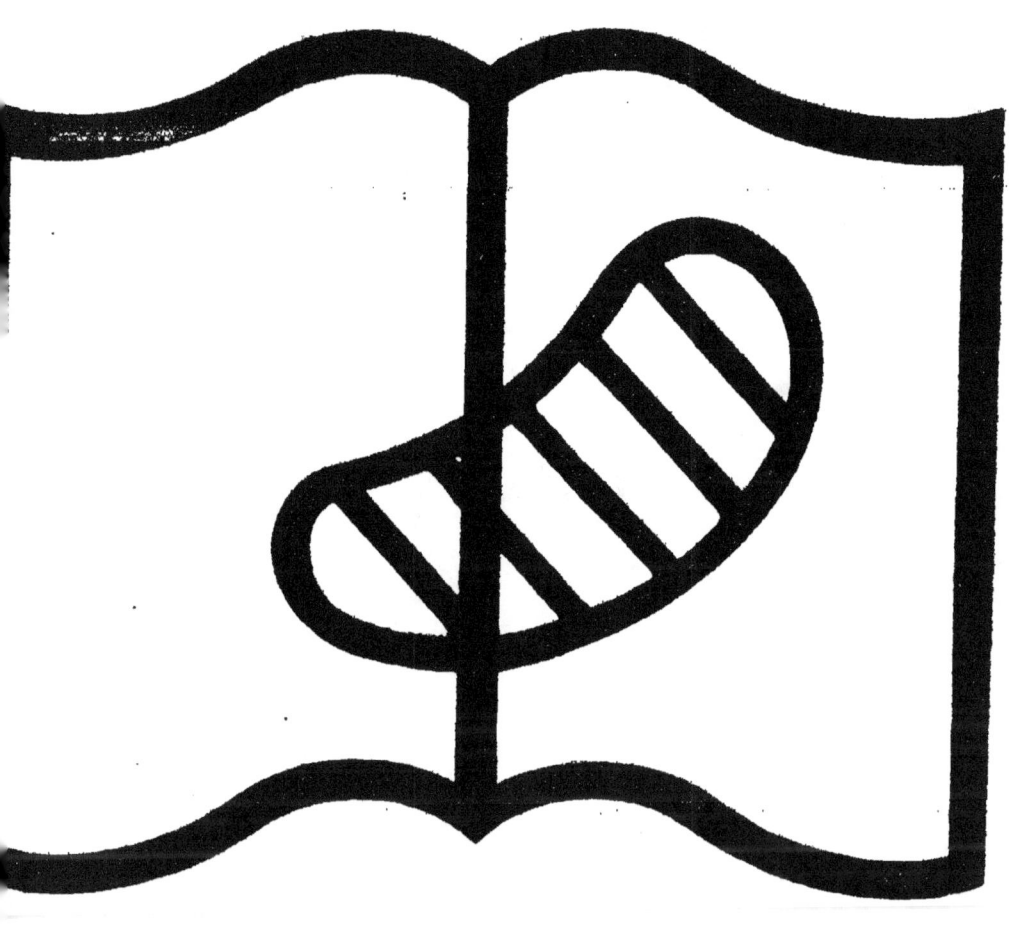

Symbole applicable
pour tout, ou partie
des documents microfilmés

Original illisible

NF Z 43-120-10

ŒUVRES

DE GOETHE

VIII

PARIS. — IMPRIMERIE DE CH. LAHURE ET Cⁱᵉ
Rues de Fleurus, 9, et de l'Ouest, 21

MÉMOIRES

DE GOETHE

TRADUCTION NOUVELLE

PAR JACQUES PORCHAT

PARIS
LIBRAIRIE DE L. HACHETTE ET Cie
RUE PIERRE-SARRAZIN, N° 14

1862

MÉMOIRES.

VÉRITÉ ET POÉSIE.

PREMIÈRE PARTIE.

L'homme qui n'est pas éprouvé ne s'instruit pas.

Comme avant-propos du présent travail, qui en a peut-être besoin plus qu'un autre, je vais reproduire la lettre par laquelle un ami m'a déterminé à une entreprise toujours délicate.

« Nous possédons maintenant, cher ami, les douze volumes de vos œuvres poétiques, et, en les parcourant, nous trouvons du connu et de l'inconnu; ce recueil fait même revivre bien des choses oubliées. On ne peut s'empêcher de regarder comme un tout ces douze volumes, que l'on a sous les yeux dans un même format, et l'on voudrait se tracer, d'après eux, une image de l'auteur et de son talent. Or, il ne faut pas nier que, si l'on considère l'ardeur avec laquelle il a commencé sa carrière littéraire, et le long temps qui s'est écoulé depuis, une douzaine de petits volumes ne doive sembler trop peu de chose. On ne saurait non plus se dissimuler, en considérant à part chaque ouvrage, que, le plus souvent, des occasions particulières les ont fait naître, et qu'ils reflètent aussi bien certains objets extérieurs que des degrés marquants de développement intérieur, tout comme on y voit prédominer certaines maximes, certaines convictions morales et esthétiques temporaires. Mais, en somme, ces productions restent toujours incohérentes; souvent même on aurait peine à croire qu'elles soient émanées du même auteur.

« Cependant vos amis n'ont pas renoncé aux recherches, et, plus familiarisés avec votre manière de vivre et de penser, ils s'efforcent de deviner mainte énigme, de résoudre maint problème; une ancienne affection et des relations qui datent de loin leur font même trouver quelque charme dans les difficultés qu'ils rencontrent. Cependant nous ne serions pas fâchés d'obtenir çà et là un secours que vous ne pouvez, ce me semble, refuser à notre amitié.

« Avant tout, nous vous demanderons de vouloir bien nous présenter dans un ordre chronologique vos poésies, qui sont rangées, dans la nouvelle édition, d'après certains rapports intimes, et de nous révéler, dans un enchaînement déterminé, les circonstances et les sentiments qui vous les ont inspirées, les exemples qui ont agi sur vous, enfin les principes théoriques que vous avez suivis. Si vous prenez cette peine pour quelques amis, il en résultera peut-être une chose utile et agréable pour un monde plus étendu. Un auteur, fût-il arrivé à la plus grande vieillesse, ne doit pas renoncer à l'avantage de s'entretenir, même de loin, avec les personnes qui se sont attachées à lui; et, s'il n'est pas donné à chacun de se signaler encore, à un certain âge, par des productions inattendues et d'un effet puissant, à l'époque où les connaissances deviennent plus complètes, où l'on a de soi-même une conscience plus claire, ce lui serait une occupation très-propre à l'intéresser et à lui rendre une vie nouvelle, de reprendre comme sujet d'étude ses anciennes productions, et d'en faire un travail définitif, qui serait un nouveau moyen de culture pour les personnes formées autrefois avec l'artiste et par son influence. »

Ce vœu, exprimé d'une manière si amicale, éveilla immédiatement chez moi le désir de m'y conformer. Car, si, dans nos jeunes années, nous suivons avec ardeur notre propre voie, et si, pour ne pas être déroutés, nous repoussons avec impatience les demandes qu'on nous adresse, c'est, dans l'âge avancé, une chose infiniment heureuse pour nous, qu'en nous témoignant quelque intérêt, on veuille bien nous stimuler et nous décider amicalement à déployer une activité nouvelle. J'entrepris donc sur-le-champ le travail préalable de noter et de classer, selon les années, les grands et les petits poëmes de mes douze volumes. Je cherchai à me rappeler les temps et les circonstances qui les avaient fait naître. Mais la chose me fut bientôt plus difficile, parce que des notices et des explications détaillées devenaient nécessaires pour combler les lacunes dans ce qui était déjà publié; car, d'abord, tous mes premiers essais me manquent, ainsi que bien des choses commencées et inachevées, et même la forme de plusieurs ouvrages achevés a complétement disparu, parce que je les ai entièrement remaniés et refondus dans la suite. En outre, j'avais encore à mentionner mes travaux dans les sciences et les autres arts, et ce que j'avais fait en particulier ou ce que j'avais publié, soit à moi seul, soit en société avec des amis, dans ces branches d'études en apparence étrangères.

Tous ces détails, je désirais les intercaler peu à peu, pour la satisfaction de mes bienveillants instigateurs; mais ces efforts et ces méditations m'entraînaient toujours plus loin. En effet, comme je désirais satisfaire leur demande très-bien pesée, et que je m'efforçais d'exposer avec ordre les impulsions intérieures, les influences extérieures, les degrés que j'avais franchis dans la théorie et la pratique, je fus poussé, hors du cercle étroit de ma vie privée, dans le vaste monde; les figures de cent personnages marquants, qui avaient exercé sur moi une action plus ou moins prochaine ou éloignée, se présentèrent devant mes yeux; enfin, les immenses mouvements de la politique générale, qui ont eu sur moi, comme sur tous mes contemporains, la plus grande influence, appelaient mon attention d'une façon toute particulière; car la tâche principale de la biographie est, semble-t-il, de décrire et de montrer l'homme dans ses relations avec l'époque, jusqu'à quel point l'ensemble le contrarie ou le favorise, quelles idées il se forme, en conséquence, sur le monde et l'humanité, et, s'il est artiste, poëte, écrivain, comment il les réfléchit. Mais cela exige une chose presque impossible, savoir, que l'homme connaisse et lui et son siècle; lui, jusqu'à quel point il est resté le même dans toutes les circonstances; le siècle, en tant qu'il nous entraîne avec lui bon gré mal gré, nous détermine et nous façonne, de telle sorte qu'on peut dire que tout homme, s'il fût né seulement dix ans plus tôt ou plus tard, aurait été tout autre qu'il n'est, pour ce qui regarde sa propre culture et l'action qu'il exerce au dehors.

C'est dans cette voie, c'est de méditations et de tentatives pareilles, de souvenirs et de réflexions semblables, que s'est formé le tableau qu'on présente ici, et c'est en partant du point de vue de son origine qu'on pourra le mieux en jouir, en profiter et en porter le jugement le plus équitable. Ce qu'il y a peut-être à dire encore, particulièrement sur la forme demi-poétique, demi-historique, l'occasion d'en parler se trouvera sans doute plus d'une fois dans le cours du récit.

LIVRE PREMIER.

Le 28 août 1749, au coup de midi, je vins au monde à Francfort-sur-le-Mein. La constellation était heureuse; le soleil était dans le signe de la Vierge et à son point culminant pour ce jour-là; Jupiter et Vénus le regardaient amicalement et Mercure sans hostilité; Saturne et Mars demeuraient indifférents; seulement la lune, qui venait d'entrer dans son plein, déployait d'autant plus le pouvoir de son reflet, que son heure planétaire avait commencé en même temps. Elle s'opposait donc à ma naissance, qui ne put s'accomplir avant que cette heure fût écoulée. Ces aspects favorables, que les astrologues surent me faire valoir très-haut dans la suite, peuvent bien avoir été la cause de ma conservation : car, par la maladresse de la sage-femme, je vins au monde comme mort, et il fallut des efforts multipliés pour me faire voir la lumière. Cette circonstance, qui avait jeté mes parents dans une grande angoisse, tourna cependant à l'avantage de mes concitoyens, car mon grand-père, Jean Wolfgang Textor[1], maire de la ville, en prit occasion de faire établir un accoucheur, et introduire ou renouveler une école d'accouchement, ce qui a pu profiter à plusieurs de ceux qui sont nés après moi.

Quand nous cherchons à nous rappeler ce qui nous est arrivé dans notre première enfance, nous sommes souvent exposés à confondre ce que d'autres personnes nous ont dit avec ce que nous devons réellement à notre expérience et à nos observations propres. Ainsi donc, sans entreprendre là-dessus une exacte recherche, qui d'ailleurs ne peut mener à rien, je me rappelle que nous habitions dans un vieux bâtiment, qui se composait proprement de deux maisons dont on avait percé les murs. Un escalier tournant conduisait à des chambres indépendantes, et des marches remédiaient à l'inégalité des étages. La place favorite des enfants (une sœur cadette et moi) était le spacieux vestibule d'en bas, qui avait, à côté de la porte, un grand treillis de bois, par lequel on communiquait avec la rue et le grand air. Cette sorte de cage, beaucoup de maisons en étaient pourvues. Les femmes s'y tenaient assises pour coudre et pour tricoter; la cuisinière y épluchait la salade; de là, les voisines jasaient entre elles; et les rues y gagnaient, dans la belle saison, un aspect méridional. On se sentait libre, parce qu'on était familiarisé avec le public. Les enfants aussi entraient en liaison avec les voisins par ces galeries, et trois frères d'Ochsenstein, fils du maire défunt, lesquels demeuraient vis-à-vis, me prirent en grande affection, et s'occupaient de moi et me taquinaient de diverses façons. Mes parents racontaient toute sorte d'espiègleries auxquelles m'excitaient ces hommes, d'ailleurs sérieux et retirés. Je ne rapporterai qu'une de ces incartades. Il y avait eu un marché de poteries, et non-seulement on avait fourni pour quelque temps la cuisine de ces marchandises, mais on nous avait acheté, comme jouets, des ustensiles pareils en miniature. Par une belle après-midi, que tout était tranquille dans la maison, je m'amusais dans la galerie avec mes plats et mes pots, et, comme je ne savais plus quel plaisir y prendre, je jetai un de ces jouets dans la rue, et je trouvai plaisant de le voir

---

[1]. C'est de lui que Goethe a reçu ses prénoms, Jean Wolfgang.

si drôlement brisé. Les Ochsenstein, qui virent comme cela me divertissait, au point que, dans le transport de ma joie, je battais de mes petites mains, me crièrent : « Encore ! » Je n'hésitai pas, et vite un pot, et, comme ils ne cessaient de crier : « Encore ! » tous les petits plats, les petites poêles, les petits pots, furent lancés à la file sur le pavé. Mes voisins continuaient à me témoigner leur approbation, et j'étais extrêmement joyeux de leur procurer du plaisir. Mais ma provision était épuisée et ils criaient toujours : « Encore ! » Je courus donc tout droit à la cuisine, et je pris les assiettes de terre, qui, naturellement, offrirent, en se brisant, un spectacle bien plus drôle encore; j'allais et venais ainsi, j'apportais les assiettes l'une après l'autre, selon que je pouvais les atteindre successivement sur le dressoir, et, comme ces messieurs ne se tenaient point pour satisfaits, je précipitai dans la même ruine toute la vaisselle que je pus traîner là. Quelqu'un vint, mais trop tard, pour m'arrêter et me défendre ce jeu. Le mal était fait, et, pour tant de poteries brisées, on eut du moins une histoire plaisante, qui fut surtout pour les malicieux instigateurs, et jusqu'à la fin de leur vie, un joyeux souvenir.

La mère de mon père, chez laquelle nous étions logés, vivait dans une grande chambre de derrière qui touchait au vestibule, et nous avions coutume d'étendre nos jeux jusqu'à son fauteuil et même, quand elle était malade, jusqu'à son lit. Je me souviens d'elle à peu près comme d'une ombre, comme d'une belle femme, maigre, toujours proprement vêtue de blanc. Elle est restée dans ma mémoire comme une personne douce, amicale et bienveillante.

Nous avions entendu nommer la rue où se trouvait notre maison *Hirschgraben* (la Fosse aux cerfs), et nous demandâmes qu'on nous expliquât ce nom. On nous raconta que notre maison était bâtie sur un emplacement qui avait été en dehors de la ville, et qu'à la place où se trouvait maintenant la rue, il y avait autrefois une fosse où l'on nourrissait un certain nombre de cerfs. Ces animaux y étaient gardés et nourris, parce que, selon un ancien usage, tous les ans, le sénat mangeait en public un cerf, que l'on avait donc toujours sous la main, dans la fosse, pour ce jour de fête, lors même qu'au dehors princes et chevaliers gênaient et troublaient la ville dans ses droits de chasse, ou même qu'elle était bloquée ou assiégée par les ennemis. Cela nous plaisait fort, et nous aurions voulu qu'on pût voir encore de nos jours une varenne privée comme celle-là.

Le derrière de la maison avait, surtout de l'étage supérieur, une vue très-agréable sur une étendue presque illimitée de jardins du voisinage, qui allaient jusqu'aux murs de la ville. Mais malheureusement la transformation en jardins particuliers de la place communale, qui se trouvait là jadis, avait beaucoup nui à notre maison et à quelques autres, situées vers l'angle de la rue, parce que les maisons du Rossmarkt (marché aux chevaux) s'étaient approprié de vastes arrière-bâtiments et de grands jardins, tandis qu'un mur assez élevé, qui fermait notre cour, nous isolait de ces paradis si voisins de nous.

Au deuxième étage, se trouvait une chambre qu'on appelait la chambre-jardin, parce qu'au moyen de quelques plantes qu'on y cultivait devant la fenêtre, on avait cherché à compenser le défaut d'un jardin. Quand je devins plus grand, ce fut là ma retraite la plus chère, non pas triste, à la vérité, mais faite pour la rêverie. Par-dessus ces jardins, les murs de la ville et les remparts, on voyait une plaine belle et fertile, celle qui s'étend vers Hœchst. En été, c'était là d'ordinaire que j'apprenais mes leçons, que j'attendais les orages, et je ne pouvais assez contempler le soleil couchant, auquel les fenêtres faisaient face. Mais, comme je voyais en même temps les voisins se promener dans leurs jardins et cultiver leurs fleurs, les enfants jouer, les sociétés se divertir; comme j'entendais rouler les boules et les quilles tomber, cela réveilla de bonne heure en moi le sentiment de la solitude et d'une rêveuse langueur qui en est la conséquence, sentiment qui, répondant aux dispositions sérieuses et aux pressentiments que la nature avait mis en moi, manifesta bientôt son influence, plus visible encore dans la suite.

Notre vieille maison, avec ses recoins, ses nombreuses places sombres, était d'ailleurs faite pour éveiller le frisson et la peur dans des cœurs enfantins. Malheureusement on se faisait encore un principe d'éducation d'ôter de bonne heure aux enfants toute crainte du mystérieux et de l'invisible, et de les accoutumer aux objets effrayants. Il nous fallait donc coucher seuls, et, quand nous ne pouvions nous y résoudre, et que nous sortions du lit doucement pour chercher la compagnie des valets et des servantes, notre père, mettant sa robe de chambre à l'envers, et, par conséquent, assez déguisé pour nous, se plaçait sur notre passage, et nous faisait retourner dans nos lits, tout effrayés. Chacun se représente le mauvais effet qui en résultait. Comment se délivrera-t-il de la peur, celui qu'on resserre entre deux épouvantes? Ma mère, toujours gaie et sereine, et qui désirait qu'on le fût comme elle, trouva une meilleure méthode : elle sut atteindre son but par des récompenses. C'était la saison des pêches; elle nous en promit une large distribution pour le matin, quand nous aurions surmonté notre peur pendant la nuit. Cela réussit et, de part et d'autre, on fut content.

Dans l'intérieur de la maison, ce qui attirait surtout mes regards, c'était une suite de vues de Rome, dont mon père avait décoré une antichambre. Elles avaient été gravées par quelques habiles prédécesseurs de Piranèse, qui entendaient bien l'architecture et la perspective, et dont le burin est très-net et très-estimable. Là je voyais tous les jours la place du Peuple, le Colisée, la place de Saint-Pierre, l'église de Saint-Pierre, par dehors et par dedans, le château Saint-Ange et plusieurs autres monuments. Ces images se gravèrent profondément dans ma mémoire, et mon père, d'ailleurs très-laconique, avait pourtant quelquefois la complaisance de nous décrire ces objets. Sa prédilection pour la langue italienne et pour tout ce qui se rapporte à l'Italie était très-prononcée. Il nous montrait aussi quelquefois une petite collection de marbres et d'objets d'histoire naturelle, qu'il avait rapportée d'Italie, et consacrait une grande partie de son temps à la relation de son voyage, écrite en italien, qu'il rédigeait et copiait par cahiers de sa propre main, avec une soigneuse lenteur. Un maître de langue italienne, joyeux vieillard, nommé Giovinazzi, l'aidait dans ce travail. Cet homme ne chantait pas mal, et ma mère devait se prêter à l'accompagner journellement et à s'accompagner elle-même sur le clavecin. Ainsi *Solitario bosco ombroso* me devint bientôt familier ; je le sus par cœur avant de le comprendre.

En général, mon père aimait à enseigner, et, vivant éloigné des affaires, il se plaisait à transmettre à d'autres son savoir et ses aptitudes. C'est ainsi que, dans les premières années de leur mariage, il astreignit ma mère à cultiver son écriture, comme à jouer du clavecin et à chanter, ce qui l'obligea aussi d'acquérir quelque connaissance et une légère pratique de la langue italienne.

Nous passions d'ordinaire nos heures de récréation chez notre grand'mère, dont la chambre spacieuse nous offrait assez de place pour nos jeux. Elle savait nous occuper de mille bagatelles, et nous régaler de mille friandises. Mais, dans une veille de Noël, elle mit le comble à ses largesses en nous donnant un spectacle de marionnettes, et, par là, elle créa dans la vieille maison un monde nouveau. Ce spectacle inattendu captiva puissamment les jeunes esprits ; il fit particulièrement sur le petit garçon une impression très-forte, qui se fit plus tard sentir dans une grande et durable activité.

Le petit théâtre, avec ses personnages muets, qu'on s'était borné d'abord à nous montrer, mais qu'on nous remit plus tard, pour nous exercer nous-mêmes et pour l'animer par nos conceptions dramatiques, dut avoir pour nous d'autant plus de prix, qu'il fut le dernier legs de notre bonne grand'mère, que les progrès de la maladie dérobèrent d'abord à nos yeux, et que la mort nous arracha ensuite pour toujours. Ce fut pour la famille un événement d'une grande importance, qui amena un changement complet dans notre situation.

Aussi longtemps que notre grand'mère avait vécu, mon père s'était abstenu de rien changer ou renouveler dans la maison ; mais on savait bien qu'il projetait une grande construction, qui, en effet, fut entreprise sur-le-champ. A Francfort, comme dans beaucoup de vieilles cités, pour gagner de la place, dans la construction des maisons de bois, on s'était permis de bâtir en saillie, non-seulement le premier étage, mais aussi les étages supérieurs, ce qui donnait, particulièrement aux rues étroites, quelque chose de triste et de sombre. Enfin une loi fut rendue, qui portait que celui qui bâtissait de fond en comble une maison neuve, ne pouvait construire en saillie sur les fondements que le premier étage, et devrait élever les autres d'aplomb. Mon père, pour ne pas abandonner l'espace saillant du deuxième étage, peu soucieux de l'apparence architecturale, et ne cherchant qu'une bonne et commode distribution intérieure, eut recours, comme bien d'autres avant lui, à l'expédient d'étançonner les parties supérieures de la maison, et de les enlever l'une après l'autre de bas en haut, puis d'intercaler les constructions nouvelles, en sorte que, sans qu'il restât, pour ainsi dire, aucun vestige des anciennes, la construction, toute nouvelle, pouvait passer encore pour une réparation. Or, la démolition et la bâtisse devant s'exécuter graduellement, mon père avait résolu de ne pas quitter la maison, afin d'exercer d'autant mieux la surveillance et de pouvoir donner les directions; car il entendait fort bien l'art de bâtir. Cependant il ne voulut pas non plus éloigner sa famille. Cette nouvelle époque parut aux enfants étrange et surprenante. Ces chambres, dans lesquelles on les avait tenus souvent assez à l'étroit et fatigués de leçons et d'études peu récréatives; ces corridors, dans lesquels ils avaient joué; ces cloisons, pour la propreté et l'entretien desquelles on avait pris auparavant tant de soins: les voir tomber sous le pic du maçon, sous la hache du charpentier, et tomber de bas en haut; et cependant flotter au-dessus, comme dans l'air, sur des poutres étayées; se trouver en outre assujetti constamment à une certaine leçon, à un travail déterminé : tout cela produisit dans les jeunes têtes un trouble qui ne s'apaisa pas aisément. Cependant l'incommodité fut moins sentie par les enfants, parce qu'on laissait à leurs jeux un peu plus d'espace et, souvent, l'occasion de se balancer sur les poutres et de courir sur les planches.

Notre père poursuivit d'abord son dessein obstinément; mais enfin, quand une partie du toit fut enlevée, et qu'en dépit de toutes les toiles cirées tendues sur nos têtes, la pluie arriva jusque dans nos lits, il prit, mais à contre-cœur, la résolution de remettre pour quelque temps ses enfants à de bienveillants amis, qui avaient déjà offert leurs services, et nous envoya dans une école publique. Ce passage avait ses désagréments : des enfants gardés jusqu'alors à la maison, accoutumés à la propreté, à la bienséance, quoique sous un régime sévère, jetés une fois dans une masse grossière de jeunes êtres, eurent tout à coup mille choses à souffrir de la vulgarité, de la méchanceté, même de la bassesse, parce qu'ils manquaient totalement des armes et des moyens nécessaires pour s'en défendre.

Ce fut, à vrai dire, vers ce temps-là que je commençai à observer ma ville natale, car je la parcourus peu à peu, toujours plus librement, tantôt seul, tantôt avec de joyeux camarades. Pour communiquer, dans une certaine mesure, l'impression que firent sur moi ces graves et nobles alentours, il faut que je présente, par anticipation, la description de mon lieu natal, tel qu'il se développa successivement devant moi dans ses différentes parties. Ma promenade favorite était le grand pont du Mein. Sa longueur, sa solidité, sa bonne apparence, en faisaient une construction remarquable; c'est aussi, peu s'en faut, le seul monument ancien de cette prévoyance à laquelle l'autorité civile est obligée envers les citoyens. La belle rivière attirait mes regards en amont et en aval; et, quand le coq doré qui surmontait la croix du pont brillait aux rayons du soleil, cela faisait toujours sur moi une agréable impression. De là notre promenade se dirigeait d'ordinaire à travers Sachsenhausen [1], et, pour un creutzer, nous avions le plaisir du passage. On se retrouvait alors en deçà du Mein; on allait visiter le marché aux vins; nous admirions le mécanisme des grues, lorsqu'on déchargeait des marchandises; mais, ce qui nous amusait surtout, c'était l'arrivée des bateaux du marché, d'où l'on voyait descendre des figures si diverses et parfois si étranges. Rentrait-on dans la ville, on ne manquait pas de saluer avec respect le Saalhof, qui du moins occupait la place présumée du *Bourg* de Charlemagne et de ses successeurs. On se perdait volontiers dans la vieille cité industrielle, et, surtout le jour du marché, dans la cohue qui se pressait autour de l'église de Saint-Barthélemy. C'est là que, dès les temps les plus anciens, se pressait confusément la foule des vendeurs et des acheteurs, et cette prise de possession a rendu plus tard difficile l'établissement d'une place spacieuse et riante. Les boutiques du Pfarreisen

---

[1]. Faubourg de Francfort, sur la rive gauche du Mein.

étaient fort intéressantes pour des enfants, et nous y avons porté bien des *batzen*, pour nous procurer des figures d'animaux enluminées et dorées. Mais il était rare qu'on prît fantaisie de fendre la presse à travers la place du Marché, resserrée, encombrée et malpropre. Je me souviens aussi que je passais bien vite, avec horreur, devant les boucheries étroites et laides qui y touchaient. Cela faisait trouver le Rœmerberg un promenoir bien plus agréable. Le chemin pour se rendre à la ville neuve par le Neue Kraem était toujours récréatif et charmant; seulement nous étions fâchés qu'il n'y eût pas à côté de Notre-Dame une rue pour mener à la Zeile, et qu'il nous fallût toujours faire un grand détour par la Hasengasse ou la porte Sainte-Catherine. Mais, ce qui attirait le plus l'attention de l'enfant, c'étaient les nombreuses petites villes enfermées dans la ville, les forteresses dans la forteresse, c'est-à-dire les cloîtres entourés de murs et les espaces plus ou moins fortifiés qui restaient encore des siècles passés : ainsi la cour de Nuremberg, le Compostell, le Braunfels, le manoir des seigneurs de Stallbourg et bien d'autres forteresses, converties dans les temps modernes en habitations et en fabriques. Francfort n'offrait alors aucune œuvre architecturale d'un caractère élevé; tout rappelait une époque, dès longtemps écoulée, où la ville et la contrée étaient remplies d'alarmes. Des portes et des tours, qui marquaient les limites de l'ancienne ville; plus loin, des portes encore, des tours, des murs, des ponts, des remparts, des fossés, qui entouraient la ville neuve; tout disait encore trop clairement que la nécessité de procurer, en des temps de troubles, la sûreté à la commune avait provoqué ces établissements; que les places, les rues, même nouvelles, qu'on avait construites plus belles et plus larges, devaient toutes leur origine au caprice, au hasard seulement, et non à une pensée ordonnatrice. Il se développa chez l'enfant un certain goût pour les choses anciennes, qui fut nourri et favorisé par de vieilles chroniques, des gravures sur bois, comme, par exemple, celles de Grave sur le siège de Francfort. L'enfant parut trouver aussi du plaisir à prendre sur le fait, dans leur diversité et leur naïveté, les conditions humaines, sans avoir d'ailleurs égard à l'intérêt ou à la beauté. Ainsi, c'était une de nos promenades favorites, que nous avions soin de nous procurer une ou deux fois chaque année, de faire, à l'intérieur, le tour des murs de la ville. Les jardins, les cours, les bâtiments de derrière, s'étendent jusqu'au mur d'enceinte ; on voit des milliers de personnes dans leurs petites occupations domestiques, secrètes, cachées. Depuis le jardin de luxe et de parade du riche jusqu'au jardin fruitier du bourgeois qui songe à l'utile ; de là, aux fabriques, aux blanchisseries et aux établissements pareils, enfin même au champ du repos (car un petit univers était renfermé dans l'enceinte de la ville) : on passait devant le spectacle le plus varié, le plus singulier, qui changeait à chaque pas, et dont notre curiosité enfantine ne pouvait assez se divertir. Car, en vérité, quand le Diable boiteux, si connu, enleva nuitamment pour son ami les toits des maisons de Madrid, à peine fit-il en sa faveur plus qu'on ne faisait ici devant nous en plein air, à la clarté du soleil. Les clefs dont il fallait se servir dans ce trajet, pour franchir les tours, les escaliers et les poternes, étaient dans les mains des inspecteurs de l'arsenal, et nous ne manquions pas de faire mille caresses aux subalternes.

La maison de ville, nommée le Rœmer, était encore plus intéressante pour nous, et, dans un autre sens, plus instructive. Nous aimions beaucoup à nous perdre dans ses salles basses en forme de voûtes. Nous nous faisions ouvrir la salle, grande et fort simple, des séances du conseil. Lambrissés jusqu'à une certaine hauteur, les murs étaient d'ailleurs blancs comme la voûte, et le tout sans aucune trace de peinture ou de sculpture. Seulement le mur du milieu, vers le haut, portait cette courte inscription :

> Le dire de l'un
> N'est le dire d'aucun :
> L'équité demande
> Que les deux on entende.

Selon l'antique usage, des bancs, pour les membres du conseil, étaient adossés au lambris autour de la salle, et élevés d'une marche au-dessus du plancher. Cela nous fit comprendre aisément pourquoi la hiérarchie de notre sénat était réglée par bancs. Depuis la porte, à main gauche, jusqu'à l'angle vis-à-vis, comme occupant le premier banc, étaient assis les échevins; dans l'angle même, le maire, le seul qui eût devant lui une petite table; à sa gauche, jusqu'aux fenêtres, siégeaient les seigneurs du deuxième banc; le long des fenêtres, régnait le troisième, où les artisans prenaient place. Au milieu de la salle, était une table pour le secrétaire.

Une fois que nous étions dans le Rœmer, nous savions bien nous mêler dans la foule aux audiences du bourgmestre. Mais nous trouvions plus d'attraits à tout ce qui concernait l'élection et le couronnement des empereurs. Nous savions gagner les porte-clefs, pour obtenir la permission de monter l'escalier des empereurs, qui était neuf, bien éclairé, peint à fresque et, d'ordinaire, fermé par une grille. La salle d'élection, avec ses tapis de pourpre, ses moulures dorées, aux capricieux enroulements, nous inspirait le respect. Les dessus de porte, où de petits enfants, des génies, revêtus des ornements impériaux, et chargés des insignes de l'Empire, jouent une scène fort bizarre, fixaient vivement notre attention, et nous espérions bien voir aussi de nos yeux un couronnement. On avait bien de la peine à nous arracher de la grande salle des Empereurs, quand une fois nous avions eu le bonheur d'y pénétrer, et nous tenions pour notre meilleur ami celui qui en présence des portraits en buste des empereurs, qu'on avait peints autour de la salle, à une certaine hauteur, voulait bien nous raconter quelques traits de leur vie.

Nous apprîmes bien des fables sur Charlemagne; mais l'intérêt historique ne commençait pour nous qu'avec Rodolphe de Habsbourg, qui, par son énergie, avait mis fin à de si grands désordres. Charles IV attirait aussi notre attention. On nous avait déjà conté la bulle d'or, l'ordonnance criminelle, et comme quoi il ne fit pas expier aux bourgeois de Francfort leur attachement à son noble compétiteur, Gonthier de Schwarzbourg. On nous disait, à la gloire de Maximilien, que c'était un prince rempli d'humanité, ami des bourgeois, et qu'on avait prophétisé de lui qu'il serait le dernier empereur d'une maison allemande, ce qui s'est malheureusement réalisé, puisque, après sa mort, le choix n'avait balancé qu'entre le roi d'Espagne Charles V et le roi de France François Ier. On ajoutait avec circonspection qu'il circulait maintenant une prédiction ou plutôt un pressentiment pareil, car chacun pouvait voir de ses yeux qu'il ne restait plus de place que pour le portrait d'un seul empereur, circonstance qui, tout accidentelle qu'elle paraissait, remplissait d'inquiétude les patriotes.

Quand une fois nous faisions ainsi notre tournée, nous ne manquions pas non plus de nous rendre à la cathédrale et d'y visiter le tombeau de ce brave Gonthier, estimé de ses amis et de ses ennemis. La remarquable pierre qui couvrait autrefois ce tombeau est dressée dans le chœur. La porte qui se trouve tout à côté, et qui mène dans le conclave, resta longtemps fermée pour nous ; enfin nous fîmes si bien que l'autorité supérieure nous ouvrit l'entrée d'un lieu si remarquable. Mais nous aurions mieux fait de nous le figurer, comme jusqu'alors, en imagination. Cette salle, si mémorable dans l'histoire d'Allemagne, où les plus puissants princes avaient coutume de se rassembler pour un acte d'une si grande importance, nous ne la trouvâmes point décorée dignement, et de plus elle était défigurée par des poutres, des perches, des échafaudages et d'autres charpentes, qu'on avait voulu mettre de côté. En revanche, nos imaginations furent animées et nos cœurs exaltés, quand nous obtînmes, peu de temps après, la permission d'assister, dans l'hôtel de ville, à l'exhibition qui fut faite de la bulle d'or à quelques étrangers de distinction. L'enfant écoutait ensuite, avec une vive curiosité, ce que ses parents, ainsi que de vieux cousins et de vieilles connaissances, lui contaient et lui répétaient volontiers, les histoires des derniers couronnements, qui s'étaient suivis de près : car il n'y avait à Francfort personne d'un certain âge qui ne considérât ces deux événements et ce qui les accompagna comme le point culminant de sa vie. Aussi splendide qu'avait été le couronnement de Charles VII, à l'occasion duquel l'ambassadeur français avait surtout donné avec goût et à grands frais des fêtes magnifiques, aussi tristes avaient été les suites pour ce bon empereur, qui ne put conserver sa résidence de Munich, et dut en quelque sorte implorer l'hospitalité de ses villes impériales.

Si le couronnement de François I*er* ne fut pas d'une magnificence aussi surprenante que le précédent, il fut pourtant illustré par la présence de l'impératrice Marie-Thérèse, dont la beauté paraît avoir produit une aussi vive impression sur les hommes que la noble et belle taille et les yeux bleus de Charles VII sur les femmes. Les deux sexes s'efforçaient du moins à l'envi de donner à l'enfant, qui était tout oreilles, une idée extrêmement avantageuse de ces deux personnes. On faisait toutes ces descriptions et ces récits d'un cœur joyeux et tranquille, car la paix d'Aix-la-Chapelle avait mis fin pour le moment à toute querelle; et, comme de ces solennités, on parlait tranquillement des guerres passées, de la bataille de Dettingen et des événements les plus mémorables des années qui venaient de s'écouler; tout ce qui s'était passé de grave et de dangereux semblait, comme c'est l'ordinaire après une paix conclue, n'être arrivé que pour servir d'entretien à des gens heureux et tranquilles.

A peine avait-on vécu six mois dans ces préoccupations patriotiques, que revinrent les foires, qui excitaient toujours dans les esprits enfantins une incroyable fermentation. Une ville nouvelle, qui surgissait dans l'autre en peu de temps par la construction d'innombrables boutiques, l'agitation et la presse, le déchargement et le déballage des marchandises, éveillèrent chez l'enfant, dès qu'il put se connaître, une vive et indomptable curiosité, ainsi qu'un désir illimité de possession, qu'avec le progrès des années, le petit garçon cherchait à satisfaire, tantôt d'une façon, tantôt d'une autre, selon que l'état de sa petite bourse le permettait. Mais en même temps il se formait l'idée de tout ce que le monde produit, de ses besoins et des échanges que font entre eux les habitants de ses diverses contrées.

Ces grandes époques, qui revenaient au printemps et en automne, étaient annoncées par de singulières solennités, qui paraissaient d'autant plus respectables qu'elles offraient une vive image des anciens temps et de ce qui en était parvenu jusqu'à nous. Le jour du convoi, tout le peuple était sur pied; il se rendait en foule à la Fahrgasse, au pont et jusqu'au delà de Sachsenhausen; toutes les fenêtres étaient occupées, sans qu'il se passât de tout le jour quelque chose de particulier; la foule semblait n'être là que pour se presser et les spectateurs pour se regarder les uns les autres : car le grand événement ne se passait qu'à la nuit tombante, et de manière à exercer la foi plus qu'à frapper la vue.

Jadis, en effet, dans ces temps d'alarmes, où chacun, selon son bon plaisir, commettait l'injustice ou soutenait le bon droit, les marchands qui se rendaient aux foires étaient vexés et tourmentés par des brigands de race noble ou roturière, en sorte que les princes et les cités puissantes faisaient escorter les leurs à main armée jusqu'à Francfort. Mais les habitants de la ville impériale ne voulaient souffrir aucun empiétement sur eux-mêmes et sur leur territoire; ils marchaient à la rencontre des arrivants : là il s'élevait quelquefois des débats pour savoir jusqu'où l'escorte pourrait s'avancer, ou s'il lui serait permis d'entrer même dans la ville. Or, comme les choses se passaient ainsi, non-seulement dans les affaires de commerce et de foire, mais aussi quand de grands personnages s'approchaient, en temps de guerre et de paix, surtout aux époques des élections; et comme on en venait souvent aux voies de fait, aussitôt qu'une escorte, qu'on ne voulait pas souffrir dans la ville, prétendait en forcer l'entrée avec son maître, on était dès lors entré là-dessus dans bien des négociations, on avait conclu de nombreux compromis, mais toujours avec des réserves mutuelles, et l'on ne renonçait pas à l'espérance de terminer une bonne fois un différend qui durait depuis des siècles, toute l'institution au sujet de laquelle on l'avait soutenu si longtemps, et souvent avec beaucoup de violence, pouvant être considérée comme à peu près inutile ou du moins comme superflue.

Cependant la cavalerie bourgeoise, répartie en plusieurs escadrons, les chefs en tête, sortait ces jours-là par différentes portes, et trouvait à une certaine place quelques houssards ou reîtres des États de l'Empire ayant le droit d'escorte. Ces hommes étaient, ainsi que leurs chefs, bien reçus et bien traités. La troupe tardait jusque vers le soir, et puis, à peine aperçue de la foule qui l'attendait, elle entrait alors dans la ville, plus d'un cavalier bourgeois pouvant à peine tenir sa monture et se tenir lui-même à cheval. Les cortéges les plus considérables entraient par la porte du pont, et c'est là que la presse était toujours la plus forte. Enfin, au dernier moment, avec la nuit tombante, arrivait la diligence de Nuremberg, escortée de la même façon, et le bruit populaire était que, selon l'usage traditionnel, il devait toujours s'y trouver une vieille femme; c'est pourquoi les polissons des rues avaient coutume de pousser des cris assourdissants à l'arrivée de la voiture, bien qu'il fût devenu absolument impossible de distinguer les voyageurs qui s'y trouvaient. C'était une chose incroyable et vraiment étourdissante que la presse de la multitude qui, dans ce moment, se ruait par la porte du pont à la suite de la voiture : aussi les maisons voisines étaient-elles particulièrement recherchées des spectateurs.

Une autre solennité, bien plus singulière encore, qui mettait en plein jour le public en mouvement, était l'Audience des musiciens. Cette cérémonie rappelait les temps reculés où d'importantes villes de commerce cherchaient à obtenir l'abolition ou du moins l'allégement des péages, qui augmentaient dans la même proportion que le commerce et l'industrie. L'empereur, qui avait besoin d'elles, accordait cette exemption quand la chose dépendait de lui, mais, d'ordinaire, pour une année seulement, et il fallait qu'elle fût renouvelée tous les ans. La chose avait lieu au moyen de dons symboliques offerts, avant l'ouverture de la foire de Saint-Barthélemy, au maire impérial, qui pouvait fort bien être aussi intendant général des péages, et, pour satisfaire au décorum, on attendait que le maire fût en séance avec les échevins. Plus tard, lorsqu'il cessa d'être nommé par l'empereur, et qu'il fut élu par la ville elle-même, il conserva néanmoins ces priviléges; et les exemptions des villes, aussi bien que les cérémonies par lesquelles les députés de Worms, de Nuremberg et du vieux Bamberg reconnaissaient cette antique faveur, avaient subsisté jusqu'à nos jours. La veille de la nativité de Marie, un jour d'audience publique était annoncé. Dans la grande salle des empereurs, et dans un espace entouré de barrières, étaient assis sur des siéges élevés les échevins, et, au milieu d'eux, le maire, un degré plus haut; les procureurs fondés de pouvoir des parties, en bas, à droite. Le greffier commence à lire à haute voix les sentences importantes réservées pour ce jour; les procureurs demandent copie, ils interjettent appel ou font tout ce qu'ils trouvent d'ailleurs nécessaire.

Tout à coup une musique étrange annonce en quelque sorte l'arrivée des siècles passés. Ce sont trois musiciens, dont l'un joue du chalumeau, l'autre de la basse et le troisième du basson ou du hautbois. Ils portent des manteaux bleus bordés d'or, leur musique attachée aux manches, et ils ont la tête couverte. C'est ainsi qu'à dix heures précises ils sont partis de leur auberge, suivis des députés et de leur escorte, à la vue des habitants et des étrangers surpris, et ils entrent comme cela dans la salle. Les actes juridiques sont suspendus; les musiciens et l'escorte restent en dehors des barrières; le député entre dans l'enceinte, et se présente devant le maire. Les offrandes symboliques, qui devaient être parfaitement conformes à l'ancien usage, consistaient d'ordinaire en marchandises, objet principal du commerce de la ville qui offrait les dons. Le poivre était comme le représentant de toutes les marchandises, c'est pourquoi le député présentait un bocal en bois, élégamment tourné, rempli de poivre. Sur le bocal était posée une paire de gants merveilleusement taillladés, piqués et façonnés avec de la soie, comme signe d'une faveur accordée et acceptée. Ce symbole, l'empereur lui-même s'en servait dans certains cas. A côté on voyait une baguette blanche, qui ne devait guère manquer autrefois dans les actes législatifs et juridiques. On ajoutait encore quelques petites pièces d'argent, et la ville de Worms présentait un vieux chapeau de feutre, qu'elle rachetait toujours, en sorte qu'il avait été bien des années témoin de ces cérémonies. Après que le député avait prononcé sa harangue, offert le présent, reçu du maire l'assurance que la faveur était maintenue, il sortait de l'espace fermé, les musiciens jouaient, le cortége s'en allait comme il était venu; le tribunal continuait ses affaires jusqu'à ce qu'on introduisît le deuxième et enfin le troisième député, car ils ne venaient qu'à certains intervalles, l'un après l'autre, soit pour que le plaisir du public durât plus longtemps, soit parce qu'ils étaient toujours amenés par ces mêmes virtuoses du vieux temps, que la ville de Nuremberg s'était chargée d'entretenir pour elle comme pour les autres cités privilégiées, et de produire tous les ans.

Cette fête avait pour nous un intérêt particulier, parce que nous n'étions pas médiocrement flattés de voir notre grand-père occuper une place si honorable, et que d'ordinaire nous lui faisions le même jour une respectueuse visite, pour attraper, après que la grand'mère avait versé le poivre dans sa boîte aux épices, un gobelet et une baguette, une paire de gants ou un vieux *raeder-albus*[1]. On ne pouvait se faire expliquer ces cérémonies symboliques, qui faisaient renaître comme par magie les temps anciens, sans être ramené dans les siècles passés, sans s'informer des mœurs, des usages et des idées de nos ancêtres, que ces députés, ces musiciens ressuscités, et même ces dons, que nous pouvions palper et posséder, faisaient revivre si étrangement devant nous.

Ces vénérables solennités étaient suivies, dans la belle saison, d'autres fêtes, plus amusantes pour les enfants, qui se célébraient hors de la ville et en plein air. Sur la rive droite du Mein, en aval, à une demi-lieue environ de la porte, jaillit une source sulfureuse, à la riante bordure, entourée d'antiques tilleuls. Non loin de là se trouve la *Cour des bonnes gens*, ancien hôpital, qu'on avait bâti à cause de cette source. Dans les pâturages communs des environs, on rassemblait, un certain jour de l'année, les troupeaux de gros bétail du voisinage, et les bergers et leurs bergères célébraient une fête champêtre avec des chants et des danses et diverses réjouissances parfois licencieuses. De l'autre côté de la ville, était encore une pareille place communale, mais plus grande, ornée également de fontaines et de tilleuls encore plus beaux. On y conduisait à la Pentecôte les troupeaux de moutons, et, en même temps, on sortait de leurs murailles et l'on menait au grand air les pauvres orphelins étiolés : car c'est plus tard seulement qu'on devait s'aviser que ces créatures délaissées, qui seront un jour obligées de se tirer d'affaire dans le monde, doivent être mises de bonne heure en rapport avec lui au lieu d'être recluses tristement; qu'il vaut mieux les accoutumer d'abord au service et au support, et qu'on a tout sujet de fortifier leur physique, aussi bien que leur moral, dès la plus tendre enfance. Les nourrices et les servantes, toujours disposées à se ménager une promenade,

1. Pièce de monnaie, qui avait pour empreinte une roue (armes de l'archevêque de Mayence).

ne manquaient pas de nous porter et de nous mener dans ces endroits dès notre âge le plus tendre, si bien que ces fêtes champêtres sont au nombre de mes plus anciens souvenirs.

Cependant la maison avait été achevée, et en assez peu de temps, parce qu'on avait tout combiné et préparé soigneusement, et qu'on avait mis en réserve les fonds nécessaires. Nous étions de nouveau réunis et nous éprouvions un sentiment de bien-être : car un plan bien raisonné, une fois qu'il est exécuté, fait oublier tout ce que les moyens de parvenir à ce but ont pu avoir d'incommode. La maison était assez spacieuse pour une habitation particulière, tout à fait claire et gaie; l'escalier était dégagé, les antichambres agréables, et, de plusieurs fenêtres, on jouissait commodément de la vue sur les jardins. Les constructions intérieures et ce qui regarde l'achèvement et la décoration furent exécutés peu à peu, et servirent à la fois d'occupation et d'amusement. On commença par mettre en ordre la bibliothèque de mon père. Les livres les meilleurs, à reliure ou demi-reliure en veau, décorèrent les murs de son cabinet de travail et d'étude. Il possédait de belles éditions hollandaises des auteurs latins, que, pour la symétrie, il cherchait à se procurer toutes in-quarto; puis beaucoup de choses qui avaient rapport aux antiquités romaines et à la jurisprudence élégante. Les plus excellents poëtes italiens n'y manquaient pas, et mon père montrait pour le Tasse une grande prédilection. Là se trouvaient aussi les relations de voyage les meilleures et les plus récentes, et il se faisait lui-même un plaisir de corriger et de compléter Keyssler et Nemeitz. Il avait aussi sur ses rayons les secours les plus nécessaires, les dictionnaires de différentes langues, les lexiques des arts et métiers, en sorte qu'on pouvait consulter à volonté. Ajoutez à cela bien d'autres ouvrages utiles ou agréables.

L'autre moitié de cette bibliothèque, proprement reliée en parchemin, avec des titres d'une très-belle écriture, fut établie dans une mansarde particulière. Mon père veillait avec beaucoup d'ordre et de suite à se procurer toujours de nouveaux livres et à prendre les soins qu'exigeaient la reliure et le classement. Les savantes annonces qui attribuaient à tel ou tel ouvrage des mérites particuliers avaient sur lui une grande influence. Sa collection de dissertations juridiques s'augmentait chaque année de quelques volumes.

Ensuite les tableaux, auparavant dispersés dans la vieille maison, décorèrent avec symétrie les murs d'une chambre agréable à côté du cabinet d'étude, tous avec des cadres noirs, ornés de baguettes dorées. Mon père avait une maxime, qu'il répétait souvent et même avec passion, c'est qu'on doit faire travailler les peintres vivants, et dépenser moins pour les morts, dans l'appréciation desquels il se glisse beaucoup de préjugés. A son avis, il en était des tableaux absolument comme des vins du Rhin, auxquels l'âge donne, il est vrai, un mérite particulier, mais que chaque année nouvelle peut produire aussi excellents que les précédentes; il disait qu'après un certain temps le vin nouveau devenait aussi du vin vieux, tout aussi précieux et peut-être encore plus exquis. Il se confirmait surtout dans cette idée par l'observation que beaucoup d'anciens tableaux semblent acquérir un grand prix pour les amateurs, par cela seul qu'ils sont devenus plus bruns et plus sombres, et que l'on vantait souvent le ton harmonieux de ces tableaux. Mon père soutenait au contraire qu'il était bien assuré que les peintures nouvelles deviendraient noires aussi; mais, qu'elles dussent précisément y gagner, c'est ce qu'il ne voulait pas accorder.

Selon ces principes, il occupa durant plusieurs années tous les artistes de Francfort: le peintre Hirth, qui savait très-bien peupler de bétail les forêts de chênes et de hêtres et tout ce qu'on appelle paysages; Trautmann, qui avait pris Rembrandt pour modèle, et qui réussissait fort bien dans les intérieurs éclairés et les reflets, non moins que dans la peinture d'incendies d'un grand effet, si bien qu'un jour on lui demanda un pendant pour un tableau de Rembrandt; Schutz, qui, à la manière de Sachtleeven, traitait soigneusement les contrées du Rhin; Junker, qui, à la suite des Néerlandais, rendait avec une grande pureté les fleurs, les fruits, la vie intime et les travaux paisibles. Mais notre nouvel arrangement, un espace plus commode, et, plus encore, la connaissance d'un artiste habile, stimulèrent et vivifièrent les goûts de mon père. Je veux parler de Seekatz, élève de Brinckmann, peintre de la cour de Darmstadt. Son talent et son caractère se développeront devant nous dans la suite avec plus de détails.

On termina de la sorte les autres pièces, selon leurs diverses destinations. L'ordre et la propreté régnaient partout; de grandes vitres de cristal répandaient une parfaite clarté, qui avait manqué dans la vieille maison pour plusieurs causes, mais surtout parce que la plupart des vitres étaient rondes. Notre père se montrait joyeux; tout lui avait bien réussi, et, si sa bonne humeur n'avait pas été quelquefois troublée parce que la diligence et l'exactitude des ouvriers ne répondaient pas toujours à ses exigences, il eût été impossible d'imaginer une vie plus agréable, d'autant que plusieurs événements heureux s'étaient passés au sein de notre famille ou lui avaient fait sentir du dehors leur influence.

Mais une catastrophe extraordinaire plongea pour la première fois dans un trouble profond ma paisible enfance. Le 1er novembre 1755, arriva le tremblement de terre de Lisbonne, qui répandit une affreuse épouvante dans le monde, déjà accoutumé à la paix et au repos. Une grande et magnifique capitale, en même temps ville commerçante et maritime, est frappée inopinément de la plus effroyable calamité. La terre tremble et chancelle, la mer bouillonne, les vaisseaux se heurtent, les maisons s'écroulent, et, sur elles, les églises et les tours; le palais royal est en partie englouti par la mer; la terre entr'ouverte semble vomir des flammes, car la fumée et l'incendie s'annoncent partout au milieu des ruines. Soixante mille créatures humaines, un moment auparavant heureuses et tranquilles, périssent ensemble, et celle-là doit être estimée la plus heureuse, à qui n'est plus laissé aucun sentiment, aucune connaissance de ce malheur. Les flammes poursuivent leurs ravages et, avec elles, exerce ses fureurs une troupe de scélérats cachés auparavant, ou que cet événement a mis en liberté. Les infortunés survivants sont abandonnés au pillage, au meurtre, à tous les mauvais traitements, et la nature fait régner ainsi de toutes parts sa tyrannie sans frein.

Plus rapides que la nouvelle, des indices de cette catastrophe s'étaient déjà répandus à travers de vastes contrées. Dans beaucoup de lieux, des secousses plus faibles s'étaient fait sentir; on avait observé dans plusieurs sources, et surtout dans les sources médicinales, un tarissement inaccoutumé. L'effet des nouvelles, promptement répandues, d'abord en gros, puis avec d'horribles détails, en fut plus considérable encore. Là-dessus les dévots ne manquèrent pas de se répandre en réflexions, les philosophes en consolations, le clergé en menaçantes homélies. Tout cela dirigea quelque temps sur ce point l'attention du monde, et les esprits émus par la calamité étrangère furent d'autant plus alarmés pour eux-mêmes et pour leurs familles, qu'il arrivait de toutes parts des nouvelles toujours plus nombreuses et plus détaillées sur les vastes effets de cette explosion. En aucun temps peut-être le démon de la peur n'avait répandu si vite et si puissamment son effroi sur la terre. Le petit garçon, condamné à entendre répéter toutes ces choses, en était fort troublé. Dieu, le créateur et le conservateur du ciel et de la terre, que la déclaration du premier article du *Credo* lui représentait si sage et si clément, ne s'était nullement montré paternel, en livrant à la même destruction les justes et les injustes. Vainement le jeune cœur cherchait-il à se remettre de ces impressions; cela lui était d'autant moins possible, que les sages et les docteurs eux-mêmes ne pouvaient s'accorder sur la manière dont il fallait considérer un pareil phénomène.

L'été suivant, il s'offrit une occasion plus prochaine de faire directement connaissance avec le Dieu de colère, dont l'Ancien Testament rapporte tant de choses. Un orage de grêle éclata soudain, et, au milieu des éclairs et des tonnerres, il brisa avec une extrême violence les vitres neuves de notre façade postérieure, tournée vers le couchant; il endommagea les meubles neufs, gâta quelques livres précieux et d'autres objets de prix, et causa d'autant plus de frayeur aux enfants que les domestiques, tout à fait hors d'eux-mêmes, les entraînèrent dans un corridor sombre, et là, tombant à genoux, croyaient apaiser par des hurlements et des cris effroyables la colère de la divinité. Cependant mon père, qui seul se possédait, dépendait et enlevait les fenêtres et, par là, il sauva sans doute quelques vitres, mais il ouvrit à l'averse dont la grêle fut suivie un plus large chemin; aussi, lorsque enfin nous fûmes plus calmes, nous

nous vîmes entourés de véritables torrents dans les antichambres et les escaliers.

Ces événements étaient sans doute de nature à nous distraire, mais ils n'interrompaient que faiblement la marche et la suite des leçons que mon père avait entrepris de donner lui-même à ses enfants. Il avait passé sa jeunesse au gymnase de Cobourg, qui était un des meilleurs colléges d'Allemagne. Il y avait acquis de solides connaissances dans les langues et dans tout ce qu'on jugeait nécessaire à une éducation libérale. Plus tard, à Leipzig, il s'était adonné à la jurisprudence; enfin il avait pris ses degrés à Giessen. Sa dissertation, travail sérieux et approfondi, *Electa de aditione hereditatis*, est encore citée avec éloge par les professeurs en droit.

C'est un pieux désir de tous les pères de voir réalisé dans leurs fils ce qui leur manque à eux-mêmes; c'est à peu près comme si l'on vivait une seconde fois, et que l'on voulût enfin bien mettre à profit les expériences de sa première vie. Dans le sentiment de son savoir, dans la certitude qu'il avait de sa fidèle persévérance, et dans sa défiance des maîtres d'alors, mon père prit la résolution d'instruire lui-même ses enfants, et de remplir seulement, autant qu'il paraîtrait nécessaire, quelques heures par des maîtres particuliers. Un dilettantisme pédagogique commençait dès lors à se produire. La pédanterie et la morosité des maîtres attachés aux écoles publiques pourraient bien en avoir été la première occasion. On cherchait quelque chose de mieux, et l'on oubliait combien doit être défectueux tout enseignement qui n'est pas donné par les hommes du métier.

Mon père avait vu jusque-là sa propre carrière réussir assez bien selon ses vœux; je devais parcourir la même voie, mais plus commodément, et aller plus loin que lui. Il appréciait d'autant plus mes dons naturels qu'ils lui manquaient; car il n'avait rien acquis que par une application, une persévérance et des répétitions incroyables. Il m'assura souvent, et à diverses époques, tantôt sérieusement, tantôt par forme de badinage, qu'il aurait usé tout autrement de mes dispositions, et qu'il ne les aurait pas prodiguées aussi négligemment.

Grâce à ma conception rapide, à mes préparations et à ma

bonne mémoire, je me trouvai bientôt au-dessus de l'enseignement que mon père et mes autres maîtres pouvaient me donner, sans que j'eusse pourtant dans aucune branche des connaissances solides. La grammaire me déplaisait, parce que je n'y voyais qu'une loi arbitraire; les règles me semblaient ridicules, parce qu'elles étaient détruites par mille exceptions, qu'il me fallait encore apprendre toutes à part ; et, sans le *Latiniste commençant, mis en rimes*, les choses seraient allées mal pour moi; mais je me plaisais à le tambouriner et à le chantonner. Nous avions aussi une géographie en vers mnémoniques, où les rimes les plus absurdes gravaient le mieux dans la mémoire ce qu'il fallait retenir. Par exemple :

> Over Yssel, marais nombreux
> Rendent le bon pays affreux.

Je saisissais facilement les formes du langage et les tournures ; je démêlais promptement ce qu'une chose renfermait en substance. Dans les matières de rhétorique, les chries et autres exercices pareils, personne ne me surpassait, bien que je me visse souvent reculé par mes fautes de grammaire. Cependant c'étaient ces compositions qui causaient à mon père un plaisir particulier, et il m'en récompensait par des libéralités considérables pour un enfant.

Mon père enseignait à ma sœur l'italien dans la chambre où je devais apprendre par cœur Cellarius. Comme je savais bientôt ma leçon, et qu'il me fallait pourtant rester tranquille sur ma chaise, je prêtais l'oreille par-dessus mon livre, et je saisis très-vite l'italien, qui excitait ma surprise comme une amusante dérivation du latin.

Sous le rapport de la mémoire et du raisonnement, j'avais d'ailleurs cette précocité qui a valu à d'autres enfants une hâtive renommée. Aussi mon père pouvait-il à peine attendre le moment où je devrais aller à l'université. Il déclara de très-bonne heure que j'irais, comme lui, étudier le droit à celle de Leipzig, pour laquelle il avait conservé une grande prédilection; que je fréquenterais ensuite une autre université, et que je prendrais mes degrés. Pour celle-ci, il me laissait libre de choisir; seulement il avait, je ne sais pourquoi, quelque répugnance pour Gœttingue, à mon vif regret, car j'avais justement beaucoup de confiance dans cette université, sur laquelle j'avais fondé de grandes espérances. Il me disait ensuite que j'irais à Wetzlar et à Ratisbonne, à Vienne même, et de là en Italie, et pourtant il avait coutume de dire qu'il faut voir Paris auparavant, parce qu'en revenant d'Italie on n'est plus charmé de rien. Je me faisais redire volontiers cette histoire de ma jeunesse future, surtout parce qu'elle se terminait par une description de l'Italie et un tableau de Naples. La gravité et la sécheresse habituelles de mon père semblaient chaque fois se fondre et s'animer : ainsi se développait chez nous le désir ardent d'avoir aussi notre part de ce paradis.

Je partageais avec des enfants du voisinage les leçons particulières, dont le nombre augmenta peu à peu. Cet enseignement commun ne me profitait pas : les maîtres suivaient leur routine, et les sottises, parfois même les méchancetés de mes camarades répandaient le trouble, l'ennui et le désordre dans ces maigres leçons. Les chrestomathies, qui rendent l'enseignement agréable et varié, n'étaient pas encore parvenues jusqu'à nous. *Cornélius Népos*, si aride pour la jeunesse, le Nouveau Testament, par trop facile, et devenu même trivial par les sermons et l'instruction religieuse, *Cellarius* et *Pasor* ne pouvaient avoir pour nous aucun intérêt ; en revanche, une certaine fureur de rimer et de versifier s'était emparée de nous, à la lecture des poëtes allemands. Elle m'avait déjà saisi auparavant, car, après avoir traité en prose mon sujet d'amplification, je trouvais amusant de le traiter en vers. Mes camarades et moi, nous avions une réunion tous les dimanches, où chacun devait produire des vers de sa composition. Là il m'arriva quelque chose de singulier, qui me donna très-longtemps de l'inquiétude. Mes poésies, quel qu'en pût être le mérite, devaient toujours me sembler les meilleures. Mais je remarquai bientôt que mes concurrents, qui produisaient des choses très-misérables, étaient dans le même cas et ne s'en faisaient pas moins accroire ; et même, ce qui me donnait plus encore à penser, un petit garçon de bon caractère, mais tout à fait incapable de ces travaux et qui avait d'ailleurs toute mon affection, se faisait faire ses vers par son gouverneur, et, outre qu'il les regardait comme meilleurs que tous les autres, il était pleinement convaincu que c'était lui-même qui les avait faits, comme il me l'affirmait ingénument dans l'intimité où j'étais avec lui. Témoin de cette erreur et de cette démence, je me demandai un jour si je ne me trouvais pas moi-même dans ce cas, si ces poésies n'étaient pas réellement meilleures que les miennes, et si je ne pourrais pas justement sembler à mes camarades aussi fou qu'ils me semblaient. Cela m'inquiéta beaucoup et longtemps, car il m'était absolument impossible de trouver un signe extérieur de la vérité; je suspendis même mes productions; mais enfin je fus tranquillisé par l'humeur légère, par le sentiment de mes forces et par un travail d'essai que nos parents et nos maîtres, devenus attentifs à nos amusements, nous imposèrent sans préparation, et dans lequel mon heureux succès me valut tous les suffrages.

A cette époque, on n'avait pas encore composé de bibliothèques pour les enfants. Les grandes personnes avaient encore elles-mêmes des idées enfantines, et trouvaient commode de transmettre à la nouvelle génération leur propre culture. Si l'on excepte l'*Orbis pictus* d'Amos Comenius, aucun livre de ce genre n'arriva dans nos mains; mais nous feuilletâmes bien souvent la Bible in-folio, avec les gravures de Mérian; la *Chronique* de Godefroi avec des gravures du même maître, nous fit connaître les événements les plus remarquables de l'histoire universelle; l'*Acerra philologica* y ajouta des fables, des mythes et des merveilles de toute sorte, et, comme j'appris bientôt à connaître les *Métamorphoses* d'Ovide, dont j'étudiai surtout diligemment les premiers livres, ma jeune tête fut promptement remplie d'une foule d'images et d'aventures, de figures et d'événements considérables et merveilleux, et jamais l'ennui ne pouvait m'atteindre, occupé que j'étais sans cesse à mettre ce fonds en œuvre, à le répéter, à le reproduire.

Un ouvrage qui fit sur moi une impression plus morale et plus salutaire que ces antiquités, parfois grossières et dangereuses, fut le *Télémaque* de Fénelon, que j'appris à connaître d'abord dans la traduction de Neukirch, et qui, même dans une forme si imparfaite, produisit sur mon cœur une impression très-douce et très-bienfaisante. Que *Robinson Crusoé* soit venu bientôt après, c'est une chose toute naturelle ; que l'*Ile de Fel-senbourg* n'ait pas été oubliée, on l'imagine aisément. Le voyage de l'amiral Anson autour du monde unissait le sérieux de la vérité aux merveilles du conte, et, en accompagnant par la pensée cet admirable navigateur, nous étions promenés au loin dans le monde entier, et nous essayions de le suivre du doigt sur le globe. Une moisson plus riche encore m'était réservée : je vins un jour à rencontrer une masse d'écrits, qui, dans leur forme actuelle, ne peuvent s'appeler excellents, mais dont la substance nous présente, d'une manière ingénieuse, bien des choses à l'honneur des temps passés.

Le fonds ou plutôt la fabrique de ces livres, connus et même célèbres dans la suite sous le titre d'*Ouvrages* ou *Livres populaires*, se trouvait à Francfort même, et, en considération de leur grand débit, ils furent imprimés en stéréotypes, d'une manière presque illisible, sur le plus affreux papier brouillard. Les enfants avaient donc le bonheur de trouver tous les jours ces précieux débris du moyen âge sur une tablette devant la porte d'un bouquiniste, et de se les approprier pour un kreutzer ou deux. *Eulenspiegel*, les *Quatre fils Aymon*, la *belle Mélusine*, l'*Empereur Octavien*, la *belle Madelone*, *Fortunatus*, avec toute la séquelle, jusqu'au *Juif errant*, tout se trouvait à notre service, aussitôt qu'il nous plaisait de porter la main sur ces ouvrages plutôt que sur quelque friandise. Le plus grand avantage était qu'après avoir usé, à force de les lire, ou avoir autrement gâté ces brochures, nous pouvions bientôt les remplacer et les abîmer encore.

Comme, en été, une promenade de famille est troublée de la manière la plus fâcheuse par un orage soudain, et une joyeuse situation changée en la plus désagréable, ainsi les maladies d'enfant tombent à l'improviste dans la plus belle saison de la vie. Il n'en alla pas autrement pour moi. Je venais d'acheter *Fortunatus*, avec sa bourse et son petit chapeau magique, quand je fus pris d'un malaise et d'une fièvre, avant-coureurs de la petite vérole. On regardait encore chez nous l'inoculation comme très-chanceuse, et, quoique des écrivains populaires l'eussent déjà clairement et vivement recommandée, les médecins allemands hésitaient à pratiquer une opération qui semble anticiper sur la nature. Des Anglais spéculateurs vinrent donc sur le continent, et inoculèrent, en se faisant payer des honoraires considérables, les enfants des familles qu'ils trouvaient riches et au-dessus du préjugé. Mais le grand nombre était toujours exposé à l'ancien fléau ; la maladie sévissait dans les familles, tuait ou défigurait beaucoup d'enfants, et peu de parents se hasardaient à employer un moyen dont l'efficacité probable était pourtant déjà confirmée par de nombreux succès. Le mal atteignit aussi notre maison, et me frappa avec une violence particulière. Tout mon corps fut parsemé de boutons, mon visage en fut couvert, et je restai plusieurs jours aveugle, dans de grandes souffrances. On cherchait tous les adoucissements possibles ; on me promit des montagnes d'or, si je voulais me tenir tranquille, et ne pas augmenter le mal en me frottant et me grattant. Je sus me contenir. Cependant, selon le préjugé régnant, on nous tenait aussi chaudement que possible, et l'on ne faisait par là qu'irriter le mal. Enfin, après un temps tristement écoulé, un masque me tomba du visage, sans que les pustules eussent laissé sur la peau aucune trace visible, mais les traits étaient sensiblement changés. Pour moi, il me suffisait de revoir la lumière et que les taches de ma peau disparussent peu à peu, mais autour de moi on était assez impitoyable pour me rappeler souvent mon premier état. Particulièrement une tante, fort vive, qui auparavant avait fait de moi son idole, ne pouvait encore, bien des années après, jeter les yeux sur moi sans s'écrier : « Fi ! mon neveu, que tu es devenu laid ! » Puis elle me contait en détail comme j'avais été ses délices, quel effet elle avait produit quand elle me promenait, et j'appris ainsi de bonne heure que les gens nous font très-souvent expier sensiblement le plaisir que nous leur avons procuré.

Je n'échappai ni à la rougeole, ni à la petite vérole volante, ni enfin à aucun de ces démons qui tourmentent l'enfance, et, chaque fois, on m'assurait que c'était un bonheur que ce mal fût maintenant passé pour toujours. Par malheur, un autre menaçait dans le lointain et s'approchait. Tous ces événements augmentèrent mon penchant à la méditation, et, comme je m'étais déjà exercé souvent à souffrir, pour éloigner de moi les maux de l'impatience, les vertus que j'avais ouï vanter chez les stoïciens me parurent au plus haut degré dignes d'être imitées, d'autant plus que la doctrine chrétienne de la résignation recommande la même chose.

A l'occasion de ces maux domestiques, je ferai aussi mention d'un frère, de trois ans plus jeune que moi, qui fut atteint de la même contagion et en souffrit beaucoup. Il était d'un tempérament délicat, silencieux et opiniâtre, et il ne régna jamais entre nous d'intimité. Il était à peine sorti de l'enfance quand la mort l'enleva. Parmi plusieurs frères et sœurs nés après moi et qui ne vécurent pas non plus longtemps, je me souviens seulement d'une très-belle et très-agréable petite fille, qui bientôt disparut aussi, en sorte qu'au bout de quelques années, nous nous vîmes seuls, ma sœur et moi, et notre union n'en fut que plus intime et plus douce.

Ces maladies, et d'autres préoccupations désagréables, eurent des suites doublement fâcheuses, parce que mon père, qui semblait s'être fait comme un calendrier d'éducation et d'enseignement, voulait réparer immédiatement chaque retard, et imposait aux convalescents double charge de leçons. Elles ne m'étaient pas, à vrai dire, fort onéreuses, mais elles m'importunaient, parce qu'elles arrêtaient et faisaient même rétrograder mon développement intérieur, qui avait pris une direction décidée. Contre ces tourments didactiques et pédagogiques, notre refuge ordinaire étaient nos grands-parents. Leur maison était située dans la Friedgasse (rue de la Paix), et avait été, je pense, autrefois un *bourg*, car, en approchant, on ne voyait rien qu'une grande porte crénelée, qui s'appuyait de part et d'autre contre les deux maisons voisines. Avait-on franchi le seuil, on arrivait enfin par une allée étroite dans une cour assez large, entourée de constructions irrégulières, qu'on avait réunies en une seule habitation. D'ordinaire nous courions d'abord au jardin, d'une remarquable étendue en long et en large, derrière les bâtiments, et très-bien entretenu ; les allées étaient, la plupart, ombragées de treilles ; une partie du jardin était consacrée aux plantes potagères, une autre aux fleurs, qui, du printemps à l'automne, ornaient avec une riche variété les couches et les plates-bandes. La longue muraille tournée au midi était garnie de pêchers en espaliers bien cultivés, dont les fruits défendus mûrissaient sous nos yeux, durant l'été, avec une apparence tout appétissante. Mais nous évitions ce côté, parce que nous ne pouvions y satisfaire notre friandise, et nous étions attirés par le côté opposé, où une haie infinie de groseilliers offrait à notre avidité une suite de récoltes jusqu'à l'automne. Nous ne trouvions pas moins intéressant un vieux et grand mûrier au vaste branchage, soit à cause de ses fruits, soit parce qu'on nous contait que les vers à soie se nourrissaient de ses feuilles. Dans ce lieu paisible, nous trouvions chaque soir notre grand-père prenant lui-même, avec une tranquille activité, les soins plus délicats qu'exigeaient ses arbres fruitiers et ses fleurs, tandis qu'un jardinier faisait les travaux plus grossiers. Il n'était jamais las des occupations multipliées qui sont nécessaires pour entretenir et pour augmenter une belle collection d'œillets. Il attachait lui-même soigneusement en éventail les rameaux des pêchers aux treillages, pour favoriser la riche et facile croissance des fruits; il n'abandonnait à personne le triage des oignons de tulipes, de jacinthes et d'autres plantes pareilles, non plus que le soin de les conserver; et je me rappelle encore avec plaisir son application à greffer les différentes espèces de roses. Il mettait alors, pour se préserver des épines, ces vénérables gants de cuir qui lui étaient offerts à triple, chaque année, dans l'audience des musiciens, et qui, par conséquent, ne lui manquaient pas. Il portait toujours une longue robe de chambre et se coiffait d'un bonnet de velours noir plissé, en sorte qu'il aurait pu représenter un personnage mitoyen entre Alcinoüs et Laërte. Il exécutait tous ces travaux de jardinage avec la même régularité et la même exactitude que les affaires de sa charge; car il ne descendait jamais avant d'avoir mis en règle son ordre du jour pour le lendemain et d'avoir lu les actes. Le matin, il se rendait à l'hôtel de ville, il dînait à son retour, faisait la sieste dans son grand fauteuil, et tout se passait un jour comme l'autre. Il parlait peu, ne montrait pas trace de brusquerie; je ne me souviens pas de l'avoir vu en colère. Tout ce qui l'entourait était ancien; je n'ai jamais aperçu un changement quelconque dans sa chambre boisée. Sa bibliothèque ne contenait, outre les ouvrages de jurisprudence, que les premières relations de voyages, des récits de navigations et de découvertes. En somme, je ne vis jamais de situation qui pût, comme celle-là, donner le sentiment d'une paix inaltérable et d'une éternelle durée.

Mais ce qui élevait au plus haut point le respect que nous sentions pour ce digne vieillard, c'était la persuasion qu'il possédait le don de prophétie, surtout dans les choses qui concernaient sa personne et son sort. A la vérité, il ne s'expliquait d'une manière décisive et détaillée avec personne que notre grand'mère; mais pourtant nous savions tous que des songes significatifs l'instruisaient de ce qui devait arriver. Il assura, par exemple, à sa femme, dans le temps où il était encore au nombre des plus jeunes conseillers, qu'à la prochaine vacance il serait assis au banc des échevins, à la place laissée vide; et comme, en effet, bientôt après un des échevins fut frappé d'apoplexie, mon grand-père ordonna, le jour de l'élection et du ballottage, que l'on préparât tout sans bruit à la maison pour la réception des convives et des complimenteurs; et la boule d'or qui fait les échevins fut en effet tirée pour lui. Il conta comme suit à sa femme le simple songe qui l'avait instruit de la chose. Il s'était vu en séance ordinaire, l'assemblée était au complet, tout s'était passé conformément à l'usage : tout à coup l'échevin qui venait de mourir s'était levé de son siége, était descendu, l'avait invité gracieusement à prendre la place qu'il laissait vide, et, là-dessus, était sorti de la salle.

Il arriva quelque chose de pareil à la mort du maire. En pareille occasion, on ne tarde pas longtemps de nommer à cette place, parce qu'on a toujours à craindre que l'empereur ne fasse revivre son ancien droit de nommer le maire. Cette fois, l'huissier convoqua à minuit une assemblée extraordinaire pour le matin; et, comme la chandelle était près de s'éteindre dans sa lanterne, il en demanda un bout, afin de pouvoir continuer sa course. « Donnez-lui une chandelle entière, cria mon grand-père aux femmes, car c'est pour moi qu'il prend cette peine. » La suite répondit à ces paroles; il fut maire en effet. Et une circonstance particulièrement remarquable, c'est que, dans le ballottage, quoique son représentant dût tirer en troisième et dernier lieu, les deux boules d'argent sortirent les premières, en sorte que la boule d'or resta pour lui au fond du sac.

Les autres songes qui nous furent connus étaient tout à fait prosaïques, simples, et sans trace de fantastique ou de merveilleux. Je me souviens aussi qu'étant petit garçon, comme je fouillais dans ses livres et ses notes, je trouvai, parmi d'autres observations relatives au jardinage, des phrases comme celles-ci : « Cette nuit.... est venu me voir, et il m'a dit.... » Le nom et la révélation étaient en chiffres. Ou bien c'était encore : « J'ai vu cette nuit.... » Le reste était aussi en chiffres, hormis les conjonctions et d'autres mots dont on ne pouvait tirer aucun sens. Une chose remarquable, c'est que des personnes qui ne montraient d'ailleurs aucune trace de faculté divinatoire acquéraient momentanément, dans sa sphère, le don de percevoir d'avance, par des signes sensibles, certains cas de maladie ou de mort actuels, qui survenaient dans l'éloignement. Mais aucun de ses enfants et petits-enfants n'hérita de cette faculté; au contraire, ils furent, la plupart, gens robustes, de joyeuse humeur et ne visant qu'à la réalité.

A cette occasion, je les mentionne avec reconnaissance pour les nombreuses marques de bienveillance que j'en ai reçues dans mes jeunes années. Nous trouvions, par exemple, les occupations et les amusements les plus divers, quand nous allions rendre visite à la seconde fille, mariée au droguiste Melber, dont la maison et la boutique étaient situées sur la place du Marché, dans la partie la plus vivante et la plus serrée de la ville. Là nous regardions des fenêtres, avec un vif plaisir, le tumulte et la foule, où nous avions peur de nous perdre; et si, dans la boutique, parmi des marchandises si diverses, le bois de réglisse et les pastilles brunes qu'on en fabrique eurent d'abord pour nous un intérêt tout particulier, nous apprîmes cependant à connaître successivement la grande multitude des objets qui affluent dans un pareil commerce et qui en sortent. De toutes les sœurs, cette tante était la plus vive. Dans leurs jeunes années, tandis que ma mère, en toilette soignée, s'amusait à quelque joli travail de son sexe ou à la lecture, ma tante courait dans le voisinage pour s'occuper des enfants négligés, les garder, les peigner et les promener, comme elle fit pour moi bien longtemps. Aux époques de fêtes publiques, comme de couronnements, on ne pouvait la tenir à la maison. Petite enfant, elle avait déjà attrapé sa part de l'argent jeté au peuple dans ces occasions ; et l'on se racontait qu'un jour, comme elle en avait amassé une bonne quantité, et le regardait avec joie sur la paume de sa main, quelqu'un frappa dessus, en sorte que tout son butin bien acquis fut perdu d'un seul coup. Néanmoins elle se rappelait avec complaisance que, l'empereur Charles VII passant en voiture, dans un moment où le peuple gardait le silence, debout sur une borne, elle avait poussé vers le carrosse un éclatant vivat, et obligé l'empereur d'ôter son chapeau devant elle et de la remercier gracieusement pour cet audacieux hommage. Même dans sa maison, tout était animé, joyeux et gaillard autour d'elle, et nous lui avons dû bien des heures de gaieté.

Une autre sœur de ma mère se trouvait dans une situation plus tranquille, mais aussi convenable à son naturel. Elle avait épousé le pasteur Stark, qui avait la paroisse de Sainte-Catherine. Conformément à ses goûts et à son état, il vivait très-retiré, et possédait une belle bibliothèque. C'est là que j'appris à connaître Homère, mais par une traduction en prose, qui se trouve dans la septième partie de la nouvelle collection des voyages les plus remarquables, formée par M. de Loen, sous ce titre : « Description de la conquête du royaume de Troie par Homère. » Elle était ornée de gravures dans le goût du théâtre français. Ces figures me faussèrent tellement l'imagination, que je fus longtemps à ne pouvoir me représenter les héros d'Homère autrement que sous ces images. Les aventures même eurent pour moi un charme indicible ; mais je faisais un grand reproche à l'ouvrage de ce qu'il ne donnait aucun détail sur la conquête de Troie, et finissait si brusquement avec la mort d'Hector. Mon oncle, en présence duquel je faisais cette critique, me renvoya à Virgile, qui satisfit pleinement à ce que je demandais.

Il s'entend de soi-même qu'à côté des autres leçons, nous recevions aussi une instruction religieuse continue et progressive. Mais le protestantisme clérical qu'on nous enseignait n'était proprement qu'une sorte de morale sèche ; on ne songeait point à une exposition spirituelle, et la doctrine ne pouvait satisfaire ni l'esprit ni le cœur. C'est ce qui donna lieu à diverses séparations de l'Église officielle : on vit naître les séparatistes, les piétistes, les hernutes, les paisibles, toutes ces sectes enfin, diversement nommées et désignées, mais qui avaient toutes pour unique dessein de s'approcher de la divinité, surtout par Jésus-Christ, plus que la chose ne leur semblait possible sous la forme de la religion nationale.

L'enfant entendait parler sans cesse de ces opinions et de ces croyances, car les ecclésiastiques, aussi bien que les laïques, se déclaraient pour ou contre. Les dissidents, plus ou moins prononcés, étaient toujours en minorité, mais leur caractère attirait par l'originalité, la cordialité, la persévérance et la fermeté. On contait sur ces vertus et sur leurs manifestations toute sorte d'histoires. La réponse d'un pieux maître ferblantier fut particulièrement remarquée. Un de ses confrères crut le confondre en lui demandant quel était donc proprement son confesseur. Plein de sérénité et de confiance en sa bonne cause, il répliqua : « J'en ai un très-distingué : ce n'est rien moins que le confesseur du roi David. »

Ces choses et d'autres semblables peuvent bien avoir fait impression sur l'enfant et l'avoir disposé à des sentiments pareils. Quoi qu'il en soit, il conçut l'idée de s'approcher immédiatement du grand Dieu de la nature, du créateur et conservateur du ciel et de la terre ; car les manifestations de sa colère, qui m'avaient frappé antérieurement, s'étaient depuis longtemps effacées devant la beauté de l'univers et les biens de toute sorte qui nous y sont dispensés. Mais l'enfant suivit pour arriver à son but un chemin très-singulier. Il s'était attaché principalement au premier article de foi. Le Dieu qui est en relation immédiate avec la nature, qui la reconnaît et qui l'aime comme son ouvrage, lui semblait le Dieu véritable, qui peut entrer dans un rapport plus intime avec l'homme, comme avec tout le reste, qui veillera sur lui comme sur le mouvement des étoiles, sur les heures, les saisons, les plantes et les animaux. Quelques passages de l'Évangile le déclaraient expressément. L'enfant ne pouvait prêter à cet être une figure : il le cherchait par conséquent dans ses œuvres et il voulut lui élever un autel, à la véritable manière de l'Ancien Testament. Des productions naturelles devaient représenter le monde en symboles ; au-dessus brûlerait une flamme, qui exprimerait le cœur de l'homme aspirant à son Créateur. Je tirai les pièces et les échantillons les meilleurs de notre collection d'histoire naturelle, qui venait d'être enrichie ; mais le difficile était de les empiler et d'en faire une construction. Mon père avait un beau pupitre à musique, verni en rouge, avec des fleurs d'or, en forme de pyramide à quatre faces, avec plusieurs degrés. On le trouvait très-commode pour les quatuors, mais on en avait fait peu d'usage dans les derniers temps. L'enfant s'en empara, et disposa par degrés, les uns au-dessus des autres, les représentants de la nature, si bien que cela offrait une apparence fort gracieuse et assez imposante. La première adoration devait être accomplie par un beau lever de soleil : seulement, le jeune prêtre était indécis sur la manière dont il produirait une flamme qui devait, lui semblait-il, répandre en même temps une bonne odeur. Enfin l'idée lui vint d'unir les deux choses, car il possédait des pastilles à brûler, qui, sans jeter de flamme, donnaient du moins une lueur et exhalaient le plus agréable parfum. Cette combustion et cette vaporisation paisibles semblaient exprimer, mieux encore qu'une flamme éclatante, ce qui se passe dans le cœur. Le soleil était levé depuis longtemps, mais les maisons voisines cachaient l'Orient. Enfin l'astre parut au-dessus des toits. Aussitôt l'enfant saisit un verre ardent, et alluma les pastilles placées au sommet dans une belle tasse de porcelaine. Tout lui réussit à souhait, et sa dévotion fut parfaite. L'autel resta comme un ornement particulier de la chambre qu'on lui avait assignée dans la maison neuve. Chacun n'y voyait qu'une élégante collection d'histoire naturelle, mais l'enfant savait mieux quel mystère était caché là-dessous. Il lui tardait de renouveler la cérémonie. Par malheur, au moment où le soleil fut monté au point le plus convenable, la tasse de porcelaine ne se trouva pas sous la main de l'enfant ; il plaça les pastilles, sans intermédiaire, sur le haut du pupitre ; il les alluma, et la dévotion du prêtre fut si grande, qu'il ne s'aperçut du dégât causé par son sacrifice que lorsqu'il fut impossible d'y remédier. En effet les pastilles, en brûlant, avaient pénétré affreusement dans le vernis rouge et les belles fleurs d'or, et, comme un mauvais génie qui disparaît, elles avaient laissé leurs noirs vestiges ineffaçables. Cela mit le jeune prêtre dans un extrême embarras. Il sut, il est vrai, dissimuler le dégât sous les échantillons les plus grands et les plus magnifiques; mais il avait perdu le courage d'offrir de nouveaux sacrifices : et l'on pourrait presque envisager cet accident comme un signe et un avertissement du grand péril que l'on court, en général, à vouloir s'approcher de Dieu par de semblables moyens.

LIVRE II.

Tout ce que j'ai exposé jusqu'ici se rapporte à cette situation heureuse et facile dans laquelle se trouvent les États durant une longue paix. Nulle part on ne jouit d'un temps si beau avec plus de satisfaction que dans les villes qui se gouvernent par leurs propres lois, qui sont assez grandes pour renfermer un nombre considérable de citoyens et assez bien situées pour les enrichir par le commerce. Les étrangers trouvent leur avantage à les fréquenter, et sont obligés d'y apporter le gain pour y recueillir le gain. Lorsque ces villes ne dominent pas sur un vaste territoire, elles peuvent d'autant mieux procurer l'aisance à l'intérieur, parce que leurs relations extérieures ne les obligent pas à des entreprises ou des alliances coûteuses. C'est ainsi que, pendant mon enfance, il s'écoula pour les habitants de Francfort une suite d'années heureuses. Mais à peine ma septième fut-elle accomplie, le 28 août 1756, que cette fameuse guerre éclata, qui devait avoir aussi une grande influence sur les sept années suivantes de ma vie. Frédéric II, roi de Prusse, avait envahi la Saxe, à la tête de soixante mille hommes, et, au lieu d'une déclaration de guerre préalable, cet acte fut suivi d'un manifeste, composé, disait-on, par lui-même, et renfermant les raisons qui l'avaient déterminé, et qui justifiaient une si violente démarche. Le monde, qui se voyait appelé non-seulement comme témoin mais aussi comme juge, se divisa aussitôt en deux partis, et notre famille fut une image du monde.

Mon grand-père, qui, en sa qualité d'échevin de Francfort, avait porté le dais du couronnement sur la tête de François I*er*, et qui avait reçu de l'impératrice une chaîne d'or massive avec son portrait, était pour l'Autriche, avec une partie de ses gendres et de ses filles. Mon père, nommé conseiller impérial par Charles VII, et qui s'intéressait de cœur à la destinée de cet infortuné monarque, inclinait pour la Prusse avec le plus petit nombre des siens. Bientôt nos réunions du dimanche, qui avaient duré plusieurs années sans interruption, furent troublées; les mésintelligences ordinaires entre personnes alliées trouvèrent cette fois une forme dans laquelle elles pouvaient s'exprimer. On disputa, on se brouilla, on se tut, on éclata. Le grand-père, qui était d'ailleurs d'humeur gaie, paisible et facile, devint impatient. Les femmes essayèrent en vain d'étouffer le feu, et, après quelques scènes désagréables, mon père se retira le premier de la société. Alors nous nous réjouîmes chez nous sans trouble des victoires de la Prusse, qui nous étaient d'ordinaire annoncées, avec des transports de joie, par cette tante si passionnée. Tout autre intérêt dut céder à celui-là, et nous passâmes le reste de l'année dans une agitation continuelle. L'occupation de Dresde, la modération que le roi montra d'abord, ses progrès lents mais sûrs, la victoire de Lowositz, les Saxons prisonniers, furent pour notre parti autant de triomphes. Tout ce qu'on pouvait dire à l'avantage des adversaires était nié ou rabaissé, et, comme les membres de la famille du parti opposé en faisaient autant, ils ne pouvaient plus se rencontrer dans les rues, sans qu'il éclatât des querelles, comme dans *Roméo et Juliette*. J'étais donc aussi pour la Prusse, ou, à parler plus exactement, pour Frédéric. En effet, que nous importait la Prusse? C'était la personne du grand roi qui agissait sur tous les cœurs. Je me réjouissais avec mon père de nos succès; je copiais très-volontiers les chants de victoire et peut-être avec plus de plaisir encore les chansons satiriques sur le parti contraire, toutes plates que les rimes pouvaient être.

Comme l'aîné des petits-fils et comme filleul, j'avais, dès mon plus jeune âge, dîné chez mes grands-parents chaque dimanche : c'étaient mes plus douces heures de toute la semaine. A présent je ne trouvais plus aucun morceau de mon goût, car j'étais condamné à entendre diffamer mon héros de la manière la plus horrible. Il soufflait là un autre vent que chez nous; c'était une autre musique. Mon affection, mon respect même pour mes grands-parents, diminuèrent. Je ne devais rien dire chez nous de tout cela; je m'en abstenais par mon propre sentiment, et parce que ma mère m'avait averti. Cela me fit rentrer en moi-même, et comme, à l'âge de six ans, après le tremblement de terre de Lisbonne, la bonté de Dieu m'était en quelque façon devenue suspecte, je commençai, à cause de Frédéric II, à suspecter la justice du public. Mon cœur était naturellement enclin à la vénération, et il fallait une grande secousse pour faire chanceler ma foi à quelque chose de respectable. Malheureusement on nous avait recommandé les bonnes mœurs, une conduite décente, non pour elles-mêmes, mais pour le monde. Que dira le monde? disait-on toujours, et je pensais que le monde devait être un monde équitable, qui saurait apprécier tous et chacun. J'apprenais maintenant le contraire. Les mérites les plus grands et les plus manifestes provoquaient l'outrage et la haine; les plus nobles exploits étaient niés ou du moins défigurés et rabaissés; et cette scandaleuse injustice poursuivait l'homme unique, l'homme évidemment supérieur à tous ses contemporains, et qui prouvait et montrait chaque jour ce qu'il était capable de faire; et cela ne venait pas de la populace, mais d'hommes supérieurs, tels que devaient me paraître mon grand-père et mes oncles. Qu'il pût y avoir des partis, qu'il appartînt lui-même à un parti, l'enfant n'en avait aucune idée. Il croyait d'autant plus avoir raison et pouvoir déclarer son opinion la meilleure, qu'à l'exemple des hommes de son bord, il reconnaissait la beauté et les vertus de Marie-Thérèse, et qu'il ne faisait pas un crime à l'empereur François de son goût pour les joyaux et l'argent. S'ils appelaient parfois le comte Daun un *bonnet de nuit*, ils croyaient avoir pour cela des raisons suffisantes.

Mais, lorsque j'y réfléchis plus attentivement, je trouve ici le germe de l'irrévérence et même du mépris que j'ai eu pour le public pendant toute une période de ma vie, et dont je n'ai pu me corriger que plus tard par l'expérience et les lumières. Pour tout dire, ce fut dès lors une chose très-pénible et même funeste à l'enfant, d'observer l'injustice des partis, en ce qu'il s'accoutumait ainsi à s'éloigner de personnes estimées et chéries. Les faits d'armes et les événements qui se succédaient sans cesse ne laissaient aux partis ni repos ni relâche; nous trouvions une triste jouissance à réveiller et ranimer toujours ces maux imaginaires et ces querelles de fantaisie, et nous continuâmes à nous tourmenter les uns les autres, jusqu'au temps où les Français, quelques années plus tard, occupèrent Francfort, et apportèrent dans nos demeures un malaise véritable.

Or, quoique le grand nombre ne trouvât dans ces mémorables événements, qui se passaient loin de nous, qu'un sujet de conversation passionnée, il y avait d'autres personnes qui voyaient fort bien la gravité de ces conjonctures, et qui craignaient, si la France prenait part à la guerre, que notre pays n'en devînt aussi le théâtre. On retenait les enfants à la maison plus qu'auparavant, et l'on cherchait de diverses manières à nous occuper et à nous amuser. Dans ce but, on avait remis en état les marionnettes que notre grand'mère nous avait laissées, et nous les avions établies de façon que les spectateurs étaient assis dans ma mansarde; les acteurs, les personnes qui les dirigeaient, tout comme le théâtre même et l'avant-scène, trouvaient place dans une chambre voisine. En admettant, par faveur particulière, comme spectateurs, tantôt un petit garçon, tantôt un autre, je me fis, au commencement, beaucoup d'amis; mais l'inquiétude qui est propre aux enfants ne leur permettait pas de rester longtemps spectateurs tranquilles : ils troublaient le jeu, et nous dûmes nous choisir un public plus jeune, qui pourrait, à tout événement, être maintenu dans l'ordre par les nourrices et les bonnes. Nous avions appris par cœur le grand drame pour lequel la troupe des marionnettes avait été d'abord organisée, et, dans le commencement, ce fut la seule pièce que nous jouâmes; mais cela nous fatigua bientôt; nous changeâmes la garde-robe, les décorations, et nous hasardâmes de jouer diverses pièces, qui, à vrai dire, étaient trop étendues pour un si petit théâtre. Mais, si ces prétentions nuisirent et même enfin s'opposèrent à ce que nous aurions pu exécuter, cependant cette récréation et cette occupation enfantines exercèrent et développèrent chez moi, de manières très-diverses, l'invention et l'exposition, l'imagination et une certaine technique, à un degré auquel je ne serais peut-être arrivé par aucun autre moyen, en un temps si court, dans un espace si étroit, avec si peu de frais.

J'avais appris de bonne heure à me servir du compas et de la règle, parce que je m'empressais d'exécuter tout ce qu'on nous apprenait de géométrie, et les ouvrages en carton étaient une de mes occupations favorites. Mais je ne m'en tenais pas aux corps géométriques, aux coffrets et choses pareilles ; j'imaginai de jolies maisons de plaisance, qui furent décorées de pilastres, de perrons et de toits en terrasses : cependant bien peu furent achevées. Je montrai, en revanche, beaucoup plus de persévérance à former, avec le secours de notre domestique, tailleur de profession, un magasin d'équipements, qui devaient servir pour les drames et les tragédies que nous aurions envie de représenter nous-mêmes, trouvant désormais les marionnettes au-dessous de nous. Mes camarades se préparèrent aussi des équipements, et ils ne les trouvaient pas moins beaux et moins bons que les miens ; mais je ne m'étais pas contenté de pourvoir aux besoins d'une seule personne ; je pouvais fournir de toutes pièces plusieurs soldats de la petite armée, et, par là, je me rendis toujours plus nécessaire à notre société enfantine. On pense bien que ces jeux amenaient des partis, des combats et des coups, et que souvent aussi ils finissaient tristement par des querelles et des brouilleries. Dans ces occasions, certains camarades se rangeaient d'ordinaire de mon côté, d'autres dans le parti contraire, quoique les changements de parti fussent assez fréquents. Un seul petit garçon, que j'appellerai Pylade, ne quitta le mien qu'une fois, à l'instigation des autres, mais à peine fut-il capable de persister un moment à me faire tête ; nous nous réconciliâmes en versant beaucoup de larmes, et assez longtemps nous restâmes fidèlement unis.

Je pouvais lui causer une grande joie, ainsi qu'à mes autres camarades, en leur contant des histoires, et ils aimaient surtout à m'entendre parler en mon propre nom. Ils étaient ravis qu'il pût m'être arrivé, à moi, leur camarade, des choses si étranges, et ils ne demandaient point, avec défiance, comment j'avais pu trouver du temps et de l'espace pour de telles aventures, sachant bien toutefois quelles étaient mes occupations, et où j'allais et venais. Il ne m'était pas moins nécessaire de placer le théâtre de ces aventures, sinon dans un autre monde, du moins dans un autre pays, et cependant tout s'était passé le jour même ou la veille. C'était donc eux-mêmes qui devaient s'en faire accroire bien plus que je ne pouvais les tromper. Et si je n'avais pas appris à donner, selon ma disposition naturelle, la forme d'œuvres littéraires à ces billevesées et à ces gasconnades, ces débuts de fanfaron auraient eu infailliblement pour moi des conséquences fâcheuses.

Si l'on considère de près cette tendance, on pourra y reconnaître cette prétention du poëte d'énoncer avec autorité les choses même les plus invraisemblables, et d'exiger de chacun qu'il admette comme réel ce qui pouvait, en quelque façon, paraître véritable à lui qui l'inventait. Mais ce que j'expose ici d'une manière générale et sous forme de réflexions deviendra peut-être plus agréable et plus évident par un échantillon, par un exemple. Je vais donc citer un de ces contes, que j'ai dû répéter souvent à mes camarades, et que pour cette raison je trouve encore tout vivant dans mon imagination et ma mémoire.

LE NOUVEAU PÂRIS.

(CONTE ENFANTIN.)

J'ai rêvé l'autre nuit (c'était la veille de la Pentecôte) que j'étais devant un miroir, occupé à mettre les nouveaux habits d'été que mes chers parents m'avaient commandés pour la fête. Cet habillement consistait, comme vous savez, en souliers d'un beau cuir, avec de grandes boucles d'argent, bas de coton fin, culotte de serge noire et habit de bouracan vert, avec des paillettes d'or. La veste, en drap d'or, était la veste de noces de mon père, ajustée à ma taille. J'étais frisé et poudré, les boucles s'écartaient de ma tête comme de petites ailes. Mais je ne pouvais venir à bout de ma toilette, parce que je confondais toujours les pièces d'habillement, et que la première me tombait toujours du corps, quand je voulais mettre la seconde. Dans ce grand embarras, je vis approcher un beau jeune homme, qui me salua de la manière la plus amicale. « Soyez le bienvenu, lui dis-je, je suis charmé de vous voir ici. — Vous me connaissez donc, répliqua-t-il en souriant. — Pourquoi pas? répondis-je de même avec un sourire. Vous êtes Mercure, et je vous ai vu assez souvent, en image. — C'est moi, en effet, dit-il, et les dieux m'envoient auprès de toi avec un message important. Vois-tu ces trois pommes? »

Il avança la main et me montra trois pommes, qu'elle pouvait à peine contenir, et aussi merveilleusement belles qu'elles étaient grosses. L'une rouge, l'autre jaune et la troisième verte. Elles semblaient des pierres précieuses, auxquelles on aurait donné la forme de fruits. Je voulus m'en saisir, mais le dieu les retira et me dit : « Apprends d'abord qu'elles ne sont pas pour toi. Tu devras les donner aux trois plus beaux jeunes gens de la ville, qui trouveront ensuite, chacun d'après son lot, des épouses comme ils peuvent les souhaiter. Prends et fais pour le mieux, » dit-il en me quittant. Il plaça dans mes mains ouvertes les trois pommes, qui me semblèrent devenues encore plus grosses. Je les présentai à la lumière, et je les trouvai tout à fait transparentes; mais bientôt elles s'allongèrent, se dressèrent et devinrent trois belles, belles petites dames, pareilles à des poupées de grandeur moyenne, dont les habits étaient de la même couleur que les pommes avaient été. Puis elles glissèrent doucement au bout de mes doigts, en montant, et, quand je voulus les attraper, pour en garder au moins une, déjà elles voltigeaient haut et loin, et je ne pouvais plus que les suivre des yeux. Je demeurais là tout ébahi et pétrifié, les mains encore en l'air, et je regardais mes doigts, comme s'il y avait eu quelque chose à voir. Tout à coup je vis danser au bout de mes doigts une délicieuse fillette, plus petite que les premières, mais tout à fait éveillée et mignonne, et, comme elle ne s'envolait pas ainsi que les autres, et qu'elle passait, en dansant, d'un doigt à l'autre, je la contemplai quelque temps, émerveillé. Cependant, comme elle me plaisait infiniment, je crus enfin pouvoir la saisir, et je songeais à l'attraper adroitement : mais, à l'instant, je me sentis frappé à la tête de telle sorte que je tombai par terre tout étourdi, et ne m'éveillai de ma stupeur que lorsqu'il fut temps de m'habiller et d'aller à l'église.

Pendant le service divin je passai bien souvent ces images en revue, et aussi à la table de mes grands-parents, chez qui je dînais. Après midi, je voulus aller voir quelques amis, soit pour me faire voir dans mon nouvel habillement, le chapeau sous le bras et l'épée au côté, soit parce que je leur devais une visite. Je n'en trouvai aucun à la maison, et, apprenant qu'ils étaient allés dans les jardins, je résolus de les suivre, et de passer gaiement la soirée avec eux. Je devais longer le boulevard, et j'arrivai à l'endroit qu'on appelle à juste titre le *Mauvais mur*, car il est toujours assez suspect. Je marchais lentement et je pensais à mes trois déesses, mais surtout à la petite nymphe, et je tenais quelquefois les doigts en l'air, dans l'espérance qu'elle serait assez aimable pour venir s'y balancer encore. Comme j'avançais, occupé de ces pensées, je vis à main gauche, dans le mur, une petite porte, que je ne me souvenais pas d'avoir jamais vue. Elle semblait basse, mais l'ogive qui la terminait aurait livré passage à l'homme le plus grand. L'arcade et les jambages avaient été fouillés avec la dernière élégance par le tailleur de pierres et le sculpteur, mais la porte même attira tout d'abord mon attention. Le bois brun, très-vieux, avec peu d'ornements, était garni de larges bandes de bronze, travaillées en relief et en creux, et je ne pouvais assez en admirer le feuillage, où étaient perchés les oiseaux les plus naturels. Mais ce qui me parut le plus remarquable, ce fut de ne voir ni trou de serrure, ni loquet, ni marteau, et j'en conclus que cette porte ne s'ouvrait que de l'intérieur. Je ne m'étais pas trompé, car, au moment où je m'en approchais pour tâter les ornements, elle s'ouvrit en dedans, et un homme parut, dont l'habillement était assez long, assez ample et singulier. Une barbe vénérable ombrageait son menton, et j'étais disposé à le prendre pour un juif; mais, comme s'il eût deviné ma pensée, il fit le signe de la croix, me donnant ainsi à entendre qu'il était bon catholique.

« Mon jeune Monsieur, qu'est-ce qui vous amène, et que faites-vous là? dit-il d'un air et d'un ton gracieux. — J'admire, lui répondis-je, le travail de cette porte, car je n'en ai jamais vu de pareil, si ce n'est sur de petits objets, dans les collections des amateurs. — Je suis charmé, reprit-il, que vous aimiez cet ouvrage. En dedans, la porte est encore beaucoup plus belle. Entrez, s'il vous plaît. » Je ne me sentais pas bien tranquille : le singulier costume du portier, l'isolement et un certain je ne sais quoi, qui me semblait planer dans l'air, m'oppressaient. Je temporisai donc, sous prétexte d'admirer encore le côté extérieur, et je regardai en même temps à la dérobée dans le jardin, car c'était un jardin qui s'était ouvert devant moi. Tout près, derrière la porte, je vis une place que de vieux tilleuls, plantés régulièrement, couvraient de leurs branches touffues, entrelacées, en sorte que les compagnies les plus nombreuses auraient pu y prendre le frais dans la plus grande chaleur du jour. J'étais déjà sur le seuil, et le vieillard sut m'engager à faire toujours un pas de plus. Aussi ne résistais-je pas proprement, car j'avais toujours ouï dire qu'un prince ou un sultan ne doit jamais demander en pareil cas s'il y a du danger. D'ailleurs j'avais mon épée au côté. Et ne saurais-je pas me défaire du vieillard, s'il montrait des dispositions hostiles?

J'entrai donc, tout à fait rassuré. Le vieillard poussa la porte, qui se ferma si doucement que je m'en aperçus à peine. Alors il me montra l'ouvrage appliqué à l'intérieur, qui, véritablement, était beaucoup plus admirable encore; il me l'expliqua, me témoignant d'ailleurs une bienveillance particulière. Parfaitement tranquillisé, je me laissai conduire dans l'espace ombragé, le long de la muraille étendue en rond, et j'y trouvai bien des choses à admirer. Des niches, artistement décorées de coquillages, de coraux et de minerais, versaient par des gueules de tritons une eau abondante dans des bassins de marbre; dans l'intervalle étaient pratiqués des volières et d'autres grillages où des écureuils sautillaient, des cochons d'Inde couraient çà et là, enfin toutes les jolies petites bêtes qu'on peut désirer. Les oiseaux nous saluaient de leurs cris et de leurs chants à notre passage; les sansonnets surtout jasaient de la manière la plus folle! L'un criait toujours : « Pâris! Pâris! » et l'autre : « Narcisse! Narcisse! » aussi distinctement qu'un petit écolier pourrait le faire. Le vieillard ne cessait pas de me regarder gravement, tandis que les oiseaux criaient ainsi, mais je ne faisais pas semblant de le remarquer, et, en effet, je n'avais pas le temps de prendre garde à lui, car je pouvais fort bien observer que nous faisions le tour d'un rond, et que cet espace ombragé était proprement un grand cercle, qui en renfermait un autre beaucoup plus remarquable.

Nous étions en effet revenus à la petite porte, et il semblait que le vieillard voulût me laisser sortir ; cependant mes yeux étaient fixés sur un grillage d'or qui paraissait enclore le milieu de ce merveilleux jardin, et que j'avais trouvé l'occasion d'observer suffisamment pendant notre promenade, quoique le vieillard sût toujours me tenir auprès du mur, et, par conséquent, assez éloigné du centre. Comme il s'avançait vers la petite porte, je lui dis, avec une révérence : « Vous m'avez montré une si grande complaisance, que j'oserai vous faire encore une prière avant de vous quitter. Ne pourrais-je voir de plus près cette grille dorée, qui semble enfermer dans un vaste cercle l'intérieur du jardin? — Fort bien ! répliqua-t-il, mais il faut vous soumettre à quelques conditions. — En quoi consistent-elles? demandai-je vivement. — Vous devez laisser ici votre chapeau et votre épée, et vous me donnerez la main aussi longtemps que je vous accompagnerai. — Très-volontiers, » lui dis-je, et je posai mon chapeau et mon épée sur le premier banc de pierre que je trouvai.

Aussitôt il prit ma main gauche, la tint ferme et m'entraîna droit en avant avec quelque violence. Quand nous arrivâmes à la grille, ma surprise se changea en admiration. Je n'avais jamais rien vu de pareil. Sur un grand socle de marbre se dressaient, à la file, d'innombrables lances et pertuisanes, aux ornements bizarres, et formant un cercle entier. Je regardai par les intervalles, et je vis, tout près, derrière la grille, une eau paisible, coulant dans un canal bordé de marbre, et, dans ses flots limpides, une multitude de poissons d'or et d'argent, qui nageaient çà et là, tantôt vite, tantôt lentement, tantôt seuls, tantôt à la file. J'aurais volontiers porté mes regards au delà du canal, pour découvrir ce qu'il y avait au cœur du jardin; mais je reconnus, à mon vif regret, que, du côté opposé, l'eau était entourée d'un grillage pareil, et fabriqué avec tant d'art qu'à un intervalle de la première répondait une pique ou une pertuisane de la seconde, et que, les autres ornements y compris, on ne pouvait voir à travers, de quelque manière qu'on se plaçât. De plus le vieillard me gênait, en me tenant toujours ferme, en sorte que je ne pouvais me mouvoir librement. Cependant, après tout ce que j'avais vu, ma curiosité croissait toujours davantage, et je pris le courage de demander au vieillard si l'on ne pouvait aussi pénétrer de l'autre côté : « Pourquoi pas ? reprit-il, mais c'est à de nouvelles conditions. » Je demandai en quoi elles consistaient, et il m'apprit que je devais changer de vêtements. J'y consentis très-volontiers. Il me ramena vers la muraille et me fit entrer dans une petite salle très-propre, aux murs de laquelle étaient suspendus divers habillements, qui semblaient tous se rapprocher du costume oriental. J'eus bientôt changé d'habits. Mon guide releva mes cheveux poudrés sous un filet bariolé, après en avoir, à mon grand effroi, secoué vivement la poudre. Alors, m'étant regardé dans une glace, je me trouvai tout à fait joli sous mon déguisement et bien plus à mon gré que dans mon roide habillement des dimanches. Je fis quelques gestes et quelques sauts, comme j'avais vu faire aux danseurs sur le théâtre de la foire. Sur l'entrefaite, je regardai au miroir, et je vis par hasard le reflet d'une niche qui se trouvait derrière moi. Dans le fond blanc étaient pendues trois cordelettes vertes, chacune entortillée sur elle-même, d'une manière que, dans l'éloignement, je ne pouvais bien démêler. Je me tournai donc un peu brusquement, et je demandai au vieillard des explications sur la niche comme sur les cordelettes. Avec une parfaite complaisance, il en prit une et me la montra. C'était un cordon de soie verte assez fort, dont les deux bouts, passés à travers une lanière de cuir vert à double fente, lui donnaient l'apparence d'un instrument destiné à un usage peu agréable. La chose me parut suspecte, et j'en demandai au vieillard l'explication. Il me répondit, d'un ton fort tranquille et débonnaire, que cela était réservé pour les gens qui abusaient de la confiance qu'on était disposé à leur donner ici. Il remit le cordon à sa place et me demanda aussitôt de le suivre; car, cette fois, il ne me prit pas la main, et je marchai librement à ses côtés.

A ce moment, ce qui piquait surtout ma curiosité, c'était de savoir où pouvait être la porte, où pouvait être le pont, par lesquels on franchissait la grille, on traversait le canal; car jusqu'alors je n'avais rien pu découvrir de pareil. J'observais donc très-attentivement la grille dorée, pendant que nous en approchions à grands pas; mais tout à coup ma vue se troubla, car les piques, les lances, les hallebardes, les pertuisanes, se remuèrent et se secouèrent à l'improviste, et, après ces mouvements étranges, finirent par se pencher les unes contre les autres comme lorsque deux troupes d'autrefois, armées de piques, voulaient s'élancer l'une contre l'autre. La confusion était à peine supportable pour l'œil, le fracas, pour l'oreille; mais le coup d'œil fut surprenant au delà de toute expression, quand toutes les lances se furent couchées, couvrirent le tour du canal et formèrent le pont le plus magnifique qui se puisse imaginer; en effet le parterre le plus varié s'étendait devant mes yeux; il était partagé en planches entrelacées, qui présentaient, dans leur ensemble, un labyrinthe d'arabesques; toutes avec des cadres verts d'une plante basse, en pleine croissance, que je n'avais jamais vue; toutes garnies de fleurs, de couleur différente dans chaque compartiment, et qui, étant basses, aussi, permettaient de suivre sur le sol le dessin tracé devant les yeux. Ce délicieux spectacle, dont je jouissais en plein soleil, enchaînait absolument mes regards : mais je ne savais presque où poser le pied, car les sentiers sinueux étaient semés du plus beau sable d'azur, qui semblait former sur la terre un ciel plus sombre ou un ciel reflété dans l'eau. Je marchai quelque temps de la sorte à côté de mon guide, les yeux baissés vers la terre; enfin je m'aperçus qu'au milieu de ce parterre fleuri, se trouvait un grand rond de cyprès et de peupliers, à travers lequel la vue ne pouvait pénétrer, parce que les branches les plus basses semblaient sortir de terre. Mon guide, sans m'entraîner précisément par le plus court chemin, me conduisit cependant tout auprès de ce centre; et quelle ne fut pas ma surprise, lorsque, en pénétrant dans le rond des grands arbres, je vis devant moi le portique d'un superbe pavillon, qui paraissait offrir par les autres côtés des vues et des entrées pareilles. Mais je fus moins enchanté par ce modèle d'architecture que par une musique céleste, qui partait de l'édifice. Je croyais entendre tour à tour un luth, une harpe, une guitare et un autre carillon qui ne ressemblait à aucun de ces trois instruments.

La porte où nous arrivâmes, légèrement touchée par le vieillard, ne tarda pas à s'ouvrir, et combien je fus étonné, quand je trouvai la portière qui en sortit, parfaitement semblable à la jolie fillette que j'avais vue en songe danser au bout de mes doigts! Elle me salua d'un air de connaissance et me pria d'entrer. Le vieillard resta à la porte et je me rendis avec la belle, par un court passage voûté, élégamment décoré, dans la salle du milieu, dont le magnifique plafond en coupole fixa mon regard dès l'entrée et provoqua mon admiration. Cependant mes yeux ne s'y arrêtèrent pas longtemps, car ils s'abaissèrent, attirés par un spectacle plus ravissant. Sur un tapis, justement au-dessous de la coupole, étaient assises, en triangle, trois dames, vêtues de trois couleurs différentes, rouge, jaune et vert. Les sièges étaient dorés, et le tapis était un vrai parterre de fleurs. Dans leurs mains reposaient les trois instruments que j'avais pu distinguer du dehors, car, troublées par ma venue, elles avaient cessé leur jeu. « Soyez le bienvenu, me dit celle du milieu, je veux dire celle qui était assise en face de la porte, en robe rouge, et jouant de la harpe. Asseyez-vous auprès d'Alerte, et prêtez l'oreille, si vous aimez la musique. » Alors enfin j'aperçus au fond de la salle, en travers, une banquette assez longue, sur laquelle se trouvait une mandoline. La gentille fillette s'en saisit, prit place et me fit asseoir à son côté. A ce moment, j'observai la deuxième dame, placée à ma droite: c'est elle qui portait la robe jaune et qui tenait la guitare; et, si la joueuse de harpe était d'une taille imposante, si ses traits étaient nobles et son maintien majestueux, on pouvait remarquer chez la joueuse de guitare une gaieté, une grâce légère; c'était une blonde délicate, tandis que la première était parée de beaux cheveux noirs. La variété et l'harmonie de leur musique ne put m'empêcher d'observer aussi la troisième beauté à la robe verte, dont le luth avait pour moi quelque chose de touchant et d'étrange à la fois. C'était celle qui semblait le plus s'occuper de moi et m'adresser ses accents: seulement je ne savais que penser d'elle, car elle me paraissait tour à tour tendre et singulière, franche et capricieuse, selon qu'elle variait ses mines et son jeu; il semblait qu'elle voulût tantôt m'attendrir, tantôt me lutiner. Mais, quoi qu'elle pût faire, elle prit sur moi peu d'empire, parce que ma petite voisine, avec qui j'étais assis côte à côte, m'avait entièrement captivé; et, si je voyais clairement dans ces trois dames les sylphides de mon rêve et les couleurs des pommes, je comprenais bien que je n'avais aucune raison de les retenir. Je me serais plus volontiers emparé de la gentille petite, si le coup qu'elle m'avait appliqué en songe ne m'était pas resté si bien dans la mémoire. Jusque-là elle avait laissé dormir sa mandoline, mais, lorsque ses maîtresses eurent cessé, elles l'invitèrent à nous régaler de joyeux petits morceaux. A peine eut-elle gratté quelques danses avec beaucoup de verve, qu'elle se leva soudain; j'en fis autant; elle jouait et dansait. Je fus entraîné à suivre ses pas, et nous exécutâmes une sorte de petit ballet, dont les dames parurent satisfaites; car, aussitôt que nous eûmes fini, elles ordonnèrent à la petite de m'offrir quelques rafraîchissements en attendant le souper. Véritablement, j'avais oublié qu'il y eût au monde autre chose hors de ce paradis. Alerte me ramena aussitôt dans le corridor par où j'étais entré. Il conduisait à deux chambres bien arrangées : dans l'une, qui était celle d'Alerte, elle me servit des oranges, des figues, des pêches et des raisins, et je mangeai, de grand appétit, aussi bien les fruits des pays étrangers que ceux dont la saison n'était pas encore venue. Il y avait des sucreries en abondance. Elle remplit aussi d'un vin pétillant une coupe de cristal poli; mais je n'avais pas besoin de boire : les fruits m'avaient suffisamment rafraîchi. « A présent nous allons jouer, » dit-elle, et elle me conduisit dans l'autre chambre. On eût dit une foire de Noël : mais on ne vit jamais dans une de ces boutiques de fête des choses aussi précieuses et aussi délicates. Il s'y trouvait toutes sortes de poupées, avec leurs toilettes et leurs ameublements, des cuisines, des chambres, des boutiques et des jouets sans nombre. Alerte me promena devant toutes les armoires vitrées, qui renfermaient les ouvrages les plus ingénieux. Mais elle referma bien vite les premières armoires en disant : « Cela n'est pas fait pour vous, je le sais bien. Nous pourrions, ajouta-t-elle, trouver ici des matériaux, des murs et des tours, des maisons, des palais, des églises, pour bâtir une grande ville, mais cela ne m'amuse pas : nous prendrons autre chose, qui nous divertisse également tous les deux. »

Là-dessus elle tira des armoires quelques boîtes, dans lesquelles je vis empilée une petite armée, et je dus avouer sur-le-champ que je n'avais jamais rien vu de si beau. Alerte ne me laissa pas le temps de le considérer en détail; elle prit une boîte sous le bras et je m'emparai d'une autre. « Allons sur le pont d'or, dit-elle, c'est l'endroit le plus favorable pour jouer aux soldats. Les lances indiquent l'ordre dans lequel il faut placer les armées en face l'une de l'autre. » Nous étions arrivés à la place dorée et vacillante; j'entendais sous moi l'eau ruisseler et les poissons gargouiller, tandis que j'étais à genoux pour ranger mes troupes en bataille. C'étaient tous cavaliers, comme je le vis alors. Alerte se glorifiait d'avoir la reine des Amazones pour chef de son armée de femmes; de mon côté, je trouvai Achille et une très-imposante cavalerie grecque. Les armées étaient en présence et l'on ne pouvait rien voir de plus beau : ce n'étaient nullement de plats cavaliers de plomb comme les nôtres; hommes et chevaux avaient les formes arrondies et pleines, et ils étaient du plus fin travail. On avait d'ailleurs peine à comprendre comment ils demeuraient en équilibre, car ils se tenaient debout d'eux-mêmes, sans marchepieds.

Quand nous eûmes contemplé tous deux nos troupes avec une grande satisfaction, Alerte m'annonça l'attaque. Nous avions aussi trouvé de l'artillerie dans nos coffrets : c'étaient des boîtes pleines de petites boules d'agate bien polies. Elles devaient nous servir à combattre l'un contre l'autre à une certaine distance, mais il était convenu expressément qu'on ne lancerait pas la boule plus fort qu'il n'était nécessaire pour renverser les figures, car il ne fallait en gâter aucune. La canonnade commença de part et d'autre, et d'abord elle agit à notre mutuel contentement. Mais, quand mon adversaire observa que je visais mieux qu'elle, et que je pourrais bien remporter la victoire, qui devait appartenir à celui dont les soldats resteraient debout en plus grand nombre, elle se rapprocha, et les coups de la petite fille eurent le succès désiré : elle m'abattit une quantité de mes meilleures troupes, et plus je protestais, plus elle jetait ses boules avec acharnement. A la fin cela me fâcha, et je déclarai que je ferais comme elle. En effet je m'approchai ; même, dans ma colère, je lançai mes boules avec beaucoup plus de violence, et je ne tardai guère à faire voler en pièces une couple de ses petites centauresses. Dans sa fougue, elle ne le remarqua pas d'abord ; mais je restai pétrifié, quand je vis les figurines brisées se ressouder d'elles-mêmes, amazone et cheval reformer un tout, et en même temps prendre vie, se lancer au galop du pont doré sous les tilleuls, et, courant çà et là, se perdre enfin, je ne sais comment, vers la muraille. A peine ma belle ennemie s'en fut-elle aperçue, qu'elle éclata en sanglots et en gémissements, et s'écria que je lui avais causé une perte irréparable, une perte beaucoup plus grande qu'on ne pouvait l'exprimer. Moi, qui étais déjà courroucé, je m'applaudis de lui faire quelque peine, et je lançai, avec une aveugle furie, parmi ses troupes quelques agates qui me restaient. Malheureusement j'atteignis la reine, jusqu'alors exceptée dans notre lutte régulière. Elle vola en éclats, et les aides de camp les plus voisines furent aussi brisées : mais elles se reformèrent soudain, prirent la fuite comme les premières, galopèrent gaiement sous les tilleuls, et se perdirent vers le mur.

Mon ennemie m'insulte et m'outrage ; moi, qui étais en train, je me baisse pour ramasser quelques agates qui roulaient le long des piques dorées. Mon désir furieux était de détruire toute son armée ; mais elle, qui ne s'endormait pas, se jette sur moi, et me donne un soufflet dont ma tête résonne. Comme j'avais toujours ouï dire qu'au soufflet d'une jeune fille on répond par un vigoureux baiser, je la prends par les oreilles et l'embrasse trois et quatre fois. Mais elle poussa un cri si perçant, que j'en fus moi-même effrayé. Je la laissai courir et bien m'en prit, car, au même instant, je ne sus ce qui m'arrivait : le sol tremblait et grondait sous moi ; je vis soudain les grilles se remettre en mouvement : mais je n'eus pas le temps de réfléchir et je ne pus appuyer le pied pour fuir. Je craignais à chaque instant de me voir transpercé, car les lances et les pertuisanes, en se dressant, tailladaient déjà mes habits. Bref, je ne sais ce qui m'arriva ; je perdis la vue et l'ouïe, et je revins de mon étourdissement, de ma frayeur, au pied d'un tilleul, contre lequel le grillage m'avait jeté en bondissant.

A mon réveil, ma méchante humeur aussi se réveilla, et je devins plus furieux encore, lorsque j'entendis les moqueries et les rires de mon ennemie, qui était tombée, sans doute plus doucement que moi, de l'autre côté du canal. Je me levai donc brusquement, et, voyant dispersée autour de moi la petite armée avec Achille, son chef, que le grillage, en se relevant soudain, avait lancé de mon côté, je saisis d'abord le héros et le jetai contre un arbre. Sa résurrection et sa fuite me charmaient doublement, parce qu'un malin plaisir s'unissait au plus joli spectacle du monde; et j'étais sur le point d'envoyer après lui tous les Grecs, quand des eaux, sifflant de toutes parts, des pierres et des murs, du sol et des branches, se croisèrent et fondirent à l'improviste sur moi, de quelque côté que je me tournasse. Mon léger vêtement fut bientôt percé; il était déjà tailladé et je n'hésitai pas à m'en dépouiller; je jetai mes pantoufles et toutes les pièces de mon habillement l'une après l'autre, et je finis par trouver très-agréable, vu la chaleur du jour, de laisser ces douches jouer sur moi. Je marchais gravement tout nu entre ces eaux bienvenues, et je croyais pouvoir me trouver longtemps aussi bien. Ma colère se calmait, et je n'avais rien de plus à cœur que de me réconcilier avec ma petite ennemie; mais en un clin d'œil les eaux s'arrêtèrent, et j'étais là tout mouillé sur un sol trempé d'eau.

La présence du vieillard, qui s'offrit à ma vue inopinément, ne me fut nullement agréable. J'aurais désiré, sinon de me cacher, du moins de pouvoir me vêtir. La confusion, le frisson, et mes efforts pour me couvrir un peu, me faisaient jouer un bien triste personnage. Le vieillard profita de ce moment pour me faire les plus vifs reproches. « Qu'est-ce qui m'empêche, s'écria-t-il, de prendre un des cordons verts et d'en mesurer sinon votre cou, du moins votre dos? » Je pris fort mal cette menace. « Gardez-vous, m'écriai-je, de pareils discours, et même de pareilles pensées; autrement vous êtes perdus, vous et vos maîtresses. — Qui es-tu donc, demanda-t-il fièrement, pour oser parler ainsi? — Un favori des dieux, qui est maître de décider si ces dames trouveront de dignes époux et passeront une vie heureuse, ou si elles languiront et vieilliront dans leur cloître enchanté. » Le vieillard fit quelques pas en arrière. « Qui t'a révélé ce mystère? demanda-t-il, inquiet et surpris. — Trois pommes, trois pierres précieuses. — Et que demandes-tu pour ta récompense? — Avant tout, la petite fillette qui m'a mis dans cet affreux état. »

Le vieillard se prosterna devant moi, sans se préoccuper de la terre humide et fangeuse, puis il se releva, sans être mouillé, me prit gracieusement par la main, me conduisit dans la première salle, me rhabilla lestement, et bientôt je me vis dans ma toilette des dimanches et frisé comme auparavant. Le portier ne dit plus un mot; mais, avant de me laisser franchir le seuil, il me retint, et me fit remarquer divers objets contre le mur vis-à-vis, de l'autre côté du chemin, en même temps qu'il me montrait derrière moi la petite porte. Je le compris bien : il voulait me dire de graver ces objets dans ma mémoire, afin de retrouver plus sûrement la porte, qui se ferma aussitôt sur mes talons.

Je remarquai donc soigneusement ce qui était vis-à-vis. Au-dessus d'un grand mur s'élevaient les branches de très-vieux noyers, qui couvraient en partie la corniche terminale. Les branches s'étendaient jusqu'à une table de pierre, dont je pouvais bien distinguer l'encadrement sculpté, mais non lire l'inscription; la table reposait sur la console d'une niche dans laquelle une fontaine artistement travaillée versait l'eau de vasque en vasque dans un grand bassin, où elle formait comme un petit étang, avant de se perdre dans la terre. Fontaine, inscription, noyers, tout se trouvait d'aplomb l'un sur l'autre : je pourrais le peindre comme je l'ai vu.

On peut juger comment je passai ce soir-là et les jours suivants, et combien de fois je me répétai ces histoires, que je ne pouvais croire moi-même. Aussitôt que la chose me fut possible, je retournai au Mauvais mur pour me rafraîchir du moins la mémoire de ces signes et contempler l'admirable petite porte : mais, à ma grande surprise, je trouvai tout changé. Les noyers s'élevaient par-dessus le mur, mais ils n'étaient pas tout près les uns des autres; une table était enchâssée dans le mur, mais bien loin à droite des arbres, sans ornements, et avec une inscription lisible; une fontaine dans une niche se trouve bien loin à gauche, mais elle n'est nullement comparable à celle que j'avais vue, ce qui me ferait croire que la seconde aventure a été un songe comme la première, car, de la petite porte, il ne s'en trouve absolument aucune trace. La seule chose qui me console, c'est que ces trois objets me paraissent changer incessamment de place, car, dans les visites répétées que j'ai faites en ce lieu, j'ai cru remarquer que les noyers se rapprochent un peu les uns des autres, et j'ai fait la même observation sur la table et la fontaine. Vraisemblablement, quand tout sera revenu au même point, la porte sera aussi visible de nouveau, et je ferai mon possible pour renouer l'aventure. Pourrai-je vous conter ce qui arrivera encore, ou cela me sera-t-il expressément défendu? c'est ce que je ne saurais vous dire.

Ce conte, dont mes camarades voulaient absolument se persuader la vérité, obtint un grand succès. Ils visitèrent chacun à part, sans me le dire non plus qu'aux autres, la place indiquée; ils trouvèrent les noyers, la table et la fontaine, mais toujours éloignés les uns des autres, comme ils finirent par l'avouer, parce qu'à cet âge on n'aime pas à taire un secret. Mais c'est ici que la dispute commença. L'un soutenait que les objets ne bougeaient pas de place, et qu'ils restaient toujours entre eux à la même distance; le second assurait qu'ils se remuaient, mais qu'ils s'éloignaient les uns des autres; le troisième était d'accord avec celui-ci sur la question du mouvement; mais les noyers, la table et la fontaine lui semblaient plutôt se rapprocher; le quatrième prétendait avoir vu quelque chose de plus remarquable, c'est-à-dire les noyers au milieu, mais la table et la fontaine aux côtés opposés à ceux que j'avais indiqués. Au sujet des traces de la petite porte, ils variaient aussi, et, par cet exemple, j'apprenais de bonne heure que les hommes se font et peuvent soutenir les idées les plus contradictoires sur une chose toute simple et facile à vérifier. Comme je refusais obstinément de dire la suite de mon conte, cette première partie fut souvent redemandée. Je me gardai bien de beaucoup modifier les circonstances, et, par l'uniformité de mon récit, je changeai, dans les esprits de mes auditeurs, la fable en vérité.

Au reste, j'étais ennemi du mensonge et de la feinte, et, en général, je n'étais point léger : au contraire, les dispositions sérieuses avec lesquelles je considérais dès lors et moi-même et le monde, se montraient aussi dans mon extérieur, et je fus souvent repris amicalement, souvent aussi avec moquerie, sur un certain air de dignité que je me donnais : car, si je ne manquais pas d'amis fidèles et choisis, cependant nous étions toujours le petit nombre, vis-à-vis de ceux qui prenaient plaisir à nous attaquer avec une grossière malice, et qui nous réveillaient souvent d'une manière fort désagréable de ces rêves fabuleux et flatteurs dans lesquels, moi, qui les inventais, et mes camarades, qui s'y intéressaient, nous nous perdions si volontiers. Alors nous reconnûmes une fois de plus, qu'au lieu de s'abandonner à la mollesse et aux plaisirs fantastiques, on avait plutôt sujet de s'endurcir pour supporter ou pour combattre les maux inévitables.

Parmi les exercices du stoïcisme que je cultivais donc en moi aussi sérieusement qu'il est possible à un enfant, il fallait ranger aussi la patience dans les douleurs corporelles. Nos maîtres, souvent malgracieux et malhabiles, en venaient avec nous aux gourmades et aux coups, contre lesquels les enfants s'endurcissaient d'autant plus que l'indocilité ou la résistance était la faute le plus sévèrement punie. Beaucoup d'amusements du jeune âge reposent sur une émulation de pareilles souffrances; par exemple, lorsqu'on se frappe avec deux doigts ou avec la main tout entière, jusqu'à l'engourdissement des membres, ou que l'on supporte les coups auxquels on est condamné dans certains jeux avec plus ou moins de légalité; lorsque, dans la lutte ou la bataille, on ne se laisse pas déconcerter par les pinces de l'adversaire demi-vaincu; lorsqu'on surmonte une douleur causée par malice; que même on endure comme chose indifférente les pincements et les chatouillements, auxquels les enfants aiment tant à se livrer les uns envers les autres. Par là, *on se donne un grand avantage, qui ne peut nous être sitôt ravi.* Cependant, comme je faisais en quelque sorte profession de braver ainsi la douleur, les importunités de mes camarades croissaient d'autant. Et comme une sotte cruauté ne connaît point de bornes, elle savait bien m'en faire sortir à mon tour. Je n'en citerai qu'un exemple. Le maître n'était pas venu donner la leçon. Aussi longtemps que tous les enfants restèrent ensemble, on s'amusa fort gentiment; mais ceux qui étaient de mes amis s'étant retirés après une assez longue attente, je restai seul avec trois malveillants, qui se proposèrent de me tourmenter, m'outrager et me chasser. Ils m'avaient laissé un moment seul dans la chambre, et ils revinrent avec des verges, qu'ils s'étaient procurées en déliant à la hâte un balai. Je vis leur intention, et, comme je croyais qu'on touchait à la fin de l'heure, je résolus en moi-même sur-le-champ de ne pas me défendre avant que la cloche sonnât. Là-dessus, ils commencèrent impitoyablement à me fouetter les jambes et les mollets de la façon la plus cruelle. Je ne branlai pas, mais bientôt je sentis que j'avais mal compté et qu'une pareille douleur allonge fort les minutes. Avec la patience croissait ma fureur, et, au premier coup de cloche, je pris aux cheveux celui qui s'y attendait le moins, et le jetai en un clin d'œil sur le parquet, en lui pressant le dos de mon genou; l'autre, plus jeune et plus faible, qui m'attaquait par derrière, je lui passai mon bras autour du cou et le serrai contre moi presque à l'étrangler. Restait le troisième, qui n'était pas le moins fort, et je n'avais plus que la main gauche pour me défendre : mais je le pris par son habit et, grâce à mon adresse, à sa précipitation, je le fis tomber et l'abattis, le visage contre le parquet. Ils ne manquèrent pas de me mordre, de m'égratigner et de me fouler; mais toute ma pensée, tout mon corps, était à la vengeance. Profitant de mon avantage, je cognai à diverses reprises les têtes les unes contre les autres. Enfin ils poussèrent des cris de détresse, et nous vîmes bientôt autour de nous tous les gens de la maison. Les verges éparses et mes jambes, que je mis à nu, témoignèrent en ma faveur. On se réserva la punition et on me laissa partir; mais je déclarai que désormais, à la plus petite offense, je crèverais les yeux à l'un ou à l'autre, je lui arracherais les oreilles, si même je ne l'étranglais pas.

Cet incident, que j'oubliai bientôt, et dont je ne fis même que rire, comme il arrive dans les affaires d'enfants, fut pourtant cause que ces leçons en commun devinrent plus rares, et cessèrent enfin tout à fait. Je fus donc, comme auparavant, confiné davantage à la maison, où je trouvais dans ma sœur Cornélie, plus jeune que moi d'une année seulement, une compagne toujours plus agréable.

Je ne veux pourtant pas quitter ce sujet sans rapporter encore quelques traits des nombreux désagréments que j'essuyai de mes camarades. Car l'utilité de ces confessions morales est précisément qu'un homme apprenne ce qui est arrivé aux autres et ce qu'il peut lui-même attendre de la vie; et qu'il se persuade, quoi qu'il puisse survenir, que cela lui arrive comme à une créature humaine, et non comme à un être particulièrement heureux ou malheureux. Si cette connaissance n'est guère utile pour éviter les maux, il est du moins très-avantageux que nous apprenions à nous faire aux circonstances, à les souffrir et même à les surmonter.

Encore une observation générale, qui est ici tout à fait à sa place, c'est que les enfants de condition honnête voient, à mesure qu'ils grandissent, se manifester une frappante contradiction. Leurs parents et leurs maîtres les exhortent et les forment à se conduire avec mesure, avec prudence, même avec sagesse, à n'offenser personne par malice ou par orgueil, à étouffer tous les mouvemens condamnables qui pourraient se développer en eux, et, en revanche, tandis que ces jeunes êtres s'appliquent à faire ces efforts, ils ont à souffrir des autres ce qu'on blâme et qu'on punit chez eux sévèrement. Par là, les pauvres enfants se trouvent misérablement à la gêne entre l'état de nature et la civilisation, et, selon les caractères, deviennent malicieux ou violents et emportés, après s'être contenus quelque temps.

On repousse la force par la force; mais un enfant bien né, disposé aux sentiments affectueux, est presque sans armes contre la moquerie et la méchanceté. Si je savais assez bien repousser les voies de fait, je n'étais nullement en mesure de lutter avec mes camarades pour le persiflage et les mauvais propos, parce qu'en pareil cas celui qui se défend a toujours le désavantage. Aussi les attaques de ce genre, quand elles excitaient la colère, étaient repoussées par la force, ou bien elles éveillaient en moi d'étranges réflexions, qui ne pouvaient rester sans conséquences. Entre autres avantages, les malveillants m'enviaient le plaisir que je trouvais dans les relations que procurait à notre famille la charge de mon aïeul. En effet, comme il était le premier entre ses égaux, cela n'avait pas non plus sur ses enfants une médiocre influence. Et comme, un jour, après l'*audience des musiciens*, je me montrais un peu fier d'avoir vu mon grand-père au milieu du conseil des échevins, un degré plus haut que les autres, trônant en quelque sorte sous l'image de l'empereur, un de ces petits garçons dit avec moquerie que je devrais bien, comme le paon regarde ses pieds, regarder aussi mon grand-père paternel, qui avait été aubergiste à Weidenhof, et qui n'avait prétendu ni aux trônes ni aux couronnes. Je répliquai que je n'en éprouvais aucune confusion ; que la gloire et l'orgueil de notre ville natale était justement que tous les bourgeois devaient se croire égaux entre eux, et que chacun à sa manière pouvait trouver honneur et profit dans son industrie. Je n'avais qu'un regret, c'était que le bonhomme fût mort depuis longtemps ; j'avais souvent désiré de le connaître personnellement ; j'avais souvent contemplé son image, et même visité sa sépulture, et du moins, en lisant l'épitaphe gravée sur sa tombe modeste, j'avais joui de son existence passée, à laquelle j'étais redevable de la mienne. Un autre malveillant, le plus malicieux de tous, prit à part le premier, et lui chuchota quelque chose à l'oreille, et cependant ils continuaient à me regarder d'un air moqueur. Ma bile commençait à s'échauffer et je les invitai à parler tout haut. « Voici l'affaire, dit le premier : puisque tu veux le savoir, mon camarade assure que tu pourrais tourner et chercher longtemps avant de trouver ton grand-père. »

Je les pressai avec plus de vivacité, avec menace même, de s'expliquer plus clairement. Là-dessus, ils rapportèrent une fable qu'ils avaient attrapée de la bouche de leurs parents. Mon père était le fils d'un grand seigneur, et ce bon bourgeois s'était prêté complaisamment à jouer le rôle de père. Ils eurent l'impudence d'alléguer toutes sortes de raisons ; que, par exemple, notre bien provenait uniquement de ma grand'mère ; que les autres collatéraux, qui demeuraient à Friedberg et ailleurs, étaient pareillement sans fortune, et autres semblables indices qui ne pouvaient tirer leur force que de la malignité. Je les écoutai plus tranquillement qu'ils ne l'avaient présumé ; car ils levaient déjà le pied pour s'enfuir, si j'avais fait mine de les prendre aux cheveux. Je répondis sans m'émouvoir que cela même pouvait m'être fort égal. La vie était si belle, qu'on pouvait regarder comme tout à fait indifférent de savoir à qui on en était redevable : enfin, c'était de Dieu qu'on la tenait, devant qui nous sommes tous égaux. Ne pouvant donc réussir à me fâcher, ils laissèrent dormir l'affaire pour cette fois ; nous continuâmes à jouer ensemble, ce qui est toujours chez les enfants un infaillible moyen de réconciliation.

Cependant ces malicieuses paroles m'avaient inoculé une sorte de maladie morale, qui se développa dans le silence. Je ne trouvais point déplaisant d'être le petit-fils de quelque grand seigneur, quand même ce n'aurait pas été de la manière la plus légitime. Ma subtilité poursuivit cette voie ; mon imagination était éveillée et ma pénétration avait de quoi s'exercer. Je commençai par examiner les allégations de ces petits garçons, et j'y trouvai, j'imaginai de nouveaux traits de vraisemblance. J'avais peu entendu parler de mon grand-père ; seulement son portrait avait figuré avec celui de ma grand'mère dans un salon de la vieille maison ; depuis la construction de la maison neuve, les deux peintures étaient serrées dans une chambre haute. Ma grand'mère devait avoir été une très-belle femme et du même âge que son mari. Je me souvenais aussi d'avoir vu dans sa chambre le portrait en miniature d'un beau monsieur en uniforme, portant des ordres et une étoile. Après la mort de mon aïeule le portrait avait disparu, avec d'autres petits meubles, pendant la bâtisse, qui avait tout bouleversé. J'arrangeais cela, comme bien d'autres choses, dans ma tête enfantine, et j'exerçais de bonne heure ce talent poétique moderne, qui, par l'enchaînement romanesque des situations marquantes de la vie humaine, sait intéresser toute la société polie.

Mais comme je ne pouvais confier le cas à personne, ou que je me hasardais seulement à faire des questions éloignées, je ne manquai pas de déployer une activité secrète, pour découvrir, s'il était possible, quelque chose de plus précis. J'avais entendu affirmer très-positivement que les fils ressemblaient souvent d'une manière frappante à leurs pères ou à leurs grands-pères. Plusieurs de nos amis, et particulièrement le conseiller Schneider, ami de la maison, avaient des relations d'affaires avec tous les princes et les seigneurs du voisinage, dont un grand nombre, princes régnants ou cadets, avaient leurs possessions aux bords du Rhin et du Mein et dans l'entre-deux, et quelquefois, par faveur spéciale, ils faisaient cadeau de leurs portraits à leurs fidèles chargés d'affaires. Je considérai dès lors avec une attention nouvelle ces portraits, que j'avais souvent regardés dès mon plus jeune âge, cherchant si je ne pourrais pas y découvrir une ressemblance avec mon père ou même avec moi : mais j'y parvenais trop souvent pour que cela pût me conduire à quelque certitude : car c'étaient tantôt les yeux de celui-ci, tantôt le nez de celui-là, qui me semblaient trahir quelque parenté. Ces signes, assez trompeurs, me promenaient ainsi de l'un à l'autre. Et bien que je dusse regarder dans la suite ce reproche comme une fable absolument vaine, l'impression me resta, et je ne pouvais de temps en temps m'empêcher de passer en revue dans ma pensée et d'analyser tous ces seigneurs, dont les portraits étaient demeurés très-distinctement dans ma mémoire. Tant il est vrai que tout ce qui fortifie intérieurement l'homme dans ses préventions, ce qui flatte sa vanité secrète, trouve une si grande faveur auprès de lui, qu'il ne demande plus si la chose tournerait d'une manière quelconque à son honneur ou à sa honte.

Mais, au lieu d'entremêler ici des réflexions sérieuses, et même accusatrices, j'aime mieux détourner mes regards de ces belles années. Qui pourrait en effet s'exprimer dignement sur la richesse de l'enfance? Nous ne pouvons considérer qu'avec plaisir et même avec admiration ces petites créatures qui tournent devant nous : car, le plus souvent, elles promettent plus qu'elles ne tiennent, et il semble que la nature, entre autres malins tours qu'elle nous joue, se soit ici proposé tout particulièrement de nous prendre pour dupes. Les premiers organes qu'elle donne aux enfants venant au monde sont appropriés à l'état prochain, immédiat, de la créature, qui les emploie sans art et sans prétention, de la manière la plus habile, pour les fins les plus proches. L'enfant, considéré en lui-même, avec ses égaux, et dans les relations qui sont proportionnées à ses forces, paraît si intelligent, si raisonnable, qu'il n'y a rien au-dessus, et, en même temps, si dispos, si gai, si adroit, qu'on ne saurait lui souhaiter aucune autre culture. Si les enfants se développaient tels qu'ils s'annoncent, nous n'aurions que des génies : mais la croissance n'est pas un simple développement; les divers systèmes organiques qui forment l'unité humaine découlent les uns des autres, se succèdent les uns aux autres, se transforment les uns dans les autres, se remplacent et même se détruisent les uns les autres, en sorte que, de diverses facultés, de diverses manifestations de forces, à peine, au bout de quelque temps, pouvons-nous trouver encore une trace. Lors même que les dispositions de l'homme ont en général une direction prononcée, il est néanmoins difficile au connaisseur le plus habile et le plus expérimenté d'en faire d'avance un pronostic certain, mais on peut bien signaler après coup ce qui a présagé l'avenir.

Je ne songe donc en aucune manière à terminer complétement dans ces premiers livres l'histoire de mon enfance; je reprendrai et je développerai dans la suite plus d'un fil qui a couru imperceptiblement à travers mes premières années. Mais je dois signaler ici la puissante influence que les événements militaires exercèrent peu à peu sur nos sentiments et notre genre de vie.

Le paisible bourgeois est dans un merveilleux rapport avec les grands événements de la politique. De loin ils lui donnent déjà l'éveil et l'inquiètent, et, lors même qu'ils ne le touchent pas, il ne peut s'empêcher de les juger, de s'y intéresser; il prend vite un parti, selon que son caractère ou des motifs extérieurs le déterminent. Ces grands événements, ces changements considérables viennent-ils à se rapprocher, alors, à côté des souffrances extérieures, il éprouve toujours ce malaise intérieur qui, le plus souvent, redouble et irrite le mal et détruit le bien possible encore; puis il éprouve des souffrances réelles de la part des amis et des ennemis, des premiers souvent plus que des seconds, et il ne sait comment garder et maintenir ni son inclination ni ses intérêts.

Nous passâmes encore l'année 1757 dans un complet repos civil, mais une grande agitation régnait dans les esprits. Aucune peut-être ne fut plus féconde en événements. Les victoires, les hauts faits, les malheurs, les retours de fortune se succédaient, s'entre-croisaient et semblaient se détruire ; mais bientôt la figure de Frédéric, son nom, sa gloire, planaient de nouveau sur le monde. L'enthousiasme de ses admirateurs était toujours plus grand et plus vif, la haine de ses ennemis plus amère, et la diversité des vues, qui divisait même les familles, contribua puissamment à isoler davantage encore les bourgeois déjà désunis de diverses manières. Car, dans une ville comme Francfort, où trois religions partagent les habitants en trois classes inégales; où quelques hommes seulement, tirés de celle qui domine, peuvent parvenir au gouvernement, il doit se trouver bien des personnes riches et instruites qui se replient sur elles-mêmes, et, par l'étude ou par des goûts particuliers, se font une vie indépendante et retirée. Ces personnes, je dois en parler présentement et aussi dans la suite, afin qu'on se puisse représenter ce qui caractérisait à cette époque un bourgeois de Francfort.

Aussitôt qu'il fut revenu de ses voyages, mon père, selon ses propres sentiments, avait eu, pour se préparer au service de la ville, la pensée de remplir un des emplois subalternes, et de le remplir gratuitement, à condition qu'il lui fût conféré sans ballottage. Avec sa manière de voir, avec l'idée qu'il avait de lui-même, dans le sentiment de sa bonne volonté, il croyait mériter une pareille distinction, qui n'était, à vrai dire, autorisée ni par la loi ni par la coutume. Sa demande ayant donc été refusée, il en conçut du dépit et du chagrin; il jura de n'accepter jamais aucune place, et, pour rendre la chose impossible, il se fit conférer la qualité de conseiller impérial, que le maire et les plus anciens échevins portent comme un titre d'honneur. Par là il s'était rendu l'égal des premiers magistrats, et ne pouvait plus commencer par en bas. Le même motif le porta aussi à rechercher la fille aînée du maire, ce qui l'excluait encore du conseil. Il était donc de ces hommes qui vivent dans la retraite, lesquels ne font jamais société entre eux; ils sont aussi isolés les uns à l'égard des autres que vis-à-vis de l'ensemble, d'autant que, dans cet isolement, la singularité des caractères se développe toujours d'une façon plus tranchée. Dans ses voyages et dans le libre monde qu'il avait vu, mon père pouvait s'être fait l'idée d'une vie plus élégante et plus libérale qu'elle n'était peut-être ordinaire parmi ses concitoyens. Mais il avait eu en cela des devanciers, et il avait des pareils.

On connaît la famille d'Uffenbach. Un échevin d'Uffenbach vivait alors très-considéré. Il avait visité l'Italie et cultivait surtout la musique. Il était lui-même un ténor agréable. Il avait rapporté une belle collection d'œuvres de divers compositeurs, et l'on exécutait chez lui de la musique profane et des oratorio. Mais, comme il y chantait lui-même, et qu'il était affable avec les musiciens, on trouva la chose au-dessous de sa dignité, et les invités, aussi bien que les autres bourgeois, se permettaient là-dessus quelques plaisanteries.

Je me souviens aussi du baron de Hækel, gentilhomme riche, marié, mais sans enfants, qui habitait dans l'Antoniusgasse (rue d'Antoine) une belle maison, pourvue de tout ce qui constitue une vie élégante. Il possédait aussi de bons tableaux, des gravures, des antiques et beaucoup de ces choses qui affluent chez les amateurs et les faiseurs de collections. De temps en temps il invitait à dîner les notables de la ville. Il exerçait la bienfaisance avec une attention singulière, habillant les pauvres dans sa maison, mais retenant leurs vieux habits, et leur distribuant une aumône chaque semaine, sous condition qu'ils se présenteraient chaque fois proprement et soigneusement vêtus des habits qu'il avait donnés. Je ne me souviens de lui que vaguement, comme d'un homme gracieux et de bonne mine, mais je me rappelle très-distinctement la vente de son mobilier, à laquelle j'assistai du commencement à la fin, et où j'achetai, soit sur l'ordre de mon père, soit de mon propre mouvement, bien des choses qui se trouvent encore dans mes collections.

Un homme que j'ai à peine vu de mes yeux, Jean-Michel de Loen, faisait dès lors quelque sensation dans le monde littéraire comme à Francfort. Il n'y était pas né, mais il s'y établit, et il épousa la sœur de ma grand'mère Textor, née Lindheimer.

Connaissant la cour et le monde politique, heureux d'avoir vu sa noblesse renouvelée, il se fit un nom en osant se mêler aux divers mouvements qui se manifestaient dans l'Église et l'État. Il écrivit le *Comte de Rivera*, roman didactique, dont le contenu est annoncé par le second titre, *l'Honnête homme à la cour*. Cet ouvrage fut bien accueilli, parce qu'il imposait la moralité aux cours, où ne règne d'ordinaire que la prudence, et son travail lui valut l'estime et l'approbation. Un second ouvrage, qu'il publia, devait au contraire compromettre son repos. Il écrivit la *Seule religion véritable*, livre qui avait pour objet d'encourager la tolérance, particulièrement entre luthériens et calvinistes. Là-dessus, il entra en querelle avec les théologiens; le docteur Benner, de Giessen, écrivit contre lui; de Loen répliqua; la querelle devint violente et personnelle, et les désagréments qui s'ensuivirent décidèrent l'auteur à accepter une place de président à Lingen, sur les offres de Frédéric II, qui croyait voir en lui un homme sans préjugés, éclairé et favorable aux nouveautés, déjà bien plus répandues en France. Ses anciens amis, qu'il avait quittés avec quelque amertume, assuraient qu'il ne serait pas, qu'il ne pourrait pas être heureux à Lingen, petite ville qui ne pouvait nullement se comparer à Francfort. Mon père ne croyait pas non plus que le président eût lieu d'être satisfait, et il assurait que le bon oncle aurait mieux fait de ne pas se lier avec le roi, parce qu'en général il était dangereux de l'approcher, si extraordinaire que fût d'ailleurs son mérite. Car on avait vu comme le célèbre Voltaire avait été indignement arrêté à Francfort, sur la réquisition de Freitag, le résident prussien, après avoir joui de toute la faveur du roi, son élève en fait de poésie française. Dans ces occasions, les réflexions et les exemples ne manquaient pas pour nous tenir en garde contre les cours et le service des grands, dont un bourgeois de Francfort pouvait à peine se faire une idée.

Je me bornerai à nommer un excellent homme, le docteur Orth, car je n'ai pas tant à élever ici un monument aux hommes qui ont honoré Francfort, qu'à mentionner ceux dont la réputation ou la personne ont eu sur moi, dans mes premières années, une certaine influence. Le docteur Orth était riche et du nombre de ceux qui ne prirent jamais part au gouvernement, quelque digne qu'il en fût par ses connaissances et ses lumières. Les Allemands et en particulier les antiquités de Francfort lui sont très-redevables. Il a publié les *Remarques sur ce qu'on nomme la réforme de Francfort*, ouvrage dans lequel sont rassemblés les statuts de la ville impériale. J'en ai étudié avec soin, dans ma jeunesse, les chapitres historiques.

Ochsenstein, l'aîné de ces trois frères, nos voisins, dont j'ai parlé plus haut, n'avait pas, avec son existence casanière, fixé l'attention pendant sa vie, mais il fit d'autant plus parler de lui après sa mort. Il avait déclaré qu'il voulait être enseveli de bon matin, sans bruit, sans suite ni cortége, et porté par des ouvriers. La chose eut lieu, et elle fit une grande sensation, dans une ville accoutumée aux enterrements fastueux. Tous ceux qui trouvaient dans ces occasions des profits traditionnels s'élevèrent contre cette nouveauté. Mais l'honnête patricien trouva des imitateurs dans toutes les classes, et ces convois qu'on nommait par moquerie *Ochsenleichen* (convois de bœufs) n'en prirent pas moins faveur, au grand avantage des familles peu aisées, et les ensevelissements de parade disparurent de plus en plus. Je rapporte cette circonstance, parce qu'elle offre un des premiers symptômes de ces sentiments d'humilité et d'égalité dont les hautes classes donnèrent le signal de tant de manières, dans la seconde moitié du dernier siècle, et qui ont abouti à des effets si inattendus.

Francfort avait aussi des amateurs de l'antiquité. Il existait des galeries de tableaux, des collections de gravures, mais on recherchait surtout avec zèle et l'on recueillait les curiosités nationales. On quêtait diligemment, soit en imprimés soit en manuscrits, les anciennes ordonnances et les édits de la ville impériale, dont on n'avait fait aucune collection; on les rangeait dans l'ordre chronologique et on les conservait avec un soin jaloux, comme un trésor de lois et de coutumes nationales; les portraits de Francfortois, dont il existait un grand nombre, étaient rassemblés et formaient une division particulière des cabinets.

Tels sont les hommes que mon père semblait avoir pris pour modèles. Il avait toutes les qualités d'un loyal et honorable bourgeois. Après avoir achevé de bâtir sa maison, il mit aussi en ordre ses richesses de tout genre. Une excellente collection de cartes de Schenk, et d'autres cartes géographiques, alors les plus estimées, ces édits et ordonnances que je viens de mentionner, ces portraits, une armoire de vieilles armes, une armoire de beaux verres de Venise, des coupes et des bocaux, des objets d'histoire naturelle, des ouvrages en ivoire, des bronzes et cent autres choses, furent classés et rangés, et, chaque fois qu'il se faisait une vente aux enchères, je ne manquais pas de solliciter quelques commissions pour augmenter ce trésor.

Je dois encore faire mention d'une famille considérable, sur laquelle j'entendis, dès mes plus jeunes années, beaucoup de récits étranges, et dont quelques membres m'ont offert à moi-même de singuliers spectacles. C'était la famille de Senckenberg. Le père, dont je sais peu de chose, était riche. Il avait trois fils, qui, dès leur jeunesse, furent généralement signalés comme des originaux. Ce n'est pas là un titre à la faveur, dans une ville de médiocre étendue, où personne ne doit se distinguer ni en bien ni en mal. Les sobriquets et les contes bizarres, qui se gravent pour longtemps dans la mémoire, sont les fruits ordinaires d'une pareille singularité. Le père demeurait au coin de la Hasengasse (Rue aux lièvres), ainsi nommée d'un lièvre ou même de trois, sculptés sur la face de la maison. On appela donc aussi les trois frères les trois lièvres, et ce sobriquet leur resta longtemps. Mais souvent les grandes qualités s'annoncent dans la jeunesse par quelque chose de bizarre et de malséant, et c'est ce qui arriva dans cette famille. L'aîné fut plus tard le conseiller aulique de Senckenberg, si honorablement connu; le second entra dans la magistrature et montra des talents supérieurs, dont il abusa dans la suite, en chicaneur et même en malhonnête homme, au préjudice, sinon de sa patrie, du moins de ses collègues. Le troisième frère, homme d'une grande probité, fut médecin, mais il pratiquait peu et seulement dans les grandes maisons. Il eut, jusque dans sa dernière vieillesse, un extérieur un peu bizarre. Il était toujours vêtu avec une grande propreté, et jamais on ne le voyait dans les rues autrement qu'en souliers et en culotte courte, avec une perruque à boucles, bien poudrée, le chapeau sous le bras. Il marchait vite, les yeux baissés, mais avec un balancement singulier, en sorte qu'il se trouvait tantôt d'un côté de la rue tantôt de l'autre, et décrivait en marchant des zigzags. Les railleurs disaient que, par ces déviations, il s'efforçait d'échapper aux âmes trépassées qui voulaient le poursuivre en ligne droite, et qu'il imitait les gens qui fuient un crocodile. Mais toutes ces plaisanteries et ces joyeux propos firent place au respect, lorsqu'il consacra à une institution médicale sa belle demeure, avec cour, jardin et toutes les dépendances, où furent établis, à côté d'un hôpital réservé aux bourgeois de Francfort, un jardin botanique, un amphithéâtre anatomique, un laboratoire de chimie, une bibliothèque considérable, et un logement pour le directeur; en sorte qu'il n'est pas d'université qui ne se fût honorée d'un pareil établissement.

Un autre homme excellent, dont la personne et plus encore les écrits, ainsi que l'action qu'il exerçait sur le voisinage, ont eu sur moi une influence marquée, fut Charles Frédéric de Moser, que l'on citait toujours dans notre pays pour son activité pratique. C'était aussi un homme d'un caractère profondément moral, qui, devant lutter quelquefois contre les infirmités de la nature humaine, en fut conduit jusqu'au piétisme. Il voulait amener la vie d'affaires, comme de Loen la vie de cour, à une pratique plus consciencieuse. La plupart des petites cours allemandes offraient une foule de maîtres et de serviteurs, dont les premiers exigeaient une obéissance absolue, tandis que les autres ne voulaient le plus souvent agir et servir que d'après leurs convictions. Il en résultait un conflit perpétuel, des changements rapides et des explosions, parce que les effets d'une conduite absolue sont beaucoup plus tôt sensibles et funestes sur un petit théâtre que sur un grand. Beaucoup de maisons étaient obérées, et des commissions impériales de liquidation nommées pour cet effet; d'autres maisons se trouvèrent plus tôt ou plus tard dans la même voie, et les serviteurs en profitaient sans scrupule ou, s'ils étaient scrupuleux, se rendaient importuns et désagréables. Moser voulut agir à la fois en homme d'État et en homme d'affaires, et ses talents héréditaires, développés jusqu'au métier, lui valurent des bénéfices considérables; mais il voulait aussi agir en homme et en citoyen, et déroger aussi peu que possible à sa dignité morale. Son *Maître et servi-*

teur, son *Daniel dans la fosse au lion*, ses *Reliquiæ* sont le tableau fidèle de la situation dans laquelle il se trouvait, non pas, il est vrai, torturé, mais du moins gêné. Ils expriment tous l'impatience, dans un état aux relations duquel on ne peut se faire, et dont on ne saurait pourtant se délivrer. Avec cette manière de penser et de sentir, il dut souvent chercher des emplois nouveaux, et sa grande habileté ne le laissait pas en manquer. Il me reste de lui le souvenir d'un homme agréable, mobile, mais affectueux.

Déjà cependant le nom de Klopstock produisait de loin sur nous une grande impression. D'abord on s'étonna qu'un homme si éminent eût un nom si bizarre[1], mais on y fut bientôt accoutumé, et l'on ne songea plus à la signification de ces syllabes. Je n'avais trouvé jusqu'alors dans la bibliothèque de mon père que les poëtes antérieurs, surtout ceux qui s'étaient élevés et illustrés peu à peu de son temps. Tous leurs vers étaient rimés; et mon père jugeait la rime indispensable aux œuvres poétiques. Canitz, Hagedorn, Drolling, Gellert, Creuz, Haller, étaient là rangés, élégamment reliés en veau. Auprès d'eux se trouvaient le *Télémaque* de Neukirch, la *Jérusalem délivrée* de Kopp et d'autres traductions. J'avais lu avec ardeur tous ces livres dès mon enfance, et j'en avais appris des morceaux, qu'on me demandait souvent de réciter pour l'amusement de la compagnie; mais ce fut pour mon père une époque affligeante que celle où les vers de la *Messiade*, qui ne lui semblaient pas des vers, devinrent l'objet de l'admiration publique. Il s'était bien gardé de se procurer cet ouvrage, mais notre ami, le conseiller Schneider, le fit entrer en contrebande, et le glissa dans les mains de la mère et des enfants.

La *Messiade* avait produit, dès son apparition, une impression profonde sur cet homme livré aux affaires et qui lisait peu. Ces sentiments pieux, dont l'expression est si naturelle et si noble tout à la fois, ce langage enchanteur, lors même qu'on ne voulait y voir qu'une prose harmonieuse, avaient tellement captivé cet esprit, d'ailleurs froid, qu'il regardait les dix premiers chants (car c'est proprement de ceux-là qu'il s'agit) comme le

---

[1] Stock, bâton; Klopfen, frapper.

livre de dévotion le plus excellent, et, tous les ans, dans la semaine sainte, pendant laquelle il savait se dérober à toutes les affaires, il le lisait dans la retraite, d'un bout à l'autre, et y puisait une force nouvelle pour l'année tout entière. Il songea d'abord à faire part de ses sentiments à son ancien ami, mais il fut bien déconcerté de trouver chez lui une répugnance insurmontable pour un ouvrage d'un si rare mérite, à cause d'une forme qu'il jugeait lui-même indifférente. La conversation, comme on peut croire, retomba souvent sur ce sujet; mais les deux partis s'éloignaient toujours plus l'un de l'autre, il y eut des scènes violentes, et le facile conseiller finit par se résigner à garder le silence sur son livre favori, de peur de perdre à la fois un ami d'enfance et un bon dîner tous les dimanches.

C'est le désir le plus naturel de chacun de faire des prosélytes, et combien notre ami ne se trouva-t-il pas récompensé en secret, lorsqu'il découvrit dans le reste de la famille des cœurs si accessibles à son saint? L'exemplaire, dont il ne se servait qu'une semaine chaque année, était à nous pour le reste. Notre mère le tenait caché, la sœur et le frère s'en emparaient quand ils pouvaient, pour se blottir dans un coin aux heures de loisir, apprendre par cœur les passages les plus frappants, et recueillir surtout aussi vite que possible dans leur mémoire les plus tendres et les plus passionnés.

Nous récitions à l'envi le songe de Porcia, et nous nous étions partagé les rôles dans l'entretien furieux et désespéré entre Satan et Adramélech, précipités dans la mer Rouge. Le premier rôle, comme le plus violent, m'était échu en partage; ma sœur s'était chargée de l'autre, un peu plus lamentable. Les malédictions mutuelles, horribles, à la vérité, mais sonores, coulaient tout uniment de nos lèvres, et nous saisissions chaque occasion pour nous saluer de ces paroles infernales.

C'était un samedi soir, en hiver (notre père se faisait toujours raser à la lumière, afin de pouvoir s'habiller à son aise, le dimanche matin, pour aller à l'église). Nous étions assis derrière le poêle, et, pendant que le barbier mettait le savon, nous murmurions assez bas nos imprécations ordinaires. Au moment où Adramélech devait saisir Satan avec ses mains de fer, ma sœur me prit violemment et récita ce passage, assez bas, mais avec une passion croissante : « Aide-moi, je t'en supplie ! Je t'adore, si tu l'exiges, ô monstre !.... Réprouvé, noir scélérat, aide-moi ! Je souffre le tourment de la mort vengeresse, éternelle. Autrefois je pouvais te haïr d'une haine ardente, furieuse : maintenant je ne le puis plus. C'est là aussi une poignante douleur. » Jusque-là tout s'était assez bien passé; mais, arrivée aux mots qui suivent, Cornélie s'écria d'une voix terrible : « Oh! comme je suis brisé! » Le pauvre barbier eut peur, et répandit l'eau de savon sur la poitrine de mon père. Cela causa un grand tumulte; on fit une enquête sévère, surtout en considération du malheur qui aurait pu arriver, si l'on eût été en train de raser. Pour éloigner de nous tout soupçon de malice, nous avouâmes nos rôles diaboliques, et le mal que les hexamètres avaient occasionné était trop manifeste, pour qu'on ne dût pas de nouveau les décrier et les proscrire. C'est ainsi que les enfants et le peuple ont coutume de tourner en jeu, et même en bouffonnerie, le grand et le sublime; et, sans cela, comment seraient-ils en état de le soutenir et de le supporter?

LIVRE III.

Dans ce temps-là, le nouvel an rendait la ville très-vivante, parce que tout le monde courait de côté et d'autre offrir des félicitations. Tel qui ne sortait guère de chez lui en temps ordinaire, se parait de ses plus beaux habits pour se montrer un moment affectueux et poli à ses amis et à ses protecteurs. La solennité de ce jour, dans la maison de notre grand-père, nous causait surtout une vive jouissance. Les petits-fils s'y rassemblaient dès le grand matin pour entendre les tambours, les hautbois et les clarinettes, les trompettes et les clairons, que la troupe des musiciens de la ville et que sais-je encore? faisait retentir. Les étrennes cachetées et portant leur adresse étaient par nous distribuées aux petites gens qui venaient faire leur compliment, et d'heure en heure le nombre des notables augmentait. D'abord paraissaient les intimes et les parents, puis les fonctionnaires inférieurs; messieurs du conseil eux-mêmes ne manquaient pas de venir saluer leur maire, et un nombre choisi était reçu le soir dans des salles qui s'ouvraient à peine de toute l'année. Les tourtes, les biscuits, les massepains, le vin doux, avaient beaucoup de charmes pour les enfants, à quoi s'ajoutait encore que le maire, comme les deux bourgmestres, recevait chaque année de certaines fondations quelque argenterie, qui était distribuée, dans une certaine gradation, aux petits-fils et aux filleuls. Bref, il ne manquait rien, en petit, à cette fête de ce qui rend magnifiques les plus grandes.

Le nouvel an de 1759 approchait, pour les enfants aussi bien venu et aussi charmant que les autres, mais pour l'âge mûr il était plein de fâcheux pressentiments. On était accoutumé, il est vrai, aux passages des Français, et ils se renouvelaient souvent, mais ils avaient été plus fréquents encore dans les derniers jours de l'année qui venait de finir. Selon l'ancien usage des villes impériales, le garde du beffroi sonnait de la trompette chaque fois que des troupes approchaient, et, ce jour de l'an, la trompette ne cessait pas, ce qui était signe que de grands corps de troupes étaient en mouvement de plusieurs côtés. En effet, ils traversèrent la ville ce jour-là en masses plus considérables : on courut les voir passer. On était accoutumé à ne les voir défiler qu'en petites troupes. Mais elles grossirent peu à peu, sans que l'on pût ou que l'on voulût y mettre obstacle; puis, le 2 janvier, une colonne s'étant avancée par Sachsenhausen, le pont et la Fahrgasse jusqu'à la garde des constables, elle fit halte, dispersa le petit détachement qui faisait la garde, occupa le poste, descendit la Zeile, et, après une faible résistance, la grand'garde dut se rendre aussi. En un moment, les paisibles rues présentèrent l'image de la guerre. Les troupes s'y établirent et bivouaquèrent, en attendant des logements réguliers.

Cette charge inattendue, et dès longtemps inouïe, pesa durement sur les tranquilles bourgeois, et personne ne pouvait en être plus incommodé que mon père, qui dut héberger dans sa maison, à peine achevée, des soldats étrangers, leur abandonner ses chambres de parade si bien décorées et, la plupart, fermées, enfin livrer à la discrétion des étrangers ce qu'il était accoutumé à ranger et à régler si exactement; lui, qui d'ailleurs était Prussien dans l'âme, il était réduit à se voir assiégé par les Français dans ses appartements; c'était, avec sa façon de penser, ce qui pouvait lui arriver de plus triste. Cependant, s'il avait pu prendre la chose plus doucement, comme il parlait bien le français, et qu'il savait se conduire dans le monde avec grâce et dignité, il aurait pu nous épargner à tous bien des heures pénibles. En effet, on logea chez nous le lieutenant du roi, qui n'avait, quoique militaire, que les affaires civiles à régler, les débats entre soldats et bourgeois, les actions pour dettes et les litiges. C'était le comte de Thorane, né à Grasse en Provence, homme de grande taille, maigre, qui avait l'air sérieux, le visage défiguré par la petite vérole, des yeux noirs étincelants, les manières dignes et réservées. Dès le premier instant, son entrée fut gracieuse pour le maître de la maison. On parlait des différentes chambres, dont les unes seraient cédées, les autres réservées pour la famille; et, comme le comte entendit parler d'une chambre des tableaux, il demanda sur-le-champ, bien que la nuit fût déjà venue, à jeter du moins un coup d'œil sur ces peintures, à la clarté des bougies. Il aimait passionnément les arts. Il fut parfaitement aimable avec mon père, qui l'accompagnait, et, lorsqu'il apprit que la plupart des artistes vivaient encore et demeuraient à Francfort ou dans le voisinage, il assura qu'il ne désirait rien tant que de faire le plus tôt possible leur connaissance et de les occuper. Ce point de contact du côté des beaux-arts ne put toutefois changer les sentiments de mon père, ni plier son caractère. Il souffrit ce qu'il ne pouvait empêcher, mais il se tint à l'écart, dans une attitude passive, et tout ce qui se passa dès lors d'extraordinaire autour de lui, jusqu'aux plus petites bagatelles, lui fut insupportable.

M. de Thorane se conduisit parfaitement. Il ne voulut pas même clouer aux murs ses cartes de géographie, pour ne pas endommager les tapisseries neuves. Ses gens étaient adroits, tranquilles et rangés; mais comme il n'y avait pas de repos chez lui de tout le jour, sans compter une partie de la nuit; que les plaignants venaient à la file; qu'on amenait et remmenait des personnes arrêtées ; que tous les officiers et les adjudants avaient leurs entrées, qu'en outre, le comte tenait chaque jour table ouverte : dans une maison de grandeur médiocre, disposée pour une seule famille, avec un seul escalier, qui parcourait librement tous les étages, cela produisait le mouvement et le bourdonnement d'une ruche d'abeilles, quoique tout se passât avec beaucoup de mesure, de gravité et de sévérité.

Heureusement, entre un propriétaire chagrin, que son hypocondrie tourmentait chaque jour davantage, et un hôte militaire, bienveillant, mais fort exact et sérieux, il se trouva un commode interprète; c'était un bel homme, bien nourri, de joyeuse humeur, bourgeois de Francfort et parlant bien le français, qui savait s'accommoder à tout, et pour qui les petits désagréments de tout genre n'étaient qu'un sujet de rire. Ma mère l'avait chargé de représenter au comte la situation où elle se trouvait à cause de l'humeur de son mari : il avait exposé si habilement la chose, la maison neuve et qui n'était pas même entièrement terminée, le goût naturel du propriétaire pour la retraite, l'occupation que lui donnait l'éducation de sa famille, et tout ce qu'on pouvait dire encore : que le comte, qui, dans l'exercice de sa charge, mettait son plus grand orgueil à se montrer parfaitement juste, incorruptible et d'une conduite honorable, résolut de se comporter aussi d'une manière exemplaire comme soldat logé, et en effet il y persista inviolablement au milieu de circonstances diverses, pendant plusieurs années que dura son séjour.

Ma mère savait un peu l'italien, qui n'était d'ailleurs étranger à aucune personne de la famille : elle résolut d'apprendre sans retard le français. A cet effet, l'interprète, qui l'avait eue pour marraine d'un de ses enfants dans ces temps orageux, et qui se sentait dès lors, comme compère, une nouvelle inclination pour notre famille, donnait à sa commère tous ses moments de loisir (il demeurait vis-à-vis de chez nous), et lui apprenait avant tout les phrases dont elle avait besoin pour s'adresser au comte. Cela réussit au mieux. Le comte se trouva flatté de la peine que se donnait à son âge la dame de la maison, et, comme il avait naturellement quelque chose de gai et de spirituel, qu'il se plaisait à montrer une certaine galanterie un peu sèche, il en résulta les rapports les meilleurs, et le compère et la commère ligués ensemble obtinrent tout ce qu'ils voulaient. Si l'on avait pu, comme j'ai dit, égayer mon père, cette situation nouvelle eût été peu gênante. Le comte montrait le désintéressement le plus austère. Il refusait jusqu'aux présents qui étaient dus à sa charge; les moindres choses qui auraient pu ressembler à la corruption étaient refusées avec colère et même attiraient des châtiments. Ses gens avaient reçu l'ordre sévère de ne pas occasionner au maître la plus légère dépense. En revanche, les enfants avaient une large part de son dessert. A cette occasion, je rapporterai, pour donner une idée de la simplicité de ce temps-là, qu'un jour notre mère nous affligea fort, en répandant les glaces qu'on nous envoyait de la table du comte, parce qu'il lui semblait impossible que l'estomac pût supporter de véritable glace, toute sucrée qu'elle était.

Outre ces friandises, qu'insensiblement nous apprîmes fort bien à goûter et à supporter, il nous parut très-agréable d'être un peu délivrés de nos leçons, si exactes, et de notre sévère discipline. La mauvaise humeur de notre père augmentait; il ne pouvait se résigner à une chose inévitable. Combien il tourmentait et lui-même et notre mère et notre compère, les conseillers, tous ses amis, pour que du moins on le délivrât du comte! Vainement lui faisait-on envisager que la présence d'un tel homme chez lui était, dans les circonstances données, un véritable bienfait; qu'une succession perpétuelle d'officiers ou de simples soldats suivrait le déplacement du comte. Aucun de ces arguments n'avait de prise sur lui : le présent lui semblait si insupportable, que son mécontentement ne lui permettait pas de voir ce qui pourrait s'ensuivre de pire.

Par là fut paralysée son activité, qu'il était accoutumé à diriger sur nous principalement. Les devoirs qu'il nous avait prescrits, il ne nous en demandait plus compte avec son exactitude ordinaire, et nous faisions tout notre possible pour satisfaire, soit à la maison soit dans les rues, notre curiosité de voir des manœuvres militaires et d'autres événements publics, ce qui nous était d'autant plus facile, que la porte de la maison, ouverte jour et nuit, était gardée par des sentinelles qui ne s'occupaient nullement des allées et des venues d'enfants inquiets.

Les diverses affaires qui étaient réglées à l'audience du lieutenant royal avaient un attrait tout particulier, parce qu'il se faisait un singulier plaisir de donner à ses décisions un tour spirituel, ingénieux et gai. Ce qu'il ordonnait était d'une rigoureuse justice; la manière de l'exprimer était originale et piquante. Il semblait avoir pris pour modèle le duc d'Ossuna. Il se passait à peine un jour sans que l'interprète vînt conter à la mère et aux enfants quelque anecdote amusante. Ce joyeux ami avait fait un petit recueil de ces jugements de Salomon, mais je n'en ai conservé que l'impression générale, et je n'en retrouve dans mon souvenir aucun trait particulier.

Nous apprîmes peu à peu à mieux connaître l'étrange caractère du comte. Il avait lui-même le sentiment le plus net de ses singularités; et, comme en certains temps une espèce d'irritation, d'hypocondrie, enfin je ne sais quel mauvais génie, s'emparait de lui, il se retirait dans sa chambre pendant ces heures, qui devenaient quelquefois des jours; il ne voyait personne que son valet de chambre, et l'on ne pouvait, même en des cas pressants, le déterminer à donner audience. Mais, aussitôt qu'il était délivré du mauvais esprit, on voyait reparaître sa sérénité, sa douceur et son activité. Son valet de chambre, Saint-Jean, petit homme sec, joyeux et débonnaire, nous faisait entendre que, dans sa jeunesse, le comte, dominé par une disposition pareille, avait causé un grand malheur, et qu'il veillait sérieusement à se préserver de semblables égarements dans sa position éminente, exposée aux regards de tout le monde.

Dès les premiers jours de son arrivée, le comte fit appeler auprès de lui tous les peintres de Francfort, comme Hirt, Schutz, Trautmann, Nothnagel, Junker. Ils produisirent leurs ouvrages, et le comte acheta ce qui était à vendre. Ma jolie et claire mansarde lui fut cédée, et sur-le-champ elle fut transformée en cabinet et en atelier. Car il avait résolu d'occuper longtemps tous ces artistes, et, avant tout, Seekatz, de Darmstadt, dont le pinceau lui plaisait infiniment, surtout dans les scènes de nature et d'innocence. Il se fit donc envoyer de Grasse, où son frère aîné possédait une belle maison, les mesures de toutes les chambres et de tous les cabinets; ensuite, ayant examiné avec les artistes les compartiments des murailles, il détermina la dimension des grands tableaux à l'huile qui seraient exécutés pour les remplir. Ces peintures ne devaient pas être encadrées, mais fixées aux murs comme tapisseries. Alors on se mit à l'ouvrage avec ardeur.

Seekatz se chargea des scènes champêtres, où les vieillards et les enfants, peints d'après nature, lui réussissaient admirablement; il était moins heureux dans les jeunes hommes, la plupart trop maigres, et ses femmes déplaisaient par la raison contraire. C'est qu'il était le mari d'une bonne grosse petite personne, mais désagréable, qui ne lui permettait guère d'autre modèle qu'elle-même, en sorte qu'il ne pouvait rien produire de gracieux. De plus il avait dû dépasser les proportions de ses figures. Ses arbres avaient de la vérité, mais le feuillage en était mesquin. Il était élève de Brinckmann, dont le pinceau n'est pas à dédaigner dans les tableaux de chevalet.

Schutz, le peintre de paysage, se trouvait peut-être mieux à sa place. Il possédait parfaitement les contrées du Rhin, comme les tons lumineux qui les animent dans la belle saison. Ce n'était pas une chose toute nouvelle pour lui de travailler dans de plus grandes proportions, et, là même, il ne péchait ni par l'exécution ni par l'ensemble. Il donna de très-riants tableaux.

Trautmann traita à la Rembrandt quelques scènes de résurrection du Nouveau Testament; outre cela, il mit en flammes des villages et des moulins. Comme je pus le remarquer par le plan des chambres, on lui avait réservé un cabinet particulier. Hirt peignit quelques belles forêts de chênes et de hêtres; ses troupeaux étaient dignes d'éloges. Junker, accoutumé à l'imitation des peintres flamands les plus minutieux, pouvait moins que tout autre se faire à ce style de tapisseries : mais il se décida, pour de bons honoraires, à décorer de fleurs et de fruits quelques compartiments.

Comme je connaissais tous ces artistes dès ma première enfance, et que je les avais visités souvent dans leurs ateliers; que d'ailleurs le comte voulait bien me souffrir autour de lui, j'assistais aux propositions, aux délibérations et aux commandes, tout comme aux livraisons, et je me permettais fort bien d'exprimer mon opinion, surtout quand des esquisses et des ébauches étaient présentées. Je m'étais déjà fait chez les amateurs de tableaux, et particulièrement dans les ventes, auxquelles j'assistais diligemment, la réputation de savoir dire sur-le-champ ce que représentait un tableau historique, que le sujet fût tiré de la Bible, de l'histoire profane ou de la mythologie. Et, si je ne trouvais pas toujours le sens des peintures allégoriques, il était rare qu'un des assistants le comprît mieux que moi. Souvent aussi j'avais décidé les artistes à traiter tel ou tel sujet, et j'usais maintenant avec plaisir et avec amour de ces avantages. Je me souviens encore que je rédigeai un mémoire détaillé, dans lequel je décrivais douze tableaux, qui devaient représenter l'histoire de Joseph; quelques-uns furent exécutés.

Après ces occupations, louables assurément chez un enfant de mon âge, je veux rapporter aussi une petite mortification que j'eus à souffrir au milieu de ces artistes. Je connaissais bien tous les tableaux qu'on avait apportés successivement dans cette chambre. Ma curiosité enfantine ne laissait rien passer inaperçu et inobservé. Un jour je trouvai derrière le poêle une cassette noire : je ne manquai pas d'examiner ce qu'elle pouvait contenir, et, sans délibérer longtemps, je tirai le couvercle à coulisse. Le tableau que renfermait la cassette était en effet de ceux qu'on n'a pas coutume d'exposer aux regards, et je voulus repousser aussitôt la coulisse, mais je ne pus en venir assez vite à bout. Le comte entra et me prit sur le fait. « Qui vous a permis d'ouvrir cette cassette ? » dit-il avec son air de lieutenant du roi. Je n'avais pas grand'chose à répondre, et sur-le-champ il prononça gravement la sentence : « Vous n'entrerez pas dans cette chambre de huit jours. » Je m'inclinai et je sortis. J'obéis à cette défense avec une parfaite ponctualité, en sorte que le bon Séekatz, qui travaillait dans la chambre, en fut très-chagriné. Il aimait à m'avoir auprès de lui, et, par une petite malice, je poussai l'obéissance jusqu'à poser sur le seuil le café que j'avais coutume de lui apporter, si bien qu'il devait quitter sa chaise et son travail pour venir le chercher. Il prit la chose si mal qu'il faillit m'en garder rancune.

Maintenant il paraît nécessaire d'exposer avec quelques détails et d'expliquer comment, sans avoir appris le français, je parvins à m'exprimer en cette langue avec quelque facilité. Cette fois encore, je fus bien secondé par le don que j'avais naturellement de saisir les sons d'une langue, son mouvement, son accent, le ton et toutes les particularités extérieures. Beaucoup de mots m'étaient connus par le latin; l'italien m'aida encore davantage, et, au bout de peu de temps, en prêtant l'oreille à ce que disaient les domestiques et les soldats, les sentinelles et les visites, j'en appris assez, sinon pour me mêler à la conversation, du moins pour faire des questions et des réponses détachées.

Mais tout cela était peu de chose auprès de ce que je dus au théâtre. J'avais obtenu de mon grand-père une entrée de faveur, dont j'usais journellement, blâmé par mon père et soutenu par ma mère. J'allais donc m'asseoir au parterre, devant des acteurs étrangers, et j'observais avec d'autant plus d'attention les mouvements, les gestes et la parole, que je comprenais peu de chose ou ne comprenais rien à ce qu'on disait là-haut, et ne pouvais trouver de plaisir qu'au jeu mimique et aux intonations. C'était la comédie que je comprenais le moins, parce que l'acteur parlait vite, et qu'elle roulait sur des choses de la vie ordinaire, dont les expressions m'étaient tout à fait inconnues. On jouait plus rarement la tragédie, et sa marche mesurée, la cadence des alexandrins, la généralité de l'expression, me la rendaient, à tous égards, plus intelligible. Je ne tardai pas à m'emparer du Racine que je trouvai dans la bibliothèque de mon père, et je déclamai, à part moi, ces pièces à la manière du théâtre, comme l'avaient saisie mon oreille et l'organe de la parole, si intimement uni avec elle. Je les déclamais avec une grande vivacité, sans pouvoir encore comprendre toute une tirade dans son ensemble. J'appris même par cœur des morceaux entiers, et je les récitais comme un oiseau parlant que l'on a seriné, ce qui m'était d'autant plus facile qu'auparavant j'avais appris par cœur des passages de la Bible, la plupart inintelligibles pour un enfant, et que je m'étais accoutumé à réciter sur le ton des prédicateurs protestants. On jouait fréquemment les pièces de Destouches, de Marivaux, de La Chaussée, et je m'en rappelle encore distinctement plusieurs personnages caractéristiques; j'ai conservé moins de souvenirs de celles de Molière. Ce qui fit sur moi le plus d'impression fut l'*Hypermnestre* de Lemierre, qui, à titre de pièce nouvelle, fut jouée avec soin et donnée plusieurs fois. Le *Devin du village*, *Rose et Colas*, *Annette et Lubin*, me firent une impression infiniment agréable. Je puis me représenter encore ces jeunes filles et ces jeunes garçons enrubannés et leurs mouvements. Je ne tardai pas à désirer de faire connaissance avec le théâtre même, et il s'en offrit à moi plusieurs occasions. Comme, en effet, je n'avais pas toujours la patience d'écouter les pièces jusqu'au bout, et que je passais bien du temps dans les corridors, ou même, quand la saison le permit, devant la porte, où je me livrais à toute sorte de jeux avec des enfants de mon âge, un joyeux et beau petit garçon, qui appartenait au théâtre, et que j'avais entrevu dans quelques petits rôles, se joignit à nous. C'était avec moi qu'il pouvait le mieux s'entendre, parce qu'avec lui je savais tirer parti de mon français; et, ce qui favorisa notre liaison, c'est qu'il ne se trouvait au théâtre ou dans le voisinage aucun enfant de son âge et de son pays. Nous nous voyions aussi hors des heures de spectacle, et, même pendant les représentations, il me laissait rarement en repos. C'était un délicieux petit hâbleur, au babil charmant et intarissable, et il savait conter tant de choses sur ses aventures, ses querelles et d'autres particularités, qu'il m'amusait extraordinairement, et que, pour la langue et la conversation, j'en appris plus avec lui en quatre semaines qu'on n'aurait pu se le figurer, si bien que personne ne s'expliquait de quelle façon j'étais arrivé tout d'un coup, et comme par inspiration, à posséder cette langue étrangère.

Dès les premiers jours de notre connaissance, il m'emmena sur le théâtre, et il me conduisit surtout au foyer, où les acteurs et les actrices se tenaient dans les entr'actes, s'habillaient et se déshabillaient. Le local n'était ni favorable ni commode, car on avait claquemuré le théâtre dans une salle de concert, en sorte qu'il ne se trouvait derrière la scène aucunes loges particulières pour les acteurs. Les deux sexes étaient le plus souvent mêlés dans une chambre latérale, assez grande, qui avait servi aux parties de jeu, et ils semblaient aussi peu se gêner entre eux que devant nous autres enfants, si les choses ne se passaient pas toujours fort décemment lorsqu'ils mettaient leurs costumes ou qu'ils en changeaient. Je n'avais jamais rien vu de semblable, et pourtant, après quelques visites, l'habitude me fit bientôt trouver cela tout naturel.

Mais je ne tardai pas à me sentir le cœur touché d'une façon toute particulière. Le jeune Derones (c'est ainsi que je nommerai le petit garçon, avec qui mes rapports duraient toujours) était, à part ses vanteries, un enfant de bonne conduite et de gentilles manières. Il me fit connaître sa sœur, qui avait peut-être deux ans de plus que nous. C'était une agréable jeune fille, bien faite, d'une figure régulière, brune, aux yeux et aux cheveux noirs. Toute sa manière d'être avait quelque chose de taciturne et même de triste. Je cherchai tous les moyens de lui plaire, mais je ne pus attirer sur moi son attention. Les jeunes filles se croient beaucoup plus avancées que les garçons un peu moins âgés, et, portant leurs regards vers les jeunes gens, elles se donnent des airs de tantes à l'égard du petit garçon qui leur voue sa première inclination. Elle avait un frère cadet, avec lequel je n'eus aucuns rapports.

Quelquefois, tandis que la mère était à la répétition ou en société, nous nous réunissions chez elle pour jouer ou causer. Je n'y allais jamais sans offrir à la belle une fleur, un fruit ou quelque autre chose, qu'elle acceptait toujours de très-bonne grâce, en me remerciant de la manière la plus polie, mais je ne vis jamais son triste regard s'égayer, et je ne pus remarquer chez elle aucune trace d'inclination pour moi. Enfin je crus avoir découvert son secret. Le petit garçon me montra derrière le lit de sa mère, qui était orné d'élégants rideaux de soie, une peinture au pastel, offrant le portrait d'un bel homme, et il me fit comprendre en même temps par une mine d'espiègle, que ce n'était pas proprement le papa, mais tout comme le papa; et, à l'entendre vanter ce monsieur, et conter, à sa manière, mille choses avec force détails et gasconnades, je crus deviner que la fille appartenait bien au père, mais les deux autres enfants à l'ami de la maison. Alors je m'expliquai l'air triste de la jeune fille, et elle ne m'en fut que plus chère.

Mon inclination pour elle m'aidait à supporter les étourderies de son frère, qui ne restait pas toujours dans de justes bornes. Il me fallait essuyer souvent les interminables récits de ses exploits; il me contait comme il s'était déjà battu souvent, sans vouloir cependant faire de mal à ses adversaires : tout s'était fait uniquement pour l'honneur. Il avait su toujours désarmer son homme, et puis l'épargner. Il était même si adroit à faire sauter le fer, qu'il s'était vu un jour dans un grand embarras, parce qu'il avait lancé sur un arbre l'épée de son adversaire, en sorte qu'il n'avait pas été facile de la rattraper.

Ce qui facilitait beaucoup mes visites au théâtre, c'est que ma carte d'entrée, me venant des mains du maire, m'ouvrait toutes les places et, par conséquent aussi la loge d'avant-scène. Elle était très-profonde, à la manière française, et, des deux côtés, garnie de siéges, qui, séparés par une barrière basse, s'élevaient en plusieurs rangs les uns derrière les autres, de telle sorte que les premiers siéges n'étaient que peu élevés au-dessus de la scène. Tout l'ensemble était considéré comme des places d'honneur; elles n'étaient d'ordinaire occupées que par des officiers, et pourtant le voisinage des acteurs ôtait, je ne veux pas dire toute illusion, mais, en quelque sorte, tout plaisir. J'ai pu voir encore de mes yeux cet usage, ou cet abus, dont Voltaire se plaint si fort. Quand la salle était pleine, et que peut-être, en temps de passage de troupes, des officiers de distinction demandaient ces places d'honneur, qui d'ordinaire étaient déjà occupées, on établissait encore quelques rangées de bancs et de siéges, en avant de la loge, sur la scène même, et il ne restait plus aux héros et aux héroïnes qu'à se dévoiler leurs secrets dans un étroit espace, au milieu des uniformes chamarrés de croix. J'ai vu représenter dans ces conditions *Hypermnestre* elle-même.

Le rideau ne tombait pas dans les entr'actes, et je me souviens encore d'un singulier usage, que je devais trouver bien choquant, tout ce qu'il avait de contraire à l'art devant m'être absolument insupportable, à moi, honnête enfant de l'Allemagne. En effet le théâtre était considéré comme le plus inviolable sanctuaire, et tout désordre qui s'y passait devait être puni sur-le-champ comme le plus grand crime envers la majesté du public. Aussi, dans toutes les comédies, deux grenadiers, l'arme au pied, étaient-ils de faction, à la vue de tout le public, aux deux côtés de la toile du fond, et ils étaient témoins de tout ce qui se passait dans l'intérieur de la famille. Et, comme je l'ai dit, le rideau ne se baissant pas dans les entr'actes, dès que la musique commençait, ils étaient relevés par deux camarades, qui venaient droit à eux des coulisses; puis les premiers se retiraient avec la même précision. Si cette pratique était parfaitement propre à détruire tout ce qu'on nomme illusion théâtrale, on s'étonne d'autant plus de la chose, qu'elle avait lieu dans un temps où, selon les principes et les exemples de Diderot, la nature la plus naturelle était demandée sur la scène, et une complète illusion présentée comme le but de l'art dramatique. La tragédie était pourtant affranchie de cette police militaire, et les héros de l'antiquité avaient le droit de se garder eux-mêmes : mais les grenadiers étaient postés assez près d'eux derrière les coulisses.

Je veux rapporter encore que j'ai vu le *Père de famille* de Diderot et les *Philosophes* de Palissot, et que je me rappelle très-bien la figure du philosophe qui marche à quatre pattes et qui mord dans une tête de salade crue.

Avec toute sa diversité, le spectacle ne pouvait néanmoins retenir constamment les enfants dans la salle. Si le temps était beau, nous allions jouer devant et dans le voisinage, et nous faisions toute sorte de folies, qui ne cadraient nullement avec notre mise, surtout les dimanches et les jours de fête, car nous paraissions alors, mes camarades et moi, équipés comme on m'a vu dans le conte, le chapeau sous le bras, au côté, une petite épée, dont la branche était ornée d'un grand nœud de soie. Un jour, que nous avions fait longtemps notre tapage et que Derosnes s'était joint à nous, il lui prit fantaisie d'affirmer que je l'avais offensé, et que je devais lui donner satisfaction. A vrai dire, je ne comprenais pas quel sujet il avait de se plaindre, toutefois j'acceptai son défi, et je voulus dégainer. Mais il m'assura qu'en pareil cas l'usage était qu'on se retirât dans des lieux solitaires, afin de pouvoir terminer l'affaire plus commodément. Nous nous transportâmes donc derrière quelques granges, et nous voilà en posture. Le combat s'engagea d'une manière un peu théâtrale; les lames cliquetèrent et les coups passaient à côté, mais, dans le feu de l'action, la pointe de son épée resta engagée dans le nœud de la mienne; le nœud était transpercé, et Derosnes assura qu'il était pleinement satisfait; il m'embrassa d'un air tout aussi théâtral, et nous courûmes au café le plus voisin, pour calmer notre émotion avec un verre de lait d'amandes, et resserrer les nœuds de notre ancienne amitié.

Je vais rapporter ici une autre aventure, qui m'est aussi arrivée au théâtre, mais plus tard. J'étais assis tranquillement au parterre avec un de mes camarades, et nous assistions avec plaisir aux exercices de danse exécutés très-habilement par un joli petit garçon, à peu près de notre âge, fils d'un maître de danse français en passage à Francfort. Il portait, à la manière des danseurs, un petit pourpoint serré de soie rouge, qui se terminait en une courte jupe bouffante, semblable aux tabliers des coureurs, et flottait sur ses genoux. Nous avions applaudi, avec tout le public, cet artiste naissant, lorsque je m'avisai, je ne sais comment, de faire une réflexion morale. Je dis à mon camarade : « Comme cet enfant était bien paré, et qu'il avait bonne façon! Qui sait dans quelles guenilles il dormira ce soir? » Déjà tout le monde était debout, mais la foule nous empêchait d'avancer. Il se trouva qu'une femme, qui avait été assise à côté de moi, et qui me touchait dans ce moment, était la mère de ce jeune artiste. Elle se sentit très-offensée de ma réflexion. Par malheur elle savait assez d'allemand pour m'avoir compris, et parlait notre langue autant qu'il était nécessaire pour dire des injures. Elle m'apostropha violemment. Qui étais-je donc pour avoir droit de suspecter la famille et l'aisance de ce jeune homme? En tout cas, elle se permettait de croire qu'il me valait bien, et que ses talents le mèneraient à une fortune que je ne pouvais rêver pour moi. Elle me fit cette mercuriale dans la foule, et fixa l'attention des voisins, qui se demandaient avec surprise quelle malhonnêteté je pouvais avoir commise. Comme je ne pouvais ni m'excuser ni m'éloigner d'elle, j'étais réellement embarrassé, et, profitant d'un moment où elle avait fait silence, je dis sans y songer : « Hé! pourquoi ce tapage? aujourd'hui doré, demain enterré. » A ces mots, la femme sembla interdite. Elle me regarda fixement, et s'éloigna de moi aussitôt que la chose lui fut possible. Je ne pensais plus à mes paroles; mais, quelque temps après, elles me revinrent à la mémoire, quand le petit garçon, au lieu de se faire voir encore, tomba malade, et très-dangereusement. S'il en mourut, je ne saurais le dire. Ces présages tirés d'une parole inopportune, ou même malséante, étaient déjà en crédit chez les anciens, et il est bien remarquable que les formes de la croyance et de la superstition soient restées toujours les mêmes chez tous les peuples et dans tous les temps.

Dès le premier jour où notre ville fut occupée par les troupes, ses habitants, et surtout l'enfance et la jeunesse, vécurent au milieu de distractions continuelles : le théâtre et les bals, les parades et les passages de troupes, fixaient tour à tour notre attention. Les passages surtout devenaient toujours plus fréquents, et la vie de soldat nous semblait tout à fait joyeuse et satisfaisante. Le lieutenant du roi logeant dans notre maison, nous avions l'avantage de voir successivement tous les personnages importants de l'armée française, et particulièrement d'observer de près les plus marquants, dont la renommée était déjà parvenue jusqu'à nous. Nous regardions très-commodément, des escaliers et des paliers, comme de galeries, l'état-major défiler devant nous. Je me souviens surtout du prince de Soubise comme d'un bel homme, aux manières affables; mais encore plus nettement du maréchal de Broglie, qui était jeune, d'une taille peu élevée mais bien prise, vif, prompt, et promenant autour de lui un regard spirituel.

Il venait souvent chez le lieutenant du roi, et l'on voyait bien qu'ils s'entretenaient d'affaires importantes. L'occupation durait depuis trois mois, et nous y étions à peine accoutumés, quand la nouvelle se répandit vaguement que les alliés étaient en marche, et que le duc Ferdinand de Brunswick venait chasser des bords du Mein les Français. On n'avait pas d'eux une très-haute idée; ils ne pouvaient se glorifier d'aucun fait d'armes remarquable, et, depuis la bataille de Rosbach, on croyait pouvoir les mépriser. On avait dans le duc Ferdinand la plus grande confiance, et tous les amis de la Prusse attendaient avec impatience de se voir délivrés du fardeau qui pesait sur eux. Mon père était un peu plus gai, ma mère, inquiète. Elle était assez prudente pour comprendre qu'un petit mal présent pourrait bien faire place à une grande calamité; car on voyait trop clairement qu'on ne marcherait pas à la rencontre du duc, mais qu'on attendrait une attaque dans le voisinage de la ville. Une défaite des Français, une fuite, une défense de la place, ne fût-ce que pour couvrir la retraite et pour conserver le pont; un bombardement, un pillage, tout se présentait à l'imagination ébranlée et inquiétait les deux partis. Ma mère, qui pouvait tout supporter, excepté l'inquiétude, fit exprimer au comte sa crainte par l'interprète. Elle reçut la réponse d'usage en pareil cas : elle devait être parfaitement tranquille; il n'y avait rien à craindre; du reste, elle ferait bien de rester en repos, sans parler de la chose à personne.

De nouvelles troupes traversèrent la ville; on apprit qu'elles faisaient halte près de Bergen. On voyait toujours plus de monde aller et venir, courir à pied et à cheval, et notre maison était jour et nuit en mouvement. Dans ce temps-là, je vis fréquemment le maréchal de Broglie, toujours serein, toujours le même dans ses manières et sa conduite, et, plus tard, je fus charmé de voir cité glorieusement dans l'histoire un homme dont l'extérieur avait fait sur moi une si heureuse et si durable impression.

Ainsi arriva enfin, après une semaine sainte pleine d'inquiétudes, le vendredi saint de 1759. Un grand calme annonçait l'orage prochain. On défendit aux enfants de sortir de la maison. Mon père n'avait point de repos, et il sortit. La bataille commença. Je montai à l'étage supérieur, d'où je ne pouvais, il est vrai, voir la campagne, mais d'où j'entendais fort bien le tonnerre de l'artillerie et les feux de bataillon. Au bout de quelques heures, nous vîmes les premiers indices de la bataille dans une file de chariots sur lesquels des blessés, dont les mutilations et les attitudes diverses offraient un affreux spectacle, passèrent doucement devant notre maison pour être menés au couvent de la Vierge, transformé en hôpital. Aussitôt s'éveilla la compassion des habitants : ils offrirent de la bière, du vin, du pain, de l'argent, à ceux qui pouvaient encore recevoir quelque chose. Mais, lorsqu'on aperçut, quelque temps après, dans cette file des blessés et des prisonniers allemands, la pitié ne connut plus de bornes, et l'on eût dit que chacun voulait se dépouiller de tous ses effets mobiliers pour assister des compatriotes souffrants.

Cependant ces prisonniers étaient le signe d'une bataille malheureuse pour les alliés. Mon père, dans sa partialité, convaincu qu'ils la gagneraient, fut assez téméraire pour aller au-devant de ces vainqueurs espérés, sans réfléchir que les vaincus, dans leur fuite, devraient les premiers lui passer sur le corps. D'abord il se rendit à son jardin, devant la porte de Friedberg, où il trouva tout solitaire et tranquille; puis il se risqua dans la bruyère de Bornheim, où il aperçut bientôt des maraudeurs et des goujats épars, qui s'amusaient à tirer sur les bornes, en sorte que le plomb rejaillissant sifflait autour des oreilles du promeneur curieux. Il jugea donc plus prudent de revenir, et il apprit de quelques personnes, qu'il interrogea, ce que le bruit du canon aurait dû lui faire déjà comprendre, c'est que tout allait bien pour les Français, et qu'il ne fallait pas s'attendre à les voir plier. Revenu à la maison plein de colère, à la vue de ses compatriotes blessés et prisonniers, il ne se posséda plus. A son tour, il fit distribuer aux passants des secours de toute espèce; mais ils ne devaient être distribués qu'aux Allemands, ce qui n'était pas toujours possible, parce que le sort avait entassé ensemble amis et ennemis.

Notre mère et nous, qui avions eu confiance dans la parole du comte, et passé, par conséquent, une journée assez tranquille, nous fûmes bien joyeux et notre mère doublement rassurée, lorsque, ayant consulté, le matin, par un coup d'épingle son livre de dévotion, l'oracle lui eut fait, pour le présent aussi bien que pour l'avenir, une réponse très-rassurante. Nous souhaitions à notre père la même foi et les mêmes sentiments; nous le caressâmes de tout notre pouvoir; nous le priâmes de prendre quelques aliments (il était resté à jeun tout le jour) : il refusa et nos caresses et toute nourriture, et se retira dans sa chambre. Cependant notre joie n'en fut pas troublée : l'affaire était décidée; le lieutenant du roi, qui était monté à cheval ce jour-là, contre son habitude, revint à la fin. Sa présence au logis était plus nécessaire que jamais. Nous courûmes à sa rencontre, nous lui baisâmes les mains en lui témoignant notre joie. Il y parut très-sensible. « Bien ! dit-il, plus amicalement que d'ordinaire; j'en suis aussi charmé pour vous, chers enfants. » Il donna l'ordre aussitôt qu'on nous servît des sucreries, du vin de liqueur, enfin ce qu'il y avait de mieux, et il passa dans sa chambre, entouré déjà d'une foule d'importuns, de solliciteurs et de suppliants.

Nous fîmes alors une excellente collation. Nous regrettions notre bon père, qui ne voulait pas en prendre sa part, et nous pressâmes notre mère de l'appeler; mais, plus sage que nous, elle savait bien à quel point de pareils dons lui seraient odieux. Cependant elle avait préparé un petit souper, et lui en aurait volontiers envoyé une portion dans sa chambre; mais il ne souffrait jamais ce désordre, même dans les cas extraordinaires; et, après qu'on eut mis à part les doux présents, on chercha à le persuader de descendre à la salle à manger. Enfin il céda, mais à contre-cœur, et nous ne soupçonnions pas le mal que nous allions faire à toute la famille. Du haut en bas, l'escalier passait devant toutes les antichambres; mon père, en descendant, devait passer immédiatement devant la chambre du comte : l'antichambre était si pleine de monde, que M. de Thorane voulut, pour expédier plusieurs affaires à la fois, sortir de son appartement, et, par malheur, ce fut dans le moment où notre père descendait. Le comte alla gaiement à sa rencontre, le salua et lui dit : « Vous féliciterez vos hôtes et vous-même de ce que cette dangereuse affaire est si heureusement terminée. — Nullement, répliqua mon père avec courroux; je voudrais qu'ils vous eussent envoyé au diable, quand j'aurais dû faire le voyage avec vous. » Le comte s'arrêta un moment, puis il entra en courroux : « Vous le payerez! s'écria-t-il; vous n'aurez pas fait impunément un pareil affront à la bonne cause et à moi. »

Cependant mon père était descendu tranquillement. Il s'assit auprès de nous. Il paraissait plus gai qu'auparavant et se mit à manger. Nous en étions charmés, et nous ne savions pas de quelle manière hasardeuse il s'était soulagé le cœur. Bientôt après, on pria ma mère de sortir, et les petits bavards avaient grande envie de conter à leur père comme M. de Thorane les avait régalés. Notre mère ne revenait pas. Enfin l'interprète parut. Sur un signe qu'il fit, on nous envoya coucher. Il était déjà tard, et nous obéîmes volontiers. Après une nuit de paisible sommeil, nous apprîmes quel violent orage avait ébranlé la maison dans la soirée. Le lieutenant du roi avait ordonné sur-le-champ de mettre notre père aux arrêts. Les subalternes savaient bien qu'il ne fallait jamais le contredire : cependant on leur avait su gré quelquefois d'avoir différé d'obéir. Notre compère l'interprète, à qui la présence d'esprit ne faisait jamais défaut, sut réveiller vivement chez eux ces dispositions. Le tumulte était d'ailleurs si grand, qu'un retard se dissimulait et s'excusait de lui-même. Il avait fait sortir ma mère, et avait mis, pour ainsi dire, l'officier dans ses mains, afin que, par ses prières et ses représentations, elle obtînt du moins quelque délai. Il se hâta lui-même de monter chez le comte, qui, toujours maître de lui-même, s'était retiré sur-le-champ dans son cabinet particulier, aimant mieux laisser un moment en suspens l'affaire la plus urgente que de soulager aux dépens de quelque innocent sa mauvaise humeur une fois excitée, et de rendre une décision fâcheuse pour sa dignité.

Le discours de l'interprète au comte, toute la suite de l'entretien, le gros compère, qui n'était pas médiocrement fier du succès, nous les a répétés assez souvent pour que je puisse encore les reproduire de mémoire. L'interprète s'était permis d'ouvrir le cabinet et d'entrer, action qui était sévèrement punie. « Que voulez-vous? lui cria le comte irrité. Sortez! Personne n'a le droit d'entrer ici que Saint-Jean. — Eh bien! prenez-moi un moment pour Saint-Jean. — Il faudrait pour cela une grande force d'imagination. Deux comme lui n'en font pas un comme vous. Sortez! — Monsieur le comte, vous avez reçu du ciel un grand don, et c'est à ce don que j'en appelle. — Vous voulez me flatter : ne croyez pas que cela vous réussisse. — Vous avez le grand don, monsieur le comte, même dans les moments de passion, dans les moments de colère, d'écouter les sentiments des autres. — Bien, bien; il s'agit en effet de sentiments que j'ai trop longtemps écoutés. Je ne sais que trop bien qu'on ne nous aime pas ici, que ces bourgeois nous regardent de mauvais œil. — Pas tous. — Un très-grand nombre. Eh quoi! ces citoyens veulent-ils être les citoyens d'une ville impériale? Ils ont vu élire et couronner leur empereur, et, quand cet empereur, injustement attaqué, court le risque de perdre ses Etats et de succomber sous un usurpateur; quand il trouve heureusement de fidèles alliés, qui donnent leur or, leur sang, pour son intérêt, ils ne veulent pas accepter pour leur part un léger fardeau, afin que l'ennemi de l'Empire soit humilié? — Vous connaissez sans doute ces sentiments depuis longtemps, et vous les avez soufferts en homme sage. Et puis ce n'est que le petit nombre, un petit nombre, ébloui par les brillantes qualités de l'ennemi, que vous estimez vous-même comme un homme extraordinaire, un petit nombre seulement, vous le savez. — Fort bien. Je l'ai su et je l'ai souffert trop longtemps; sans cela, cet homme ne se serait pas permis de m'adresser en face, dans les moments les plus graves, de pareilles injures. Qu'ils soient aussi nombreux qu'ils voudront, ils seront châtiés dans leur audacieux représentant, et ils apprendront ce qu'ils ont à attendre. — Un délai seulement, monsieur le comte! — Dans certaines affaires, on ne peut agir trop vite. — Seulement un court délai! — Voisin, vous voulez m'entraîner dans une fausse démarche; vous n'y réussirez pas. — Je ne veux ni vous entraîner dans une fausse démarche, ni vous en détourner. Votre résolution est juste, elle est bienséante au Français, au lieutenant du roi; mais songez que vous êtes aussi le comte de Thorane. — Le comte n'a rien à dire ici. — Il faudrait pourtant écouter aussi ce brave homme. — Eh bien! que dirait-il? — Monsieur le lieutenant, dirait-il, si longtemps vous avez pris patience avec tant de gens moroses, mécontents, malhonnêtes, quand ils n'en usaient pas trop mal avec vous! Celui-ci en a usé très-mal, sans doute; mais surmontez-vous, monsieur le lieutenant, et vous en serez loué et célébré de chacun. — Vous savez que je puis souffrir quelquefois vos bouffonneries, mais n'abusez pas de ma bonté. Ces hommes sont-ils donc absolument aveuglés? Si nous avions perdu la bataille, quel serait leur sort dans ce moment? Nous combattons jusque devant les portes, nous fermons la ville, nous tenons, nous nous défendons, pour couvrir notre retraite en deçà du pont. Croyez-vous que l'ennemi fût resté les bras croisés? Il lance des grenades et ce qu'il a sous la main, et elles mettent le feu où elles peuvent. Que veut-il donc, ce propriétaire? En ce moment peut-être un boulet rouge tomberait dans ces chambres, un autre le suivrait de près; dans ces chambres, dont j'ai épargné les maudites tentures chinoises, où je me suis fait scrupule de clouer mes cartes! Ils auraient dû être à genoux tout le jour. — Combien ne l'ont-ils pas fait! — Ils auraient dû implorer pour nous la bénédiction du ciel, aller au-devant des généraux et des officiers avec des témoignages d'honneur et de joie, au-devant des soldats fatigués avec des rafraîchissements. Au lieu de cela, le poison de cet esprit de parti me corrompt les moments de ma vie les plus beaux, les plus heureux, achetés par tant de soucis et de fatigues! — C'est l'esprit de parti; mais vous ne ferez que l'accroître par la punition de cet homme. Ceux qui pensent comme lui vous décrieront comme un tyran, comme un barbare; ils le regarderont comme un martyr, qui a souffert pour la bonne cause; et même ceux qui pensent autrement, qui sont à présent ses adversaires, ne verront plus en lui que le concitoyen : ils le plaindront, et tout en vous donnant raison, ils trouveront néanmoins que vous avez agi trop durement. — Je vous ai déjà écouté trop longtemps; éloignez-vous. — Écoutez donc encore un seul mot! Songez que ce serait la chose la plus fatale qui pût arriver à cet homme, à cette famille. Vous n'aviez pas lieu d'être fort satisfait de la bonne volonté de monsieur, mais madame a prévenu tous vos désirs, et les enfants vous ont regardé comme leur oncle. D'un seul coup, vous détruirez pour toujours la paix et le bonheur de cette famille. Oui, je puis bien le dire, une bombe qui serait tombée dans la maison n'y aurait pas causé de plus grands ravages. J'ai souvent admiré votre fermeté, monsieur le comte; cette fois, donnez-moi sujet de vous adorer. Un soldat est vénérable lorsque, dans la maison d'un ennemi, il se regarde comme un hôte. Il n'y a point ici d'ennemi, il n'y a qu'un homme égaré. Gagnez cela sur vous, et vous en recueillerez une gloire immortelle. — Ce serait une chose singulière, reprit le comte avec un sourire. — Non pas, elle serait toute naturelle, répliqua l'interprète. Je n'ai pas envoyé la femme et les enfants à vos pieds, car je sais que ces sortes de scènes vous sont désagréables; mais je veux vous peindre la reconnaissance de la femme et des enfants, je veux vous les peindre s'entretenant toute leur vie du jour où se donna la bataille de Bergen, et de votre grandeur d'âme en ce jour-là, comme ils sauront le redire à leurs enfants et petits-enfants, et inspirer même aux étrangers leur affection pour vous. Une action pareille ne peut tomber dans l'oubli. — Vous ne rencontrez pas mon côté faible, monsieur l'interprète; je n'ai pas coutume de songer à la renommée : elle est pour d'autres et non pour moi. Faire le bien dans le moment, ne pas négliger mon devoir, ne souffrir aucune atteinte à mon honneur, voilà mon souci. Nous avons déjà débité trop de paroles; allez maintenant, allez recevoir les remercîments des ingrats auxquels je pardonne. »

L'interprète, surpris et touché de cette issue heureuse et inattendue, ne put retenir ses larmes et voulait baiser les mains du comte : le comte le repoussa et lui dit d'un ton sévère : « Vous savez que je ne puis souffrir ces choses. » Et, en disant ces mots, il passa dans l'antichambre pour régler les affaires pressantes et entendre les requêtes d'une foule de gens qui attendaient. C'est ainsi que l'affaire fut arrangée, et, le lendemain, nous célébrâmes, avec le reste des sucreries données la veille, l'éloignement d'un mal dont notre sommeil nous avait heureusement dérobé la menace. L'interprète avait-il en effet parlé aussi sagement, ou s'était-il seulement représenté la scène de la sorte, comme on a coutume de le faire après une bonne et heureuse action, c'est ce que je ne veux pas décider. Du moins il n'a jamais varié dans son récit, et ce jour lui paraissait à la fois le plus troublé et le plus glorieux de sa vie.

Au reste, une petite aventure fera connaître à quel point le comte repoussait tout faux cérémonial, n'acceptait jamais un titre qui ne lui appartenait pas, et se montrait toujours spirituel dans ses moments de bonne humeur. Un notable habitant de Francfort, qui était aussi de ces farouches solitaires, crut devoir se plaindre des soldats logés chez lui. Il vint en personne, et l'interprète lui offrit ses services; mais le plaignant pensa n'en avoir pas besoin. Il se présenta devant le comte en lui faisant un profond salut, et lui dit : « Excellence! » Le comte lui rendit le salut et l'excellence. Confus de cette marque d'honneur, et ne doutant pas que le titre ne fût trop mince, il s'inclina plus profondément et dit : « Monseigneur! — Monsieur, dit le comte, du ton le plus sérieux, n'allons pas plus loin; sans cela, nous pourrions bien en venir à la majesté. » L'homme était dans un extrême embarras et ne savait que dire. L'interprète, qui était à quelque distance et qui savait toute l'affaire, fut assez malin pour ne pas remuer. Mais le comte poursuivit fort gaiement : « Par exemple, monsieur, comment vous nommez-vous? — Spangenberg. — Et moi je m'appelle Thorane. Spangenberg, que voulez-vous à Thorane? A présent asseyons-nous. L'affaire sera bientôt réglée. » En effet, elle le fut bientôt, à la grande satisfaction de celui que j'ai nommé ici Spangenberg; et, le même soir, l'histoire fut non-seulement racontée, mais représentée, avec toutes les circonstances et tous les gestes, dans notre cercle de famille par le malicieux interprète.

Après ces inquiétudes, ces troubles et ces tourments, reparut bientôt la sécurité et l'insouciance avec laquelle les enfants surtout vivent au jour le jour, pour peu que la situation soit passable. Ma passion pour le théâtre français croissait à chaque représentation. Je ne manquais pas une soirée, et pourtant, chaque fois qu'après le spectacle je revenais prendre part tardivement au souper de famille, et qu'il me fallait bien souvent me contenter de quelques restes, j'avais à essuyer les éternels reproches de mon père, que le théâtre ne servait à rien et ne pouvait mener à rien. J'alléguais d'ordinaire tous les arguments que les défenseurs du théâtre ont sous la main, lorsqu'ils se trouvent dans l'embarras où j'étais. Le vice heureux et la vertu malheureuse étaient à la fin remis en équilibre par la justice poétique. Je relevais très-vivement les beaux exemples de transgressions punies, *Miss Sara Sampson* et *le Marchand de Londres*; mais j'avais souvent le dessous, quand *les Fourberies de Scapin* et autres pièces pareilles étaient sur l'affiche, et que je devais m'entendre reprocher le plaisir que prend le public aux tromperies de valets intrigants et à l'heureuse réussite des folies de jeunes débauchés. De part et d'autre, on ne se persuadait point; mais mon père se réconcilia bientôt avec le théâtre, quand il vit que je faisais dans la langue française des progrès incroyables.

C'est chez l'homme une disposition naturelle d'aimer mieux à entreprendre lui-même ce qu'il voit faire, qu'il en ait le talent ou qu'il ne l'ait pas. J'eus bientôt parcouru tout le champ de la scène française; plusieurs pièces avaient déjà reparu deux ou trois fois; depuis la plus noble tragédie jusqu'à la petite pièce la plus frivole, tout avait passé devant mes yeux et mon esprit; et tout comme, encore enfant, j'avais osé imiter Térence, devenu un jeune garçon, et sous l'influence d'une impression bien plus vive, je ne manquai pas de reproduire aussi les formes françaises selon ma force et ma faiblesse. On donnait alors quelques pièces moitié mythologiques, moitié allégoriques, dans le goût de Piron; elles tenaient de la parodie et plaisaient beaucoup. Ces représentations avaient pour moi un attrait particulier : c'étaient les petites ailes d'un joyeux Mercure, les carreaux de la foudre d'un Jupiter déguisé, une galante Danaé ou toute autre belle visitée des dieux, une bergère même ou une chasseresse, à laquelle ils daignaient descendre. Et comme des éléments de ce genre, empruntés aux *Métamorphoses* d'Ovide et au *Pantheon mythicum* de Pomey, bourdonnaient souvent dans ma cervelle, j'eus bientôt composé dans mon imagination une petite pièce de ce genre, dont je ne puis dire autre chose, sinon que la scène était à la campagne, mais qu'il n'y manquait ni de princesses, ni de princes, ni de dieux. Le Mercure surtout était si vivant dans mon esprit, que je jurerais encore l'avoir vu de mes yeux.

Je présentai à mon ami Derosnes une copie très-proprement faite de ma main; il la reçut avec une dignité particulière et avec tout l'air d'un protecteur; il parcourut rapidement le manuscrit, me signala quelques fautes de langue, trouva quelques tirades trop longues, et promit enfin de prendre son temps pour examiner et juger l'ouvrage de plus près. Comme je lui demandai modestement si peut-être la pièce avait chance d'être représentée, il m'assura que cela n'était point impossible. Au théâtre, la faveur jouait un grand rôle, et il me protégerait de bon cœur; mais il fallait tenir la chose secrète; car un jour il avait lui-même fait recevoir, par surprise, à la direction une pièce de son cru, et on l'aurait certainement jouée, si l'on n'avait pas découvert trop tôt qu'il en était l'auteur. Je lui promis toute la discrétion possible, et je voyais déjà en esprit le titre de ma pièce affiché en grandes lettres aux coins des rues et des places. Au reste, si léger que fût mon ami, il trouva fort à son gré cette occasion de trancher du maître. Il lut la pièce avec attention d'un bout à l'autre, et, après s'être mis avec moi à y changer quelques petits détails, il bouleversa, dans le cours de la conversation, toute la pièce, de sorte qu'il n'en resta pas pierre sur pierre. Il effaçait, il ajoutait, retranchait un personnage, en substituait un autre; bref, il procédait avec le caprice le plus extravagant du monde, au point de me faire dresser les cheveux. Dans mon préjugé, qu'après tout il devait s'y connaître, je le laissais faire, car il m'avait déjà entretenu si souvent des trois unités d'Aristote, de la régularité du théâtre français, de la vraisemblance, de l'harmonie des vers et de tout le reste, que je devais le croire non-seulement bien instruit, mais aussi bien fondé. Il déclamait contre les Anglais, il méprisait les Allemands; en un mot, il me débita toute la litanie dramaturgique que je devais entendre répéter si souvent dans le cours de ma vie. Comme le jeune garçon de la fable, je rapportai chez moi ma création mutilée, et je cherchai à la rétablir, mais en vain. Cependant, comme je ne voulais pas y renoncer tout à fait, je remis à notre secrétaire mon premier manuscrit, après y avoir fait un petit nombre de changements, et je le chargeai d'en faire une belle copie, que je présentai à mon père. J'y gagnai du moins qu'il me laissa quelque temps souper tranquille à la sortie du spectacle.

Cette tentative malheureuse m'avait fait réfléchir, et ces théories, ces lois, que chacun invoquait, et que l'impertinence de mon maître présomptueux m'avait particulièrement rendues suspectes, je voulus les étudier directement aux sources, ce qui me fut, non pas difficile, mais pénible. Je lus d'abord le traité de Corneille sur les trois unités, et je vis bien par là ce qu'on voulait; mais pourquoi l'exigeait-on? Je ne pouvais absolument le comprendre. Et, ce qu'il y eut de plus fâcheux, je tombai aussitôt dans un plus grand embarras, en apprenant à connaître les débats provoqués par *le Cid*, et en lisant les préfaces dans lesquelles Corneille et Racine sont obligés de se défendre contre les critiques et le public. Ici je vis du moins de la manière la plus claire que personne ne savait ce qu'il voulait; qu'une pièce comme *le Cid*, qui avait produit l'effet le plus admirable, devait, sur l'ordre d'un cardinal tout-puissant, être déclarée mauvaise; que Racine, l'idole des Français de mon temps, et qui était aussi devenu mon idole (car j'avais appris à le mieux connaître, quand l'échevin d'Olenschlager nous avait fait jouer *Britannicus*, où le rôle de Néron m'était échu en partage), que Racine, dis-je, n'avait pu lui-même en finir avec les amateurs et les critiques de son temps. Tout cela me rendit plus perplexe que jamais, et, après m'être longtemps tourmenté avec ces dits et ces contredits, avec ce théorique radotage du siècle précédent, je rejetai tout en masse, et me débarrassai de tout ce fatras avec plus de résolution à mesure que je crus observer que les auteurs eux-mêmes, qui disaient d'excellentes choses quand ils se mettaient à discourir sur ce sujet, quand ils exposaient les règles de leur pratique, quand ils voulaient se défendre, s'excuser, se justifier, ne savaient pas non plus toucher toujours le point essentiel. Je me hâtai donc de revenir à l'actualité vivante; je fréquentai le théâtre avec une ardeur nouvelle; mes lectures furent plus sérieuses et plus suivies, en sorte que j'eus alors la persévérance d'étudier tout Racine, tout Molière et une grande partie de Corneille.

Le lieutenant du roi logeait toujours dans notre maison. Il n'avait changé en rien de conduite, particulièrement à notre égard; mais on pouvait remarquer, et notre compère l'interprète savait nous le rendre encore plus évident, qu'il ne remplissait plus ses fonctions avec la même sérénité, avec le même zèle qu'au commencement, quoique toujours avec la même droiture et la même fidélité. Ses manières et sa conduite, qui annonçaient un Espagnol plutôt qu'un Français; ses caprices, qui, de temps en temps, ne laissaient pas d'avoir de l'influence sur quelque affaire; son inflexibilité, quelles que fussent les circonstances; son irritabilité, en tout ce qui touchait sa personne et son caractère : tout cela devait le mettre quelquefois en conflit avec ses supérieurs. Ajoutez qu'il fut blessé dans un duel, à la suite d'une querelle au théâtre, et l'on trouva mauvais que le lieutenant du roi, le chef suprême de la police, eût commis lui-même une faute punie par les lois. Tout cela put l'amener, comme je l'ai dit, à se replier davantage sur lui-même, et à montrer peut-être çà et là moins d'énergie.

Cependant un grand nombre des tableaux qu'il avait commandés étaient déjà dans ses mains. Il passait ses heures de loisir à les considérer dans la mansarde, où il les faisait clouer, larges ou étroits, les uns à côté des autres, et même, comme la place manquait, les uns sur les autres, puis les faisait enlever et rouler. Il ne cessait de revenir à l'examen des travaux, de contempler avec un plaisir nouveau les parties qu'il jugeait les mieux réussies. Mais il ne manquait pas non plus d'exprimer son désir de voir ceci ou cela exécuté autrement. Cela le conduisit à une entreprise nouvelle et tout à fait singulière. Comme ces peintres réussissaient mieux, l'un à peindre les figures, l'autre les seconds plans et les lointains, le troisième les arbres, le quatrième les fleurs, le comte se demanda si l'on ne pourrait associer ces talents dans les tableaux, et, par ce moyen, produire des ouvrages accomplis. On se mit à l'œuvre aussitôt, et, par exemple, il fit peindre de beaux troupeaux dans un paysage déjà terminé; mais, comme on n'avait pas toujours la place convenable, que d'ailleurs le peintre d'animaux ne regardait pas à une couple de moutons de plus ou de moins, le paysage le plus vaste finissait par se trouver trop étroit. Cependant le peintre de personnages devait encore y faire entrer les bergers et quelques voyageurs, qui semblaient à leur tour se dérober l'air les uns aux autres, et l'on s'étonnait qu'ils ne fussent pas tous ensemble étouffés dans la plus vaste campagne. On ne pouvait jamais prévoir à quoi l'œuvre aboutirait, et, une fois achevée, elle ne satisfaisait pas. Les peintres prirent de l'humeur. Ils avaient gagné aux premières commandes, ils perdirent à ces remaniements, bien que le comte les payât aussi très-généreusement; et comme les diverses parties exécutées pêle-mêle dans un seul tableau ne produisaient pas, malgré tous leurs efforts, un heureux effet, chacun finit par croire que son travail était gâté et annulé par le travail des autres; tellement que les artistes faillirent se brouiller et devenir ennemis irréconciliables. Ces changements, ou plutôt ces suppléments, s'exécutaient dans la mansarde, où je me trouvais seul avec les artistes, et je m'amusais à choisir entre les études, particulièrement celles d'animaux, tel ou tel individu, tel ou tel groupe, et à les proposer pour le premier plan ou le lointain, et, soit persuasion, soit complaisance, on en faisait quelquefois à ma fantaisie.

Les collaborateurs étaient donc découragés au plus haut point, surtout Seekatz, homme hypocondre et renfermé en lui-même, qui, dans un cercle d'amis, se montrait, par son incomparable gaieté, le plus aimable du monde; mais qui, une fois à l'ouvrage, voulait travailler seul, tout à ses pensées et dans une entière liberté. Et cet artiste, après s'être acquitté d'une tâche difficile, après l'avoir terminée avec le plus grand soin et le plus ardent amour dont il était capable, dut faire plus d'une fois le trajet de Darmstadt à Francfort, pour changer quelque chose à ses propres tableaux, ou peupler ceux d'autres artistes, ou même, avec son assistance, voir des mains étrangères ajouter force bigarrures à ses ouvrages. Son dépit augmenta, il résista tout de bon, et nous dûmes faire de grands efforts pour décider notre compère (car il l'était aussi devenu) à se plier aux désirs du comte. Je me souviens encore que, les caisses étant prêtes pour emballer tous les tableaux, rangés de manière que le tapissier n'eût plus qu'à les fixer au lieu de leur destination, une retouche peu considérable, mais absolument nécessaire, fut demandée, et qu'on ne put décider Seekatz à revenir. En effet, il avait rassemblé tous ses moyens pour en finir, en peignant d'après nature, pour des dessus de porte, les quatre éléments, sous la figure d'enfants et de petits garçons, et il avait traité avec le plus grand soin, non-seulement les figures, mais aussi les accessoires; ce travail était livré, payé, et l'artiste croyait en avoir fini tout de bon; mais on réclama de nouveau sa présence pour agrandir, avec quelques coups de pinceau, certaines figures dont les proportions étaient un peu trop petites. Un autre pouvait, au dire de Seekatz, faire la chose à sa place; il avait entrepris un nouveau travail : bref, il ne voulait pas revenir. On était à la veille de faire l'expédition; on attendait seulement que la peinture fût sèche; tout retard était fâcheux; le comte, au désespoir, voulait faire amener l'artiste par la force armée. Nous désirions tous de voir enfin les tableaux partir : pour dernier expédient, notre compère l'interprète partit en voiture, et ramena, avec femme et enfants, l'artiste récalcitrant, à qui le comte fit une bonne et amicale réception, et qu'il renvoya généreusement récompensé.

Après le départ des tableaux, une grande paix régna dans la maison. On nettoya la mansarde; elle me fut rendue, et mon père, en voyant partir les caisses, ne put réprimer le désir d'expédier le comte après elles. Car, si grande que fût la conformité de leurs goûts, et quoique mon père fût charmé de voir observée d'une manière si profitable par un homme plus riche que lui sa maxime d'encourager les artistes vivants; si flatté qu'il pût être que sa collection eût donné lieu, en faveur d'honnêtes artistes, dans un temps calamiteux, à des commandes considérables, il sentait néanmoins un si grand éloignement pour l'étranger qui avait envahi sa maison, qu'il ne pouvait rien approuver dans sa conduite. On devait occuper les artistes, mais non les rabaisser à peindre des tapisseries ; on devait être satisfait de ce que chacun avait produit, selon son idée et son talent, quand même on ne goûtait pas l'œuvre de tout point, et ne pas marchander et critiquer toujours ; en un mot, le comte fit vainement des avances polies, il ne put s'établir entre eux aucune liaison. Mon père ne visitait l'atelier que lorsque le comte était à table, et je me souviens qu'une seule fois, Seekatz s'étant surpassé, et le désir de voir son ouvrage ayant amené toute la maison, mon père et le comte s'approchèrent de ces peintures, et témoignèrent une satisfaction commune, qu'ils ne pouvaient trouver l'un chez l'autre.

A peine la maison fut-elle débarrassée de ces caisses, que la tentative, déjà essayée, puis interrompue, d'éloigner le comte fut reprise de nouveau. On chercha à se concilier la justice par des représentations, l'équité par des prières, la bonne volonté par des influences, et l'on fit si bien, qu'enfin la commission des logements décida que le comte changerait de quartier, et que notre maison, en considération de la charge qu'elle avait supportée jour et nuit pendant plusieurs années, serait à l'avenir exempte de logements. Mais, pour avoir un prétexte, on exigea que le premier étage qu'avait occupé le lieutenant du roi, fût remis à loyer, afin qu'il parût impossible d'y loger encore des militaires. Le comte qui, une fois séparé de ses tableaux chéris, n'avait plus rien qui l'intéressât dans la maison, et qui d'ailleurs espérait être bientôt rappelé et remplacé, consentit sans difficulté à occuper un autre bon logement, et nous nous séparâmes en paix et de bonne grâce. Bientôt après, il quitta la ville, et il fut élevé par degrés à diverses charges, mais non pas, à ce que nous apprîmes, de manière à le satisfaire. Il eut cependant le plaisir de voir heureusement placés, dans le château de son frère, ces tableaux, objets de ses soins assidus ; il nous écrivit quelquefois, envoya des mesures, et fit exécuter encore quelques travaux par nos artistes. Enfin, nous n'apprîmes plus rien de lui, sinon qu'on nous assura, bien des années après, qu'il était mort aux Indes occidentales, gouverneur des colonies françaises.

LIVRE IV.

Malgré toute la gêne que nous avait causée le séjour du lieutenant royal dans notre maison, nous y étions trop accoutumés pour ne pas sentir quelque vide après son départ, et les enfants durent trouver la maison bien morte. Au reste, nous n'étions pas destinés à revenir complétement à la vie de famille. Déjà de nouveaux locataires avaient arrêté l'appartement. Après qu'on eut un peu balayé et nettoyé, raboté et frotté, peinturé et badigeonné, la maison se trouva restaurée. Le directeur de la chancellerie, M. Moritz, et sa famille, excellents amis de mes parents, vinrent loger chez nous. M. Moritz n'était pas de Francfort. Habile jurisconsulte et praticien, il soignait les affaires juridiques de plusieurs petits princes, comtes et seigneurs. Je ne l'ai jamais vu autrement que joyeux, obligeant et assidu à ses affaires. La femme et les enfants, doux, tranquilles et bienveillants, n'étaient pas pour nous une compagnie, car ils vivaient retirés ; mais une tranquillité, une paix, que nous n'avions pas goûtées depuis longtemps, étaient revenues. J'habitais de nouveau ma mansarde, où je voyais parfois en idée cette foule de tableaux, que je cherchais à éloigner par l'étude et le travail.

Le conseiller de légation Moritz, frère du directeur de la chancellerie, fréquenta dès lors notre maison. Il était plus homme du monde, d'une figure remarquable et d'un commerce agréable et facile. Il soignait aussi les intérêts de plusieurs personnes de qualité, et il eut de fréquents rapports avec mon père à l'occasion de faillites et de commissions impériales. Ils s'estimaient beaucoup l'un l'autre, et ils tenaient d'habitude pour les créanciers; mais ils firent la douloureuse expérience que la plupart des personnes déléguées en pareil cas sont d'ordinaire gagnées par les débiteurs. Le conseiller communiquait volontiers ses connaissances : il aimait les mathématiques, et, comme elles n'étaient d'aucun usage dans sa carrière actuelle, il se fit un amusement de m'avancer dans cette étude. Cela me mit en état de tracer plus exactement mes esquisses d'architecture, et de mieux profiter des leçons d'un maître de dessin, qui nous occupait une heure tous les jours. Ce bon vieillard n'était, à vrai dire, qu'un pauvre artiste : il nous faisait tracer des lignes et les assembler, et cela devait produire des yeux, des nez, des lèvres et des oreilles, et même enfin des figures et des têtes entières; mais, de forme naturelle ou de forme idéale, il n'en était pas question. Nous fûmes tourmentés assez longtemps avec ce quiproquo de la figure humaine, et l'on crut à la fin nous avoir beaucoup avancés lorsqu'on nous remit, pour les copier, les têtes d'expression de Lebrun. Mais ces caricatures ne nous furent pas plus utiles. Alors nous passâmes au paysage, au feuillé, et à toutes les choses qu'on pratique sans suite et sans méthode dans l'enseignement ordinaire. Enfin nous en vînmes à l'imitation exacte et à la netteté du trait, sans plus nous inquiéter du mérite ou du goût de l'original.

Notre père encouragea nos efforts d'une manière exemplaire. Il n'avait jamais dessiné, mais, quand ses enfants s'exercèrent à cet art, il ne voulut pas demeurer en arrière; il voulut leur montrer, dans l'âge mûr, comment ils devaient s'y prendre dans leurs jeunes années. Il copia donc, d'après les gravures petit in-octavo, quelques têtes de Piazzetta, avec le crayon anglais, sur le plus fin papier de Hollande. Il n'observait pas seulement la plus grande netteté dans les contours, il imitait aussi avec la dernière exactitude les hachures de l'estampe, d'une main légère, mais trop faible, en sorte que, pour éviter d'être dur, il manquait de fermeté. Mais ses dessins étaient d'une délicatesse et d'une égalité parfaites. Sa persévérance infatigable alla si loin qu'il copia en entier cette collection considérable, tandis que nous passions d'une tête à l'autre, en ne choisissant que celles qui nous plaisaient.

Vers ce temps-là, on mit aussi à exécution le projet, dès longtemps débattu, de nous faire apprendre la musique, et la circonstance qui fit prendre enfin cette résolution mérite bien d'être mentionnée. Il était décidé qu'on nous ferait apprendre à jouer du clavecin, mais on n'avait pas encore pu s'accorder sur le choix du maître. J'entre un jour, par hasard, chez un de mes amis qui prenait justement sa leçon de clavecin, et le maître me paraît l'homme le plus aimable du monde. Il a pour chaque doigt de la main gauche et de la main droite un sobriquet, par lequel il le désigne fort plaisamment quand il faut en faire usage. Les touches blanches et noires sont également désignées par des images; les notes même prennent des noms figurés. Cette société bigarrée travaille pêle-mêle d'une manière tout amusante. Le doigté et la mesure sont devenus d'une facilité et d'une évidence parfaites; l'écolier entre en bonne humeur et tout va pour le mieux. A peine rentré chez nous, je presse nos parents d'exécuter leur projet, et de nous donner pour maître cet homme incomparable. On fit encore quelques difficultés, on prit des informations; on n'apprit rien de fâcheux sur le maître, mais aussi rien de fort avantageux. Cependant j'avais rapporté à ma sœur tous les joyeux sobriquets; notre impatience était extrême, et nous fîmes si bien que l'homme fut agréé.

Nous commençâmes par le solfège, et, comme il n'amenait aucune plaisanterie, nous espérâmes qu'une fois qu'on en viendrait au clavecin, aux exercices des doigts, le badinage commencerait. Mais ni les touches ni le doigté ne donnèrent lieu à aucune comparaison. Les touches blanches et noires restèrent aussi nues que les notes avec leurs traits sur les cinq lignes de la portée. Ma sœur me reprochait amèrement de l'avoir trompée, et elle croyait réellement que j'avais tout inventé. J'étais moi-même abasourdi, et j'apprenais peu de chose, quoique le maître eût une méthode assez bonne; car j'attendais toujours les plaisanteries, et je faisais patienter ma sœur d'un jour à l'autre. Rien ne venait, et je n'aurais jamais pu m'expliquer cette énigme, si le hasard ne me l'avait aussi résolue. Un de mes camarades entra pendant la leçon, et sur-le-champ s'ouvrirent tous les tuyaux du jet d'eau humoristique : les notes et les doigts étaient devenus les plus singuliers marmousets. Mon jeune ami ne cessait de rire, charmé que l'on pût tant apprendre d'une si joyeuse façon. Il jura de ne laisser à ses parents aucun repos qu'ils ne lui eussent donné un si excellent maître.

C'est ainsi que, selon les principes d'une nouvelle méthode d'éducation, j'étais initié à deux arts d'assez bonne heure, et cela à toute bonne fin, sans qu'on fût persuadé qu'un talent naturel pût m'y faire obtenir quelques succès. Tout le monde devait apprendre à dessiner, assurait mon père : aussi avait-il une vénération particulière pour l'empereur Maximilien, qui en avait, disait-on, donné l'ordre formel. C'est pourquoi il me poussa plus sérieusement au dessin qu'à la musique, qu'en revanche il recommandait particulièrement à ma sœur, l'obligeant de passer, hors des heures de leçons, assez de temps au clavecin.

Plus on excitait de la sorte mon activité, plus je voulais agir, et mes heures de récréation étaient elles-mêmes consacrées à toute sorte d'occupations singulières. Dès ma plus tendre enfance, j'avais aimé à étudier les œuvres de la nature. On explique parfois comme une disposition à la cruauté, que les enfants, après avoir joué un certain temps avec des objets de ce genre, après les avoir maniés de toute façon, finissent par les dépecer, les déchirer et les déchiqueter : mais d'ordinaire la curiosité, le désir d'apprendre comment ces choses sont construites, quelle est leur apparence au dedans, se révèlent aussi de cette manière. Je me souviens que, dans mon enfance, j'ai effeuillé des fleurs, pour voir comment les pétales étaient engagés dans le calice; ou même plumé des oiseaux, pour observer comment les plumes étaient implantées dans les ailes. Il ne faut pas le trouver mauvais chez les enfants, puisque les naturalistes eux-mêmes croient s'instruire par la séparation et la décomposition plus souvent que par la réunion et l'enchaînement, en mettant à mort plus qu'en donnant la vie.

Un aimant armé, très-joliment cousu dans un morceau d'écarlate, éprouva un jour l'effet d'une pareille curiosité. Cette mystérieuse force d'attraction, qui, non-seulement s'exerçait sur le morceau de fer ajusté, mais encore était de nature à pouvoir se fortifier et porter de jour en jour un plus grand poids, cette vertu secrète, m'avait transporté d'admiration, au point que je bornai longtemps mon plaisir à contempler son effet. Mais enfin je crus que j'arriverais à quelques éclaircissements particuliers, si j'ôtais l'enveloppe. Je le fis sans en être plus éclairé, car l'armure dépouillée ne m'apprit rien de plus. J'enlevai l'armure à son tour, et je tenais cette fois dans mes mains la pierre toute nue, avec laquelle je ne me lassais pas de faire, sur de la limaille et des aiguilles, différents essais, dont ma jeune intelligence ne tira cependant d'autre avantage qu'une expérience variée. Je ne sus pas reconstruire l'ensemble, les parties se dispersèrent, et je perdis l'admirable phénomène en même temps que l'appareil.

Je ne réussis pas mieux à construire une machine électrique. Un ami de la maison, dont la jeunesse s'était passée à l'époque où l'électricité occupait tous les esprits, nous racontait souvent comme il avait désiré dans son enfance de posséder une machine électrique, comme il en avait observé les éléments principaux, et, au moyen d'un vieux rouet et de quelques fioles à médecines, avait produit des effets assez marqués. Comme il nous contait cela volontiers et souvent, et nous donnait en même temps des notions générales sur l'électricité, nous trouvâmes la chose très-plausible, et nous prîmes longtemps une peine infinie avec un vieux rouet et quelques fioles, sans parvenir à produire le moindre effet. Néanmoins notre confiance n'en fut point ébranlée, et nous fûmes bien contents, lorsqu'à l'époque de la foire, parmi d'autres raretés, tours de magie et d'escamotage, nous vîmes une machine électrique faire ses merveilleuses expériences, qui, pour le temps, étaient, comme celles du magnétisme, déjà très-multipliées.

L'enseignement public inspirait toujours plus de défiance. On se mit en quête de maîtres particuliers, et, comme chaque famille ne pouvait suffire seule à la dépense, plusieurs s'associaient dans ce but. Mais les enfants s'accordaient rarement; le jeune maître n'avait pas assez d'autorité, et, après des querelles souvent répétées, arrivaient les brouilleries et les séparations. Il ne faut donc pas s'étonner que l'on songeât à d'autres arrangements, qui fussent à la fois plus durables et plus avantageux. On fut conduit à l'idée d'établir des pensions par la nécessité, généralement sentie, d'enseigner le français d'une manière vivante. Mon père avait élevé un jeune homme, qui avait été chez lui domestique, valet de chambre, secrétaire, enfin peu à peu factotum. Il se nommait Pfeil. Il parlait bien le français et le savait à fond; il s'était marié, et ses protecteurs durent songer à lui faire une position : ils eurent l'idée de lui faire établir une pension, qui devint par degrés une petite école, où l'on enseigna tout le nécessaire et même, à la fin, le latin et le grec. Grâce aux relations que Francfort avait au loin, de jeunes Anglais et Français furent confiés à cette institution, pour apprendre l'allemand et faire leur éducation. Pfeil, qui était dans la fleur de l'âge, et doué d'une activité et d'une énergie merveilleuses, présidait à tout d'une manière digne d'éloges; et, comme il n'était jamais assez occupé, et qu'il fallait à ses élèves des maîtres de musique, il se livra lui-même à cet art, et il étudia le clavecin avec tant de zèle, que lui, qui de sa vie n'avait posé sa main sur le clavier, il parvint bientôt à jouer très-joliment. Il semblait avoir adopté la maxime de mon père, que rien n'est plus propre à encourager et animer les jeunes gens que de se refaire soi-même écolier après un certain nombre d'années, et, dans un âge où il est très-difficile d'acquérir de nouveaux talents, de rivaliser, par le zèle et la persévérance, avec de plus jeunes, plus favorisés par la nature.

Ce goût de Pfeil pour le clavecin le conduisit à s'occuper de l'instrument, dans l'espérance de se procurer les meilleurs possible. Il entra en rapport avec Friederici, de Géra, dont les instruments avaient une grande célébrité; il en prit un certain nombre en commission, et il eut alors la joie de voir, non pas un clavecin, mais plusieurs, établis dans sa maison, de pouvoir s'exercer dessus et se faire entendre. Son ardeur éveilla dans notre maison un nouveau zèle pour la musique. Mon père resta toujours en bons rapports avec lui, bien qu'ils ne fussent pas toujours d'accord. Nous achetâmes aussi un grand clavecin de Friederici. Je m'en servis peu, et je m'en tins au mien; mais il devint pour ma sœur un véritable supplice, car, pour faire honneur au nouvel instrument, elle dut consacrer chaque jour quelques heures de plus à ses exercices, où elle avait tour à tour à ses côtés mon père, comme surveillant, et l'ami Pfeil pour lui servir d'exemple et l'encourager.

Une fantaisie particulière de mon père nous causa beaucoup d'ennuis : ce fut l'éducation des vers à soie, dont il attendait de grands avantages, si elle pouvait être plus généralement répandue. Quelques amis de Hanau, où l'on se livrait très-assidûment à cette industrie, lui en donnèrent la première idée : ils lui envoyèrent des œufs au bon moment, et, dès que les feuilles des mûriers parurent assez développées, on fit éclore les vers, et l'on prit le plus grand soin de ces petits êtres à peine visibles. On disposa dans une mansarde des tables et des tréteaux couverts de planches, pour leur offrir plus d'espace et de nourriture, car ils grossirent rapidement, et, après la dernière mue, ils devinrent si affamés qu'on pouvait à peine se procurer assez de feuilles pour les nourrir. Il fallait les en fournir jour et nuit, car l'essentiel est qu'ils ne manquent pas de nourriture dans le temps où doit s'opérer en eux la grande et merveilleuse métamorphose. La température était favorable, et l'on pouvait considérer cette occupation comme un amusement; mais il vint du froid, les mûriers souffrirent, et cela fit beaucoup de mal; ce fut pire encore quand la pluie survint dans la dernière époque; car les vers ne peuvent souffrir l'humidité. Il fallait soigneusement essuyer et sécher les feuilles, ce qui ne pouvait toujours se faire bien exactement. Par cette cause ou par une autre, diverses maladies affligèrent le troupeau, et les pauvres créatures furent emportées par milliers. La pourriture exhalait une odeur vraiment pestilentielle, et, comme il fallait enlever les morts et les malades, et les séparer des bien portants, pour en sauver seulement quelques-uns, ce fut en réalité une occupation extrêmement pénible et rebutante, qui fit passer aux enfants de bien tristes heures.

Après avoir employé les plus belles semaines du printemps et de l'été à soigner les vers à soie, nous dûmes aider notre père dans un travail plus simple, mais tout aussi désagréable. Ces vues de Rome, pendues si longtemps aux murs de la vieille maison, avec leurs baguettes noires en haut et en bas, avaient bien jauni par l'effet de la lumière, de la poussière et de la fumée, et les mouches les avaient bien dégradées. Ce désordre ne se pouvait souffrir dans la maison neuve, et d'ailleurs ces gravures avaient plus de prix pour mon père à mesure qu'un temps plus long le séparait des objets qu'elles représentaient; car ces images ne nous servent d'abord qu'à rafraîchir et vivifier des impressions toutes nouvelles; elles nous paraissent bien misérables auprès de la réalité; enfin, le plus souvent, nous n'y voyons qu'un triste pis aller; mais, à mesure que s'efface le souvenir des modèles, les copies en prennent insensiblement la place; elles nous deviennent plus chères que les objets mêmes, et ce que nous avons d'abord dédaigné obtient désormais notre estime et notre affection. Il en est de même de toutes les images, et particulièrement des portraits. Il est rare que nous soyons satisfaits de celui d'une personne présente; et quel plaisir ne nous fait pas la simple silhouette d'un absent ou d'un mort!

Mon père, se reprochant ses anciennes prodigalités, voulut du moins réparer ces gravures autant qu'il serait possible. Le procédé du blanchiment était connu; mais cette opération, toujours difficile pour les grandes feuilles, fut entreprise dans un local peu favorable; car les grandes planches sur lesquelles les gravures enfumées furent humectées et exposées au soleil étaient appuyées dans les gouttières et contre le toit, devant les fenêtres des mansardes, et par conséquent exposées à plusieurs accidents. D'ailleurs l'essentiel était que le papier ne séchât jamais tout à fait, mais fût toujours humecté. Ce soin nous fut remis à ma sœur et à moi, et l'ennui, l'impatience, l'attention, que rien ne devait distraire, nous firent un affreux tourment d'une oisiveté ordinairement si chérie. Cependant on vint à bout de l'opération, et le relieur, qui colla chaque feuille sur de fort papier, fit de son mieux pour égaliser et réparer les marges, çà et là déchirées par notre négligence. Toutes les feuilles furent réunies en un volume et sauvées pour cette fois.

Mais, afin de nous faire essayer et apprendre un peu de tout, vers ce temps-là, un maître d'anglais s'annonça, qui se faisait fort d'enseigner l'anglais en quatre semaines à toute personne qui avait quelque connaissance des langues, et de la mettre en état de se perfectionner elle-même avec un peu de travail. Son prix était modique ; il ne regardait point au nombre des élèves réunis pour une leçon. Mon père résolut sur-le-champ de faire la tentative, et se fit avec nous l'écolier de ce maître expéditif. Les leçons furent exactement suivies, les répétitions ne manquèrent pas ; on négligea pendant les quatre semaines quelques autres exercices : le maître et les élèves se séparèrent mutuellement satisfaits. Comme il prolongea son séjour dans la ville et qu'il trouva beaucoup d'écoliers, il venait de temps en temps nous examiner et nous aider, n'ayant pas oublié que nous avions été des premiers à lui donner notre confiance, et fier de pouvoir nous citer comme des modèles.

Mon père s'était imposé de la sorte une tâche nouvelle : il voulut que l'anglais gardât toujours sa place parmi nos exercices de langues. Or, j'avoue que j'étais de plus en plus rebuté de prendre le sujet de mes travaux tantôt dans telle ou telle grammaire ou collection d'exemples, tantôt dans tel ou tel auteur, et d'éparpiller ainsi, avec mes heures, l'intérêt que je prenais aux choses. Il me vint donc à l'esprit de tout faire à la fois, et j'imaginai un roman, dans lequel six ou sept frères et sœurs, éloignés les uns des autres et dispersés dans le monde, se communiquent mutuellement leurs affaires et leurs impressions. Le frère aîné rend compte en bon allemand de ce qu'il voit et de ce qui lui arrive dans son voyage. La sœur, dans un style de femme, avec force points et en courtes phrases, à peu près comme *Siegwart*[1] fut écrit depuis, rapporte à son tour, soit à ce frère, soit à d'autres, les événements domestiques ou les affaires de cœur qu'elle peut avoir à conter. Un frère étudie la théologie, et il écrit en latin très-solennel, auquel il ajoute quelquefois un postscriptum en grec. Un autre, commis dans une maison de commerce à Hambourg, avait naturellement en partage la correspondance anglaise, tout comme la française échut à un plus jeune qui résidait à Marseille. Il se trouva pour l'italien un musicien qui fait son début dans le monde, et le plus jeune, sorte d'enfant gâté, impertinent, à qui les autres langues ont été soufflées, se rejette sur l'allemand juif, et met au désespoir

---

1. Roman sentimental de Jean Martin Miller.

ses frères et sœurs par ses chiffres effroyables, tandis que cette bonne idée fait rire les parents.

Je cherchai quelque fond pour cette forme singulière en étudiant la géographie des pays où résidaient mes personnages; à ces nues circonstances de lieu, j'ajoutai toute sorte d'aventures imaginaires, ayant quelque affinité avec le caractère des personnes et leurs occupations. Par là, mes cahiers d'exercices devinrent beaucoup plus volumineux; mon père fut content, et je m'aperçus plus tôt de ce qui me manquait en connaissances et en talent. Mais ces choses, une fois commencées, n'ont point de fin ni de bornes, et j'en fis l'épreuve dans cette occasion; car, en cherchant à m'approprier ce baroque allemand juif, et à l'écrire aussi bien que je savais le lire, je sentis bientôt le besoin de connaître l'hébreu, seule source d'où l'on pouvait faire dériver, pour les traiter avec quelque sûreté, les altérations et les corruptions modernes. Je fis donc voir à mon père la nécessité où j'étais d'apprendre l'hébreu, et je sollicitai avec ardeur son consentement. C'est que j'avais encore un but plus élevé. J'entendais dire partout que, pour l'intelligence de l'Ancien Testament comme du Nouveau, les langues originales étaient nécessaires. Je lisais le Nouveau fort aisément, parce que, pour ne pas laisser le dimanche même sans exercice, je devais, après le sermon, réciter, traduire et expliquer un peu les Évangiles et les Épîtres. Je songeais à faire de même pour l'Ancien Testament, qui m'avait toujours plu singulièrement par son caractère spécial.

Mon père, qui ne voulait rien faire à demi, résolut de demander au recteur de notre gymnase, le docteur Albrecht, des leçons particulières, qu'il me donnerait par semaine, jusqu'à ce que j'eusse saisi le plus nécessaire d'une langue si simple; car il espérait que, si la chose n'allait pas aussi vite que pour l'anglais, du moins le double de temps suffirait. Le recteur Albrecht était une des figures les plus originales du monde : petit et large sans être épais; informe sans être contrefait; bref, un Ésope en chape et en perruque. Un sourire sarcastique contractait son visage plus que septuagénaire, mais ses yeux restaient grands, et, quoique rouges, ils étaient toujours brillants et spirituels. Il habitait dans le vieux couvent des Franciscains, devenu le gymnase. Je l'avais déjà visité quelquefois en compagnie de mes parents, et j'avais parcouru avec un plaisir mêlé de crainte les longs corridors sombres, les chapelles changées en chambres de visite, tout ce local entrecoupé, avec ses escaliers et ses recoins. Sans se rendre incommode, il m'examinait aussi souvent qu'il me voyait, et me donnait des éloges et des encouragements. Un jour de distribution de prix, à la suite d'examens publics, il me vit, non loin de sa chaire, spectateur étranger, tandis qu'il distribuait les médailles d'argent, *præmia virtutis et diligentiæ*. Je regardais apparemment avec convoitise la petite bourse d'où il tirait les médailles : il me fit un signe, descendit un degré et m'en donna une. Ma joie fut grande, bien que les gens trouvassent tout à fait contraire à l'ordre cette largesse faite à un enfant étranger au collége; mais cela n'inquiétait guère le bon vieillard, qui jouait, en général, l'homme singulier, et cela d'une manière étrange. Il avait, comme instituteur, une très-bonne réputation, et il entendait son métier, bien que son âge ne lui en permit plus le complet exercice. Mais il trouvait dans les circonstances extérieures plus d'obstacles encore que dans sa faiblesse, et, comme je le savais déjà, il n'était content ni du consistoire, ni des scolarques, ni du clergé, ni des maîtres. Il donnait libre carrière, soit dans les programmes, soit dans les discours publics, à son naturel enclin à la satire et à l'observation des défauts et des vices, et, comme Lucien était presque le seul auteur qu'il lût et qu'il estimât, il assaisonnait d'ingrédients caustiques toutes ses paroles et ses écrits. Heureusement pour ceux dont il était mécontent, il n'allait jamais droit au fait, et se bornait à persifler, au moyen de rapprochements, d'allusions, de passages des classiques ou de la Bible, les défauts de ceux qu'il voulait critiquer. D'ailleurs son débit, qui n'était jamais qu'une lecture, était désagréable, confus, et, pour surcroît, interrompu quelquefois par une toux, et plus souvent par un rire creux, désopilant, dont il avait coutume d'annoncer et d'accompagner les passages mordants. Cet homme bizarre, je le trouvai doux et bienveillant quand nous commençâmes nos leçons. Je me rendais chez lui tous les soirs à six heures, et je sentais toujours une secrète jouissance quand j'entendais la porte à sonnette se refermer derrière moi, et que j'avais à parcourir le long corridor sombre.

Je m'asseyais auprès de lui, dans sa bibliothèque, devant une table recouverte d'une toile cirée. Un Lucien tout usé était constamment sous sa main.

Malgré toute sa bienveillance, je ne parvins pas à mon but sans payer mon entrée. Mon maître ne put contenir certaines observations railleuses. Que voulais-je faire d'hébreu? Je lui cachai mes vues sur l'allemand juif, et je parlai d'une meilleure intelligence du texte original. Là-dessus, il rit et me dit que je devais être bien content si j'apprenais seulement à lire. Cela me causa un secret dépit, et je recueillis toute mon attention quand nous en vînmes aux lettres. Je trouvai un alphabet presque parallèle au grec, avec des formes faciles à saisir, des noms dont la plupart ne m'étaient pas étrangers. J'eus bientôt compris et retenu tout cela, et je pensais que nous allions commencer à lire. Je savais déjà qu'on lisait de droite à gauche. Tout à coup surgit une nouvelle armée de petites lettres et de signes, de points et de traits de tout genre, qui devaient proprement représenter les voyelles, et qui m'étonnèrent d'autant plus qu'il se trouvait évidemment des voyelles dans le grand alphabet, et que les autres semblaient seulement cachées sous des noms étrangers. J'appris encore que la nation juive, aussi longtemps qu'elle avait fleuri, s'était en effet contentée de ces premiers signes, et n'avait connu aucune autre manière d'écrire et de lire. Je serais entré bien volontiers dans cette voie antique, qui me semblait bien plus commode; mais mon vieux maître déclara, d'un ton un peu sévère, qu'il fallait suivre la grammaire comme on avait jugé bon de l'établir. La lecture sans ces points et ces traits était une chose très-difficile, dont les savants et les experts étaient seuls capables. Il fallut donc me résoudre à apprendre aussi ces petits signes; mais je m'embrouillais toujours davantage. Il fallait considérer plusieurs des premiers grands signes originaires comme étant sans aucune valeur à leur place, pour que la présence de leurs petits puînés ne fût pas inutile; puis ils devaient exprimer tantôt une aspiration légère, tantôt un son guttural plus ou moins rude, ou servir simplement d'appui et d'arc-boutant; et lorsqu'enfin on croyait avoir bien observé tout, quelques-uns des grands comme des petits personnages étaient réduits au repos, si bien que l'œil avait toujours beaucoup à faire et les lèvres très-peu. Et tout ce fonds qui m'était déjà connu, comme je devais le balbutier dans un jargon étranger, avec un certain nasillement et des sons gutturaux, qui m'étaient soigneusement recommandés comme inimitables, je faillis me dégoûter tout à fait, et je m'amusais comme un enfant des noms bizarres de ces signes entassés. C'étaient des empereurs, des rois et des ducs, qui, dominant çà et là comme accents, me divertissaient beaucoup. Et ces vaines plaisanteries perdirent bientôt leur attrait; mais j'en fus dédommagé, en ce qu'à force de lire, de traduire, de répéter, d'apprendre par cœur, je fus plus visiblement frappé du contenu, et c'était proprement l'objet sur lequel je demandais à mon vieux maître des éclaircissements. Déjà auparavant j'avais été fort surpris de trouver le récit en opposition avec le réel et le possible, et j'avais embarrassé quelquefois mes maîtres avec le soleil arrêté sur Gabaon et la lune dans la vallée d'Ajalon, sans parler de quelques autres invraisemblances. Tous ces souvenirs s'éveillèrent, attendu que, pour me rendre maître de l'hébreu, je faisais de l'Ancien Testament mon occupation exclusive, et l'étudiais, non plus dans la traduction de Luther, mais dans la version littérale et parallèle de Sébastien Schmid, que mon père m'avait d'abord procurée. Par malheur, nos leçons, comme exercices de langue, devinrent alors très-incomplètes. La lecture, l'exposition, la grammaire, l'écriture et la récitation des mots, duraient rarement une demi-heure; j'en venais d'abord au fond, et, bien que nous fussions encore au premier livre de Moïse, je citais bien des choses qui me revenaient des livres suivants. Le bon vieillard voulut d'abord me ramener de ces digressions, mais elles semblèrent enfin l'intéresser lui-même. Suivant sa coutume, il ne cessait de tousser et de rire, et, quoiqu'il se gardât bien de me donner une explication qui aurait pu le compromettre, je n'en étais pas moins pressant; même, comme j'avais beaucoup plus à cœur d'exposer mes doutes que d'en recevoir la solution, je devenais toujours plus vif et plus hardi, à quoi il semblait m'autoriser par sa conduite. Au reste, je ne pus tirer autre chose de lui que de l'entendre coup sur coup s'écrier : « Oh! le jeune fou! le drôle de fou! »

Cependant mon ardeur enfantine à fouiller la Bible dans tous les sens lui parut sans doute assez sérieuse et digne de quelque secours; aussi m'adressa-t-il bientôt à un grand ouvrage anglais qui se trouvait sous ma main dans sa bibliothèque, et dans lequel était entreprise, d'une manière habile et sage, l'explication des passages épineux et difficiles de la Bible. La traduction, grâce aux travaux considérables de théologiens allemands, était préférable à l'original; les diverses opinions étaient rapportées, et l'on finissait par chercher une sorte d'accommodement, qui conciliait, en quelque mesure, l'autorité du livre, la base de la religion et la raison. Chaque fois que, vers la fin de la leçon, j'en venais à mes questions, à mes doutes accoutumés, il m'indiquait le répertoire. Je prenais le volume; il me laissait lire, feuilletait son Lucien, et, quand je faisais mes réflexions sur le livre, son rire ordinaire était la seule réponse qu'il fît à mes subtiles remarques. Dans les longs jours d'été, il me laissait dans son cabinet aussi longtemps que je pouvais lire, et quelquefois seul. Enfin, un peu plus tard, il me permit d'emporter l'ouvrage chez moi volume à volume.

A quelque objet que l'homme s'applique, et quoi qu'il entreprenne, il reviendra toujours à la voie que la nature lui a tracée. C'est aussi ce qui m'arriva dans cette occasion. Mon étude de la langue et du contenu des Saintes Écritures aboutit en définitive à développer dans mon imagination une idée plus vive de ce beau pays, tant célébré, de son voisinage, comme des peuples et des événements qui ont illustré ce coin de terre pendant une longue suite de siècles. Cet étroit espace devait voir l'origine et le développement du genre humain; de là devaient nous arriver les premières, les uniques relations de l'histoire primitive, et cette contrée devait en même temps se présenter à notre imagination aussi simple et saisissable que variée, et faite pour les pèlerinages et les établissements les plus merveilleux. Là, entre quatre fleuves nommés, un petit espace délicieux avait été séparé pour l'homme, à sa naissance, de toute la terre habitable. C'est là qu'il devait développer ses premières facultés, là, se voir atteint par la destinée réservée à toute sa postérité, et perdre son repos en aspirant à la connaissance. Le paradis est perdu, les hommes se multiplient et se pervertissent; les Elohim, qui ne sont pas encore accoutumés à ses désobéissances, s'impatientent et l'anéantissent. Un petit nombre seulement est sauvé du déluge universel, et à peine ces eaux terribles sont-elles écoulées, que le sol paternel bien connu reparaît aux yeux de l'homme reconnaissant. Des quatre fleuves, deux coulent encore dans leur lit, l'Euphrate et le Tigre. Le nom du premier subsiste; l'autre semble désigné par son cours. On ne pouvait, après un pareil boulever-

… sement, demander des traces plus précises du paradis. Ces lieux sont pour la seconde fois le berceau de ce genre humain renouvelé; il y trouve des ressources de tout genre pour se nourrir et s'occuper, mais surtout pour assembler autour de lui de grands troupeaux et se répandre avec eux de tous côtés. Ce genre de vie, comme l'accroissement des tribus, força bientôt les peuples à s'éloigner les uns des autres. Ils ne purent d'abord se résoudre à laisser pour jamais partir leurs amis, leurs parents; ils conçurent l'idée de bâtir une haute tour, qui devait les rappeler en leur montrant de loin le chemin. Mais cette nouvelle tentative échoua comme la première : ils ne pouvaient être à la fois heureux et sages, nombreux et unis; les Elohim les troublèrent, la construction fut interrompue, les hommes se dispersèrent; le monde fut peuplé, mais divisé.

Cependant nos yeux, nos cœurs, se tournent toujours vers ces contrées. Il en sort de nouveau un patriarche, assez heureux pour imprimer à ses descendants un caractère marqué, et les réunir à jamais en un grand peuple, qui se maintient malgré tous les changements de lieux et de nature. Abraham s'avance de l'Euphrate vers l'Occident, non sans vocation divine. Le désert n'oppose à sa marche aucun obstacle sérieux; il arrive au Jourdain, passe le fleuve et s'étend dans les belles contrées de la Palestine méridionale. Ce pays était déjà occupé et assez peuplé. Des montagnes peu élevées, mais rocailleuses et stériles, étaient entrecoupées de nombreux vallons arrosés, favorables à l'agriculture. Des habitations isolées, des villes, des bourgs, étaient dispersés dans la plaine, sur les pentes de la grande vallée dont les eaux se rassemblent dans le Jourdain. Le pays était donc habité et cultivé, mais le monde encore assez grand, et les hommes trop peu soucieux, indigents, et actifs, pour s'emparer d'abord de tout leur voisinage. Entre ces possessions s'étendaient de grands espaces, dans lesquels des troupes nomades pouvaient se promener aisément. C'est là que s'arrête Abraham : Loth, son frère, est avec lui; mais ils ne peuvent séjourner longtemps dans ces lieux. La constitution même du pays, dont la population augmente et diminue tour à tour, et dont les productions ne restent jamais en équilibre avec les besoins, amène tout à coup une famine, et l'immigrant souffre avec l'indigène, dont sa venue accidentelle a diminué la subsistance. Les deux frères chaldéens se rendent en Égypte. Ainsi nous est signalé le théâtre … lequel doivent se passer pendant quelques milliers d'années les plus considérables événements. Du Tigre à l'Euphrate, de l'Euphrate au Nil, nous voyons la terre se peupler, et, dans cet espace, un homme illustre, aimé des dieux, qui nous est devenu cher, aller et venir avec ses troupeaux et ses richesses, et les augmenter en peu de temps au plus haut point. Les frères reviennent; mais, instruits par la famine qu'ils ont soufferte, ils prennent la résolution de se séparer. Ils demeurent tous deux dans le Chanaan méridional; mais Abraham séjourne à Hébron vers la forêt de Mambré, et Loth gagne la vallée de Siddim, qui (si notre imagination est assez hardie pour ouvrir au Jourdain une issue souterraine, afin de substituer au lac Asphaltite une terre solide) pourra et devra nous apparaître comme un autre paradis, d'autant plus que les habitants et leurs voisins, fameux par leur mollesse et leur licence, nous font conclure de là qu'ils menaient une vie facile et voluptueuse. Loth habite chez eux, mais à part.

Cependant Hébron et la forêt de Mambré nous apparaissent comme le séjour important où le Seigneur s'entretient avec Abraham et lui promet tout le pays, aussi loin que son regard peut s'étendre aux quatre plages du monde. De ces tranquilles demeures, de ces peuples pasteurs, qui ont commerce avec les dieux, qui les reçoivent comme leurs hôtes et conversent avec eux, nous sommes obligés de porter encore une fois nos regards vers l'Orient et de considérer la constitution des autres peuples, qui dut être en général assez semblable à celle de Chanaan. Les familles se maintiennent, elles se réunissent, et le genre de vie des tribus est déterminé par le lieu qu'elles se sont approprié. Sur les montagnes qui versent leurs eaux dans le Tigre, nous trouvons des peuples guerriers, qui annoncent de très-bonne heure les conquérants et les dominateurs du monde, et nous donnent, dans une campagne prodigieuse pour ces temps reculés, un prélude de leurs exploits futurs. Chodorlahomor, roi d'Élam, exerce déjà une action puissante sur des confédérés; il règne longtemps, car il avait déjà rendu les peuples tributaires jusqu'au Jourdain, douze ans avant l'arrivée d'Abraham en Chanaan. Enfin ils se révoltèrent et les alliés coururent aux armes. Nous les trouvons tout à coup sur une route qu'Abraham lui-même avait probablement suivie pour se rendre en Chanaan. Les peuples de la rive gauche du bas Jourdain sont subjugués: Chodorlahomor marche vers le Sud contre les peuples du désert, puis, tournant au Nord, il bat les Amalécites, et, après avoir aussi vaincu les Amorrhéens, il arrive en Chanaan, il surprend les rois de la vallée de Siddim, les bat, les disperse, et remonte le Jourdain avec un butin considérable, pour étendre jusque vers le Liban sa marche victorieuse. Parmi les captifs, emmenés avec leurs richesses, se trouve Loth, qui partage le sort de la contrée où il habite comme étranger. Abraham l'apprend, et soudain le patriarche se montre un guerrier, un héros. Il ramasse ses serviteurs, les partage en plusieurs corps, attaque les lourds bagages des pillards, met en désordre les vainqueurs, qui n'attendaient plus d'ennemis sur leurs derrières, et ramène son frère, avec ses biens et une partie de ceux des rois vaincus. Par cette courte expédition, Abraham prend en quelque sorte possession du pays. Il paraît aux habitants un protecteur, un sauveur, et, par son désintéressement, un roi. Les rois de la vallée le reçoivent avec reconnaissance, et Melchisédech, le roi et le prêtre, avec bénédictions. Alors sont renouvelées les prédictions d'une postérité infinie; elles sont même toujours plus vastes: de l'Euphrate au fleuve d'Égypte, toutes les terres lui sont promises. Mais il est encore très-pauvre en héritiers immédiats: il est âgé de quatre-vingts ans et n'a point de fils; Sara, qui se fie moins aux dieux que lui, s'impatiente: elle veut, selon les mœurs de l'Orient, avoir un descendant par sa servante. Mais, à peine Agar est-elle fiancée à son maître, à peine a-t-elle l'espoir d'être mère, que la discorde se montre dans la maison. La femme traite assez mal sa protégée, et Agar s'enfuit pour chercher dans d'autres tribus une meilleure position. Dieu l'avertit, elle revient et met au monde Ismaël. Abraham est âgé de quatre-vingt-dix-neuf ans, et les prédictions d'une nombreuse postérité n'en sont pas moins répétées, tellement qu'à la fin les deux époux les trouvent ridicules. Et pourtant Sara finit par se trouver enceinte et met au monde un fils, qui reçoit le nom d'Isaac.

L'histoire repose en grande partie sur la propagation légitime du genre humain ; on est forcé de poursuivre jusque dans le secret des familles les plus graves événements historiques, et, par là, les mariages des patriarches nous conduisent aussi à des réflexions particulières. Il semble que les divinités qui se plaisaient à conduire les affaires humaines aient voulu nous offrir ici, comme dans un type, les événements de famille de tout genre. Abraham, qui a passé tant d'années dans une stérile union avec une femme belle et recherchée de beaucoup de gens, se voit, dans sa centième année, le mari de deux femmes, le père de deux fils, et, dès ce moment, la paix domestique est troublée. Deux femmes, à côté l'une de l'autre, comme deux fils de différentes mères, en présence l'un de l'autre, ne peuvent s'accorder. Le parti le moins favorisé par les lois, la coutume et l'opinion doit céder ; Abraham doit sacrifier son amour pour Agar, pour Ismaël. Ils sont congédiés tous deux, et Agar est obligée cette fois de prendre par contrainte le chemin qu'elle avait suivi dans sa fuite volontaire. C'est d'abord, semble-t-il, pour sa perte et celle de l'enfant ; mais l'ange du Seigneur, qui l'avait déjà rappelée, la sauve cette fois encore, afin qu'Ismaël devienne aussi le père d'un grand peuple, et que la plus invraisemblable des prophéties s'accomplisse même au delà de ses limites.

Un vieux père, une vieille mère, un fils unique et tardif, cela semblait promettre enfin la paix domestique et le bonheur terrestre. Loin de là, les dieux préparent au patriarche l'épreuve la plus rude, mais nous ne pouvons en parler sans présenter d'abord diverses considérations. Si une religion naturelle universelle a dû prendre naissance, et une religion révélée particulière s'en développer, les pays où notre imagination s'arrête jusqu'à présent, le genre de vie, la race, y convenaient parfaitement : du moins nous ne voyons pas qu'il se soit produit dans le monde entier rien d'aussi favorable et d'aussi serein. La religion naturelle, si nous admettons qu'elle fût née auparavant dans le cœur humain, suppose déjà une grande délicatesse de sentiment, car elle repose sur le dogme d'une Providence universelle, qui règle en général l'ordre du monde. Une religion particulière, révélée par les dieux à tel ou tel peuple, suppose la foi à une Providence particulière, une foi que la divinité communique à certaines personnes, familles, tribus et nations favorisées. Cette religion ne peut guère émaner du cœur de l'homme, elle exige une tradition, un antique usage, la garantie des siècles. Il est beau, par conséquent, que la tradition israélite présente d'abord les premiers hommes, qui se confient en cette Providence particulière, comme des héros de la foi, qui obéissent à tous les ordres de cet Être suprême, dont ils se reconnaissent dépendants, aussi aveuglément qu'ils attendent sans se lasser, sans douter, le tardif accomplissement de ses promesses.

Comme une religion révélée, particulière, pose en principe qu'un homme peut être plus favorisé des dieux qu'un autre, elle résulte aussi principalement de la séparation des conditions sociales. Les hommes primitifs semblaient très-rapprochés, mais bientôt leurs occupations les séparèrent. Le chasseur fut le plus libre de tous : de lui se forma le guerrier, le dominateur ; l'homme qui cultiva les champs, qui se voua à la terre, qui bâtit des maisons et des granges, pour serrer ses récoltes, pouvait déjà présumer assez de lui, parce que son état promettait durée et sûreté. Le berger, à son tour, semblait avoir eu en partage la condition la plus indéterminée, tout comme une possession sans limites ; les troupeaux se multipliaient sans cesse, et l'espace qui devait les nourrir s'étendait de toutes parts. Ces trois états semblent s'être considérés dès l'origine avec chagrin et mépris ; et, comme le berger était un objet d'horreur pour le citadin, à son tour, il se séparait de lui. Les chasseurs disparaissent à nos yeux dans les montagnes, et ne se remontrent plus que comme conquérants. Les patriarches étaient bergers : leur vie dans l'océan des déserts et des pâturages donnait à leurs idées la grandeur et la liberté ; la voûte du ciel et tous ses nocturnes flambeaux, sous lesquels ils passaient leur vie, communiquaient à leurs sentiments un caractère sublime, et, plus que l'habile et diligent chasseur, plus que le laboureur tranquille, soigneux, casanier, ils avaient besoin de l'inébranlable croyance qu'un Dieu était à leur côté, les visitait, s'intéressait à eux, les guidait et les sauvait.

Nous sommes obligés de faire encore une réflexion, en passant à la suite de l'histoire. Toute belle, humaine et riante que paraisse la religion des patriarches, on y voit percer des traits de barbarie et de cruauté, d'où l'homme peut se dégager ou dans lesquels il peut retomber. Que la haine s'expie par le sang, par la mort de l'ennemi vaincu, c'est une chose naturelle ; que l'on conclût la paix sur le champ de bataille, parmi les monceaux de morts, cela se conçoit ; que l'on crût affermir un traité en immolant des animaux, cela découle de ce qui précède ; que l'on crût même pouvoir attirer, apaiser, gagner par le meurtre les dieux, que l'on regardait toujours comme prenant parti, comme ennemis ou comme auxiliaires, il n'y a pas non plus de quoi s'étonner : mais, si l'on s'en tient aux sacrifices, et si l'on considère la manière dont ils étaient offerts en ces temps primitifs, on trouve un usage étrange et révoltant, emprunté probablement à la guerre, l'usage de couper en deux moitiés les victimes immolées de toute sorte, et en si grand nombre qu'on les eût vouées, de les placer l'une à droite, l'autre à gauche, et, dans l'avenue intermédiaire, les hommes qui voulaient conclure une alliance avec la divinité.

Encore un horrible trait, mystérieux, étrange, qui perce à travers ce bel âge du monde, c'est que toute chose vouée, consacrée, devait périr. Il est vraisemblable que c'était aussi une coutume de guerre, transportée dans la paix. On menace par un semblable vœu les habitants d'une ville qui fait une vigoureuse défense, elle est prise d'assaut ou autrement : on ne laisse rien en vie, pas un homme, et quelquefois les femmes, les enfants et même le bétail éprouvent le même sort. La précipitation et la superstition promettent aux dieux de pareils sacrifices, déterminés ou indéterminés, et les personnes qu'on voudrait épargner, les proches, les enfants, peuvent être égorgés, comme victimes expiatoires d'une pareille démence.

Un culte si barbare ne pouvait venir à l'idée d'Abraham, d'un caractère si doux et vraiment paternel; mais les dieux qui, pour nous éprouver, semblent montrer quelquefois les qualités que l'homme est enclin à leur supposer, lui commandent l'abominable. Il doit sacrifier son fils, comme gage de la nouvelle alliance, et la chose se passe selon l'usage; non pas seulement l'immoler et le brûler, mais le partager en deux, et, parmi ses entrailles fumantes, attendre des dieux propices une nouvelle promesse. Sans balancer, Abraham se dispose à exécuter cet ordre aveuglément. Il suffit aux dieux de la volonté; ses épreuves sont désormais finies, car elles ne pouvaient aller plus loin. Mais Sara meurt et cela donne occasion à Abraham de prendre figurément possession du pays de Chanaan. Il a besoin d'un tombeau, et c'est la première fois qu'il a l'idée d'acquérir une propriété dans cette terre. Il avait peut-être déjà fait choix d'une double grotte, vers la forêt de Mambré : il l'achète avec le champ attenant, et la forme juridique, qu'il observe alors, montre combien cette possession est importante pour lui. Elle l'était peut-être aussi plus qu'il ne pouvait l'imaginer, car il devait y reposer avec ses fils et ses petits-fils, et ce devait être la base véritable des prétentions de sa postérité sur tout le pays, tout comme de son désir permanent de s'y rassembler.

Dès lors se succèdent les diverses scènes de la famille. Abraham persiste à se tenir séparé des indigènes, et, si Ismaël, fils d'une Égyptienne, a épousé une fille d'Égypte, Isaac doit se marier avec une femme de sa condition et de sa famille. Abraham envoie son serviteur en Mésopotamie, chez les parents qu'il y a laissés. Le sage Éliézer arrive inconnu, et, pour amener chez son maître la véritable épouse, il met à l'épreuve l'obligeance des vierges auprès du puits. Il demande à boire pour lui, et, sans en être priée, Rebecca abreuve aussi ses chameaux. Il lui fait des présents, il la demande en mariage : elle ne lui est pas refusée. Il l'emmène chez son maître et elle devient femme d'Isaac. Cette fois encore, la postérité se fait attendre longtemps. Enfin, après quelques années d'épreuves, Rebecca se trouve enceinte, et la même discorde, que deux mères avaient provoquée dans le double mariage d'Abraham, résulte ici d'un mariage unique. Deux fils, d'un caractère opposé, luttent déjà dans le sein de leur mère. Ils viennent au monde, l'aîné, vif et vigoureux, le cadet, délicat et sage; le premier est le favori du père, le second, celui de la mère. La querelle pour la primauté, commencée dès la naissance, continue sans cesse. Ésaü est calme et indifférent au sujet du droit d'aînesse, que le sort lui a départi : Jacob n'oublie pas que son frère a sur lui la prééminence. Il épie toutes les occasions d'obtenir l'avantage désiré ; il achète de son frère le droit d'aînesse, et lui dérobe la bénédiction paternelle. Ésaü entre en fureur et jure la mort de son frère. Jacob s'enfuit pour chercher fortune dans le pays de ses ancêtres.

Ainsi, pour la première fois, apparaît dans une si noble famille un membre qui ne se fait aucun scrupule d'obtenir par la finesse et la ruse les avantages que la nature et les circonstances lui refusaient. On a sou vent remarqué et déclaré que l'Écriture sainte ne veut nullement nous présenter comme des modèles de vertu ces patriarches et d'autres personnages favorisés de Dieu. Ce sont aussi des hommes, ayant les caractères les plus divers, et bien des défauts et des vices; mais une qualité essentielle ne doit pas manquer à ces hommes selon le cœur de Dieu. c'est l'inébranlable croyance que Dieu s'intéresse particulièrement à eux et aux leurs. La religion naturelle générale n'a proprement besoin d'aucun dogme, car la conviction qu'un grand Être, créateur, ordonnateur et régulateur, se cache, en quelque sorte, derrière la nature, pour se faire comprendre à nous, cette conviction s'impose à chacun, et, lors même que ce fil, qui nous mène à travers la vie, nous échappe quelquefois, nous pourrons le ressaisir toujours et partout. Il en est tout autrement de la religion particulière qui nous annonce que ce grand Être s'intéresse spécialement et par préférence à un homme, une tribu, un peuple, une contrée. Cette religion est basée sur la foi, qui doit être inébranlable, sous peine d'être soudain renversée de fond en comble. Pour une telle religion, chaque doute est mortel. On peut revenir à la conviction, mais non à la foi. De là les épreuves infinies, l'hésitation à remplir les promesses, si souvent répétées, par où la foi de ces ancêtres est mise dans le jour le plus éclatant.

Cette foi accompagne Jacob dans son voyage, et, s'il n'a pas gagné notre affection par la ruse et la tromperie, il l'obtient par son fidèle et inviolable amour pour Rachel, qu'il demande aussitôt lui-même en mariage. comme Éliézer avait demandé Rebecca pour son père. C'est en lui que devait commencer à s'accomplir la promesse d'un peuple innombrable; il devait se voir entouré de fils nombreux, mais aussi éprouver par eux et leurs mères bien des chagrins. Nous le voyons, patient et résolu, servir sept ans pour sa bien-aimée. Son beau-père, aussi rusé que lui, disposé comme lui à juger légitime tout moyen d'arriver à son but, le trompe, lui rend ce qu'il a fait à son frère : Jacob trouve dans ses bras une épouse qu'il n'aime pas. Il est vrai que, pour l'apaiser, Laban lui donne aussi, peu de temps après, celle qu'il aime, mais sous condition qu'il le servira sept ans encore. Alors les chagrins naissent des chagrins. L'épouse qui n'est pas aimée est féconde, l'épouse aimée est stérile. Comme Sara, elle veut être mère par une servante, qui ne lui procure pas non plus cet avantage, et amène, à son tour, une servante à son époux. Alors le bon patriarche est le plus affligé des hommes. Quatre femmes, des enfants de trois, et aucun de la bien-aimée! Enfin elle devient aussi enceinte et accouche de Joseph, fruit tardif du plus violent amour. Jacob a terminé ses quatorze ans de service, mais Laban ne veut pas perdre en lui son premier et plus fidèle serviteur. Ils font un nouvel accord et se partagent les troupeaux. Laban garde les brebis blanches, comme étant les plus nombreuses; Jacob se contente des tachetées, qui sont comme le rebut. Mais, cette fois encore, il sait garder son avantage, et, comme il a gagné le droit d'aînesse avec un mauvais potage, et la bénédiction paternelle par un déguisement, il sait maintenant s'approprier par artifice et sympathie la meilleure et la plus grande part des troupeaux. Et, par ce côté, il devient aussi le véritable et digne père du peuple d'Israël et un modèle pour ses descendants. Laban et les siens remarquent, sinon la ruse, du moins le résultat. De là des brouilleries ; Jacob s'enfuit avec tous les siens, avec tout son avoir, et il échappe à la poursuite de Laban, soit par bonheur soit par adresse. Ensuite Rachel lui donne encore un fils, mais elle meurt en couches ; Benjamin, l'enfant de la douleur, survit à sa mère. Cependant la perte apparente de Joseph doit causer au patriarche une douleur plus grande encore.

On demandera peut-être pourquoi je présente encore ici avec détail ces histoires connues de tout le monde, répétées et expliquées si souvent. Il me suffira de répondre que je ne saurais d'aucune autre manière exposer comment, au milieu de ma vie distraite, de mes études morcelées, je concentrais pourtant mon esprit, mes sentiments sur un seul point, pour une action secrète ; que je ne saurais d'aucune autre manière décrire la paix qui m'entourait, si tumultueux et bizarre que fût le monde extérieur. Si une imagination toujours occupée, comme le témoigne le conte rapporté plus haut, m'entraînait de tous côtés ; si le mélange de la fable et de l'histoire, de la mythologie et de la religion, menaçait de m'embrouiller, j'aimais à me réfugier dans ces contrées orientales, je me plongeais dans les premiers livres de Moïse, et, parmi ces tribus pastorales au loin répandues, je me trouvais à la fois dans la plus grande solitude et la plus grande société.

Ces scènes de famille, avant de se perdre dans une histoire du peuple d'Israël, nous présentent encore, pour conclusion, une figure devant laquelle la jeunesse surtout peut se bercer bien agréablement d'imaginations et d'espérances. C'est Joseph, l'enfant du plus ardent amour conjugal. Il nous apparaît calme, intelligent, et se prophétise à lui-même les avantages qui l'élèveront au-dessus de sa famille. Précipité dans le malheur par ses frères, il reste ferme et vertueux dans l'esclavage, résiste aux tentatives les plus dangereuses, se sauve par la divination, et se voit élevé, selon son mérite, aux plus grands honneurs. Il se montre utile et secourable, d'abord à un grand royaume, puis à sa famille. Il a le calme et la grandeur de son bisaïeul Abraham, la réserve et le dévouement de son grand-père Isaac. Il exerce en grand le génie industriel, qu'il a hérité de son père : ce ne sont plus des troupeaux que l'on gagne pour un beau-père, que l'on gagne pour soi, ce sont des peuples, avec toutes leurs possessions, que l'on sait acheter pour un roi. Ce récit naturel est infiniment agréable; seulement il semble trop court, et l'on se sent appelé à le développer en détail.

Ces développements bibliques de caractères et d'événements donnés en simples esquisses n'étaient plus pour les Allemands une chose étrangère. Les personnages de l'Ancien et du Nouveau Testament avaient pris, grâce à Klopstock, un air tendre et sentimental, qui plaisait extrêmement au jeune garçon, comme à beaucoup de ses contemporains. Des travaux de Bodmer, dans ce genre, il n'était rien ou presque rien parvenu jusqu'à lui; mais *Daniel dans la fosse aux lions*, par Moser, fit une grande impression sur son jeune cœur. Un homme d'affaires, un homme de cour, aux intentions loyales, parvient, à travers mille tourments, à de grands honneurs, et sa piété, par laquelle on menaçait de le perdre, devient et demeure son arme et son bouclier. Dès longtemps l'histoire de Joseph m'avait paru un beau sujet à traiter; mais je ne savais à quelle forme m'arrêter, aucun genre de versification convenable à un pareil travail ne m'étant familier; mais je trouvai très-commode de le traiter en prose, et je me mis à l'œuvre de toutes mes forces. Je cherchai à distinguer et à développer les caractères, et à faire de cette vieille et simple histoire, en intercalant des incidents et des épisodes, un ouvrage neuf et original. Je ne remarquais pas, ce qu'à vrai dire la jeunesse ne peut remarquer, que, pour cela, un fonds est nécessaire, et que l'expérience peut seule nous le donner. Bref, je me représentai tous les événements jusque dans le plus petit détail, et je me les contai à la file avec la dernière exactitude.

Mon travail fut beaucoup facilité par une circonstance qui menaçait de rendre très-volumineux cet ouvrage et, en général, mes productions littéraires. Un jeune homme de beaucoup de talent, mais que l'application et la vanité avaient rendu imbécile, demeurait chez mon père en qualité de pupille; il vivait tranquille avec nous, et il était fort silencieux et concentré, mais heureux et obligeant, si on le laissait à ses habitudes. Il avait écrit avec grand soin ses cahiers d'université, et s'était fait une écriture rapide et lisible. Écrire était son occupation favorite; il était charmé qu'on lui donnât quelque chose à copier, et plus encore qu'on lui dictât, parce qu'alors il se reportait à ses heureuses années d'université. Mon père, qui n'avait point la main légère, et dont l'écriture allemande était petite et tremblée, ne pouvait rien trouver plus à souhait, et, pour l'expédition de ses affaires ou de celles d'autrui, il avait coutume de dicter à ce jeune homme quelques heures chaque jour. Dans les intervalles, je ne trouvai pas moins commode de voir fixé sur le papier, par une main étrangère, tout ce qui m'avait passé par la tête; et le don de l'invention et de l'imitation s'accrut chez moi avec la facilité de rédiger et de conserver.

Je n'avais pas encore entrepris d'ouvrage aussi étendu que cette épopée biblique en prose. Le moment était assez tranquille, et rien ne rappelait mon imagination de Palestine et d'Égypte. Mon manuscrit s'enflait donc de jour en jour, d'autant plus que le poëme était couché sur le papier une partie après l'autre, comme je me le contais à moi-même, pour ainsi dire en l'air, et il n'y avait que peu de feuilles qu'il fallût recopier de temps en temps. Quand l'ouvrage fut achevé, car, à mon propre étonnement, j'en vins à bout, je songeai qu'il me restait des années précédentes diverses poésies, qui, même alors, ne me semblaient pas à dédaigner, et qui, réunies avec *Joseph* en un seul manuscrit, feraient un fort joli volume in-quarto, qu'on pourrait intituler : *Poésies diverses*. Cela me plaisait fort, parce que je trouvais ainsi l'occasion d'imiter sans bruit des auteurs connus et célèbres. J'avais composé un bon nombre de poésies dites anacréontiques, qui coulaient aisément de ma plume, à cause de la facilité du mètre et de la légèreté du fond; mais je n'osai pas les admettre dans mon recueil, parce qu'elles n'étaient pas rimées, et qu'avant tout je désirais faire quelque chose d'agréable à mon père. En revanche, les odes sacrées me semblèrent ici parfaitement à leur place. Je m'étais essayé dans ce genre, avec beaucoup d'ardeur, à l'imitation du *Jugement dernier* d'Élie Schlegel. Une ode dans laquelle je célébrais la descente de Jésus-Christ aux enfers fut très-approuvée de mes parents et de mes amis, et elle eut le bonheur de me plaire à moi-même quelques années encore. J'étudiais avec zèle ce qu'on appelait les *textes* des chants d'église du dimanche, qui étaient chaque fois livrés à l'impression : ils étaient très-faibles, il faut le dire, et il m'était bien permis de croire que les miens (j'en avais composé plusieurs, comme je viens de l'expliquer) méritaient aussi bien d'être mis en musique et exécutés pour l'édification de la paroisse. Il y avait plus d'une année que j'avais transcrit de ma propre main ces chants et plusieurs autres, parce qu'en faveur de cet exercice particulier, on me dispensait des exemples du maître d'écriture. Tout se trouvait donc rédigé et en bon ordre, et je n'eus pas besoin de presser beaucoup mon copiste zélé pour voir aussi ces poésies transcrites proprement. Je courus avec mon manuscrit chez le relieur, et, bientôt après, quand je présentai à mon père le joli volume, il m'en témoigna une satisfaction particulière, et me pressa de lui remettre chaque année un in-quarto pareil, ce qu'il fit sans scrupule, tout cela étant le fruit de mes heures de récréation.

Une autre circonstance augmenta mon penchant pour les études théologiques, ou plutôt bibliques. Le doyen des pasteurs, Jean-Philippe Frésénius, mourut. C'était un homme doux, d'une belle et agréable figure, vénéré de sa paroisse, et même de toute la ville, comme un ecclésiastique exemplaire et un bon prédicateur, mais qui n'était pas en très-bonne odeur chez les piétistes séparés, parce qu'il s'était élevé contre les hernutes : en revanche, il était renommé dans le peuple et regardé presque comme un saint, pour avoir converti un général, esprit fort, mortellement blessé. Plitt, successeur de Frésénius, grand et bel homme et digne ecclésiastique, avait été professeur à Marbourg, et il en avait apporté le don d'enseigner plus que d'édifier. Il annonça aussitôt une sorte de cours de religion, auquel il voulait consacrer, dans un enchaînement méthodique, ses prédications. Déjà auparavant, comme il me fallait bien aller à l'église, j'avais pris garde à la division, et je pouvais de temps en temps faire le glorieux, à reproduire un sermon d'une manière assez complète. Comme on discourait beaucoup dans la paroisse pour et contre le nouveau doyen, et que bien des gens ne témoignaient pas trop de confiance dans les sermons didactiques qu'il avait annoncés, je résolus de les recueillir par écrit plus soigneusement, ce qui me réussit d'autant mieux que j'avais déjà fait des essais moins considérables, à une place d'ailleurs cachée, mais d'où j'entendais fort bien. Je fis toute l'attention et la diligence possibles. A peine le prédicateur eut-il dit *Amen*, que je courus à la maison, où je passai une couple d'heures à dicter rapidement ce que j'avais fixé sur le papier et dans ma mémoire, si bien que je pus produire avant dîner le sermon écrit. Mon père fut très-glorieux de ce succès, et notre ami, qui arrivait justement pour dîner, dut partager sa joie. D'ailleurs il m'aimait beaucoup, parce que je m'étais si bien approprié sa *Messiade*, que, me rendant souvent chez lui afin de me procurer des empreintes de cachets pour ma collection d'armoiries, je pouvais lui réciter de longs passages du poëme, de sorte qu'il en avait les larmes aux yeux. Le dimanche suivant, je poursuivis mon entreprise avec le même zèle; et, le travail mécanique m'occupant beaucoup, je ne pensais pas à ce que j'écrivais et recueillais. Pendant le premier trimestre, ces exercices restèrent assez égaux; mais enfin ces prédications ne me paraissant offrir ni des éclaircissements particuliers sur la Bible, ni des vues plus libres sur le dogme, la satisfaction de ma petite vanité me parut trop chèrement achetée pour que je dusse continuer avec le même zèle. Les sermons, qui formaient d'abord tant de pages, devinrent toujours plus maigres, et j'aurais abandonné tout à fait cet exercice, si mon père, qui aimait le complet, ne m'avait déterminé par ses encouragements et ses promesses à poursuivre jusqu'au dimanche de la Trinité, quoique mes feuilles ne donnassent guère à la fin que le texte, la proposition et la division.

Pour ce qui concerne l'achèvement, mon père y mettait une ténacité particulière. La chose qu'on avait une fois entreprise, il fallait la terminer, lors même qu'en chemin elle se montrait évidemment fatigante, ennuyeuse, rebutante et même inutile. On eût dit que l'achèvement était à ses yeux l'objet unique, et la persévérance l'unique vertu. Avions-nous, dans les longues soirées d'hiver, commencé à lire un livre en famille, il fallait aller jusqu'au bout, en dépit de la fatigue générale, et parfois c'était lui-même qui commençait à bâiller. Je me souviens encore d'un hiver où nous eûmes ainsi à dévorer l'*Histoire des Papes*, de Bower. Ce fut un supplice : en effet, on ne trouve rien ou l'on trouve peu de chose dans ces relations ecclésiastiques qui puisse intéresser l'enfance et la jeunesse. Cependant, malgré mon inattention et ma répugnance, cette lecture m'a laissé tant de souvenirs que j'ai pu dans la suite y rattacher beaucoup de choses.

Au milieu de toutes ces occupations et de ces travaux hétérogènes, qui se succédaient si rapidement qu'on avait à peine le temps de se demander s'ils étaient bons et profitables, mon père ne perdait pas de vue son objet principal. Il cherchait à diriger vers les études juridiques ma mémoire et le don que j'avais de saisir et de combiner; en conséquence, il me remit un petit livre en forme de catéchisme, que Hopp avait composé d'après la forme et le fond des *Institutes*. J'eus bientôt appris par cœur les demandes et les réponses, et je pouvais aussi bien jouer le catéchiste que le catéchumène; et comme, dans l'enseignement religieux du temps, un des exercices principaux était d'apprendre à consulter la Bible de la manière la plus expéditive, on jugea également nécessaire que je fisse connaissance avec le *Corpus juris*, et bientôt j'y fus exercé parfaitement. Mon père voulut poursuivre, et j'entrepris le *petit Struve*; mais, cette fois, les choses n'allèrent pas si vite. La forme du livre était trop peu favorable à un commençant pour qu'il pût se tirer d'affaire lui-même, et la manière d'enseigner de mon père n'était pas assez libérale pour m'intéresser.

L'état de guerre dans lequel nous étions depuis quelques années, la vie civile elle-même, la lecture de l'histoire et des romans ne nous prouvaient que trop clairement qu'il y a beaucoup de cas où les lois se taisent et ne viennent pas au secours de l'individu, qui doit pourvoir aux moyens de se tirer d'affaire. Nous étions sortis de l'enfance, et, suivant l'usage, nous dûmes, à côté des autres leçons, apprendre l'escrime et l'équitation, pour défendre notre peau, le cas échéant, et pour n'avoir pas à cheval l'air d'un écolier. L'escrime fut pour nous un exercice très-agréable, car nous avions su dès longtemps nous fabriquer des sabres de noisetier, joliment garnis de coquilles de saule, pour couvrir la main. Désormais nous dûmes nous fournir de lames d'acier, et ce fut, dans nos exercices, un cliquetis des plus vifs.

Il y avait à Francfort deux maîtres d'armes : un vieux et grave

Allemand, qui procédait suivant la méthode sévère et savante, et un Français, qui cherchait son avantage par des sauts en avant et en arrière, par des coups légers et rapides, qui étaient toujours accompagnés de quelques cris. Les opinions sur la meilleure méthode étaient partagées : la petite société avec laquelle je devais prendre mes leçons reçut pour maître le Français, et nous sûmes bientôt aller en avant et en arrière, nous fendre et nous retirer, et accompagner ces mouvements des cris d'usage. Beaucoup de nos amis avaient préféré le maître allemand, et faisaient tout le contraire de nous. Ces différentes manières de pratiquer un si important exercice, la conviction de chacun que son maître était le meilleur, divisèrent tout de bon les jeunes écoliers, qui étaient à peu près du même âge, et les leçons d'escrime faillirent amener de sérieux combats; car on chamaillait presque autant avec la langue qu'on ferraillait avec l'épée. Pour en finir, on arrangea entre les deux maîtres un assaut, dont je n'ai pas besoin de décrire en détail le résultat. L'Allemand resta dans sa position comme une muraille, sut prendre ses avantages, et, avec des battements et des engagements, désarmer coup sur coup son adversaire. Celui-ci soutint que ce n'était pas *raison*, et, par sa mobilité, continua de tenir l'autre en haleine. Il lui porta bien aussi quelques bottes, mais qui, si le jeu avait été sérieux, l'auraient envoyé lui-même dans l'autre monde. En somme, il n'y eut rien de décidé, et les choses n'en allèrent pas mieux; seulement quelques écoliers, et je fus de ce nombre, passèrent au compatriote. Mais je tenais déjà trop du premier maître; il s'écoula quelque temps avant que le nouveau pût m'en désaccoutumer; d'ailleurs il était, en général, moins content de nous autres renégats que de ses anciens écoliers.

L'équitation alla plus mal encore. Il se trouva que je fus envoyé au manége en automne : ainsi je débutai dans l'humide et froide saison. La manière pédantesque de traiter ce bel art me choqua au dernier point. Il n'était jamais question que d'embrassée, et personne ne pouvait dire en quoi consistait cet embrassement si essentiel, car on ballottait sans étriers sur le cheval. Au reste, l'enseignement semblait n'avoir pour objet que de duper et humilier les élèves. Avait-on oublié de gourmer ou de dégourmer, laissé tomber sa cravache ou même son chapeau, négligences, accidents, il fallait tout racheter à prix d'argent, et, par-dessus, se voir encore bafoué. Cela me mettait de la plus méchante humeur, d'autant que je trouvais le lieu d'exercice insupportable. Ce vaste local, sale, humide ou poudreux, le froid, l'odeur de remugle, tout me répugnait au plus haut degré, et comme l'écuyer donnait toujours aux autres les meilleurs chevaux, parce qu'ils savaient le gagner peut-être avec des déjeuners ou d'autres cadeaux, peut-être aussi par leur habileté; comme il me donnait les plus mauvais, me faisait même attendre et paraissait me négliger, je passai des heures pleines d'ennui dans un exercice qui devrait être le plus agréable du monde. J'ai conservé de ce temps et de ces circonstances une impression si vive, que, devenu par la suite un cavalier ardent et téméraire, passant des jours et des semaines à cheval, j'ai toujours eu soin de fuir les manéges couverts, et m'y suis arrêté tout au plus quelques instants. Au reste, il arrive souvent que, si l'on doit nous enseigner les éléments d'un art, réduit en système, on le fait d'une manière pénible et rebutante. Parce qu'on a senti combien cela est fâcheux et nuisible, on a érigé dans la suite en maxime d'éducation qu'il faut tout enseigner à la jeunesse par une méthode facile, gaie et commode. Mais il en est résulté d'autres maux et d'autres inconvénients.

A l'approche du printemps, on se retrouva chez nous dans un un état plus tranquille, et si, auparavant, j'avais cherché à connaître la ville, ses édifices sacrés et profanes, publics et particuliers; si j'avais pris surtout le plus grand plaisir à ce qui restait encore d'anciennes constructions, je m'appliquai ensuite à me représenter les personnages des temps passés avec la *Chronique* de Lersner, avec d'autres livres et d'autres documents relatifs à Francfort, qui se trouvaient dans la collection de mon père; et cela parut me réussir fort bien, par une grande attention à ce qui caractérisait les temps, les mœurs, ainsi que les individualités remarquables. Parmi les restes du passé, j'avais remarqué dès mon enfance le crâne d'un criminel d'État, planté sur la tour du pont; de trois ou quatre, comme les piques restées nous l'attestaient, il avait résisté, depuis 1616, à tous les orages et à toutes les intempéries. En revenant de Sachsenhausen à

Francfort, on avait la tour devant soi, et le crâne frappait les yeux. Je m'étais fait conter dès mon enfance l'histoire de ces rebelles, de Fettmilch et de ses complices; comme ils avaient été mécontents du gouvernement de la ville, s'étaient révoltés contre lui, avaient tramé une sédition, pillé la ville des juifs et provoqué d'affreux attentats, mais avaient été pris à la fin, et condamnés à mort par des commissaires impériaux. Plus tard, j'eus à cœur de savoir les détails, et quels hommes ils avaient été. Ayant donc appris par un livre contemporain, orné de gravures sur bois, que ces gens avaient été, il est vrai, condamnés à mort, mais qu'en même temps on avait aussi destitué nombre de sénateurs, parce qu'il avait régné assez de désordre et beaucoup d'arbitraire; ayant su avec détail comment les choses s'étaient passées, je plaignis ces infortunés, qu'on pouvait considérer comme des victimes immolées à une meilleure constitution future : car c'est de ce temps que date l'institution en vertu de laquelle l'antique et noble maison de Limpourg, la maison de Frauenstein, sortie d'un club, enfin des juristes, des marchands et des artisans, durent prendre part à un gouvernement qui, complété par un ballottage compliqué, dans le goût de Venise, limité par des corporations bourgeoises, avait la mission de faire le bien, sans conserver trop de liberté pour le mal.

Au nombre des choses mystérieuses qui préoccupèrent l'enfant, et même aussi le jeune homme, il faut ranger particulièrement l'état de la ville des juifs, appelée proprement la *rue des Juifs*, parce qu'elle se compose à peine de plus d'une rue, qui, au temps passé, avait été resserrée, comme dans une prison, entre les murs de la ville et les fossés. Le défaut d'espace, la saleté, la presse, l'accent d'une langue déplaisante, tout ensemble faisait l'impression la plus désagréable, à l'observer seulement au passage devant la porte. Je tardai longtemps à m'y aventurer tout seul, et je n'y retournai guère, quand une fois j'eus échappé aux obsessions de tant de gens qui ne se lassaient pas de demander ou d'offrir quelque chose à brocanter. D'ailleurs les vieux contes sur la cruauté des juifs envers les enfants des chrétiens, dont j'avais vu d'horribles images dans la *Chronique* de Godefroi, flottaient devant mon jeune esprit comme de noirs fantômes; et, quoique l'opinion leur fût désormais plus favorable, la grande peinture, insultante et railleuse, assez visible encore sous une voûte de la tour du pont, était contre eux un témoignage d'un poids extraordinaire, car ce n'était pas la malice d'un particulier, c'était l'autorité publique qui l'avait fait exécuter. Cependant ils étaient toujours le peuple élu, et, sans s'inquiéter des événements, ils vivaient fidèles aux souvenirs des temps les plus antiques; et puis c'étaient aussi des hommes, et des hommes actifs, obligeants, et l'obstination même avec laquelle ils tenaient à leurs anciens usages commandait l'estime. De plus, leurs filles étaient jolies, et elles souffraient volontiers les prévenances et les attentions d'un jeune chrétien qui les rencontrait, le jour du sabbat, dans le Fischerfeld (champ des pêcheurs). J'étais donc extrêmement curieux de connaître leurs cérémonies; je n'eus pas de repos avant d'avoir visité souvent leur école, d'avoir assisté à une circoncision, à une noce, et de m'être fait une idée de la fête des Tabernacles. J'étais partout bien reçu, bien traité et invité à revenir, car j'étais introduit et recommandé par des personnes influentes.

Jeune habitant d'une grande ville, c'est ainsi que j'étais promené d'un objet à un autre; et, au milieu de la paix et de la sécurité bourgeoise, les scènes horribles ne manquaient pas : tantôt un incendie, voisin ou éloigné, nous arrachait à notre paix domestique; tantôt la découverte d'un grand crime, l'enquête et le châtiment agitaient la ville pendant plusieurs semaines. Nous dûmes être témoins de diverses exécutions, et il vaut la peine de dire que je vis aussi brûler un livre, l'édition entière d'un roman français du genre comique, où l'État était ménagé, mais non la religion et les mœurs. Il y avait réellement quelque chose de terrible dans ce châtiment infligé à un objet sans vie. Les ballots tombaient dans le feu, et on les séparait, on les attisait avec des fourgons, pour les enflammer davantage. Bientôt les feuilles brûlées volèrent aux environs, et la foule s'efforçait de les attraper. Nous n'eûmes pas de repos avant d'avoir poussé de côté un exemplaire, et bien d'autres surent se procurer ce plaisir défendu. Si l'auteur avait affaire de publicité, il n'aurait pu mieux y pourvoir lui-même.

Mais des motifs plus paisibles m'appelaient aussi à courir la ville. Mon père m'avait accoutumé de bonne heure à soigner pour lui de petites affaires; il me chargeait surtout de presser les artisans qu'il occupait, et qui le faisaient d'ordinaire attendre plus que de raison, parce qu'il voulait que tout fût soigneusement travaillé, et que, payant sans retard, il avait coutume, à la fin, de modérer les prix. J'arrivai de la sorte dans presque tous les ateliers, et comme c'était mon instinct de m'identifier avec les positions étrangères, de sentir chaque forme particulière de la vie humaine, et d'y prendre part avec plaisir, ces commissions me firent passer bien des heures agréables. J'apprenais à connaître la façon de faire de chacun, et les joies, les souffrances, les maux et les biens qu'entraînent avec elles les conditions inhérentes à tel ou tel genre de vie. Je me rapprochai par là de cette classe active qui relie celle d'en bas avec celle d'en haut; car, si, d'un côté, se trouvent ceux qui s'occupent de la production simple et brute, de l'autre, ceux qui veulent jouir des choses mises en œuvre, la pensée et la main de l'artisan font si bien que ces deux classes reçoivent quelque chose l'une de l'autre, et que chacun, à sa manière, peut obtenir ce qu'il souhaite. La vie de famille, dans chaque métier, laquelle recevait du genre de travail une forme et une couleur, était également l'objet de mon attention secrète. Ainsi se développait, se fortifiait en moi le sentiment de l'égalité de tous les hommes, ou du moins des conditions humaines, l'existence nue me paraissent l'objet principal, et tout le reste, indifférent et accidentel.

Si mon père ne se permettait aucune dépense que la jouissance du moment aurait aussitôt consumée (car je me souviens à peine que nous soyons allés nous promener ensemble et faire collation dans un lieu de plaisance), il n'était point chiche pour nous procurer de ces choses qui unissent à une valeur intrinsèque une belle apparence. Personne ne désirait la paix plus que lui, quoique, dans les derniers temps, la guerre ne lui eût pas fait sentir la moindre gêne. Dans ces sentiments, il avait promis à ma mère une boîte d'or garnie de diamants, qu'elle devait recevoir aussitôt que la paix serait publiée. Dans l'espoir de cet heureux événement, on travaillait à ce cadeau déjà depuis quelques années; la boîte même, qui était assez grande, avait été fabriquée à Hanau; car mon père était bien avec les orfévres de cette ville, comme avec les directeurs des magnaneries. On fit pour cet objet plusieurs dessins. Le couvercle était orné d'une corbeille de fleurs, au-dessus de laquelle volait une colombe avec le rameau d'olivier. On avait laissé de la place pour les pierreries, qui devaient être incrustées, les unes auprès de la colombe, les autres à la place où l'on ouvre la boîte. Le joaillier auquel fut confiée l'exécution, ainsi que les pierres nécessaires, s'appelait Lautensack; c'était un homme habile et jovial, qui, à la manière des artistes de génie, faisait rarement le nécessaire, et, d'habitude, ce qui plaisait à sa fantaisie. Il eut bientôt fixé les brillants sur de la cire noire, dans l'ordre où ils devaient l'être sur le couvercle, et ils produisaient un très-bon effet; mais ils ne voulaient pas sortir de là pour passer sur l'or. Mon père laissa d'abord la chose en cet état; toutefois, quand les espérances de paix se ranimèrent; qu'on prétendit en savoir déjà les conditions plus exactement, et, en particulier, l'élection de l'archiduc Joseph comme roi des Romains, l'impatience de mon père augmenta, et je dus me rendre une ou deux fois par semaine, et enfin presque tous les jours, chez l'artiste négligent. Mes importunités et mes sollicitations incessantes firent avancer l'ouvrage, mais assez lentement, parce qu'étant de ceux qu'on pouvait reprendre et quitter tour à tour, il se trouvait toujours quelque chose qui passait devant et le faisait mettre de côté.

Cependant la cause principale de cette conduite était un travail que l'artiste avait entrepris pour son propre compte. Chacun savait que l'empereur François avait un goût prononcé pour les joyaux, et qu'il aimait particulièrement les pierres de couleur. Lautensack avait employé à l'achat de pareilles pierreries une somme considérable et, comme il se trouva plus tard, supérieure à ses moyens, et il avait entrepris d'en faire un bouquet de fleurs, dans lequel chaque pierre devait ressortir favorablement d'après sa forme et sa couleur, et l'ensemble former une œuvre d'art digne d'être conservée dans le trésor d'un empereur. Il y avait travaillé plusieurs années avec son irrégularité habituelle, et il se hâtait maintenant de l'achever, parce qu'après la paix, qu'on pouvait espérer prochaine, on attendait l'arrivée de l'empereur à Francfort pour le couronnement de son fils. L'artiste mettait très-habilement à profit le plaisir que j'avais d'apprendre à connaître ces choses, pour distraire le messager pressant et me détourner de mon objet. Il cherchait à me communiquer la connaissance de ces pierres, il m'en faisait remarquer les qualités, la valeur, si bien qu'à la fin je sus par cœur tout son bouquet, et que j'aurais pu aussi bien que lui le décrire avec éloge à un chaland. Il m'est encore présent aujourd'hui, et j'ai vu des joyaux de ce genre plus magnifiques, mais non plus agréables. Il possédait aussi une jolie collection de gravures et d'autres objets d'art, dont il aimait à parler, et je passais, non sans avantage, bien des heures auprès de lui. Enfin, quand le congrès fut tout de bon convoqué à Hubertsbourg, l'artiste fit un dernier effort en ma faveur, et la colombe et les fleurs parvinrent en effet dans les mains de ma mère pour la fête de la paix.

Je reçus plusieurs commissions semblables auprès de divers peintres, pour presser l'achèvement de tableaux commandés. Mon père s'était persuadé, et peu de gens étaient affranchis de ce préjugé, que la peinture sur bois était bien préférable à la peinture sur toile. Il mettait donc un grand soin à se pourvoir de bonnes planches de chêne de toute forme, sachant bien que les artistes négligents s'en remettaient au menuisier pour cet objet important. Il recherchait les planches les plus vieilles, les faisait coller, raboter et préparer avec le plus grand soin par le menuisier, puis elles restaient des années serrées dans une chambre haute, où elles pouvaient sécher suffisamment. Une de ces précieuses planches fut confiée au peintre Junker, qui devait y représenter un vase magnifique avec les fleurs les plus remarquables, peintes d'après nature, dans sa manière élégante et gracieuse. On était justement au printemps, et je ne manquai pas de lui porter, plusieurs fois par semaine, les plus belles fleurs qui me tombaient sous la main. Il les intercalait aussitôt dans son ouvrage, et, de ces éléments, il composa peu à peu l'ensemble avec tout le soin et toute la fidélité possibles. Il m'arriva un jour de prendre une souris, que je lui portai, et, l'envie lui prenant de peindre un animal si mignon, il la reproduisit exactement, rongeant un épi de blé au pied du vase. Je lui apportai encore et il reproduisit plusieurs innocentes créatures, des papillons, des scarabées, et à la fin il en résulta un tableau des plus estimables pour l'imitation et le travail.

Je fus donc bien surpris d'entendre un jour le bon Junker me confesser avec détail, quand l'ouvrage fut près d'être livré, que cette peinture ne lui plaisait plus; qu'elle était bien réussie dans les détails, mais qu'elle péchait par la composition de l'ensemble, parce qu'elle s'était faite peu à peu, et qu'il avait eu le tort, en commençant, de ne pas se tracer, du moins pour la lumière et les ombres comme pour les couleurs, un plan général d'après lequel on aurait pu arranger les diverses fleurs Il examina à fond avec moi le tableau, auquel il avait travaillé sous mes yeux pendant six mois et qui me plaisait en détail, et, à mon vif chagrin, il sut parfaitement me convaincre. A ses yeux, la souris était aussi une faute. « Car, disait-il, ces animaux causent à beaucoup de gens une certaine horreur, et l'on ne devrait pas les produire quand l'on veut éveiller un sentiment agréable. » Alors, comme il arrive à celui qui se voit guéri d'un préjugé, et qui se croit bien plus habile qu'il n'était, j'eus un vrai mépris pour cet ouvrage, et j'applaudis à l'artiste, quand il fit préparer une autre planche de même grandeur, sur laquelle, suivant son goût, il peignit un vase d'une plus belle forme et un bouquet arrangé avec plus d'art, et sut choisir aussi bien que disposer avec grâce et avec agrément les petits accessoires vivants. Il peignit aussi ce tableau avec le plus grand soin, mais seulement d'après le premier ou en consultant sa mémoire, qui, vu sa pratique longue et assidue, le secondait fort bien. Les deux tableaux étaient achevés, et nous fûmes décidément satisfaits du dernier, qui était réellement supérieur et d'un plus grand effet. Mon père eut la surprise de deux tableaux au lieu d'un, et le choix lui fut laissé. Il approuva notre avis et nos raisons, et particulièrement la bonne volonté et l'activité de Junker; mais, après avoir considéré quelques jours les deux tableaux, il se décida pour le premier, sans s'expliquer autrement sur ce choix. L'artiste, fâché, reprit le tableau qu'il aimait, et ne put s'empêcher de me dire à part, que la bonne table de chêne sur laquelle était peint le premier avait eu certainement quelque influence sur la résolution de mon père.

Puisque j'en suis revenu à parler de peinture, je me rappelle un grand établissement, dans lequel je passai bien du temps, parce qu'il avait, ainsi que son chef, un attrait particulier pour moi. C'était la grande fabrique de toile cirée qu'avait établie le peintre Nothnagel, artiste habile, mais que son talent et sa façon de penser portaient vers la fabrique plus que vers les arts. Dans un vaste enclos de cours et de jardins se confectionnaient des toiles cirées de toute sorte, depuis la plus grossière, où la cire est appliquée avec l'amassette, et qu'on employait pour les voitures de bagages et autres usages pareils, jusqu'aux tapis, qui sont imprimés avec des formes, et aux qualités fines et superfines, sur lesquelles le pinceau d'ouvriers habiles reproduisait des fleurs chinoises, fantastiques ou naturelles, des figures ou des paysages. Cette variété infinie m'amusait fort. J'étais vivement intéressé par le spectacle de tous ces hommes occupés de travaux divers, depuis les plus communs jusqu'à ceux qui étaient en quelque sorte des œuvres d'art. Je fis connaissance avec tous ces gens, vieux et jeunes, qui travaillaient dans plusieurs chambres en enfilade, et quelquefois je mettais aussi la main à l'œuvre. Le débit de cette marchandise était prodigieux. Quiconque bâtissait ou meublait une maison voulait s'arranger pour la vie, et ces tapisseries cirées étaient indestructibles. Nothnagel avait assez affaire à diriger l'ensemble, et restait assis au comptoir, entouré de facteurs et de commis. Ses instants de loisir, il les consacrait à sa collection d'objets d'art, qui consistait surtout en gravures, dont il faisait commerce dans l'occasion aussi bien que de ses tableaux. Il avait aussi aimé à graver; on lui doit plusieurs eaux-fortes, et il a cultivé cette branche de l'art jusque dans ses dernières années.

Comme il demeurait près de la porte d'Eschenheim, après lui avoir fait visite, je continuais souvent mon chemin hors de la ville jusqu'à nos propriétés devant les portes. C'était une grande prairie plantée d'arbres fruitiers, dont mon père surveillait avec soin le remplacement et l'entretien, quoique le terrain en fût affermé; une vigne, très-bien entretenue, qu'il possédait devant la porte de Friedberg, lui donnait encore plus d'occupation. Entre les rangées des ceps étaient plantées et cultivées avec grand soin des rangées d'asperges. Dans la bonne saison, il ne se passait guère de jour où mon père ne s'y rendit, et, le plus souvent, il nous était permis de l'accompagner, de jouir et nous amuser ainsi de tout, depuis les premières productions du printemps jusqu'aux dernières de l'automne. Nous apprîmes aussi les travaux du jardinage, qui, se répétant chaque année, finirent par nous devenir familiers. A la suite des diverses récoltes de l'été et de l'automne, la vendange était cependant la plus gaie et la plus souhaitée. Il n'est pas douteux que, tout comme le vin donne un caractère plus gai aux lieux où il est produit et consommé, ces jours de la vendange, qui closent la belle saison et qui ouvrent l'hiver, ne répandent aussi une incroyable allégresse. La gaieté, la jubilation, s'étendent sur toute la contrée. Le jour, on entend de toutes parts les cris de joie et les détonations, et, la nuit, tantôt ici, tantôt là, des fusées et des feux d'artifice annoncent que, partout veillant et joyeux, on voudrait prolonger la fête aussi longtemps que possible. Après cela, les soins du pressoir et, pendant la fermentation, ceux de la cave nous occupaient aussi gaiement à la maison, et l'on entrait en hiver sans trop s'en apercevoir.

Nous prîmes d'autant plus de plaisir à ces occupations champêtres, au printemps de 1763, que le 15 février de cette année avait été pour nous un jour de fête, par la conclusion de la paix d'Hubertsbourg, dont je devais ressentir les heureux effets pendant la plus grande partie de ma vie. Mais, avant d'aller plus loin, je crois de mon devoir de mentionner ici quelques hommes qui ont exercé une grande influence sur ma jeunesse. M. de Olenschlager, de la maison de Frauenstein, échevin, beau-fils du docteur Orth, dont j'ai parlé, était un homme agréable et beau, d'un tempérament sanguin. Dans son grand costume de bourgmestre, on l'aurait pris pour le plus majestueux prélat français. Au sortir de l'université, il s'était voué aux affaires de cour et d'État, et avait aussi voyagé dans ce but. Il avait pour moi une affection particulière, et me parlait souvent des choses qui l'intéressaient le plus. J'étais souvent auprès de lui, quand il écrivit son *Explication de la bulle d'or*, et il savait très clairement m'exposer la valeur et l'importance de ce document. Alors mon imagination se reportait à ces temps orageux et barbares, au point que je ne pouvais m'empêcher d'exprimer par la peinture des caractères et des circonstances, et même quelquefois par la pantomime, comme si elles eussent été présentes, les choses qu'il me racontait. Il y prenait un grand plaisir, et par ses applaudissements il m'encourageait à recommencer. J'avais eu dès l'enfance la singulière habitude d'apprendre par cœur les commencements des livres et des divisions d'ouvrages; d'abord des cinq livres de Moïse, puis de l'*Énéide* et des *Métamorphoses*. J'en fis autant pour la bulle d'or, et je faisais souvent rire mon digne ami, quand je m'écriais tout à coup, du ton le plus sérieux : *Omne regnum in se divisum desolabitur, nam principes ejus facti sunt socii furum*. L'homme sage hochait la tête en souriant et disait d'un air pensif : « Quel temps ce devait être que celui où l'Empereur faisait prononcer en pleine diète de telles paroles à la face de ses princes! » Le commerce de Olenschlager était plein de grâce. On voyait chez lui peu de monde, mais il aimait beaucoup une conversation spirituelle. Il engageait parfois les jeunes gens à jouer la comédie. On croyait cet exercice très-utile à la jeunesse. Nous donnâmes le *Canut* de Schlegel. Je jouais le roi, ma sœur, Elfride, et Ulfo échut au jeune fils de la maison. Ensuite nous essayâmes *Britannicus*, pour faire de ces exercices dramatiques une étude de langage. On me donna le rôle de Néron, ma sœur eut celui d'Agrippine, et le jeune Olenschlager celui de Britannicus. Nous reçûmes plus de louanges que nous n'en méritions, et nous croyions en avoir mérité bien davantage. J'étais donc dans les meilleures relations avec cette famille, et je lui ai dû beaucoup de plaisirs en même temps qu'un développement plus rapide.

M. de Reineck était d'une vieille noblesse, d'un caractère ferme et loyal, mais obstiné. C'était un homme sec et brun, que je n'ai jamais vu sourire. Il eut le malheur de se voir enlever sa fille unique par un ami de la maison. Il exerça contre son gendre des poursuites violentes, et comme les tribunaux, avec leurs formalités, ne lui semblaient pas déployer assez de vigueur et de célérité au gré de sa vengeance, il se brouilla avec eux. Il s'ensuivit affaires sur affaires, procès sur procès. Il se retira tout à fait dans sa maison et un jardin attenant, vécut dans une salle basse, spacieuse mais triste, où, depuis des années, ni le pinceau d'un peintre, ni peut-être même le balai d'une servante n'avaient passé. Il me souffrait volontiers, et m'avait particulièrement recommandé son jeune fils. Ses plus vieux amis, qui savaient se plier à ses habitudes, ses gens d'affaires, ses intendants, étaient reçus quelquefois à sa table, et alors il ne manquait jamais de m'inviter. On mangeait très-bien chez lui et l'on buvait encore mieux. Cependant la fumée qu'un grand poêle laissait échapper par de nombreuses fêlures incommodait beaucoup les convives. Un des plus intimes amis de M. Reineck osa lui en faire un jour l'observation, et lui demanda s'il pourrait souffrir tout l'hiver ce désagrément. Il répondit, comme un autre Timon, un Héautontimoroumène : « Plût à Dieu que ce fût ma plus grande souffrance ! » On ne put le décider que bien tard à revoir sa fille et ses petits-enfants. Son gendre n'osa jamais se montrer devant ses yeux.

Ma présence agissait très-favorablement sur cet homme aussi loyal que malheureux. Il aimait à s'entretenir avec moi, et à m'instruire surtout des affaires du monde et de l'État, et ce'a semblait le soulager et l'égayer. Aussi le peu d'anciens amis qui se réunissaient encore autour de lui se servaient-ils souvent de moi, lorsqu'ils désiraient adoucir son humeur chagrine et le décider à prendre quelque distraction. Il finit en effet par sortir quelquefois avec nous ; il revit les environs, sur lesquels il n'avait pas jeté les yeux depuis tant d'années. Il parlait des anciens propriétaires, nous disait leur caractère, leurs aventures, toujours sérieux dans ses discours, mais souvent serein et spirituel. Nous essayâmes aussi de lui faire revoir le monde, mais cela faillit tourner mal.

M. de Malapart était un homme du même âge que lui ou même plus âgé ; il était riche, il possédait une fort belle maison sur le Rossmarkt, et tirait de bons revenus de certaines salines. Il vivait aussi très-retiré, mais, en été, il était beaucoup dans son jardin devant la porte de Bockenheim, où il cultivait et soignait une très-belle collection d'œillets. De Reineck en était aussi amateur ; c'était le temps de la floraison, et l'on engagea doucement ces deux hommes à se voir. Nous fîmes tant qu'enfin de Reineck se résolut à nous accompagner un dimanche après midi. Les deux vieillards se saluèrent d'une façon fort laconique ou pantomimique, pour mieux dire, et l'on se promena d'un pas diplomatique le long des gradins chargés de pots d'œillets. La floraison était extraordinairement belle ; les formes et les couleurs particulières des différentes fleurs, les avantages des unes et des autres, leur rareté, amenèrent enfin une sorte de conversation, qui paraissait devenir tout à fait amicale. Nous en étions, nous autres, d'autant plus charmés, que nous voyions sous un berceau voisin une table garnie d'excellent vin vieux du Rhin dans le cristal poli, de beaux fruits et d'autres bonnes choses. Mais, hélas ! nous ne devions pas en tâter. En effet, de Reineck ayant vu par malheur un très-bel œillet qui penchait un peu la tête, il prit délicatement la tige entre le médius et l'index en remontant vers le calice, et releva la fleur, de manière à pouvoir bien la considérer. Ce léger attouchement suffit pour fâcher le maître, qui rappela à notre ami d'un ton poli, mais un peu sec, ou plutôt avec une certaine vanité, le proverbe *oculis non manibus*. De Reineck avait déjà lâché la fleur, mais il prit feu à ce mot, et dit avec sa sécheresse et sa gravité accoutumées, qu'il était bien séant à un connaisseur, à un amateur, de toucher et de considérer une fleur de la sorte ; et là-dessus il répéta ce geste et prit de nouveau l'œillet entre ses doigts. Les amis, de part et d'autre (Malapart en avait un aussi à ses côtés), furent dans le plus grand embarras. Ils levèrent un lièvre après un autre (c'était entre nous une expression proverbiale, quand nous voulions changer de conversation et passer à un autre sujet). Tout fut inutile. Nos vieux messieurs étaient devenus muets, et nous craignions à chaque moment que Reineck ne recommençât, car alors c'en était fait de nous. Les amis tinrent les vieillards éloignés l'un de l'autre en les occupant tantôt ici tantôt là ; enfin le plus sage fut de nous disposer au départ, si bien qu'il fallut tourner le dos au séduisant buffet.

Le conseiller Husgen, étranger et réformé, ne pouvait par conséquent remplir ni fonctions publiques, ni même la profession d'avocat ; mais, comme, en sa qualité d'excellent juriste, il inspirait beaucoup de confiance, il savait l'exercer tranquillement, sous une signature étrangère, soit à Francfort soit devant les tribunaux de l'Empire. Il avait bien soixante ans quand je pris des leçons d'écriture avec son fils, et fus introduit par lui dans sa maison. Il était d'une taille haute, sans être maigre, forte, sans être obèse. Son visage, défiguré par la petite vérole, qui lui avait même fait perdre un œil, inspirait d'abord l'appréhension. Sa tête chauve était toujours coiffée d'un bonnet blanc, serré d'un ruban par en haut. Ses robes de chambre de calamande ou de damas étaient d'une extrême propreté. Il habitait au rez-de-chaussée une enfilade de chambres fort gaies, qui donnaient sur une allée d'arbres, et la propreté de l'ameublement répondait à la gaieté du local. L'ordre parfait de ses papiers, de ses livres, de ses cartes, faisait une agréable impression. Son fils, Henri Sébastien, qui s'est fait connaître par divers écrits sur les arts, promettait peu dans son enfance: doux et bon, mais gauche, je ne dirai pas grossier, mais sans gêne et peu disposé à s'instruire, il cherchait plutôt à éviter la présence de son père, tandis qu'il savait obtenir de sa mère tout ce qu'il voulait. Pour moi, je m'approchai toujours plus du vieillard, à mesure que j'appris à le connaître. Comme il ne se chargeait que des causes importantes, il avait le temps de s'occuper et de s'amuser d'autre manière. Je n'eus pas besoin de le fréquenter et d'entendre ses doctrines bien longtemps, pour observer qu'il était en opposition avec Dieu et le monde. Un de ses livres favoris était *Agrippa de vanitate scientiarum*, qu'il me recommanda particulièrement, et qui plongea pour quelque temps ma jeune tête dans un désordre assez grand. J'étais, grâce à la bonne humeur de mon âge, disposé à une sorte d'optimisme, et je m'étais assez bien réconcilié avec Dieu ou les dieux; car une suite d'années m'avait amené à reconnaître que bien des choses font équilibre au mal; qu'on peut se relever des souffrances, se sauver des périls, sans se rompre toujours le cou. Les œuvres et la conduite des hommes me semblaient aussi tolérables, et je trouvais dignes d'éloges bien des choses dont mon vieil ami n'était nullement satisfait. Un jour, qu'il m'avait fait du monde un tableau assez grotesque, je remarquai qu'il se disposait à conclure par un mot énercique. Il ferma vivement son œil aveugle, selon sa coutume en pareil cas, me lança de l'autre un regard perçant, et dit d'une voix nasillarde : « Même en Dieu je découvre des défauts. »

Mon mentor misanthrope était aussi mathématicien, mais, praticien par nature, il se tourna vers la mécanique, sans travailler pourtant lui-même. Il fit fabriquer sous sa direction une pendule remarquable, du moins pour ce temps-là, qui, outre les heures et les quantièmes, indiquait aussi les mouvements du soleil et de la lune. Il la remontait lui-même chaque dimanche, à dix heures du matin, ce qu'il pouvait faire avec d'autant plus d'exactitude qu'il n'allait jamais à l'église. Je n'ai jamais vu chez lui de société ou de convives. Je me souviens à peine de l'avoir vu deux fois en dix ans habillé et sortant de chez lui.

Mes divers entretiens avec ces hommes ne furent pas sans importance, et chacun d'eux agissait sur moi à sa manière. J'avais pour chacun autant et souvent plus d'attentions que leurs propres enfants, et chacun d'eux cherchait toujours davantage en moi son plaisir, comme en un fils chéri, en tâchant de me former à sa ressemblance morale. Olenschlager voulait faire de moi un homme de cour, Reineck, un diplomate ; tous deux, le dernier surtout, cherchaient à me dégoûter de la poésie et du métier d'auteur ; Husgen voulait que je fusse un Timon de son espèce, mais, avec cela, un habile jurisconsulte : métier nécessaire, disait-il, pour défendre en bonne forme sa personne et son bien contre la canaille humaine, pour assister un opprimé, et, dans l'occasion, donner un coup de patte à un fripon, ce qui n'était pourtant, ajoutait-il, ni facile ni prudent.

Si j'aimais la société de ces hommes, pour mettre à profit leurs conseils, leurs directions, de plus jeunes, qui me devançaient seulement de peu d'années, excitaient dès lors mon émulation. Je nommerai avant tous les autres les frères Schlosser et Griesbach. Mais, comme je formai avec eux une liaison plus intime, qui dura de nombreuses années sans interruption, je me bornerai à dire pour le moment que l'on nous vantait alors leurs progrès remarquables dans les langues et les autres études qui ouvrent la carrière universitaire, qu'on nous les proposait pour modèles, et que tout le monde s'attendait à les voir se signaler un jour dans l'État et dans l'Église. Pour moi, je nourrissais aussi la pensée de produire quelque chose d'extraordinaire; mais que serait-ce? Je ne le voyais pas clairement. Cependant, comme on songe plutôt à la récompense qu'on voudrait obtenir qu'au mérite qu'on devrait acquérir, je ne dissimulerai pas que, si je rêvais un bonheur digne d'envie, son image la plus ravissante était à mes yeux la couronne de laurier que l'on tresse pour le front du poëte.

LIVRE V.

Il y a des appâts pour tous les oiseaux, et chaque homme est conduit et séduit à sa manière. La nature, l'éducation, le monde où je vivais, l'habitude, m'éloignaient de toute grossièreté, et, quoique je fusse souvent en contact avec les classes inférieures, surtout avec les artisans, il n'en résultait aucune liaison particulière. J'étais assez hardi pour entreprendre quelque chose d'extraordinaire, peut-être de dangereux, et je m'y sentais quelquefois disposé; mais l'adresse me manquait pour commencer et agir. Cependant je fus engagé, d'une manière tout à fait inattendue, dans des relations qui me mirent à deux doigts d'un grand péril, et, du moins pour un temps, dans l'embarras et l'angoisse. Mes bons rapports avec le petit garçon que j'ai nommé Pylade avaient continué jusqu'à notre adolescence. Nous nous voyions, il est vrai, plus rarement, parce que nos parents n'étaient pas au mieux ensemble; mais, si nous venions à nous rencontrer, aussitôt éclataient les transports de l'ancienne amitié. Nous nous retrouvâmes un jour dans les allées qui offraient une très-agréable promenade entre la porte intérieure et la porte extérieure de Saint-Gall. Nous nous étions à peine abordés, qu'il me dit : « J'en suis toujours avec tes vers au même point qu'autrefois. J'ai lu à quelques joyeux camarades ceux que tu m'as communiqués dernièrement, et aucun d'eux ne veut croire que c'est toi qui les as faits. — Sois tranquille, lui répliquai-je.

Nous ferons des vers pour nous divertir, et les autres en penseront et en diront ce qu'il leur plaira. — Voici justement l'incrédule. — Ne lui en parlons pas, c'est inutile : on ne convertit pas les gens. — Point du tout. Je veux qu'il revienne de son idée. »

Après que nous eûmes parlé un moment de choses indifférentes, mon trop zélé camarade ne put se contenir, et dit avec quelque vivacité : « Voici cet ami qui a fait les jolis vers dont vous ne voulez pas qu'il soit l'auteur. — Assurément, il ne le prendra pas en mauvaise part, répliqua l'autre, car c'est lui faire honneur, de croire qu'il faut, pour faire de pareils vers, beaucoup plus de science qu'il n'en peut avoir à son âge. » Je fis une réponse insignifiante, mais mon ami continua. « Il ne sera pas bien difficile de vous convaincre. Donnez-lui un sujet quelconque, et il vous fera des vers sur-le-champ. » Je consentis, nous nous accordâmes, et le nouveau venu me demanda si je me croyais capable de composer en vers une jolie lettre d'amour qu'une timide jeune fille écrirait à un jeune homme pour lui découvrir son inclination. « Rien de plus facile, répondis-je, si nous avions de quoi écrire. » Il tira son portefeuille, où se trouvaient beaucoup de pages blanches, et je me mis à écrire, assis sur un banc. Pendant ce temps, ils se promenèrent de long en large, sans me perdre de vue. J'entrai aussitôt dans la situation, et je me figurai combien je serais charmé qu'une belle enfant fût réellement éprise de moi, et voulût me le découvrir en prose ou en vers. Je commençai donc tout uniment ma déclaration et la composai (en vers qui tenaient du familier et du madrigal) avec toute la naïveté possible et en peu de temps; aussi, quand je lus ce petit poëme aux deux jeunes gens, le douteur fut émerveillé et mon ami enchanté. Je pouvais d'autant moins refuser au premier la pièce de vers, qu'elle était écrite dans son portefeuille, et puis je voyais volontiers dans ses mains la preuve de ce que je savais faire. Il s'éloigna, avec mille assurances de son admiration et de son amitié, ne souhaitant rien plus que de nous rencontrer souvent, et nous convînmes de faire bientôt ensemble une partie de campagne.

Notre partie se réalisa; plusieurs autres jeunes gens de la même catégorie se joignirent à nous. Ils appartenaient à la classe moyenne, ou, si l'on veut même, inférieure ; ils ne manquaient pas de cervelle, et, comme ils avaient fréquenté l'école, ils possédaient quelques connaissances et une certaine culture. Il y a dans une ville grande et riche des industries de tout genre. Ils gagnaient leur vie à écrire pour les avocats, à donner quelques leçons particulières aux enfants de la classe pauvre, pour les avancer un peu plus qu'on ne fait dans les petites écoles : ils répétaient l'enseignement religieux avec les enfants plus âgés, qui devaient être confirmés ; puis, ils faisaient quelques messages pour les courtiers et les marchands, et, le soir, surtout les dimanches et les jours de fête, ils faisaient ensemble un souper frugal.

Comme ils prônaient de leur mieux, chemin faisant, mon épître amoureuse, ils m'avouèrent qu'ils en avaient fait un usage très-amusant ; ils l'avaient copiée d'une écriture contrefaite, et, avec quelques allusions plus particulières, ils l'avaient fait parvenir à un jeune fat, qui était fermement persuadé qu'une demoiselle, qu'il avait courtisée de loin, l'aimait éperdument et cherchait l'occasion de se rapprocher de lui. Ils me confièrent ensuite que leur dupe ne désirait rien tant que de répondre en vers ; mais ni lui ni eux-mêmes n'y entendaient rien, et ils me prièrent instamment de faire moi-même la réponse désirée. Les mystifications seront toujours un amusement de gens oisifs, plus ou moins spirituels. Une méchanceté permise, la satisfaction d'une maligne joie, sont une jouissance pour les hommes qui ne savent ni s'occuper d'eux-mêmes, ni exercer au dehors une action salutaire. Aucun âge n'est tout à fait exempt de cette fantaisie. Nous nous étions souvent joué des tours dans notre enfance ; beaucoup de jeux reposent sur ces mystifications et ces attrapes ; celle-ci ne me parut pas avoir plus d'importance : je consentis. Ils me communiquèrent quelques détails que la lettre devait renfermer : elle était déjà terminée quand nous revînmes chez nous.

Peu de temps après, mon ami me pressa d'assister à une de leurs soirées. Cette fois, c'était l'amant qui voulait régaler, et il avait exprimé le désir de remercier l'ami qui s'était montré si avantageusement comme poétique secrétaire. On se réunit assez tard ; la chère fut des plus frugales, le vin potable. La conversation roula presque uniquement sur la mystification du jeune sot, qui, après avoir lu la lettre plusieurs fois, n'était pas éloigné de croire qu'il l'avait composée lui-même. Ma bienveillance naturelle me fit trouver peu de plaisir à cette malicieuse menterie, et je fus bientôt dégoûté d'entendre répéter le même thème. J'aurais donc passé une ennuyeuse soirée, si une apparition inattendue n'était venue me ranimer. A notre arrivée, la table s'était trouvée proprement et joliment servie; le vin ne manquait pas; nous nous étions mis à table, et nous étions restés seuls, sans avoir besoin de personne pour le service. Mais, le vin ayant fini par manquer, quelqu'un appela la servante, et, à sa place, vint une jeune fille d'une beauté rare et même incroyable dans une pareille condition.

« Que désirez-vous? dit-elle, après nous avoir souhaité gracieusement le bonsoir. La servante est malade et couchée. Puis-je vous servir? — Nous manquons de vin, dit l'un; si tu allais nous en quérir une couple de bouteilles, ce serait charmant. — Va, Marguerite! dit l'autre. C'est à deux pas. — Volontiers, » répondit-elle. Elle prit sur la table deux bouteilles vides et partit. Sa tournure semblait encore plus élégante par derrière. Son petit bonnet coiffait si bien sa tête mignonne, unie à ses épaules par un col délicat, avec une grâce infinie. Tout en elle paraissait distingué, et l'on pouvait observer toute sa personne d'autant plus à l'aise, que l'attention n'était plus attirée et enchaînée par son regard calme et candide et par sa bouche gracieuse. Je fis des reproches à mes compagnons d'envoyer de nuit l'enfant toute seule. Ils se moquèrent de moi, et je fus bientôt rassuré en la voyant revenir. Le marchand de vin demeurait en face. « Eh bien, mets-toi à table avec nous, » dit l'un d'eux. Elle s'assit, mais, hélas! ce ne fut pas à côté de moi. Elle but à notre santé, et s'éloigna bientôt, en nous conseillant de ne pas rester longtemps, et surtout de ne pas faire trop de bruit, parce que la mère allait se coucher. Ce n'était pas sa mère, mais celle de nos hôtes.

Dès ce moment, l'image de la jeune fille me poursuivit partout. C'était la première impression durable qu'une femme eût faite sur moi, et, comme je ne pouvais trouver ni ne voulais inventer un prétexte pour la voir chez elle, je la cherchai à l'église, et j'eus bientôt découvert où elle se plaçait, et, pendant le long service protestant, je pouvais me rassasier de sa vue. A la sortie, je n'osais pas lui adresser la parole, moins encore l'accompagner, et j'étais déjà bien heureux quand elle m'avait remarqué et avait semblé répondre à mon salut par un signe de tête. Mais je ne devais pas être privé longtemps du bonheur de m'approcher d'elle. On avait fait croire à cet amoureux dont j'avais été l'interprète, que la lettre écrite en son nom était réellement parvenue à la jeune demoiselle, et l'on avait excité son impatience au plus haut point, en lui faisant espérer une réponse prochaine. C'était moi encore qui devais la composer, et la malicieuse société me fit prier instamment par Pylade de mettre en œuvre tout mon esprit, et d'employer tout mon art, afin que la pièce fût délicieuse et parfaite. Dans l'espérance de revoir ma belle, je me mis à l'œuvre aussitôt, et j'imaginai tout ce qui pourrait m'être le plus agréable, si Marguerite me l'écrivait. Tout ce que j'avais exprimé me parut convenir si bien à sa figure, sa personne, ses manières et son esprit, que je ne pus m'empêcher de souhaiter qu'il en fût réellement ainsi, et me perdis dans mes transports à penser seulement qu'elle pourrait m'adresser quelque chose de semblable. Je me mystifiais ainsi moi-même, en croyant me moquer d'un autre, et il devait encore en résulter pour moi bien des plaisirs et des chagrins. Quand on me rappela mon engagement, j'étais prêt; je promis d'aller, et n'y manquai pas à l'heure fixée. Il n'y avait qu'un seul des jeunes gens au logis. Marguerite était assise auprès de la fenêtre et filait; la mère allait et venait. Le jeune homme me demanda de lui lire les vers : je le lis, et je ne lisais pas sans émotion, en regardant à la dérobée, par-dessus la feuille, la belle jeune fille, et, comme je croyais remarquer chez elle une certaine inquiétude et une légère rougeur sur ses joues, je n'en exprimai que mieux et plus vivement ce que je souhaitais entendre de sa bouche. Le cousin, qui m'avait souvent interrompu par ses éloges, me pria, quand j'eus fini, de faire quelques changements. Ils se rapportaient à certains passages qui convenaient mieux, il est vrai, à la condition de Marguerite qu'à celle de cette demoiselle, qui était de bonne maison, riche, connue et considérée dans la ville.

Quand le jeune homme eut articulé les changements désirés, et m'eut procuré une écritoire, il sortit un moment pour une affaire. Je restai assis sur le banc fixé au mur derrière la grande table, et j'essayai sur la grande ardoise qui couvrait presque toute la table les changements à faire, me servant d'une touche qui se trouvait toujours sur la fenêtre, parce qu'on calculait souvent sur cette table de pierre, qu'on y notait diverses choses, et que les allants et les venants s'y transmettaient même des avis.

J'avais passé quelque temps à écrire et à effacer, quand je m'écriai avec impatience : « Ça ne va pas ! — Tant mieux ! dit l'aimable jeune fille, d'un ton posé ; je voudrais que cela n'allât pas du tout. Vous ne devriez pas vous mêler de pareilles affaires. » Elle quitta son rouet, et, venant à moi devant la table, elle me fit, avec beaucoup de raison et de douceur, une remontrance. « La chose a l'air d'une innocente plaisanterie, dit-elle : c'est une plaisanterie, mais elle n'est pas innocente. J'ai déjà vu ces jeunes gens tomber dans de grands embarras par ces étourderies. — Mais que dois-je faire ? lui dis-je, la lettre est écrite, et ils comptent que je vais la corriger. — Croyez-moi, ne la corrigez pas, reprenez-la plutôt, allez-vous-en, et tâchez d'arranger l'affaire par votre ami. Je dirai aussi un petit mot. Car, voyez-vous, bien que je sois une pauvre fille et dépendante de ces parents, qui ne font point de mal sans doute, mais qui, pour le plaisir ou pour le gain, se permettent bien des choses hasardeuses, j'ai résisté et je n'ai pas copié la première lettre, comme on me le demandait. Ils l'ont copiée d'une écriture contrefaite, et, s'ils n'ont pas d'autres moyens, ils en feront autant de celle-ci. Et vous, jeune homme de bonne famille, riche, indépendant, pourquoi vous laissez-vous employer comme instrument dans une affaire dont il ne peut certainement résulter rien de bon pour vous, et qui vous attirera peut-être bien des désagréments ? »

J'étais heureux de l'entendre parler de suite, car d'ordinaire elle ne jetait dans la conversation que peu de mots. Mon amour s'accrut au delà de toute idée ; je n'étais pas maître de moi, et je répondis : « Je ne suis pas aussi indépendant que vous croyez, et que me sert d'être riche, puisque je n'ai pas le bien le plus précieux que je puisse désirer? » Elle avait tiré devant elle le brouillon de mon épître poétique, et le lut à demi-voix, avec beaucoup de grâce et de charme. « C'est très-joli, dit-elle en s'arrêtant à une sorte de pointe naïve. Seulement, c'est dommage que cela ne soit pas destiné à un usage véritable. — Ce serait bien beau, sans doute ! m'écriai-je. Qu'il serait heureux, celui qui recevrait d'une jeune fille qu'il aime passionnément une pareille assurance de son amour! — C'est beaucoup demander, dit-elle, mais bien des choses sont possibles. — Par exemple, poursuivis-je, si quelqu'un qui vous connaît, vous estime, vous respecte et vous adore, vous présentait cette feuille et vous priait avec instance, avec amour et tendresse.... que feriez-vous? » Je poussai plus près d'elle la feuille, qu'elle avait déjà repoussée vers moi. Elle sourit, réfléchit un moment, prit la plume et signa. J'étais ravi, je me levai soudain et je voulus l'embrasser. « Point de baiser! dit-elle, c'est trop commun, mais de l'amour, si c'est possible. » J'avais repris la feuille et l'avais serrée dans ma poche. « Personne ne l'aura, lui dis-je, la chose est résolue. Vous m'avez sauvé ! — Eh bien, achevez votre salut, s'écria-t-elle, et partez vite avant que les autres ne viennent et ne vous mettent dans la peine et l'embarras. » Je ne pouvais me séparer d'elle, mais elle m'en pria d'une manière tout amicale, en prenant de ses deux mains ma main droite, qu'elle pressait tendrement. Les larmes n'étaient pas loin; je crus voir ses yeux humides. J'appuyai mon visage sur ses mains, et je partis. Je ne m'étais trouvé de ma vie dans un trouble pareil.

Les premières inclinations d'un cœur innocent prennent une direction tout idéale; la nature semble vouloir qu'un sexe voie dans l'autre l'image sensible du bon et du beau. Et en effet la vue de cette jeune fille et mon amour pour elle m'avaient révélé un monde nouveau de beauté et de perfection. Je relus encore ma lettre poétique, je contemplais la signature, je la baisais, la pressais sur mon cœur; je faisais mes délices de cet aimable aveu. Mais, plus augmentait mon ravissement, plus je souffrais de ne pouvoir me rendre sur-le-champ auprès d'elle, la revoir, lui parler; car je craignais les reproches des cousins et leur importunité. Je ne parvins pas à rencontrer le bon Pylade, qui pouvait arranger l'affaire. J'allai donc, le dimanche suivant, à Niederrad, où ces jeunes gens avaient coutume de se rendre, et je les trouvai en effet. Mais je fus bien surpris, lorsqu'au lieu de se montrer mécontents et froids, ils vinrent à moi le visage riant. Le plus jeune surtout fut très-amical; il me prit la main et me dit : « Vous nous avez fait l'autre jour une malice, et nous étions bien fâchés contre vous; mais votre fuite et la soustraction de l'épître nous ont inspiré une bonne idée, qui sans cela peut-être ne nous serait jamais venue. Pour la réconciliation, veuillez nous régaler aujourd'hui, et vous apprendrez un projet dont nous sommes assez fiers, et qui certainement vous réjouira comme nous. » Ces paroles me mirent dans un grand embarras, car je n'avais guère d'argent sur moi que pour me rafraîchir avec un ami; mais, pour régaler une société, et surtout une société comme celle-là, qui ne savait pas toujours s'arrêter à propos, je n'étais nullement en mesure. Cette proposition m'étonnait d'autant plus, qu'ils se faisaient d'ordinaire un point d'honneur de payer chacun leur écot. Ils sourirent de mon embarras, et le jeune homme poursuivit. « Allons nous asseoir sous le berceau, et vous saurez le reste. » Nous prîmes place et il dit : « L'autre jour, quand vous eûtes emporté votre épître, nous causâmes encore une fois de toute l'affaire, et nous fîmes réflexion que, sans aucun profit, pour le chagrin d'autrui et à nos propres risques, nous abusions de votre talent par méchanceté toute pure, tandis que nous pourrions l'employer pour l'avantage de nous tous. Voyez, j'ai ici une commande pour une chanson de noces et une autre pour un chant funèbre. Celui-ci doit être fait tout de suite; pour l'autre, vous avez encore huit jours. Veuillez les faire; c'est un jeu pour vous, vous nous régalez deux fois, et nous resterons pour longtemps vos débiteurs. »

Cette proposition me plut à tous égards, car dès mon enfance j'avais considéré avec une certaine envie les poésies de circonstance qui circulaient alors en nombre chaque semaine, et qu'on voyait surtout éclore par douzaines, à l'occasion des mariages considérables, car je me croyais capable de faire ces choses aussi bien et mieux encore. Maintenant l'occasion m'était offerte de me montrer et particulièrement de me voir imprimé.

Je ne refusai point. On me fit connaître les personnes, les relations de famille; je me tirai un peu à l'écart, je fis mon plan et composai quelques strophes. Mais, comme je rejoignis la société et que le vin ne fut pas épargné, les vers cessèrent de couler et je ne pus les livrer le même soir. « Nous avons jusqu'à demain soir, dirent-ils, et nous voulons cependant vous l'avouer, les honoraires que nous recevrons pour le chant funèbre, suffisent pour nous faire encore passer demain une agréable soirée. Venez chez nous, car il est juste que Marguerite soit de la partie, puisque c'est elle, à vrai dire, qui nous a donné cette idée. Ma joie était inexprimable. En revenant chez moi, je n'eus en tête que les strophes qui manquaient encore; j'écrivis le tout avant de me coucher, et, le lendemain, je le mis au net proprement. Le jour me parut d'une longueur infinie, et à peine la nuit fut-elle venue, que je me retrouvai dans l'étroite maisonnette, auprès de la charmante Marguerite.

Les jeunes hommes avec lesquels j'entrai de la sorte dans une liaison toujours plus intime n'étaient pas des gens communs, mais ordinaires. Leur activité était louable et je les écoutais avec plaisir, quand ils discouraient sur les voies et moyens par lesquels on peut gagner quelque chose; ils aimaient surtout à parler des hommes devenus très-riches, qui avaient commencé avec rien. Les uns s'étaient rendus nécessaires à leurs patrons comme pauvres commis, et avaient fini par devenir leurs gendres; les autres avaient si bien étendu et relevé un petit commerce d'allumettes ou d'autres bagatelles, qu'ils figuraient aujourd'hui comme riches négociants. Des jeunes gens, qui avaient de bonnes jambes, trouvaient surtout des ressources et des profits excellents dans le métier de galopin et de courtier, et dans l'entreprise de commissions et de gérances diverses pour des riches invalides. Chacun de nous écoutait volontiers ces discours; chacun se croyait quelque chose, quand il se représentait, dans le moment, qu'il y avait en lui assez d'étoffe pour s'avancer dans le monde et même pour faire une fortune extraordinaire. Mais personne ne semblait mettre à ces entretiens plus de sérieux que Pylade, qui finit par avouer qu'il aimait passionnément une jeune fille, et qu'ils s'étaient promis une foi mutuelle. La position de ses parents ne lui permettait pas de fréquenter les universités, mais il devait à son application une très belle écriture, la connaissance du calcul et des langues modernes; et, dans l'espérance d'une heureuse union, il voulait faire tout ce qui serait en son pouvoir. Les cousins l'en félicitèrent, mais ils ne l'approuvaient pas d'avoir fait à une jeune fille une promesse prématurée, et ils ajoutèrent qu'ils le reconnaissaient comme un brave et bon jeune homme, mais qu'ils ne le jugeaient ni assez actif ni assez entreprenant pour rien accomplir d'extraordinaire. Cela l'ayant conduit à exposer en détail, pour sa justification, ce qu'il se sentait la force de faire et comment il se proposait de l'entreprendre, les autres s'animèrent, et chacun se mit à décrire ses moyens actuels, ses occupations, ses affaires, le chemin qu'il avait déjà parcouru, et la carrière qui s'ouvrait devant lui. Mon tour vint à la fin : il me fallait exposer aussi ma vie et mes projets, et, comme j'y songeais, Pylade s'écria : « La seule réserve que je fasse, pour qu'il ne nous laisse pas trop en arrière, c'est qu'il ne fasse pas entrer en compte les avantages extérieurs de sa position. Que plutôt il imagine et nous dise comment il s'y prendrait, si, dans ce moment, il devait, comme nous, se reposer entièrement sur lui-même. »

Marguerite, qui, jusqu'alors, n'avait pas cessé de filer, se leva et vint s'asseoir, comme d'habitude, au bout de la table. Nous avions déjà vidé quelques bouteilles, et je commençai de fort bonne humeur à conter en ces termes mon histoire imaginaire : « Avant tout je me recommande à vous pour me procurer des pratiques, ainsi que vous avez commencé. Si vous me faites toucher au fur et à mesure le prix de tous les vers de circonstance, et si nous ne mangeons pas tout en joyeux repas, j'arriverai déjà à quelque chose. Ensuite ne trouvez pas mauvais que je mette aussi la main à votre métier. » Là-dessus, je leur exposai ce que j'avais observé de leurs occupations, et celles auxquelles je me sentirais, le cas échéant, capable de me livrer. Chacun avait évalué son industrie en argent, et je les priai de m'aider à faire aussi mon compte. Marguerite avait tout écouté jusque-là avec beaucoup d'attention, dans l'attitude qui lui allait si bien, soit qu'elle écoutât ou qu'elle parlât; elle prenait, de ses deux mains, ses bras croisés, qu'elle posait sur le bord de la table; elle pouvait rester comme cela longtemps assise, sans autre geste qu'un mouvement de tête, qu'elle ne faisait jamais sans sujet ou sans signification. Elle avait placé quelquefois un petit mot, et nous avait aidés ici ou là, quand nous hésitions dans nos arrangements, puis elle redevenait calme et tranquille comme à l'ordinaire. Je ne la quittais pas des yeux, et l'on s'imagine aisément que je n'avais pas conçu et exposé mon plan sans rapport avec elle; mon amour donnait à mes paroles un air de vérité et de vraisemblance, qui me fit un moment illusion à moi-même; je me voyais isolé, sans secours, comme ma fable le supposait, et, avec cela, je me sentais au comble du bonheur dans la perspective de la posséder. Pylade avait terminé sa confession par le mariage, et nous nous demandâmes à notre tour si, dans nos plans, nous irions jusque-là. « Je n'en doute nullement, m'écriai-je, car une femme est nécessaire à chacun de nous, afin de conserver dans la maison et de rassembler pour notre jouissance ce que nous aurons grappillé au dehors d'une si merveilleuse manière. » Là-dessus je fis la peinture d'une femme comme je la désirais, et il eût été bien étrange qu'elle ne fût pas tout le portrait de Marguerite.

Le chant funèbre était mangé; l'épithalame ne tarda pas à nous offrir sa ressource. Je surmontai toute crainte et tout souci, et, comme j'avais beaucoup de connaissances, je sus cacher à mes parents mes véritables amusements du soir. Voir l'aimable jeune fille, être auprès d'elle, fut bientôt une chose nécessaire à ma vie. Les amis s'étaient aussi accoutumés à moi, et nos réunions étaient presque journalières, comme si la chose n'avait pu aller autrement. Pylade avait introduit sa belle dans la maison, et ce couple passa bien des soirées avec nous. Comme fiancés, mais en germe bien faible encore, ils ne cachaient point leur tendresse. Toute la conduite de Marguerite à mon égard était faite pour me tenir à distance. Elle ne donnait la main à personne, et ne me la donna pas non plus; elle ne souffrait aucun attouchement; seulement, elle se plaçait quelquefois à mon côté, surtout si j'écrivais ou si je lui faisais une lecture; alors elle posait familièrement son bras sur mon épaule; elle me suivait des yeux dans le livre ou sur le papier : mais, si je voulais prendre avec elle la même liberté, elle reculait et ne revenait pas de sitôt. Cependant elle reprenait souvent cette position, car tous ses gestes et ses mouvements étaient très-uniformes, mais toujours convenables, beaux et charmants. Au reste, je ne l'ai jamais vue prendre cette familiarité avec un autre que moi.

Une des parties de plaisir les plus innocentes et les plus agréables que je fisse avec différentes sociétés de jeunes gens, était de nous embarquer sur le coche d'Hœchst. Nous observions les singuliers passagers qui s'y entassaient, raillant et persiflant tantôt l'un, tantôt l'autre, selon que nous poussait la gaieté ou la malice. On débarquait à Hœchst, où arrivait en même temps le coche de Mayence. On trouvait dans une auberge une table bien servie, où les plus aisés de ceux qui montaient ou descendaient la rivière dînaient ensemble ; après quoi, chacun poursuivait sa course, car les deux bateaux s'en retournaient. Après le dîner, nous remontions toujours à Francfort, et nous avions fait, en très-nombreuse compagnie, une promenade sur l'eau à peu de frais.

Un jour, que j'avais fait cette partie avec les cousins de Marguerite, un jeune homme, qui pouvait être un peu plus âgé que nous, se joignit à nous à la table d'Hœchst. Il était de leur connaissance, et il se fit présenter à moi. Ses manières avaient quelque chose de très-agréable, sans être d'ailleurs distinguées. Arrivé de Mayence, il nous suivit à Francfort, et s'entretint avec moi de sujets très-divers, qui regardaient les affaires intérieures de la ville, les charges et les emplois, en quoi il me parut fort bien instruit. Quand nous nous séparâmes, il se recommanda à moi, ajoutant qu'il désirait que j'eusse bonne opinion de lui, parce qu'il espérait obtenir, le cas échéant, ma recommandation. Je ne savais ce qu'il voulait dire par là, mais les cousins me mirent au fait quelques jours après. Ils me dirent du bien de lui, et me prièrent de le recommander à mon grand-père pour un emploi modeste, alors vacant, et que cet ami désirait obtenir. Je m'excusai d'abord, parce que je ne m'étais jamais mêlé d'affaires pareilles, mais ils me pressèrent si longtemps, que je résolus d'agir. J'avais déjà observé quelquefois que, dans ces nominations, qui, par malheur, sont souvent considérées comme des affaires de faveur, la recommandation de ma grand'mère ou d'une de mes tantes n'avait pas été sans effet. J'étais assez grand garçon pour prétendre aussi à quelque influence. C'est pourquoi, pour être agréable à mes amis, qui déclarèrent qu'ils me seraient extrêmement obligés de ma complaisance, je surmontai ma timidité de petit-fils, et me chargeai de présenter une requête qui me fut remise.

Un dimanche, après dîner, mon grand-père était occupé dans son jardin (car l'automne approchait), et je cherchais à lui rendre de petits services : après quelque hésitation, je lui présentai ma demande et la requête. Il y jeta les yeux, et me demanda si je connaissais ce jeune homme. Je lui rapportai en gros ce qu'il y avait à dire, et il s'en contenta. « S'il a du mérite et de bons témoignages, je lui serai favorable à cause de lui et à cause de toi. » Il n'en dit pas davantage, et je fus longtemps sans rien apprendre de l'affaire. Depuis quelque temps, j'avais remarqué que Marguerite ne filait plus, et qu'elle s'occupait de couture, et même de travaux très-délicats, ce qui m'étonnait d'autant plus que les jours avaient déjà diminué, et que l'hiver approchait. Je ne m'y arrêtai pas davantage, mais je m'inquiétai de la trouver quelquefois absente le matin, contre son habitude; et regrettais de ne pouvoir, sans questions indiscrètes, apprendre où elle était allée. Mais je fus un jour étrangement surpris. Ma sœur, qui faisait ses apprêts pour un bal, me pria d'aller lui acheter chez une marchande de modes des fleurs « italiennes. » On les faisait au couvent; elles étaient petites et mignonnes; les myrtes surtout, les roses naines, et d'autres fleurs encore, étaient d'une beauté et d'une vérité remarquables. Je lui rendis ce service, et j'allai à la boutique où je l'avais souvent accompagnée. A peine étais-je entré et avais-je salué la maîtresse, que je vis assise auprès de la fenêtre une demoiselle, qui me parut très-jeune et très-jolie sous son bonnet de dentelles, et très-bien faite sous son mantelet de soie. Je reconnus aisément en elle une ouvrière, car elle était occupée à mettre des rubans et des plumes à un chapeau. La marchande étala devant moi une longue boîte remplie de fleurs diverses. Je les examinai, et, pendant que je faisais mon choix, j'observai de nouveau la jeune demoiselle. Mais quelle ne fut pas ma surprise, quand je lui trouvai une incroyable ressemblance avec Marguerite, et que

je dus enfin être convaincu que c'était Marguerite elle-même !
Il ne me resta aucun doute, quand elle me cligna des yeux, et
me fit signe que je ne devais pas trahir notre connaissance.
Alors je mis, par mes hésitations, la marchande au désespoir,
plus qu'une dame n'aurait pu faire. Je ne pouvais réellement
choisir, car j'étais troublé au plus haut point, et d'ailleurs j'aimais mon hésitation, parce qu'elle me retenait auprès de Marguerite, dont le déguisement me fâchait, et qui pourtant me
paraissait, sous ce déguisement, plus ravissante que jamais.
Enfin, la marchande perdit toute patience ; elle me choisit de
sa main des fleurs, dont elle remplit un carton, en me chargeant
de le remettre à ma sœur, pour la laisser choisir elle-même.
C'est ainsi qu'elle me mit, pour ainsi dire, à la porte, en faisant partir sa fille de boutique en avant avec la boîte.

Comme je rentrais à la maison, mon père me fit appeler, et
m'annonça, d'un ton solennel, qu'on était certain maintenant
que l'archiduc Joseph serait élu et couronné roi des Romains.
Il ne fallait pas attendre un événement d'une si haute importance sans s'y préparer, ni rester bouche béante et l'air ébahi, à
le voir passer devant soi. Mon père voulait donc parcourir avec
moi les procès-verbaux des deux derniers couronnements, sans
oublier les dernières capitulations électorales, pour noter ensuite quelles nouvelles conditions on ajouterait dans le cas actuel. Nous parcourûmes les procès-verbaux, et cela nous occupa
tout le jour, jusque bien avant dans la nuit, tandis que la jolie
Marguerite, tantôt dans ses habits ordinaires, tantôt dans son
nouveau costume, passait et repassait devant moi parmi les affaires augustes du saint Empire romain. Ce soir-là, il me fut
impossible de la voir, et je passai sans dormir une nuit très-agitée. L'étude de la veille se poursuivit avec ardeur le lendemain ;
et ce fut le soir seulement que je pus aller voir Marguerite. Je
la retrouvai dans ses habits ordinaires. Elle sourit à ma vue,
mais je n'osai parler de rien devant les autres

Quand nous fûmes tous réunis et tranquilles, elle prit la parole et dit : « C'est mal fait à vous de n'avoir pas confié à notre
ami ce que nous avons résolu ces derniers jours. » Puis elle
me rapporta qu'à la suite de la conversation où nous avions
parlé de la manière dont chacun voulait s'employer dans le

monde, ils s'étaient aussi demandé comment une femme pourrait augmenter ses talents et son industrie et faire de son temps un emploi avantageux. Là-dessus, le cousin lui avait proposé de faire un essai chez une marchande de modes, qui avait justement besoin d'une ouvrière. On s'était mis d'accord avec cette dame; Marguerite allait chaque jour passer chez elle un certain nombre d'heures; elle était bien payée. Seulement, elle devait par bienséance s'accommoder d'une certaine toilette, qu'elle quittait chaque fois, parce qu'elle n'allait pas du tout à son genre de vie ordinaire. Je fus tranquillisé par cette explication, mais je n'étais pas trop satisfait de savoir la belle enfant dans une boutique et dans un lieu qui était parfois le rendez-vous du beau monde. Cependant je n'en fis rien paraître, et je cherchais à digérer en secret mon souci jaloux. Le jeune cousin ne m'en laissa pas le loisir; il me présenta sur-le-champ la commande d'un poëme de circonstance, me détailla les personnes, et me demanda aussitôt de travailler à l'invention et à la disposition. Déjà il avait eu avec moi quelques entretiens sur la manière de traiter un sujet de ce genre, et, comme en pareil cas j'étais très-expansif, il avait obtenu de moi fort aisément de lui exposer en détail ce que la rhétorique fournit sur ces matières, de lui donner une idée de la chose, en prenant pour exemple mes propres travaux et ceux des autres dans ce genre. C'était une bonne tête, mais sans aucune trace de veine poétique; et cette fois il entra tellement dans les détails, demandant compte de tout, que je lui dis franchement : « Il semble que vous vouliez me faire concurrence et me souffler mes pratiques. — Je ne veux pas le nier, dit-il en souriant, car en cela je ne vous fais aucun tort. Avant qu'il soit longtemps, vous irez à l'université. Jusque-là, laissez-moi profiter un peu de vos leçons. — Très-volontiers! » lui dis-je, et je l'encourageai à faire lui-même un plan, à choisir le rhythme d'après le caractère du sujet, et ce qui pouvait d'ailleurs être nécessaire. Il se mit avec zèle à l'ouvrage, mais cela n'allait pas, et je devais toujours finir par faire tant de changements, que j'aurais eu fait plus aisément et mieux du premier coup. Cependant ces leçons, ces communications, ce travail mutuel, nous offraient un heureux passe-temps; Marguerite y prenait part : elle eut quelques jolles inspirations, si bien que nous étions tous contents, on peut dire même heureux. Elle travaillait le jour chez la marchande de modes ; le soir, nous nous réunissions habituellement, et notre contentement ne fut pas même troublé par le chômage qui se fit sentir à la fin dans les commandes de poésies. Nous éprouvâmes cependant un sentiment pénible, un jour qu'une de ces pièces nous revint avec protêt, parce qu'elle ne plaisait pas au commettant. Mais nous nous en consolâmes, car nous la regardions justement comme notre meilleur ouvrage, et nous crûmes pouvoir déclarer cet homme un mauvais juge. Le cousin, qui voulait absolument s'instruire, proposa des tâches imaginaires, dont l'exécution ne laissa pas de nous amuser ; mais, comme elles ne rapportaient rien, nous dûmes réduire beaucoup la dépense de nos petits régals.

On parlait toujours plus sérieusement de la grande affaire d'État, l'élection et le couronnement du roi des Romains. Le collége électoral, convoqué d'abord à Augsbourg pour le mois d'octobre 1763, fut transféré à Francfort ; et, à la fin de cette année, ainsi qu'au commencement de l'autre, se firent les préparatifs qui devaient introduire cette affaire importante. Le début nous offrit une scène toute nouvelle pour nous. Un des employés de notre chancellerie parut à cheval, accompagné de quatre trompettes, à cheval comme lui, et entouré d'une garde à pied, et lut à haute et intelligible voix, dans tous les coins de la ville, un édit fort détaillé, qui nous informait de ce qui allait se passer, et recommandait aux bourgeois une conduite bienséante et convenable aux circonstances. Il y eut au conseil de grandes délibérations, et bientôt l'on vit paraître le maréchal des logis de l'Empire, envoyé par le maréchal héréditaire, pour régler et désigner, selon l'ancien usage, les logements des ambassadeurs et de leur suite. Notre maison se trouvait dans le quartier de l'électeur palatin, et nous dûmes nous préparer à recevoir de nouveaux hôtes, d'ailleurs très-agréables. L'étage du milieu, que le comte de Thorane avait occupé, fut remis à un cavalier palatin, et, comme le baron de Kœnigsthal, homme d'affaires de Nuremberg, avait loué l'étage supérieur, nous étions encore plus gênés qu'au temps des Français. Ce me fut un nouveau prétexte pour me tenir hors de chez nous, et passer dans la rue la plus grande partie du jour, pour observer ce qui pouvait se voir en public.

Après avoir vu avec intérêt le nouvel arrangement des salles de l'hôtel de ville, après l'arrivée successive des ambassadeurs et leur entrée commune et solennelle, qui eut lieu le 6 février, nous admirâmes l'arrivée des commissaires impériaux et la visite qu'ils firent à leur tour au Rœmer en grande pompe. L'air noble du prince de Liechtenstein produisit une heureuse impression ; toutefois des connaisseurs soutenaient que ses magnifiques livrées avaient déjà figuré dans une autre occasion, et que cette élection et ce couronnement égaleraient difficilement en magnificence ce qu'on avait vu pour Charles VII. Nous autres jeunes gens, nous étions satisfaits de ce que nous avions devant les yeux ; tout nous semblait fort bon, et bien des choses excitaient notre étonnement.

L'assemblée électorale fut fixée enfin au 3 mars. De nouvelles formalités mirent la ville en mouvement, et les visites de cérémonie que se firent les ambassadeurs nous tinrent constamment sur pied. Il nous fallait tout observer exactement, parce que nous ne devions pas seulement repaître nos yeux, mais tout noter soigneusement pour en rendre bon compte à la maison, et même rédiger de petites compositions, que mon père et M. de Kœnigsthal nous avaient engagés à faire, soit pour nous exercer, soit pour les instruire eux-mêmes de ce qui se passait. Et véritablement j'en retirai un avantage particulier ; car, pour ce qui était extérieur, je représentais assez bien un journal vivant de l'élection et du couronnement.

Parmi les délégués qui firent sur moi une impression durable, je nommerai d'abord le premier envoyé de l'électeur de Mayence, le baron d'Erthal, plus tard électeur lui-même. Sans avoir une figure bien remarquable, il faisait toujours sur moi une heureuse impression sous sa robe noire garnie de dentelles. Le deuxième envoyé, le baron de Groschlag, était un homme du monde, bien fait, aux manières faciles, mais pleines de distinction. Il faisait en général une impression très-agréable. Le prince Esterhazy, délégué de Bohême, n'était pas grand, mais bien fait, vif et en même temps d'une noble contenance, sans fierté ni froideur. Je me sentais pour lui un attrait particulier, parce qu'il me rappelait le maréchal de Broglie. Mais la figure et la dignité de ces excellents personnages s'effaçaient en quelque sorte devant les préventions qu'avait inspirées l'envoyé de Brandebourg, le baron de Plotho. Cet homme, qui se distinguait par une certaine parcimonie dans son habillement comme dans ses livrées et ses équipages, était célèbre, depuis la guerre de Sept ans, comme un héros diplomatique. A Ratisbonne, comme l'actuaire April, accompagné de quelques témoins, se disposait à lui notifier la mise au ban de l'Empire, prononcée contre son roi, il l'arrêta par cette repartie laconique : « Qui? à notifier?... » et il l'avait jeté ou fait jeter en bas de l'escalier. Nous avions adopté la première version, parce qu'elle nous plaisait mieux, et que nous en jugions parfaitement capable ce petit homme ramassé, aux yeux noirs, qui jetaient çà et là des traits de flamme. Tous les regards étaient fixés sur lui, surtout lorsqu'il descendait de voiture. Il s'élevait chaque fois comme un joyeux murmure, et peu s'en fallait qu'on ne l'applaudît et qu'on ne criât vivat ou bravo. Tant le roi était haut placé dans l'opinion, et tout ce qui lui était dévoué corps et âme, en faveur auprès de la multitude, parmi laquelle se trouvaient, outre les habitants de la ville, des Allemands venus de toutes parts!

D'un côté, ces choses m'intéressaient à divers égards, parce que les actes de toute espèce renfermaient toujours une certaine signification, annonçaient quelque relation intérieure, et que ces cérémonies symboliques faisaient revivre à nos yeux pour un moment l'empire d'Allemagne, presque enseveli sous tant de parchemins, de papiers et de livres; mais, d'un autre côté, je ne pouvais me dissimuler un chagrin secret, quand, revenu chez nous, je devais transcrire pour mon père les débats intérieurs, et reconnaître qu'il y avait là plusieurs puissances rivales qui se faisaient équilibre, et qui s'entendaient seulement pour limiter le nouveau souverain plus encore que l'ancien; que chacun se complaisait dans son influence uniquement pour maintenir, pour étendre ses priviléges et pour affermir son indépendance. On fut même cette fois plus attentif que de coutume, parce qu'on commençait à craindre Joseph II, son ardeur et les plans qu'on lui supposait.

Chez mon grand-père et les autres conseillers dont je fréquentais les maisons, on était assez mal à son aise; c'était une grande occupation que de recevoir ces nobles hôtes, de les complimenter, de leur offrir les cadeaux d'usage. D'ailleurs le magistrat avait toujours à se défendre, à résister et à protester, en général comme en particulier, parce que, dans ces occasions, chacun cherche à lui retrancher quelque chose, à lui imposer quelque charge, et qu'un bien petit nombre de ceux auxquels il s'adresse lui prêtent secours et assistance. En un mot, je voyais alors de mes yeux ce que j'avais lu dans la chronique de Lersner, des cas semblables dans des occasions semblables, en admirant la patience et la longanimité de ces bons conseillers.

C'est encore une source de nombreux ennuis que la ville se remplisse peu à peu de gens utiles et inutiles. Vainement elle fait rappeler aux princes les statuts de la bulle d'or, tombée, il est vrai, en désuétude. Non-seulement les délégués et leur suite, mais bien des personnes de condition ou de simple état, qui viennent par curiosité ou dans un but particulier, ont des protections, et la question de savoir qui doit être hébergé ou se louer lui-même un logement n'est pas toujours décidée du premier coup. Le tumulte s'accroît, et ceux mêmes dont on n'exige rien et qui n'ont à répondre de rien, commencent à se sentir mal à leur aise. Les jeunes gens eux-mêmes, qui pouvaient tout voir, ne trouvaient pas toujours pour leurs yeux et leur imagination une pâture suffisante. Les manteaux espagnols, les grands chapeaux à plumes des ambassadeurs, et çà et là quelques détails encore donnaient bien à la chose un air antique; mais tant d'autres étaient à moitié ou tout à fait modernes, qu'on ne voyait partout qu'une bigarrure peu satisfaisante, souvent même de mauvais goût. Nous fûmes donc très-heureux d'apprendre qu'on faisait de grands préparatifs pour la venue de l'empereur et du roi futur; que les travaux du collége des électeurs, auxquels la dernière capitulation électorale servait de base, avançaient rapidement, et que l'élection était fixée au 27 mars. Alors on songea à faire venir de Nuremberg et d'Aix-la-Chapelle les insignes impériaux, et l'on attendait l'entrée prochaine de l'électeur de Mayence, tandis qu'on était encore aux prises avec son ambassade au sujet des logements

PREMIÈRE PARTIE.

Cependant je continuais chez nous avec beaucoup d'ardeur mon travail de secrétaire, et par là j'eus connaissance de divers petits avis, qui arrivèrent de plusieurs côtés, et auxquels on devait avoir égard dans la capitulation nouvelle. Chaque état voulait voir ses droits garantis et sa dignité relevée dans le nouveau document. Beaucoup de ces observations et de ces vœux furent pourtant mis de côté; beaucoup de choses restèrent comme auparavant : néanmoins les requérants reçurent les assurances les plus formelles que cela ne tournerait nullement à leur préjudice.

Le maréchal d'Empire avait toujours à s'occuper d'affaires nombreuses et importunes; la foule des étrangers allait croissant: il devenait toujours plus difficile de les loger. On n'était pas d'accord sur les limites des divers quartiers électoraux. Les magistrats voulaient éloigner des bourgeois les charges auxquelles ils ne semblaient pas obligés, et c'étaient jour et nuit, à toute heure, des plaintes, des recours, des débats et des querelles.

L'électeur de Mayence fit son entrée le 21 mars. On tira le canon, dont nous devions être dès lors assourdis souvent et longtemps. Cette cérémonie était une des plus importantes, car tous les personnages que nous avions vus paraître jusque-là, si éminente que fût leur position, n'étaient pourtant que des subordonnés. Mais, cette fois, paraissait un souverain, un prince indépendant, le premier après l'empereur, précédé et accompagné d'une grande escorte et digne d'un tel prince. J'aurais bien des choses à conter sur la pompe de cette entrée, si je ne me proposais d'y revenir plus tard, à une occasion qu'on aurait de la peine à deviner. Le même jour, en effet, Lavater, qui retournait de Berlin dans son pays, passa par Francfort et vit cette solennité. Et quoique cet appareil mondain n'eût pas la moindre valeur à ses yeux, il faut bien que ce cortège, avec sa magnificence et tous ses accessoires, se fût nettement imprimé dans sa vive imagination, car, bien des années après, cet homme excellent, mais singulier, m'ayant communiqué une paraphrase poétique de l'Apocalypse, je crois, je trouvai l'entrée de l'antechrist dépeinte trait pour trait, pas à pas, détail pour détail, d'après l'entrée de l'électeur de Mayence à

Francfort, tellement qu'il n'y manquait pas même les houppes aux têtes des chevaux isabelles. J'en dirai davantage, si j'arrive à l'époque de cette poésie bizarre par laquelle on croyait rendre plus sensibles et plus frappants les mythes de l'Ancien et du Nouveau Testament, au moyen d'un travestissement tout moderne, et en les habillant d'un vêtement, commun ou distingué, emprunté à la vie actuelle. Comment cette manière avait gagné peu à peu la faveur, c'est ce que j'exposerai en même temps : j'ajouterai seulement que Lavater et ses imitateurs avaient poussé la chose plus loin que personne, car l'un d'eux peignit sous des traits si modernes les trois rois se rendant à Bethléem, que l'on ne pouvait pas y méconnaître les princes et les seigneurs qui avaient coutume de visiter Lavater.

Laissons pour cette fois l'électeur Emmeric-Joseph entrer, pour ainsi dire, incognito dans Compostel, et retournons à Marguerite, que j'aperçus dans la cohue au moment où la foule s'écoulait : elle était avec Pylade et sa fiancée, car ces trois personnes semblaient devenues inséparables. A peine nous étions-nous rejoints et salués, qu'il était déjà convenu que nous passerions la soirée ensemble, et je me trouvai à temps au rendez-vous. La société ordinaire était réunie, et chacun avait quelque chose à conter, à dire, à remarquer, car chacun avait été plus frappé de telle ou telle chose. « Vos paroles, dit à la fin Marguerite, m'étourdissent, je crois, plus encore que les événements des derniers jours. Je ne puis arranger dans ma tête ce que j'ai vu, et je voudrais avoir l'explication de bien des choses. » Je lui répondis qu'il me serait très-facile de lui rendre ce service. Elle n'avait qu'à dire ce qui l'intéressait particulièrement. Elle le fit, et, en voulant lui expliquer certains détails, je trouvai qu'il vaudrait mieux procéder avec ordre. Je comparai assez heureusement ces solennités et ces cérémonies à un spectacle où le rideau se baisserait à volonté, tandis que les acteurs continueraient de jouer, puis serait relevé, si bien que le spectateur pourrait de nouveau prendre quelque part à ces débats. Comme j'étais très-causeur, quand on me laissait aller, je contai dans le meilleur ordre tout ce qui s'était passé depuis le commencement jusqu'à ce jour, et, afin de rendre mon exposition plus claire, je n'oubliai pas de recourir à la touche et à la grande ardoise. Sans me laisser trop interrompre par quelques questions et quelques chicanes, je poursuivis jusqu'au bout mon exposé, à la satisfaction générale, vivement encouragé par l'attention soutenue que me prêtait Marguerite. Elle me remercia quand j'eus fini. Elle portait envie, disait-elle, à tous ceux qui étaient instruits des choses de ce monde, qui savaient comment se passe ceci et cela, et quelle en est la signification. Elle souhaitait d'être un garçon, et savait reconnaître, avec beaucoup de grâce, qu'elle me devait déjà bien des connaissances. « Si j'étais un garçon, disait-elle, nous irions aux universités faire ensemble de bonnes études. » L'entretien continua de la sorte. Marguerite se proposait sérieusement d'apprendre le français, ayant reconnu chez la marchande de modes qu'il lui était indispensable. Je lui demandai pourquoi elle n'y allait plus, car, dans ces derniers temps, où je ne pouvais beaucoup m'écarter le soir, j'avais passé quelquefois pendant le jour, pour l'amour d'elle, devant la boutique, afin de la voir du moins un instant. Elle m'apprit que, dans ce temps d'agitation, elle n'avait pas voulu s'exposer là. Quand la ville serait revenue à son premier état, elle se proposait d'y retourner. Nous parlâmes ensuite de l'élection, dont le jour approchait. Je sus conter l'affaire tout au long et comment elle se passerait, appuyant ma démonstration de dessins détaillés, que je traçais sur la table, car j'avais parfaitement présente à l'esprit la salle du conclave, avec ses autels, ses trônes, ses sièges et ses fauteuils. Nous nous séparâmes à une heure convenable et dans un parfait contentement. C'est que, chez un jeune couple que la nature a formé avec une certaine harmonie, il n'est rien qui rende l'union plus belle que si la jeune fille aime à s'instruire et le jeune homme à enseigner. Il en résulte une liaison aussi solide qu'agréable. Elle voit en lui le créateur de sa vie intellectuelle, et lui en elle une créature qui doit son accomplissement, non pas à la nature, au hasard, à une volonté isolée, mais à la volonté de tous deux; et cette action mutuelle est si douce que nous ne devons pas être surpris si, depuis l'ancien et le nouvel Abélard, une pareille rencontre de deux êtres a produit les plus violentes passions et autant de félicité que d'infortune.

Dès le jour suivant, il y eut un grand mouvement dans la

ville, à cause des visites faites et rendues désormais avec le plus grand cérémonial. Mais ce qui m'intéressa particulièrement, comme bourgeois de Francfort, et me fit beaucoup réfléchir, ce fut la cérémonie du serment de sûreté, que le conseil, la troupe, la bourgeoisie, prêtèrent, non point par des représentants, mais en personne et en masse : premièrement, dans la grande salle du Rœmer, la magistrature et les officiers supérieurs, puis, dans la grande place (le Rœmerberg), toute la bourgeoisie, selon ses diverses classes, ses degrés et ses quartiers, enfin le reste de la troupe. Là on put voir d'un coup d'œil toute la communauté rassemblée dans le but honorable de promettre la sûreté au chef et aux membres de l'Empire et une inviolable tranquillité pendant le grand acte qui allait s'accomplir. L'électeur de Trèves et celui de Cologne étaient aussi arrivés en personne. La veille de l'élection, tous les étrangers doivent sortir de la ville ; les portes sont fermées, les juifs, claquemurés dans leur rue, et le bourgeois de Francfort n'est pas peu flatté de pouvoir demeurer seul témoin d'une si grande solennité.

Jusque-là tout s'était passé d'une manière assez moderne ; les grands personnages de tout ordre ne parcouraient la ville qu'en voiture : maintenant nous allions les voir à cheval, selon l'usage antique. Le concours et la presse étaient extraordinaires. Je sus me faufiler dans le Rœmer, que je connaissais comme une souris connaît le grenier domestique, jusqu'à ce que je fusse parvenu à l'entrée principale, devant laquelle les électeurs et les ambassadeurs, qui étaient arrivés en voiture de parade et s'étaient rassemblés en haut, devaient monter à cheval. Les coursiers magnifiques, bien dressés, portaient des housses richement brodées et toute sorte d'ornements. L'électeur Emmeric-Joseph, bel homme, aux manières agréables, était fort bien à cheval. Je me souviens moins des deux autres, mais seulement que ces manteaux de princes, rouges et fourrés d'hermine, que nous n'étions accoutumés à voir qu'en tableaux, nous parurent très-romantiques en plein air. Les délégués des électeurs séculiers absents nous charmèrent aussi avec leurs habits à l'espagnole, en drap d'or, brodés d'or, richement garnis de galons d'or ; les grandes plumes flottaient surtout magnifiquement sur les chapeaux retroussés à la manière d'autrefois. Mais ce qui n pouvait du tout nous plaire, c'étaient les culottes courtes à la moderne, les bas de soie blancs et les souliers à la mode ; nous aurions souhaité des bottines, aussi dorées qu'on aurait voulu, des sandales ou quelque chose de pareil, pour voir au moins un costume un peu mieux assorti. Dans ses manières, le baron de Plotho se distingua encore ici de tous les autres. Il se montra vif et gai, et ne semblait pas avoir trop de respect pour la cérémonie : car le seigneur qui le précédait, homme un peu vieux, ayant eu quelque peine à se mettre en selle, et l'ayant fait attendre un moment à la grande entrée, il ne se défendit point de rire jusqu'au moment où l'on amena son cheval, qu'il enfourcha très-lestement, et nous l'admirâmes encore une fois, comme un digne envoyé de Frédéric.

Le rideau était retombé pour nous. J'avais bien cherché à pénétrer dans l'église, mais il y avait plus de gêne que de plaisir. Les électeurs s'étaient retirés dans le sanctuaire, où d'interminables cérémonies tenaient lieu d'une sérieuse délibération. Après une longue attente, après s'être longtemps foulé et poussé en tout sens, le peuple entendit enfin le nom de Joseph second, qui fut proclamé roi des Romains.

L'affluence des étrangers était toujours plus grande. Tous allaient à pied ou en voiture, en habits de gala, en sorte qu'à la fin on ne trouvait plus dignes d'attention que les habits tout dorés. Déjà l'empereur et le roi étaient arrivés à Heusenstamm, château des comtes de Schœnborn, où l'on alla, suivant l'usage, les saluer et leur souhaiter la bienvenue. La ville célébra ce jour mémorable par les fêtes religieuses de tous les cultes, par des grand'messes et des sermons, et, pour le temporel, par une canonnade incessante, comme accompagnement du *Te Deum*.

Si l'on avait considéré toutes ces solennités, depuis le commencement jusqu'à ce jour, comme une œuvre d'art méditée, on aurait trouvé peu de chose à y reprendre. Tout était bien préparé. Les scènes publiques commençaient doucement et devenaient toujours plus significatives ; les hommes croissaient en nombre, les personnes en dignité, leur entourage et eux-mêmes en magnificence, et la progression était telle chaque jour, qu'à la fin un œil, même averti et préparé, s'en trouvait ébloui.

L'entrée de l'électeur de Mayence, que nous avons renoncé

à décrire avec plus de détail, était assez magnifique et assez imposante pour faire pressentir à l'imagination d'un homme d'élite l'arrivée d'un grand maître du monde, annoncé par les prophéties. Nous aussi, nous avions été vraiment éblouis. Mais notre impatience fut au comble, lorsqu'on annonça que l'empereur et le roi futur approchaient de la ville. A quelque distance de Sachsenhausen, on avait dressé une tente, dans laquelle tous les magistrats attendaient, pour rendre au chef suprême de l'Empire les honneurs qui lui étaient dus, et lui présenter les clefs de la ville. Plus loin, dans une belle et vaste plaine, s'élevait une autre tente, une tente de parade, où tous les électeurs et les délégués se transportèrent pour recevoir les majestés, tandis que leur escorte se déployait tout le long du chemin pour se remettre peu à peu en marche vers la ville, chacun à son rang, et prendre dans le cortége la place convenable. Enfin l'empereur arriva en voiture devant la tente; il y entra, et, après lui avoir fait la réception la plus respectueuse, les électeurs et les ambassadeurs prirent congé de lui pour ouvrir la voie, suivant l'ordonnance, au maître souverain. Nous autres, nous étions restés dans la ville pour admirer, dans l'intérieur des murs et dans les rues, cette magnificence, mieux que nous n'aurions pu faire en pleine campagne; la haie formée dans les rues par les bourgeois, l'affluence du peuple, les facéties et les incongruités de tout genre dont nous étions témoins par intervalles, nous divertirent fort bien, jusqu'au moment où le bruit des cloches et du canon nous annonça l'arrivée du souverain. Ce qui devait surtout réjouir un bourgeois de Francfort, c'est que, dans cette occasion, en présence de tant de souverains ou de leurs représentants, la ville impériale de Francfort apparaissait aussi comme un petit souverain; car son écuyer ouvrait la marche; à sa suite venaient des chevaux de selle, avec des housses armoriées, où l'aigle blanc en champ de gueules se présentait fort bien; puis des domestiques et des serviteurs, des timbaliers et des trompettes, des délégués du sénat, accompagnés de serviteurs à pied, portant la livrée de la ville. A la suite, marchaient les trois compagnies de cavalerie bourgeoise, très-bien montées, les mêmes que nous avions vues, dès notre enfance, aller à la rencontre de l'escorte et dans d'autres cérémonies publiques. Nous prenions avec joie notre part de cet honneur et notre cent millième d'une souveraineté, qui paraissait à ce moment dans tout son éclat. Les divers cortéges du maréchal héréditaire de l'Empire et des ambassadeurs délégués pour le vote par les six électeurs laïques défilèrent ensuite au pas. Aucun ne comptait moins de vingt domestiques et de deux voitures de gala; quelques-uns en avaient un bien plus grand nombre. La suite des électeurs ecclésiastiques enchérissait toujours; les domestiques et les officiers semblaient innombrables; l'électeur de Cologne et l'électeur de Trèves avaient plus de vingt carrosses de parade; l'électeur de Mayence, à lui seul, tout autant. Les domestiques à pied et à cheval étaient habillés magnifiquement; les seigneurs ecclésiastiques et séculiers, qui étaient dans les équipages, n'avaient pas manqué non plus de se montrer vêtus richement et noblement, et parés de tous leurs ordres. La de Sa Majesté Impériale surpassait, comme de raison, toutes les autres. Les piqueurs, les chevaux de main, les harnais, les chabraques, les housses, attiraient tous les yeux, et seize voitures de gala à six chevaux pour les chambellans de l'empereur, les conseillers privés, le grand chambellan, le grand maître de la cour, le grand écuyer, fermaient en grande pompe cette partie du cortége, qui, malgré sa splendeur et son étendue, n'était pourtant que l'avant-garde.

Les rangs se serraient toujours plus à mesure que s'élevaient la dignité et la magnificence. Au milieu d'une suite choisie de leurs domestiques, la plupart à pied, un petit nombre à cheval, parurent les délégués ainsi que les électeurs en personne, suivant l'ordre ascendant, chacun dans un superbe carrosse. Immédiatement après l'électeur de Mayence, dix coureurs impériaux, quarante et un laquais et huit heiduques annoncèrent Leurs Majestés. Le carrosse magnifique, dont le fond même était fermé par une glace d'une seule pièce, décoré de peintures, d'ornements en laque, de ciselures et de dorures, garni dessus et dedans de velours rouge brodé, nous permit de contempler à notre aise, dans toute leur magnificence, l'empereur et le roi, ces deux têtes longtemps désirées. On avait fait suivre au cortége un grand détour, soit par nécessité, afin qu'il pût se déployer, soit pour l'offrir aux regards de cette multitude. Il avait traversé Sachsenhausen, puis le pont, la Fahrgasse, ensuite la Zeile, et il s'avança dans l'intérieur de la ville par la porte Sainte-Catherine, véritable porte autrefois, et, depuis l'agrandissement de la ville, passage ouvert. Heureusement, on avait réfléchi que, depuis une suite d'années, les splendeurs du monde s'étaient toujours plus étendues en hauteur et en largeur. On avait mesuré et trouvé que cette porte, par laquelle tant de princes et d'empereurs étaient entrés et sortis, le carrosse impérial d'aujourd'hui ne pourrait la franchir, sans la heurter de ses sculptures et de ses autres saillies. On délibéra, et, pour éviter un détour incommode, on résolut de dépaver, pour adoucir à la voiture la descente et la montée. Par la même raison, on avait aussi enlevé dans les rues tous les auvents des magasins et des boutiques, afin que ni la couronne, ni l'aigle, ni les génies, n'éprouvassent de choc ou de dommage.

Si vivement que nos yeux se fussent dirigés sur les augustes personnages, quand ce meuble précieux s'approcha de nous avec son précieux contenu, nous ne pûmes nous empêcher de tourner nos regards sur les superbes chevaux, les harnais et leurs ornements de passementerie; mais le cocher et le postillon, tous deux à cheval, excitèrent surtout notre surprise. Ils semblaient être d'une autre nation, même d'un autre monde, avec leurs longs habits de velours noir et jaune, et leurs bonnets ornés de grands panaches, selon l'usage de la cour impériale. Après cela, tant d'objets se pressèrent ensemble, qu'on ne pouvait plus distinguer que peu de chose. La garde suisse, aux deux côtés de la voiture, le maréchal héréditaire, tenant haute l'épée saxonne, les feld-maréchaux, à cheval derrière la voiture, comme chefs de la garde impériale, la troupe des pages de l'empereur, et enfin les hallebardiers, en habits flottants de velours noir, galonnés en or sur toutes les coutures, avec des tuniques rouges et des camisoles couleur de cuir, aussi richement chamarrés d'or. Nous étions tellement hors de nous-mêmes, à force de voir, de signaler et de montrer, que les gardes du corps des électeurs, qui n'étaient pas moins superbement vêtus, furent à peine remarqués; et peut-être même aurions-nous quitté nos fenêtres, si nous n'avions pas voulu voir encore nos magistrats, qui fermaient la marche dans quinze voitures à deux chevaux, et surtout, dans la dernière, le secrétaire du sénat, avec les clefs de la ville sur un coussin de velours rouge. Il nous parut aussi fort honorable que la marche fût fermée par notre compagnie de grenadiers de la ville, et ce jour solennel nous causa une grande joie, à double titre, comme Allemands et comme bourgeois de Francfort.

Nous avions pris place dans une maison devant laquelle le cortége devait repasser, lorsqu'il reviendrait de la cathédrale. Le service divin, la musique, les cérémonies et les solennités, les harangues et les réponses, les exposés et les lectures dans l'église, le chœur et le conclave durèrent si longtemps, jusqu'au moment où fut jurée la capitulation électorale, que nous eûmes tout le temps de faire une excellente collation, et de vider mainte bouteille à la santé du vieux et du jeune souverain. Cependant, comme il arrive en pareille circonstance, la conversation s'égara dans le passé, et il ne manqua pas de personnes âgées qui donnèrent au passé la préférence sur le présent, du moins au point de vue d'un certain intérêt humain et d'une sympathie passionnée qui avaient régné dans les anciennes fêtes. Au couronnement de François Ier. tout n'était pas aussi réglé que maintenant; la paix n'était pas encore conclue; la France, le Brandebourg et le Palatinat s'opposaient à l'élection; les troupes du futur empereur étaient près de Heidelberg, où il avait son quartier général, et, dans le trajet d'Aix-la-Chapelle à Francfort, les insignes impériaux avaient failli être enlevés par les Palatins. Cependant on négociait encore, et, de part et d'autre, on ne prenait plus la guerre au sérieux. Marie-Thérèse elle-même, quoique enceinte, vient pour voir en personne célébrer enfin le couronnement de son époux. Elle arrive à Aschaffenbourg, et monte dans un yacht pour se rendre à Francfort. François part de Heidelberg; il espère rencontrer son épouse, mais il arrive trop tard, elle est déjà partie. Il se jette incognito dans une nacelle, il fait force de rames, il atteint sa barque, et le couple fidèle goûte la joie de cette rencontre soudaine. La nouvelle en est aussitôt répandue, et tout le monde sympathise avec ce tendre couple, favorisé de nombreux enfants, et, depuis son union, tellement inséparable, qu'une fois déjà, dans un voyage de Venise à Florence, ils durent faire ensemble quarantaine aux frontières de Venise. Marie-Thérèse est reçue dans la ville avec enthousiasme, elle descend à l'auberge de l'Empereur romain, pendant que l'on dresse dans la bruyère de Bornheim le grand pavillon où l'on doit recevoir son époux. Là, pour les électeurs ecclésiastiques, il ne se trouve que celui de Mayence, et, pour les envoyés d'électeurs séculiers, que ceux de Saxe, de Bohême et de Hanovre. L'entrée commence, et ce qui peut lui manquer pour le complet et la magnificence est largement compensé par la présence d'une belle femme. Elle est au balcon de la maison bien située; elle crie vivat à son époux, elle lui bat des mains; le peuple fait comme elle, dans l'enthousiasme qui le transporte. Après tout, les grands sont des hommes aussi, et le peuple, pour les aimer, veut se les figurer à son image, et cela lui est plus facile, s'il peut se les représenter comme de fidèles époux, de tendres parents, des frères affectionnés, des amis dévoués. On leur avait alors souhaité et prophétisé toute sorte de biens, et l'on en voyait aujourd'hui l'accomplissement dans ce fils premier-né, dont la jeune et belle figure attirait tous les cœurs, et qui, par les nobles qualités qu'il annonçait, faisait concevoir au monde les plus grandes espérances.

Nous étions absolument perdus dans le passé et l'avenir, quand des amis, qui survinrent, nous rappelèrent dans le présent. Ils étaient de ceux qui connaissent le prix d'une nouvelle, et se hâtent par conséquent de l'annoncer les premiers. Ils surent aussi nous rapporter un trait touchant de ces augustes personnages, que nous venions de voir passer en si grande pompe. Il avait été convenu qu'en chemin, entre Heusenstamm et le grand pavillon, l'empereur et le roi trouveraient dans la forêt le landgrave de Darmstadt. Ce vieux prince, qui approchait du tombeau, désirait voir encore une fois le maître auquel il s'était dévoué dans les années de sa force. Ils se rappelaient tous deux le jour où le landgrave avait porté à Heidelberg le décret des électeurs qui appelait François à l'empire; ce jour où il avait répondu par la promesse d'un inviolable attachement aux précieux présents qu'il recevait. Ces augustes personnes s'arrêtèrent dans un bois de sapins, et le landgrave, affaibli par l'âge, s'appuya contre un arbre, afin de pouvoir continuer plus longtemps l'entretien, qui, de part et d'autre, ne fut pas sans émotion. La place fut marquée plus tard d'une manière simple et naïve, et j'ai fait quelquefois ce pèlerinage avec de jeunes amis.

Nous avions ainsi passé quelques heures à rappeler les vieilles choses, à méditer les nouvelles, quand les flots du cortège, mais plus courts et plus serrés, passèrent une seconde fois devant nos yeux, et nous pûmes observer de plus près le détail, le noter et le graver dans notre mémoire. Dès ce moment, la ville fut dans un mouvement continuel; car jusqu'à ce que tous et chacun de ceux qui en avaient le droit et le devoir eussent offert leurs hommages aux personnes les plus éminentes, et se fussent présentés à chacune d'elles, les allées et les venues n'eurent point de fin, et l'on put récapituler à son aise et en détail la maison de chacun de ces augustes personnages.

Cependant les insignes approchaient: mais, pour que les disputes traditionnelles ne fissent pas défaut, ils durent passer la moitié du jour et une grande partie de la nuit en pleine campagne, à cause d'une contestation entre l'électeur de Mayence et Francfort, au sujet du territoire et de l'escorte. Francfort céda. Ceux de Mayence escortèrent les insignes jusqu'à la barrière, et l'affaire fut ainsi réglée pour cette fois.

Pendant ces jours, je ne fus pas un moment à moi. Chez nous, j'avais à écrire et à copier. On voulait et l'on devait tout voir. Ainsi s'acheva le mois de mars, dont la seconde moitié avait été pour nous si pleine de fêtes. J'avais promis à Marguerite une relation fidèle et détaillée des dernières solennités et de ce que promettait le couronnement. Le grand jour approchait; je songeais plus à la manière dont je lui dirais les choses qu'à ce que j'avais proprement à dire. Je me hâtai de mettre en œuvre pour ce prochain et unique usage tout ce qui passait sous mes yeux et sous ma plume de secrétaire. Enfin je me rendis chez elle un soir assez tard. Cette fois, me disais-je avec complaisance, mon récit aurait encore bien plus de succès que le premier que j'avais improvisé; mais bien souvent une inspiration soudaine nous fait plus de plaisir à nous-mêmes et, par nous, aux auditeurs, que le plan le mieux médité. Je trouvai à peu près la même société, mais il y avait dans le nombre quelques inconnus. Ils se mirent à jouer. Marguerite et le jeune cousin se tinrent seuls à mes côtés devant la table d'ardoise. La bonne jeune fille exprima avec beaucoup de bonne grâce son contentement de ce qu'on l'avait traitée, elle étrangère, comme une bourgeoise, le jour de l'élection, et de ce qu'elle avait pu jouir de ce spectacle unique. Elle me remercia vivement de m'être occupé d'elle, et d'avoir eu jusqu'alors l'attention de lui procurer, par Pylade, toute sorte d'entrées, au moyen de billets, d'avertissements, d'amis et de recommandations. Elle aimait à entendre parler des joyaux de l'Empire; je lui promis que, si le chose se pouvait, nous les verrions ensemble. Elle fit quelques réflexions badines, quand elle apprit qu'on avait essayé les habits et la couronne au jeune roi. Je savais où elle serait placée pour voir les solennités du couronnement, et je la rendis attentive à tout ce qui devait se passer, et à ce qui pourrait surtout être bien observé de sa place.

Nous négligeâmes ainsi de penser au temps; il était déjà plus de minuit, et je m'aperçus que, par malheur, je n'avais pas sur moi la clef de la maison. Je ne pouvais rentrer sans faire beaucoup de bruit. Je fis part à Marguerite de mon embarras. « Au bout du compte, dit-elle, le mieux sera que la société reste réunie. » Les cousins et les étrangers avaient eu déjà cette idée, parce qu'on ne savait où les loger pour cette nuit. La chose fut bientôt décidée. Marguerite alla faire du café, après nous avoir apporté, toute préparée et allumée (les chandelles étant à bout), une grande lampe de laiton, dont se servait la famille. Le café nous réveilla pour quelques heures, mais peu à peu le jeu se ralentit, la conversation cessa; la mère dormait dans le grand fauteuil; les étrangers, fatigués du voyage, s'assoupirent çà et là; Pylade et sa belle étaient assis dans un coin; elle avait appuyé sa tête sur l'épaule de son amant et sommeillait. Lui-même, il ne resta pas longtemps éveillé. Le jeune cousin, assis en face de nous, devant la table d'ardoise, avait croisé les bras et dormait, le visage appuyé dessus. J'étais assis au coin de la fenêtre, derrière la table, et Marguerite à côté de moi. Nous causions à voix basse; mais enfin elle fut aussi vaincue par le sommeil; elle appuya sa jolie tête sur mon épaule et s'endormit aussitôt. Je restais donc seul éveillé, dans la plus singulière situation; l'aimable frère de la mort vint m'y surprendre et me calmer à mon tour. Je m'assoupis, et, quand je me réveillai, il faisait déjà grand jour. Marguerite était devant le miroir, et ajustait sa petite coiffe. Elle était plus charmante que jamais, et, quand je me retirai, elle me serra très-cordialement les mains. Je me glissai par un détour dans notre maison, car, du côté du petit Fossé aux cerfs, mon père avait pratiqué dans le mur un jour dérobé, non sans opposition de la part des voisins, et nous évitions ce côté, quand nous voulions rentrer chez nous sans qu'il nous aperçût. Ma mère, dont l'entremise venait toujours à notre aide, avait excusé mon absence au thé du matin, en disant que j'étais sorti de bonne heure, et cette nuit innocente n'eut donc pour moi aucunes suites désagréables.

En général, et à tout prendre, ce monde infiniment varié qui m'entourait ne fit sur moi qu'une impression très-simple : je n'avais point d'autre intérêt que d'observer exactement l'extérieur des objets; point d'autre affaire que celle dont me chargeaient mon père et M. de Kœnigsthal, et qui ne laissait pas de me faire connaître la marche secrète des événements; mon cœur n'était occupé que de Marguerite, et mon unique dessein était de tout voir et tout saisir parfaitement, afin de pouvoir le repasser avec elle et le lui expliquer. Souvent, tandis qu'un cortège défilait, je le décrivais à part moi à demi-voix, afin de m'assurer de tous les détails, et de recevoir, pour cette attention et cette exactitude, les éloges de Marguerite. Je ne regardais que comme un surplus l'approbation et le suffrage des autres. Je fus, il est vrai, présenté à de grands et nobles personnages; mais on n'avait pas le temps de s'occuper d'autrui, et d'ailleurs les personnes d'âge mûr ne savent pas d'abord que dire à un jeune homme ni comment elles doivent le mettre à l'épreuve. De mon côté, je n'étais pas fort habile à me présenter aux gens avec aisance : j'obtenais d'ordinaire leur bienveillance, mais non leur approbation. J'étais tout entier à la chose qui m'occupait, mais je ne demandais pas si elle pouvait convenir aux autres. J'étais le plus souvent trop vif ou trop silencieux, et je paraissais importun ou rechigné, selon que les gens m'attiraient ou me repoussaient ; aussi disait-on que je promettais beaucoup, mais que j'étais bizarre.

Enfin arriva le jour du couronnement (3 avril 1764). Le temps était favorable, et tout le monde était en mouvement. On m'avait assigné, avec plusieurs parents et amis, dans le Rœmer même, à l'un des étages supérieurs, une bonne place, d'où nous pouvions voir l'ensemble parfaitement. Nous nous y rendîmes de grand matin, et nous vîmes de ce lieu élevé, comme à vol d'oiseau, les préparatifs que nous avions observés de près la veille. Ici, c'était la fontaine jaillissante, nouvellement construite, avec deux grands bassins à droite et à gauche, dans lesquels l'aigle double, posé sur le tuyau, devait verser par ses deux becs, d'un côté, du vin rouge, de l'autre, du vin blanc. Là, c'était un monceau d'avoine ; plus loin, la grande baraque de planches, dans laquelle, depuis plusieurs jours, on faisait rôtir à petit feu, à une broche énorme, le bœuf gras tout entier. Tous les passages qui mènent du Rœmer au dehors et des autres rues au Rœmer étaient barricadés aux deux bouts et gardés. La grande place se remplissait peu à peu, la foule ondoyante était toujours plus forte et plus animée, car la multitude cherchait toujours à se porter du côté où paraissait quelque nouveau spectacle, et où l'on annonçait quelque chose de curieux. Cependant il régnait assez de silence, et, quand on sonna le bourdon, tout le peuple sembla saisi de frayeur et d'étonnement. Ce qui excita d'abord l'attention de tous ceux dont les regards dominaient la place, fut le cortége, dans lequel les seigneurs d'Aix-la-Chapelle et de Nuremberg portaient à la cathédrale les joyaux de l'Empire. Ces joyaux, comme palladium, occupaient le fond de la voiture, et les députés étaient assis en face, dans une attitude respectueuse. Les trois électeurs se rendent à la cathédrale. Les insignes sont présentés à l'électeur de Mayence, et l'on porte aussitôt la couronne et le glaive au quartier de l'empereur. Les autres préparatifs et diverses cérémonies occupent, en attendant, les principaux personnages, comme les spectateurs, dans l'église, ainsi que nous pouvions nous le figurer, nous qui savions les choses.

Cependant nous voyons les ambassadeurs arriver en voiture

au Rœmer, d'où le baldaquin est porté par des subalternes au quartier de l'empereur. Aussitôt le maréchal héréditaire, comte de Pappenheim, monte à cheval. C'est un fort bel homme, à la taille élancée, à qui va fort bien le costume espagnol, le riche pourpoint, le manteau doré, le grand chapeau à plumes et la chevelure flottante. Il se met en marche, et, au son de toutes les cloches, les ambassadeurs le suivent à cheval au quartier de l'empereur, dans un appareil plus riche encore que le jour de l'élection. On aurait bien souhaité de s'y trouver aussi ; car, dans ce jour, on aurait voulu se multiplier. On se racontait les uns aux autres ce qui se passait là. A présent, disions-nous, l'empereur met son habit de maison, vêtement nouveau, fait sur le modèle des anciens carlovingiens. Les officiers héréditaires reçoivent les insignes impériaux et montent à cheval. L'empereur, revêtu de ses ornements, le roi des Romains, en habit espagnol, montent aussi leurs palefrois, et, cependant, l'immense cortége qui les devance nous les a déjà annoncés.

L'œil était fatigué à voir seulement la foule des domestiques et des autres employés richement vêtus, la noblesse qui passait d'un air imposant ; et, quand on vit s'avancer lentement, sur des chevaux ornés pompeusement, les ambassadeurs, les officiers héréditaires et enfin l'empereur, en costume romantique, sous le baldaquin richement brodé, porté par douze échevins et sénateurs, ayant à sa gauche, un peu en arrière, son fils en costume espagnol, on n'avait plus assez de ses yeux. On aurait voulu, par une formule magique, enchaîner du moins un instant cette apparition ; mais le cortége magnifique passa sans faire halte, et à peine eut-il laissé la place vide, que le flot populaire l'envahit aussitôt. Alors commença une nouvelle presse, car on devait ouvrir un autre abord du marché à la porte du Rœmer, et construire un pont de planches, que le cortége devait franchir à son retour. Ce qui s'était passé dans la cathédrale, les cérémonies interminables qui préparent et accompagnent l'onction, le couronnement, l'accolade, tout cela, nous eûmes un grand plaisir à nous le faire conter plus tard par ceux qui avaient sacrifié bien d'autres choses pour se trouver dans l'église. Sur l'entrefaite, nous fîmes à nos places un repas frugal : car, dans ce jour, le plus solennel de notre vie, nous dûmes nous résigner à manger froid. En revanche, on avait apporté des caves de toutes les familles le vin le meilleur et le plus vieux, si bien que, sous ce rapport du moins, nous célébrâmes dans l'ancien goût cette ancienne fête.

A ce moment, l'objet le plus curieux à voir dans la place était le pont qu'on avait achevé et recouvert de drap rouge, jaune et blanc. L'empereur, que nous avions contemplé d'abord en carrosse, puis à cheval, nous allions aussi l'admirer passant à pied; et, chose singulière, c'est ainsi que nous nous réjouissions le plus de le voir, car cette manière de se présenter nous semblait à la fois la plus naturelle et la plus digne. Des personnes âgées, qui avaient vu le couronnement de François Ier, nous contaient que Marie-Thérèse, admirablement belle, avait assisté à cette cérémonie d'un balcon de la maison Frauenstein, attenante au Rœmer. Quand son époux revint de la cathédrale, dans ce bizarre accoutrement, et s'offrit à ses yeux comme un fantôme de Charlemagne, il leva les deux mains, comme par plaisanterie, et lui montra le globe impérial, le sceptre et les gants étranges, sur quoi elle fut prise d'un rire interminable, à la grande joie de tout le peuple, heureux d'être admis à voir de ses yeux la bonne et simple union conjugale du couple le plus auguste de la chrétienté. Mais, quand l'impératrice, pour saluer son époux, agita son mouchoir, et lui adressa elle-même un éclatant vivat, l'enthousiasme et l'allégresse du peuple furent au comble, en sorte que les cris de joie n'avaient point de fin.

Maintenant, le son des cloches et les premières files du long cortége, qui s'avancèrent d'un pas lent et majestueux sur le pont bigarré, annoncèrent que tout était accompli. L'attention fut plus grande que jamais, le cortége, plus distinct qu'auparavant, pour nous particulièrement, parce qu'il venait droit à nous. Nous le voyions, ainsi que la place remplie par la foule, presque en plan horizontal. Seulement cette magnificence s'entassa trop à la fin; car les ambassadeurs, les officiers héréditaires, l'empereur et le roi sous le dais, les trois électeurs ecclésiastiques, qui s'étaient joints au cortége, les échevins et les sénateurs, vêtus de noir, le dais brodé en or, tout semblait ne former qu'une seule masse, mise en mouvement par une seule volonté, dans une magnifique harmonie, et, sortant du temple au son des cloches, resplendissait à nos yeux comme une chose sainte. Une solennité politique et religieuse a un attrait infini. Nous voyons devant nous la majesté terrestre environnée de tous les symboles de sa puissance, mais, en s'inclinant devant la puissance céleste, elle nous rend sensible l'intime union de l'une et de l'autre, car l'individu lui-même ne peut démontrer son affinité avec Dieu qu'en se soumettant et en adorant.

Les cris de joie qui retentirent de la place du marché se répétèrent sur la grande place, et un vivat énergique s'élança de mille et mille poitrines et sans doute aussi du fond des cœurs ; car cette grande fête devait être le gage d'une paix durable, qui assura en effet pour de longues années le bonheur de l'Allemagne.

Plusieurs jours auparavant, des crieurs publics avaient annoncé que ni le pont ni l'aigle placé sur la fontaine ne seraient livrés au pillage et que le peuple ne devait pas y toucher comme autrefois. On l'avait résolu ainsi pour prévenir les accidents inévitables dans de pareilles bagarres. Mais, pour faire en quelque mesure un sacrifice à l'esprit populaire, des personnes préposées à cet effet s'avancèrent à la suite du cortége, détachèrent le drap du pont, le roulèrent et le jetèrent en l'air. Il en résulta non pas un accident grave, mais un désordre risible, car l'étoffe se déroula dans l'air et couvrit, dans sa chute, un certain nombre de personnes. Celles qui saisirent les bouts et les tirèrent à elles firent tomber toutes celles qui étaient au milieu, les enveloppèrent et les tinrent à la gêne, jusqu'à ce que chacun eût déchiré ou coupé et emporté, comme il sut faire, un lambeau de l'étoffe que les pas des Majestés avaient sanctifiée.

Je n'assistai pas longtemps à ce divertissement sauvage, mais je descendis bien vite de ma haute loge, par un labyrinthe de petits escaliers et de corridors, jusqu'au grand escalier du Rœmer, par où devait monter la troupe illustre et magnifique que nous avions admirée de loin. La foule n'était pas grande, parce que les abords de l'hôtel de ville étaient bien gardés, et je parvins heureusement en haut tout contre la grille de fer. Alors les hauts personnages montèrent en passant devant nous, tandis que leur suite restait en bas dans les corridors voûtés, et je pus les observer de tous côtés dans l'escalier trois fois interrompu, et enfin de tout près. Les deux Majestés montèrent à leur tour. Le père et le fils étaient vêtus de même sorte, comme des Ménechmes. Le costume de maison de l'empereur, en soie couleur de pourpre, richement paré de perles et de pierreries, ainsi que la couronne, le sceptre et le globe impérial, plaisait à l'œil, car tout était neuf et l'imitation des vieux temps pleine de goût. D'ailleurs l'empereur portait son costume avec une parfaite aisance, et sa figure noble et franche annonçait à la fois l'empereur et le père. Le jeune roi, au contraire, se traînait dans son vaste habillement, avec les joyaux de Charlemagne, comme dans un déguisement, en sorte qu'il ne pouvait lui-même s'empêcher de sourire, en regardant son père de temps en temps. La couronne, qu'on avait dû garnir beaucoup, dépassait son tour de tête, comme un toit qui fait saillie. La dalmatique, la stole, si bien qu'elles fussent ajustées et cousues, ne produisaient point un effet avantageux; le sceptre et le globe impérial excitaient l'étonnement, mais on ne pouvait se dissimuler que, pour leur voir produire un effet plus favorable, on eût préféré que ces habits fussent portés par un homme d'une forte taille, proportionnée à ce vêtement.

A peine les portes de la grande salle furent-elles refermées derrière ces personnages, que je courus à ma première place, qui, déjà occupée par d'autres, ne me fut pas rendue sans peine. Il était temps que je reprisse possession de ma fenêtre, car on allait voir se passer la plus remarquable de toutes les scènes publiques. Tout le peuple s'était tourné vers le Rœmer, et de nouveaux vivat nous firent connaître que l'empereur et le roi se montraient à la foule, dans leurs ornements, du balcon de la grande salle. Mais ils ne devaient pas être le seul objet de spectacle : il allait s'en passer un étrange sous leurs yeux. Le grand et beau maréchal héréditaire s'élança le premier sur son cheval; il avait quitté l'épée; il portait de la main droite une mesure d'argent à anse, et de la gauche une racloire. Il courut, dans l'enceinte, au grand tas d'avoine, sauta dedans, remplit le vase outre mesure, passa la racloire dessus, et l'emporta avec beaucoup de grâce. Les écuries de l'empereur étaient donc pourvues. Le chambellan héréditaire poussa ensuite son cheval au même endroit et en rapporta une cuvette avec une aiguière et un essuie-mains. Mais l'écuyer tranchant héréditaire réjouit davantage les spectateurs, en venant chercher une pièce de bœuf rôti. Un plat d'argent à la main, il courut à cheval à travers les barrières jusqu'à la grande cuisine en planches, et revint bientôt avec son plat couvert, pour se diriger vers le Rœmer. Ce fut alors le tour de l'échanson héréditaire, qui poussa vers la fontaine et se fournit de vin. La table de l'empereur était donc aussi servie, et tous les yeux épiaient le trésorier héréditaire, qui devait jeter l'argent. Il montait aussi un beau cheval, qui portait, aux deux côtés de la selle, en guise de fourreaux de pistolets, une paire de bourses magnifiques, brodées aux armes de l'électeur palatin. A peine se fut-il mis en marche, qu'il puisa dans ces poches et répandit libéralement à droite et à gauche les pièces d'or et d'argent, qui, chaque fois, brillaient très-gaiement dans l'air comme une pluie de métal. Aussitôt des milliers de mains se lèvent et s'agitent pour attraper les dons, mais, à peine la monnaie est-elle tombée, que la foule tourbillonne, se précipite vers le sol et se dispute violemment les pièces qui ont pu arriver jusqu'à terre. Et comme ce mouvement se répétait des deux côtés, à mesure que le distributeur s'avançait, c'était pour les spectateurs une scène fort amusante. A la fin, l'agitation fut plus vive encore, quand il jeta les bourses mêmes, et que chacun tâcha d'attraper ce prix, le plus considérable de tous.

Leurs Majestés s'étaient retirées du balcon, et l'on allait faire encore un sacrifice au peuple, qui, dans ces occasions, aime mieux ravir les dons que les recevoir paisiblement et avec reconnaissance. En des temps plus rudes et plus grossiers, l'usage était de mettre l'avoine au pillage aussitôt que le maréchal héréditaire en avait prélevé une mesure; la fontaine, dès que l'échanson y avait puisé, et la cuisine, après que l'écuyer tranchant avait rempli son office. Cette fois, pour prévenir tout accident, on maintint, autant qu'il se pouvait faire, de l'ordre et de la mesure. Cependant on vit reparaître les malins tours du vieux temps : l'un avait-il jeté sur son dos un sac d'avoine, l'autre y faisait un trou, et autres gentillesses pareilles. Mais, cette fois, le bœuf rôti amena comme auparavant un combat plus sérieux. On ne pouvait se le disputer qu'en masse. Deux corporations, celle des bouchers et celle des encaveurs, s'étaient postées, selon la vieille coutume, de telle sorte que l'énorme rôti devait échoir à l'une d'elles. Les bouchers croyaient avoir les meilleurs droits à un bœuf qu'ils avaient fourni entier à la cuisine; les encaveurs, en revanche, y prétendaient, parce que la cuisine était bâtie dans le voisinage du siége de leur corporation, et parce qu'ils avaient été vainqueurs la dernière fois; car on pouvait voir à la lucarne grillée de leur maison commune les cornes de ce bœuf conquis, se dressant comme trophée. Ces deux corporations nombreuses avaient l'une et l'autre des membres robustes et vigoureux, mais, laquelle remporta cette fois la victoire, c'est ce dont je ne me souviens plus.

Au reste, comme une fête de ce genre doit finir par quelque chose de périlleux et d'effrayant, ce fut, en vérité, un moment effroyable que celui où la cuisine de planches fut elle-même livrée au pillage. A l'instant le toit fourmilla de gens, sans qu'on pût savoir comment ils y étaient montés; les planches furent arrachées et jetées en bas, en sorte qu'on pouvait croire, et surtout de loin, que chacune avait assommé deux ou trois assiégeants. En un clin d'œil la baraque fut découverte et quelques hommes restaient suspendus aux chevrons et aux poutres, pour les arracher aussi des mortaises. Plusieurs même se brandillaient encore en haut, quand les poteaux étaient déjà sciés par le bas, que la charpente vacillait et menaçait d'une chute soudaine. Les personnes délicates détournaient les yeux, et chacun s'attendait à un grand malheur; mais on n'entendit pas même parler d'une blessure, et, la scène, tout impétueuse et violente qu'elle était, se passa heureusement.

Chacun savait que l'empereur et le roi allaient sortir du cabinet où ils s'étaient retirés en quittant le balcon, et qu'ils dîneraient dans la grande salle du Rœmer. On avait pu admirer la veille, les préparatifs, et je désirais vivement jeter, du moins s'il était possible, un coup d'œil dans la salle. Je retournai donc par les chemins accoutumés au grand escalier qui fait face à la porte de la salle. Là je vis, non sans étonnement, les hauts personnages se reconnaître ce jour-là serviteurs du chef suprême de l'Empire. Quarante-quatre comtes, apportant les mets de la cuisine, passèrent devant moi, tous en habits superbes, en sorte que le contraste de leur noble contenance avec leur action était bien fait pour troubler la tête d'un enfant. La foule n'était pas grande, et pourtant assez gênante à cause du peu d'espace. La porte de la salle était gardée, mais ceux qui avaient qualité pour cela entraient et sortaient souvent. J'aperçus un officier de la maison palatine, et je lui demandai s'il ne pourrait pas me faire entrer avec lui. Sans hésiter longtemps, il me remit un des plats d'argent qu'il portait, ce qu'il pouvait faire d'autant mieux que j'étais proprement vêtu, et je parvins ainsi dans le sanctuaire. Le buffet palatin était à gauche, joignant la porte, et, en quelques pas, j'y fus monté, derrière la balustrade. A l'autre bout de la salle, tout près des fenêtres, étaient assis, sur des trônes élevés et sous le dais, l'empereur et le roi dans leurs habits de parade; couronne et sceptre étaient posés derrière, à quelque distance, sur des coussins dorés. Les trois électeurs ecclésiastiques, ayant leurs buffets derrière eux, avaient pris place sur des estrades isolées: l'électeur de Mayence vis-à-vis de Leurs Majestés, l'électeur de Trèves à droite, et l'électeur de Cologne à gauche. Cette partie supérieure de la salle offrait un aspect agréable et imposant, et réveillait cette pensée, que le clergé aime à s'accorder aussi longtemps qu'il est possible avec le souverain. En revanche, les buffets et les tables de tous les électeurs laïques, magnifiquement décorés, mais délaissés de leurs maîtres, faisaient songer à la mésintelligence qui s'était développée peu à peu, dans le cours des siècles, entre eux et le chef suprême de l'Empire. Leurs ambassadeurs s'étaient déjà retirés pour dîner dans une chambre voisine, et, si la plus grande partie de la salle prenait un aspect fantastique de ce service somptueux pour tant d'invisibles convives, dans le milieu, une grande table inoccupée était encore plus triste à voir, car, s'il y avait tant de places vides, c'est que ceux qui avaient le droit de s'y asseoir, pour des raisons d'étiquette, pour ne rien sacrifier de leur dignité, dans ce jour où elle devait briller du plus vif éclat, ne se présentaient pas, lors même qu'ils se trouvaient alors dans la ville.

Ni mon âge ni la presse du moment ne me permettaient de faire beaucoup de réflexions. Je m'efforçai de tout observer du mieux possible; et, quand on servit le dessert, les ambassadeurs étant rentrés pour faire leur cour, je cherchai le grand air, et j'allai dans le voisinage, chez de bons amis, me refaire du demi-jeûne de la journée, et me préparer à l'illumination du soir. Cette brillante soirée, je me proposais de la célébrer d'une manière sentimentale : j'étais convenu d'un rendez-vous, pour l'entrée de la nuit, avec Marguerite, avec Pylade et sa bien-aimée. Déjà la ville brillait de toutes parts, quand je rencontrai mes amis. J'offris mon bras à Marguerite; nous passâmes d'un quartier à un autre, et nous nous trouvions très-heureux ensemble. Les cousins avaient été d'abord de la compagnie, mais ils se perdirent plus tard dans la foule. Devant les maisons de quelques ambassadeurs, où l'on avait arrangé des illuminations magnifiques (celui de l'électeur palatin s'était surtout distingué), il faisait aussi clair qu'en plein jour. Pour n'être pas reconnu, je m'étais un peu déguisé, et Marguerite ne le trouva pas mauvais. Nous admirâmes les brillantes décorations de tout genre et les magiques édifices de flammes, où les ambassadeurs avaient voulu se surpasser à l'envi. Cependant l'illumination du prince Esterhazy éclipsa toutes les autres. Notre petite société fut ravie de l'invention et de l'exécution, et nous voulions tout admirer en détail, quand les cousins nous rejoignirent et nous parlèrent de l'illumination magnifique dont l'ambassadeur de Brandenbourg avait décoré son quartier. Nous ne craignîmes pas de faire le long trajet du Rossmarkt au Saalhof, mais nous trouvâmes qu'on s'était indignement joué de nous. Le Saalhof est, du côté du Mein, un édifice remarquable et régulier, mais la façade qui regarde la ville est très-vieille, irrégulière et sans apparence. De petites fenêtres, qui ne sont ni de même forme ni de même grandeur, ni rangées sur la même ligne, ni également espacées, des portes sans symétrie, un rez-de-chaussée transformé presque tout entier en boutiques, offrent un aspect de confusion qui n'attire jamais l'attention de personne. Or, on avait suivi l'architecture aventureuse, irrégulière, décousue, et l'on avait entouré de lampes chaque fenêtre, chaque porte, chaque ouverture, comme on peut le faire pour une maison bien bâtie, mais par là était mise dans le jour le plus éclatant la plus laide et la plus informe de toutes les façades. On s'en divertissait d'abord, comme on peut faire des farces de paillasse (et pourtant ce n'était pas sans inquiétude, parce que chacun devait y voir quelque chose de prémédité. On avait déjà glosé sur les autres façons d'agir de ce Plotho, d'ailleurs si estimé, et, comme les cœurs étaient pour lui, on avait aussi admiré en lui le malin personnage, accoutumé à se mettre, comme son roi, au-dessus de tout cérémonial), cependant on retournait plus volontiers au royaume de fées d'Esterhazy.

Ce noble ambassadeur, pour faire honneur à ce jour, avait complétement laissé de côté son quartier dont la situation était défavorable, et, en échange, s'étant emparé de la grande esplanade des tilleuls qui touche au Rossmarkt, il l'avait fait décorer par devant d'un portail en feux colorés, et, dans le fond, d'une perspective encore plus magnifique. Des lampions marquaient toute l'enceinte; entre les arbres s'élevaient des pyramides lumineuses et des globes sur des piédestaux transparents; d'un arbre à l'autre couraient des guirlandes étincelantes, auxquelles des lustres étaient suspendus. Dans plusieurs endroits, on distribuait au peuple du pain et de la charcuterie, et on ne le laissait pas manquer de vin.

C'est là que les deux couples se promenaient ensemble, bras dessus bras dessous, dans une joie parfaite. Au côté de Marguerite, je croyais véritablement parcourir ces heureuses campagnes de l'Élysée, où l'on cueille aux arbres des vases de cristal qui se remplissent aussitôt du vin qu'on désire, et où l'on secoue de la branche des fruits qui se métamorphosent en tous les mets qu'on souhaite. Nous finîmes aussi par sentir le besoin de nous restaurer : sous la conduite de Pylade, nous trouvâmes un traiteur de très-bonne apparence, et, comme nous n'y rencontrâmes pas d'autres convives, parce que tout le monde courait les rues, nous prîmes plus à l'aise nos ébats, et nous passâmes, de la manière la plus gaie et la plus heureuse, une grande partie de la nuit dans les jouissances de la tendresse, de l'amour et de l'amitié. Quand j'eus accompagné Marguerite jusqu'à sa porte, elle me baisa au front. C'était la première fois qu'elle m'accordait cette faveur, et ce fut la dernière ; car, hélas ! je ne devais plus la revoir.

Le lendemain, j'étais encore au lit, quand ma mère, inquiète et troublée, entre dans ma chambre. Lorsqu'elle avait quelque souci, il était facile de s'en apercevoir. « Lève-toi, me dit-elle, et prépare-toi à quelque chose de désagréable. Il nous est revenu que tu fréquentes une très-mauvaise société, et que tu t'es mêlé dans les affaires les plus coupables et les plus dangereuses. Ton père ne se possède plus, et tout ce que nous avons obtenu de lui, c'est de laisser l'affaire s'instruire par un tiers. Reste dans ta chambre, et attends ce qui se prépare. Le conseiller Schneider viendra te voir au nom de ton père et de l'autorité, car l'affaire est déjà pendante et peut prendre une très-mauvaise tournure. » Je vis bien qu'on jugeait la chose beaucoup plus grave qu'elle n'était, mais j'étais assez vivement alarmé, à la seule pensée que ma véritable liaison était découverte. Mon vieil ami, l'admirateur de la Messiade, arriva enfin. Il avait les larmes aux yeux. Il me prit par le bras et me dit : « Je suis bien affligé de venir auprès de vous dans une pareille circonstance. Je n'aurais pas imaginé que vous fussiez capable de vous égarer à ce point. Mais que ne font pas la mauvaise compagnie et le mauvais exemple ! Et c'est ainsi qu'un jeune homme sans expérience peut se voir pas à pas conduit jusqu'au crime. — Ma conscience ne me reproche aucun crime, répliquai-je ; elle ne me reproche pas davantage d'avoir fréquenté de mauvaises compagnies. — Il ne s'agit pas actuellement de votre défense, dit-il en m'interrompant, mais d'une enquête et, de votre part, d'un aveu sincère. — Que désirez-vous savoir ? » lui dis-je. Il s'assit, tira de sa poche une feuille, et se mit à m'interroger. « N'avez-vous pas recommandé à votre grand-père le nommé *** comme postulant une place de *** ? — Oui, répondis-je. — Où avez-vous fait sa connaissance ? — A la promenade. — Dans quelle société ? » J'hésitai, parce que je ne voulais par trahir mes amis. « Le silence ne vous servira de rien, poursuivit-il ; tout est déjà suffisamment connu. — Qu'est-ce donc qui est connu ? — Que cet homme vous a été présenté par d'autres gens de même sorte, et, à savoir, par ***. » Il nomma trois personnes que je n'avais jamais ni vues ni connues, ce que je déclarai sur-le-champ. « Vous prétendez, poursuivit-il, ne pas connaître ces gens, et cependant vous avez eu avec eux de fréquentes réunions. — Pas la moindre, car, ainsi que je l'ai dit, excepté le premier, je n'en connais pas un, et, celui-là même, je ne l'ai jamais vu dans une maison. — N'êtes-vous pas allé souvent dans la rue *** ? — Jamais. » Cela n'était pas entièrement conforme à la vérité. J'avais accompagné une fois Pylade chez sa bien-aimée, qui demeurait dans cette rue : mais nous étions entrés par la porte de derrière et restés dans le jardin. C'est pourquoi je crus pouvoir me permettre ce subterfuge, que je n'avais pas été dans la rue même. Le bon homme me fit encore beaucoup de questions, auxquelles je pus toujours répondre négativement, rien de ce qu'il voulait savoir ne m'étant connu.

A la fin, il parut se fâcher, et il dit : « Vous récompensez bien mal ma confiance et ma bonne volonté. Je viens pour vous sauver. Vous ne pouvez nier d'avoir composé des lettres et fait des écritures pour ces gens eux-mêmes ou pour leurs complices, et de les avoir aidés de la sorte dans leurs mauvais coups. Je viens pour vous sauver; car il ne s'agit de rien moins que de fausses écritures, de faux testaments, de billets supposés et autres choses pareilles. Je ne viens pas seulement comme ami de la maison, je viens au nom et par l'ordre de l'autorité, qui, en considération de votre famille et de votre jeunesse, veut vous ménager, vous, et quelques autres jeunes gens, qui ont été pris au piége comme vous. » J'étais surpris de ne pas voir parmi les personnes qu'il me nommait celles justement avec lesquelles j'avais eu des liaisons. Les rapports ne concordaient pas, mais ils se touchaient, et je pouvais encore espérer d'épargner mes jeunes amis. Mais le brave homme était toujours plus pressant. Je ne pus nier que j'étais quelquefois rentré tard à la maison; que j'avais su me procurer une clef; qu'on m'avait remarqué plus d'une fois dans des lieux de plaisir avec des personnes d'humble condition et d'un extérieur suspect; que des jeunes filles étaient mêlées à la chose; bref, tout semblait découvert, excepté les noms. Cela m'encourageait à persévérer dans le silence.

« Ne me laissez pas partir comme cela, dit ce bon ami. La

chose ne souffre aucun délai. Aussitôt après moi, il en viendra un autre, qui ne vous laissera pas autant de latitude. N'empirez pas par votre obstination une affaire déjà assez mauvaise. » Alors je me représentai vivement ces bons cousins et surtout Marguerite ; je les voyais arrêtés, interrogés, punis, déshonorés, et l'idée me vint, comme un éclair, que les cousins, bien qu'ils se fussent conduits envers moi avec une parfaite honnêteté, avaient pu s'engager dans de mauvaises affaires, l'aîné du moins, qui ne m'avait jamais beaucoup plu, qui rentrait toujours tard au logis, et qui avait peu de choses agréables à raconter. Je retenais toujours mon aveu. « Ma conscience ne me reproche aucune mauvaise action, lui dis-je, et, de ce côté, je puis être tout à fait tranquille, mais il ne serait pas impossible que ceux avec qui j'ai eu des relations se fussent rendus coupables d'une action téméraire ou illégale. Qu'on les recherche, qu'on les découvre ; qu'ils soient convaincus et punis ; je n'ai rien à me reprocher jusqu'à présent, et je ne veux pas me rendre coupable envers ceux qui se sont conduits amicalement et honnêtement avec moi. » Il ne me laissa pas achever, mais il s'écria avec quelque émotion : « Oui, on les trouvera ! Ils se réunissaient dans trois maisons, ces scélérats. » Il nomma les rues, il indiqua les maisons, et, par malheur, celle que je fréquentais était du nombre. « On a déjà nettoyé le premier nid, poursuivit-il ; et dans ce moment on nettoie les deux autres. Dans quelques heures tout sera éclairci. Dérobez-vous par un aveu sincère à une enquête juridique, à une confrontation et à toutes ces vilaines procédures. »

La maison était désignée et connue ; je crus dès lors tout silence inutile, et même, vu l'innocence de nos rendez-vous, je pouvais espérer d'être encore plus utile à mes amis qu'à moi-même. « Asseyez-vous, m'écriai-je en le ramenant de la porte, je veux tout vous conter et soulager à la fois mon cœur et le vôtre. Je ne vous fais qu'une prière, c'est de ne plus mettre en doute ma sincérité. » Là-dessus, je racontai à mon ami toute l'affaire, d'abord avec calme et fermeté ; mais, à mesure que je me rappelai et me retraçai les personnes, les choses, les circonstances, et qu'il me fallut exposer, comme devant un tribunal criminel, tant de joies innocentes, de jouissances pures,

PREMIÈRE PARTIE. 183

j'éprouvai un sentiment toujours plus douloureux, tellement que je finis par fondre en larmes et m'abandonner aux plus violents transports. Notre ami, qui espérait que le véritable secret était en train de se révéler (car il prenait ma douleur pour un indice que j'étais sur le point d'avouer à contre-cœur une chose énorme, et il tenait infiniment à faire cette découverte), cherchait de son mieux à me calmer. Il n'y réussit qu'en partie; assez néanmoins pour que je pusse achever péniblement mon histoire.

Quoique satisfait de l'innocence de ce qui s'était passé, il avait encore quelques doutes, et il m'adressa de nouvelles questions, qui réveillèrent mes transports et me plongèrent dans la plus violente douleur. Je finis par déclarer que je n'avais plus rien à dire, et savais bien que je n'avais rien à craindre, car j'étais innocent, de bonne famille et bien recommandé; mais les autres pouvaient être innocents comme moi, sans qu'on voulût les reconnaître pour tels et leur être favorable. Je déclarai que, si l'on ne voulait pas les épargner ainsi que moi, excuser leurs folies et pardonner leurs fautes, s'ils éprouvaient la moindre rigueur et la moindre injustice, je me tuerais, et que personne ne pourrait m'en empêcher. Notre ami s'efforça encore de me rassurer à cet égard, mais je ne me fiais pas à lui, et, lorsqu'enfin il me quitta, j'étais dans l'état le plus affreux. Je me faisais des reproches d'avoir conté la chose et mis au jour toutes nos liaisons. Je prévoyais qu'on interpréterait tout autrement ces enfantillages, ces inclinations et ces intimités de jeunes gens; que peut-être j'envelopperais dans cette affaire le bon Pylade et le rendrais fort malheureux! Toutes ces idées se succédaient, se pressaient vivement dans mon esprit, animaient, aiguillonnaient ma douleur, en sorte que j'étais comme désespéré; je me jetai par terre tout de mon long et je baignais le plancher de mes larmes.

Je ne sais combien de temps j'étais resté dans cette situation, quand ma sœur entra; mes transports l'effrayèrent, et elle fit tout ce qu'elle put pour me consoler. Elle m'apprit que quelques magistrats avaient attendu en bas le retour de notre ami, et qu'après être restés quelque temps enfermés, les deux messieurs s'étaient retirés en causant ensemble d'un air très-satisfait et même en riant, et elle croyait les avoir entendus dire : « C'est fort bien, la chose est sans importance. — Sans doute, m'écriai-je, elle est sans importance pour moi, pour nous : car je ne suis point coupable, et, quand je le serais, on saurait bien me tirer d'affaire. Mais eux, qui leur portera secours? » Ma sœur tâcha de me rassurer en insistant sur ce raisonnement, que, si l'on voulait sauver les personnes en crédit, on était forcé de jeter aussi un voile sur les fautes des petites gens. Tous ces discours étaient inutiles. Elle fut à peine sortie, que je m'abandonnai de nouveau à ma douleur, évoquant tour à tour les images de mon amour, de ma passion, et celles des maux actuels et possibles. Je me créais chimères sur chimères, je ne voyais que malheurs sur malheurs, et surtout je ne manquais pas de me figurer Marguerite et moi dans la situation la plus déplorable.

Notre ami m'avait ordonné de garder la chambre, et de ne parler de cette affaire à personne en dehors de ma famille. Je ne demandais pas mieux, car je préférais être seul. Ma mère et ma sœur venaient me voir de temps en temps, et ne manquaient pas de m'assister des meilleures et des plus fortes consolations; elles m'offrirent même, dès le lendemain, au nom de mon père mieux informé, une complète amnistie, que je reçus avec reconnaissance; mais je refusai obstinément la proposition de sortir avec lui et d'aller voir les insignes de l'Empire, que l'on montrait aux curieux, et je déclarai que je ne voulais entendre parler ni du monde ni de l'Empire romain avant que j'eusse appris comment cette fâcheuse affaire, qui ne devait plus avoir de suites pour moi, s'était terminée pour mes pauvres amis. Ma mère et ma sœur n'en savaient rien elles-mêmes, et elles me laissèrent seul. On fit encore, les jours suivants, quelques tentatives pour m'engager à sortir et à prendre part aux fêtes publiques, mais tout fut inutile. Ni le grand jour de gala, ni les cérémonies auxquelles donnèrent lieu tant de promotions, ni le repas public de l'empereur et du roi, ne purent me branler. L'électeur palatin vint faire sa cour aux deux Majestés; celles-ci rendirent visite aux électeurs; on se réunit pour la dernière séance électorale, afin de régler les points laissés en arrière, et de renouveler le conseil électoral, sans que rien pût me tirer de ma douloureuse solitude. Je laissai les cloches sonner pour la fête d'actions de grâces, l'empereur se rendre au couvent des Capucins, les électeurs et l'empereur partir, sans faire un pas hors de ma chambre. Les derniers coups de canon, si violents qu'ils fussent, ne purent m'émouvoir; en même temps que la fumée de la poudre se dissipa et que les derniers bruits cessèrent, toute cette magnificence s'évanouit pour moi. Je ne sentais de satisfaction qu'à ruminer ma disgrâce et à la multiplier sous mille formes imaginaires; toute mon imagination, ma poésie et ma rhétorique s'étaient fixées sur cette place malade, et, par cette force de vie, menaçaient de plonger mon corps et mon âme dans une maladie incurable. Dans ce triste état, je ne voyais plus rien qui fût désirable et digne d'envie. Mais parfois j'étais saisi d'un insurmontable désir de savoir ce que devenaient mes pauvres amis, ce que l'enquête avait produit, et à quel point on les avait trouvés complices ou innocents de ces crimes. De tout cela je me faisais en détail les peintures les plus diverses, et je ne manquais pas de tenir mes amis pour innocents et bien malheureux. Tantôt je souhaitais me voir délivré de ces doutes, et j'écrivais à notre ami des lettres pleines de menaces, pour qu'il cessât de me dissimuler la suite de l'affaire; tantôt je les déchirais, de peur d'apprendre clairement mon malheur, et de perdre la consolation fantastique qui avait été jusqu'alors tour à tour mon tourment et mon réconfort.

C'est ainsi que je passais les jours et les nuits dans l'inquiétude, la fureur et l'abattement, en sorte qu'à la fin je me sentis heureux de tomber assez sérieusement malade pour qu'on jugeât nécessaire d'appeler le médecin et de me tranquilliser par tous les moyens. On crut pouvoir y réussir par une déclaration générale, en me protestant qu'on avait traité avec la plus grande indulgence toutes les personnes plus ou moins impliquées dans ce délit; que mes amis, tenus en quelque sorte pour innocents, en avaient été quittes pour une légère réprimande, et que Marguerite était partie de Francfort pour se retirer dans son pays. Ce dernier détail fut celui qu'on tarda le plus à m'apprendre, et je n'en fus point satisfait. Je ne pouvais croire ce départ volontaire, et je n'y voyais qu'un exil ignominieux. Je ne m'en trouvai pas mieux de corps et d'esprit; le mal devint tout à fait sérieux; et j'eus tout le temps de me tourmenter moi-même en me composant le roman le plus étrange d'événements funestes, suivis inévitablement d'une catastrophe tragique.

DEUXIÈME PARTIE.

Ce qu'on désire dans la jeunesse, on l'a dans la vieillesse en abondance.

LIVRE VI.

C'est ainsi qu'on hâtait et qu'on retardait tour à tour ma guérison, et un secret dépit se joignit encore à mes autres sentiments, car je m'aperçus bientôt qu'on me surveillait, qu'on ne me laissait guère parvenir un billet cacheté sans observer les effets qu'il produisait, si je le tenais caché ou si je le posais tout ouvert, et que sais-je encore? Je soupçonnai donc que Pylade, un des cousins, ou Marguerite elle-même, avait peut-être essayé de m'écrire pour me donner de leurs nouvelles ou m'en demander des miennes. A côté de ma douleur, je sentais donc une véritable colère; nouveau sujet pour moi de me livrer à mes suppositions et de me perdre dans les combinaisons les plus étranges.

On ne tarda pas à me donner un surveillant particulier. Heureusement c'était un homme que j'aimais et que j'estimais. Il avait été gouverneur dans une famille de notre connaissance, et son ancien élève était allé seul à l'université. Il m'avait visité souvent dans ma triste situation, et l'on finit par trouver tout naturel de lui donner une chambre à côté de la mienne, avec charge de m'occuper, de me calmer, et, je le voyais bien aussi, de me surveiller. Mais, comme j'avais pour lui une sincère estime, que je lui avais fait auparavant bien des confidences, mais non celle de mon amour pour Marguerite, je résolus d'être avec lui tout à fait ouvert et franc, d'autant qu'il m'était insupportable de vivre journellement avec quelqu'un, et d'être avec lui sur le pied de la contrainte et de la défiance. Ainsi donc je ne tardai pas longtemps à lui parler de la chose; je soulageai mon cœur à conter et à répéter les plus petites circonstances de mon bonheur passé, et j'en retirai cet avantage, qu'en homme intelligent, il comprit que le mieux était de me faire connaître l'issue de l'affaire, et cela dans le plus grand détail, afin que j'eusse une idée claire de l'ensemble, et qu'on pût m'exhorter sérieusement et vivement à me remettre, à rejeter derrière moi le passé, et à commencer une vie nouvelle. Il en vint d'abord à me confier les noms d'autres jeunes gens de bonne famille qui s'étaient laissé entraîner d'abord à des mystifications téméraires, puis à de risibles contraventions de police, enfin à des escroqueries divertissantes et à d'autres friponneries pareilles. Il en était réellement résulté une petite conjuration, à laquelle s'étaient joints des hommes sans conscience qui commettaient des actes coupables, falsifiant des papiers, contrefaisant des signatures, etc. qui se préparaient à des actes plus coupables encore. Les cousins, sur lesquels je le questionnai enfin avec impatience, étaient tout à fait innocents; ils avaient connu vaguement les autres, mais sans avoir eu avec eux de liaisons particulières. Le protégé que j'avais recommandé à mon grand-père (ce qui avait mis proprement sur ma trace) était un des plus mauvais; il avait sollicité l'emploi principalement afin de pouvoir entreprendre ou cacher certaines friponneries.

Après tout cela, je ne pus me contenir plus longtemps, et je demandai ce qu'était devenue Marguerite, pour qui j'avouai sans détour la plus vive tendresse. Mon ami secoua la tête en souriant. « Rassurez-vous, répondit-il, cette jeune fille s'est très bien justifiée, et a remporté un magnifique témoignage. On n'a rien pu trouver en elle que de bon et d'aimable. Les juges eux-mêmes l'ont prise en affection, et n'ont pu lui refuser, selon son désir, la permission de quitter la ville. Ce qu'elle a déclaré par rapport à vous, mon ami, ne lui fait pas moins d'honneur. J'ai lu moi-même sa déclaration dans les registres secrets, et j'ai vu sa signature. — Sa signature! m'écriai-je, qui me rend si heureux et si malheureux! Qu'a-t-elle donc déclaré? Qu'a-t-elle signé? » Mon ami hésitait à répondre, mais la sérénité de son visage m'annonçait qu'il ne cachait rien de fâcheux. « Puisque vous voulez le savoir, répondit-il enfin, quand il s'est agi de vous et de vos relations avec elle, elle a dit avec une entière franchise : « Je ne puis nier que je l'ai vu souvent et avec plaisir ; mais je l'ai toujours regardé comme un enfant, et mon affection pour lui était vraiment celle d'une sœur. Dans plusieurs occasions, je lui ai donné de bons conseils, et loin de le porter à des actions équivoques, je l'ai empêché de prendre part à des espiègleries qui auraient pu lui attirer des chagrins. »

Mon ami continua de faire parler Marguerite comme une institutrice, mais déjà je ne l'écoutais plus ; car je pris pour un sanglant affront qu'elle m'eût traité d'enfant dans l'interrogatoire, et je me crus soudain guéri de toute passion pour elle ; je me hâtai même d'assurer à mon ami que c'était désormais une chose finie. En effet, je ne lui parlai plus d'elle, je ne prononçais plus son nom, mais je ne pouvais perdre la mauvaise habitude de penser à elle, de me représenter sa figure, son air, ses manières, qui m'apparaissaient désormais dans un tout autre jour. Je trouvais insupportable qu'une jeune fille, plus âgée que moi de deux ans tout au plus, osât me traiter d'enfant, moi qui prétendais être un jeune garçon très-raisonnable et très-habile. Alors ses manières froides et sévères, qui avaient eu pour moi tant d'attraits, me semblèrent tout à fait choquantes ; les familiarités qu'elle se permettait à mon égard, mais qu'elle ne me laissait pas prendre à mon tour, m'étaient tout à fait odieuses. Cependant j'aurais passé sur tout cela, si, en signant l'épître amoureuse, où elle me faisait une formelle déclaration d'amour, elle ne m'avait pas donné le droit de la tenir pour une égoïste et rusée coquette. Déguisée en marchande de modes, elle ne me paraissait plus si innocente, et je ne cessai pas de rouler dans mon esprit ces fâcheuses réflexions, jusqu'à ce que je l'eusse dépouillée de toutes ses qualités aimables. Ma raison était convaincue, et je croyais devoir me détourner de Marguerite, mais son image !... son image me démentait chaque fois qu'elle revenait à ma pensée, et, je l'avoue, cela m'arrivait encore bien souvent !

Cependant cette flèche barbelée était arrachée de mon cœur, et il s'agissait de savoir comment on viendrait en aide à la vertu salutaire que porte en soi la jeunesse. Je fis un effort sur moi-même, et je commençai par me défaire aussitôt des pleurs et des emportements, que je considérai désormais comme des enfantillages. C'était un grand pas vers la guérison, car je m'étais abandonné souvent à ces douleurs, la moitié de la nuit, avec la dernière violence, tellement qu'à force de pleurer et de sangloter, j'en étais venu à ne pouvoir presque plus avaler ; je ne pouvais ni manger ni boire sans souffrir, et la poitrine, qui tient de si près à ces organes, semblait affectée. Le dépit que je continuais à ressentir de cette découverte me fit bannir toute mollesse ; je trouvais horrible d'avoir sacrifié sommeil, repos et santé pour une jeune fille à qui il avait plu de me considérer comme un nourrisson et de se croire, auprès de moi, toute la sagesse d'une nourrice.

Ces idées maladives, je me persuadai sans peine que l'activité pouvait seule les bannir. Mais que devais-je entreprendre? J'avais en beaucoup de choses des lacunes à combler, et j'avais à me préparer sur plus d'un point pour l'université, où je devais bientôt me rendre. Mais je ne trouvais de goût, je ne réussissais à rien. Beaucoup de choses me semblaient connues et triviales ; je ne trouvais ni chez moi la force ni au dehors l'occasion de poser de nouvelles bases. Je me laissai entraîner par le goût de mon excellent voisin vers une étude toute nouvelle et tout étrangère pour moi, et qui m'offrit pour longtemps un vaste champ de réflexions et de connaissances. Mon ami commença en effet à m'initier aux secrets de la philosophie. Il avait étudié à Iéna sous Daries ; sa tête fort bien organisée avait saisi vivement l'ensemble de ces leçons, et il cherchait à me les communiquer. Malheureusement, ces idées ne voulaient pas s'arranger comme cela dans ma cervelle. Je faisais des questions auxquelles il promettait de répondre plus tard ; j'élevais des prétentions qu'il promettait de satisfaire dans la suite. Cependant ce qui nous divisait surtout, c'est que, selon moi, il n'était point nécessaire de mettre à part la philosophie, puisqu'elle était comprise tout entière dans la poésie et la religion. C'était ce qu'il ne voulait point m'accorder ; il cherchait au contraire à me démontrer que la poésie et la religion doivent se baser d'abord sur la philosophie. Je le niais obstinément, et, dans la suite de nos entretiens, je trouvais à chaque pas des arguments en faveur de mon opinion. En effet, comme la poése suppose une certaine foi à l'impossible, et la religion une foi pareille à l'impénétrable, les philosophes, qui voulaient expliquer et démontrer l'un et l'autre dans leur domaine, me semblaient être dans une position très-difficile, et je reconnus aussi très-vite, par l'histoire de la philosophie, que chacun cherchait toujours une autre base que ses devanciers, et qu'enfin le sceptique déclarait tout sans base et sans fond.

Cependant cette histoire de la philosophie, que mon ami se vit obligé de passer en revue avec moi, parce que je ne pouvais tirer aucun fruit de l'exposition dogmatique, m'offrit beaucoup d'intérêt, mais seulement en ce sens, qu'une doctrine, une opinion, me paraissait aussi bonne qu'une autre, pour autant du moins que j'étais capable de les saisir. Ce qui me plaisait surtout dans les écoles et les philosophes les plus anciens, c'est que la poésie, la religion et la philosophie étaient confondues ensemble, et je soutenais avec d'autant plus de vivacité ma première opinion, que le livre de Job, le Cantique et les Proverbes de Salomon, aussi bien que les poésies d'Orphée et d'Hésiode, me semblaient témoigner pour elle. Mon ami avait pris le petit *Broucker* pour base de son exposé, et, plus nous avancions, moins je savais quel parti en tirer. Je ne pouvais m'expliquer clairement ce que voulaient les premiers philosophes grecs. Socrate était à mes yeux un homme excellent et sage, qui, dans sa vie et sa mort, pouvait être comparé au Christ. Ses disciples à leur tour me paraissaient avoir un grand rapport avec les apôtres, qui se divisèrent d'abord après la mort du maître, et, manifestement, chacun ne tenait pour vrai qu'un point de vue borné. Ni la subtilité d'Aristote ni l'abondance de Platon ne fructifièrent en moi le moins du monde. En revanche, je m'étais déjà senti de bonne heure quelque penchant pour les stoïciens, et je me procurai un Épictète, que j'étudiai avec un vif intérêt. Mon ami me voyait à regret prendre cette direction exclusive, dont il était incapable de me détourner. C'est que, malgré la variété de ses études, il ne savait pas résumer la question principale. Il n'aurait eu qu'à me dire que, dans la vie, l'essentiel est d'agir, que le plaisir et la douleur se trouvent d'eux-mêmes. Au reste, il suffit de laisser faire la jeunesse; elle ne s'attache pas très-longtemps aux fausses maximes : la vie l'en détourne bientôt par force ou par séduction.

La belle saison était venue; nous sortions souvent ensemble et nous visitions les jardins publics, qui se trouvaient en grand nombre autour de la ville. Mais c'était là justement que je me sentais le moins à mon aise : mon imagination y retrouvait partout les cousins; je craignais toujours de voir l'un d'eux paraître. D'ailleurs je trouvais importuns les regards les plus indifférents. J'avais perdu la jouissance irréfléchie d'aller et venir inconnu et irréprochable, sans songer, dans la plus grande foule, à aucun observateur. Alors commença de me tourmenter l'idée hypocondre, que j'attirais l'attention des gens, que leurs yeux étaient fixés sur ma personne, pour l'observer, l'épier et la blâmer. J'entraînais donc mon ami dans les bois, et, fuyant les plus uniformes, je cherchais ces belles forêts ombreuses, qui, sans occuper un grand espace dans la contrée, sont néanmoins assez étendues pour offrir à un pauvre cœur blessé un secret refuge. J'avais choisi, dans la profondeur de la forêt, une place sombre, où les chênes et les hêtres les plus vieux formaient un grand et magnifique espace ombragé. Le sol, un peu incliné, ne rendait que plus remarquable la beauté des vieux troncs. Autour de cette libre enceinte se pressaient d'épaisses broussailles, au-dessus desquelles se montraient des roches moussues, puissantes, majestueuses, qui imprimaient une chute rapide à un large ruisseau.

Dès que j'eus entraîné dans ce lieu mon ami, qui se trouvait mieux dans les campagnes ouvertes, au bord de la rivière, parmi les hommes, il m'assura en riant que je me montrais un véritable Germain. Il me conta en détail, d'après Tacite, comme nos ancêtres s'étaient contentés des émotions que la nature nous ménage si puissamment dans ces solitudes par sa naïve architecture. Après l'avoir écouté quelques moments, je m'écriai : « Oh! pourquoi ce lieu admirable n'est-il pas au fond d'un désert! Pourquoi ne pouvons-nous élever une haie alentour, pour le consacrer, et nous avec lui, et nous séparer du monde! Certainement, il n'est point de culte plus beau que celui qui se passe d'images, qui naît dans notre cœur de nos entretiens avec la nature! » Ce que je sentis alors n'est toujours présent : ce que je dis, je ne saurais le retrouver ; mais, ce qui est certain, c'est que les vagues sentiments, les aspirations immenses de la jeunesse et des peuples incultes conviennent seuls au sublime, qui, pour être éveillé en nous par les objets extérieurs, doit se présenter sans forme ou sous une forme insaisissable et nous environner d'une grandeur à laquelle nous soyons incapables d'atteindre. Cette disposition de l'âme, tous les hommes la ressentent plus ou moins, tout comme ils cherchent à satisfaire de diverses manières ce noble besoin. Mais, de même que le sublime est produit aisément par le crépuscule et la nuit, où les formes se confondent, il est, au contraire, dissipé par le jour, qui distingue et sépare tout, et il doit aussi disparaître à mesure que la civilisation s'avance, s'il n'est pas assez heureux pour se réfugier dans le beau, et entrer avec lui dans une intime union, qui les rend tous deux immortels et indestructibles.

Les courts moments de ces jouissances, mon cher philosophe me les abrégeait encore : mais ce fut en vain que, rentré dans le monde, dans nos brillants et maigres environs, je tâchai de réveiller en moi ce sentiment ; ce n'était pas même sans efforts que j'en conservais le souvenir. Cependant mon cœur était trop séduit pour se pouvoir apaiser : il avait aimé ; l'objet de son amour lui était ravi ; il avait vécu et sa vie était troublée. Un ami, qui laisse voir trop clairement qu'il a dessein de vous former, n'éveille aucun sentiment agréable, tandis qu'une femme, qui vous forme en paraissant vous séduire, est adorée comme une créature céleste qui apporte la joie. Cette figure, sous laquelle l'idée du beau m'était apparue, s'était évanouie dans le lointain ; elle me visitait souvent sous l'ombre de mes chênes, mais je ne pouvais la fixer, et je me sentais entraîné à chercher au loin quelque chose de pareil.

J'avais accoutumé insensiblement mon ami et surveillant, je l'avais même obligé, à me laisser seul ; car, même dans ma forêt sacrée, ces sentiments indéfinis, immenses, ne suffisaient pas à me satisfaire. L'œil était l'organe principal avec lequel j'embrassais le monde. Dès mon enfance, j'avais vécu parmi les peintres, et je m'étais accoutumé à considérer les objets dans leurs rapports avec l'art. Maintenant, que j'étais abandonné à moi-même et à la solitude, ce don, moitié naturel, moitié acquis, se manifestait. Où que se portât mon regard, je voyais un tableau, et, ce qui me frappait, ce qui me charmait, je voulais le retenir, et je commençai, en véritable novice, à dessiner d'après nature. Tout me manquait pour cela ; cependant je m'obstinais à vouloir, sans aucuns procédés techniques, imiter les choses les plus admirables. Par là, je m'accoutumais, il est vrai, à fixer les objets avec une grande attention, mais je ne faisais que les saisir dans l'ensemble, en tant qu'ils produisaient de l'effet ; et, de même que la nature ne m'avait point fait pour être un poëte descriptif, elle ne voulait point m'accorder le talent de dessiner le détail. Mais, comme c'était le seul moyen qui me restât de me manifester, je m'y attachai avec obstination, avec une véritable manie, poursuivant mon travail avec d'autant plus d'ardeur que j'obtenais moins de résultats.

Cependant je dois avouer qu'il s'y joignait quelque malice : j'avais observé que, si une fois j'avais choisi pour objet d'une laborieuse étude un vieux tronc dans une demi-ombre, aux racines puissantes et tortueuses, contre lesquelles se pressaient des bruyères bien éclairées, accompagnées de gazons éblouissants de lumière, mon ami, qui savait par expérience que, d'une heure entière, on ne s'en irait pas de là, prenait d'ordinaire le parti de chercher, avec un livre, une autre place à son gré. Alors rien ne m'empêchait de me livrer à mon occupation favorite, d'autant plus assidue que je prenais toujours un nouveau plaisir dans mes dessins, où je m'accoutumais à voir bien moins ce qu'ils représentaient, que les pensées qui m'avaient occupé à chaque heure, à chaque moment. C'est ainsi que les herbes et les fleurs les plus communes peuvent nous composer un journal qui nous plaît, parce que rien de ce qui rappelle le souvenir d'un moment heureux ne peut être indifférent. Aujourd'hui même je me résoudrais difficilement à détruire, comme sans valeur, beaucoup de choses pareilles, qui me sont restées de diverses époques, parce qu'elles me transportent en ces temps éloignés, dont je me souviens avec mélancolie, mais non avec déplaisir.

Si ces dessins avaient pu avoir quelque valeur, ils l'auraient due à l'intérêt et à l'attention que mon père y portait. Informé par mon surveillant que je me remettais peu à peu, et, particulièrement, que je m'appliquais avec passion à dessiner d'après nature, il en fut très-satisfait, soit parce qu'il aimait beaucoup le dessin et la peinture, soit parce que le compère Seekatz lui avait dit quelquefois que c'était dommage qu'on ne fît pas de moi un peintre. Mais ici les singularités du père et du fils se trouvèrent encore en conflit : il m'était presque impossible de prendre pour mes dessins de bon papier blanc, parfaitement net. Des feuilles vieillies, grisâtres, déjà écrites d'un côté, m'attiraient de préférence, comme si mon humeur indépendante avait craint la pierre de touche d'une base pure. D'ailleurs aucun dessin n'était achevé, et comment aurais-je pu produire un tout, que je voyais bien de mes yeux, mais sans le comprendre, et comment aurais-je pu produire un détail, que je connaissais, à la vérité, mais que je n'avais ni le talent ni la patience de suivre? Au reste, à cet égard encore, la pédagogie de mon père était admirable. Il demandait avec bonté à voir mes essais, et il encadrait de lignes toute esquisse imparfaite : par là il voulait m'obliger à faire quelque chose de complet et de détaillé ; ses ciseaux coupaient droit les feuilles irrégulières, et il en faisait le commencement d'une collection, dans laquelle il voulait avoir la satisfaction de suivre les progrès de son fils. Il voyait donc sans aucun déplaisir que je fusse entraîné par mon humeur inquiète et sauvage à courir les campagnes ; il me suffisait pour le satisfaire de rapporter un cahier sur lequel sa patience pût s'exercer, et qui fût de nature à confirmer un peu ses espérances.

On ne craignait plus de me voir retomber dans mes premières liaisons ; on me laissa peu à peu une complète liberté. Des occasions, des compagnies s'offrirent à moi pour faire quelques courses dans les montagnes, qui m'avaient présenté, dès mon enfance, leur profil sévère et lointain. Nous visitâmes Hombourg, Kronenbourg ; nous montâmes au Feldberg, d'où l'on embrasse une vaste perspective, qui nous invitait toujours plus au loin. Nous ne manquâmes pas de visiter Kœnigstein ; Wiesbaden, Schwalbach, avec ses environs, nous occupèrent plusieurs jours ; nous arrivâmes au Rhin, que nous avions vu, du haut des collines, serpenter au loin. Mayence excita notre admiration; mais il ne put enchaîner notre jeune ardeur, qui voulait se donner un libre essor ; nous gagnâmes Biberich, dont la situation nous ravit, et, joyeux et contents, nous reprîmes le chemin de la maison.

Toute cette promenade, dont mon père se promettait de nombreux dessins, avait été à peu près stérile; en effet, quelle intelligence, quel talent, quelle expérience ne faut-il pas pour saisir comme tableau un vaste paysage ! J'étais insensiblement ramené aux sujets circonscrits, où je trouvais quelque butin à faire ; je ne rencontrais pas un château en ruines, une muraille rappelant les temps passés, sans y voir un objet digne de mes crayons, et sans l'esquisser de mon mieux. Je dessinai même le monument de Drusus sur les remparts de Mayence, avec quelque risque et quelque péril, auxquels doit s'exposer tout voyageur qui veut rapporter chez lui quelques souvenirs dans son album. Par malheur, je n'avais pris, cette fois encore, que de mauvais papier commun, et j'avais entassé plusieurs dessins sur la même feuille ; mais mon paternel instituteur ne s'en laissa pas déconcerter : il coupa les feuilles par morceaux; il fit rapprocher par le relieur les choses qui allaient ensemble, traça des encadrements autour de chaque feuille, et, par là, me contraignit réellement de prolonger jusqu'à la marge les profils de diverses montagnes, et de remplir le premier plan avec quelques plantes et quelques roches. Si ses efforts consciencieux n'élevèrent pas mon talent, du moins ce trait de son amour de l'ordre eut sur moi une secrète influence, qui déploya dans la suite ses effets de plus d'une manière.

Après ces courses de joyeux promeneur et d'artiste, qui pouvaient se faire en peu de temps et se répéter souvent, j'étais toujours ramené à la maison par un aimant qui, dès longtemps, agissait puissamment sur moi : c'était ma sœur. Elle n'avait qu'une année de moins que moi; depuis que je me connaissais, elle avait vécu de la même vie, et, par là, elle s'était unie avec moi de la manière la plus intime. A ces causes naturelles se joignait un mobile qui tenait à notre situation de famille : un père affectueux et bon, mais sévère, qui, par cela même qu'il avait un cœur très-tendre, affectait, avec une persistance incroyable, une inflexible sévérité, afin de parvenir à son but, de donner à ses enfants la meilleure éducation, d'élever, d'ordonner et de maintenir sa maison bien fondée ; d'un autre côté, une mère encore enfant, pourrais-je dire, qui n'était arrivée à se connaître que dans ses deux aînés et avec eux ; tous trois, observant le monde d'une vue saine, faits pour sentir la vie et demandant des jouissances présentes. Cette lutte au sein de la famille s'accrut avec les années ; le père poursuivait son but sans s'émouvoir ni s'interrompre ; la mère et les enfants ne pouvaient renoncer à leurs sentiments, à leurs vœux, à leurs désirs. Dans ces circonstances, le frère et la sœur devaient naturellement se serrer l'un contre l'autre et se joindre à leur mère, pour saisir du moins une à une les jouissances qui leur étaient refusées en gros. Mais, comme les heures de retraite et de travail étaient fort longues, auprès des moments de repos et de plaisir, surtout pour ma sœur, qui ne pouvait jamais quitter la maison pour aussi longtemps que moi, le besoin qu'elle éprouvait de m'entretenir était rendu plus vif encore par sa langueur passionnée, qui me suivait dans mes courses lointaines.

Et comme, dans les premières années, les jeux et l'étude, la croissance et l'éducation avaient été absolument communs entre le frère et la sœur, tellement qu'on pouvait les prendre pour deux jumeaux, cette communauté, cette confiance, subsista entre eux quand se développèrent leurs forces physiques et morales. Ces intérêts de la jeunesse, cet étonnement que nous cause l'éveil de désirs sensuels qui se revêtent de formes spirituelles, l'éveil de besoins spirituels qui se revêtent de formes sensuelles, toutes les réflexions que ces choses font naître et qui répandent plus d'obscurité que de lumière, comme un brouillard couvre et n'éclaire pas la vallée d'où il veut s'élever, enfin les erreurs et les égarements qui en résultent, le frère et la sœur les partageaient et les éprouvaient, la main dans la main, et ils pouvaient d'autant moins s'entendre sur leur situation étrange, que la sainte pudeur de la proche parenté les séparait toujours avec plus de violence, à mesure qu'ils voulaient se rapprocher l'un de l'autre et s'expliquer.

C'est à regret que j'exprime d'une manière générale ce que j'ai entrepris d'exposer il y a bien longtemps sans avoir pu l'achever. Comme elle me fut trop tôt ravie, cette mystérieuse et chère créature, je sentis vivement le besoin de me rendre ses qualités présentes. Ainsi naquit chez moi l'idée d'un ensemble poétique, dans lequel il m'aurait été possible de développer son caractère : mais la seule forme convenable était celle des romans de Richardson; des détails exacts, des particularités sans nombre, dont chacune porte d'une manière vivante le caractère de l'ensemble, et qui, jaillissant d'une merveilleuse profondeur, en donnent la mystérieuse idée ; ces moyens auraient pu seuls réussir en quelque mesure à révéler cette remarquable individualité : car on ne peut concevoir la source que lorsqu'elle coule. Mais je fus détourné de cette belle et pieuse entreprise, comme de bien d'autres, par le tumulte du monde, et maintenant tout ce que je puis faire encore est d'évoquer pour un moment, comme à l'aide d'un miroir magique, l'ombre de cet esprit bienheureux.

Elle était grande, bien faite et d'une taille élégante ; elle avait dans ses manières une dignité naturelle, mêlée d'une agréable douceur. Les traits de son visage n'étaient ni remarquables ni beaux, et annonçaient une nature qui n'était pas, qui ne pouvait pas être d'accord avec elle-même; ses yeux n'étaient pas les plus beaux que j'aie jamais vus, mais les plus profonds et faits pour exciter la plus mystérieuse attente; et, lorsqu'ils exprimaient l'affection, l'amour, ils avaient un éclat sans égal. Et pourtant cette expression n'était proprement pas celle de la tendresse qui vient du cœur, et qui amène avec elle la langueur et le désir : cette expression venait de l'âme, elle était pleine et riche, et semblait ne vouloir que donner, sans éprouver le besoin de recevoir.

Mais ce qui défigurait tout à fait son visage, au point qu'elle pouvait quelquefois sembler vraiment laide, c'était la mode du temps, qui, non-seulement découvrait le front, mais, par hasard ou à dessein, faisait tout pour l'agrandir ou le faire paraître plus grand. Et comme elle avait le front de femme le mieux modelé et de la plus belle courbure, des sourcils noirs très-marqués et les yeux à fleur de tête, il en résultait un contraste, qui, au premier moment, s'il ne repoussait point, du moins n'attirait pas. Elle le sentit de bonne heure, et ce sentiment devint toujours plus pénible, à mesure qu'elle entra dans l'âge où les deux sexes éprouvent un innocent plaisir à se faire mutuellement une agréable impression.

Nul ne peut être choqué de sa propre figure; la personne la plus laide, comme la plus belle, a le droit d'éprouver du plaisir à sa vue, et, comme la bienveillance embellit, et que chacun se regarde au miroir avec bienveillance, on peut affirmer que chacun doit se voir aussi avec complaisance, dût-il même regimber à l'encontre : toutefois ma sœur avait tellement d'intelligence qu'elle ne pouvait s'aveugler et s'abuser à cet égard. Elle ne savait peut-être que trop bien qu'elle le cédait beaucoup en beauté à ses compagnes, et ne sentait pas, pour sa consolation, que, par les qualités de l'esprit, elle leur était infiniment supérieure.

Si quelque chose peut consoler une femme de n'être pas belle, ma sœur en était bien dédommagée par la confiance sans bornes, l'estime et l'affection que lui portaient toutes ses amies. Plus jeunes ou plus âgées, elles nourrissaient toutes les mêmes sentiments. Une très-agréable société s'était rassemblée autour de Cornélie; quelques jeunes gens avaient su y pénétrer; chaque jeune fille avait trouvé un ami : ma sœur était seule restée sans chevalier. Il est vrai que, si son extérieur avait quelque chose d'un peu rebutant, l'esprit qui se faisait jour au travers n'était pas non plus attrayant, car la dignité impose toujours et oblige les autres à se replier sur eux-mêmes. Elle le sentait vivement, elle ne me le cachait pas, et son attachement pour moi en prenait une force nouvelle. Le cas était assez singulier. Tout comme les confidents auxquels nous découvrons une affaire d'amour deviennent, par une franche sympathie, amoureux avec nous et peu à peu nos rivaux, et finissent par attirer l'affection sur eux-mêmes, il en fut ainsi du frère et de la sœur : en effet, quand ma liaison avec Marguerite se rompit, ma sœur mit d'autant plus d'empressement à me consoler qu'elle éprouvait une secrète joie d'être délivrée d'une rivale, et je ressentais de mon côté quelque malin plaisir, quand elle me rendait la justice de dire que moi seul je savais véritablement l'aimer, la comprendre et l'apprécier. Que si de temps en temps je sentais se réveiller mes regrets de la perte de Marguerite, et si je m'abandonnais tout à coup aux larmes, aux plaintes, aux transports, le désespoir que me causait ma perte excitait pareillement chez ma sœur l'impatience et le désespoir, à l'idée qu'elle n'avait jamais possédé, jamais goûté, et fixé au passage ces jeunes attachements : en sorte que nous croyions être l'un et l'autre au comble de l'infortune, d'autant plus que, dans cette situation étrange, les confidents ne pouvaient se transformer en amoureux.

Heureusement le fantasque dieu d'amour, qui fait tant de maux sans nécessité, se mêla de la chose, et, bienfaisant cette fois, vint nous tirer de tout embarras. J'étais fort lié avec un jeune Anglais, qui faisait son éducation dans la pension Pfeil. Il possédait fort bien sa langue par principes : je la cultivai avec lui, et j'appris en même temps beaucoup de choses sur l'Angleterre et les Anglais. Il fréquenta notre maison assez longtemps, sans que j'eusse remarqué chez lui aucun penchant pour ma sœur; mais sans doute il avait nourri en secret cette inclination jusqu'à l'ardeur la plus vive, car elle finit par se déclarer tout à coup à l'improviste. Ma sœur le connaissait, l'estimait, et il en était digne. Elle avait assisté souvent à nos conversations anglaises; nous avions cherché l'un et l'autre à nous approprier, avec le secours du jeune maître, les bizarreries de la prononciation anglaise, et, par là, nous nous étions accoutumés, non-seulement aux particularités de l'accent et des sons de cette langue, mais aussi à ce qu'il y avait de plus particulier et de plus individuel chez notre instituteur, si bien que ce fut une chose assez étrange à la fin, de nous entendre parler ensemble comme d'une seule bouche. Ses efforts pour apprendre de nous l'allemand de la même manière ne furent pas heureux, et je crois avoir observé que ce petit commerce d'amour fut poursuivi en langue anglaise, aussi bien par écrit que de vive voix. Les deux amants étaient faits l'un pour l'autre : il était grand et bien fait comme elle, d'une taille plus élancée encore; sa figure étroite et mince aurait pu être vraiment jolie, si elle n'avait pas été trop gravée de la petite vérole; ses manières étaient calmes, décidées, quelquefois même sèches et froides, mais son cœur était bon et tendre, son âme pleine de noblesse et ses inclinations aussi constantes que prononcées et paisibles. Ce couple sérieux, qui ne s'était rencontré que plus tard, se distinguait tout particulièrement parmi les autres qui se connaissaient déjà davantage, et, de caractère plus léger, insouciants de l'avenir, se comportaient avec étourderie dans ces liaisons, simple prélude, ordinairement stérile, d'engagements futurs plus sérieux, et rarement suivies de conséquences durables.

La bonne saison, la belle contrée, furent mises à profit par une société si gaie; on fit souvent des promenades sur l'eau, parce que, de toutes les parties de plaisir, ce sont les plus intimes. Au reste, que l'on se promenât sur l'eau ou sur la terre, les attractions particulières se montraient d'abord; chaque couple se formait, et quelques jeunes gens, qui n'étaient pas engagés (j'étais du nombre), se trouvaient sans dames, ou du moins n'avaient pas celles qu'ils auraient choisies pour passer un jour de plaisir. Un de nos amis, qui était dans le même cas, et qui se trouvait sans moitié, parce que, avec l'humeur la plus heureuse, il manquait de tendresse, et qu'avec beaucoup d'esprit, il n'avait pas les attentions nécessaires aux liaisons de ce genre, après avoir déploré souvent sa situation d'une manière enjouée et spirituelle, promit de faire à la réunion prochaine une proposition dont toute la société et lui-même se trouveraient bien. Il ne manqua pas de tenir sa promesse; en effet, après une brillante course sur l'eau et une très-agréable promenade, comme nous étions entre des collines ombreuses, les uns couchés sur le gazon, les autres assis sur des pierres ou des racines moussues, après avoir fait gaiement un repas champêtre, notre ami, nous voyant tous joyeux et de bonne humeur, nous ordonna avec une dignité plaisante de nous asseoir en demi-cercle, puis il s'avança et se mit à pérorer avec emphase de la manière suivante :

« Très-chers amis et amies, assortis et non assortis! On voit déjà clairement par cette apostrophe combien il est nécessaire qu'un prédicateur vous exhorte à la pénitence et réveille la conscience de la société. Une partie de mes nobles amis sont assortis et apparemment ils s'en trouvent bien; une autre partie ne le sont pas et s'en trouvent fort mal, comme je puis l'assurer par ma propre expérience; et, bien que les tendres couples forment ici la pluralité, je les invite à réfléchir si ce n'est pas un devoir social de songer à tout le monde. Pourquoi nous réunissons-nous en grand nombre, sinon pour prendre intérêt les uns aux autres? Et comment la chose est-elle possible, s'il se forme dans notre cercle tant de petits aparté? Je suis bien loin de rien méditer contre de si belles liaisons ou de vouloir y toucher seulement; mais toute chose a son temps! Belle et grande parole, à laquelle, il faut le dire, personne ne pense, lorsqu'il a trouvé un passe-temps qui le satisfait. » Il continua de la sorte, toujours plus vif et plus gai, opposant les vertus sociales aux sentiments tendres. « Ceux-ci, disait-il, ne peuvent jamais nous manquer; nous les portons toujours en nous, et, sans exercice, chacun y devient maître aisément; mais ceux-là, nous devons les rechercher, nous devons nous efforcer de les acquérir, et nous aurons beau faire des progrès dans ce genre, nous n'aurons jamais tout appris! » Ensuite il passa aux particularités; plusieurs sentirent l'aiguillon, et nous ne pouvions nous empêcher de nous regarder les uns les autres: mais notre ami avait le privilége de faire tout accepter doucement, et il put continuer sans être interrompu. « Il ne suffit pas de signaler le mal; on a même tort de le faire, si l'on ne sait pas en même temps indiquer le moyen de rendre la situation meilleure. Je ne veux donc pas, mes amis, comme un prédicateur de carême, vous exhorter en général à la repentance et à l'amendement, je souhaite, au contraire, à tous les aimables couples le bonheur le plus long et le plus durable, et pour y contribuer moi-même de la manière la plus sûre, je propose de rompre et de suspendre pendant nos heures de société ces délicieux petits aparté. J'ai déjà songé à l'exécution, poursuivit-il, pour le cas où j'aurais votre approbation. Voici une bourse où se trouvent les noms des messieurs : tirez, mes belles demoiselles, et veuillez agréer pour huit jours, comme votre serviteur, celui que le sort vous adressera. La convention n'aura de force qu'au sein de notre cercle : aussitôt qu'il sera rompu, ces unions seront aussi rompues, et votre cœur pourra choisir celui qui vous ramènera chez vous. »

Beaucoup de personnes avaient trouvé fort divertissante cette harangue et la manière dont l'orateur l'avait débitée, et elles paraissaient approuver l'idée, mais quelques couples semblaient rêveurs, comme s'ils avaient craint de ne pas y trouver leur compte, aussi l'orateur s'écria-t-il avec une véhémence comique : « En vérité, je suis surpris que personne ne se lève, et, quoique d'autres hésitent encore, ne loue ma proposition, n'en développe les avantages et ne me dispense d'être mon propre panégyriste. Je suis le plus âgé de la compagnie ; que Dieu me pardonne, je commence à chauvir : c'est la faute de mes grandes méditations (ici l'orateur ôta son chapeau), mais j'exposerais à la vue, avec joie et avec honneur, ma tête pelée, si mes réflexions, qui me dessèchent la peau et me dépouillent de la plus noble des parures, pouvaient être de quelque avantage pour les autres et pour moi. Nous sommes jeunes, mes amis, cela est beau ; nous vieillirons, cela est fâcheux : nous sommes assez contents les uns des autres, cela est charmant, et d'accord avec la saison ; mais bientôt, mes amis, les jours viendront où nous aurons plus d'un sujet d'être mécontents de nous : alors ce sera l'affaire de chacun de voir comment il pourra s'accorder avec lui-même, mais en même temps les autres auront contre nous plus d'un sujet de mécontentement, et cela en des choses que nous ne pouvons du tout comprendre : nous devons nous y préparer, et c'est ce que nous allons faire. »

Il avait débité tout ce discours, mais surtout la dernière partie, avec le ton et les gestes d'un capucin ; car il était catholique, et il avait eu assez d'occasions d'étudier l'éloquence de ces pères. A ce moment, il parut hors d'haleine, il essuya sa tête chauve avant le temps, qui lui donnait réellement l'air d'un prêtre, et, par ces bouffonneries, il mit de si bonne humeur la société folâtre, que chacun désirait en entendre davantage ; mais, au lieu de continuer, il tira la bourse, et se tourna vers sa voisine. « Il s'agit d'essayer, s'écria-t-il ; l'œuvre louera le maître. Si dans huit jours la chose vous déplaît, nous y renoncerons et nous resterons sur l'ancien pied. » Moitié de gré, moitié de force, les dames tirèrent leurs billets, et il fut aisé de voir que, dans cette petite opération, diverses passions étaient en jeu. Heureusement, il se trouva que les joyeux furent séparés, et que les graves restèrent ensemble ; ma sœur garda son Anglais, ce dont ils surent l'un et l'autre fort bon gré au dieu de l'amour et de la fortune. Les nouveaux couples de hasard furent aussitôt unis par l'*antistès*; on but à leur santé, et on leur souhaita à tous d'autant plus de joie, qu'elle devait être de courte durée. Et certes, ce fut le moment le plus gai que notre société eût passé depuis longtemps. Les jeunes hommes auxquels aucune dame n'était échue en partage, furent chargés de pourvoir, pendant cette semaine, aux besoins de l'esprit, de l'âme et du corps, selon les expressions de notre orateur; mais de l'âme surtout, disait-il, parce que les deux autres sauraient bien se tirer d'affaire eux-mêmes.

Les directeurs, qui voulurent se signaler aussitôt, mirent en train des jeux nouveaux, fort jolis, préparèrent, à quelque distance, un souper inattendu, et illuminèrent le yacht pour notre retour nocturne, bien que le clair de lune rendît la chose inutile; mais ils s'excusèrent sur ce qu'il était tout à fait conforme au nouvel arrangement de la société d'éclipser par de terrestres clartés les tendres regards de l'astre céleste. Au moment où nous débarquâmes, notre Solon s'écria : *Ite missa est!* Chacun conduisit encore jusqu'à terre la dame qui lui était échue par le sort, la remit à son véritable chevalier, et reprit la sienne en échange.

Dans la réunion suivante, cet arrangement hebdomadaire fut maintenu pour l'été, et l'on tira au sort de nouveau. On comprend que ce badinage donna à la société une physionomie nouvelle et inattendue : chacun fut engagé à produire ce qu'il avait de grâce et d'esprit, et à faire sa cour le plus galamment possible à sa belle d'un moment, pouvant bien se flatter d'avoir au moins pour une semaine une provision suffisante d'amabilité.

On s'était à peine arrangé, qu'au lieu de remercier l'orateur, on lui reprocha d'avoir gardé pour lui le meilleur de son discours, savoir la conclusion. Il assura que le meilleur d'un discours était la persuasion, et que celui qui ne songeait pas à persuader ne devait point parler; en effet, convaincre était une chose épineuse. Cependant, comme on ne lui laissait aucun repos, il commença sur-le-champ une capucinade plus bouffonne que jamais, peut-être parce qu'il songeait précisément à dire les choses les plus sérieuses. En effet, s'appuyant de passages de la Bible qui n'allaient pas à la chose, de comparaisons qui ne cadraient pas, d'allusions qui n'expliquaient rien, il développa cette thèse, que celui qui ne sait pas cacher ses passions, ses inclinations, ses désirs, ses projets, ses plans, ne réussit à rien dans le monde, et se voit troublé et joué dans toutes ses entreprises; que surtout, si l'on veut être heureux en amour, on doit viser au plus profond secret. Cette pensée circulait dans tout l'ensemble du discours sans être nulle part expressément énoncée. Si l'on veut se faire une idée de cet homme singulier, il faut savoir qu'étant né avec des dispositions très-heureuses, il avait cultivé ses talents, et surtout sa pénétration, dans les colléges des jésuites, et avait acquis, mais seulement du mauvais côté, une grande connaissance du monde et des hommes. Il pouvait avoir vingt-deux ans. Il aurait bien voulu m'inspirer son mépris du genre humain, mais il perdit sa peine avec moi, parce que j'avais encore un grand désir d'être bon et de trouver bons les autres hommes. Cependant j'ai été par lui rendu attentif à beaucoup de choses.

Pour compléter le personnel de toute société joyeuse, il faut nécessairement un acteur qui soit charmé que les autres personnes, pour animer les moments de calme, se plaisent à diriger sur lui leurs piquantes saillies. S'il n'est pas un Sarrasin rembourré, comme celui sur lequel les chevaliers essayaient leurs lances dans les joutes, mais qu'il sache lui-même escarmoucher, harceler et défier, blesser légèrement et se retirer, et, en paraissant se livrer à discrétion, porter aux autres une botte, on ne peut guère imaginer de chose plus agréable. Nous avions ce personnage dans notre ami Horn (corne), dont le nom donnait déjà lieu à mille plaisanteries, et que nous appelions toujours Hœrnchen (cornette) à cause de sa petite taille. Il était en effet le plus petit de la société; il avait les formes dures, mais agréables; son nez camus, ses lèvres un peu renversées, ses petits yeux étincelants, donnaient à son visage brun une expression qui semblait toujours provoquer le rire. Son petit crâne comprimé était couvert d'une épaisse chevelure noire et crépue, sa barbe était déjà bleue, et il aurait bien voulu la laisser croître pour égayer constamment la compagnie, comme un masque comique. Au reste, il était agile et bien fait, quoiqu'il prétendît avoir les jambes croches, ce qu'on lui accordait, parce qu'il le voulait ainsi, et c'était encore une source de plaisanteries; en effet, comme on le recherchait en qualité d'excellent danseur, il rangeait parmi les singularités des dames, qu'elles voulaient voir toujours à la danse les jambes croches. Sa gaieté était intarissable, et sa présence, indispensable à nos réunions. Je me liai avec lui d'autant plus étroitement, qu'il devait me suivre à l'université, et il mérite bien que je parle de lui en termes honorables, car il m'a témoigné, pendant nombre d'années, une complaisance, un attachement, une fidélité sans bornes.

Séduit par ma facilité à rimer et à démêler dans les choses communes un côté poétique, il s'était laissé entraîner à faire des essais du même genre. Nos petits voyages de société, nos parties de plaisir et leurs incidents divers recevaient de nous un habillement poétique, et la description d'une aventure amenait toujours une aventure nouvelle. Cependant, comme ces badinages de société tournaient d'ordinaire à la raillerie, et que l'ami Horn, avec ses peintures burlesques, ne restait pas toujours dans les limites convenables, cela causait quelques fâcheries, mais qui étaient bientôt apaisées. Il s'essaya aussi dans un genre de poésie, alors fort à la mode, le poëme héroï-comique. *La Boucle de cheveux enlevée*, de Pope, avait produit beaucoup d'imitations; Zacharie cultivait ce genre de poésie sur le sol allemand, et il plaisait à chacun, parce que l'objet ordinaire était un lourdaud que les génies bafouaient pour favoriser l'homme de mérite.

Ce n'est point une chose étonnante, mais on s'étonne pourtant de voir, quand on observe une littérature, et particulièrement la littérature allemande, comme toute une nation, quand un sujet une fois donné a été heureusement traité dans une certaine forme, ne peut plus y renoncer et veut le reproduire de toute façon; si bien qu'à la fin l'œuvre originale est elle-même étouffée et enfouie sous la masse des imitations. L'épopée badine de mon ami était une pièce à l'appui de cette observation. Dans une grande partie de traîneaux, un sot est le chevalier d'une dame qui ne peut le souffrir; il éprouve, d'une manière assez drôle, accident sur accident, comme cela peut arriver en pareille circonstance, jusqu'à ce qu'enfin, comme il sollicite le droit du traîneau, il tombe du siége, culbuté, comme de raison, par les génies. La belle prend les guides et s'en va seule chez elle; un amant favorisé la reçoit et triomphe du présomptueux rival. Le poëte avait d'ailleurs très-gentiment imaginé les mauvais tours que les différents génies jouent l'un après l'autre au malheureux, jusqu'au moment où les gnomes l'enlèvent enfin de son siége. Ce poëme, écrit en vers alexandrins, basé sur une histoire véritable, amusa beaucoup notre petit public, et l'on était persuadé que cet ouvrage pouvait soutenir la comparaison avec la *Nuit de Walpurgis* de Lœven et les *Renommistes* de Zacharie.

Comme nos plaisirs de société ne demandaient qu'une soirée par semaine, et les préparatifs quelques heures seulement, j'avais assez de temps pour lire, et, comme je croyais, pour étudier. Pour faire plaisir à mon père, je répétais assidûment le *Petit Hopp*, et je me mis en état d'en rendre bon compte à des examinateurs; par là je m'appropriai parfaitement le fond des Institutes. Mais un désir inquiet de savoir m'entraîna plus loin; je me plongeai dans l'histoire de la littérature ancienne, et, de là, dans un encyclopédisme dans lequel je parcourus l'*Isagoge* de Gessner et le *Polyhistor* de Morhof, et me fis une idée générale de la manière dont maintes choses étranges étaient survenues dans la vie et dans la science. Par ces études assidues et précipitées, poursuivies jour et nuit, je me brouillai plus l'esprit que je ne me formai; mais je me perdis dans un labyrinthe plus grand encore, quand je trouvai Bayle dans la bibliothèque de mon père, et que je m'enfonçai dans cette lecture.

J'étais toujours plus profondément persuadé de l'importance des langues anciennes; car, du milieu de l'ancien pêle-mêle littéraire, me revenait toujours la pensée qu'on retrouve dans ces langues tous les modèles d'éloquence et tout ce que le monde a jamais possédé d'admirable. L'hébreu et les études bibliques étaient restés en arrière comme le grec, où mes connaissances ne s'étendaient pas au delà du Nouveau Testament. Je ne m'en attachai que plus sérieusement au latin, dont les modèles sont plus près de nous, et qui, à côté d'admirables productions originales, nous offre encore les acquisitions de tous les temps dans des traductions et des ouvrages de savants du premier ordre. Je lus donc beaucoup en cette langue avec une grande facilité, et j'osais me flatter d'entendre les auteurs, parce que rien ne m'échappait du sens littéral. Je fus même très-choqué quand j'appris que Grotius avait dit orgueilleusement qu'il lisait Térence autrement que les enfants. Heureuse illusion de la jeunesse, ou plutôt de tous les hommes, qui peuvent se croire accomplis à chaque moment de leur existence, et qui ne s'enquièrent ni du vrai ni du faux, ni des hauteurs, ni des profondeurs, mais seulement de ce qui est à leur mesure! J'avais donc appris le latin, comme l'allemand, le français, l'anglais, par la pratique seulement, sans règles et sans principes. Ceux qui savent ce qu'était alors l'instruction publique ne trouveront pas étrange que j'eusse enjambé la grammaire tout comme la rhétorique : tout me semblait aller naturellement ; les mots, leurs formations et transformations, se fixaient dans mon oreille et mon esprit, et je me servais du langage avec aisance pour écrire et pour babiller.

La Saint-Michel approchait; c'était le moment où je devais me rendre à l'université, et je me sentais également animé par la vie et par la science. Je trouvais en moi un éloignement toujours plus manifeste pour ma ville natale. Le départ de Marguerite avait brisé le cœur du jeune arbrisseau; il lui fallait du temps pour jeter des branches latérales et réparer sa première perte par une croissance nouvelle. Mes promenades dans les rues avaient cessé; je ne faisais, comme les autres, que les courses nécessaires. J'évitais de retourner dans le quartier de Marguerite et même dans le voisinage; et, tout comme mes vieux murs, mes vieilles tours, me blessaient peu à peu la vue, la constitution de la ville en vint aussi à me déplaire; tout ce qui m'avait paru auparavant si vénérable me semblait aller de travers. Comme petit-fils du maire, je n'avais pas manqué d'apercevoir les secrets défauts de cette république, d'autant plus que les enfants éprouvent un étonnement tout particulier, et sont excités à s'enquérir diligemment des choses aussitôt qu'ils commencent à juger suspect ce qu'ils ont jusque-là honoré sans réserve. Je n'avais vu que trop bien le chagrin inutile des honnêtes gens en lutte avec ceux que les partis peuvent gagner ou même corrompre; toute injustice m'était souverainement odieuse, car les enfants sont tous rigoristes en morale. Mon père, qui n'était mêlé aux affaires de la ville que comme simple particulier, exprimait très-vivement son chagrin des choses qui tournaient mal. Et ne le voyais-je pas, après tant d'études, de travaux, de voyages, et avec une culture si variée, mener entre ses murs mitoyens une vie solitaire, dont je n'aurais pas voulu pour moi? Je sentais tout cela sur mon cœur comme un horrible fardeau dont je ne savais me délivrer qu'en essayant de me figurer un tout autre plan de vie que celui qui m'était prescrit. Dans ma pensée, je rejetais bien loin les études de droit, et je me vouais uniquement aux langues, aux antiquités, à l'histoire et à tout ce qui en découle.

Je trouvais toujours le plus grand plaisir à faire la peinture poétique de ce que j'avais observé en moi, chez les autres et dans la nature; la chose m'était toujours plus facile, parce qu'elle venait d'instinct, et que la critique ne m'avait jamais déconcerté; et lors même que mes productions ne m'inspiraient pas une entière confiance, je pouvais bien les considérer comme défectueuses, mais non comme tout à fait rejetables. Si l'on y condamnait ceci ou cela, je n'en restais pas moins secrètement persuadé que je ferais toujours mieux par la suite, et qu'un jour je serais nommé avec honneur à côté de Hagedorn, de Gellert et de leurs pareils. Mais, à elle seule, cette destination me semblait trop vaine et trop insuffisante; je voulais me livrer sérieusement aux études solides dont j'ai parlé, et, en songeant à faire, par une connaissance plus complète de l'antiquité, des progrès plus rapides dans mes travaux particuliers, je voulais me rendre capable de remplir une chaire dans quelque université, ce qui me semblait la chose la plus désirable pour un jeune homme qui veut se cultiver lui-même et contribuer à la culture des autres.

Dans ces pensées, je visais toujours à Goettingue. C'était en des hommes tels que Heine, Michaëlis et quelques autres, que je mettais toute ma confiance; mon vœu le plus ardent était de m'asseoir à leurs pieds et de recueillir leurs leçons, mais mon père resta inébranlable. Ce fut en vain que plusieurs de nos amis, qui étaient de mon avis, essayèrent sur lui leur influence; il persista dans sa résolution de m'envoyer à Leipzig. Alors je regardai tout de bon comme un acte de légitime défense la résolution de me tracer un plan d'études et de vie particulier, contraire à ses sentiments et à sa volonté. L'obstination de mon père, qui, sans le savoir, s'opposait à mes projets, me fortifia dans mon impiété jusqu'à pouvoir sans remords l'écouter, des heures entières, m'exposant et me répétant le plan d'études et de vie que je devrais suivre à l'université et dans le monde.

Ayant perdu toute espérance d'aller à Gœttingue, je tournai mes regards vers Leipzig. Ernesti m'y apparaissait comme une brillante lumière; Morns inspirait déjà beaucoup de confiance. Je me traçai en moi-même un contre-projet, ou plutôt je me bâtis un fantastique château sur un fond assez solide; il me semblait à la fois romanesque et honorable de se tracer à soi-même sa carrière, et la mienne me paraissait d'autant moins illusoire que Griesbach avait déjà fait dans la même voie de grands progrès, et en avait été loué de chacun. La secrète joie d'un captif qui achève de briser ses fers et de limer les barreaux de sa prison ne peut être plus grande que n'était la mienne, à voir les jours s'écouler et octobre s'approcher. La triste saison, les mauvais chemins, dont chacun savait me parler, ne m'effrayaient pas. La pensée de m'établir en hiver dans une ville étrangère ne me donnait aucun souci; en un mot, je ne voyais de sombre que ma situation présente, et le reste du monde, que je ne connaissais pas, je me le figurais lumineux et serein. Tels étaient les songes que je me composais, auxquels je m'attachais uniquement, et je ne me promettais dans le lointain que bonheur et plaisir.

Je ne confiais à personne mes secrets desseins, cependant je ne pus les cacher à ma sœur. Elle en fut d'abord effrayée; mais elle finit par se calmer, quand je lui promis de venir la chercher pour jouir avec moi de la brillante position que je me serais faite et prendre part à mon bien-être.

Elle arriva enfin, cette Saint-Michel impatiemment attendue, et je partis bien joyeux avec le libraire Fleischer et sa femme, née Triller, qui allait voir son père à Wittenberg, et je laissai derrière moi la bonne ville qui fut ma mère et ma nourrice avec la même indifférence que si je n'avais voulu y rentrer de ma vie. C'est ainsi qu'à certaines époques les enfants se séparent des parents, les serviteurs des maîtres, les protégés des protecteurs, et cette tentative de se tenir sur ses pieds, de se rendre indépendant, de vivre de sa propre vie, qu'elle réussisse ou non, est toujours conforme à la volonté de la nature.

Nous étions sortis par la porte de Tous-les-Saints, et nous eûmes bientôt dépassé Hanau ; là j'atteignis des contrées qui éveillèrent mon attention par leur nouveauté, quoique, dans la saison où l'on était, elles eussent peu de charmes. Une pluie continuelle avait extrêmement gâté les chemins, qui, en général, n'étaient pas alors dans le bon état où nous les voyons aujourd'hui, et notre voyage ne fut ni agréable ni heureux. Toutefois je fus redevable à cette température humide du spectacle d'un phénomène que je crois extrêmement rare ; du moins je n'ai jamais rien revu de semblable et n'ai pas appris que d'autres l'aient vu. Nous montions de nuit une colline entre Hanau et Gelnhausen, et, malgré l'obscurité, nous préférâmes faire la montée à pied, plutôt que de nous exposer au danger et à l'ennui de cette traite. Tout à coup je vis à droite, dans un enfoncement, une sorte d'amphithéâtre merveilleusement illuminé. Des lumières innombrables brillaient étagées les unes au-dessus des autres, dans un espace en forme d'entonnoir, et leur clarté était si vive que l'œil en était ébloui, mais ce qui troublait surtout le regard, c'est que ces lumières ne restaient pas tranquilles, et qu'elles sautillaient de haut en bas ou de bas en haut, et dans tous les sens ; toutefois le plus grand nombre demeuraient immobiles en conservant leur éclat. Les cris de mes compagnons de voyage m'arrachèrent malgré moi à ce spectacle, que j'aurais voulu observer plus attentivement. Aux questions que je lui adressai, le postillon répondit qu'il ne savait rien de cette apparition, mais qu'il se trouvait dans le voisinage une ancienne carrière dont le fond était plein d'eau. Était-ce un pandémonium de feux follets ou une société de créatures luisantes ? c'est ce que je ne veux pas décider.

En Thuringe, nous trouvâmes les chemins encore plus gâtés, et, pour surcroît de mal, à la tombée de la nuit, notre voiture resta embourbée dans les environs d'Auerstadt. Nous étions loin de tout secours et nous fîmes notre possible pour nous dégager. Je ne manquai pas d'y faire tous mes efforts, et il paraît que je fatiguai outre mesure les muscles de ma poitrine, car je sentis bientôt une douleur, qui disparut, qui revint, et ne cessa tout à fait que bien des années après.

Mais, cette même nuit, comme si elle eût été réservée à toutes les péripéties, je devais, après un plaisir inattendu, éprouver un piquant chagrin. Nous trouvâmes en effet à Auerstadt un mari et sa femme, gens de distinction, qui, retardés par les mêmes aventures, ne faisaient aussi que d'arriver. Le mari avait l'air noble et distingué; il était dans la force de l'âge; la femme était fort belle. Ils nous proposèrent obligeamment de souper avec eux, et je me trouvai fort heureux que l'aimable dame voulût bien m'adresser quelques mots gracieux. Mais, comme j'étais sorti pour hâter le souper attendu, n'étant point accoutumé aux veilles et aux fatigues de voyage, je fus pris d'une insupportable envie de dormir, si bien que je dormais, je puis dire, en marchant, et que je rentrai dans la chambre mon chapeau sur la tête, et, sans remarquer que les autres personnes faisaient leur prière avant le repas, je me tins machinalement comme eux debout derrière ma chaise, et ne me doutai point que, par ma conduite, j'étais venu fort plaisamment troubler leur dévotion. Avant que l'on prît place, Mme Fleischer, qui ne manquait ni d'esprit ni de caquet, pria les étrangers de ne pas trouver choquant ce qu'ils voyaient de leurs yeux; son jeune compagnon de voyage avait de grandes dispositions pour les idées des quakers, qui croient ne pouvoir mieux honorer Dieu et le roi que la tête couverte. La belle dame, qui ne put s'empêcher de rire, en parut plus belle encore, et j'aurais donné tout au monde pour n'être pas la cause d'une hilarité, qui d'ailleurs lui allait si bien. Au reste, j'eus à peine posé mon chapeau, que ces personnes, qui savaient leur monde, laissèrent aussitôt tomber ce badinage, et, nous versant le meilleur vin de leur cantine, dissipèrent complétement mon sommeil, mon chagrin et tout souvenir des maux passés.

J'arrivai à Leipzig à l'époque de la foire, qui me fit un plaisir particulier, parce que j'y voyais une suite de ce que j'avais vu dans ma ville natale, des marchandises et des marchands connus, seulement en des lieux et dans un ordre nouveau. Je visitai avec beaucoup d'intérêt la place et les boutiques : mais, ce qui fixa principalement mon attention, ce furent les Orientaux avec leurs singuliers costumes, les Russes et les Polonais, mais, avant tout, les Grecs, dont j'allais souvent admirer les remarquables figures et les nobles vêtements.

Cependant ce mouvement si animé passa bientôt, et la ville elle-même s'offrit alors à moi avec ses maisons hautes, belles et pareilles. Elle fit sur moi une très-heureuse impression, et il faut reconnaître qu'elle a, surtout dans la tranquillité du dimanche et des jours de fête, quelque chose d'imposant; souvent aussi, au clair de lune, les rues, à demi sombres, à demi éclairées, m'invitaient à faire des promenades nocturnes.

Cependant ces nouveaux aspects ne me satisfaisaient pas, après ceux auxquels j'étais accoutumé. Leipzig ne rappelle à l'observateur aucun âge antique; c'est une époque nouvelle, un passé tout récent, attestant l'activité commerciale, le bien-être, la richesse, qui s'annonce aux regards dans ces édifices. Je trouvai néanmoins tout à fait à mon gré ces maisons, qui me semblaient immenses, et, qui, donnant sur deux rues, renferment toute une population dans leurs vastes cours, entourées de bâtiments élevés jusqu'au ciel, et ressemblant à de grands châteaux ou même à des quartiers de ville. Je me logeai dans une de ces étranges demeures, à la Boule de Feu, entre le vieux et le nouveau Neumarkt. Le libraire Fleischer occupa pendant la foire deux jolies chambres qui avaient vue sur la cour, assez animée, à cause de l'allée de traverse, et je les eus après lui pour un prix raisonnable. Je me trouvai le voisin d'un étudiant en théologie, qui avait fait des études solides, qui était sage mais pauvre, et souffrait beaucoup des yeux, ce qui lui donnait pour son avenir de grandes inquiétudes. Il s'était attiré ce mal à force de lire jusque dans le plus sombre crépuscule, et même au clair de lune, afin d'épargner un peu d'huile. Notre vieille hôtesse se montrait bienfaisante pour lui, toujours bienveillante pour moi et soigneuse pour tous deux.

Je me hâtai de porter mes lettres de recommandation à M. Bœhme, conseiller de cour, ancien élève de Mascov, et maintenant son successeur, comme professeur d'histoire et de droit public. C'était un homme vif, petit, ramassé. Il me reçut assez amicalement et me présenta à sa femme. Tous deux, comme les autres personnes que je visitai, me donnèrent les meilleures espérances au sujet de mon séjour à Leipzig; toutefois je ne fis d'abord connaître à personne mon secret dessein, bien qu'il me tardât de voir arriver le moment opportun pour secouer franchement les chaînes de la jurisprudence et m'adonner à l'étude des anciens. J'attendis prudemment le départ de Fleischer, de peur que ma famille ne fût trop tôt informée de mon projet. Mais, aussitôt après, j'allai droit au conseiller Bœhme, à qui je croyais devoir tout premièrement confier la chose, et lui exposai mon dessein avec beaucoup de franchise et de beaux raisonnements : mais je ne vis point ma communication favorablement accueillie. Comme historien et publiciste, il avait une haine prononcée pour tout ce qui sentait les belles-lettres. Par malheur, il n'était pas au mieux avec ceux qui les cultivaient, et surtout il ne pouvait souffrir Gellert, pour qui j'avais témoigné assez maladroitement les sentiments d'une grande confiance. Adresser à ces hommes un fidèle auditeur et s'en ôter un à lui-même, surtout dans les circonstances données, lui paraissait absolument inadmissible. Il me fit donc sur-le-champ une vive remontrance, et me déclara qu'il ne pouvait, sans la permission de mes parents, autoriser une pareille démarche, quand même, ce qui n'était point le cas, il l'aurait lui-même approuvée. Là-dessus, il invectiva contre la philologie et les études de langues et plus encore contre les essais poétiques, que j'avais laissé entrevoir de loin. Il finit par dire que, si je voulais aborder l'étude de l'antiquité, la jurisprudence était la meilleure voie que je pourrais suivre. Il me rappela plusieurs jurisconsultes « élégants, » Eberhard Otto et Heineccius; me promit des montagnes d'or dans les antiquités romaines et l'histoire du droit, et me prouva, clair comme le jour, que ce n'était pas même faire un détour, si, plus tard, après mûre réflexion et avec l'autorisation de mes parents, je persistais dans mon projet. Il m'invita amicalement à réfléchir encore à la chose et à lui découvrir bientôt mes sentiments, parce que, les cours allant s'ouvrir, il était nécessaire de se résoudre sans retard.

C'était fort aimable à lui de ne pas m'obliger à lui répondre sur-le-champ. Ses arguments et la gravité avec laquelle il les présentait avaient déjà convaincu ma docile jeunesse, et je commençai à voir les difficultés et les dangers d'une chose que je m'étais à part moi figurée si praticable. Bientôt après, Mme Bœhme me fit inviter à l'aller voir. Je la trouvai seule. Elle avait passé la jeunesse; elle était fort maladive, infiniment douce et tendre, et formait avec son mari, bonhomme un peu bourru, un parfait contraste. Elle me mit sur les discours que le conseiller m'avait tenus, et me représenta de nouveau la chose avec tant de douceur, d'amitié et de raison, qu'il me fallut céder; les réserves, peu nombreuses, sur lesquelles j'insistai, furent approuvées aussi par les deux époux. Là-dessus, M. Bœhme régla mes heures; je devais suivre un cours de philosophie, d'histoire du droit, d'institutes, et quelques autres. Je consentis à tout, mais je voulus absolument suivre aussi le cours d'histoire littéraire que Gellert donnait d'après Stockhausen, et de plus ses exercices pratiques.

Le respect et l'amour de tous les jeunes gens pour Gellert était extraordinaire. Je lui avais déjà rendu visite, et j'en avais été reçu avec bienveillance. Gellert n'était pas grand; sa taille était mince, mais sans maigreur; son regard était doux, même triste; un très-beau front, un nez aquilin pas trop prononcé, la bouche fine, le visage d'un bel ovale, tout rendait sa personne agréable et attrayante. Il fallait quelque peine pour arriver jusqu'à lui; ses deux serviteurs semblaient des prêtres qui gardent un sanctuaire, dans lequel tout le monde n'est pas admis et où l'on n'entre pas à toute heure. Et cette précaution était bien nécessaire, car il aurait sacrifié toute sa journée, s'il avait voulu recevoir et contenter toutes les personnes qui désiraient l'approcher familièrement.

Je suivis d'abord un cours, avec une assiduité irréprochable. Cependant la philosophie n'éclairait point mon intelligence. Dans la logique, je trouvais bizarre que, ces grandes opérations de l'esprit, que j'avais exécutées dès mon jeune âge avec la plus grande facilité, il me fallût les déchiqueter, les isoler, et presque les détruire, pour en découvrir le véritable usage. Sur l'être, sur le monde, sur Dieu, je croyais en savoir à peu près autant que le maître lui-même, et, en plus d'un endroit, il me paraissait éprouver de violents accrocs. Cependant les choses suivirent un cours assez régulier jusqu'aux approches du mardi gras, où, dans le voisinage du professeur Winkler, sur la place Saint-Thomas, les plus délicieux beignets, sortant de la poêle juste à l'heure de la leçon, nous attardèrent si fort, que nos cahiers en devinrent fort légers, et, vers le printemps, finirent par se fondre et se dissiper avec la neige.

Les leçons de droit allèrent bientôt tout aussi mal, car je savais déjà tout ce que le professeur jugeait à propos de nous enseigner. Mon application persévérante à écrire sous sa dictée se ralentit peu à peu, parce que je trouvais fort ennuyeux de noter encore une fois ce que j'avais répété assez souvent avec mon père, par demandes et par réponses, pour le graver à jamais dans ma mémoire. Le mal que l'on fait en menant trop loin les jeunes gens dans les colléges, pour certaines connaissances, s'est développé plus encore dans la suite; on prend sur le temps et sur l'attention que réclament les exercices de langues et toutes les véritables études préparatoires, pour les occuper de ce qu'on nomme études réelles, qui les distraient plus qu'elles ne les forment, si elles ne sont pas exposées d'une manière complète et méthodique.

Je signalerai ici en passant un autre mal dont les étudiants ont beaucoup à souffrir. Les professeurs, pas plus que les autres fonctionnaires de l'État, ne peuvent être tous du même âge : or, comme les jeunes n'enseignent proprement que pour apprendre, et que, de plus, s'ils sont bien doués, ils devancent l'époque, il en résulte qu'ils se développent absolument aux dépens de leurs auditeurs, à qui l'on n'enseigne pas les choses dont ils ont vraiment besoin, mais celles que le professeur trouve nécessaire d'approfondir pour lui. En revanche, parmi les vieux professeurs, plusieurs sont dès longtemps stationnaires; l'ensemble de leur enseignement n'offre que des vues immobiles, et le détail, beaucoup de choses que le temps a déjà condamnées comme inutiles et fausses. Il résulte de ces deux circonstances un malheureux conflit, dans lequel les jeunes esprits sont tiraillés à droite et à gauche, et auquel peuvent remédier à peine les professeurs de moyen âge, qui, suffisamment instruits et développés, sentent néanmoins encore le besoin de savoir et de réfléchir.

Tandis que cette marche me conduisait à étendre mes connaissances plutôt qu'à les bien digérer, ce qui éveillait en moi un malaise toujours croissant, j'éprouvais aussi dans le monde diverses petites contrariétés; car, lorsqu'on change de séjour et qu'on entre dans des relations nouvelles, il faut toujours payer la bienvenue. La première chose que les femmes critiquèrent chez moi, ce fut l'habillement : et en effet, il faut le dire. J'étais arrivé à l'université dans un équipage un peu singulier. Mon père, qui ne pouvait souffrir qu'une chose restât sans effet, qu'une personne ne sût pas employer son temps, ou ne trouvât aucune occasion de l'employer, était arrivé à ménager le temps et les forces au point que son plus grand plaisir était de tuer deux mouches d'un seul coup. Il n'avait donc chez lui aucun domestique qui ne fût bon à quelque chose à côté de son service. Tout comme, après avoir eu l'habitude de tout écrire de sa propre main, il avait trouvé commode plus tard de faire écrire sous sa dictée notre jeune commensal, il trouva aussi fort avantageux d'avoir pour valets des tailleurs, qui devaient employer leurs loisirs à confectionner leurs livrées et même les habits du père et des enfants, et à faire toute espèce de ravaudages. Mon père avait soin de se procurer lui-même les meilleurs draps et les meilleures étoffes; il les achetait à la foire de marchands étrangers et en il faisait provision. Je me souviens encore qu'il visitait toujours MM. de Lœvenicht, d'Aix-la-Chapelle, et que, dès mon plus jeune âge, il me fit faire la connaissance de ces messieurs et d'autres grands négociants. Il avait donc pourvu à la qualité de l'étoffe, et les diverses sortes de draps, de serges, les tissus, ainsi que les doublures nécessaires, ne manquaient pas : en sorte que, pour ce qui concerne l'étoffe, nous aurions osé nous montrer, mais la forme gâtait presque tout, car un tailleur domestique pouvait à la rigueur être capable de bien coudre et confectionner un habit coupé par un bon maître, mais ici il fallait qu'il le coupât lui-même, et cela ne réussissait pas toujours au mieux. Ajoutez que mon père montrait beaucoup de soin et de propreté dans tout ce qui regardait son habillement, et le conservait pendant nombre d'années plus qu'il ne s'en servait : de là une préférence pour certaines coupes et certains ajustements surannés, qui donnaient parfois à notre mise quelque chose de singulier.

C'est ainsi qu'on avait monté ma garde-robe pour l'université; elle était complète et belle, et il s'y trouvait même un habit galonné. Accoutumé à cet équipage, je me croyais assez bien mis, mais, avant qu'il fût longtemps, mes amies me persuadèrent, d'abord par de légères moqueries, puis par de sages représentations, que je semblais tomber d'un autre monde. Quel que fût mon chagrin, je ne voyais pas d'abord comment je pourrais remédier à la chose; mais, quand M. des Masures, ce poétique gentilhomme villageois, si chéri du public, se fut montré sur la scène dans le même costume, et qu'il eut provoqué de bons rires par le ridicule de son ajustement, plus encore que de son esprit, ma résolution fut prise, et je me permis d'échanger tout d'un coup, contre des habits à la nouvelle mode et au goût de Leipzig, ma garde-robe entière, qui en fut bien réduite.

Après cette première épreuve, je dus en soutenir une autre, qui me fut beaucoup plus désagréable, parce qu'elle concernait une chose qu'on ne change et ne quitte pas aussi aisément. J'étais né et j'avais été élevé dans un pays de haut-allemand, et, quoique mon père observât toujours une certaine pureté de langage; que, dès notre enfance, il eût fixé notre attention sur ce qu'on peut appeler les vrais défauts de ce dialecte, et qu'il nous eût préparés à parler plus purement, cependant il me restait un grand nombre d'idiotismes plus enracinés, que je me plaisais à faire valoir, parce que j'en aimais la naïveté, et par là je m'attirais chaque fois une réprimande sévère de mes nouveaux concitoyens. En effet les hauts-Allemands, et peut-être plus que les autres ceux qui habitent près du Rhin et du Mein (parce que les grands fleuves, comme les rivages de la mer, ont toujours quelque chose de vivifiant), s'expriment beaucoup par figures et par allusions, et se servent, avec un bon sens remarquable, de locutions proverbiales. Dans l'un et l'autre cas, ils sont souvent un peu verts, mais toujours convenables, si l'on considère l'objet de l'expression; seulement il peut se glisser, de temps en temps, quelque chose qui blesse une oreille délicate.

Chaque province aime son dialecte; car c'est en définitive l'élément dans lequel l'âme respire. Mais chacun sait avec quel caprice le dialecte de Misnie a su dominer les autres et quelque temps même les exclure. Nous avons gémi nombre d'années sous ce régime pédantesque, et toutes les provinces ont dû soutenir bien des combats pour se rétablir dans leurs anciens droits. Ce qu'un jeune homme ardent doit souffrir sous cette férule perpétuelle, on en pourra juger aisément, si l'on réfléchit qu'avec l'expression, que l'on pourrait bien enfin se résoudre à changer, il faut sacrifier en même temps la façon de penser, l'imagination, le sentiment, le caractère national. Et cette exigence insupportable était imposée par des hommes et des femmes d'esprit, dont les convictions ne pouvaient devenir les miennes, dont je croyais sentir l'injustice, sans pouvoir m'en rendre compte. Je dus renoncer aux allusions bibliques, comme aux expressions naïves des chroniques; je dus oublier que j'avais lu Geiler de Kaisersberg, renoncer à l'usage des proverbes, qui toutefois, sans barguigner longtemps, frappent droit sur la tête du clou. Tout ce que je m'étais approprié avec une ardeur de jeunesse, je devais y renoncer. Je me sentais paralysé jusqu'au fond de l'âme, et ne savais presque plus comment je devais m'exprimer sur les choses les plus communes. Avec cela, j'entendais dire qu'on doit parler comme on écrit, et écrire comme on parle : tandis que écrire et parler me paraissaient tout de bon deux choses différentes, dont chacune avait ses droits à faire valoir. Et il me fallait entendre, dans le dialecte de Misnie, bien des choses qui auraient fait une assez triste figure sur le papier.

A voir quelle influence décisive exercent sur un jeune étudiant des femmes et des hommes cultivés, des savants et, en général, des personnes qui se plaisent dans une société polie, chacun devinerait d'abord, quand on ne l'aurait pas dit, que la chose se passe à Leipzig. Chaque université allemande a sa physionomie particulière. Aucune culture générale ne pouvant s'établir dans notre patrie, chaque province persiste dans ses habitudes, et pousse à l'extrême les singularités qui la caractérisent : il en est de même des universités. A Iéna et à Halle, la rudesse des mœurs était arrivée au plus haut point. La force corporelle, l'habileté à l'escrime, la défense de soi-même, exercée avec fureur, y étaient à l'ordre du jour. Et une pareille situation peut s'entretenir et se perpétuer par les plus vulgaires débauches. Les rapports des étudiants avec les habitants de ces villes, quelles que fussent les différences, s'accordaient en ceci, que le farouche étranger n'avait aucun égard pour le bourgeois, et se regardait comme un être à part, qui avait le privilége de la licence et de l'audace. A Leipzig, au contraire, un étudiant ne pouvait guère être que galant, dès qu'il voulait former quelques relations avec des habitants riches et polis.

Assurément toute galanterie, quand elle ne se produit pas comme fleur d'une grande et large vie, doit sembler étroite, stationnaire et ridicule peut-être, à la voir d'un certain côté. Aussi les chasseurs sauvages de la Saale se croyaient-ils très-supérieurs aux bergers apprivoisés de la Pleisse. Le *Renommist* de Zacharie sera toujours un précieux document où se reflète la manière de vivre et de penser de cette époque; et, en général, ses poëmes doivent être bien accueillis de toute personne qui veut se faire une idée du caractère faible, mais aimable par son innocence et sa naïveté, de la société d'alors.

Les habitudes sont ineffaçables quand elles résultent d'une manière d'être générale, et, de mon temps, bien des choses rappelaient encore le poëme héroïque de Zacharie. A l'université, un seul de nos camarades se croyait assez riche et indépendant pour se moquer de l'opinion publique. Il fraternisait, le verre à la main, avec tous les cochers de louage, qu'il faisait asseoir dans leur voiture, comme s'ils étaient les messieurs, et qu'il menait lui-même, monté sur le siége. Parfois il trouvait charmant de les verser ; il payait généreusement les coupés brisés et les contusions, n'offensait d'ailleurs personne, mais semblait affronter le public en masse. Un jour, que le temps magnifique invitait à la promenade, il s'empara, avec un camarade, des ânes du meunier Thomas, et, en belle toilette, en culottes et souliers, ils firent gravement sur leurs montures le tour de la ville, au grand étonnement de tous les promeneurs, dont le glacis fourmillait. Quelques personnes sages lui ayant fait là-dessus des représentations, il assura d'un air candide qu'il avait seulement voulu voir quelle figure le Seigneur Jésus avait pu faire dans une situation pareille. Cependant il ne trouva point d'imitateurs et peu de compagnons. Car l'étudiant qui jouissait de quelque fortune et de quelque considération avait tout sujet de témoigner son dévouement à la classe marchande, et un motif particulier d'observer avec soin les convenances, en ce que la Colonie offrait le modèle des mœurs françaises. Les professeurs, que leur fortune particulière et de riches fondations mettaient à leur aise, n'étaient pas dépendants de leurs disciples, et la plupart des enfants du pays, formés dans les écoles du prince ou d'autres gymnases, et qui espéraient des emplois, ne se hasardaient pas à rompre avec les coutumes établies. Le voisinage de Dresde, l'attention du gouvernement, la vraie piété des hommes chargés de surveiller les études, ne pouvaient manquer d'exercer une influence morale et même religieuse.

Au commencement, ce genre de vie ne me fut point désagréable ; mes lettres de recommandation m'avaient introduit dans de bonnes familles, dont les amis m'accueillirent aussi fort bien dans leur intimité. Mais, comme je sentis bientôt que la société trouvait en moi bien des choses à redire, et qu'après m'être habillé à son goût, je devais aussi parler à sa façon, qu'à côté de cela (je le voyais clairement), je trouvais à faible dose l'instruction et le développement intellectuel que je m'étais promis de mon séjour à l'université, je devins peu à peu nonchalant et je négligeai les devoirs de société, les visites et les autres attentions, et je me serais écarté plus tôt de toutes ces relations sans la crainte et l'estime que m'inspirait le conseiller Bœhme et la confiance et l'affection qui m'attiraient vers sa femme. Par malheur, M. Bœhme n'avait pas l'heureux don de savoir s'y prendre avec les jeunes gens, de gagner leur confiance et de les diriger selon le besoin du moment. Je ne retirais jamais aucun avantage des visites que je lui faisais. Sa femme, au contraire, me montrait un véritable intérêt. Sa mauvaise santé la retenait à la maison. Elle m'invitait quelquefois à passer la soirée avec elle. J'avais de bonnes manières, mais non ce qu'on appelle proprement l'usage du monde : elle savait me diriger, me redresser, en divers petits détails de forme. Une seule de ses amies passait les soirées chez elle, mais cette dame avait l'humeur plus impérieuse et plus doctorale; aussi me déplaisait-elle souverainement, et, pour la braver, je revenais souvent aux mauvaises habitudes dont Mme Bœhme m'avait déjà désaccoutumé. Cependant elles se montraient patientes avec moi ; elles m'enseignaient le piquet, l'hombre et d'autres jeux pareils, dont la connaissance et l'habitude sont jugées indispensables dans la société.

Mais ce fut sur mon goût que Mme Bœhme eut la plus grande influence, d'une manière plus négative, il est vrai, en quoi elle était du reste parfaitement d'accord avec les critiques. Le flot de Gottsched avait inondé le monde allemand d'un véritable déluge, qui menaçait de dépasser les plus hautes montagnes. Avant qu'une pareille marée se retire, avant que le limon se dessèche, il s'écoule bien du temps, et comme, à chaque époque, pullulent les poëtes imitateurs, l'imitation du superficiel et du fade produisit un fatras dont nous avons à peine encore une idée. Aussi, trouver mauvais le mauvais était le suprême plaisir, le triomphe des critiques du temps. Avait-on quelque bon sens, une connaissance superficielle des anciens et un peu plus approfondie des modernes, on se croyait en possession d'une mesure qu'on pouvait appliquer à tout. Mme Bœhme était une personne cultivée, à qui répugnaient l'insignifiant, le faible et le vulgaire; d'ailleurs son mari vivait en guerre avec la poésie, et il ne pouvait souffrir ce que madame aurait peut-être approuvé. Elle m'écouta, il est vrai, quelque temps avec patience, quand je m'avisais de lui réciter des vers ou de la prose d'écrivains déjà renommés : car, alors comme auparavant, je retenais par cœur ce que j'avais trouvé quelque peu à mon gré; mais sa complaisance ne fut pas de longue durée. Et d'abord je l'entendis rabaisser affreusement les poëtes à la façon de Weisse, dont on ne cessait pas alors de répéter les vers avec admiration, et qui m'avait singulièrement charmé. Quand j'y regardai de plus près, je ne pus lui donner tort. J'avais aussi hasardé quelquefois de lui réciter des vers de ma façon, mais en gardant l'anonyme. Ils ne furent pas mieux reçus que les autres. C'est ainsi qu'en peu de temps ces belles prairies émaillées, que m'offraient les vallées du Parnasse allemand, et où je me promenais avec tant de plaisir, furent impitoyablement fauchées, et que je me vis forcé de retourner moi-même le foin pour le sécher, et de railler, comme une chose morte, ce qui m'avait causé peu auparavant une joie si vive.

Aux leçons de Mme Bœhme vint en aide, sans le savoir, le professeur Morus, homme d'une douceur et d'une bienveillance peu communes, dont j'avais fait la connaissance à la table du conseiller Loudwig, et qui m'accorda, avec beaucoup d'obligeance, la permission d'aller le voir. En même temps que je le consultais sur les anciens, je lui laissai voir ce qui me charmait parmi les modernes. Il parlait de ces choses avec plus de calme que Mme Bœhme, mais, ce qui m'affligeait davantage, avec plus de solidité; et ce fut d'abord avec un vif chagrin, puis avec surprise, enfin avec joie, que je dus ouvrir les yeux.

A cela s'ajoutaient les jérémiades par lesquelles Gellert s'attachait, dans son cours pratique, à nous détourner de la poésie. Il n'aimait à voir que les compositions en prose, et c'était toujours celles qu'il corrigeait les premières. Il traitait les vers comme un triste supplément, et, ce qu'il y avait de plus triste, ma prose même trouvait rarement grâce à ses yeux. Suivant mon ancienne méthode, je donnais pour base à mon travail un petit roman, que j'aimais à développer sous forme de lettres. Les sujets étaient passionnés, le style sortait des bornes de la prose ordinaire, et l'on conçoit que le fond n'attestait pas chez l'auteur une profonde connaissance des hommes. Je fus donc très-peu encouragé par notre professeur, et pourtant il parcourait soigneusement mes travaux aussi bien que ceux des autres, les corrigeait à l'encre rouge, ajoutant çà et là une remarque morale. Plusieurs de ces feuilles, que j'ai longtemps conservées avec plaisir, ont malheureusement fini par disparaître à la longue d'entre mes papiers.

Pour suivre les principes d'une bonne pédagogie, les personnes d'âge mûr ne devraient ni interdire à un jeune homme les choses qui lui plaisent, telles qu'elles soient, ni l'en dégoûter, si elles ne peuvent pas mettre en même temps autre chose à la place. Chacun protestait contre mes goûts et mes inclinations, et ce qu'on me vantait en échange était si éloigné de moi, que je ne pouvais en reconnaître les avantages, ou si proche, que je ne le jugeais pas supérieur à ce qu'on blâmait. Cela me jeta dans un trouble profond. Je m'étais promis les meilleurs effets d'un cours d'Ernesti sur l'*Orateur* de Cicéron. J'en retirai sans doute quelque instruction, mais je ne fus pas éclairé sur ce qui m'intéressait le plus. Je demandais une règle du jugement, et je crus m'apercevoir que personne ne la possédait, car personne ne s'accordait avec les autres, même quand ils présentaient des exemples. Où donc nous fallait-il chercher une règle, lorsqu'on savait énumérer tant de défauts chez un écrivain comme Wieland, dont les aimables ouvrages captivaient entièrement nos jeunes esprits ?

Parmi ces distractions diverses, ce morcellement de mon existence et de mes études, je m'étais mis en demi-pension chez le conseiller Loudwig. Il était médecin, botaniste, et, à l'exception de Morus, la société se composait uniquement d'élèves en médecine, qui commençaient ou qui achevaient leurs études. Pendant le dîner, je n'entendais parler que de médecine et d'histoire naturelle, et mon imagination fut entraînée dans un tout autre domaine. J'entendais prononcer avec une grande vénération les noms de Haller, de Linnée, de Buffon, et, bien qu'il s'élevât parfois un débat, au sujet d'erreurs dans lesquelles ils devaient être tombés, on finissait toujours par se mettre d'accord sur leurs mérites, d'une supériorité reconnue. Les sujets étaient intéressants et importants, et captivaient toute mon attention. J'appris à connaître peu à peu une foule de dénominations et une vaste terminologie. Je la recueillais avec d'autant plus d'empressement que j'avais peur d'écrire une rime, lors même qu'elle s'offrait à moi spontanément, ou de lire un poëme, dans l'appréhension où j'étais de le trouver beau dans le moment et de me voir peut-être obligé plus tard de le déclarer mauvais comme tant d'autres.

Cette incertitude de jugement et de goût m'inquiétait tous les jours davantage, et je finis par tomber dans le désespoir. J'avais apporté à Leipzig ceux de mes premiers essais que je croyais les meilleurs, soit parce que j'espérais en tirer quelque honneur, soit pour juger plus sûrement de mes progrès: mais je me trouvais dans la fâcheuse situation d'un homme à qui on demande un changement absolu de sentiments, le renoncement à tout ce qu'il a aimé et goûté jusque-là. Au bout de quelque temps et après bien des combats, je conçus un si grand mépris pour mes travaux commencés ou achevés, que, ramassant un jour poésie et prose, plans, esquisses, ébauches, je brûlai tout sur le foyer de la cuisine, et, remplissant toute la maison d'une épaisse fumée, je causai une grande frayeur à notre bonne vieille hôtesse.

LIVRE VII.

Nous possédons tant de bons ouvrages sur l'état de la littérature allemande à l'époque dont je parle, qu'ils suffisent pleinement à l'instruction de toute personne qui prend à ces choses quelque intérêt, d'autant plus que les jugements qu'on en porte sont, me semble-t-il, assez d'accord, et, si je me propose de présenter actuellement sur ce sujet quelques réflexions éparses et détachées, c'est moins pour établir ce qu'était la littérature en elle-même que dans ses rapports avec moi. Je parlerai donc en premier lieu de ce qui passionne surtout le public, des deux ennemis héréditaires de toute vie heureuse et de toute poésie indépendante, sereine et vivante, je veux dire la satire et la critique.

Dans les temps paisibles, chacun veut vivre à sa manière; le bourgeois veut vaquer à son métier, à ses affaires, et se réjouir ensuite : de même, l'écrivain se plaît à composer quelque chose, à publier ses travaux, pour lesquels il espère de recueillir, sinon des récompenses, du moins des éloges, parce qu'il croit avoir fait une chose bonne et utile. Le bourgeois est troublé dans ce repos par le satirique, l'auteur par le critique, et la société paisible est ainsi jetée dans un mouvement désagréable.

L'époque littéraire dans laquelle je suis né s'est développée de la précédente par opposition. L'Allemagne, si longtemps inondée par des peuples étrangers, envahie par d'autres nations, obligée de recourir aux langues étrangères dans les discussions savantes et diplomatiques, ne pouvait absolument cultiver la sienne. Elle était forcée de recevoir une foule de termes exotiques, nécessaires ou superflus, pour exprimer nombre d'idées nouvelles, et l'on était engagé à se servir également d'expressions et de tournures étrangères pour des objets déjà connus. L'Allemand, que deux siècles d'une situation malheureuse et tumultuaire avaient rendu sauvage, allait à l'école chez les Français pour apprendre la politesse, et chez les Romains pour s'exprimer dignement. Mais c'est ce qui devait se faire dans la langue maternelle, car l'emploi direct des idiomes étrangers et leur demi-naturalisation rendaient ridicule aussi bien le langage du monde que celui des affaires. De plus, on adoptait sans mesure les expressions figurées des langues méridionales, et on en faisait l'usage le plus exagéré. On transportait à nos relations de petites villes et de savants la noble dignité des citoyens romains, les égaux des rois, et l'on n'était nulle part à sa place, et chez soi moins que partout ailleurs.

Mais, comme il parut dès cette époque des ouvrages de génie, la liberté et la gaieté allemandes s'éveillèrent aussi. Accompagnées d'une franche gravité, elles finirent par obtenir que l'on écrivit purement et naturellement, sans mélange de mots étrangers, et comme le voulaient le sens commun et la clarté. Cependant ces louables efforts ouvrirent toutes les portes à la platitude nationale; ils percèrent la digue par laquelle le grand déluge devait nous envahir bientôt. Mais un roide pédantisme tint ferme longtemps encore dans les quatre facultés, et ce fut seulement beaucoup plus tard qu'il se vit délogé de l'une après l'autre. De bons esprits, des enfants de la nature, aux vues indépendantes, avaient donc deux objets sur lesquels ils pouvaient s'exercer, contre lesquels ils pouvaient agir et (la chose n'étant pas de grande conséquence) donner carrière à leur esprit satirique : d'abord une langue défigurée par des expressions et des tournures étrangères, ensuite la nullité des écrits où l'on avait eu soin d'éviter ce défaut : sans que personne songeât qu'en combattant un mal on appelait l'autre à son secours.

Liscow, jeune et hardi, risqua d'abord des attaques personnelles contre un écrivain sot et superficiel, dont la conduite maladroite lui donna bientôt l'occasion de procéder plus vivement. Il agrandit le cercle et dirigea toujours ses railleries contre des personnes et des choses qu'il méprisait et cherchait à rendre méprisables, qu'il poursuivait même avec une haine passionnée. Mais sa carrière fut courte; il mourut bientôt, après une jeunesse inquiète et déréglée. Bien qu'il ait peu produit, ses compatriotes se sont plu à trouver dans ses ouvrages un talent et un caractère estimables, car les Allemands ont toujours montré une piété singulière pour la mémoire des hommes de talent qui donnaient de belles espérances et dont la mort a été prématurée. Enfin on nous vanta de très-bonne heure et l'on nous recommanda Liscow comme un excellent satirique, supérieur même à Rabener, que tout le monde aimait. Toutefois cela ne nous avançait guère, car nous ne pouvions découvrir autre chose dans ses écrits, sinon qu'il avait trouvé sotte la sottise, ce qui nous semblait tout naturel.

Rabener, qui avait reçu une excellente éducation et qui avait fait de bonnes études classiques, homme d'un naturel gai, sans passion et sans fiel, s'attacha à la satire générale. Sa critique de ce qu'on appelle vices et folies part des vues saines du bon sens paisible, et d'une idée morale, bien arrêtée, de ce que le monde devrait être. La critique des défauts et des vices est sereine et inoffensive, et, pour faire excuser même la faible hardiesse de ses écrits, il pose en principe que ce n'est pas une vaine entreprise de corriger les fous par le ridicule.

Un second Rabener ne se reverra pas aisément. Il se montre habile en affaires, soigneux à remplir ses devoirs, et il gagne ainsi l'estime de ses concitoyens et la confiance de ses supérieurs. A côté de cela, il s'amuse à rire de tout ce qui l'entoure de plus près : savants pédantesques, runes gens vaniteux, petitesses et prétentions de toute sorte, sont par lui ridiculisés plus que raillés, et sa raillerie même n'exprime aucun mépris. Il badine également sur sa propre situation, sur ses infortunes, sa vie et sa mort.

Sa manière de traiter un sujet est peu esthétique. Il est assez varié dans la forme extérieure, mais il se sert beaucoup trop de l'ironie directe, qui consiste à louer ce qui est digne de blâme et à blâmer ce qui est digne de louange, moyen oratoire qu'on ne devrait employer que très-rarement : car, à la longue, il rebute les hommes intelligents, il égare les faibles et n'amuse, à vrai dire, que la grande classe mitoyenne, qui peut, sans grande dépense d'esprit, se croire plus sage que les autres. Mais, quels que soient le sujet et la forme de ses écrits, on y reconnaît sa droiture, son calme et sa sérénité, qui nous captivent toujours. L'admiration sans bornes de ses contemporains fut une conséquence de ces qualités morales.

Que l'on cherchât et que l'on trouvât des modèles particuliers à ses peintures générales, c'était une chose naturelle. Il s'ensuivit que certaines personnes se plaignirent de lui. Ses réponses infinies que, chez lui, la satire n'est point personnelle, attestent le chagrin que ces plaintes lui avaient fait. Quelques-unes de ses lettres font la gloire de l'homme et de l'écrivain. La relation familière dans laquelle il décrit le siège de Dresde, la perte de sa maison, de ses meubles, de ses écrits et de ses perruques, sans que son calme en soit ébranlé le moins du monde ni sa sérénité troublée, est infiniment estimable, bien que ses contemporains et ses concitoyens ne lui pardonnassent pas cette heureuse humeur. La lettre où il parle du déclin de ses forces, de sa mort prochaine, est extrêmement respectable, et Rabener mérite d'être honoré comme un saint par toutes les âmes sereines, sages et joyeusement résignées à tous les événements de la vie. Je me sépare de lui à regret : j'ajouterai seulement que ses satires ne s'adressent qu'à la classe moyenne. Il fait observer çà et là qu'il connaît bien aussi les grands, mais qu'il ne juge pas à propos d'y toucher. On peut dire qu'il n'a point eu de successeur, qu'il ne s'est trouvé personne qui l'égale ou qui lui ressemble.

Parlons maintenant de la critique, et d'abord des essais de théorie. Ce n'est pas remonter trop haut de dire qu'à cette époque l'idéal s'était réfugié du monde dans la religion; qu'il se montrait à peine même dans la morale; personne n'avait l'idée d'un premier principe de l'art. On nous mettait dans les mains la *Poésie critique* de Gottsched; elle était utile et assez instructive, car elle donnait une connaissance historique de tous les genres de poésie, tout comme du rhythme et de ses divers mouvements : le génie poétique était supposé. Au reste le poëte devait avoir de l'instruction, même de la science; il devait avoir du goût et que sais-je encore? On nous recommandait l'*Art poétique* d'Horace; nous admirions avec respect quelques sentences dorées de cet estimable ouvrage; mais nous ne savions nullement nous en expliquer l'ensemble ni le mettre à profit.

Les Suisses se déclaraient les antagonistes de Gottsched. Ils devaient donc faire autre chose, produire quelque chose de mieux : aussi nous disait-on qu'ils étaient réellement préférables. Nous étudiâmes la Poésie critique de Breitinger. Elle nous introduisit dans un plus vaste champ, mais ce n'était proprement qu'un plus grand labyrinthe, d'autant plus fatigant que nous y étions promenés par un brave homme en qui nous avions confiance. Un rapide coup d'œil justifiera ces paroles.

On n'avait pas su trouver un principe pour la poésie elle-même; elle était trop spirituelle et trop fugitive; la peinture est un art que l'œil peut fixer, que l'on peut suivre pas à pas, à l'aide des sens extérieurs: elle semblait mieux conduire à ce but. Les Anglais et les Français avaient déjà théorisé sur les arts plastiques, et l'on crut pouvoir baser la poésie sur une comparaison qu'on en tirait. Les arts présentaient les images à l'œil, la poésie les offrait à l'imagination: les images poétiques furent donc le premier objet que l'on considéra. On commença par les comparaisons, les descriptions suivirent, et l'on s'occupa de tout ce qui pouvait être présenté aux sens extérieurs.

Des images donc! Mais, ces images, où devait-on les prendre, si ce n'est dans la nature? Le peintre imitait évidemment la nature: pourquoi pas aussi le poëte? Mais la nature ne peut être imitée telle qu'elle se présente à nous: elle renferme mille choses insignifiantes, vulgaires: il faut donc choisir. Mais qu'est-ce qui détermine le choix? Il faut rechercher ce qui est marquant. Et qu'est-ce qui est marquant? Il faut que les Suisses aient longtemps médité la réponse, car ils sont arrivés à une idée singulière, mais jolie et même plaisante: ils disent que ce qu'il y a de plus marquant, c'est toujours le nouveau; et, après avoir médité quelque temps là-dessus, ils trouvent que le merveilleux est toujours plus nouveau que toute autre chose.

Ils avaient donc assez bien réuni les éléments de la poésie : toutefois il fallait considérer encore que le merveilleux peut être vide et sans rapport avec l'humanité. Ce rapport nécessaire devait être moral, et avoir pour résultat manifeste l'amélioration des hommes. Un poëme avait donc atteint le but suprême, si, à côté de ses autres mérites, il avait celui d'être utile. Ce fut sur ces conditions réunies qu'on voulut juger les divers genres de poésie, et celle qui imitait la nature, qui était merveilleuse, et qui avait en même temps une fin et une utilité morales, devait être considérée comme la première et la plus excellente. Et après beaucoup de réflexions, cette grande prééminence fut, avec une profonde conviction, attribuée à la fable d'Ésope.

Si bizarre qu'une pareille déduction puisse nous paraître aujourd'hui, elle eut sur les meilleurs esprits une influence décisive. Que Gellert, et, après lui, Lichtwer, se soient voués à cette sorte de poésie; que Lessing lui-même s'y soit essayé; que tant d'autres lui aient consacré leur talent : cela montre l'estime que ce genre avait acquise. La théorie et la pratique agissent toujours l'une sur l'autre : par les ouvrages on peut voir quelles sont les doctrines des hommes et par leurs doctrines prédire ce qu'ils feront.

Cependant nous ne devons pas quitter notre théorie suisse sans lui rendre aussi justice. Bodmer, malgré tous ses efforts, est resté, en théorie et en pratique, un enfant toute sa vie. Breitinger était un homme habile, savant, judicieux, qui, après un mûr examen, ne méconnut point l'ensemble des conditions de la poésie : on peut même prouver qu'il sentit vaguement les défauts de sa méthode. Elle est remarquable, par exemple, la question qu'il s'adresse, de savoir si un certain poëme descriptif de Kœnig sur le camp de plaisance d'Auguste II est réellement un poëme, et la réponse qu'il y fait montre aussi son bon jugement. Mais, ce qui peut servir à sa pleine justification, c'est que, partant d'un faux point de vue, après avoir parcouru le cercle presque tout entier, il touche au point principal, et se sent obligé de conseiller en terminant son livre, et en quelque sorte par forme de supplément, la peinture des mœurs, des caractères, des passions, bref de l'homme intérieur, qui est au fond le principal objet de la poésie.

On conçoit aisément dans quel trouble se sentaient jetés de jeunes esprits par ces maximes décousues, ces lois mal comprises et ces leçons éparses. On s'en tenait aux modèles et l'on n'y gagnait rien non plus : les étrangers étaient trop éloignés, tout autant que les anciens, et dans les meilleurs écrivains nationaux brillait toujours une individualité marquée, dont les mérites étaient inaccessibles et les défauts séducteurs. Pour une intelligence qui se sentait féconde, c'était une situation désespérante.

Si l'on considère attentivement ce qui manquait à la poésie allemande, on reconnaîtra que c'était un fond et un fond national. Les talents ne manquèrent jamais. Mentionnons ici Gunther, qu'on peut appeler un véritable poëte, un talent décidé, ayant l'intelligence, l'imagination, la mémoire, le don de saisir et de se représenter les objets, éminemment fécond, au rhythme facile, plein d'esprit, de saillies, et aussi d'une instruction variée : en un mot, il avait tout ce qu'il faut pour produire poétiquement une seconde vie dans la vie, dans la vie réelle et commune. Nous admirons sa grande facilité à relever par le sentiment toutes les situations dans ses poëmes de circonstance ; à les orner de pensées, d'images assorties, de traditions historiques et fabuleuses. Ce qu'on y trouve de rude et de grossier appartient à son époque, à son genre de vie et surtout à son caractère, ou, si l'on veut, à son défaut de caractère. Il ne savait pas se dompter, et voilà comment se dissipèrent sa vie et son génie poétique. Par son inconséquence, Gunther s'était frustré de l'avantage d'être placé à la cour d'Auguste II, où l'on voulait, parmi toutes les autres magnificences, avoir aussi un poëte de cour, qui pût animer et décorer les fêtes et immortaliser des splendeurs passagères. De Kœnig fut plus réglé et plus heureux ; il remplit cet office avec dignité et avec succès.

Dans tous les États monarchiques le fond de la poésie vient d'en haut ; et peut-être le camp de plaisance de Muhlberg fut-il le premier sujet national, ou du moins provincial, digne d'inspirer un poëte. Deux rois, qui se saluent en présence d'une grande armée ; autour d'eux, leur cour et leurs forces militaires, des troupes bien tenues, des combats simulés, des fêtes de tout genre.... c'était assez d'occupations pour les sens et une matière surabondante pour la poésie descriptive.

Il est vrai que ce sujet avait un défaut : ce n'était là que de la pompe et de l'apparence, d'où il ne pouvait résulter aucune action. Personne, excepté les chefs, ne se faisait remarquer, et, quand cela serait arrivé, le poëte ne pouvait faire valoir l'un, de peur d'offenser les autres. Il dut consulter l'almanach de la Cour et de l'État, et cela donna à la peinture des personnages assez de sécheresse. Les contemporains lui faisaient déjà le reproche d'avoir peint les chevaux mieux que les hommes. Mais ne serait-ce pas justement un sujet d'éloge, qu'il eût montré son art, quand il s'offrait un objet pour l'exercer? Au reste, la difficulté fondamentale paraît l'avoir bientôt frappé, car le poëme ne s'étendit pas au delà du premier chant.

Je fus surpris au milieu de ces études et de ces méditations par un événement inattendu, qui anéantit mon louable projet de recommencer à fond l'étude de notre littérature nouvelle. Mon compatriote Jean-George Schlosser[1], après avoir passé dans un travail diligent et soutenu ses années d'université, suivant la route ordinaire, s'était voué dans sa ville natale à la pratique du barreau; mais, par diverses raisons, sa vive intelligence, qui aspirait à l'universel, se trouva mal satisfaite dans cette position. Il accepta sans hésiter une place de secrétaire intime chez le duc Frédéric-Eugène de Wurtemberg, qui résidait à Treptow. Car on citait ce prince parmi les grands qui songeaient à s'éclairer et à réunir, pour des fins meilleures et plus élevées, eux, les leurs et tout l'État, d'une manière noble et indépendante. C'est ce prince Frédéric qui, cherchant des conseils pour l'éducation de ses enfants, avait écrit à Rousseau, dont la célèbre réponse commence par ces paroles remarquables : « Si j'avais le malheur d'être né prince. »

Schlosser devait, sinon présider, du moins coopérer de son action et de ses conseils, non-seulement aux affaires du prince, mais aussi à l'éducation de ses enfants. Cet homme, jeune, d'un caractère noble, animé des meilleures intentions, d'une pureté de mœurs irréprochable, aurait facilement éloigné les gens par une certaine sécheresse, si sa belle et remarquable culture littéraire, ses connaissances philologiques, son habileté à écrire en vers et en prose, n'avaient attiré tout le monde à lui et rendu son commerce plus facile. On m'avait annoncé qu'il passerait par Leipzig, et j'attendais son arrivée avec impatience. Il descendit dans une petite auberge, située dans le Bruhl, et

---

[1]. Il épousa plus tard la sœur de Goethe.

dont l'hôte s'appelait Schœnkopf. Sa femme était de Francfort, et, quoiqu'il logeât peu de monde le reste de l'année, et ne pût coucher personne dans sa petite maison, au temps de la foire il était visité par un grand nombre des nôtres, qui avaient coutume d'y manger, et d'y loger même en cas de nécessité. J'y courus, quand Schlosser me fit annoncer son arrivée. Je me souvenais à peine de l'avoir vu, et je trouvai un homme jeune et bien fait, au visage rond et plein, sans que les traits en fussent émoussés. Son front bombé, encadré de sourcils et de cheveux noirs, annonçait la gravité, la sévérité et peut-être l'obstination. Il était en quelque façon mon contraire, et ce fut justement ce qui affermit notre longue amitié. J'avais la plus grande estime pour ses talents, d'autant plus que j'observais fort bien qu'il m'était très-supérieur par la solidité de sa conduite et de ses ouvrages. L'estime et la confiance que je lui témoignai fortifièrent son attachement, et augmentèrent l'indulgence que réclamait de lui mon caractère vif, mobile, toujours alerte, et tout l'opposé du sien. Il étudiait l'anglais assidûment. Pope était, sinon son modèle, du moins son objet, et, en opposition à l'*Essai sur l'homme* de cet auteur, il avait écrit un poëme pareil de forme et de mesure, qui devait assurer le triomphe de la religion chrétienne sur le déisme du poëte anglais. Il tira de son portefeuille, très-bien fourni, et me communiqua des compositions en vers et en prose, écrites en diverses langues. En provoquant chez moi l'imitation, elles me jetèrent de nouveau dans une extrême inquiétude. Mais mon activité vint à mon secours. J'adressai à Schlosser des compositions poétiques en allemand, en français, en anglais et en italien, dont j'empruntais la matière à nos conversations, qui étaient solides et intéressantes au plus haut point.

Schlosser ne voulut pas quitter Leipzig sans avoir vu les hommes qui avaient un nom. Je le conduisis avec plaisir chez ceux que je connaissais ; ceux que je n'avais pas encore visités, j'appris ainsi à les connaître d'une manière très-honorable, parce que Schlosser était reçu avec distinction, comme un homme instruit et déjà marquant, et qu'il savait très-bien faire les frais de la conversation. Je ne dois pas omettre notre visite à Gottsched, parce qu'elle sert à peindre le caractère et les habitudes de cet homme. Il était fort bien logé, au premier étage de *l'Ours d'or*, où Breitkopf l'aîné, en reconnaissance des grands bénéfices que les écrits de Gottsched, ses traductions et ses autres services avaient procurés à sa maison, lui avait donné un logement pour la vie.

Nous nous fîmes annoncer. Le domestique nous introduisit dans une grande chambre, en nous disant que monsieur allait venir. N'entendîmes-nous pas bien un geste qu'il fit, je ne saurais le dire; bref, nous crûmes qu'il nous avait fait signe de passer dans la chambre attenante. Nous entrâmes pour être témoins d'une singulière scène ; car, à l'instant même, Gottsched parut à la porte vis-à-vis. C'était un homme grand et fort, un géant, en robe de chambre de damas vert doublé de taffetas rouge. Mais sa tête énorme était chauve et sans coiffure. On allait y pourvoir à l'instant, car le domestique, arrivant par une porte dérobée, portait sur le poing une grande perruque à allonges, dont les boucles lui tombaient jusqu'aux coudes, et il présenta d'un air effrayé la coiffure à son maître. Gottsched, sans laisser voir le moindre chagrin, enleva de la main gauche la perruque du bras de son serviteur, et, en même temps qu'il la jetait très-adroitement sur son chef, il appliqua de la main droite un soufflet au pauvre homme, qui s'en alla, comme dans les comédies, en pirouettant jusqu'à la porte : sur quoi le respectable patriarche nous obligea fort gravement de nous asseoir, et nous fit avec beaucoup de dignité un assez long discours.

Tant que Schlosser resta à Leipzig, je mangeai avec lui, et je fis la connaissance de convives très-agréables. Quelques Livoniens et le fils de Hermann, premier prédicateur de la cour de Dresde, plus tard bourgmestre de Leipzig, avec son gouverneur Pfeil, conseiller aulique, auteur du *Comte de P.*, qui se présente comme en regard de la *Comtesse suédoise* de Gellert, Zacharie, frère du poëte, et Krebel, auteur de manuels de géographie et de généalogie, étaient des hommes polis, d'humeur joyeuse et bienveillante. Zacharie était le plus taciturne, Pfeil était un homme fin, avec quelque chose du diplomate, mais sans affectation, et d'une grande bonté; Krebel, un vrai Falstaff, grand, corpulent, blond, les yeux bleu de ciel, riants, proéminents, toujours joyeux et de bonne humeur. Toutes ces personnes m'accueillirent de la manière la plus aimable, soit à cause de Schlosser, soit pour mon humeur franche, amicale et prévenante, et ils n'eurent pas de peine à me décider de prendre à l'avenir mes repas avec eux. Je leur demeurai donc fidèle après le départ de Schlosser, et désertai la table de Loudwig. Je me trouvais d'autant mieux dans cette société particulière, que la fille de la maison, jolie et gentille, me plaisait beaucoup, et que j'eus l'occasion d'échanger de tendres œillades, plaisir que je n'avais pas cherché et que le hasard ne m'avait pas offert depuis ma disgrâce avec Marguerite. Je passais gaiement et utilement avec mes amis les heures du dîner. Krebel m'avait pris en véritable amitié, et savait me houspiller et m'animer avec mesure; Pfeil, au contraire, me témoignait une sérieuse affection, en cherchant à diriger et à fixer mon jugement sur beaucoup de choses.

Dans cette société, je reconnus, par les conversations, par les exemples et par mes propres réflexions, qu'avant tout, pour se dérober à cette époque insipide, diffuse et nulle, l'essentiel était la fermeté, la précision et la brièveté. Dans le style usité jusqu'alors, on ne pouvait distinguer le vulgaire du bon, parce que tout était confondu sous le même niveau. Déjà plusieurs écrivains avaient tâché d'échapper à la contagion générale, et ils y avaient plus ou moins réussi. Haller et Ramler étaient, par nature, enclins à la précision; Lessing et Wieland y furent conduits par la réflexion : le premier devint peu à peu tout à fait épigrammatique dans ses poésies, serré dans *Minna*, laconique dans *Emilia Galotti*; ce ne fut que plus tard qu'il revint à une naïveté sereine, qui lui sied si bien dans *Nathan*. Wieland, qui avait été parfois prolixe dans *Agathon*, *don Sylvio* et les *Contes comiques*, devient dans *Musarion* et *Idris* merveilleusement serré et précis, avec beaucoup de grâce. Klopstock, dans les premiers chants de la *Messiade*, n'est pas sans diffusion; dans les odes et autres petits poëmes, il se montre concis, comme aussi dans ses tragédies. Sa lutte avec les anciens, surtout avec Tacite, le force à se resserrer toujours davantage, tellement qu'il finit par devenir inintelligible et insupportable. Gerstenberg, beau talent, mais bizarre, se resserre également. On estime son mérite, mais, en somme, il fait peu de plaisir. Gleim, diffus et négligé par nature, se montre à peine concis une fois dans ses *Chansons de guerre*. Ramler est proprement critique plus que poëte. Il commence par recueillir ce que les Allemands ont produit dans le genre lyrique, et trouve à peine un poëme qui le satisfasse entièrement : il faut qu'il retranche, qu'il retouche, qu'il change, pour que les choses prennent une forme passable. Par là il se fait presque autant d'ennemis qu'il y a de poëtes et d'amateurs, chacun ne se reconnaissant plus qu'à ses défauts, et le public s'intéressant plus à une œuvre individuelle défectueuse qu'à celle qui est produite ou corrigée selon une règle générale du goût. La rhythmique était encore au berceau, et personne ne savait un moyen d'en abréger l'enfance. La prose poétique dominait. Gessner et Klopstock suscitèrent de nombreux imitateurs. D'autres demandèrent que les syllabes fussent mesurées, et traduisirent cette prose en rhythmes saisissables. Mais, en cela, ils ne furent non plus agréables à personne ; car ils devaient omettre et ajouter, et l'original en prose était toujours préféré. Au reste, plus on cherche en tout la concision, plus l'appréciation est possible, parce que ce qui marque, une fois qu'il est resserré, permet enfin une comparaison sûre. Il arriva en même temps que plusieurs sortes de formes vraiment poétiques prirent naissance, car, en cherchant à n'exprimer que le nécessaire de chaque objet qu'on voulait reproduire, il fallait tenir compte de chacun et, de la sorte, quoique personne n'eût conscience de ce qu'il faisait, les formes d'exposition se diversifièrent ; il est vrai que, dans le nombre, il y en eut de grimaçantes, et l'on vit plus d'un essai malheureux.

De tous ces hommes, c'était, sans contredit, Wieland qui avait le plus beau génie. Il s'était formé de bonne heure dans ces régions idéales où la jeunesse s'arrête si volontiers ; mais, comme il en fut dégoûté par ce qu'on nomme expérience, par ses rapports avec le monde et les femmes, il se jeta du côté du réel et trouva son plaisir et le nôtre dans la lutte des deux mondes, où son talent se montra sous son plus beau jour, dans de légères escarmouches, entre le sérieux et le badinage. Combien de ses productions brillantes datent de l'époque où j'étais à l'université ! C'est *Musarion* qui produisit sur moi le plus grand effet, et je me souviens encore de la place où j'en pus lire les premières feuilles, que OEser m'avait prêtées. C'est là que je crus revoir l'antiquité vivante et nouvelle. Tout ce qu'il y a de plastique dans le génie de Wieland se montrait ici parfaitement, et, puisque ce maudit Phanias-Timon, condamné à une malheureuse abstinence, finit par se réconcilier avec sa maîtresse et avec le monde, on peut bien aussi traverser avec lui l'âge de la misanthropie. Au reste, on pardonnait très-volontiers, dans ces ouvrages, une antipathie badine pour les sentiments élevés, dont on fait aisément une fausse application à la vie et qui en deviennent souvent suspects d'exaltation. On excusait d'autant mieux l'auteur, lorsqu'il poursuivait de ses railleries les choses que l'on tenait pour vraies et respectables, qu'il faisait ainsi paraître combien elles lui donnaient à lui-même d'occupation. On peut voir, par les premiers volumes de la *Bibliothèque générale allemande*, le pauvre accueil que la critique faisait alors à de pareils travaux. On fait une mention honorable des *Contes comiques*, mais sans aucune trace de vues sur le caractère de ce genre de poésie. Comme le faisaient alors tous les autres, le critique avait formé son goût sur les exemples. Il ne songe pas qu'avant tout, pour juger ces ouvrages parodiques, il faut avoir devant les yeux l'original, noble et beau, pour voir si le parodiste a su réellement y saisir un côté faible et comique, s'il lui a emprunté quelque chose, ou si peut-être, sous l'apparence d'une imitation, il n'a pas lui-même produit une invention excellente. De tout cela, on ne soupçonne rien ; on loue et l'on blâme quelques endroits du poëme. Le critique avoue

...même qu'il a souligné tant d'endroits qui lui plaisent, qu'il ne peut les citer tous dans son analyse. Mais, lorsqu'on voit l'excellente traduction de Shakspeare accueillie elle-même par cette exclamation : « on ne devait absolument pas traduire un homme tel que Shakspeare ! » on comprend à quel point la *Bibliothèque générale allemande* était arriérée en matière de goût, et que les jeunes gens animés d'un sentiment vrai durent s'enquérir d'autres guides.

Les Allemands cherchaient de toutes parts la matière, qui déterminait ensi plus ou moins la forme. Ils n'avaient que peu ou point traité de sujets nationaux. Le *Hermann* de Schlegel ne faisait qu'indiquer la voie. La tendance à l'idylle se développait sans mesure. Le défaut de caractère de celles de Gessner, d'ailleurs pleines de grâce et d'une tendresse enfantine, faisait croire à chacun qu'il pourrait en faire autant. Ils étaient également empruntés aux sentiments universels, ces poëmes qui étaient censés reproduire une nationalité étrangère, par exemple, les pastorales grecques, surtout les idylles patriarcales et tout ce qui avait rapport à l'Ancien Testament. La *Noachide* de Bodmer fut un symbole parfait de ce déluge dont les flots enveloppèrent le Parnasse allemand, et qui fut très-longtemps à s'écouler. L'enfantillage anacréontique laissa de même un nombre infini d'esprits médiocres flotter à l'aventure. La précision d'Horace nous força (mais à la longue seulement) de rivaliser avec lui. Les épopées badines, la plupart sur le modèle de la *Boucle de cheveux enlevée*, ne servirent pas non plus à amener un temps meilleur.

Je dois encore signaler ici une illusion, dont l'effet fut aussi sérieux qu'on doit la trouver risible, quand on l'observe de plus près. Les Allemands avaient désormais une connaissance historique suffisante de tous les genres de poésie dans lesquels les divers peuples s'étaient signalés. Cette classification, qui, à proprement parler, détruit l'idée même de la poésie. Gottsched l'avait charpentée assez complétement dans sa *Poésie critique*, et il avait démontré en même temps, que des poëtes allemands avaient su remplir à leur tour toutes les sections d'excellents ouvrages. Et cela continuait toujours. Chaque année, la collection devenait plus considérable, mais, chaque année aussi, un ouvrage chassait l'autre de la place dans laquelle il avait brillé jusqu'alors. Nous avions désormais, sinon des Homères, du moins des Virgiles et des Miltons; sinon un Pindare, du moins un Horace; les Théocrites ne manquaient pas. C'est ainsi qu'on se berçait avec des comparaisons étrangères, tandis que la masse des œuvres poétiques croissait toujours, de manière qu'une comparaison pouvait enfin s'établir aussi avec l'intérieur.

Au reste, si, dans les choses de goût, les bases étaient encore très-chancelantes, on ne pouvait nier qu'à cette époque, ce qu'on appelle le sens commun ne s'éveillât vivement dans l'Allemagne protestante et dans la Suisse. La philosophie de l'école, qui en tout temps a le mérite d'exposer, sous des rubriques déterminées, dans un ordre arbitraire et selon des principes reçus, tout ce qui peut être l'objet de la curiosité humaine, s'était souvent rendue étrangère, fastidieuse et inutile enfin à la foule par l'obscurité et l'apparente frivolité du fond, par l'emploi inopportun d'une méthode respectable en elle-même, et par son application trop vaste à un grand nombre d'objets. Bien des hommes se persuadèrent que la nature leur avait donné autant de bon sens et de jugement qu'ils pouvaient en avoir besoin pour se faire des choses une idée claire, au point de pouvoir s'en démêler et veiller à leur avantage et à celui des autres, sans s'inquiéter péniblement de l'universel, ni rechercher comment s'enchaînent les objets les plus éloignés, qui ne nous intéressent guère. On essaya ses forces, on ouvrit les yeux, on regarda devant soi, on fut attentif, appliqué, laborieux, et l'on crut, quand on jugeait et qu'on agissait réglément dans sa sphère, qu'on pouvait bien en sortir aussi et discourir sur ce qui était plus loin de nous. Dans cette idée, chacun était dès lors autorisé à philosopher et même à se regarder peu à peu comme un philosophe. La philosophie était donc un sens commun plus ou moins sain, plus ou moins exercé, qui se hasardait à généraliser et à prononcer sur les expériences extérieures et intérieures. Un lumineux discernement et une modération particulière, qui voyaient la vérité dans la route mitoyenne et dans l'équité envers toutes les opinions, assurèrent aux écrits et aux discours de ce genre la confiance et l'autorité, et, de la sorte, il se trouva enfin des philosophes dans toutes les facultés, même dans toutes les classes et tous les métiers.

En suivant cette voie, les théologiens durent incliner vers la religion dite naturelle, et, s'il était question de savoir jusqu'où les lumières naturelles suffisaient pour nous avancer dans la connaissance de Dieu, pour nous rendre meilleurs, d'ordinaire on se hasardait, sans trop de scrupules, à décider d'une manière favorable. Par ce même principe de modération, on accordait ensuite les mêmes droits à toutes les religions positives, ce qui les rendait les unes comme les autres, incertaines et indifférentes. Au reste, on laissait tout subsister, et, comme le fond de la Bible est si riche, qu'elle offre plus de matière que tout autre livre pour la méditation, et plus d'occasions de réfléchir sur les choses humaines, elle pouvait, comme auparavant, servir partout de base à la prédication et à toutes les discussions religieuses.

Mais, comme tous les ouvrages profanes, elle était menacée d'une destinée inévitable dans la suite des temps. On avait admis jusqu'alors, avec une foi entière, que ce livre des livres avait été composé dans un seul esprit, qu'il avait été inspiré et comme dicté par l'esprit divin. Toutefois, dès longtemps, croyants et incrédules avaient, les uns, critiqué, les autres, défendu les inégalités des différentes parties. Anglais, Français et Allemands avaient attaqué la Bible avec plus ou moins de vivacité, de discernement, d'audace et de malice, et des hommes sérieux et sages de tout pays l'avaient pareillement défendue. Quant à moi, elle m'était respectable et chère; je lui devais, peu s'en faut, toute ma culture morale, et les événements, les leçons, les symboles, les allégories, tout s'était gravé profondément dans mon esprit, et, d'une manière ou d'une autre, avait exercé son influence. Aussi n'aimais-je pas à la voir attaquée injustement, raillée et défigurée. Cependant on savait déjà accepter très-volontiers, comme un moyen essentiel de défense, que Dieu s'était réglé sur la manière de penser et la force de conception des hommes; que même les hommes inspirés de Dieu n'avaient pu pour cela démentir leur caractère, leur individualité, et que Amos, le bouvier, ne parlait pas comme Isaïe, qui doit avoir été prince.

De ces idées et de ces convictions, aidées des progrès que faisait la connaissance des langues, se développa tout naturellement la disposition à étudier avec plus de soin les lieux, les nationalités, les productions naturelles et les phénomènes de l'Orient, et à s'efforcer par ce moyen de se rendre présents ces vieux âges. Michaëlis voua à ces études toute la force de son talent et de sa science. Les descriptions de voyages devinrent un puissant moyen d'interprétation des Saintes Écritures, et des voyageurs modernes, auxquels on posa de nombreuses questions, durent, par les réponses qu'ils y firent, témoigner en faveur des prophètes et des apôtres.

Mais, tandis qu'on s'efforçait de tous côtés d'amener l'Écriture Sainte à une intuition naturelle et de rendre plus généralement intelligible la véritable manière de la comprendre et de se la représenter, pour écarter par cet examen historique et critique bien des objections, faire disparaître bien des incongruités, et rendre vaine toute raillerie insipide, des dispositions tout opposées se manifestèrent chez quelques hommes, qui choisirent pour objet de leurs méditations les livres de la Bible les plus obscurs et les plus mystérieux, et voulurent, sinon les éclaircir, du moins les confirmer par eux-mêmes, au moyen de conjectures, de calculs et d'autres combinaisons ingénieuses et singulières, et, en tant qu'ils renfermaient des prédictions, les établir par l'événement et justifier ainsi la croyance à ce qu'il faut attendre pour l'avenir. Le vénérable Bengel avait fait accueillir avec une faveur décidée ses travaux sur l'Apocalypse, parce qu'il était connu pour un homme éclairé, honnête, pieux et sans reproche. Les sentiments profonds ont besoin de vivre dans le passé comme dans l'avenir. Pour eux le train ordinaire du monde est insignifiant, s'ils ne vénèrent pas des prophéties développées dans la suite des temps jusqu'à l'époque présente, et des prédictions enveloppées dans l'avenir le plus proche comme le plus éloigné. De là résulte un ensemble qui manque à l'histoire, laquelle semble ne nous présenter qu'une fluctuation accidentelle dans un cercle nécessairement borné. Le docteur Crusius était de ceux à qui la partie prophétique de l'Écriture plaisait le plus, parce qu'elle met en jeu les deux facultés de l'esprit humain les plus opposées, savoir le sentiment et le discernement. Beaucoup de jeunes gens s'étaient voués à cette doctrine et formaient déjà une phalange imposante, qui fixait d'autant plus les regards, qu'Ernesti, avec ses disciples, menaçait non pas d'éclairer, mais de dissiper absolument les ténèbres dans lesquelles leurs adversaires se plaisaient. Il en résulta des querelles, des haines, des poursuites et bien des choses désagréables. Je m'attachai au parti de la lumière, et je cherchai à m'approprier ses principes et ses avantages, tout en me permettant de prédire que, par cette méthode d'exégèse, infiniment louable et intelligente, le fond poétique de ces livres serait perdu avec le fond prophétique.

Mais les personnes qui s'adonnaient à la littérature allemande et aux belles-lettres s'intéressaient davantage aux travaux des hommes tels que Jerusalem, Zollikofer et Spalding, qui s'efforçaient de gagner aussi parmi les gens d'esprit et de goût des amis et des partisans à la religion et à la morale, qui y touche de si près, en donnant à leurs prédications et à leurs traités le charme d'un bon style. Une manière agréable d'écrire commençait à devenir absolument nécessaire, et, comme la clarté en est la première condition, il parut en divers lieux des auteurs qui essayèrent d'écrire, pour les connaisseurs aussi bien que pour la foule, d'une manière claire, distincte et intéressante, sur leurs études et leurs métiers.

A l'exemple d'un étranger, Tissot[1], les médecins commencèrent d'agir avec zèle sur la culture générale; Haller, Unzer, Zimmermann, eurent une très-grande influence, et, quoi qu'on puisse dire en détail contre eux surtout contre le dernier, ils exercèrent en leur temps une action très prononcée. Et l'histoire, mais surtout la biographie, devrait en faire mention; car ce n'est pas tant pour avoir laissé quelques ouvrages que pour avoir agi et vécu et porté les autres à agir et à vivre, qu'un homme reste marquant.

Les jurisconsultes, accoutumés dès leur jeunesse à un style abstrus, qui se maintenait de la manière la plus baroque dans toutes les expéditions, depuis la chancellerie du seigneur lige jusqu'à la diète de Ratisbonne, ne s'élevèrent qu'avec peine à une certaine liberté, d'autant que les sujets qu'ils avaient à traiter se liaient intimement avec la forme extérieure et par conséquent avec le style. Cependant de Moser jeune s'était déjà montré un libre et original écrivain; et Poutter, par la clarté de son exposition, avait aussi répandu la clarté dans son sujet et dans le style avec lequel on devait le traiter. Tout ce qui sortit de son école se distingua par ce mérite. Alors les philosophes se trouvèrent eux-mêmes obligés, pour être populaires, d'écrire d'une manière claire et intelligible. Mendelssohn et Garve parurent, et ils excitèrent une approbation et une admiration générales.

Avec la culture de la langue allemande et du style, dans toutes les branches, se développa aussi la critique, et nous admirons les jugements portés à cette époque sur des matières religieuses et morales, comme aussi sur des matières médicales : et, en revanche, nous trouverons, sinon misérables, du moins très-faibles, les jugements portés sur les poésies et sur tout ce qui se rapporte aux belles-lettres. C'est ce qu'on peut dire même des *Lettres littéraires*, de la *Bibliothèque générale allemande*, tout comme de la *Bibliothèque des belles-lettres*, et il serait bien facile d'en citer des exemples frappants.

Au milieu de la confusion générale, tout homme qui songeait à produire quelque chose, qui ne voulait pas se réduire à copier ses devanciers, n'avait plus qu'à se pourvoir tôt ou tard d'un sujet, qu'il s'attacherait à mettre en œuvre. A cet égard encore, nous étions bien fourvoyés. On rapportait un mot de Kleist, que nous entendions répéter assez souvent. A ceux qui blâmaient ses fréquentes promenades solitaires, il avait fait cette réponse plaisante, spirituelle et vraie, qu'il n'y était pas oisif, qu'il allait à la chasse aux images. Cette comparaison convenait à un gentilhomme, à un soldat, lequel se plaçait ainsi en regard des hommes

---

[1]. De Lausanne.

de sa condition, qui ne manquaient pas, en toute occasion, de sortir, un fusil sous le bras, pour aller à la chasse des lièvres et des perdrix. Aussi trouvons-nous dans les poésies de Kleist beaucoup d'images éparses, heureusement saisies, mais non toujours heureusement travaillées, qui nous rappellent agréablement la nature. Et maintenant on nous exhortait sérieusement à courir aussi les champs pour chasser aux images. Après tout, ce ne fut pas tout à fait sans fruit, quoique les jardins d'Apel, les potagers, le Rosenthal, Gohlis, Raschwitz et Konnewitz, fussent une singulière contrée pour y chercher du gibier poétique. Cependant ce motif m'engageait souvent à faire ma promenade solitaire, et, comme il ne s'offrait pas à l'observateur beaucoup d'objets beaux et sublimes, et que, dans le Rosenthal (d'ailleurs vraiment magnifique), les casins ne laissaient, dans la plus belle saison, s'épanouir aucune tendre pensée, je donnai, avec une infatigable persévérance, une grande attention à « la petite vie » (*Kleinleben*) de la nature, si l'on me permet d'employer ce mot, par analogie avec « la paisible vie » (*Stilleben*), et, comme les jolies aventures qu'on remarque dans cette sphère disent peu de chose en elles-mêmes, je pris l'habitude d'y voir une signification, qui se dirait tantôt vers le symbole, tantôt vers l'allégorie, selon que la contemplation, le sentiment ou la réflexion prenait le dessus. Je vais en rapporter un seul trait d'entre un grand nombre.

J'étais, comme tout le monde, amoureux de mon nom, et, comme les enfants et le peuple, je l'écrivais partout. Une fois, je l'avais très-nettement et joliment gravé sur l'écorce polie d'un tilleul de moyen âge. L'automne suivant, quand mon amour pour Annette était dans sa plus belle floraison, je pris soin de graver son nom au-dessus du mien. Cependant, vers la fin de l'hiver, capricieux amant, j'avais saisi de frivoles prétextes pour la tourmenter et l'affliger. Au printemps, je revis par hasard la place, et la sève, qui était dans sa force, avait coulé par les incisions qui formaient le nom d'Annette, et qui n'étaient pas cicatrisées, et baignait de ses larmes innocentes les lettres du mien, déjà durcies. La voir ainsi pleurer sur moi, qui avais souvent provoqué ses larmes par mes méchancetés, me jeta dans la consternation. Au souvenir de son amour et de mon injustice, j'eus moi-même les larmes aux yeux; je courus lui demander deux fois, trois fois pardon, et je fis sur cet événement une idylle, que je n'ai jamais pu lire sans attendrissement, ni réciter à mes amis sans émotion.

Tandis qu'en vrai berger des bords de la Pleisse, je me livrais, d'une manière assez enfantine, à ces tendres idées, me bornant toujours à choisir celles que je pouvais rappeler d'abord dans mon cœur, il s'était ouvert depuis longtemps aux poëtes d'Allemagne un champ plus vaste et plus important. Le grand Frédéric et les exploits de la guerre de Sept ans furent le premier fonds vivant, véritable, élevé, de la poésie allemande. Toute poésie nationale est vaine ou le devient, si elle ne repose pas sur ce qu'il y a de plus véritablement humain, sur les destinées des peuples et de leurs conducteurs, quand ils sont identifiés les uns avec les autres. Il faut montrer les rois dans la guerre et le danger, où ils paraissent les premiers, parce qu'ils fixent et qu'ils partagent le sort du dernier de leurs sujets, et deviennent par là beaucoup plus intéressants que les dieux eux-mêmes, qui, lorsqu'ils ont fixé nos destinées, se dispensent de les partager. Dans ce sens, chaque nation, si elle veut avoir quelque valeur, doit avoir son épopée, pour laquelle la forme du poëme épique n'est pas précisément nécessaire.

Si les *Chants de guerre* entonnés par Gleim conservent un si haut rang dans la poésie allemande, c'est qu'ils sont nés au milieu même de l'action, et que leur forme heureuse, qui semble l'œuvre d'un combattant dans le moment décisif, nous donne le sentiment de la plus entière activité. Ramler chante autrement, mais avec une grande noblesse, les hauts faits de son roi. Tous ses poëmes sont substantiels; ils nous occupent de grands et sublimes objets, et, par là même, ils conservent une impérissable valeur. Car la valeur intrinsèque du sujet traité est le principe et la fin de l'art. On ne saurait nier, il est vrai, que le génie, le talent cultivé, ne puissent tout faire de tout par l'exécution et surmonter la matière la plus ingrate : mais, tout bien considéré, il en résulte toujours une œuvre artificielle plutôt qu'une œuvre d'art, laquelle doit reposer sur un noble fonds, pour qu'une exécution habile, soignée et consciencieuse, fasse ressortir d'une manière plus heureuse et plus éclatante la dignité du sujet.

Ainsi donc les Prussiens, et, avec eux, l'Allemagne protestante, avaient conquis pour leur littérature un trésor qui manquait au parti contraire, et que ce parti, malgré tous les efforts qu'il a faits depuis, n'a jamais pu remplacer. Les écrivains prussiens s'inspirèrent de la grande idée qu'ils pouvaient se faire de leur roi, et ils montrèrent d'autant plus de zèle, que celui au nom duquel ils faisaient tout ne voulait en aucune façon entendre parler d'eux. Déjà auparavant, la colonie française et, plus tard, la préférence du roi pour la civilisation du peuple français et pour son système financier, avaient importé en Prusse une foule d'idées françaises, qui furent très-avantageuses aux Allemands, en ce qu'elles les excitèrent à la contradiction et à la résistance. L'éloignement de Frédéric pour l'allemand tourna à l'avantage de la culture littéraire. On fit l'impossible pour se faire remarquer du roi, pour obtenir, non pas son estime, mais seulement son attention ; on le fit à la manière allemande, avec une entière conviction : on faisait ce que l'on croyait méritoire, et l'on souhaitait, on voulait, que le roi fût obligé de reconnaître et d'apprécier ce mérite allemand. On ne réussit point, et l'on ne pouvait réussir. Comment peut-on demander qu'un roi qui recherche la vie et les jouissances de l'esprit perde son temps à voir se développer et se mûrir tardivement ce qu'il tient pour barbare ? Il pouvait s'imposer et surtout imposer à son peuple, dans les produits des métiers et des fabriques, des pis-aller très-médiocres au lieu d'excellentes marchandises étrangères : mais, dans ces choses, tout marche plus vite à la perfection, et il n'est pas besoin d'une vie d'homme pour les amener à maturité.

Cependant il est un ouvrage que je dois mentionner ici honorablement avant tous les autres, comme la création la plus vraie de la guerre de Sept ans et l'expression éminemment nationale de l'Allemagne du Nord, la première œuvre théâtrale empruntée à des événements ma: quants de

aux circonstances de l'époque, et qui produisit en conséquence un effet incalculable : c'est *Minna de Barnhelm*. Lessing, qui, à l'opposé de Klopstock et de Gleim, rejetait volontiers la dignité personnelle, parce qu'il se croyait sûr de pouvoir la ressaisir à chaque moment, aimait la vie dissipée des auberges et du monde, contre-poids énergique, constamment nécessaire à sa pensée ardente; et c'est comme cela qu'il s'était joint aussi à la suite du général Tauenzien. On voit aisément comment sa pièce prit naissance entre la guerre et la paix, la haine et l'amour. Ce fut cette production qui ouvrit heureusement à nos regards un monde plus élevé, plus important, et nous tira de la sphère littéraire et bourgeoise dans laquelle la poésie avait vécu jusqu'alors.

Les haines qui avaient divisé la Prusse et la Saxe pendant cette guerre ne pouvaient s'éteindre en même temps que la guerre cessa. Ce fut alors seulement que la Saxe sentit, avec une douleur profonde, les blessures que l'orgueilleux Prussien lui avait faites; la paix politique ne parvint pas d'abord à rétablir la paix entre les cœurs : celle-ci, la pièce de Lessing devait la réaliser en image. La grâce et l'amabilité des Saxonnes subjuguent le mérite, la dignité, l'opiniâtreté des Prussiens, et, soit dans les personnages principaux, soit dans les subalternes, le poëte nous offre avec art une heureuse fusion d'éléments bizarres et contrastants.

Si ces observations rapides et décousues sur la littérature allemande ont jeté quelque trouble dans l'esprit de mes lecteurs, j'aurai réussi à leur donner une idée du chaos dans lequel se trouvait ma pauvre cervelle, lorsque, dans le conflit de deux époques si importantes pour la littérature nationale, je me voyais assailli par tant de nouveautés, avant qu'il m'eût été possible de m'accommoder avec les vieilleries; revendiqué par tant de vieilleries, quand je me croyais déjà fondé à y renoncer complétement. Le chemin que je suivis pour me tirer pas à pas de cette presse, je vais essayer de le retracer du mieux qu'il me sera possible.

J'avais traversé, avec une application suivie, dans la société de beaucoup d'hommes honorables, la période diffuse, à laquelle avait appartenu mon premier âge. Tous ces manuscrits in-quarto que j'avais laissés à mon père en étaient un suffisant témoignage; et quelle masse d'esquisses, d'ébauches, de plans à demi exécutés, n'avais-je pas réduite en fumée, par découragement plus que par conviction ! Maintenant les conversations, l'enseignement, le conflit des opinions, et particulièrement les discours de nos convives, surtout ceux du conseiller Pfeil, m'apprenaient à attacher une valeur toujours plus grande à l'importance du sujet et à la concision de la forme, sans pouvoir toutefois m'apprendre clairement où je devais chercher l'un et comment j'atteindrais à l'autre. Ma situation bornée, l'indifférence de mes camarades, la réserve des maîtres, l'isolement des personnes cultivées, une nature insignifiante, me forçaient de chercher tout en moi-même. Si donc je demandais pour mes poésies un fonds réel, des sentiments ou des réflexions, il me fallait descendre dans mon cœur; si je cherchais pour l'exposition poétique une vision immédiate de l'objet, de l'événement, je ne devais pas sortir de la sphère qui était faite pour me toucher, pour m'inspirer de l'intérêt. Dans cet esprit, j'écrivis d'abord quelques petites poésies en forme de chansons (*Lieder*) ou en vers rhythmiques; elles naissent de la réflexion, elles roulent sur le passé, et prennent le plus souvent un tour épigrammatique.

C'est ainsi que je commençai à suivre cette direction dont je ne pus jamais m'écarter dans la suite, savoir celle de transformer en tableaux, en poëmes, tous les sujets de mes joies, de mes peines ou de mes préoccupations, et de me mettre en règle là-dessus avec moi-même, soit afin de rectifier mes idées sur les objets extérieurs, soit pour me mettre l'esprit en repos à ce sujet. Ce don n'était plus nécesssaire à personne qu'à moi qui, par nature, étais jeté sans cesse d'un extrême dans un autre. Ainsi donc, tout ce que j'ai publié ne sont que des fragments d'une grande confession, et ces Mémoires ne sont qu'une tentative hasardée pour la compléter.

Mon premier amour pour Marguerite s'était donc reporté sur Annette, dont je ne saurais dire autre chose, sinon qu'elle était jeune, jolie, gaie, aimable et si gentille, qu'elle méritait bien qu'on l'établît dans le sanctuaire du cœur comme une petite sainte, pour lui vouer tous ces hommages qu'il est souvent plus charmant et plus doux d'offrir que de recevoir. Je la voyais tous les jours sans obstacles; elle aidait à préparer les aliments que je mangeais; elle m'apportait du moins, le soir, le vin que je buvais, et la société particulière qui dînait dans cette auberge était une garantie que la petite maison, peu fréquentée hors du temps des foires, méritait bien sa bonne réputation. Les occasions et le goût de nous entretenir ne manquaient pas; toutefois, comme elle ne pouvait et n'osait guère s'éloigner de la maison, nos divertissements étaient un peu maigres. Nous chantions les chansons de Zacharie, nous jouions le *Duc Michel* de Kruger : un mouchoir noué figurait le rossignol, et, comme cela, les choses allèrent quelque temps assez bien. Mais, comme des relations pareilles offrent, à la longue, d'autant moins de variété qu'elles sont plus innocentes, je fus pris de cette méchante manie qui nous égare et nous fait trouver du plaisir à tourmenter notre bien-aimée, et à dominer par des caprices fantasques et tyranniques une jeune fille dévouée. La mauvaise humeur que j'éprouvais de voir échouer mes essais poétiques, de ne pouvoir, me semblait-il, être jamais éclairé là-dessus, et de me sentir blessé çà et là de mille manières, je crus pouvoir la répandre sur Annette, parce qu'elle m'aimait de bon cœur et qu'elle faisait tout pour me plaire. Par de petites jalousies, sans fondement comme sans raison, je troublai pour elle et pour moi les plus beaux jours. Elle le souffrit quelque temps avec une incroyable patience, que j'eus la cruauté de soumettre aux plus rudes épreuves. Mais, à ma honte et à mon désespoir, il me fallut reconnaître à la fin que je l'avais éloignée de moi, et que maintenant j'avais sujet peut-être de me livrer aux fureurs que je m'étais permises sans cause et sans nécessité. Il y eut entre nous d'affreuses scènes, auxquelles je ne gagnai rien; alors enfin je sentis que je l'aimais véritablement et que je ne pouvais me passer d'elle. Ma passion s'accrut et prit toutes les formes dont elle est susceptible en de pareilles circonstances; je finis même par prendre à mon tour le rôle de la jeune fille; je mis tout en usage pour lui être agréable, pour lui procurer, même par d'autres, quelques plaisirs, car je ne pouvais renoncer à l'espoir de regagner son cœur. Mais il était trop tard; elle était décidément perdue pour moi; et la fureur avec laquelle je me punis moi-même de ma faute, en m'infligeant avec une violence insensée des tortures physiques, pour me causer quelques souffrances morales, a beaucoup contribué aux douleurs corporelles dans lesquelles j'ai perdu quelques-unes de mes plus belles années : peut-être même la perte d'Annette m'aurait-elle été absolument fatale, si je n'avais pas trouvé dans mon talent de poëte une ressource éminemment salutaire.

Déjà auparavant, j'avais senti assez clairement, dans quelques intervalles, mes mauvais procédés; la pauvre enfant me faisait réellement pitié quand je l'avais ainsi offensée sans aucune nécessité. Je me représentai si souvent et avec tant de détails sa position et la mienne, et, en contraste, l'heureux état d'un autre couple de notre société, que je fus à la fin entraîné à traiter d'une manière dramatique cette situation, et ce me fut une pénitence à la fois instructive et douloureuse. Ainsi prit naissance la plus ancienne de mes œuvres dramatiques qui se soit conservée, la petite pièce intitulée *le Caprice de l'Amant*, qui, sous un caractère naïf, laisse apercevoir l'entraînement d'une passion brûlante.

Mais, avant ce temps, j'avais déjà pris intérêt à un monde mystérieux, grave et souffrant. Ma liaison avec Marguerite, les conséquences qu'elle avait eues, me firent jeter de bonne heure un regard dans les tortueux souterrains qui minent la société civile. Religion, mœurs, lois, conditions, relations, coutumes, tout cela règne seulement à la surface de la vie d'une cité. Les rues, bordées de maisons superbes, sont proprement tenues, et chacun s'y comporte décemment; mais, au dedans, le désordre n'en est bien souvent que plus affreux, et un extérieur poli recouvre, comme une mince crépissure, plus d'une muraille pourrie, qui s'écroule pendant la nuit, et produit un effet d'autant plus horrible, qu'il éclate au milieu d'un état paisible. Combien de familles n'avais-je pas déjà vues, auprès et au loin, précipitées dans la ruine, ou soutenues à grand'peine au bord du gouffre, à la suite de banqueroutes, de divorces, de séductions, de meurtres, de vols domestiques, d'empoisonnements! Et tout jeune que j'étais, j'avais souvent prêté, dans ces circonstances, une main secourable et salutaire. En effet, comme ma franchise éveillait la confiance, que ma discrétion était éprouvée, que mon activité ne craignait aucun sacrifice, et qu'elle aimait surtout à s'exercer dans les cas les plus dangereux, je trouvai assez souvent l'occasion de m'interposer, d'étouffer les choses, de détourner la foudre, enfin de rendre tous les services possible. Cela ne pouvait manquer de me conduire à faire sur moi-même et par les autres plus d'une expérience douloureuse et humiliante. Pour me soulager, je projetai plusieurs pièces de théâtre, et j'écrivis l'exposition de la plupart. Mais, comme l'intrigue devait toujours prendre un caractère sombre, je les laissai tomber l'une après l'autre. Les *Complices* sont la seule que j'aie terminée. Son caractère gai et burlesque se montre sur le sombre intérieur de famille, accompagné de quelque chose qui oppresse, en sorte qu'à la représentation, elle serre le cœur dans l'ensemble, si elle amuse dans les détails. Les actions illégitimes exprimées crûment blessent le sentiment esthétique et moral : c'est pourquoi la pièce n'a pu réussir sur la scène allemande, tandis que les imitations qui ont évité ces écueils ont été reçues avec applaudissements.

Cependant, sans m'en rendre compte, j'écrivis ces deux pièces à un point de vue plus élevé. Elles annoncent une indulgence prudente dans l'imputation morale, et expriment d'une manière badine, en traits un peu durs et tranchants, cette parole éminemment chrétienne : « Que celui qui se sent exempt de péché jette la première pierre. »

Indépendamment de ce caractère sérieux dont mes premières pièces étaient assombries, je commis la faute de négliger des motifs très-favorables qui se trouvaient, d'une manière tout à fait prononcée, dans ma nature. En effet, au milieu de ces graves expériences, redoutables pour un jeune homme, il se développa chez moi une humeur audacieuse, qui se sent au-dessus du moment présent, ne craint nullement le péril, et même le convie étourdiment. Cela tenait au fond à l'orgueil, dans lequel l'âge de la force trouve tant de plaisir, et dont l'expression bouffonne nous est si agréable, soit au moment même, soit dans le souvenir. Ces choses sont si ordinaires, que, dans le vocabulaire de nos jeunes étudiants, elles sont nommées *suites*, et que l'on dit aussi bien (à cause de la proche parenté) *Suiten reissen* (faire des suites) que *Possen reissen* (faire des farces).

Ces hardiesses humoristiques, produites sur la scène avec du sens et de l'esprit, sont du plus grand effet. Elles se distinguent de l'intrigue, en ce qu'elles sont momentanées, et que leur but, en tant qu'elles en auraient un, ne doit pas être éloigné. Beaumarchais a compris toute la valeur de ces témérités, et c'est la source principale des effets de ses Figaro. Quand ces innocentes malices et ces petites espiègleries s'exercent dans un noble but, avec un danger personnel, les situations qui en résultent, considérées au point de vue esthétique et moral, sont de la plus grande valeur pour le théâtre. Je citerai, comme exemple, l'opéra du *Porteur d'eau*, le sujet le plus heureux peut-être que nous ayons jamais vu au théâtre.

Pour égayer les longs ennuis de la vie journalière, je m'exerçai sur une foule de traits pareils, tantôt sans aucun but, tantôt pour servir mes amis, que j'aimais à obliger. Pour ce qui me concernait, je ne sache pas avoir agi une seule fois avec dessein; et je ne m'avisai non plus jamais de considérer ces témérités comme un objet d'art : cependant, si je m'étais emparé de ces sujets, que j'avais sous la main, et si je les avais travaillés avec soin, mes premiers écrits en auraient été plus gais et plus utiles. Quelques-uns de ces détails se produisent, il est vrai, plus tard dans mes ouvrages, mais isolément et sans but.

Comme le cœur nous intéresse toujours plus que l'esprit, et nous donne de l'occupation, tandis que l'esprit sait bien se tirer d'embarras, les affaires de cœur m'avaient toujours paru les plus importantes. Je ne me lassais pas de méditer sur la vanité des affections, l'inconstance de l'homme, la sensibilité morale et tout ce qu'il y a d'élevé, de profond, dont l'enchaînement dans notre nature peut être considéré comme l'énigme de la vie humaine. Ici encore, je cherchais à épancher ce qui me tourmentait dans une chanson, une épigramme, dans quelques rimes enfin, qui, se rapportant aux sentiments les plus intimes et aux circonstances les plus particulières, pouvaient à peine intéresser un autre que moi.

Cependant ma position extérieure avait beaucoup changé en peu de temps. Mme Bœhme était morte, après une longue et triste maladie, elle avait fini par ne plus me recevoir ; son mari ne pouvait être fort content de moi ; je lui paraissais trop peu appliqué et trop léger. Il se montra surtout très-offensé, lorsqu'un indiscret lui eut fait savoir qu'à la leçon de droit public allemand, au lieu d'écrire convenablement la dictée, j'avais dessiné sur la marge de mon cahier les personnages qui figuraient dans le cours, comme les membres de la chambre de justice, le président et les assesseurs avec leurs singulières perruques; et que, par ces bouffonneries, j'avais distrait et fait rire mes voisins. Depuis la mort de sa femme, il vivait plus retiré encore qu'auparavant, et je finis par l'éviter pour échapper à ses reproches. Ce fut surtout un malheur que Gellert ne voulût pas se servir de l'autorité qu'il aurait pu exercer sur nous. Assurément, il n'avait pas le temps de faire le confesseur et de s'enquérir des sentiments et des défauts de chacun : aussi ne s'occupait-il de l'affaire qu'en gros, et il croyait pouvoir nous dompter au moyen des institutions ecclésiastiques. C'est pourquoi, lorsqu'il venait à nous appeler devant lui, baissant la tête et d'une voix doucement attendrie, il avait coutume de nous demander si nous allions régulièrement à l'église, qui était notre confesseur, et si nous avions communié. Si nous soutenions mal cet examen, il nous congédiait avec des lamentations; nous étions plus fâchés qu'édifiés, mais nous ne pouvions nous empêcher de l'aimer de tout notre cœur.

A cette occasion, je dois revenir sur quelques souvenirs d'enfance, pour démontrer que les grandes affaires de la religion extérieure doivent se traiter avec suite et enchaînement, si l'on veut qu'elles produisent les fruits qu'on espère. Le culte protestant a trop peu d'ampleur et de liaison pour tenir en un seul corps la communauté. De là il arrive aisément que des membres s'en séparent et forment de petites communautés, ou, sans lien ecclésiastique, mènent paisiblement leur vie civile les uns à côté des autres. Aussi se plaignait-on dès longtemps que le service divin était d'année en année moins suivi, et que le nombre des communiants diminuait dans la même proportion. De l'un et l'autre fait, surtout du dernier, la cause est palpable, mais qui osera la dire? Nous voulons l'essayer.

Dans l'ordre moral et religieux, comme dans l'ordre matériel et civil, l'homme n'aime pas à faire les choses brusquement; il a besoin d'une suite, d'où résulte la coutume. Ce qu'il doit aimer et pratiquer, il ne peut se le figurer isolé, interrompu, et, pour qu'il répète une chose volontiers, il faut qu'elle ne lui soit pas devenue étrangère. Si le culte protestant manque d'ampleur dans l'ensemble, qu'on l'examine en détail, et l'on trouvera que le réformé a trop peu de sacrements, ou même qu'il n'en a qu'un dans lequel il soit actif, savoir la cène : car, le baptême, il ne fait que le voir accomplir sur les autres, et ce n'est pas pour lui une sensation agréable. Les sacrements sont ce qu'il y a de plus élevé dans la religion, le symbole sensible d'une faveur et d'une grâce extraordinaire de la Divinité. Dans la cène, les lèvres humaines doivent recevoir une créature divine incarnée, et, sous la forme d'une terrestre nourriture, en recevoir une céleste. Cette signification est la même pour toutes les Églises chrétiennes. Que l'on participe au sacrement avec plus ou moins de soumission au mystère, en l'accommodant plus ou moins avec ce qui est intelligible, il demeure toujours une action sainte et grande, qui se met dans la réalité à la place du possible ou de l'impossible, à la place de ce qui est inaccessible et indispensable à l'homme. Mais ce sacrement ne devrait pas être seul; le chrétien ne saurait y participer avec la véritable joie pour laquelle il est donné, si le sens symbolique ou sacramentel n'est pas nourri dans son cœur; il faut qu'il soit accoutumé à considérer la religion intérieure du cœur et celle de l'Église extérieure comme parfaitement identiques, comme le grand sacrement universel, qui se démembre en beaucoup d'autres, et communique à ces parties sa sainteté, son indestructibilité et son éternité.

Voici un jeune homme et une jeune fille qui se donnent la main, et ce n'est pas pour le salut passager ou pour la danse: le prêtre les bénit, et le lien est indissoluble. Bientôt les époux apportent sur les marches de l'autel un être, leur image; il est purifié avec l'eau sainte et incorporé à l'Église, de telle sorte qu'il ne peut répudier ce bienfait que par la plus monstrueuse apostasie. L'enfant se forme lui-même dans la vie aux choses de la terre; mais, les choses du ciel, il faut qu'on l'en instruise. A-t-on reconnu par l'examen que l'instruction est complète, il est reçu désormais dans le sein de l'Église comme citoyen effectif, comme véritable et libre professant, non sans marques extérieures de l'importance d'un tel acte. Alors seulement il est décidément chrétien, alors il en reconnaît les avantages, mais aussi les devoirs. Cependant, en sa qualité d'homme, il a fait de singulières expériences; les leçons et les châtiments lui ont fait voir le fâcheux état de son âme, et il sera toujours question de leçons et de fautes, mais les punitions seront supprimées. Dans la confusion sans bornes où doit le plonger le combat des exigences de la nature et de la religion, un admirable expédient lui est fourni de confier ses faits et ses méfaits, ses fautes et ses doutes, à un homme respectable, spécialement chargé de cet office, qui sait le tranquilliser, l'avertir, le fortifier, lui infliger des pénitences également symboliques, le réjouir enfin par une complète absolution de sa faute, et lui remettre, pure et lavée, « la table de son humanité. » Préparé et parfaitement tranquillisé par une suite d'actes sacramentels, qui, à les considérer de près, se ramifient à leur tour en de plus petites formes sacramentelles, il s'agenouille pour recevoir l'hostie, et, afin de rehausser encore le mystère de ce grand acte, on ne lui montre le calice que de loin; ce n'est pas une nourriture et une boisson communes qui apaisent, c'est un aliment céleste qui donne la soif du céleste breuvage.

Que cependant le jeune homme ne croie pas encore être au bout! Que l'homme fait ne le croie pas lui-même! Car, dans les relations terrestres, nous finissons, il est vrai, par nous accoutumer à subsister par nous-mêmes, et toutefois les connaissances, l'esprit et le caractère n'y suffisent pas toujours, mais, dans les choses célestes, nous n'avons jamais tout appris. Le sentiment élevé qui est en nous, et qui souvent ne s'y trouve pas trop à son aise, est en outre obsédé par tant d'objets extérieurs, que nos propres facultés ont de la peine à nous procurer tout ce qui serait nécessaire pour le conseil, la consolation et l'assistance. Mais, établi à cet effet, se trouve aussi, pour toute la vie, le secours salutaire dont nous avons parlé; un homme clairvoyant et pieux est toujours prêt à ramener ceux qui s'égarent et à soulager ceux qui souffrent. Et ce qu'on a éprouvé de la sorte pendant toute la vie, doit se montrer cent fois plus efficace aux portes de la mort. Après en avoir contracté dès l'enfance l'habitude familière, l'homme défaillant reçoit avec ferveur ces assurances symboliques, formelles, et, quand toute garantie terrestre s'évanouit, une garantie céleste lui assure pour l'éternité une existence bienheureuse; il se sent parfaitement convaincu que ni un élément hostile ni un esprit malveillant ne pourront l'empêcher de revêtir un corps glorieux, pour participer, dans une relation immédiate avec la Divinité, aux félicités immenses qui émanent d'elle.

Puis, pour conclure, afin que l'homme tout entier soit sanctifié, les pieds mêmes sont oints et bénis. Si le malade vient peut-être à guérir, ils devront éprouver de la répugnance à toucher ce sol terrestre, dur, impénétrable ; un merveilleux ressort doit leur avoir été communiqué, par lequel ils repoussent sous eux la masse terrestre, qui les attirait jusqu'alors. C'est ainsi que, par un cercle brillant d'actes également augustes et sacrés, dont nous n'avons fait qu'indiquer en peu de mots la beauté, si loin que le sort place le berceau et la tombe à l'égard l'un de l'autre, ils sont unis d'une constante chaîne.

Mais toutes ces merveilles spirituelles ne surgissent pas du sol naturellement comme d'autres fruits ; elles n'y peuvent être ni semées, ni plantées, ni cultivées : il faut que nos prières les demandent à une autre région, ce qui ne réussirait ni à chacun ni en tout temps. Ici se présente à nous, comme conséquence d'une ancienne et pieuse tradition, le plus sublime de ces symboles. Nous apprenons qu'un homme peut être, par préférence à un autre, favorisé, béni et sanctifié d'en haut. Mais, pour qu'elle ne semble pas un don naturel, cette grande faveur, unie à un devoir difficile, doit être transmise aux autres par un ayant droit, et le plus grand bien qu'il soit donné à un homme d'obtenir, sans qu'il puisse toutefois en conquérir et en saisir la possession par lui-même, doit se maintenir et se perpétuer sur la terre par une hérédité spirituelle. Dans l'ordination du prêtre se trouve même compris tout ce qui est nécessaire pour accomplir d'une manière efficace ces actes saints dont la foule est favorisée sans qu'elle ait besoin d'y coopérer autrement que par la foi et par une confiance illimitée. Ainsi, dans la suite de ses devanciers et de ses successeurs, dans les rangs de ceux qui ont reçu l'onction comme lui, représentant le libérateur suprême, le prêtre se présente avec d'autant plus de majesté que ce n'est pas lui que nous vénérons mais son office ; ce n'est pas devant son geste que nous plions les genoux, mais devant la bénédiction qu'il dispense, et qui ne paraît que plus sainte et venue du ciel plus directement, parce que l'instrument terrestre ne pourrait, par une conduite coupable et même dépravée, lui ôter sa force et sa vertu.

Combien cette chaîne vraiment spirituelle n'est-elle pas brisée dans le protestantisme, lorsqu'il déclare apocryphes une partie de ces symboles, et canoniques un petit nombre seulement! Et comment veut-on nous préparer par l'insignifiance des uns à la majesté des autres? Je fus confié, à mon tour, pour mon instruction religieuse à un bon ecclésiastique, vieux et faible, mais qui était depuis nombre d'années le confesseur de la maison. Je savais sur le bout du doigt le catéchisme avec sa paraphrase et l'ordre du salut; aucun des passages de la Bible sur lesquels la foi se base ne m'était étranger; mais, de tout cela, je ne recueillis aucun fruit : en effet, comme on m'assura que le bon vieillard dirigeait son examen principal d'après un ancien formulaire, je perdis toute espèce de goût et d'amour pour la chose; je me livrai, dans les huit derniers jours, à des distractions de tout genre ; je mis dans mon chapeau les feuilles que j'empruntai à un ancien ami, qui les avait dérobées à l'ecclésiastique, et je lus sans émotion et sans intelligence ce que j'aurais bien su exprimer avec sentiment et conviction.

Mais, dans cette conjoncture importante, je vis ma bonne volonté et mon zèle paralysés plus tristement encore par une sèche et insipide routine, quand je dus m'approcher du confessionnal. Je sentais en moi bien des défauts, mais pourtant pas de grands vices, et ce sentiment même les atténuait, parce qu'il me révélait la force morale qui était en moi, et qui, avec de la résolution et de la persévérance, devait triompher enfin du vieil Adam. On nous avait appris que nous valions beaucoup mieux que les catholiques, précisément parce que nous n'avions pas besoin de faire dans la confession aucun aveu particulier, que même cela ne serait pas convenable quand nous voudrions le faire. Ce dernier point ne me satisfaisait pas du tout, car j'avais les doutes religieux les plus étranges, et j'aurais bien voulu les éclaircir dans cette occasion. Cela ne devant pas être, je me composai une confession qui, en exprimant bien la situation où j'étais, devait avouer d'une manière générale à un homme intelligent ce qu'il m'était défendu de dire en détail. Mais, lorsque j'entrai dans le vieux chœur des cordeliers, que j'approchai des singulières armoires grillées dans lesquelles nos ecclésiastiques avaient coutume de se rendre pour cette cérémonie; quand le marguillier m'ouvrit la porte, et que je me vis enfermé dans l'étroit espace, vis-à-vis de mon vieux père spirituel; que, de sa voix faible et nasillarde, il me souhaita le bonjour, toute lumière disparut soudain de mon esprit et de mon cœur; ma confession, que j'avais bien apprise par cœur expira sur mes lèvres; dans mon embarras, j'ouvris le livre que j'avais à la main, et j'y lus une courte formule, la première venue, et qui était si générale, que chacun aurait pu la prononcer avec une tranquillité parfaite. Je reçus l'absolution et je m'éloignai fort tiède. Le lendemain, je me rendis avec mes parents à la table du Seigneur, et je me comportai pendant deux ou trois jours comme il convenait après une action si sainte.

Bientôt cependant j'eus ma part des souffrances que notre religion, compliquée par des dogmes divers, basés sur des passages de la Bible qui admettent diverses interprétations, fait éprouver aux hommes scrupuleux, au point d'amener des dispositions hypocondres et de les porter jusqu'à leur dernier terme, jusqu'aux idées fixes. J'ai connu plusieurs personnes, qui, avec un caractère et une conduite tout à fait raisonnables, ne pouvaient se défaire de la pensée du péché contre le Saint-Esprit et de la crainte de l'avoir commis. Je fus menacé d'un mal semblable au sujet de la cène. La maxime que celui qui y participe indignement mange et boit sa condamnation avait fait sur moi de très-bonne heure une impression terrible. Tout ce que j'avais lu d'affreux dans les récits du moyen âge sur les jugements de Dieu, les étranges épreuves par le fer brûlant, le feu flamboyant, l'eau bouillante, même ce que la Bible nous raconte de la source, salutaire pour l'innocence, qui gonfle et fait éclater le coupable, tout cela se présentait à mon imagination et se réunissait à ce qu'il y a de plus horrible au monde: car l'adhésion menteuse, l'hypocrisie, le parjure, le sacrilége, tout, dans l'acte le plus saint, semblait peser sur l'indigne, ce qui était d'autant plus effrayant que personne n'osait se déclarer digne et que le pardon des péchés, qui devait tout aplanir à la fin, était soumis à tant de conditions, qu'on n'était pas sûr de pouvoir se l'attribuer en liberté. Ce sombre scrupule me tourmenta si fort, et la ressource qu'on me présentait comme suffisante me semblait si faible et si vaine, que mon épouvantail m'en parut plus terrible encore, et que, dès mon arrivée à Leipzig, je cherchai à m'affranchir tout à fait de mes liens avec l'Église. Combien ne devaient donc pas être gênantes pour moi les exhortations de Gellert, dont le laconisme, sa ressource nécessaire pour échapper à nos importunités, ne m'encourageait pas à le fatiguer de questions bizarres, d'autant moins que, dans mes heures de gaieté, elles me faisaient honte à moi-même, et que je finis par laisser complètement à l'écart ces étranges remords avec l'Église et l'autel!

Gellert s'était composé, selon ses sentiments pieux, une morale qu'il lisait en public de temps en temps, remplissant ainsi, d'une manière honorable, son devoir envers ses concitoyens. Les écrits de Gellert étaient depuis longtemps la base de la culture morale en Allemagne; chacun désirait ardemment de voir cet ouvrage imprimé, et, comme cela ne devait avoir lieu qu'après la mort de l'excellent homme, on s'estimait très-heureux de l'entendre en faire lui-même la lecture. Dans ces leçons, l'auditoire de philosophie était comble, et la belle âme du noble Gellert, ses intentions pures, l'intérêt qu'il prenait à notre bien, ses exhortations, ses avertissements et les prières qu'il nous adressait, d'une voix un peu sourde et triste, produisaient bien une impression momentanée, mais d'autant plus vite effacée qu'il se trouvait assez de railleurs, qui savaient nous rendre suspecte cette manière molle et, à leur avis, énervée. Je me souviens d'un voyageur français qui s'informa des maximes et des sentiments de l'homme autour duquel il se faisait un si grand concours. Quand nous lui eûmes donné les informations nécessaires, il secoua la tête et dit en souriant : « Laissez-le faire, il nous forme des dupes. »

Au reste la bonne société, qui ne souffre guère auprès d'elle quelque chose de distingué, savait aussi, dans l'occasion, amoindrir l'influence morale que Gellert pouvait avoir sur nous. Tantôt on lui faisait un reproche d'instruire mieux que les autres étudiants les riches et nobles Danois qui lui étaient particulièrement recommandés, et d'en prendre un soin extraordinaire; tantôt on l'accusait d'égoïsme et de népotisme, parce qu'il fit ouvrir chez son frère une pension pour ces jeunes gens. Ce frère, qui était d'une taille élevée et avantageuse, vif, prompt et un peu rude, avait été, disait-on, maître d'armes, et, abusant de l'excessive indulgence de son frère, il traitait quelquefois durement ses nobles pensionnaires. Alors on crut devoir prendre intérêt à ces jeunes hommes, et l'on déchira tellement la bonne renommée de l'excellent Gellert, qu'à la fin, ne sachant plus à quoi nous en tenir sur son compte, nous tombâmes à son égard dans l'indifférence et nous cessâmes de nous montrer à lui. Cependant nous avions toujours grand soin de le saluer, quand nous le rencontrions, monté sur son doux cheval blanc, dont l'électeur lui avait fait cadeau, pour l'obliger à prendre un exercice si nécessaire à sa santé : distinction qu'on avait de la peine à lui pardonner.

Ainsi approchait peu à peu l'époque où toute autorité allait disparaître pour moi, où j'allais douter et même désespérer des hommes les plus grands et les meilleurs que j'avais connus ou qui avaient occupé ma pensée. Frédéric II était encore à mes yeux supérieur à tous les grands hommes du siècle, et je dus trouver fort étrange de l'entendre louer aussi peu des habitants de Leipzig qu'autrefois dans la maison de mon grand-père. Ils avaient, il faut le dire, senti durement le poids de la guerre, et l'on ne pouvait leur faire un crime de n'avoir pas l'idée la plus favorable de celui qui l'avait commencée et continuée : ils consentaient donc à le reconnaître pour un homme éminent, mais non pour un grand homme. « Il ne faut pas être fort habile, disaient-ils, pour faire quelque chose avec de grands moyens, et si l'on n'épargne ni les pays ni l'argent ni le sang, on peut finir par accomplir son projet. Frédéric ne s'est montré grand dans aucun de ses desseins, et dans aucune chose qu'il se soit véritablement proposée. Aussi longtemps qu'il a été maître des événements, il n'a fait que des fautes, et il n'a déployé un génie extraordinaire que lorsqu'il a été forcé de les réparer. S'il est parvenu à cette grande renommée, c'est uniquement parce que tout homme souhaite avoir ce même don de réparer habilement les fautes qu'il nous arrive si souvent de commettre. Que l'on suive toutes les phases de la guerre de Sept ans, et l'on trouvera que le roi a sacrifié d'une manière tout à fait inutile son excellente armée, et que c'est sa propre faute si cette funeste querelle a traîné si fort en longueur. Un homme, un capitaine, vraiment grand, serait venu beaucoup plus vite à bout de ses ennemis. » Pour soutenir cette opinion, on alléguait une infinité de détails que je ne pouvais nier, et je sentais se refroidir peu à peu l'admiration sans limite que j'avais vouée dès mon enfance à ce prince remarquable.

De même que les habitants de Leipzig m'avaient ôté l'agréable sentiment d'honorer un grand homme, un nouvel ami, auquel je m'attachai dans ce temps-là, diminua beaucoup l'estime que j'avais pour mes nouveaux concitoyens. Cet ami était un des plus bizarres personnages qu'il fût possible de voir. Il s'appelait Behrisch, et demeurait chez le comte de Lindenau, comme gouverneur de son fils. Son extérieur était déjà assez singulier. D'une taille svelte et bien prise, il avait le nez très-grand et tous les traits prononcés; il portait du matin jusqu'au soir un tour de cheveux, qu'on aurait pu appeler une perruque; il s'habillait très-proprement, et ne sortait jamais sans avoir l'épée au côté et le chapeau sous le bras. Il avait depuis longtemps passé la trentaine. C'était un de ces hommes qui savent à merveille perdre leur temps, ou plutôt qui, pour le passer, savent faire quelque chose de rien. Tout ce qu'il faisait devait s'accomplir avec lenteur et avec une certaine dignité, qu'on aurait pu taxer d'affectation, si Behrisch n'avait pas eu déjà, par nature, quelque chose d'affecté dans ses manières. Il avait un peu l'air d'un Français du temps passé, et d'ailleurs il parlait et il écrivait très-bien et très-couramment le français. Son plus grand plaisir était de s'occuper sérieusement de bouffonneries, et de poursuivre à l'infini une folle boutade. Par exemple, il s'habillait constamment de gris, et, comme les diverses parties de son habillement étaient d'étoffes et, par conséquent, de nuances diverses, il pouvait passer des jours à réfléchir au moyen de se mettre sur le corps une nouvelle nuance de gris, et il était heureux quand il y avait réussi, et qu'il pouvait se moquer de nous, qui avions douté du succès ou déclaré la chose impossible. Alors il nous faisait de longues remontrances sur notre défaut d'invention ou notre défiance de ses talents.

Au reste il avait fait de bonnes études ; il était particulièrement versé dans les langues et les littératures modernes, et il avait une fort belle écriture. Il avait pour moi beaucoup d'affection, et moi, qui avais toujours eu l'habitude et le goût de fréquenter des personnes plus âgées que moi, je m'attachai bientôt à lui. Ma société lui offrait aussi un amusement particulier, en ce qu'il trouvait du plaisir à modérer mon inquiétude et mon impatience, en quoi je lui donnais assez à faire. En fait de poésie, il avait ce qu'on appelait du goût, un certain discernement général du bon et du mauvais, du médiocre et du passable ; mais sa critique inclinait au blâme, et il détruisait encore le peu de foi que je conservais dans les auteurs contemporains, par les remarques impitoyables qu'il savait faire avec un esprit enjoué sur les écrits et les poésies de tels et tels. Il accueillait avec indulgence mes compositions et voulait bien les souffrir, mais à condition que je ne les fisse pas imprimer. En revanche il me promit de copier de sa main les pièces qu'il jugeait bonnes et de les réunir en un beau volume, dont il me ferait cadeau. Cette entreprise lui fut une admirable occasion de perdre son temps. Avant qu'il eût trouvé le papier convenable, qu'il se fût déterminé sur le format, qu'il eût fixé la grandeur de la marge et l'espèce d'écriture; avant qu'il se fût procuré les plumes de corbeau, qu'il les eût taillées et qu'il eût râpé l'encre de Chine, des semaines se passèrent, sans qu'il eût absolument rien fait. Chaque fois qu'il se mettait à écrire, c'étaient les mêmes cérémonies, mais peu à peu il composa réellement un délicieux manuscrit. Les titres étaient en lettres gothiques, les vers étaient d'une écriture droite saxonne; chaque pièce était suivie d'une vignette analogue, qu'il avait choisie quelque part ou même inventée, imitant, avec beaucoup d'élégance, les hachures des gravures sur bois et les fleurons qu'on emploie dans ces occasions. Il me produisait ces choses à mesure qu'il avançait ; il me vantait, d'un ton plaisamment pathétique, le bonheur que j'avais de me voir immortalisé dans un si excellent manuscrit, d'une manière qu'aucune presse ne pouvait égaler; et ce fut une nouvelle occasion de passer d'agréables heures. Cependant ses belles connaissances rendaient; sans étalage, sa conversation instructive, et, comme il savait contenir ma fougue et mon inquiétude naturelles, il exerçait aussi sur moi une influence morale tout à fait salutaire. D'ailleurs il avait pour la rudesse une répugnance toute particulière, et ses badinages étaient des plus baroques, sans tomber jamais dans le grossier et le trivial. Il se permettait de témoigner pour ses compatriotes une aversion burlesque, et, quoi qu'ils entreprissent, il les peignait sous des traits plaisants. Il était surtout inépuisable à imiter les gens d'une manière comique, trouvant quelque chose à redire à l'extérieur de chacun. Étions-nous ensemble à la fenêtre, il pouvait s'occuper des heures entières à faire la revue des passants, et, lorsqu'il les avait assez critiqués, à exposer exactement et minutieusement comment ils auraient dû se vêtir, marcher, se comporter, pour paraître des gens raisonnables. Ces propositions aboutissaient le plus souvent à quelque chose d'absurde et de malséant, en sorte qu'on riait moins de l'apparence des personnages que de l'air qu'ils auraient eu, si follement défigurés. Dans tous ces amusements, il était impitoyable, sans montrer la moindre méchanceté. De notre côté, nous savions bien le turlupiner, assurant qu'à son extérieur on devait le prendre pour un maître de danse français ou tout au moins pour le maître de langue de l'université. Ce reproche était d'ordinaire le signal de longues dissertations, dans lesquelles il expliquait comme quoi il était à mille lieues de ressembler à un Français des temps passés ; puis il entassait mille propositions folles que nous aurions pu lui faire, disait-il, pour changer ou modifier sa garde-robe.

Dans mes travaux poétiques, auxquels je me livrais avec un nouveau zèle, à mesure que le manuscrit s'étendait, toujours plus beau et plus soigné, je m'attachai dès lors fidèlement au naturel, au vrai, et, lors même que les objets n'étaient pas toujours importants, je tâchais de les rendre d'une manière vive et pure, d'autant plus que mon ami me représentait souvent quelle affaire c'était d'écrire un vers à l'encre de Chine, avec une plume de corbeau, sur du papier de Hollande ; ce qu'il fallait pour cela de temps, de talent et de peine, qu'on ne devait prodiguer à rien de vide et de superflu. Avait-il fini un cahier, il le feuilletait, et il exposait en détail ce qui ne devait pas se trouver à telle ou telle place, et il nous félicitait de ce qu'en effet cela ne s'y trouvait pas. Là-dessus, il parlait avec un grand mépris de l'imprimerie; il contrefaisait le compositeur, se moquait de ses gestes, de la précipitation avec laquelle il prenait les types çà et là, et il déduisait de cette manœuvre tous les maux de la littérature. En revanche, il exaltait la bienséance et la noble attitude d'un écrivain, et se mettait aussitôt en devoir de nous la montrer, en nous grondant de ne pas prendre sa tenue pour modèle devant la table à écrire. Puis il en revenait au contraste avec le compositeur; il tournait, le haut en bas, une lettre commencée, et faisait voir comme il était malséant d'écrire de bas en haut ou de droite à gauche, et mille choses pareilles, dont on remplirait des volumes. Voilà les innocentes folies dans lesquelles se dissipaient nos beaux jours, sans qu'il nous vînt à la pensée que rien pût transpirer au dehors, exciter l'attention générale, et nous faire une assez mauvaise réputation.

Gellert n'était pas fort satisfait de ses leçons pratiques, et, quand il lui prenait fantaisie de donner quelques directions sur la manière d'écrire en prose et en vers, il le faisait *privatissime*, pour un petit nombre d'auditeurs desquels nous n'étions pas. La lacune qui en résultait dans l'enseignement public fut remplie par le professeur Clodius, qui s'était fait quelque réputation comme littérateur, comme critique et comme poëte, et qui, étant jeune, actif et joyeux, s'était fait beaucoup d'amis à l'université et dans la ville. Gellert lui-même nous conseilla de suivre ses leçons, et, pour l'essentiel, nous y trouvâmes peu de différence. Il s'en tenait, comme Gellert, à la critique des détails, corrigeait aussi à l'encre rouge, et l'on se trouvait purement et simplement en présence de ses fautes, sans aucune indication des sources où l'on devait chercher le beau. Je lui avais présenté quelques-uns de mes petits travaux, qu'il n'avait pas maltraités; mais, dans ce temps même, on m'écrivit de la maison que je devais nécessairement composer une poésie pour les noces de mon oncle. Je me sentais fort éloigné de cette période facile et légère, dans laquelle une pareille commission m'aurait rendu bien joyeux, et, comme je ne savais que tirer de la situation, je m'avisai d'enjoliver de mon mieux ce travail d'ornements étrangers. Je rassemblai tout l'Olympe, pour tenir conseil sur le mariage d'un jurisconsulte de Francfort, et cela d'un ton assez grave, comme il convenait pour fêter un homme si honorable. Vénus et Thémis s'étaient brouillées à son sujet, mais un malin tour que l'Amour jouait à Thémis donnait gain de cause à Vénus, et les dieux se prononçaient pour le mariage. Le travail ne me déplut point. Il m'attira de la maison beaucoup d'éloges; j'en fis encore une belle copie, et j'espérais obtenir aussi de mon maître quelque approbation. Je m'étais bien trompé : il traita la chose à la rigueur, et, sans observer du tout ce qu'il y avait réellement de parodie dans cette idée, il déclara extrêmement blâmable cette grande dépense de moyens divins pour un but humain si chétif; il proscrivit l'emploi et l'abus de ces figures mythologiques, comme une mauvaise coutume dérivée d'une époque pédantesque; il trouva l'expression tour à tour trop élevée et trop basse; il n'avait pas épargné l'encre rouge dans les détails, et il déclara pourtant qu'il l'avait encore trop ménagée.

Ces pièces étaient lues et critiquées sans que l'auteur fût nommé, mais nous nous observions les uns les autres, et ce ne fut bientôt plus un mystère que cette malheureuse assemblée des dieux était mon ouvrage. Et comme, en acceptant le point de vue du maître, sa critique me paraissait tout à fait juste, et que ces divinités, considérées de près, n'étaient au fond que de vaines apparences, je maudis l'Olympe tout entier, et, depuis ce temps, l'Amour et Phébé sont les seules divinités qui figurent parfois dans mes petits poëmes.

Parmi les personnages que Behrisch avait choisis comme but de ses railleries, Clodius était lui-même au premier rang, et il n'était pas difficile de trouver chez lui un côté comique. Avec sa petite taille, un peu forte, sa figure ramassée, il était impétueux dans ses mouvements, un peu versatile dans ses discours et mobile dans sa conduite. Tout cela le distinguait de ses concitoyens, qui le souffraient cependant volontiers, à cause de ses bonnes qualités et des belles espérances qu'il donnait. On le chargeait ordinairement des poëmes que rendaient nécessaires les circonstances solennelles. Il suivait dans l'ode la manière de Ramler, mais elle n'allait bien qu'à ce modèle. Comme imitateur, Clodius avait surtout remarqué les termes étrangers, qui donnent aux poëmes de Ramler une allure majestueuse dont l'effet sur l'oreille, sur l'âme et l'imagination, est très-favorable, parce qu'il est en harmonie avec la grandeur du sujet et toute l'action poétique. Chez Clodius, au contraire, ces expressions parurent étranges, parce que sa poésie n'était d'ailleurs nullement propre à élever l'esprit. Et pourtant, ces poésies, il nous fallait souvent les voir élégamment imprimées et magnifiquement louées, et nous trouvions choquant au plus haut point, qu'après nous avoir interdit les divinités païennes, il voulût se fabriquer, avec des chevilles grecques et romaines, une autre échelle pour monter au Parnasse. Ces expressions, qui revenaient souvent, se gravèrent dans notre mémoire, et, pour nous divertir, comme nous mangions dans les *Kohlgaerten* d'excellents gâteaux, j'imaginai de rassembler ces grands mots à effet dans une poésie adressée à Hendel, le pâtissier. Ce fut l'affaire d'un moment, et voici la pièce telle qu'on l'écrivit au crayon sur la muraille :

> Hendel, du *Sud* au *Nord* ta gloire est sans pareille.
> Écoute le *Péan* qui monte à ton oreille.
> D'un *esprit créateur* tu pétris sous tes doigts
> Des gâteaux *primitifs*, délices du *Gaulois*;
> L'*océan* de café qui devant toi ruisselle
> Vaut les sucs les plus doux que l'*Hymette* recèle;
> Ta maison, *monument* des arts que nous payons,
> Étale maint *trophée*, et dit aux *nations* :
> « Ici *sans diadème* Hendel fit sa fortune;
> Au *cothurne* il ravit sa petite pécune;
> Un jour sa *catacombe*, ouverte à nos douleurs,
> Montrera sa grande *urne* au *patriote* en pleurs. »
> Que son *torus* propage une si noble race!
> Qu'il soit grand comme *Olympe* et fort comme *Parnasse*!
> Que *phalanges* des Grecs, *balistes* des Romains,
> Ne détruisent jamais Hendel et les *Germains*!
> Son *bien* est notre orgueil, son *mal* notre *misère*:
> *Fils des Muses*, son *temple* est votre *sanctuaire*.

Ces vers restèrent longtemps inaperçus parmi beaucoup d'autres, dont on avait barbouillé les murs de ces chambres, et, après nous en être assez divertis, nous les avions oubliés pour autre chose. Assez longtemps après, Clodius fit représenter son

Médon, et nous trouvâmes la sagesse du héros, sa magnanimité et sa vertu extrêmement ridicules, quoique la première représentation eût été fort applaudie. Dès le même soir, quand nous fûmes réunis dans notre auberge, je fis un prologue en rimes, dans lequel Arlequin paraît avec deux grands sacs, qu'il pose aux deux côtés de l'avant-scène. Après quelques lazzi préliminaires, il confie aux spectateurs que ces deux sacs renferment un sable esthétique et moral, que les acteurs leur jetteront très-souvent dans les yeux ; qu'en effet, l'un est rempli de bienfaits qui ne coûtent rien, et l'autre de sentiments magnifiquement exprimés, derrière lesquels il ne se trouve rien. Il s'éloignait à regret, et revenait plusieurs fois, exhortait sérieusement les spectateurs de prendre garde à son avertissement et de fermer les yeux : il leur rappelait qu'il avait toujours été leur ami et leur voulait du bien, et ainsi de suite. Ce prologue fut joué sur-le-champ dans la salle par notre ami Horn, mais la plaisanterie resta tout à fait entre nous. On n'en prit pas même une copie, et la feuille se perdit bientôt. Mais Horn, qui avait joué Arlequin très-joliment, eut l'idée d'ajouter beaucoup de vers à ceux que j'avais faits sur Hendel, et de les appliquer à Médon. Il nous les lut, et ils ne nous firent aucun plaisir, parce que nous ne trouvions pas les additions fort spirituelles, et que la pièce originale, écrite dans un tout autre sens, nous semblait défigurée. Mécontent de notre froideur, ou plutôt de notre blâme, notre ami montra peut-être son œuvre à d'autres personnes, qui la trouvèrent nouvelle et plaisante. On en fit des copies, auxquelles la renommée du Médon de Clodius valut une prompte publicité. Le mécontentement fut général, et les auteurs (on eut bientôt découvert que cela sortait de notre clique) furent hautement blâmés. Depuis les attaques de Cronegk et de Rost contre Gottsched, il ne s'était rien vu de semblable. Nous avions d'ailleurs battu déjà en retraite, et nous nous trouvions dans le cas de la chouette vis-à-vis des autres oiseaux. A Dresde même, la chose fut trouvée mauvaise, et elle eut pour nous des suites sérieuses, sinon désagréables. Depuis quelque temps, le comte de Lindenau n'était pas entièrement satisfait du gouverneur de son fils. En effet, quoique le jeune homme ne fût nullement négligé, et que Behrisch se tînt toujours dans la chambre du jeune comte, ou du moins dans la chambre voisine, quand les maîtres lui donnaient leurs leçons journalières; quoiqu'il fréquentât régulièrement les colléges avec lui, ne sortît jamais sans lui pendant le jour, et l'accompagnât dans toutes ses promenades : cependant il pouvait toujours nous trouver chez Apel, et nous nous promenions ensemble. Cela fit quelque sensation. Peu à peu Behrisch fit de nous sa société habituelle; il finit par remettre, le soir, vers neuf heures, son élève entre les mains du valet de chambre, et il venait nous rejoindre à l'auberge, où il ne se montrait d'ailleurs jamais qu'en souliers et culottes, avec l'épée au côté et le chapeau sous le bras. Les badinages et les folies, qu'il mettait d'ordinaire en train, n'avaient point de terme. Un de nos amis avait, par exemple, la coutume de se retirer à dix heures sonnantes, parce qu'il aimait une jolie personne, avec laquelle il ne pouvait s'entretenir qu'à ce moment-là. Nous le voyions à regret nous quitter, et, un soir, que nous nous trouvions fort bien ensemble, Behrisch résolut secrètement de ne pas le laisser partir pour cette fois. Au coup de dix heures, l'amoureux se leva et nous souhaita le bonsoir. Behrisch l'appelle et le prie d'attendre un moment, parce qu'il veut s'en aller avec lui à l'instant même. Il commence par chercher, d'une manière amusante, son épée, qui était sous nos yeux ; puis il s'y prend si maladroitement pour la ceindre, qu'il ne peut en venir à bout. Il avait joué d'abord la chose si naturellement, que personne n'y entendait finesse. Mais, lorsque, pour varier le thème, il en vint à mettre l'épée tantôt à droite, tantôt entre les jambes, ce fut un rire général, auquel l'ami pressé de partir, qui était aussi un joyeux compagnon, fit lui-même chorus, et il laissa Behrisch poursuivre, de sorte qu'enfin l'heure du berger se trouva passée. Alors, à la joie de tout le monde, une agréable conversation se prolongea bien avant dans la nuit.

Malheureusement, Behrisch avait encore, et nous avions, par son entremise, une certaine inclination pour quelques jeunes filles, qui valaient mieux que leur réputation, ce qui ne pouvait néanmoins être favorable à la nôtre. On nous avait vus quelquefois dans leur jardin, et nous dirigions nos promenades de ce côté, même quand le jeune comte en était. Tout cela fut mis en réserve et enfin communiqué au père. Pour conclure, il voulut se débarrasser du gouverneur d'une manière outrageante, mais ce fut le bonheur de Behrisch. Son extérieur avantageux, ses connaissances et ses talents, sa droiture, sur laquelle personne n'avait rien à dire, lui avaient gagné l'affection et l'estime de personnes considérables, dont la recommandation le fit appeler, en qualité de gouverneur, chez le prince de Dessau, et il trouva, à la cour d'un prince à tous égards excellent, une position solide et avantageuse.

La perte d'un ami tel que Behrisch fut pour moi de grande conséquence. Il m'avait gâté tout en me cultivant, et sa présence était nécessaire pour que la compagnie retirât quelque fruit de ce qu'il avait trouvé bon de me communiquer. Il savait m'exciter à faire, dans le bon moment, mille choses agréables et bienséantes, et à produire mes talents de société. Mais, comme en ces choses je n'avais acquis aucune spontanéité, je retombai, dès que je me trouvai seul, dans mon naturel revêche et confus, qui se développa toujours plus à mesure que j'étais plus mécontent de mon entourage, car je me figurai qu'il n'était pas content de moi. Dans mon humeur capricieuse, je prenais en mauvaise part ce que j'aurais pu regarder comme un avantage; par là j'éloignai de moi plusieurs personnes avec lesquelles j'avais été assez bien jusqu'alors, et divers désagréments, que j'avais attirés à d'autres et à moi-même par mes actes ou mes négligences, en faisant trop ou trop peu, me valurent, de la part de personnes bienveillantes, l'observation que je manquais d'expérience. Tout juge bien pensant disait la même chose de mes productions, surtout quand elles avaient pour objet le monde extérieur. Je l'observais de mon mieux, mais j'y voyais peu de choses édifiantes, et il me fallait toujours y ajouter du mien pour le trouver seulement supportable. J'avais aussi pressé quelquefois mon ami Behrisch de me dire clairement ce que c'était que l'expérience. Mais, toujours aussi folâtre, il me renvoyait d'un jour à l'autre, et, après de grands préliminaires, il me découvrit enfin que la véritable expérience consiste proprement à éprouver comment un homme expérimenté doit éprouver par expériment l'expérience. Là-dessus, à nos vifs reproches, à nos instances, il répondait que sous ces paroles était caché un grand sens, que nous ne pouvions comprendre qu'après l'avoir éprouvé. Et ainsi de suite. Il pouvait parler de la sorte tout un quart d'heure, assurant que l'expériment[1] serait toujours plus expérimenté, et deviendrait enfin la véritable expérience. Quand il nous voyait désespérés de ces folies, il affirmait avoir emprunté cette manière de se rendre clair et pénétrant à nos plus récents et plus grands écrivains, qui nous ont fait observer comment on peut se tranquilliser dans une tranquillité tranquille, et goûter dans la paix une paix toujours plus paisible.

Un jour, dans une bonne compagnie, j'entendis faire l'éloge d'un officier qui se trouvait à Leipzig en congé; c'était, disait-on, un homme plein de sagesse et d'expérience, qui avait servi dans la guerre de Sept ans, et qui avait gagné la confiance de tout le monde. Il ne me fut pas difficile de l'approcher, et nous fîmes ensemble de fréquentes promenades. L'idée de l'expérience était, peu s'en faut, devenue chez moi une idée fixe, et j'éprouvais le besoin irrésistible de m'en éclaircir. Avec ma franchise naturelle, je lui découvris mon inquiétude. Il sourit et fut assez bon pour me donner, en réponse à mes questions, quelques détails sur sa vie et sur le monde qu'il avait vu de plus près. Ce que j'en tirai de mieux, c'est que l'expérience nous persuade que nos pensées, nos vœux et nos desseins les meilleurs sont irréalisables, et que l'on tient surtout pour inexpérimenté l'homme qui nourrit de pareilles fantaisies et qui les exprime avec chaleur.

Mais, en homme de cœur et de courage, il m'assura qu'il n'avait pas lui-même renoncé tout à fait à ces fantaisies, et qu'il se trouvait encore assez bien d'avoir conservé un peu de foi, d'amour et d'espérance. Là-dessus, il me conta mille choses sur la guerre, la vie des camps, les escarmouches et les batailles, surtout celles auxquelles il avait pris part; et ces terribles événements, mis en rapport avec un seul individu, en prenaient un aspect tout à fait singulier. Je le décidai ensuite à me conter sans réticence les histoires de la cour qui avait brillé naguère, et les récits avaient tout l'air de la fable. Il me parlait de la force corporelle d'Auguste II, de ses nombreux enfants, de ses

---

1. Nous lisons *das Erfahren*.

énormes dépenses, puis du goût de son successeur pour les arts et les collections, du comte de Bruhl et de son faste sans bornes, dont quelques traits semblaient presque fous; de toutes ces fêtes et ces divertissements somptueux auxquels l'invasion de Frédéric en Saxe avait mis fin brusquement. Maintenant les résidences royales étaient ravagées, les magnificences de Bruhl étaient anéanties, et, de tout cela, il ne restait plus qu'un beau pays dévasté.

Comme il me voyait surpris de ces voluptés insensées et troublé des maux qui les avaient suivies, et me faisait observer qu'on demandait justement à un homme expérimenté de ne s'étonner ni d'une chose ni de l'autre, et de ne pas y prendre un trop vif intérêt, je sentis un grand plaisir à demeurer quelque temps encore dans mon inexpérience; à quoi il m'encouragea lui-même, me conjurant de m'en tenir jusqu'à nouvel ordre aux expériences agréables, et de fuir, autant qu'il se pourrait, les désagréables, quand elles voudraient s'imposer à moi. Mais, un jour, que notre conversation retomba sur l'expérience en général, et que je rapportai à l'officier le propos burlesque de mon ami Behrisch, il secoua la tête en souriant, et dit : « Voilà ce qu'il en est des paroles, aussitôt qu'elles sont une fois prononcées! Elles sonnent si drôlement, même si follement, qu'il semblerait presque impossible d'y mettre un sens raisonnable, et pourtant on pourrait l'essayer. » Et comme je le pressais, il me répondit avec son air sage et riant : « Si vous voulez bien que, pour commenter et compléter votre ami, je poursuive à sa manière, il a voulu dire, ce me semble, que l'expérience consiste uniquement à faire l'épreuve de ce qu'on voudrait ne pas éprouver : c'est à cela du moins que dans ce monde les choses aboutissent le plus souvent. »

LIVRE VIII.

Un autre homme, bien différent de Behrisch, pouvait néanmoins, dans un certain sens, lui être comparé : c'est OEser que je veux dire, un de ces rêveurs pour qui la vie s'écoule dans une activité facile. Ses amis eux-mêmes s'avouaient tout bas qu'avec un très-beau naturel, il n'avait pas assez travaillé dans sa jeunesse, en sorte qu'il n'était jamais parvenu à exercer son art avec une habileté parfaite. Cependant une certaine application semblait réservée à son âge avancé, et, pendant bien des années que je l'ai connu, je ne l'ai jamais vu manquer d'invention et d'assiduité. Il m'avait captivé dès le premier moment. Sa demeure singulière et mystérieuse avait déjà pour moi un charme infini. Dans le vieux château de Pleissenbourg, à droite, au coin du bâtiment, on montait un gracieux escalier tournant restauré. Ensuite on trouvait à gauche les salles claires et spacieuses de l'Académie de dessin, dont il était directeur; mais on n'arrivait chez lui que par un corridor étroit et sombre, à l'extrémité duquel on cherchait enfin l'entrée de ses chambres, rangées à la file vis-à-vis d'un vaste grenier à blé. La première pièce était ornée de tableaux de la dernière école italienne, de maîtres dont il appréciait beaucoup la grâce. Comme j'avais pris de lui des leçons particulières avec quelques jeunes gentilshommes, il nous était permis de dessiner dans cette salle, et nous parvenions aussi quelquefois dans son cabinet, qui y touchait et qui renfermait le peu de livres qu'il possédât, ses collections d'objets d'art et naturels, et tout ce qui pouvait l'intéresser le plus. Tout était rangé avec goût, simplement et de telle sorte que ce petit espace contenait beaucoup de choses, meubles, armoires, portefeuilles, élégamment et sans affectation ni surabondance. Aussi la première chose qu'il nous recommandait, et sur laquelle il revenait sans cesse, c'était la simplicité, dans tout ce que les arts et les métiers réunis sont appelés à produire. Comme ennemi déclaré du prétentieux et du contourné, et, en général, du baroque, il nous montrait de ces vieux modèles dessinés et gravés sur cuivre, en contraste avec des ornements mieux entendus et des formes plus simples de meubles et d'autres décorations des appartements; et comme, autour de lui, tout s'accordait avec ces maximes, les paroles et les leçons du maître faisaient sur nous une heureuse et durable impression. Il avait d'ailleurs d'autres occasions de nous exposer ses sentiments d'une manière pratique, car, étant fort considéré des particuliers et des hommes publics, il était souvent consulté sur les constructions nouvelles et les changements qu'on avait en vue. En général, il paraissait plus disposé à travailler d'occasion, pour un but et un usage déterminés, qu'à entreprendre et à terminer des choses qui subsistent pour elles-mêmes et qui exigent une plus grande perfection. Aussi était-il toujours dispos, toujours prêt, quand les libraires lui demandaient pour quelque ouvrage des gravures grandes et petites. C'est lui, par exemple, qui a gravé les vignettes des premiers ouvrages de Winckelmann. Mais souvent il se bornait à faire de simples esquisses, que Geyser savait rendre parfaitement. Ses figures avaient quelque chose de générique, pour ne pas dire d'idéal. Ses femmes étaient agréables et charmantes, ses enfants assez naïfs; mais il ne réussissait pas dans les hommes, auxquels, avec sa manière spirituelle, il est vrai, mais toujours nébuleuse, et en même temps expéditive, il donnait le plus souvent l'air de lazzaroni. Comme il calculait moins ses compositions sur la forme que sur la lumière, l'ombre et les masses, elles produisaient dans l'ensemble un bon effet, et, en général, toutes ses œuvres étaient accompagnées de quelque grâce. Comme d'ailleurs il ne pouvait ni ne voulait vaincre l'inclination enracinée qu'il avait pour le significatif, l'allégorique, pour ce qui éveillait une pensée accessoire, ses ouvrages donnaient toujours à réfléchir, et ils étaient complétés par une idée, ne pouvant l'être sous le rapport de l'art et de l'exécution. Cette direction, toujours dangereuse, l'entraînait quelquefois jusqu'aux dernières limites du bon goût et peut-être même au delà. Il cherchait souvent à atteindre son but par les plus singulières idées et par de capricieux badinages; et, même dans ses meilleurs travaux, il y a toujours quelque chose d'humoristique. S'il arrivait que le public ne fût pas satisfait de ses conceptions, Œser se vengeait par une nouvelle facétie, plus singulière encore. Il peignit, par exemple, à sa manière, dans le vestibule de la grande salle de concerts, une figure idéale de femme, tenant des mouchettes qu'elle approche d'une bougie, et il s'égayait fort, à l'idée qu'il mettait peut-être les gens aux prises, sur la question de savoir si cette muse étrange avait dessein de moucher ou d'éteindre la chandelle : ce qui lui donnaît lieu de faire malicieusement entrevoir toute sorte d'intentions railleuses.

Ce fut pendant mon séjour à Leipzig que l'on construisit le nouveau théâtre, et cet événement produisit une grande sensation. Le rideau, dans sa nouveauté, était d'un effet extraordinairement agréable. OEser avait fait descendre les Muses des nuages, où elles planent d'ordinaire dans ces compositions, et il les avait placées sur la terre. Un vestibule du temple de la Gloire était décoré des statues de Sophocle et d'Aristophane, autour desquels se groupaient les poëtes dramatiques modernes. Les déesses des arts y figuraient aussi, et tout était noble et beau. Mais voici le caprice ! Le milieu de l'espace était libre et laissait voir le portail du temple au fond du tableau; un homme, en jaquette légère, passait entre les deux groupes sans y prendre garde, et marchait droit au temple. On le voyait donc par derrière, et il n'était guère qu'ébauché. Ce personnage devait figurer Shakspeare, qui, sans devanciers ni successeurs, sans s'inquiéter des modèles, allait à l'immortalité en suivant sa propre voie. OEser exécuta cet ouvrage dans les combles du nouveau théâtre. Nous nous y rassemblâmes souvent autour de lui, et, pendant son travail, je lui lisais *Musarion* dans les bonnes feuilles.

Pour moi, je ne fis dans la pratique de l'art aucun progrès. Les leçons du maître agissaient sur notre esprit et notre goût; mais son dessin était trop indéterminé pour m'amener à une exécution précise et décidée, moi qui ne faisais qu'entrevoir les objets de l'art et de la nature. Il nous communiquait les aspects plutôt que les formes des figures et des corps, les attitudes plutôt que les proportions. Il nous donnait l'idée des figures, et nous demandait de les animer nous-mêmes. Cela eût été fort bien, s'il n'avait pas eu affaire à des commençants. Si donc on pouvait lui refuser un talent remarquable pour l'enseignement, on devait, en revanche, reconnaître qu'il avait beaucoup de tact et d'adresse, et qu'une heureuse souplesse d'esprit faisait de lui, dans un sens élevé, un véritable maître. Il voyait très-bien les défauts de chacun, mais il n'aimait pas à les censurer directement, et il usait plutôt, en termes très-laconiques, de louanges et de critiques indirectes. Puis il nous abandonnait à nos réflexions, et notre intelligence en prenait un développement rapide et marqué. J'avais, par exemple, dessiné très-soigneusement, d'après un modèle, avec le crayon noir et le crayon blanc, un bouquet de fleurs sur du papier bleu, et, soit avec l'estompe, soit avec des hachures, j'avais tâché de reproduire ce petit dessin. Après que je me fus donné beaucoup de peine, il vint à passer derrière moi et il dit : « Plus de papier ! » puis il s'éloigna. Mon voisin et moi, nous nous creusions la tête pour deviner ce que cela voulait dire, car mon bouquet était au large sur une grande demi-feuille. Enfin nous crûmes avoir découvert sa pensée, quand nous observâmes qu'à force d'entasser le noir et le blanc, j'avais entièrement couvert le fond bleu, détruit la demi-teinte, et fait, avec beaucoup d'application, un dessin sans agrément. Au reste, Œser ne manquait pas de nous enseigner ce qui regarde la perspective, la lumière et les ombres, mais c'était de telle sorte que nous avions mille peines à trouver la manière d'appliquer ses préceptes. Probablement, comme nous ne devions pas être artistes, il se proposait seulement de nous former l'intelligence et le goût, de nous faire connaître ce qu'on exige d'une œuvre d'art, sans nous imposer l'obligation de la produire. Comme du reste l'application n'était pas mon fait (car je n'aimais que ce qui me venait à la volée), je me sentis peu à peu fatigué ou du moins découragé, et, comme la théorie est plus facile que la pratique, je me laissais conduire où il plaisait à Œser de nous mener.

On venait de traduire en allemand la *Vie des peintres* de Dargenville. Je l'achetai dans sa première nouveauté, et l'étudiai assidûment. Cela parut faire plaisir à notre maître, et il nous fournit l'occasion de voir plusieurs portefeuilles des grandes collections de Leipzig : par là, il nous introduisit dans l'histoire de l'art ; mais ces études produisirent chez moi un effet auquel il ne songeait pas. Les divers sujets que je voyais traiter par les artistes éveillèrent ma veine poétique, et, de même qu'on fait une gravure pour un poëme, je fis les poëmes pour les gravures et les dessins, me figurant dans leurs positions antérieures et subséquentes les personnages que je voyais représentés ; d'autres fois, je composais une petite chanson en harmonie avec leur situation, et, par là, je m'accoutumais à voir les arts en rapport les uns avec les autres. Et la faute même que je commis de tomber quelquefois dans la poésie descriptive me profita plus tard, après des réflexions plus mûres, parce qu'elle fixa mon attention sur la différence des arts. Il se trouvait plusieurs de ces petites pièces dans le recueil que Behrisch avait fait, mais il ne s'en est rien conservé.

Ce domaine des arts et du goût, dans lequel OEser vivait, où il entraînait quiconque le fréquentait assidûment, prenait un caractère toujours plus élevé et d'autant plus charmant que l'artiste aimait à s'entretenir des hommes, morts ou absents, avec lesquels il avait été ou se trouvait encore en liaison. Car, s'il avait une fois donné à quelqu'un son estime, il le témoignait invariablement dans sa conduite et ne changeait plus de sentiments.

Après nous avoir vanté surtout, parmi les Français, M. de Caylus, il nous parla des Allemands qui se distinguaient dans le même genre. Nous apprîmes, par exemple, que le professeur Christ avait rendu d'excellents services par son goût pour les arts, par ses collections, ses connaissances, sa coopération, et qu'il avait fait servir sa science au véritable progrès des arts. En revanche, il ne fallait pas parler de Heinecken, soit parce qu'il s'occupait beaucoup trop curieusement de la première enfance de l'art allemand, pour laquelle OEser avait peu d'estime, soit parce qu'il s'était mal conduit avec Winckelmann, ce qu'on ne pouvait lui pardonner. Notre attention fut vivement portée sur les travaux de Lippert, dont notre professeur savait fort bien relever le mérite. « Car, disait-il, bien que les statues et les grandes figures soient toujours le fond et le comble de toute connaissance de l'art, cependant on a rarement l'occasion de les voir en original ou en copie. Lippert, au contraire, nous fait connaître un petit monde de gemmes, dans lequel le mérite plus saisissable, l'heureuse invention des anciens, leur sage composition, leur exécution élégante, étonnent davantage, sont mieux compris, en même temps que la foule des objets permet mieux la comparaison. » Tandis que nous étions occupés de ces choses, autant que cela nous était permis, on nous signala les grands travaux esthétiques de Winckelmann en Italie, et nous étudiâmes dévotement ses premiers écrits, car OEser avait pour lui un respect sans bornes, qu'il sut aisément nous inspirer. Nous ne pouvions, il est vrai, démêler ce qu'il y a de problématique dans ces petits traités, qui s'égarent d'ailleurs encore dans l'ironie, et se rapportent à des opinions et des faits particuliers; mais, comme OEser avait eu sur ces travaux beaucoup d'influence, et qu'il nous prêchait sans cesse l'évangile du beau, ou plutôt du gracieux et de l'agréable, nous finissions par trouver le sens général, et nous nous flattions de suivre dans ces explications une marche d'autant plus sûre, que nous regardions comme un grand bonheur de puiser à la même source à laquelle Winckelmann avait étanché sa première soif de connaissances.

Il ne peut rien arriver de plus heureux pour une ville que de rapprocher dans ses murs plusieurs hommes d'une belle culture, et qu'anime également l'amour du bien et du beau. Leipzig avait cet avantage, et en jouissait paisiblement, car les jugements n'étaient pas encore divisés comme on l'a tant vu depuis. Huber, connaisseur bien exercé, qui faisait une collection de gravures, avait un autre mérite, dont on lui savait gré : il songeait à faire connaître aussi aux Français la valeur de la littérature allemande. Kreuchauf, amateur au coup d'œil exercé, qui, étant ami de toute la Société des arts, pouvait considérer toutes les collections comme siennes; Winkler, qui faisait volontiers part aux autres du plaisir intelligent qu'il prenait à ses trésors : tous ces hommes et d'autres encore, vivaient et agissaient dans un même esprit, et, si souvent que je les aie vus passer en revue des œuvres d'art, je ne puis me souvenir qu'une querelle ait jamais éclaté entre eux. Comme de juste, on prenait toujours en considération l'école d'où l'artiste était sorti, le temps où il avait vécu, le talent particulier que lui avait donné la nature et le point auquel il l'avait porté dans la pratique. On ne manifestait aucune prédilection pour les sujets religieux ou profanes, pour les scènes de ville ou de campagne, pour la nature morte ou vivante; il s'agissait uniquement des convenances de l'art. Ces amateurs et ces collectionneurs, par leur position, leur goût, leur fortune, comme par les occasions, étaient plus attirés vers les écoles flamande et hollandaise; toutefois, en même temps qu'on exerçait son œil à étudier les mérites infinis des artistes du nord-ouest, le regard se tournait vers le sud-est avec désir et vénération.

C'est ainsi que l'université, où je ne remplissais ni les vues de mes parents ni même les miennes, devait me fortifier dans l'étude où j'étais destiné à trouver les plus grandes jouissances de ma vie : aussi la mémoire des lieux où j'ai reçu une impulsion si décisive m'est-elle toujours restée infiniment précieuse et chère. Le vieux Pleissenbourg, les salles de l'Académie, mais, avant tout, la demeure d'OEser, ainsi que les collections de Wintler et de Richter, me sont aussi présents que jamais.

Cependant un jeune homme qui, au milieu des conversations de personnes âgées, occupées d'objets qu'elles connaissent, ne reçoit l'instruction qu'en passant, et à qui on laisse le travail le plus difficile, savoir de tout coordonner, doit se trouver dans une situation pénible. Je cherchais donc ardemment, avec d'autres, de nouvelles lumières, et nous devions les trouver chez un homme auquel nous étions déjà bien redevables. L'esprit peut arriver de deux manières à de grandes jouissances, par l'intuition et par l'idée. Mais l'intuition veut un noble objet, qui ne s'offre pas toujours, et une culture proportionnée, à laquelle on peut n'être pas arrivé ; l'idée, au contraire, ne demande que la réceptivité ; l'idée apporte le fonds avec elle, et est elle-même l'instrument de la culture. Aussi fut-il accueilli de nous avec une grande joie, le trait de lumière que le plus admirable penseur fit descendre sur nous à travers les nuages. Il faut être jeune pour se représenter l'effet que le *Laocoon* de Lessing exerça sur nous, en nous entraînant du domaine d'une étroite intuition dans les libres espaces de la pensée. Le fameux *ut pictura poesis*, si longtemps mal compris, était mis de côté ; la différence entre l'art plastique et l'art oratoire était manifeste ; les sommets de l'un et de l'autre se montraient séparés, de si près qu'ils se touchassent à leurs bases. L'art plastique devait se renfermer dans les limites du beau, lors même que l'art oratoire, qui ne peut se passer de tout exprimer, était autorisé à franchir ces bornes. L'un travaille pour le sens externe, que le beau peut seul satisfaire, l'autre, pour l'imagination, qui peut s'arranger du laid. Toutes les conséquences de cette magnifique pensée s'offrirent à nous comme un trait de lumière ; toute l'an-

une critique doctorale et magistrale fut rejetée comme un vieux vêtement; nous nous sentions délivrés de tout mal, et nous croyions pouvoir abaisser un regard de compassion sur ce seizième siècle, jusque-là si admirable, où l'on ne savait voir la vie dans les œuvres d'art et les poëmes allemands que sous la figure d'un fou coiffé de sonnettes, la mort, sous l'uniforme d'un squelette craquetant, et les maux nécessaires et accidentels du monde, sous l'image grotesque du diable. Nous étions surtout ravis de cette belle pensée, que les anciens avaient regardé la mort comme le frère du sommeil, et les avaient représentés comme deux Ménechmes, pareils, à s'y méprendre. Nous pouvions donc enfin célébrer le **triomphe du beau**; et le laid, en tout genre, qu'on ne saurait après tout bannir du monde, nous pouvions le rejeter dans la sphère inférieure du domaine de l'art, dans le comique.

La beauté de ces idées fondamentales ne se révèle qu'à l'esprit sur lequel elles exercent leur action infinie; elle ne se révèle qu'à l'époque où, vivement désirées, elles apparaissent dans le bon moment. Ceux pour lesquels a été servie une telle nourriture s'en occupent avec amour durant des époques entières de leur vie, et ils en reçoivent un immense développement, tandis qu'il ne manque pas de gens qui résistent sur-le-champ à cette influence et d'autres qui, dans la suite, rabaissent et critiquent la haute conception. Mais, comme l'idée et l'intuition se fécondent mutuellement, je ne pouvais longtemps méditer ces nouvelles pensées sans concevoir un désir extrême de voir une fois en grand nombre des œuvres d'art importantes. Je résolus donc de visiter Dresde sans retard. L'argent nécessaire ne me manquait pas, mais il y avait d'autres difficultés à vaincre, et je les augmentais encore sans nécessité par mon humeur fantasque. En effet, je cachai mon projet à tout le monde, parce que je désirais voir de la manière qui me convenait les chefs-d'œuvre de cette capitale, et ne voulais pas que personne pût m'induire en erreur.

Une autre bizarrerie venait compliquer encore une chose si simple. Nous tenons de la nature et de l'éducation certaines faiblesses, et l'on pourrait se demander lesquelles, des unes ou des autres, nous donnent le plus à faire. J'aimais, il est vrai, à expérimenter tous les états de la vie, et l'occasion s'en était présentée à moi bien souvent, mais je tenais de mon père une extrême répugnance pour toutes les auberges. Cette impression s'était fortifiée chez lui pendant ses voyages en Italie, en France et en Allemagne. Il parlait rarement par figures, et ne les appelait à son secours que dans un accès de gaieté ; cependant il avait coutume de dire qu'il croyait toujours voir dans la porte d'une auberge une grande toile d'araignée, tendue si artistement que les insectes pouvaient bien entrer, mais que les guêpes elles-mêmes ne sortaient pas sans être dépouillées. Il trouvait horrible d'être condamné à payer énormément cher pour se voir obligé de renoncer à ses habitudes, à tout ce qui fait le charme de la vie, et de vivre au gré de l'hôte et du garçon. Il estimait l'hospitalité d'autrefois, et, quoiqu'il eût d'ailleurs beaucoup de peine à souffrir chez lui quelque chose d'insolite, il exerçait pourtant cette vertu, surtout en faveur des artistes et des virtuoses. C'est ainsi que le compère Scekatz prenait toujours son logement chez nous, et que le musicien Abel, le dernier qui ait su jouer de la viole avec succès, y fut bien reçu et bien traité. Avec de telles impressions d'enfance, que rien n'avait encore effacées, comment aurais-je pu me résoudre à descendre à l'auberge dans une ville étrangère ? Il m'aurait été bien facile de trouver un logement chez de bons amis : le conseiller Krebel, l'assesseur Hermann et d'autres m'en avaient parlé souvent; mais mon voyage devait être aussi un secret pour eux, et je pris un parti fort singulier.

Mon voisin de chambre, le studieux élève en théologie, dont les yeux étaient toujours plus faibles, avait un parent à Dresde, un cordonnier, avec lequel il échangeait une lettre de temps en temps. Le langage de cet homme me l'avait rendu remarquable au plus haut point, et l'arrivée de ses lettres était toujours une fête pour nous. La manière dont il répondait aux plaintes de son cousin, menacé de perdre la vue, était toute particulière : il ne s'efforçait pas de chercher des motifs de consolation, qui sont toujours difficiles à trouver ; mais la sérénité avec laquelle il considérait sa propre vie, gênée, pauvre, pénible, sa manière de badiner sur les maux et les incommodités, l'imperturbable assurance qu'en soi la vie est un bien, se communiquait à celui qui lisait la lettre, et le mettait, du moins pour quelques moments, dans les mêmes dispositions. Enthousiaste comme je l'étais, j'avais fait souvent saluer cet homme de ma part; j'avais vanté son heureux caractère et exprimé le vœu de faire sa connaissance. Les choses étant ainsi, rien ne me semblait plus naturel que de lui faire une visite, de m'entretenir avec lui, même de demeurer chez lui et de faire sa connaissance particulière. Après quelque résistance, mon bon voisin me donna une lettre péniblement écrite, et, plein d'impatience, je partis pour Dresde par la voiture jaune, ma matricule dans la poche.

Je cherchai mon cordonnier et le trouvai bientôt dans le faubourg. Assis sur son escabeau, il me reçut amicalement, et me dit en souriant, après avoir lu la lettre : « Je vois, mon jeune monsieur, que vous êtes un singulier chrétien. — Comment cela, maître ? lui dis-je. — Singulier n'est pas dit en mauvaise part, poursuivit-il : on nomme ainsi les gens qui ne sont pas d'accord avec eux-mêmes, et je vous appelle un singulier chrétien, parce que vous vous montrez en un point l'imitateur de Jésus-Christ, mais non pas dans l'autre. » Je le priai de s'expliquer et il poursuivit : « Il semble que votre intention soit d'annoncer une joyeuse nouvelle aux pauvres et aux petits : cela est beau et cette imitation du Seigneur est louable, mais vous auriez dû réfléchir aussi qu'il s'asseyait de préférence à la table des gens riches et fortunés, et que même il ne dédaignait pas le parfum du baume : or, vous pourriez bien trouver chez moi le contraire. »

Ce joyeux début me mit d'abord de bonne humeur, et, pendant quelques moments, nous fîmes assaut de plaisanteries. La femme était là, rêveuse, se demandant comment elle pourrait loger et traiter un tel hôte. Le mari eut encore là-dessus de très-agréables saillies, qui faisaient allusion non-seulement à la Bible, mais aussi à la chronique de Godefroy, et quand il fut convenu que je resterais, je donnai ma bourse en garde à l'hôtesse et la priai de s'en servir selon le besoin. Comme le mari voulait refuser, et me donnait à entendre, avec quelque malice, qu'il n'était pas aussi dénué qu'il en avait l'air, je le désarmai en lui disant : « Et quand ce ne serait que pour changer l'eau en vin, aujourd'hui qu'il ne se fait plus de miracles, une recette si éprouvée ne viendrait pas mal à propos! » La femme parut trouver toujours moins étrange ma façon de parler et d'agir; nous fûmes bientôt à merveille tous ensemble, et nous passâmes une très-joyeuse soirée. Le mari était toujours le même, parce que tout découlait d'une seule source : sa richesse était un solide bon sens, qui reposait sur une humeur sereine, et il se plaisait dans l'uniforme activité dont il avait l'habitude. Travailler sans relâche était pour lui la première et la plus nécessaire des choses; il regardait tout le reste comme accidentel. C'est ce qui maintenait sa bonne humeur, et je dus le mettre, avant beaucoup d'autres, dans les rangs des philosophes pratiques, des sages sans le savoir.

Enfin arriva l'heure, impatiemment attendue, où la galerie devait s'ouvrir. J'entrai dans ce sanctuaire, et mon étonnement surpassa tout ce que j'avais imaginé. Cette salle qui revient sur elle-même, dans laquelle régnaient, avec le silence le plus profond, la propreté et la magnificence; les cadres éblouissants, tous nouvellement dorés, le parquet ciré, les salles, fréquentées par des spectateurs plus que par des travailleurs inspiraient un sentiment de solennité, unique en son genre, d'autant plus semblable à l'impression avec laquelle on entre dans un temple, que la décoration de cent églises, objet d'innombrables donations, ne semblait exposée de nouveau dans ce lieu que pour la sainte destination de l'art. Je prêtai volontiers l'oreille à la démonstration rapide de mon guide; je demandai seulement de rester dans la galerie extérieure. Là, à ma grande satisfaction, je me trouvais en pays de connaissance. J'avais déjà vu les ouvrages de plusieurs artistes; j'en connaissais d'autres par la gravure, d'autres de nom. Je ne le cachai point, et, par là, j'inspirai à mon guide quelque confiance; il fut charmé du ravissement que je fis paraître devant les toiles où le pinceau avait triomphé de la nature : car les ouvrages qui m'attiraient le plus étaient ceux où la comparaison avec la nature connue relevait nécessairement le mérite de l'art.

Quand je rentrai chez mon cordonnier pour prendre le repas de midi, j'en crus à peine mes yeux. Il me semblait voir devant moi un tableau de Van Ostade, mais si complet, qu'on n'aurait eu qu'à le placer dans la galerie. La position des objets, la lumière, les ombres, la teinte brunâtre de l'ensemble, l'effet magique, tout ce qu'on admire dans ces tableaux, je le voyais dans la réalité. C'était la première fois que je reconnaissais en moi le don, que j'ai mis par la suite en usage d'une manière plus consciente, de voir la nature par les yeux de tel ou tel artiste, aux ouvrages duquel je venais de donner une attention particulière. Cette faculté m'a procuré de grandes jouissances, mais elle a aussi augmenté mon désir de m'appliquer de temps en temps avec ardeur à l'exercice d'un talent que la nature paraissait m'avoir refusé.

Je visitai la galerie à toutes les heures permises, et je continuai d'exprimer tout haut mon ravissement, à la vue de plusieurs précieux ouvrages. Par là, j'anéantis mon beau projet de rester inconnu et inobservé : je n'avais eu affaire jusqu'alors qu'à un sous-inspecteur; mais l'inspecteur de la galerie, le conseiller Riedel, me remarqua, et il attira mon attention sur bien des choses qui lui semblaient être de mon ressort. Je trouvai à cette époque cet excellent homme aussi empressé, aussi obligeant, que je l'ai vu plus tard, durant nombre d'années, et qu'il se montre encore aujourd'hui. Sa figure s'est tellement associée chez moi à ces chefs-d'œuvre, que mon imagination ne peut l'en séparer; son souvenir m'a suivi même en Italie, où sa présence m'aurait été bien précieuse, quand j'avais sous les yeux tant de grandes et riches collections.

Comme on ne peut, même au milieu d'étrangers et d'inconnus, contempler de pareils ouvrages la bouche close, et sans échanger ses impressions; que leur vue est, au contraire, éminemment propre à disposer les âmes aux épanchements mutuels, j'entrai en conversation avec un jeune homme qui paraissait fixé à Dresde et attaché à une légation. Il m'invita à me rendre un soir dans une auberge où se rassemblait une joyeuse société, et où l'on pouvait, en payant un modeste écot, passer quelques heures agréables.

Je fus ponctuel au rendez-vous, mais je ne trouvai pas la société, et le garçon me causa quelque surprise en me faisant les compliments du monsieur qui m'avait invité, avec des excuses de ce qu'il ne viendrait qu'un peu plus tard, ajoutant que je devais voir sans surprise tout ce qui pourrait se passer; je n'aurais d'ailleurs que mon écot à payer. Je ne comprenais rien à ce langage, mais les toiles d'araignée de mon père me revinrent à l'esprit, et je me tins sur la réserve pour attendre ce qui pourrait arriver. La société se réunit, ma nouvelle connaissance me présenta, et je ne tardai pas à m'apercevoir qu'il s'agissait de mystifier un jeune homme, qui, en véritable novice, se distinguait par ses prétentions et son impertinence. Je me tins soigneusement sur mes gardes, afin qu'on ne prît pas fantaisie de m'associer à lui. A table, l'intention que j'ai signalée parut toujours plus évidente à chacun : lui seul ne voyait rien. Les buveurs s'échauffèrent de plus en plus, et, à la fin, ayant poussé un vivat en l'honneur de sa bien-aimée, chacun jura haut et clair que nul ne devait plus boire dans ces verres; on les jeta derrière soi, et ce fut le signal de plus grandes folies. Enfin je me dérobai tout doucement, et le garçon, qui n'exigea de moi qu'un écot très-modeste, me pria de revenir, assurant qu'on ne faisait pas autant de bruit tous les soirs. Je demeurais loin de là, et il était près de minuit quand j'arrivai. Je trouvai les portes ouvertes, tout le monde était couché, et une lampe éclairait l'étroite demeure, où mon œil, toujours plus exercé, reconnut sur-le-champ le plus beau tableau de Schalken, dont je ne pouvais me séparer, au point que je n'en fermai pas les yeux.

Je consacrai uniquement à la galerie de tableaux le peu de jours que je passai à Dresde. Les antiques étaient encore dans les pavillons du grand jardin. Je refusai de les voir, comme toutes les autres raretés que Dresde renfermait, trop persuadé que, même dans la galerie des tableaux, il devait rester encore bien des choses cachées pour moi. Car j'acceptais plutôt de confiance le mérite des maîtres italiens, que je ne pouvais prétendre à le discerner. Ce que je ne pouvais voir comme nature, mettre à la place de la nature, comparer avec un objet connu, était sur moi sans effet. L'impression matérielle est le premier degré qui mène dans les arts à toute jouissance plus élevée.

Je m'arrangeais fort bien avec mon cordonnier. Il était spirituel et assez varié, et nous faisions quelquefois assaut de railleries : cependant un homme qui s'estime heureux, et qui demande aux autres de faire comme lui, nous mécontente, et, à force de reproduire ces sentiments, il nous donne de l'ennui. Je me trouvais, il est vrai, occupé, intéressé, animé, mais non pas heureux, et les souliers faits sur sa mesure n'allaient pas à mon pied. Nous nous séparâmes pourtant fort bons amis, et, quand je pris congé, mon hôtesse ne fut pas non plus mécontente de moi.

Peu de temps avant mon départ, il m'arriva encore une chose très-agréable. Par l'entremise de mon jeune étranger, qui voulait se remettre un peu en crédit auprès de moi, je fus présenté au directeur de Hagedorn, qui me montra sa collection avec une grande bonté, et prit un vif plaisir à l'enthousiasme du jeune ami des arts. Il était, comme il sied à un connaisseur, entièrement épris des tableaux qu'il possédait ; aussi trouvait-il rarement chez les étrangers la sympathie qu'il désirait. Il fut surtout charmé de me voir admirer outre mesure un tableau de Schwanefeld, en relever chaque détail, sans me lasser d'en faire l'éloge : c'est que les paysages qui me rappelaient le beau ciel serein sous lequel j'avais grandi, la riche végétation de ces contrées, et toutes les faveurs qu'un climat plus chaud dispense aux hommes, me touchaient davantage dans l'imitation, parce qu'elle éveillait chez moi un langoureux souvenir.

Cependant ces précieuses études, qui préparaient l'esprit et les sens à l'art véritable, furent interrompues et amorties par un affreux spectacle, c'était l'aspect désolé et dévasté de maintes rues de Dresde où je devais passer. La *Mohrenstrasse*, en ruine, ainsi que l'église de la Croix, avec sa tour lézardée, me firent une impression profonde, et c'est encore aujourd'hui comme une tache sombre dans mon imagination. Je vis de la coupole de Notre-Dame ces déplorables ruines entremêlées à la belle ordonnance de la ville. Le marguillier me vantait l'habileté de l'architecte, qui avait prévu un cas si funeste en construisant l'église et la coupole, et les avait bâties à l'épreuve de la bombe. Le bonhomme me montrait ensuite les ruines de toutes parts, et disait avec un laconisme significatif : « Voilà l'ouvrage de l'ennemi ! »

Je retournai enfin à Leipzig, et ce ne fut pas sans regret. Je trouvai dans un grand étonnement mes amis, que je n'avais pas accoutumés à de pareilles escapades; ils avaient fait mille conjectures sur le sens de ce mystérieux voyage. Quand je leur eus fait mon histoire, avec une entière exactitude, ils déclarèrent que c'était un conte, et cherchèrent subtilement à découvrir le mot de l'énigme, que l'espiègle cachait sous le gîte du cordonnier. Cependant, s'ils avaient pu lire dans mon cœur, ils n'y auraient découvert aucune espièglerie. La vérité de cette vieille maxime : « Plus on sait, plus on s'agite, » se réalisait chez moi dans toute sa force; et plus je m'efforçais de mettre en ordre et de m'approprier ce que j'avais vu, moins je pouvais y parvenir. Je dus enfin laisser l'effet se produire doucement. Je rentrai dans le courant de la vie ordinaire, et je finis par me trouver tout à fait à mon aise, quand mes relations d'amitié, mes progrès dans des connaissances qui étaient à ma mesure et une certaine activité de la main m'occupèrent d'une manière moins relevée, mais plus proportionnée à mes forces.

Une liaison très-agréable et très-salutaire pour moi fut celle que je formai avec la famille Breitkopf. Bernard-Christophe Breitkopf, le véritable fondateur de la maison, qui était arrivé à Leipzig, pauvre ouvrier imprimeur, vivait encore, et habitait l'*Ours d'or*, édifice remarquable du Marché-Neuf, où Gottsched avait un logement. Le fils, Jean-Dieudonné-Emmanuel, était aussi marié depuis longtemps et père de plusieurs enfants. Ils crurent ne pouvoir mieux employer une partie de leur belle fortune qu'à bâtir, vis-à-vis de leur premier domicile, une grande maison à l'enseigne de l'*Ours d'argent*, qui fut construite plus haute et plus vaste encore que la maison patrimoniale. Je fis justement connaissance de la famille à l'époque de la bâtisse. Le fils aîné pouvait avoir quelques années de plus que moi; c'était un beau jeune homme, donné à la musique, et qui jouait fort bien du piano et du violon. Le second, un excellent cœur, était aussi musicien, et, non moins que l'aîné, il animait les concerts qu'on organisait souvent. Ils avaient tous deux, ainsi que les parents et les sœurs, beaucoup d'affection pour moi. Je m'occupai avec eux de la construction, de l'achèvement, de l'ameublement et de l'installation, et, par là, j'appris beaucoup de choses qui ont rapport à ce travail. J'avais aussi l'occasion de voir les leçons d'Œser appliquées. Je fis de fréquentes visites dans la maison neuve, que j'avais vue naître. Je me livrais avec les fils à divers exercices. L'aîné mit des airs à quelques-unes de mes chansons, qu'on imprima avec son nom, mais pas avec le mien, et qui furent peu connues. J'ai choisi les meilleures et les ai mêlées à mes petits poëmes. Le père avait inventé ou perfectionné une nouvelle manière d'imprimer la musique. Il me permit l'usage d'une belle bibliothèque, qui avait surtout pour objet l'origine et les progrès de l'imprimerie, ce qui me permit d'acquérir sur ce sujet quelques connaissances. J'y trouvai en outre de bons livres d'estampes, qui représentaient l'antiquité, et je poursuivis aussi de ce côté mes études, qui gagnèrent encore à ce qu'une remarquable collection d'empreintes en soufre avait été mise en désordre dans le déménagement. Je la rétablis de mon mieux, et, pour cela, je dus recourir à Lippert et à d'autres auteurs. Un médecin, le docteur Reichel, logeait aussi dans la maison : je le consultais de temps en temps, car je me sentais, sinon malade, du moins indisposé, et, comme cela, nous passions ensemble une agréable et douce vie.

Je devais former dans cette maison une liaison nouvelle. Le graveur Stock, de Nuremberg, vint habiter la mansarde. C'était un homme très-laborieux, exact et réglé dans ses travaux. Il gravait, comme Geyser, sur les dessins d'Œser de grandes et de petites planches, toujours plus goûtées, pour les romans et les poésies. Il gravait très-nettement, en sorte que le travail sortait de l'eau-forte presque achevé, et qu'il ne restait à l'artiste que peu de chose à retoucher avec le burin, qu'il maniait à merveille. Il faisait une évaluation exacte du temps qu'une planche devait lui prendre, et rien ne pouvait le détourner de son travail, avant qu'il eût achevé sa tâche quotidienne. On le voyait assis à un large établi, devant la grande fenêtre de la mansarde, qui était très-propre et bien tenue, et où sa femme et ses deux filles lui faisaient compagnie. De celles-ci, l'une est heureusement mariée, l'autre est une artiste d'un mérite éminent. Elles sont restées toujours mes amies. Je partageais mon temps entre les étages inférieurs et supérieurs, et je m'attachai beaucoup à Stock, qui, au milieu de son application soutenue, avait l'humeur la plus agréable, et qui était la bonté même.

La propreté de ce travail m'attirait, et je fis avec le maître quelques essais. Mon inclination m'avait ramené au paysage, qui m'intéressait dans mes promenades solitaires, et me paraissait accessible en soi et plus saisissable dans les œuvres d'art que la figure humaine, à laquelle je n'osais me risquer. Je gravai donc, sous la direction de Stock, divers paysages, d'après Thiel et d'autres peintres. Et ces travaux d'une main inexpérimentée produisaient cependant quelque effet, et furent bien reçus. Le grattage et le blanchiment des planches, la gravure même, et enfin l'application de l'eau-forte, m'occupaient tour à tour, et j'en vins bientôt à pouvoir aider mon maître en plusieurs choses. L'attention nécessaire pour appliquer l'eau-forte ne me faisait pas défaut, et il était rare que l'opération manquât; mais je ne veillais pas assez à me garantir des vapeurs nuisibles qui s'exhalent pendant l'opération, et elles peuvent bien avoir contribué aux maux dont j'eus ensuite à souffrir assez longtemps. Pour essayer de tout, je mêlai à ces travaux des tentatives de gravure sur bois. J'exécutai quelques petits fleurons, d'après des modèles français, et plusieurs parurent satisfaisants.

Que l'on me permette de mentionner encore ici quelques hommes qui demeuraient à Leipzig ou y séjournèrent quelque temps. Weisse, receveur de district, dans ce temps à la fleur de son âge, amical et prévenant, avait notre affection et notre estime. A la vérité, nous ne voulions pas tout à fait accepter comme des modèles ses pièces de théâtre, mais elles nous entraînaient, et ses opéras, animés par le talent facile de Hiller, nous faisaient un grand plaisir. Schiebeler de Hambourg suivait la même carrière, et nous fîmes aussi un accueil favorable à son *Lisouard et Dariolette*. Eschenbourg, beau jeune homme, un peu plus âgé que nous, se distinguait avantageusement parmi les étudiants. Zacharie voulut bien passer avec nous quelques semaines; introduit par son frère, il prit place à notre table. Nous nous faisions, comme de juste, un honneur de fêter notre hôte tour à tour, en faisant ajouter quelque chose à l'ordinaire, augmenter le dessert et servir de meilleur vin.

Zacharie était un homme de grande et belle taille, de joyeuse humeur, et qui ne cachait pas son goût pour les plaisirs de la table. Lessing nous vint aussi, et je ne sais ce que nous avions alors dans la cervelle, il nous plut de ne lui montrer aucune déférence, d'éviter même les lieux où il paraissait : probablement nous crûmes devoir nous tenir à distance, ne pouvant nullement prétendre à former avec lui une liaison particulière. Cette niaiserie passagère, qui n'est pas chose rare chez une jeunesse vaine et fantasque, je la payai cher dans la suite; car je ne revis jamais de mes yeux cet homme excellent, pour lequel j'avais la plus haute estime.

Mais, dans toutes nos études sur l'art et l'antiquité, chacun de nous avait sans cesse devant les yeux Winckelmann, dont le mérite était reconnu avec enthousiasme dans sa patrie. Nous lisions assidûment ses ouvrages, cherchant à connaître les circonstances dans lesquelles il avait écrit les premiers. Nous y trouvions bien des vues qui semblaient empruntées à Œser, et même des plaisanteries et des boutades qui rappelaient les siennes; nous n'eûmes pas de repos avant de nous être fait une idée approximative de l'occasion dans laquelle avaient pris naissance ces écrits si remarquables et pourtant quelquefois si énigmatiques : et cependant nous n'en faisions pas une étude bien approfondie, car la jeunesse cherche beaucoup plus l'émotion que la science, et ce n'est pas la dernière fois que je fus redevable d'un progrès marqué à des feuilles sibyllines.

C'était un beau temps que celui-là pour la littérature. Les hommes éminents jouissaient encore de l'estime publique. Cependant les querelles de Klotz et les controverses de Lessing annonçaient déjà que cette époque allait bientôt finir. Winckelmann était l'objet d'un respect général, inviolable, et l'on sait comme il était sensible à tout jugement public qui semblait n'être pas en rapport avec sa dignité bien sentie. Toutes les gazettes s'accordaient à célébrer sa gloire; les voyageurs d'élite le quittaient éclairés et ravis, et les vues nouvelles qu'il émettait se répandaient dans la science et dans la vie. Le prince de Dessau ne s'était pas acquis moins d'estime. Jeune, animé de bonnes et nobles pensées, il s'était distingué par ses voyages et toute sa conduite. Winckelmann était enchanté de lui, et, lorsqu'il avait à en faire mention, c'était toujours en termes magnifiques. L'établissement d'un parc, alors unique en son genre, son goût pour l'architecture, qu'Ermannsdorf entretenait par son activité, tout parlait en faveur d'un prince qui donnait aux autres un brillant exemple, et promettait un âge d'or à ses serviteurs et à ses sujets. Tout à coup les jeunes élèves apprennent avec allégresse que Winckelmann va revenir d'Italie, visiter le prince son ami, s'arrêter chez Œser en passant et, par conséquent, paraître dans notre société. Nous n'avions point la prétention de l'entretenir, mais nous espérions le voir, et, comme les jeunes gens saisissent volontiers toute occasion pour en faire une partie de plaisir, nous étions déjà convenus de faire à Dessau une course à cheval et en voiture, avec le projet de nous mettre aux aguets çà et là dans une belle contrée, que l'art avait ennoblie, dans un pays à la fois bien administré et gracieusement décoré, pour voir ces hommes, qui nous étaient si supérieurs, se promener devant nos yeux. Œser lui-même était dans une véritable exaltation, à la seule pensée de revoir son ami, et, comme un coup de foudre dans un ciel serein, éclata au milieu de nous la nouvelle de la mort de Winckelmann. Je vois encore la place où je l'appris. C'était dans la cour du Pleissenbourg, non loin de la petite porte par laquelle on montait chez Œser. Un de mes condisciples vint au-devant de moi, et me dit qu'on ne pouvait voir le maître, et pourquoi. Cet affreux événement produisit un effet immense. Ce furent des plaintes et des gémissements universels. La mort prématurée de Winckelmann fit sentir plus vivement la valeur de sa vie. Peut-être, si son activité se fût déployée jusque dans un âge avancé, son influence n'aurait pas été aussi grande qu'elle devait l'être maintenant, qu'à l'exemple de tant d'hommes extraordinaires, il recevait de la destinée la consécration d'une étrange et lamentable mort.

Tandis que je déplorais la perte de Winckelmann, je ne songeais pas que j'aurais bientôt à craindre pour ma propre vie. Car, sur ces entrefaites, ma santé s'était altérée. J'avais apporté de la maison une disposition hypocondre, qui n'avait fait que se fortifier par mon genre de vie sédentaire. Les douleurs que je sentais de temps en temps à la poitrine depuis l'accident d'Auerstadt, et qui s'étaient sensiblement accrues à la suite d'une chute de cheval, me jetaient dans le découragement. Un mauvais régime m'affaiblit l'estomac; la lourde bière de Merse bourg m'offusquait le cerveau; le café, qui me donnait une tristesse toute particulière, surtout pris au lait après le repas, paralysait mes entrailles et semblait en suspendre les fonctions. J'en éprouvais de grandes angoisses, sans pouvoir m'astreindre à un genre de vie plus raisonnable. Mon humeur, stimulée par les forces vives de la jeunesse, passait d'un extrême à l'autre, d'une gaieté excessive à un chagrin mélancolique. C'était le temps où les bains froids avaient pris faveur, et étaient recommandés sans réserve. Il fallait coucher sur la dure et peu couvert, ce qui supprimait toute transpiration accoutumée. Ces folies et d'autres encore, suite de l'impulsion mal entendue de Rousseau, devaient, assurait-on, nous rapprocher de la nature et nous préserver de la dépravation des mœurs. Tout cela, sans distinction, mis en pratique avec des variations déraisonnables, produisit sur beaucoup de gens les effets les plus funestes, et je provoquai de telle sorte mon heureuse organisation, que, pour sauver tout, il ne fallut pas moins qu'une conjuration et une révolution de ses forces secrètes.

Une nuit, je m'éveillai avec une violente hémorragie. J'eus encore assez de force et de présence d'esprit pour avertir mon voisin. Le docteur Reichel fut appelé. Il me soigna avec la plus grande affection. Je fus plusieurs jours entre la vie et la mort, et, quand je me sentis mieux, la joie que j'en eus fut troublée par un abcès qui s'était manifesté, dans l'intervalle, au côté gauche du cou, et qu'on eut enfin le loisir d'observer, quand le danger fut passé. Cependant la convalescence est toujours agréable et réjouissante, quoique les progrès en soient faibles et lents. Après cette crise de la nature, il me sembla que j'étais un autre homme; dès longtemps je ne m'étais trouvé une aussi grande sérénité d'esprit. J'étais heureux de sentir l'intérieur de mon corps dégagé, tout menacé que j'étais d'un mal extérieur de longue durée.

Mais dans ce temps mon principal réconfort fut de voir combien d'hommes excellents me témoignaient une affection imméritée. Je dis imméritée, car il n'y en avait aucun à qui je n'eusse fait péniblement sentir mes fâcheux caprices ; aucun, que je n'eusse offensé plus d'une fois par mon humeur contrariante, et que même, dans le sentiment de mes torts, je n'eusse quelque temps évité obstinément. Tout cela était oublié ; mes amis me témoignèrent la plus grande affection ; ils cherchèrent à m'amuser et à me distraire, soit dans ma chambre, soit en dehors, aussitôt que je pus la quitter. Ils faisaient avec moi des promenades en voiture; ils me recevaient dans leurs maisons de campagne, et je fus bientôt en voie de guérison.

Au nombre de ces amis, je citerai d'abord le docteur Hermann, alors conseiller, depuis bourgmestre de Leipzig. Il fut, entre les convives dont je devais à Schlosser la connaissance, celui avec lequel je conservai des relations qui se maintinrent toujours les mêmes. On pouvait le compter au nombre des élèves les plus studieux de l'université. Il suivait ses cours avec une régularité parfaite, et ses travaux particuliers allaient toujours du même train. Pas à pas, sans le moindre écart, je le vis arriver au doctorat, puis devenir assesseur, sans que cela parût lui coûter aucun effort, sans qu'il montrât jamais le moindre signe de précipitation ou de ralentissement. La douceur de son caractère m'attirait; sa conversation instructive m'enchaînait. Il me semble, en vérité, que son application régulière me charmait surtout parce que je croyais m'attribuer, du moins en partie, par l'approbation et l'estime, un mérite que je ne pouvais me vanter d'avoir en propre.

S'il était régulier dans ses travaux, il ne l'était pas moins dans l'exercice de ses talents et la jouissance de ses plaisirs. Il jouait fort bien du clavecin, Il dessinait avec sentiment d'après nature, et m'encourageait à en faire autant. Je dessinai en effet, à sa manière, sur papier gris, avec le crayon noir et le crayon blanc, plus d'une oseraie de la Pleisse et quelques replis agréables de ces eaux tranquilles, en me livrant toujours à mes ardentes rêveries. Il savait répliquer par de joyeux badinages à mes boutades comiques, et je me rappelle bien des heures charmantes que nous avons passées ensemble, lorsqu'il m'invitait, avec une solennité badine, à un souper tête à tête, où, avec une dignité particulière, à la clarté des bougies, nous mangions de grand appétit un lièvre officiel, qui était accouru dans sa cuisine comme revenant-bon de sa place; assaisonnant les mets de plaisanteries à la manière de Behrisch, et ajoutant une pointe à l'esprit du vin. Je reconnais, avec la plus sincère gratitude, que cet homme excellent, encore plein d'activité dans sa charge importante, me voua la plus fidèle assistance dans le mal que je pressentais alors, mais dont je ne soupçonnais pas encore toute la gravité; qu'il me donna toutes ses heures de liberté, et, par le souvenir de nos premiers divertissements, sut égayer mes moments de tristesse. Je me félicite de pouvoir, après un si long temps, lui rendre publiquement ce témoignage.

Comme ce digne ami, Grœning, de Brême, me montra une affection particulière. J'avais fait sa connaissance peu de temps auparavant, et c'est dans ma disgrâce que j'éprouvai d'abord sa bienveillance. Je sentis d'autant plus vivement le prix de cette faveur, que personne ne recherche guère l'intimité de ceux qui souffrent. Il n'épargnait rien pour me divertir, pour m'arracher aux réflexions que je faisais sur mon état, pour me montrer dans un avenir prochain et me promettre ma guérison et une saine activité. Que de fois je me suis réjoui dans la suite d'apprendre la part utile et salutaire que cet homme distingué a prise aux affaires les plus importantes de sa ville natale! C'est alors aussi que l'ami Horn déploya sans relâche son affection vigilante. Toute la maison Breitkopf, la famille Stock, bien d'autres encore, me traitèrent comme un proche parent, et la bienveillance de tant d'amis me rendit plus supportable et plus doux le sentiment de mon état.

Mais je dois mentionner avec plus de détail un homme dont je fis alors la connaissance, et dont la conversation instructive savait si bien m'arracher à ma triste situation, que je l'oubliais véritablement. Cet homme était Langer, depuis bibliothécaire à Wolfenbuttel. Plein d'instruction et de science, il aimait ma soif de connaissances nouvelles, qui, dans mon état d'excitation maladive, se montrait d'une manière toute fiévreuse. Il cherchait à me satisfaire par des exposés lucides, et je dus beaucoup à sa société, quoiqu'elle ait duré peu de temps, parce qu'il savait me guider de diverses manières, et me rendre attentif à la direction que je devais suivre alors. Je me sentais d'autant plus obligé à cet homme remarquable que ma société l'exposait à quelque danger, car il avait succédé à Behrisch comme gouverneur du jeune comte de Lindenau, et le père avait imposé au nouveau mentor la condition formelle de n'avoir avec moi aucune relation. Curieux de connaître un personnage si dangereux, il sut me rencontrer plusieurs fois en lieu tiers. Je gagnai son amitié, et, plus prudent que Behrisch, il venait me chercher de nuit ; nous allions nous promener ensemble ; nous nous entretenions de sujets intéressants, et je finissais par l'accompagner jusqu'à la porte de sa bien-aimée, car cet homme sérieux, savant, à l'extérieur sévère, n'avait pas su échapper aux filets d'une très-aimable dame.

La littérature allemande et, avec elle, mes propres essais poétiques m'étaient devenus étrangers depuis quelque temps, et, comme il arrive d'ordinaire dans un pareil cycle d'études spontanées, je revins à mes chers anciens, qui, pareils à de lointaines montagnes bleues, distinctes dans leurs masses et leurs contours, mais confuses dans leurs parties et leurs rapports intérieurs, bornaient l'horizon de mes vœux intellectuels. Je fis avec Langer un échange, où je jouais en même temps les rôles de Glaucus et de Diomède : je lui abandonnai des corbeilles pleines de poëtes et de critiques allemands, et je reçus en retour un certain nombre d'auteurs grecs, dont la lecture devait me délasser pendant ma lente convalescence.

La confiance que de nouveaux amis se vouent l'un à l'autre a coutume de se développer par degrés. Des occupations et des inclinations communes sont le premier symptôme d'une entente mutuelle ; puis viennent les confidences relatives aux passions présentes et passées, particulièrement aux aventures d'amour ; quelque chose de plus profond encore, qui se manifeste quand la liaison doit s'accomplir, ce sont les sentiments religieux, les affaires de cœur qui ont rapport à l'impérissable, et qui affermissent la base de l'amitié, comme elles en décorent le sommet.

La religion chrétienne flottait entre sa donnée historique positive et un pur déisme, qui, fondé sur la moralité, devait à son tour fonder la morale. La diversité des caractères et des sentiments se montrait ici par gradations infinies, d'autant plus qu'une différence capitale concourait à l'effet ; car il s'agissait de savoir quelle part la raison et quelle part le sentiment pouvait et devait avoir à ces convictions. Les hommes les plus vifs et les plus spirituels se montraient ici comme des papillons, qui, oubliant tout à fait leur état de chenilles, rejettent l'enveloppe de la chrysalide, dans laquelle ils sont parvenus à leur perfection organique. Les autres, plus fidèles et plus modestes, pouvaient être comparés à des fleurs, qui, même lorsqu'elles arrivent à leur plus bel épanouissement, ne se séparent ni des racines ni de la tige maternelle, et n'amènent au contraire le fruit désiré à sa maturité que par cette union de famille. Langer était de cette dernière catégorie; en effet, tout savant qu'il était, et surtout bibliographe, il donnait à la Bible une préférence marquée sur les autres livres, et la regardait comme le document unique d'où nous pouvons déduire notre généalogie morale et spirituelle. Il était de ceux qui ne peuvent concevoir un rapport immédiat avec le grand Dieu de l'univers; une médiation lui était donc nécessaire, et il croyait en trouver l'analogue partout dans les choses de la terre et du ciel. Son exposition agréable et conséquente se faisait écouter aisément d'un jeune homme qui, séparé des objets terrestres par une pénible maladie, se trouvait fort heureux de tourner vers les choses célestes la vivacité de son esprit. Fort sur la Bible comme je l'étais, il ne tenait plus qu'à la foi de déclarer désormais divin ce que j'avais jusqu'alors estimé humainement, et cela m'était d'autant plus facile que j'avais d'abord appris à connaître ce livre comme livre divin. L'Évangile était donc bienvenu pour un être souffrant, disposé à l'attendrissement et même à la faiblesse, et quoique Langer, tout croyant qu'il était, fût en même temps un homme très-raisonnable, et qu'il soutînt fermement qu'on ne devait pas permettre au sentiment de prédominer ni se laisser entraîner dans l'exaltation, je n'aurais guère su m'occuper du Nouveau Testament sans émotion et sans enthousiasme.

Nous passâmes bien du temps dans ces entretiens, et Langer me prit tellement en amitié, comme un prosélyte fidèle et bien préparé, qu'il ne balança pas à me sacrifier plus d'une heure destinée à son amante, et qu'il courut même le risque d'être dénoncé comme Behrisch et mal vu de son patron. Je répondais à son affection avec une vive reconnaissance. Ce qu'il faisait pour moi eût été en tout temps considérable, et méritait tout mon respect dans ma situation présente.

Mais, comme, d'ordinaire, quand l'harmonie des âmes s'est élevée dans les régions les plus spirituelles, les tons durs et criards de la vie mondaine éclatent avec plus de violence et d'emportement que jamais, et que le contraste, qui subsiste toujours en secret, venant à se manifester soudain, agit d'une manière d'autant plus sensible, je ne devais pas non plus sortir de l'école péripatétique de mon ami sans avoir été témoin d'un événement étrange, du moins pour Leipzig, je veux dire d'un tumulte, que les étudiants provoquèrent, et voici à quelle occasion. Des jeunes gens s'étaient brouillés avec la garde bourgeoise; on en était venu aux voies de fait. Des étudiants se liguèrent pour venger les offenses reçues. Les soldats résistèrent vigoureusement, et l'avantage ne resta pas aux citoyens de l'université, fort mécontents : on rapporta que des personnes notables avaient loué et récompensé les vainqueurs pour leur courageuse résistance. Cela enflamma chez les jeunes gens les sentiments d'honneur et de vengeance. Ils se dirent les uns aux autres ouvertement que, la nuit prochaine, il y aurait des vitres brisées; et quelques amis, qui étaient venus m'annoncer qu'on était à l'œuvre, durent me conduire sur la place: car les jeunes gens et la foule sont toujours attirés par le tumulte et le danger. Nous vîmes en effet un singulier spectacle. La rue, d'ailleurs libre, était occupée, d'un côté, par des hommes tout à fait tranquilles, qui, sans mouvement et sans bruit, observaient ce qui allait arriver. Dans l'espace vide, une douzaine de jeunes gens passaient et repassaient un à un, avec l'air d'un calme parfait, mais, aussitôt qu'ils étaient parvenus devant la maison désignée, ils jetaient en passant des pierres aux fenêtres, et ils répétèrent leur action en allant et venant, aussi longtemps qu'il y eut des vitres à briser. Toute la scène s'acheva aussi tranquillement qu'elle avait commencé, et l'affaire n'eut pas d'autres suites.

Au milieu du vacarme de ces exploits universitaires, je quittai Leipzig, au mois de septembre 1768, dans l'équipage commode d'un voiturier, avec d'honnêtes personnes de ma connaissance. Dans les environs d'Auertstadt, mon accident me revint à la mémoire ; mais je ne pouvais soupçonner le danger bien plus grand qui devait, bien des années après, me menacer dans ce lieu ; tout aussi peu qu'à Gotha, où nous nous fîmes montrer le château, je ne pouvais imaginer dans la grande salle, ornée d'ouvrages en stuc, que je recevrais à cette même place tant de marques de faveur et de bienveillance.

Plus j'approchais de ma ville natale, plus je faisais des réflexions inquiètes sur les dispositions, les espérances, les projets, avec lesquels j'avais quitté la maison, et je me sentais fort abattu de revenir en quelque sorte comme un naufragé. Mais, comme je n'avais pas trop de reproches à me faire, je sus conserver assez de calme. Cependant mon arrivée ne fut pas sans émotion. Ma vivacité naturelle, animée, exaltée par la maladie, amena une scène passionnée. J'avais sans doute plus mauvaise mine que je ne m'en doutais : je ne m'étais pas regardé au miroir depuis longtemps, et qui ne s'accoutume pas à sa figure. On convint tacitement de ne se faire que peu à peu diverses communications, et de me laisser, avant tout, quelque repos de corps et d'esprit.

Ma sœur se rapprocha de moi sur-le-champ, et, comme ses lettres m'y avaient préparé, elle me fit connaître avec plus de précision et de détail les sentiments et la situation de la famille. Après mon départ, mon père avait reporté sur ma sœur toute sa manie didactique ; et, sa maison étant complétement fermée, rendue par la paix à la tranquillité, et même débarrassée de locataires, il avait retranché à sa fille presque tous les moyens de chercher au dehors quelque distraction et quelque relâche. Elle devait étudier tour à tour le français, l'italien, l'anglais ; après quoi, mon père l'obligeait de passer au clavecin une grande partie du jour. Elle ne devait pas non plus perdre l'habitude d'écrire, et j'avais déjà remarqué qu'il dirigeait sa correspondance avec moi, et me faisait arriver, par sa plume, les leçons qu'il voulait me donner. Ma sœur était et fut toujours un être indéfinissable, le plus singulier mélange de sévérité et de douceur, d'obstination et de condescendance, et ces qualités agissaient, tour à tour unies ou séparées par la volonté et l'inclination. C'est ainsi qu'elle avait tourné, d'une manière qui m'effraya, sa sévérité contre notre père. Elle ne lui pardonnait pas de lui avoir refusé ou empoisonné, pendant ces trois années, tant d'innocents plaisirs, et ne voulait absolument reconnaître aucune de ses excellentes qualités. Elle faisait tout ce qu'il prescrivait et ordonnait, mais elle le faisait de la plus mauvaise grâce du monde; elle le faisait dans l'ordre accoutumé, rien de plus, rien de moins. Elle ne se pliait à aucune chose par affection ou par complaisance, et ce fut un des premiers sujets sur lesquels notre mère me fit ses plaintes secrètes. Mais, comme ma sœur, autant que personne au monde, avait besoin d'affection, elle me voua toute sa tendresse. Ses soins pour me guérir et me distraire absorbaient tout son temps; ses amies, qu'elle dominait sans y songer, durent chercher de leur côté tous les moyens de me divertir et de me consoler. Elle était ingénieuse pour me réjouir, et développa même quelques germes d'une humeur bouffonne, que je ne lui avais jamais connue et qui lui allait fort bien. Il s'établit bientôt entre nous un langage de coterie, à l'aide duquel nous pouvions nous entretenir devant tout le monde sans être compris de personne, et souvent elle se servait de cet argot avec hardiesse en présence de nos parents.

Pour mon père, il était dans un état assez satisfaisant. Il se portait bien; les leçons qu'il donnait à ma sœur l'occupaient une grande partie du jour; il écrivait sa relation de voyage; il passait à accorder son luth plus de temps qu'il n'en jouait. Il dissimulait de son mieux son chagrin de se voir, au lieu d'un fils robuste, actif, prêt à prendre ses degrés et à parcourir la carrière prescrite, un enfant maladif, qui paraissait plus souffrir encore de l'âme que du corps. Il ne cachait pas son désir que l'on pût abréger le traitement; mais il fallait surtout se garder en sa présence de toute parole sentant l'hypocondrie, car elle provoquait son impatience et sa colère.

Ma mère, naturellement vive et gaie, passait, dans ces circonstances, de bien tristes jours. Son petit ménage lui demandait peu de temps. Cette âme si bonne, qui n'était jamais désoccupée, avait besoin de prendre intérêt à quelque chose, et la religion s'offrait la première. Elle s'y attacha d'autant plus volontiers que ses meilleures amies étaient d'une piété éclairée et sincère. Dans le nombre se distinguait Mlle de Klettenberg. C'est de ses conversations et de ses lettres que sont nées les

Confessions d'une belle âme, qu'on trouve insérées dans *Wilhelm Meister*. Elle était d'une taille svelte, de grandeur moyenne; ses manières cordiales et naturelles avaient pris dans la vie du monde et de la cour une grâce particulière. Sa mise, très-soignée, rappelait le costume des sœurs hernutes. La sérénité et le repos de l'âme ne la quittaient jamais. Elle considérait sa maladie comme un élément nécessaire de sa passagère existence terrestre; elle souffrait avec la plus grande patience, et, dans les intervalles, elle était vive et causante. Sa conversation favorite, ou même unique, roulait sur les expériences morales que l'homme qui s'observe peut faire sur lui-même. A cela se joignaient les sentiments religieux, qu'elle considérait, comme naturels et surnaturels, d'une manière très-agréable et même ingénieuse. Ces mots peuvent suffire pour rappeler aux amis de pareils tableaux la peinture détaillée que j'ai faite de son âme[1]. La marche toute particulière qu'elle avait suivie dès son enfance, sa naissance, son éducation relevée, la vivacité et l'originalité de son esprit, la tenaient assez éloignée des autres dames qui cherchaient le salut dans la même voie. Mme Griesbach, la plus distinguée, semblait trop sévère, trop sèche, trop instruite; elle savait, elle pensait, elle embrassait plus que les autres, qui se contentaient de développer leurs sentiments, et elle leur était à charge, parce que chacune ne pouvait pas, ne voulait pas, mener avec soi un si grand équipage sur le chemin de la béatitude. Mais aussi la plupart devinrent, il faut le dire, un peu monotones, en ce qu'elles s'attachèrent à une certaine terminologie, qu'on aurait pu comparer à celle des Sentimentaux, qui vinrent plus tard. Mlle de Klettenberg suivit sa voie entre les deux extrêmes, et semblait se mirer avec quelque complaisance dans l'image du comte de Zinzendorf, dont les sentiments et les actes attestaient une haute naissance et une position distinguée. Or elle trouva en moi ce qu'elle demandait, une nature jeune et vive, qui aspirait comme elle à une félicité inconnue; qui, sans pouvoir se regarder comme extraordinairement coupable, ne se trouvait point dans un état heureux, et n'avait ni la

---

[1]. Voyez t. VI, p. 343.

santé du corps ni celle de l'âme. Elle voyait avec joie ce que m'avait donné la nature et bien des choses que j'avais acquises. Et quand elle me reconnaissait de nombreuses qualités, il n'y avait là rien d'humiliant pour elle, car d'abord elle ne prétendait point rivaliser avec un homme, et puis elle se croyait bien au-dessus de moi sous le rapport du développement religieux. Mon inquiétude, mon impatience, mes efforts, mes recherches, mes méditations, mes réflexions, mes incertitudes, elle expliquait tout à sa manière, sans me dissimuler, et en m'assurant au contraire avec franchise, que tout venait de ce que je n'étais pas réconcilié avec Dieu. Or j'avais cru dès mon enfance être fort bien avec mon Dieu; bien plus, je me figurais, après diverses expériences, qu'il était même en reste avec moi, et j'étais assez hardi pour croire que j'avais quelque chose à lui pardonner. Cette idée vaine se fondait sur ma bonne volonté, qui était sans bornes, et à laquelle il aurait dû, me semblait-il, venir mieux en aide. On peut juger que nous eûmes là-dessus, mon amie et moi, de fréquents débats; mais ils se terminaient toujours de la manière la plus amicale, et quelquefois, comme le vieux recteur Albrecht, elle finissait par dire que j'étais un jeune fou, à qui il fallait passer quelque chose.

J'étais fort tourmenté de mon abcès, le médecin et le chirurgien ayant voulu d'abord le mûrir, puis le résoudre, disaient-ils, et enfin ayant trouvé bon de l'extirper : toutefois j'en fus, assez longtemps, plus incommodé que souffrant; mais, vers la fin de la cure, comme il fallait sans cesse revenir à toucher l'abcès avec la pierre infernale et d'autres mordants, cela m'offrait pour chaque jour de fâcheuses perspectives. Le médecin et le chirurgien appartenaient aussi aux piétistes séparés, quoiqu'ils fussent l'un et l'autre de naturel très-différent. Le chirurgien, d'une taille élancée et bien prise, avait la main habile et légère. Par malheur, il était un peu phthisique, et supportait son état avec une patience vraiment chrétienne, sans se laisser distraire de ses devoirs par sa souffrance. Le médecin était un homme inexplicable, au regard malin, à la parole caressante, du reste plein de mystère, et qui s'était acquis dans le monde dévot une confiance toute particulière. Actif et vigilant, il savait consoler ses malades; mais, ce qui avait surtout étendu sa clientelle, c'était le talent qu'il avait de tenir en réserve certains remèdes mystérieux, qu'il préparait lui-même et dont personne ne devait parler, parce que chez nous il était sévèrement défendu aux médecins de manipuler eux-mêmes. Il parlait plus ouvertement de certaines poudres, qui étaient, je pense, quelque digestif. Quant à ce sel admirable, qu'on ne devait employer que dans les cas les plus dangereux, il n'en était question qu'entre les fidèles, quoique personne encore ne l'eût vu et n'en eût ressenti l'effet. Pour exciter et fortifier la croyance à ce remède universel, le médecin avait recommandé à ses malades, s'il les trouvait quelque peu crédules, certains livres mystiques, mélange de chimie et d'alchimie, et leur avait donné à entendre qu'en les étudiant, on pouvait parvenir à se mettre soi-même en possession de ce joyau : ce qui était d'autant plus nécessaire que, par des causes physiques et surtout par des causes morales, la recette ne pouvait guère se transmettre ; que même, pour approfondir ce grand œuvre, pour le produire et le mettre en usage, il fallait apprendre à connaître, dans leur enchaînement, les mystères de la nature; car ce n'était pas quelque chose d'isolé, mais d'universel, et qui pouvait même être produit sous diverses formes et diverses figures. Mon amie avait prêté l'oreille à ce séduisant langage. La santé du corps était trop étroitement unie à la santé de l'âme. Et pourrait-on jamais faire au prochain un bien plus grand, lui témoigner une plus grande compassion, qu'en s'appropriant un moyen d'apaiser tant de douleurs, d'écarter tant de périls ? Déjà elle avait étudié en secret le *Opus mago-cabbalisticum* de Welling ; mais, comme l'auteur obscurcit et fait disparaître aussitôt la lumière qu'il communique, elle cherchait un ami qui lui tînt compagnie dans ces alternatives de lumière et d'obscurité. Elle n'eut pas besoin de grands efforts pour m'inoculer aussi cette maladie. Je me procurai l'ouvrage qui, de même que tous les écrits de cette espèce, descendait en droite ligne de l'école néo-platonicienne. Je m'attachai surtout, en lisant ce livre, à noter avec la plus grande exactitude les indications obscures où l'auteur renvoie d'un endroit à un autre, et promet ainsi de dévoiler ce qu'il cache, et j'inscrivis en marge les numéros des pages de ces endroits qui devaient s'éclaircir les uns les autres; mais, avec tout cela, le livre resta encore assez obscur et inintelligible : seulement, on finissait par s'initier à une certaine terminologie, et, comme on en usait à sa guise, on croyait, sinon comprendre, du moins dire quelque chose. Ce livre mentionne ses devanciers avec beaucoup d'honneur, et, par là, nous fûmes encouragés à étudier ces sources. Nous en vînmes à lire Théophraste Paracelse et Basile Valentin, de même que van Helmont, Starckey et les autres, dont nous nous efforcions de pénétrer et de suivre les leçons et les préceptes, plus ou moins appuyés sur la nature et l'imagination. J'aimais surtout l'*Aurea catena Homeri*, par laquelle la nature est présentée, mais d'une manière peut-être fantastique, dans un bel enchaînement. Nous employâmes ainsi, tantôt seuls, tantôt ensemble, beaucoup de temps à ces singularités, et, durant un long hiver que je dus garder la chambre, Mlle de Klettenberg, ma mère et moi, nous passâmes les soirées très-agréablement à nous amuser de ces mystères, plus que nous n'aurions pu faire à les découvrir.

Cependant une dure épreuve m'était réservée encore; une digestion troublée, et l'on pourrait dire suspendue pour quelques moments, amena de tels symptômes, qu'au milieu de grandes angoisses, je crus que j'allais mourir. Tous les remèdes étaient sans effet. Dans cette extrémité, ma mère conjura avec les plus vives instances le docteur, embarrassé, d'employer son remède universel. Après une longue résistance, il courut chez lui, la nuit étant déjà fort avancée, et il rapporta un petit verre d'un sel cristallisé, qu'on fit dissoudre dans l'eau et qui fut avalé par le patient. Cela avait un goût alcalin prononcé. Aussitôt après, je me sentis soulagé, et dès lors mon mal parut tourner par degrés à la guérison. Je ne puis dire combien cet événement augmenta et fortifia notre confiance dans le médecin et notre désir d'acquérir un pareil trésor.

Mon amie était sans famille, et habitait une grande maison bien située. Elle s'était déjà procuré un petit fourneau à vent, des ballons et des cornues de moyenne grandeur, et elle opérait, selon les directions de Welling et les indications du docteur et maître, principalement sur le fer, qui devait recéler les vertus les plus salutaires, si l'on parvenait à le décomposer; et comme, dans tous les ouvrages à nous connus, le sel aérien qu'il s'agissait de produire, jouait un grand rôle, il fallait employer dans ces opérations des alcalis, lesquels, en s'évaporant, devaient s'unir avec ces substances éthérées, et produire enfin *per se* un sel moyen mystérieux, d'une excellente vertu.

Dès que je fus un peu rétabli, et qu'à la faveur de la belle saison je pus me tenir dans mon ancienne mansarde, je m'arrangeai aussi un petit appareil ; j'eus un petit fourneau à vent avec un bain de sable ; je sus bientôt, à l'aide d'une mèche allumée, changer les ballons en capsules, dans lesquelles les divers mélanges devaient être évaporés. Alors furent traités d'une manière mystérieuse et bizarre de singuliers ingrédients du macrocosme et du microcosme, et, avant tout, on cherchait à produire des sels moyens par une méthode nouvelle. Mais ce qui m'occupa le plus pendant un temps assez long, fut ce qu'on appelait *liquor silicum* (liqueur des cailloux), qui est produit par la fusion du quartz pur avec une proportion convenable d'alcali, d'où résulte un verre diaphane qui se liquéfie à l'air, et présente un beau liquide transparent. Quiconque le produit lui-même une fois et l'a vu de ses yeux, ne condamnera pas ceux qui croient à une terre vierge et à la possibilité de produire sur elle et par elle de nouveaux effets. J'avais acquis une certaine habileté à préparer cette liqueur des cailloux ; les beaux silex blancs qui se trouvent dans le Mein me fournissaient pour cela d'excellents matériaux, et le reste, non plus que l'application, ne me manquait pas ; mais je finis par me lasser, quand je dus observer que l'élément siliceux ne s'unissait point d'une manière intime avec le sel, comme ma philosophie l'avait cru, car il s'en séparait très-facilement, et ce beau liquide minéral, qui m'avait apparu quelquefois, à ma grande surprise, sous la forme d'une gelée animale, laissait toujours se précipiter une poudre où je devais reconnaître une poussière siliceuse de la plus grande finesse, mais qui ne laissait rien apercevoir en soi de productif et de nature à faire espérer de voir cette terre vierge devenir féconde.

Ces opérations, toutes bizarres et incohérentes qu'elles étaient, me firent néanmoins acquérir diverses connaissances. Je fixai mon attention sur toutes les cristallisations qui pouvaient se présenter, et j'appris à connaître les formes extérieures de plusieurs substances naturelles ; et, comme je savais qu'on avait exposé récemment, dans un ordre plus méthodique, ce qui est du domaine de la chimie, je voulus m'en faire une idée générale, bien que, en ma qualité d'adepte naissant, j'eusse très-peu de respect pour les pharmaciens et pour tous ceux qui opéraient par le feu ordinaire. Cependant je fus vivement captivé par le *Compendium de chimie* de Boerhave. Je devins désireux de lire plusieurs de ses écrits, et, comme ma longue maladie avait d'ailleurs porté mon attention sur ce qui tient à la médecine, je fus conduit à étudier aussi les aphorismes de cet homme éminent, et j'aimais à les graver dans mon esprit et ma mémoire.

Une autre occupation, un peu plus humaine et bien plus utile pour mon développement actuel, fut de parcourir les lettres que j'avais écrites de Leipzig à mes parents. Rien ne nous donne plus de lumières sur nous-mêmes que de revoir sous nos yeux ce que nous avons produit quelques années auparavant, en sorte que nous devenons pour nous-mêmes un objet d'observation. Mais, à vrai dire, j'étais alors trop jeune et trop voisin du temps que ces écrits me retraçaient. En général, on ne se dépouille guère d'une certaine satisfaction de soi pendant ses jeunes années, et elle se manifeste particulièrement en ce qu'on se dédaigne soi-même dans un passé encore très-voisin. En effet, comme on s'aperçoit de degré en degré que ce qu'on estime chez soi et chez les autres comme bon et excellent ne soutient pas l'examen, on croit ne pouvoir mieux sortir d'embarras qu'en rejetant soi-même ce qu'on ne peut sauver. C'est ce qui m'arriva. Comme j'avais appris à Leipzig à dédaigner peu à peu mes travaux enfantins, ma carrière universitaire me parut à son tour de peu de valeur, et je ne voyais pas qu'au contraire elle devait en avoir beaucoup pour moi, parce qu'elle m'avait élevé à des méditations et des vues d'un degré supérieur. Mon père avait rassemblé et broché soigneusement mes lettres à lui et à ma sœur ; il avait même corrigé attentivement les fautes d'écriture et de langue.

Ce qui me frappa d'abord dans ces lettres, ce fut la forme extérieure ; je fus effrayé de voir à quel point incroyable mon écriture était négligée depuis le mois d'octobre 1765 jusqu'à la mi-janvier suivante. Puis tout à coup, vers le milieu de mars, paraissait une écriture parfaitement régulière, comme celle de mes compositions de concours. Je passai de l'étonnement à la reconnaissance envers le bon Gellert, car je me souvins alors qu'avec son langage affectueux, il nous faisait un devoir sacré de soigner notre écriture, plus encore que notre style, dans les exercices que nous lui présentions. Il répétait cette exhortation aussi souvent qu'une écriture griffonnée et négligée lui passait sous les yeux : sur quoi, il déclara souvent qu'il regardait la belle écriture de ses élèves comme un objet essentiel de son enseignement, d'autant plus qu'il avait remarqué maintes fois qu'une bonne écriture amène avec elle un bon style.

Je pus aussi observer que, dans mes lettres, les passages écrits en français et en anglais, s'ils n'étaient pas sans fautes, étaient du moins d'une écriture facile et courante. J'avais continué de pratiquer ces langues dans ma correspondance avec George Schlosser, qui était toujours à Treptow, et avec qui je n'avais pas cessé d'être en liaison. Cette correspondance m'apprenait à connaître le monde, car les choses n'allèrent pas constamment pour Schlosser comme il l'avait espéré, et sa manière de penser noble et sérieuse m'inspira une confiance toujours plus grande.

Une autre observation, qui ne pouvait m'échapper, à la lecture de ces lettres, c'est qu'avec les meilleures intentions, mon bon père m'avait fait un tort particulier, et m'avait fait contracter les singulières habitudes dans lesquelles il était tombé lui-même. Il m'avait fréquemment déconseillé les jeux de cartes. Cependant Mme Boehme, tant qu'elle vécut, sut me faire adopter son sentiment, disant que mon père n'avait en vue que l'abus. Comme d'ailleurs je voyais fort bien les avantages de la chose dans le monde, je me laissai gouverner par elle. J'avais l'intelligence du jeu, mais je n'en avais pas l'esprit; j'apprenais tous les jeux aisément et vite, mais je ne pouvais jamais y donner pendant toute une soirée l'attention convenable. Si donc je commençais fort bien, je finissais toujours par faire des fautes, qui entraînaient pour mes associés et pour moi la perte de la partie, et je passais au souper, ou je me retirais de l'assemblée, l'esprit toujours chagrin. Aussitôt après la mort de Mme Boehme, qui d'ailleurs, pendant sa longue maladie, avait cessé de m'astreindre au jeu, les leçons de mon père reprirent le dessus. Je commençai par m'excuser de faire la partie, et, parce qu'on ne savait que faire de moi, j'étais à charge aux autres et plus encore à moi-même ; je refusai les invitations, qui devinrent plus rares et cessèrent enfin tout à fait. Le jeu, qu'il faut recommander aux jeunes gens, surtout à ceux qui ont un sens pratique et qui veulent se pousser dans le monde, ne pouvait, à vrai dire, jamais devenir chez moi un goût, parce que je n'y faisais point de progrès par l'exercice le plus prolongé. Si quelqu'un m'en avait donné l'idée générale, et m'avait fait observer comme certains signes et plus ou moins de hasard fournissent une sorte de matière, sur laquelle le jugement et la vivacité d'esprit peuvent s'exercer ; si l'on m'avait fait observer plusieurs jeux à la fois, j'aurais pu sans doute me les rendre plus tôt familiers. Avec tout cela, à l'époque dont je parle, ces réflexions m'avaient convaincu qu'on ne doit point éviter les jeux de société, mais au contraire s'efforcer d'y acquérir une certaine habileté. Le temps est infiniment long, chaque journée est un vase dans lequel on peut verser beaucoup, si l'on veut réellement le remplir.

C'est ainsi que je m'occupais de mille manières dans ma solitude, d'autant que les diverses fantaisies auxquelles je m'étais adonné successivement avaient occasion de reparaître. Je revins aussi au dessin, et, comme je voulais toujours travailler d'après nature ou plutôt d'après la réalité, je dessinai ma chambre avec ses meubles et les personnes qui s'y trouvaient, et, quand cela ne m'amusait plus, je retraçais toutes les histoires de ville que l'on se racontait et auxquelles on prenait intérêt. Tout cela n'était point sans caractère et sans un certain goût, mais les figures manquaient de proportions et de véritable force ; l'exécution était d'ailleurs extrêmement vague. Mon père, à qui ces choses faisaient toujours plaisir, les voulait plus distinctes ; il fallait aussi que tout fût complet et terminé. Il faisait donc entoiler mes dessins et les faisait encadrer de lignes ; le peintre Morgenstern, son familier, le même qui s'est fait connaître plus tard, qui s'est même rendu célèbre par ses dessins d'églises, dut tracer les lignes perspectives des chambres et des espaces, ce qui faisait un contraste assez choquant avec les figures vaguement indiquées. Par là, mon père croyait m'obliger toujours plus à l'exactitude, et, pour lui être agréable, je dessinai quelques scènes d'intérieur, dans lesquelles, ayant la réalité pour modèle, je pouvais travailler d'une manière plus précise et plus décidée. Enfin la gravure me revint aussi à la pensée. J'avais composé un paysage assez intéressant, et je me sentis fort heureux quand je pus remettre au jour les procédés que Stock m'avait communiqués, en me rappelant pendant mon travail ces heureux temps. J'eus bientôt gravé la planche et j'en fis tirer des épreuves. Par malheur, la composition était sans lumières et sans ombres, et je pris beaucoup de peine pour lui donner l'un et l'autre; mais, comme je ne voyais pas clairement à quoi tenait le défaut, je ne pus y remédier.

Je me portais alors très-bien pour mon état, mais il me survint un mal que je n'avais pas encore éprouvé; c'était une irritation de la gorge et surtout une violente inflammation de la luette; la déglutition était très-douloureuse et les médecins ne savaient à quel remède recourir. Les gargarismes et le pinceau m'excédaient sans me tirer de ce fâcheux état. Enfin l'idée me vint que j'avais manqué de précautions en gravant à l'eau-forte; qu'en m'appliquant souvent et avec ardeur à cette opération, je m'étais attiré ce mal, je l'avais nourri et augmenté. Les médecins jugèrent la chose plausible et bientôt certaine, car, ayant renoncé à la gravure (d'autant plus que mes essais n'avaient point réussi et que j'avais plutôt lieu de cacher mon travail que de le produire), je me consolai sans peine, quand je me vis promptement délivré de mon mal. Cependant il me fallut reconnaître que ces mêmes occupations, auxquelles je m'étais livré à Leipzig, avaient bien pu contribuer à ces maux, dont j'avais tant souffert. Assurément c'est une chose ennuyeuse, et triste quelquefois, de trop nous observer nous-mêmes, d'étudier trop ce qui nous est nuisible ou utile; mais, certes, si l'on considère, d'une part, la singulière idiosyncrasie de la nature humaine, et, de l'autre, l'infinie diversité des genres de vie et des jouissances, on peut trouver merveilleux encore que notre espèce ne se soit pas dès longtemps anéantie. Il semble que la nature humaine possède une sorte de ténacité et de multiformité qui fait qu'elle surmonte tout ce qui vient à elle ou qu'elle l'absorbe, et que, si elle ne peut se l'assimiler, du moins elle le neutralise. Sans doute, après un grand excès, il faut, nonobstant toute résistance, qu'elle cède aux éléments, comme nous l'attestent tant de maladies endémiques et les effets de l'eau-de-vie. Si nous pouvions, sans angoisse, nous observer et voir ce qui agit favorablement ou défavorablement sur notre vie civile et sociale, si compliquée, et, si nous voulions renoncer, à cause des suites fâcheuses, à ce qui nous plaît comme jouissance, nous saurions éloigner aisément de nombreuses incommodités, dont un homme, d'ailleurs bien constitué, souffre parfois plus que d'une maladie; malheureusement, il en est de l'hygiène comme de la morale : nous ne voyons une faute qu'après y avoir échappé, et à cela nous ne gagnons rien, parce que la faute suivante ne ressemble point à celle qui la précède, et ne se présentant pas sous la même forme ne peut être reconnue.

En parcourant les lettres que j'écrivais de Leipzig à ma sœur, je dus observer entre autres choses que, dès le début de mes études universitaires, je m'étais cru d'abord très-sage et très-habile, car, aussitôt que j'avais appris quelque chose, je me substituais au professeur, et je faisais sur-le-champ le pédagogue. Je riais de voir comme j'adressais d'abord à ma sœur ce que Gellert nous avait enseigné ou conseillé, sans réfléchir qu'une chose peut être appropriée au jeune homme pour sa conduite et ses lectures, mais ne pas convenir à une jeune demoiselle; et nous plaisantions ensemble de ces singeries. Les poésies aussi que j'avais composées à Leipzig étaient déjà trop faibles à mes yeux; elles me semblaient froides, sèches et, pour l'expression des états divers du cœur et de l'esprit humain, beaucoup trop superficielles. En conséquence, au moment de quitter pour la seconde fois la maison paternelle et de me rendre dans une nouvelle université, je résolus de faire encore de mes travaux un grand auto-da-fé. Nombre de pièces commencées, dont quelques-unes étaient arrivées au troisième ou quatrième acte, d'autres seulement jusqu'à la fin de l'exposition, ainsi que beaucoup d'autres poésies, des lettres, des écrits divers, furent livrés aux flammes ; je n'épargnai guère, avec le manuscrit de Behrisch, que le *Caprice de l'Amant* et les *Complices*. Je continuai de retoucher ce dernier ouvrage avec une affection particulière ; et, comme la pièce était achevée, je retravaillais l'exposition, pour la rendre à la fois plus claire et plus animée. Lessing nous avait offert, dans les deux premiers actes de *Minna*, un modèle inimitable d'exposition, et je m'efforçais d'entrer dans ses vues et sa pensée.

Voilà bien assez de détails sur les choses qui m'intéressaient et m'occupaient dans ce temps-là. Cependant il faut que je revienne sur l'intérêt que m'avaient inspiré les choses supersensibles, dont j'entrepris tout de bon de me faire une idée, autant que cela me serait possible. Un ouvrage important, qui me tomba dans les mains, exerça sur moi à cet égard une grande influence : ce fut l'*Histoire de l'Église et des hérésies*, par Arnold. Cet homme n'est pas seulement un historien réfléchi : on trouve aussi chez lui la piété et le sentiment. Ses idées s'accordaient fort bien avec les miennes, et ce qui me charma surtout dans son ouvrage, c'est qu'il me donna une idée plus avantageuse de plusieurs hérétiques qu'on m'avait représentés jusqu'alors comme des fous ou des impies. Chaque homme porte en soi l'esprit de contradiction et le goût du paradoxe. J'étudiais avec soin les diverses opinions, et comme j'avais entendu répéter souvent qu'au bout du compte chacun a sa religion, il me sembla, tout naturellement, que je pouvais aussi me former la mienne, et je me mis à l'œuvre avec beaucoup de joie. Le néoplatonisme en était la base ; les doctrines hermétique, mystique, cabalistique, fournissaient leur appoint ; et, comme cela, je me bâtis un monde assez étrange.

J'aimais à me représenter une divinité qui se produit elle-même de toute éternité ; mais, comme la production ne se peut concevoir sans diversité, elle devait nécessairement se manifester aussitôt comme une seconde essence, que nous reconnaissons sous le nom du fils. Ces deux êtres devaient continuer l'acte de la production, et ils se manifestaient eux-mêmes de nouveau dans le troisième, qui était aussi subsistant, vivant et éternel que le tout. Avec lui cependant était accompli le cercle de la divinité, et il ne leur eût pas été possible à eux-mêmes de produire encore un être qui leur fût complétement égal. Toutefois, comme l'impulsion productrice continuait toujours, ils créèrent un quatrième être, mais qui portait déjà en lui une contradiction, car il devait être absolu comme eux, et en même temps contenu en eux et limité par eux : c'était Lucifer, à qui toute la puissance créatrice était désormais transmise, et duquel toute autre essence devait découler. Il manifesta aussitôt son activité infinie, en créant tous les anges à la fois, tous aussi son image, absolus, mais contenus en lui et limités par lui. Environné d'une pareille gloire, il oublia sa haute origine, il crut la trouver en lui-même, et de cette première ingratitude résulta tout ce qui nous semble ne pas s'accorder avec la pensée et les vues de la divinité. Plus il se concentrait en lui-même, plus il devait se trouver mal à son aise, comme tous les esprits dont il gênait la douce élévation vers leur origine. Ainsi arriva ce qui nous est présenté sous la forme de la chute des anges. Une partie d'entre eux se concentra avec Lucifer, l'autre se tourna de nouveau vers son origine. De cette concentration de la création entière (car elle était issue de Lucifer, et elle dut le suivre) résulta tout ce qui s'offre à nous sous la forme de la matière, ce que nous concevons comme pesant, solide et ténébreux, mais qui, provenant, sinon d'une manière directe, du moins par filiation, de l'essence divine, est aussi absolument puissant et éternel que le père et les aïeux. Or, comme tout le mal, si nous osons l'appeler ainsi, avait pour cause unique la direction exclusive de Lucifer, cette création manquait de sa meilleure moitié, car elle avait tout ce que donne la concentration, mais elle manquait de ce que l'expansion peut seule produire. La création tout entière aurait donc pu se détruire elle-même par une concentration incessante, s'anéantir avec Lucifer, son père, et perdre tous ses droits à être coéternelle avec la divinité. Les Élohim observèrent quelque temps cet état de choses; ils avaient le choix d'attendre les siècles dans lesquels le champ aurait été libre de nouveau et l'espace vacant pour une création nouvelle, ou d'agir sur le présent, et de remédier à ses imperfections selon leur puissance infinie. Ils choisirent le dernier parti, et, par leur seule volonté, ils suppléèrent en un moment à toutes les imperfections que le succès de l'entreprise de Lucifer avait entraînées. Ils donnèrent à l'être infini la faculté de s'étendre, de se mouvoir vers eux ; le véritable courant de la vie fut rétabli, et Lucifer lui-même ne put se soustraire à cette influence. C'est l'époque où parut ce que nous appelons lumière, et où commença ce que nous avons coutume de désigner par le mot de création. Mais, à quelque point qu'elle se fût graduellement diversifiée par la force vitale, sans cesse agissante, des Élohim, il manquait un être qui fût propre à rétablir l'union primitive avec la divinité : alors fut créé l'homme, qui dut être semblable et même égal en tout à la Divinité, mais qui, à son tour, se trouva de la sorte dans le cas de Lucifer, c'est-à-dire à la fois absolu et limité ; et, comme cette contradiction devait se manifester en lui dans toutes les phases de l'existence, et qu'une conscience parfaite, tout comme une volonté décidée, devait être l'apanage de sa condition, on pouvait prévoir qu'il serait à la fois la plus parfaite et la plus imparfaite, la plus heureuse et la plus malheureuse des créatures. Il ne tarda pas longtemps à jouer lui-même tout le rôle de Lucifer. Se séparer du bienfaiteur est la véritable ingratitude, et la chute allait s'accomplir pour la seconde fois : au reste, la création tout entière n'est pas et n'a pas été autre chose qu'une séparation et un retour à l'origine.

On voit aisément que, dans ce système, la rédemption est non-seulement résolue de toute éternité, mais considérée comme éternellement nécessaire, et qu'elle doit se renouveler sans cesse pendant toute la durée de la naissance de l'être. Dans ce sens, rien de plus naturel que de voir la Divinité, qui s'était déjà préparée à revêtir une enveloppe, prendre la figure de l'homme et partager son sort pour un peu de temps, afin d'exalter la joie et d'adoucir la douleur par cette assimilation. L'histoire de toutes les religions et de toutes les philosophies nous apprend que cette grande vérité, indispensable aux hommes, a été transmise par diverses nations en divers temps et de mille manières, même dans des fables et des images étranges, telles que l'ignorance pouvait les produire ; mais il suffit qu'on reconnaisse que nous nous trouvons dans une situation qui, tout en paraissant nous abaisser et nous écraser, nous donne occasion, nous fait même un devoir, de nous élever et de remplir les vues de la Divinité, en ne négligeant pas, tout obligés que nous sommes d'un côté à nous renfermer dans notre moi, d'en sortir d'un autre côté par une activité régulière.

LIVRE IX.

« Il est souvent profitable à différentes vertus, surtout aux vertus sociales et relevées, que le cœur soit touché. Ainsi sont réveillés et développés en lui les sentiments tendres ; ainsi se gravent particulièrement beaucoup de traits qui révèlent au jeune lecteur les replis secrets du cœur humain et de ses passions : connaissance plus précieuse que tout le grec et le latin du monde, et dans laquelle Ovide était un maître excellent. Mais ce n'est pourtant pas pour cela qu'on met dans les mains de la jeunesse les anciens poëtes et Ovide par conséquent. Nous avons reçu de la bonté du Créateur une multitude de facultés, auxquelles on ne doit pas négliger de donner dès les premières années la culture convenable, ce qu'on ne peut faire avec la logique, la métaphysique, le grec ou le latin. Nous avons une imagination, et, si nous ne voulons pas qu'elle s'empare des premières idées venues, nous devons lui présenter les images les plus convenables et les plus belles, et accoutumer ainsi le sentiment et l'exercer à reconnaître, à aimer le beau partout, et même dans la nature, sous ses traits déterminés, véritables, et aussi les plus délicats. Nous avons besoin, soit pour les sciences, soit pour la vie journalière, d'une foule de notions et de connaissances générales, qui ne peuvent s'apprendre dans un compendium. Il est avantageux de développer et de purifier nos sentiments, nos penchants, nos passions. »

Ce passage remarquable se lisait dans la *Bibliothèque générale allemande*, et il n'était pas le seul de ce genre. Plus d'une page exposait des principes semblables et des sentiments pareils. Ils produisaient sur nos jeunes esprits une très-grande impression, d'autant plus efficace qu'elle était fortifiée par l'exemple de Wieland : car les ouvrages de sa deuxième époque brillante prouvaient clairement qu'il s'était formé sur ces maximes. Et que pouvions-nous demander de plus ? La philosophie était mise de côté avec ses abstruses exigences ; les langues anciennes, dont l'étude coûte tant de peines, étaient repoussées dans l'enfoncement ; les compendium, sur la suffisance desquels Hamlet nous avait déjà soufflé à l'oreille un mot significatif, devenaient plus suspects tous les jours ; on nous recommandait la méditation d'une vie agitée, que nous menions si volontiers, et la connaissance des passions que nous sentions dans notre cœur ou dont nous avions le pressentiment, et qui, autrefois condamnées, devaient désormais nous paraître importantes et respectables, parce qu'elles devaient être l'objet principal de nos études, et que l'on en recommandait la connaissance comme le moyen le plus excellent de former nos facultés. En outre, cette manière de penser s'accordait tout à fait avec ma propre conviction, avec mon activité poétique. Ainsi donc, après avoir vu tant de bons desseins anéantis, tant d'honnêtes espérances évanouies, je n'opposai aucune résistance à la volonté de mon père, qui m'envoyait à Strasbourg, où l'on me promettait une vie heureuse et riante, tandis que je poursuivrais mes études pour arriver au doctorat.

Au printemps, ma santé, et plus encore mon jeune courage, se trouvaient rétablis, et j'aspirais de nouveau à quitter la maison paternelle, mais par de tout autres motifs que la première fois ; ces belles chambres, où j'avais tant souffert, m'étaient devenues importunes ; on ne pouvait lier aucun commerce agréable avec mon père ; je ne pouvais lui pardonner tout à fait d'avoir montré une impatience peu raisonnable pendant les récidives de ma maladie et pendant ma lente guérison, et, au lieu de me consoler avec indulgence, de s'être exprimé d'une façon cruelle sur une chose qui n'était au pouvoir de personne, comme si elle n'avait dépendu que de la volonté. Mais, de mon côté, je l'avais blessé et offensé de plusieurs manières.

En effet, les jeunes gens rapportent de l'université des idées générales, ce qui est fort bien sans doute ; mais, comme elles leur donnent une grande confiance dans leur habileté, ils les prennent pour mesure des objets qui se présentent et qui doivent y perdre le plus souvent. Je m'étais fait sur l'architecture, l'arrangement et la décoration des maisons, des idées générales, et, dans la conversation, je les appliquai inconsidérément à la nôtre. Mon père en avait conçu tout le plan, et l'avait mis à exécution avec une grande persévérance; et, comme habitation uniquement destinée à son usage et à celui de sa famille, elle ne laissait rien à désirer. Beaucoup de maisons de Francfort étaient bâties dans le même genre. L'escalier, entièrement dégagé, touchait à de grands vestibules, dont on aurait fort bien pu faire des chambres; et, en effet, nous les occupions toujours dans la belle saison. Mais ce qui était agréable et commode pour une seule famille, cette communication du haut jusqu'en bas, devenait de la plus grande incommodité aussitôt que plusieurs ménages habitaient la maison, comme nous en avions trop fait l'expérience à l'occasion des logements militaires. En effet, la scène pénible avec le lieutenant du roi n'aurait pas eu lieu, et mon père aurait moins senti tous les désagréments, si notre escalier avait côtoyé le mur, à la manière de Leipzig, et si chaque étage avait eu une porte particulière. Je parlai un jour de cette construction avec de grands éloges, et j'en fis valoir les avantages; je montrai à mon père qu'il était possible de changer aussi son escalier. Là-dessus, il entra dans une colère incroyable, d'autant plus violente que j'avais critiqué, peu auparavant, quelques cadres de miroir à formes contournées, et dédaigné certains tapis chinois. Cela produisit une scène, qui fut, il est vrai, assoupie et calmée, mais qui accéléra mon départ pour la belle Alsace, où j'arrivai, sans faire de halte et en peu de temps, dans la bonne diligence qu'on venait d'établir.

J'étais descendu à l'auberge de *l'Esprit;* et, pour satisfaire mon plus ardent désir, je courus à la cathédrale, que mes compagnons de voyage m'avaient déjà montrée de loin, et sur laquelle j'avais eu longtemps les yeux fixés. Lorsqu'enfin j'aperçus ce colosse par l'étroite ruelle, et qu'ensuite je me trouvai devant, beaucoup trop près, sur la place, qui est très-petite, il produisit sur moi une impression toute particulière, que je fus incapable de démêler sur-le-champ, et dont j'emportai pour cette fois l'idée confuse en montant bien vite à la tour, afin de ne pas laisser échapper le moment favorable d'un soleil haut et clair, qui allait me découvrir tout ce vaste et riche pays. Et je vis donc de la plate-forme la belle contrée dans laquelle j'allais séjourner et vivre quelque temps, la ville remarquable, les prairies d'alentour, plantées et entremêlées d'arbres magnifiques, au feuillage épais, cette richesse étonnante de la végétation, qui, suivant le cours du Rhin, dessine les rives et les îles. Une verdure non moins variée habille les plaines qui descendent du sud, et que l'Ill arrose; même à l'ouest, jusqu'aux montagnes, se trouvent plusieurs enfoncements qui présentent un aspect aussi ravissant de bois et de prairies; tandis que le côté du nord, plus inégal, est coupé d'innombrables petits ruisseaux, qui favorisent partout une prompte végétation. Si l'on se représente maintenant entre ces vastes et riches herbages, entre ces bois agréablement dispersés, tout ce pays, si fertile, parfaitement cultivé, verdoyant et mûrissant, les endroits les meilleurs et les plus riches marqués par des villages et des métairies, et cette grande plaine, à perte de vue, qui semble un nouveau paradis préparé pour les humains, bornée auprès et au loin par des montagnes, les unes cultivées, les autres boisées; on comprendra le ravissement avec lequel je bénissais le sort qui m'avait assigné pour quelque temps une si belle résidence.

Un premier coup d'œil ainsi jeté sur un pays nouveau dans lequel nous devons faire un long séjour, a d'ailleurs ceci d'agréable et de mystérieux, que l'ensemble se présente à nous comme une table rase; aucunes peines, aucuns plaisirs, qui nous soient particuliers, n'y sont gravés encore; cette plaine riante, bigarrée, animée, est encore muette pour nous; l'œil ne s'attache aux objets qu'autant qu'ils sont remarquables en eux-mêmes; l'inclination, la passion, n'ont pas encore à signaler telle ou telle place; mais déjà un pressentiment de ce qui viendra inquiète le jeune cœur, et une ardeur inapaisée appelle en secret ce qui peut, ce qui doit venir, et qui, heureux ou malheureux, prendra toujours insensiblement le caractère de la contrée où nous sommes.

Descendu de la tour, je m'arrêtai quelque temps encore en face du vénérable édifice; mais, ce que je ne pus clairement m'expliquer la première fois, et quelque temps encore, c'est que ce merveilleux ouvrage m'apparaissait comme un monstre, qui m'aurait effrayé, s'il ne m'avait paru en même temps saisissable par sa régularité et même agréable par le fini du travail. Je ne m'attachai du reste nullement à réfléchir sur cette contradiction, et je laissai cet admirable monument agir graduellement sur moi par sa présence.

Je pris un petit logement, mais agréable et bien situé, au Fischmarkt (marché au poisson), du côté exposé au midi. C'était une grande et belle rue, offrant un mouvement continuel, qui pouvait distraire dans les moments désoccupés. Ensuite j'allai remettre mes lettres de recommandation, et je trouvai au nombre de mes protecteurs un négociant attaché avec sa famille à ces idées pieuses qui m'étaient assez connues, sans qu'il se fût toutefois séparé de l'Église pour le service divin. C'était d'ailleurs un homme raisonnable, et nullement bigot dans sa conduite. La pension qu'on me recommanda, et à laquelle je fus recommandé, était agréable et gaie. Deux vieilles filles la tenaient depuis longtemps avec ordre et avec succès. Nous étions à table une dizaine de convives, jeunes et vieux. Parmi les jeunes, celui dont le souvenir m'est le plus présent, était un M. Meyer, de Lindau. Sa taille et sa figure étaient d'une grande beauté, mais il avait dans toute sa personne quelque chose de mou. Ses facultés admirables étaient gâtées à leur tour par une incroyable légèreté, et son rare esprit par une licence effrénée. Sa figure, ouverte et riante, était moins ovale que ronde; les organes des sens, les yeux, le nez, la bouche, les oreilles, étaient développés sans exagération, et annonçaient une riche nature. La bouche surtout était charmante avec ses lèvres renversées, et ce qui donnait à toute sa physionomie une expression particulière, c'est qu'il avait les sourcils joints, d'où résulte toujours pour un beau visage un air agréable de sensualité. Son humeur joviale, franche et bienveillante, le faisait aimer de tout le monde. Il avait une mémoire étonnante; l'attention aux leçons ne lui coûtait rien; il retenait tout ce qu'il entendait; cet heureux esprit savait trouver à toute chose quelque intérêt, et cela lui était d'autant plus facile qu'il étudiait la médecine. Toutes les impressions lui laissaient une trace vive, et lorsqu'il s'égayait à répéter les leçons et à contrefaire les professeurs, après avoir entendu trois différentes leçons dans la matinée, il pouvait pendant le dîner faire alterner les professeurs de paragraphe en paragraphe, ou même plus brusquement encore, et cette leçon bariolée nous amusait souvent, mais souvent aussi nous fatiguait.

Les autres convives étaient gens plus ou moins délicats, posés et sérieux. Dans le nombre, se trouvait un chevalier de Saint-Louis en retraite. Mais les étudiants abondaient, tous bons enfants et bien disposés, à condition toutefois de ne pas dépasser leur ration de vin. Prévenir ce désordre était l'affaire de notre président, le docteur Salzmann. Célibataire, âgé de plus de soixante ans, il était depuis longtemps commensal du logis et y maintenait l'ordre et le bon ton. Il jouissait d'une belle fortune. Sa mise était propre et soignée ; il était même de ceux qui vont toujours en culottes et le chapeau sous le bras. C'était une chose extraordinaire de le voir se couvrir. Il portait d'habitude un parapluie, se souvenant que les plus beaux jours d'été amènent souvent de l'orage et des ondées.

J'entretins le docteur de mon projet de poursuivre à Strasbourg mes études de droit, afin de pouvoir prendre mes degrés le plus tôt possible. Comme il était au fait de tout, je le consultai sur les cours que je devrais suivre, et sur ce qu'il pensait de mon projet. Il me répondit qu'il n'en était pas de Strasbourg comme des universités allemandes, où l'on cherchait à former des jurisconsultes dans l'acception large et savante du mot. A Strasbourg, par suite des rapports avec la France, tout était dirigé vers la pratique, et conduit selon l'esprit français, qui s'en tient volontiers aux lois positives. On tâche d'inculquer à chaque élève certains principes généraux, certaines connaissances préliminaires; on abrége autant que possible, et l'on n'enseigne que le plus nécessaire. M. Salzmann me fit connaître ensuite un homme qui jouissait, comme répétiteur, d'une grande confiance, et qui sut en effet gagner bien vite la mienne. Je commençai, par forme d'introduction, à m'entretenir avec lui sur des matières de jurisprudence, et il ne fut pas peu surpris de ma jactance, car, pendant mon séjour à Leipzig, j'avais acquis plus de connaissances en matière de droit que je n'ai pris occasion de le faire paraître jusqu'ici dans ces mémoires ; mais tout mon fait n'était qu'une vue générale et encyclopédique, et ne pouvait passer pour une connaissance solide et positive. La vie universitaire, lors même que nous ne pouvons nous vanter d'une sérieuse application, procure néanmoins, en tout genre de culture, d'immenses avantages, parce que nous sommes sans cesse entourés d'hommes qui possèdent ou qui cherchent la science, si bien que dans une pareille atmosphère, nous puisons toujours, même à notre insu, quelque nourriture.

Mon répétiteur, après avoir écouté quelque temps avec patience mes divagations, me fit enfin comprendre qu'avant tout je devais avoir en vue mon but prochain, c'est-à-dire de subir mes examens, de prendre mes degrés et peut-être de passer ensuite à la pratique. « Pour nous en tenir au premier point, disait-il, ce n'est pas une si vaste entreprise ; on ne demande point où ni comment une loi a pris naissance, quelle en a été la cause intérieure ou extérieure ; on ne recherche point comment elle s'est modifiée par le temps et la coutume ; on examine tout aussi peu à quel point elle s'est transformée peut-être par une fausse interprétation ou par une pratique mal entendue. De savants hommes consacrent tout spécialement leur vie à ces recherches ; mais nous, nous voulons savoir ce qui subsiste actuellement ; nous le gravons fermement dans notre mémoire, afin de l'avoir toujours présent à l'esprit quand nous voulons nous en servir pour l'avantage et la défense de nos clients. De la sorte, nous pourvoyons nos jeunes gens pour les besoins actuels ; le reste, ils l'acquièrent à proportion de leurs talents et de leur activité. » Là-dessus, il me remit ses cahiers, qui étaient écrits par demandes et par réponses, et sur lesquels je pus aussitôt soutenir un examen passable, parce que j'avais encore le petit catéchisme juridique de Hopp tout entier dans ma mémoire ; je suppléai au reste par quelque application, et, bon gré mal gré, je me mis, le plus facilement du monde, en état de passer mon examen.

Mais, comme toute activité propre dans l'étude m'était retranchée sur cette voie, attendu que rien de positif ne pouvait m'entrer dans l'esprit, et que je voulais avoir de toute chose une explication raisonnée ou du moins historique, je trouvai pour mes facultés un champ plus vaste, que j'exploitai de la manière la plus bizarre, en me livrant à un goût qui me vint du dehors par hasard. La plupart de nos convives se vouaient à la médecine. On sait que les étudiants en médecine sont les seuls qui s'entretiennent avec vivacité de leur science, de leur métier, même hors des heures de leçons. Cela tient à la nature de la chose. Les objets de leurs études sont à la fois les plus sensibles et les plus relevés, les plus simples et les plus complexes. La médecine occupe l'homme tout entier, parce qu'elle s'occupe de l'homme tout entier. Tout ce que le jeune homme apprend fait songer d'abord à une pratique importante, dangereuse, il est vrai, mais en plus d'un sens fructueuse. Il s'applique donc avec ardeur à ce qu'il faut connaître et pratiquer, soit parce que la chose l'intéresse en elle-même, soit parce qu'elle lui ouvre la joyeuse perspective de l'indépendance et de la fortune. Je n'entendais donc parler à table que de médecine, comme auparavant, dans la pension du conseiller Loudwig. A la promenade même et dans les parties de plaisir, on ne parlait guère d'autre chose : car mes compagnons de table, comme bons camarades, étaient aussi devenus mes compagnons pour le reste du temps, et, chaque fois, il se joignait à eux de tous côtés des jeunes gens animés des mêmes sentiments et livrés aux mêmes études. La Faculté de médecine brillait plus que les autres, soit par la célébrité des professeurs, soit par le nombre des étudiants, et le torrent m'entraîna, d'autant plus que j'avais de toutes ces choses tout juste assez de connaissance pour que mon désir d'apprendre en fût bientôt accru et enflammé. A l'entrée du second semestre, je suivis donc le cours de chimie de Spielmann, le cours d'anatomie de Lobstein, et je me proposai d'être assidu, parce que j'avais déjà obtenu dans notre société quelque considération et quelque confiance par mes connaissances préliminaires, ou plutôt superficielles.

Ainsi morcelées et détournées de leur objet, mes études devaient être encore considérablement troublées, car un grand événement politique vint mettre toute la ville en mouvement, et nous procura toute une suite de fêtes. Marie-Antoinette, archiduchesse d'Autriche, reine de France, devait passer par

Strasbourg en se rendant à Paris. Les solennités par lesquelles on avertit le peuple qu'il y a des grands dans le monde furent préparées avec soin et avec profusion, et je remarquai surtout le bâtiment qui fut élevé dans une île du Rhin, entre les deux ponts, pour la réception de la reine et sa remise dans les mains des envoyés de son époux. L'édifice n'était que peu élevé au-dessus du sol ; il présentait dans le milieu une grande salle, de plus petites sur les côtés, puis venaient d'autres chambres qui s'étendaient encore un peu en arrière. Construit d'une manière plus durable, il aurait fort bien pu servir de maison de plaisance pour des personnages de haut rang. Mais ce que j'y trouvai surtout d'intéressant, et ce qui m'engagea à ne pas épargner les *busel* (petite monnaie d'argent qui avait cours dans ce temps-là), afin d'obtenir du concierge de fréquentes entrées, c'étaient les tapisseries dont on avait tendu tout l'intérieur. C'est là que je vis pour la première fois une de ces tapisseries tissues d'après les cartons de Raphaël, et cet objet produisit sur moi un effet décisif, parce que j'apprenais à connaître en masse, quoique dans une simple imitation, le beau et le parfait. J'allais et venais sans cesse, et ne pouvais me rassasier de voir ; même je me consumais en efforts inutiles, parce que j'aurais voulu comprendre ce qui me causait un plaisir si extraordinaire. Je trouvai extrêmement agréables et gracieuses les salles latérales, mais horrible le salon principal. On l'avait tendu en tapisseries de haute lisse, beaucoup plus grandes, plus brillantes, plus riches, encadrées d'ornements accumulés, et fabriquées d'après des tableaux de peintres français modernes. Je me serais fait aussi à cette manière, car mon jugement et mon goût n'étaient point portés à rien exclure absolument : mais le sujet me révolta. Ces tableaux représentaient l'histoire de Jason, de Médée et de Créüse, et, par conséquent, l'exemple du mariage le plus infortuné. A la gauche du trône, on voyait la fiancée luttant avec la mort la plus cruelle, entourée d'amis éplorés ; à la droite, le père était saisi d'horreur, à la vue de ses enfants égorgés à ses pieds, tandis que la furie traversait les airs sur le char attelé de dragons. Et pour joindre l'absurde à l'horrible et à l'abominable, à droite, derrière le velours rouge du trône brodé en or, on voyait se recoquiller la queue blanche du taureau magique, tandis que l'animal vomissant des flammes et Jason, qui le combattait, étaient complétement couverts par cette riche draperie.

A cette vue, toutes les maximes dont je m'étais imbu à l'école d'Œser se réveillèrent. Que l'on eût placé le Christ et les Apôtres dans les salles latérales d'un édifice nuptial, c'était déjà une faute de goût et d'intelligence, et sans doute la mesure des chambres avait servi de règle au conservateur des tapisseries royales; toutefois je l'excusais volontiers, parce que j'en avais tiré un grand avantage : mais un contre-sens comme celui de la grande salle me mit hors de moi, et je prenais avec chaleur et véhémence mes camarades à témoin d'un pareil crime contre le goût et le sentiment. « Quoi! m'écriai-je, sans m'inquiéter des assistants, est-il permis de mettre si inconsidérément sous les yeux d'une jeune reine, dès le premier pas qu'elle fait dans son royaume, l'exemple des plus horribles noces qui furent peut-être jamais célébrées? N'y a-t-il donc parmi les architectes, les décorateurs, les tapissiers français, personne qui comprenne que les tableaux représentent quelque chose, que les tableaux agissent sur l'esprit et le cœur, qu'ils font des impressions, qu'ils éveillent des pressentiments? C'est comme si l'on avait envoyé à la frontière, au-devant de cette belle et vive princesse, le plus effroyable fantôme! » Je ne sais ce que je dis encore; mais enfin mes camarades, craignant un esclandre, firent leurs efforts pour me calmer et pour m'entraîner hors de la salle. Après quoi ils m'assurèrent que tout le monde ne va pas chercher un sens dans les tableaux : que, pour eux, ils n'y auraient pas songé, et que la population tout entière de Strasbourg et des environs, quelle que fût son affluence, non plus que la reine elle-même et sa cour, n'aurait jamais de pareilles visions.

Je me rappelle encore très-bien la belle et noble figure, la physionomie aussi sereine qu'imposante de l'auguste fiancée. Dans son carrosse à glaces, où nous pouvions la voir parfaitement, elle semblait causer familièrement avec les dames de sa suite et plaisanter sur la foule qui affluait à son passage. Le soir, nous parcourûmes les rues pour voir les divers édifices illuminés, mais surtout la flèche enflammée de la cathédrale, dont nous ne pouvions, soit de près soit de loin, rassasier nos regards.

La reine poursuivit son voyage; le peuple des campagnes s'écoula, et la ville fut bientôt rendue à sa première tranquillité. Avant l'arrivée de la reine, on avait défendu par une ordonnance, toute raisonnable, aux personnes défigurées, estropiées et d'un aspect dégoûtant, de se montrer sur son passage. On en plaisanta, et je composai une petite pièce de vers français, où je mettais en parallèle la venue du Christ, qui sembla surtout parcourir le monde en faveur des malades et des paralytiques, avec la venue de la reine, qui mettait en fuite ces malheureux. Mes amis les jugèrent passables; mais un Français, qui vivait avec nous, critiqua impitoyablement la langue et la mesure, et, à ce qu'il paraît, ses critiques n'étaient que trop fondées. Je ne me souviens pas d'avoir fait depuis d'autres vers français.

A peine la nouvelle de l'heureuse arrivée de la reine eut-elle retenti jusqu'à nous de la capitale, qu'on annonça un affreux malheur. Au feu d'artifice de la fête, par une inadvertance de la police, une foule de gens à cheval et en voiture avaient péri dans une rue encombrée de matériaux, et, parmi ces fêtes nuptiales, la ville avait été plongée dans la douleur et le deuil. On s'efforça de cacher l'étendue de ce malheur au jeune couple royal aussi bien qu'au public, en enterrant les morts secrètement, de sorte que bien des familles ne furent convaincues que par la complète disparition des leurs, qu'ils avaient aussi été victimes de cet affreux événement. Qu'à cette occasion, les horribles tableaux de la grande salle me soient revenus vivement à la pensée, j'ai à peine besoin de le dire, car chacun sait combien sont puissantes certaines impressions morales, lorsqu'elles s'incorporent en quelque sorte aux impressions sensibles.

Cet événement devait d'ailleurs causer à mes amis une vive inquiétude, à la suite d'une plaisanterie que je me permis. Les jeunes camarades de Leipzig avaient conservé une certaine démangeaison de s'attraper et se mystifier les uns les autres. Avec cette malicieuse étourderie, j'écrivis à Francfort à un de mes amis (le même qui, ayant amplifié et appliqué au Médon

DEUXIÈME PARTIE. 317

mes vers sur le pâtissier Hendel, avait été cause qu'ils s'étaient répandus dans le public). Ma lettre, datée de Versailles, lui annonçait mon heureuse arrivée dans cette ville, la part que j'avais prise aux fêtes, et autres détails; mais je lui recommandais en même temps le plus rigoureux silence. Je dois ajouter que, depuis ce mauvais tour, qui nous avait été si désagréable, notre jeune société de Leipzig s'était accoutumée à le mystifier de temps en temps, d'autant plus que ce camarade, l'homme le plus drôle du monde, n'était jamais plus aimable que lorsqu'il avait découvert l'erreur dans laquelle on l'avait induit. Peu de temps après avoir écrit cette lettre, je fis un petit voyage et je fus absent près de quinze jours. Cependant la nouvelle de la catastrophe était arrivée à Francfort. Mon ami me croyait à Paris, et son affection pour moi lui fit craindre que je n'eusse été victime de ce malheur. Il s'informa auprès de mes parents et d'autres personnes, à qui j'avais coutume d'écrire, s'il n'était venu de moi aucune lettre; et, comme ce voyage m'empêchait d'écrire, personne n'avait rien reçu. Il allait chez les uns et chez les autres, dans une grande inquiétude, et finit par confier le secret à nos plus proches amis, qui furent dès lors aussi alarmés que lui. Heureusement, leur supposition ne parvint pas aux oreilles de mes parents avant qu'une lettre fût arrivée, qui annonçait mon retour à Strasbourg. Mes jeunes amis furent heureux de me savoir vivant, mais ils restèrent convaincus que, dans l'intervalle, j'avais été à Paris. Les lettres amicales qui m'apprirent l'inquiétude qu'ils avaient eue à mon sujet me touchèrent si vivement, que je jurai de renoncer pour jamais à ces plaisanteries; mais, hélas! dans la suite, je me suis rendu coupable quelquefois encore de semblables méfaits. La vie réelle est souvent si décolorée, qu'on a besoin du vernis de la fiction pour lui rendre quelque brillant.

Ce grand flot de magnificences royales était donc passé, et ne m'avait laissé d'autre regret que celui des tentures de Raphaël, que j'aurais voulu contempler, vénérer, adorer sans cesse. Heureusement, par mes pressantes sollicitations, je sus intéresser à la chose plusieurs personnes considérables, en sorte que l'on tarda autant qu'il fut possible à enlever et emballer les tentures. Nous revînmes alors à notre paisible et douce vie d'université et de société, et, dans celle-ci, le secrétaire Salzmann, président de notre table, continua son rôle de pédagogue universel. Son esprit, son indulgence, sa dignité, qu'il savait maintenir au milieu de tous les badinages et même quelquefois des petites licences qu'il nous permettait, le faisaient chérir et respecter de toute la compagnie, et je ne saurais guère citer d'occasions où il ait dû montrer un sérieux mécontentement ou user d'autorité pour apaiser une querelle. De toute la société, c'est moi pourtant qui m'attachai le plus à lui, et il n'aimait pas moins à s'entretenir avec moi, parce qu'il me trouvait une culture plus variée et une manière de voir moins exclusive. Je réglai même mon extérieur sur le sien, afin qu'il pût, sans embarras, me reconnaître publiquement pour un de ses amis. En effet, quoiqu'il remplît une charge qui semble de peu d'importance, il l'exerçait de telle sorte qu'elle lui faisait le plus grand honneur. Il était secrétaire du conseil pupillaire, et, comme le secrétaire perpétuel dans une académie, il y avait proprement la haute main. Comme il avait rempli cet office avec la plus grande exactitude, pendant beaucoup d'années, il n'y avait pas une famille, depuis la première jusqu'à la dernière, qui ne lui dût de la reconnaissance : car, dans tout le gouvernement de l'État, il n'est guère personne qui puisse moissonner autant de bénédictions ou de malédictions que celui qui prend soin des orphelins, ou qui dissipe ou laisse dissiper leurs biens.

Les habitants de Strasbourg sont des promeneurs passionnés, et ils ont raison de l'être. De quelque côté que l'on dirige ses pas, on trouve des lieux de plaisance, soit naturels, soit disposés avec art, à des époques plus ou moins reculées, plus ou moins récentes. Ce qui rendait plus agréable encore qu'en d'autres lieux le coup d'œil d'une foule de promeneurs, c'était la variété du costume des femmes. Les jeunes filles de la classe moyenne portaient encore des tresses roulées sur la tête, fixées avec une grande épingle, et une certaine jupe étroite, à laquelle il eût été ridicule d'ajouter une queue. Et ce qu'il y avait d'agréable, c'est que cet habillement n'était pas l'apanage exclusif d'une certaine classe : quelques familles riches et distinguées ne permettaient pas à leurs filles de renoncer à ce costume. Les autres s'habillaient à la française, et ce parti faisait chaque aunée quelques prosélytes. Salzmann connaissait beaucoup de monde, et il était partout bienvenu. C'était pour son compagnon une chose agréable, surtout en été, parce qu'on trouvait partout dans les jardins, voisins ou éloignés, un bon accueil, une bonne société, des rafraîchissements et plus d'une invitation pour telle ou telle partie de plaisir.

Dans une de ces réunions, je trouvai l'occasion de gagner très-promptement les bonnes grâces d'une famille que je visitais seulement pour la seconde fois. La compagnie n'était pas nombreuse, et, comme d'ordinaire, quelques personnes jouèrent, d'autres allèrent à la promenade. Plus tard, comme on allait se mettre à table, je vis la dame de la maison et sa sœur parler ensemble vivement et avec un embarras particulier. Je m'approchai d'elles et je leur dis : « Je n'ai aucun droit d'entrer dans vos secrets, mesdames, mais peut-être serai-je en état de vous donner un conseil ou de vous rendre un service. » Là-dessus, elles m'avouèrent leur embarras. Elles avaient invité douze personnes à leur table, et un parent arrivait de voyage en ce moment, qui allait faire le treizième, et qui serait, sinon pour lui-même, du moins pour quelques-uns des convives, un fatal *memento mori*. « Le remède est bien facile, leur dis-je. Permettez-moi de m'éloigner et de me réserver un dédommagement. » C'étaient des personnes de distinction et d'excellentes manières : elles ne voulurent absolument pas accepter mes offres, et envoyèrent chercher un quatorzième dans le voisinage. Je les laissai faire ; mais, ayant vu le domestique rentrer par la porte du jardin après une course inutile, je m'esquivai et je passai doucement ma soirée sous les vieux tilleuls de la Wanzenau. On devine que je fus amplement dédommagé de ce sacrifice.

Une société nombreuse ne peut plus se passer des cartes. Salzmann renouvela les bonnes leçons de Mme Bœhme, et je fus docile, car j'avais pu voir que, par ce petit sacrifice, si c'en est un, on peut se procurer plus d'un plaisir et même une liberté plus grande dans la société. Le vieux piquet sortit de son sommeil ; j'appris le whist ; conformément aux avis de mon mentor, je me pourvus d'une bourse à jouer, à laquelle je ne devais toucher en aucune circonstance. Alors je trouvai l'occasion de passer avec mon ami la plupart de mes soirées dans les meilleures compagnies, où j'étais généralement bien accueilli, et où l'on me pardonnait quelques petites irrégularités, sur lesquelles mon ami fixait pourtant mon attention, mais avec assez d'indulgence.

Cependant il me fallut apprendre par un signe visible, à quel point nous devons nous prêter, même pour l'extérieur, aux exigences de la société et nous régler sur elle, et, pour cela, je fus obligé de souffrir une chose qui me parut la plus désagréable du monde. J'avais de très-beaux cheveux; mais mon perruquier de Strasbourg m'assura néanmoins qu'ils étaient coupés beaucoup trop en arrière, et qu'il lui était impossible d'en faire une coiffure avec laquelle j'osasse me produire, parce que la règle était de ne porter sur le devant que peu de cheveux courts et crépés, et d'attacher tout le reste, dès le sommet de la tête, dans la queue ou la bourse à cheveux. Il n'y avait d'autre remède que de me résoudre à porter un tour de faux cheveux, jusqu'à ce que la croissance naturelle se fût accomplie selon les exigences du temps. Il me promit que si je pouvais m'y résoudre sur-le-champ, personne ne remarquerait cette innocente tromperie, à laquelle je me refusai d'abord très-sérieusement. Il tint parole et je passai toujours pour la jeune tête la plus chevelue et la mieux frisée. Mais, comme je devais rester dès le matin ainsi attifé et poudré, et prendre garde en même temps de déceler ma fausse parure en m'échauffant ou par quelque mouvement brusque, cette gêne contribua beaucoup à me faire observer pendant quelque temps une tenue plus tranquille et plus réservée, à me faire prendre l'habitude de sortir le chapeau sous le bras, et, par conséquent, en souliers et culottes; mais je ne dus pas tarder à porter des bas de dessous en cuir léger, pour me garantir des cousins du Rhin, qui, par les belles soirées d'été, se répandaient dans les prairies et les jardins. Si, dans ces circonstances, tout exercice violent m'était défendu, nos conversations devinrent toujours plus vives et plus animées; elles furent même les plus intéressantes que j'eusse jamais eues jusqu'alors.

Avec ma manière de sentir et de penser, il ne m'en coûtait rien de laisser chacun ce qu'il était et même ce qu'il voulait paraître, et, par cette conduite, la sincérité d'un cœur jeune et vif, qui peut-être s'épanouissait librement pour la première fois, me gagna beaucoup d'amis. Notre table s'augmenta bien jusqu'à vingt personnes, et, comme notre Salzmann persistait dans sa méthode accoutumée, tout suivit le même train ; la conversation était même plus convenable, chacun devant s'observer en présence d'un plus grand nombre de personnes. Parmi les nouveaux venus se trouvait un homme qui m'intéressa particulièrement. Il s'appelait Joung, et c'est lui qui s'est fait connaître plus tard sous le nom de Stilling. Sa personne, malgré une mise surannée, avait, sous une écorce un peu rude, quelque chose de délicat. Une perruque, avec la bourse à cheveux, ne gâtait point sa figure expressive et agréable. Sa voix était douce, sans être mielleuse ni faible ; elle devenait même forte et sonore, aussitôt qu'il s'animait, ce qui arrivait aisément. Quand on le connaissait plus à fond, on trouvait en lui une saine raison basée sur le sentiment, et qui, par conséquent, se laissait déterminer par les penchants et les passions. De cette même source jaillissait un enthousiasme d'une pureté parfaite pour le bien, le juste et le vrai. Car la vie de cet homme avait été fort simple, et pourtant remplie d'événements et d'une activité variée. Le principe de son énergie était une inébranlable croyance en Dieu, et en son assistance immédiate, qui se confirmait visiblement par une prévoyance non interrompue et une infaillible délivrance de toute détresse et de tout mal. Joung avait fait mille expériences pareilles dans le cours de sa vie ; elles s'étaient souvent répétées, même, dans les derniers temps, à Strasbourg ; en sorte qu'il menait, avec la plus grande sérénité, une vie modeste, il est vrai, mais insoucieuse, et se livrait à ses études avec la plus sérieuse application, sans pouvoir compter, d'un trimestre à l'autre, sur aucune ressource assurée. Dans sa jeunesse, sur le point de devenir charbonnier, il prit le métier de tailleur, et, après avoir acquis par lui-même, dans ses loisirs, quelques connaissances plus relevées, son goût pour l'enseignement le poussa à se faire maître d'école. Cette tentative fut malheureuse, et il revint à son métier, mais on l'en retira à diverses reprises pour remplir l'office de précepteur, parce qu'il gagnait aisément l'affection et la confiance de chacun. Il était redevable de sa culture la plus particulière et la plus intime à cette classe d'hommes, très-répandue, qui cherchaient leur salut par eux-mêmes, et qui, s'attachant à édifier par la lecture de la Bible et de bons livres, par des exhortations et des confessions mutuelles, parvenaient ainsi à un degré de développement fait pour exciter l'admiration. En effet, l'intérêt qui les accompagnait sans cesse, et qui les occupait en société, reposant sur la simple base de la moralité, de la bienveillance et de la bienfaisance; les écarts même auxquels peuvent se livrer des hommes d'une position si étroite étant d'ailleurs de peu d'importance; et, dès là, leur conscience restant pure le plus souvent, et leur esprit gardant sa sérénité, ils arrivaient à une culture, non pas artificielle, mais vraiment naturelle, qui avait encore sur les autres l'avantage d'être appropriée à tous les âges et à tous les états, et, par sa nature même, d'être généralement sociable. Aussi, dans leur sphère, ces personnes étaient-elles vraiment éloquentes et capables de s'exprimer convenablement et agréablement sur tous les intérêts du cœur les plus délicats et les plus graves. Tel était le cas du bon Stilling. Dans un cercle peu nombreux d'hommes qui, sans avoir tout à fait les mêmes sentiments que lui, ne se déclaraient pas opposés à sa manière de voir, on le trouvait non-seulement disert, mais éloquent; il racontait surtout sa vie de la manière la plus agréable, et savait en rendre présentes à l'auditeur toutes les situations d'une façon vive et claire. Je l'encourageai à l'écrire et il le promit. Mais, comme il ressemblait, dans sa manière de s'exprimer, à un somnambule, qu'il ne faut pas appeler, de peur qu'il ne tombe du faîte où il est monté, ou bien à un courant paisible, auquel on ne doit rien opposer, si l'on ne veut pas qu'il bouillonne : Stilling devait se sentir souvent mal à son aise dans une société nombreuse. Sa foi ne souffrait aucun doute et sa conviction aucune raillerie. Et si, dans les épanchements de l'amitié, il était inépuisable, tout s'arrêtait d'abord chez lui, s'il rencontrait la contradiction. Dans ces occasions, je venais d'ordinaire à son secours, et il m'en récompensa par une affection sincère. Comme sa manière de sentir ne m'était point nouvelle, et que j'avais même appris à la connaître parfaitement dans mes amis et mes amies les plus aimables; qu'en

DEUXIÈME PARTIE.

général, elle me plaisait aussi dans son ingénuité et sa naïveté, il pouvait s'entendre avec moi tout au mieux. La direction de son esprit m'était agréable, et je laissais sans atteinte sa croyance au merveilleux, qui le servait si bien. Salzmann le traitait aussi avec ménagement : je dis avec ménagement, parce que, par son caractère, son âge et sa position, Salzmann devait être du nombre des chrétiens raisonnables ou plutôt intelligents, dont la religion repose sur la droiture naturelle, sur une mâle indépendance, et, par conséquent, ne donne guère dans le sentiment, qui pourrait aisément les conduire à la mélancolie, ni dans l'exaltation, qui les mènerait bien vite aux ténèbres. Cette classe était respectable et nombreuse aussi ; tous ces hommes d'honneur et de mérite s'entendaient ; leurs convictions, leur vie, étaient les mêmes.

Un de nos convives, nommé Lerse, était de ce nombre. Ce jeune homme, d'une honnêteté irréprochable, usait de ses modiques ressources avec une rigoureuse économie ; sa manière de vivre et de s'entretenir était la plus étroite que j'eusse encore observée chez un étudiant. Il était de nous tous le plus proprement vêtu, et pourtant on lui voyait toujours les mêmes habits. Mais il avait le plus grand soin de sa garde-robe ; il maintenait la propreté autour de lui, et il voulait aussi la voir observée en tout, à son exemple, dans la vie ordinaire. Il ne lui arrivait pas de s'appuyer où que ce fût ni de s'accouder sur la table. Jamais il n'oubliait de marquer sa serviette, et malheur à la servante, si les chaises n'étaient pas trouvées parfaitement propres. Avec tout cela, il n'avait rien de roide dans son extérieur. Son langage était cordial, précis, sec et vif, avec une ironie badine et légère, qui lui allait très-bien. Il avait la taille bien prise, élancée, de grandeur moyenne ; sa figure, gravée de petite vérole, était peu remarquable ; ses petits yeux bleus étaient sereins et pénétrants. Outre qu'il avait lieu, à bien des égards, de nous régenter, nous l'avions fait encore notre maître d'armes, car il maniait fort bien l'épée. Il s'amusait alors à mettre en usage toute la pédanterie du métier. Aussi faisions-nous avec lui des progrès réels, et il nous fit passer bien des heures agréables dans un exercice salutaire.

Avec tous ces mérites, Lerse était parfaitement qualifié pour remplir l'office d'arbitre et de juge du camp dans toutes les querelles, grandes et petites, qui survenaient, quoique rarement, dans notre société, et que l'autorité paternelle de Salzmann ne pouvait apaiser. Sans les formes extérieures, qui font tant de mal dans les universités, nous composions une société dont les circonstances et la bonne volonté étaient le lien; qu'un étranger pouvait aborder accidentellement, mais à laquelle il ne pouvait s'imposer. Dans le jugement de nos démêlés intérieurs, Lerse montrait toujours la plus grande impartialité, et, quand l'affaire ne pouvait plus se terminer avec des paroles et des éclaircissements, il savait, par des voies honorables, donner à la satisfaction qui était due une conclusion innocente. Personne, en effet, ne savait mieux s'y prendre que lui : aussi disait-il souvent que, le ciel ne l'ayant pas fait pour être un héros de guerre et d'amour, il voulait se contenter du rôle de second, entendu dans le sens du roman et de l'escrime. Comme il resta toujours égal à lui-même, et qu'il offrait le vrai modèle d'un bon et ferme caractère, son idée se grava dans mon esprit en traits aussi profonds qu'agréables, et, quand j'écrivis *Gœtz de Berlichingen*, je me sentis engagé à consacrer le souvenir de notre amitié, et je donnai le nom de Franz Lerse au brave homme qui sait se subordonner si noblement.

Tandis qu'avec sa brusquerie humoristique, il continuait à nous avertir de ce qu'on doit aux autres et à soi-même, et de la conduite qu'il faut tenir pour vivre, autant que possible, en paix avec les hommes, et se mettre à leur égard dans une certaine posture, j'avais à combattre au dedans et au dehors avec des obstacles et des adversaires tout différents, car j'étais en lutte avec moi-même, avec les choses, même avec les éléments. Ma santé était assez bonne pour suffire à tout ce que je voulais et devais entreprendre. Seulement, il me restait encore une certaine irritabilité, qui ne me laissait pas toujours dans mon équilibre. Le bruit m'était odieux; la vue des infirmités me causait de l'horreur et du dégoût; mais j'étais surtout tourmenté d'un vertige, qui me prenait chaque fois que je regardais d'un lieu élevé. Je cherchai à me guérir de ces faiblesses, et, comme je n'avais pas de temps à perdre, je procédai d'une manière un peu violente. Le soir, quand on battait la retraite, je suivais, avec la foule, les tambours, dont les coups et les roulements faisaient un vacarme à fendre la tête. Je montais tout seul au plus haut sommet de la cathédrale, et je m'asseyais dans ce qu'on nomme le cou, sous la boule ou la couronne; j'y restais bien un quart d'heure, puis je me hasardais à passer sur la plate-forme, qui peut avoir à peine une aune carrée, où, se tenant debout, presque sans appui, on a devant soi la contrée sans bornes, tandis que les objets et les ornements les plus rapprochés cachent l'église et le reste, sur quoi l'on est et l'on plane. C'est absolument comme si l'on se voyait enlevé dans une mongolfière. Je répétai cet acte pénible et douloureux jusqu'à ce que l'impression me fût devenue tout à fait indifférente ; et, plus tard, dans mes courses de montagnes et mes études géologiques; dans les grandes constructions, où je courais comme les charpentiers sur les poutres isolées et sur les corniches du bâtiment ; à Rome, où il faut de ces hardiesses pour voir de plus près des œuvres d'art considérables, j'ai tiré de ces exercices un grand avantage.

L'anatomie me fut aussi doublement utile, en m'apprenant à supporter la vue des objets les plus repoussants et en satisfaisant ma passion de savoir. Je suivis la clinique du vieux docteur Ehrmann, ainsi que les leçons d'accouchement de son fils, dans le double but de connaître les choses et de surmonter toute appréhension des objets repoussants. Je suis en effet arrivé au point que rien de pareil n'a jamais pu me déconcerter. Au reste ce n'est pas seulement contre les impressions sensibles, mais aussi contre les assauts de l'imagination que je cherchai à me fortifier. Les impressions effroyables et mystérieuses des ténèbres, des cimetières, des solitudes, des églises et des chapelles pendant la nuit, et tous les objets de ce genre, je sus également me les rendre indifférents, et j'en vins à ce point que le jour et la nuit, en tous lieux, furent pour moi exactement pareils, tellement que, plus tard, ayant eu la fantaisie de sentir encore une fois dans ces entourages l'agréable frisson de la jeunesse, j'eus beaucoup de peine à l'exciter en moi quelque peu, en évoquant les plus étranges et les plus terribles images.

Si je mettais tous mes soins à me délivrer du joug et du fardeau d'impressions par trop sévères et puissantes, qui me dominaient toujours, et qui m'apparaissaient tantôt comme une force, tantôt comme une faiblesse, ces efforts furent bien secondés par la vie libre, sociale, mobile, qui m'attirait toujours davantage, à laquelle je m'accoutumais, et dont j'appris enfin à jouir avec une pleine liberté. Il n'est pas difficile d'en faire l'observation dans le monde, l'homme ne se sent jamais plus entièrement affranchi de ses défauts que lorsqu'il ouvre les yeux sur les défauts d'autrui, et qu'il se donne le plaisir de les fronder à son aise. Nous éprouvons déjà un sentiment assez agréable à nous mettre au-dessus de nos égaux par le blâme et la médisance ; c'est pourquoi la bonne compagnie, dans ses grandes ou ses petites assemblées, s'y livre elle-même très-volontiers. Mais rien n'égale la satisfaction que nous goûtons à nous ériger en juges des chefs et des supérieurs, des princes et des hommes d'État ; à trouver les institutions publiques vicieuses et mauvaises, à ne voir que les obstacles possibles et réels, sans reconnaître ni la grandeur de l'intention, ni le concours que l'on peut espérer du temps et des circonstances dans toutes les entreprises. Quiconque se rappelle la situation du royaume de France, et en puise dans les écrits plus récents la connaissance exacte et détaillée, se représentera sans peine comment on devait parler alors dans l'Alsace demi-française du roi et de ses ministres, de la cour et des favoris. C'étaient, pour mon désir de m'instruire, des objets nouveaux, et l'impertinence, la vanité juvénile, s'en accommodaient à merveille. J'observais tout exactement ; je le notais assidûment, et je vois, par le peu qui reste, que ces relations, bien qu'elles fussent composées dans le moment de fables et de rumeurs générales, incertaines, ont toujours dans la suite quelque valeur, parce qu'elles servent à relier et à comparer les choses secrètes, enfin divulguées, avec ce qui était dès lors découvert et public ; les jugements justes ou faux des contemporains, avec les convictions de la postérité.

Nous trouvions singulier, nous autres flâneurs, et nous avions journellement sous les yeux, le projet pour l'embellissement de la ville, qui commençait, d'une étrange manière, à s'exécuter d'après les esquisses et les plans. L'intendant Gayot avait entrepris de transformer les rues tortueuses et irrégulières de Strasbourg et de bâtir une belle et imposante ville, tirée au cordeau. L'architecte parisien Blondel traça là-dessus un projet par lequel cent quarante propriétaires gagnaient de la place, quatre-vingts en perdaient et les autres restaient dans leur premier état. Ce plan, approuvé, mais qu'on ne voulut pas mettre à exécution tout à la fois, devait s'achever par degrés avec le temps, et cependant la ville offrait un mélange assez bizarre de régularité et d'irrégularité. S'agissait-il, par exemple, d'aligner dans une rue le côté concave, le premier propriétaire disposé à bâtir s'avançait jusqu'à la ligne fixée ; ainsi faisait peut-être le propriétaire voisin, mais peut-être aussi le troisième seulement ou le quatrième, et ces saillies laissaient les plus disgracieux enfoncements, comme avant-cours des maisons restées en arrière. On ne voulait pas employer la force, mais, sans contrainte, on n'aurait fait aucun progrès ; c'est pourquoi nul ne pouvait faire, du côté de la rue, aucune amélioration ou réparation à sa maison une fois condamnée. Tout ce que le hasard nous offrait de choquant et de bizarre dans nos promenades oisives était une excellente occasion d'exercer notre humeur railleuse ; de faire, à la manière de Behrisch, des projets pour accélérer l'ouvrage, et d'en révoquer toujours en doute la possibilité : et pourtant un bon nombre de belles maisons neuves aurait dû nous inspirer d'autres pensées. A quel point le temps est-il venu en aide à ce projet, c'est ce que j'ignore.

Un autre sujet, dont les protestants de Strasbourg s'entretenaient volontiers, était l'expulsion des jésuites. Aussitôt que la ville fut devenue française, les pères y avaient paru et avaient sollicité un domicile. Mais bientôt ils s'étendirent et fondèrent un superbe collége, si voisin de la cathédrale que le derrière de l'église masque un tiers de la façade. Le bâtiment devait former un carré, avec un jardin intérieur. Trois côtés étaient achevés. Il est de pierre et solide, comme tous les ouvrages de ces pères. Opprimer les protestants, sinon les supprimer, était le plan de la société, qui se faisait un devoir de rétablir l'ancienne religion dans toute son étendue. Leur chute causa, par conséquent, la plus grande joie dans le parti contraire, et l'on ne vit pas sans plaisir les jésuites vendre leurs vins, emporter leurs livres, et l'édifice destiné à un ordre différent, peut-être moins actif. Combien les hommes se réjouissent, quand ils sont délivrés d'un adversaire, d'un gardien seulement! et le troupeau ne songe pas que, si les dogues viennent à manquer, il est exposé aux loups.

Chaque ville doit avoir sa tragédie, qui répand la terreur de génération en génération : c'est ainsi qu'on parlait souvent à Strasbourg du malheureux préteur Klinglin, qui, après être parvenu au comble de la félicité terrestre, avoir gouverné, avec une autorité presque illimitée, la ville et le pays, avoir goûté toutes les jouissances que peuvent donner l'opulence, le rang et l'autorité, perdit enfin la faveur de la cour, dut rendre compte de tout ce qu'on lui avait passé jusqu'alors, et fut même jeté en prison, où il mourut d'une mort suspecte, à l'âge de plus de soixante et dix ans. Cette histoire, et d'autres encore, notre chevalier de Saint-Louis savait les raconter d'une manière vive et animée : c'est pourquoi je l'accompagnais volontiers à la promenade, tandis que les autres esquivaient ses invitations et me laissaient seul avec lui. Quand j'avais fait une nouvelle connaissance, je laissais d'ordinaire passer du temps sans beaucoup étudier la personne ni les effets qu'elle exerçait sur moi : je finis cependant par observer peu à peu que les récits et les jugements du chevalier me donnaient plus d'inquiétude et de perplexité que d'instruction et de lumières. Je ne pouvais comprendre où j'en étais avec lui, et pourtant j'aurais dû deviner l'énigme aisément. Il était de ces gens, si nombreux, à qui la vie ne donne aucun résultat, et qui, par conséquent, se tourmentent sans cesse en détail. Malheureusement, il avait d'ailleurs un goût décidé, une passion même, pour la méditation, sans être fait pour la pensée. Chez de tels hommes, il s'établit aisément une certaine idée, qu'on peut regarder comme une maladie de l'esprit. Lui aussi, il revenait toujours à une idée fixe, et, à la longue, il en devenait très-fatigant. Il se plaignait, en effet, avec amertume de l'affaiblissement de sa mémoire, surtout pour les événements les plus rapprochés, et, après une série de raisonnements à sa manière, il affirmait que toutes les vertus viennent d'une bonne mémoire et tous les vices de l'oubli. Il savait soutenir cette thèse avec beaucoup de subtilité, comme on peut tout soutenir quand on se permet d'employer les termes d'une manière tout à fait vague, dans un sens tour à tour large ou restreint, voisin ou éloigné.

Les premières fois, on l'écoutait avec plaisir, et sa faconde excitait l'étonnement. On croyait se trouver en présence d'un sophiste éloquent, qui, par forme de badinage ou d'exercice, sait donner une apparence aux choses les plus singulières. Par malheur, cette première impression s'émoussait bientôt. Car, à la fin de chaque entretien, notre homme revenait au même thème, en dépit de toutes mes précautions. On ne pouvait l'arrêter aux événements anciens, qui pourtant l'intéressaient lui-même, et dont les plus petites circonstances lui étaient présentes : le plus souvent, au contraire, un menu détail l'arrachait à un récit d'histoire générale, et il allait se heurter à sa fatale pensée favorite. Une de nos promenades de l'après-midi fut surtout malheureuse sous ce rapport. Je vais la rapporter, pour qu'elle tienne lieu de ses pareilles, qui pourraient fatiguer et même attrister le lecteur.

En traversant la ville, nous rencontrâmes une vieille mendiante, qui le troubla dans son récit par ses prières et ses importunités. « Va-t'en, vieille sorcière ! » dit-il, et il passa outre. Elle lui répliqua par le proverbe connu, en le changeant toutefois un peu, car elle voyait bien que le bourru était vieux lui-même. « Si tu ne voulais pas devenir vieux, il fallait te faire pendre dans ta jeunesse. » Il se retourna vivement, et je craignais une scène. « Me faire pendre ! s'écria-t-il, me faire pendre ! Non, cela n'aurait pas été ; j'étais pour cela un trop brave garçon ; mais me pendre, me pendre moi-même, c'est vrai, j'aurais dû le faire ; j'aurais dû faire pour moi la dépense d'un coup de pistolet, pour ne pas voir le temps où je ne la vaudrais plus. » La femme était là comme pétrifiée. Il poursuivit : « Tu as dit une grande vérité, vieille sorcière ; et, puisqu'on ne t'a encore ni noyée ni brûlée, ton petit proverbe recevra sa récompense. » Il lui donna un *busel*, aumône à laquelle les mendiants n'étaient pas accoutumés. Nous venions de passer le premier pont du Rhin ; nous gagnions l'auberge où nous avions le projet d'entrer, et je cherchais à ramener le chevalier à notre premier entretien, quand tout à coup une jeune fille très-jolie vint à notre rencontre, s'arrêta devant nous, fit une agréable révé-

rence et s'écria : « Eh bien, monsieur le capitaine, où allez-vous ? » ajoutant les autres compliments d'usage. « Mademoiselle, reprit-il, d'un air un peu embarrassé, je ne sais pas....
— Comment? dit-elle avec une gracieuse surprise, vous oubliez sitôt vos amis! » Le mot *oublier* le chagrina; il secoua la tête, et répliqua d'un ton assez grondeur : « En vérité, mademoiselle, je ne saurais.... » Elle repartit avec un peu d'humeur, mais d'un ton très-modéré : « Prenez-y garde, monsieur le capitaine : une autre fois je pourrais bien aussi vous méconnaître. » Puis elle s'éloigna d'un pas rapide sans se retourner. Tout à coup mon homme se frappe la tête des deux poings. « Ane que je suis! vieux âne ! s'écria-t-il. Vous le voyez maintenant! Ai-je raison ou non ? » Et il s'abandonnait avec véhémence à ses discours et ses idées ordinaires, dans lesquelles cette rencontre l'avait encore fortifié.

Je ne puis ni ne veux répéter la philippique qu'il prononça contre lui-même. Enfin, se tournant de mon côté, il me dit: « Je vous prends à témoin : vous rappelez-vous cette marchande du coin, qui n'est ni jeune ni jolie? Je la salue chaque fois que nous passons, et je lui adresse toujours quelques mots d'amitié: cependant voilà trente ans passés qu'elle eut des bontés pour moi. Et il n'y a pas quatre semaines, je le jure, que cette jeune fille s'est montrée avec moi plus gracieuse que je ne puis dire, et je ne veux pas la reconnaître ! je réponds à sa politesse par une grossièreté! Je le soutiendrai toujours, l'ingratitude est le plus grand des vices, et nul ne serait ingrat s'il n'était oublieux. »

Nous entrâmes à l'auberge, et la foule bruyante des gens qui buvaient dans les premières salles arrêta seule les invectives qu'il bredouillait contre lui et contre les gens de son âge. Il était tranquille, et j'espérais l'avoir apaisé, quand nous entrâmes dans une chambre haute, où nous trouvâmes un jeune homme, qui se promenait seul en long et en large, et que le capitaine salua par son nom. Je fus charmé de faire sa connaissance, car mon vieux compagnon m'en avait dit beaucoup de bien, et m'avait conté que ce jeune homme, placé dans les bureaux de la guerre, lui avait rendu, d'une manière désintéressée, de très-bons services, quand sa pension ne venait pas. J'étais content de voir la conversation prendre une tournure générale, et, en la poursuivant, nous bûmes une bouteille de vin. Mais, par malheur, un nouveau défaut se produisit, que mon chevalier avait en partage avec les gens obstinés : de même qu'il ne pouvait, en général, se délivrer de son idée fixe, il s'attachait avec ténacité à l'impression désagréable du moment et laissait là-dessus un libre cours à ses sentiments. Le dernier chagrin n'était pas assoupi, quand il survint un nouvel incident, mais bien différent du premier. Le chevalier n'eut pas longtemps regardé ici et là, qu'il remarqua sur la table une double portion de café et deux tasses : avec cela, en subtil galant qu'il était, il avait peut-être aperçu quelque preuve que le jeune homme n'avait pas toujours été seul. Et dès que le soupçon se fut éveillé chez lui, et l'eut porté à juger vraisemblable que la jeune fille ait fait une visite à l'auberge, à son premier chagrin se joignit encore la plus bizarre jalousie, pour le troubler complétement.

Avant donc que je pusse rien soupçonner (car je m'étais jusque-là entretenu paisiblement avec le jeune homme), le capitaine commença à pointiller, d'un ton désagréable, que je connaissais bien, sur les deux tasses, sur ceci et cela. Le jeune homme, interdit, tâcha d'esquiver gaiement et sagement, comme font les gens qui savent vivre ; mais le vieux poursuivit sans ménagement ses attaques blessantes, tellement qu'il ne resta plus au jeune homme qu'à prendre sa canne et son chapeau et à laisser en partant un défi assez peu déguisé. Alors la fureur du capitaine éclata, d'autant plus que, dans l'intervalle, il avait vidé presqu'à lui seul une seconde bouteille. Il frappait du poing sur la table, et s'écria plus d'une fois : « Il faut que je le tue ! » Mais la chose n'était pas si sérieuse, car il usait souvent de ce propos, si quelqu'un lui résistait ou lui déplaisait. L'affaire se gâta encore au retour, d'une manière non moins inattendue, car j'eus l'imprudence de lui représenter son ingratitude à l'égard du jeune homme, et de lui rappeler combien il m'avait vanté les prévenances obligeantes de cet employé. Je n'ai jamais vu d'exemple d'un homme plus furieux contre lui-même. C'était la véhémente péroraison des discours auxquels la jolie jeune fille avait donné lieu. Je pus voir et la pénitence et le regret poussés jusqu'à la caricature, et véritablement ingénieux, car toute passion remplace le génie. Il passa en revue tous les incidents de notre promenade, s'en servit pour invectiver éloquemment contre lui-même, et finit par évoquer de nouveau la sorcière : il était si troublé, que je craignais de le voir se précipiter dans le Rhin. Si j'avais été sûr de pouvoir le repêcher d'abord, comme Mentor son Télémaque, passe encore! je l'aurais ramené rafraîchi à la maison.

Je contai aussitôt l'affaire à Lerse, et nous nous rendîmes le lendemain chez le jeune homme, que mon ami fit bien rire avec sa brusquerie. Nous convînmes de ménager une sorte de rencontre, qui amènerait une réconciliation. Le plus drôle, c'est que, cette fois encore, la mauvaise humeur du capitaine s'était évanouie dans le sommeil, et qu'il se trouva tout disposé à radoucir le jeune homme, qui, de son côté, ne tenait nullement à avoir une affaire. Tout fut arrangé dans une matinée, et, comme l'aventure s'ébruita quelque peu, je ne pus échapper aux plaisanteries de mes amis, qui auraient pu me prédire par leur propre expérience combien me serait incommode, dans l'occasion, l'amitié du capitaine.

En cherchant à me rappeler ce que j'aurais encore à dire, un jeu singulier de la mémoire représente à ma pensée la vénérable cathédrale, à laquelle je donnais alors une attention particulière, et qui d'ailleurs, dans la ville ou dans la campagne, s'offrait constamment aux regards. Plus j'en considérais la façade, plus se fortifiait et se développait ma première impression, que le sublime s'y trouve uni avec le gracieux. Pour que le colossal, quand il se présente à nous comme masse, ne nous effraye pas; pour qu'il ne nous trouble pas, quand nous cherchons à en approfondir les détails, il faut que, par une alliance contre nature, et qui semble impossible, il se marie à l'agréable. Et comme nous ne pouvons exprimer l'effet de la cathédrale qu'en supposant unies ces deux qualités incompatibles, nous voyons dès là quelle haute estime nous devons faire de ce vieux monument, et nous allons nous attacher à exposer de quelle manière des élémens si contraires ont pu se concilier, se pénétrer et s'unir.

Sans nous occuper encore des tours, considérons d'abord uniquement la façade, qui dresse devant nous sa masse imposante, sous la forme d'un carré long. Si nous en approchons pendant le crépuscule, au clair de la lune, par une nuit étoilée, où les parties deviennent plus ou moins indistinctes et finissent par disparaître, nous ne voyons qu'une muraille colossale, dont la hauteur et la largeur offrent une proportion satisfaisante. Si nous la considérons de jour, et si, par un effort de la pensée, nous faisons abstraction des détails, nous y reconnaissons la façade d'un édifice, dont elle clôt les espaces intérieurs et couvre même aussi bien des parties latérales. Les ouvertures de cette immense surface ont rapport aux besoins intérieurs, d'après lesquels nous pouvons aussitôt la diviser en neuf parties. La grande porte du milieu, qui répond à la nef, frappe d'abord les yeux. De part et d'autre s'en trouvent deux, plus petites, qui appartiennent aux nefs latérales. Au-dessus de la porte principale, notre œil rencontre la fenêtre circulaire, destinée à répandre dans l'église et sous ses voûtes une mystérieuse lumière. Sur les côtés, se montrent deux grandes ouvertures verticales, en forme de carrés longs, qui contrastent fortement avec celle du milieu, et annoncent qu'elles appartiennent à la base des tours. Au troisième étage, sont alignées trois ouvertures destinées au beffroi et aux autres besoins du service. Tout le dessus est terminé horizontalement par la balustrade de la galerie, qui tient lieu d'entablement. Ces neuf espaces sont soutenus, encadrés et séparés en trois grandes sections verticales par quatre piliers partant du sol. Et tout comme on ne peut refuser aux dimensions de la masse entière une belle proportion, ces piliers et la forme élancée des sections intermédiaires donnent aux détails quelque chose de léger dans sa symétrie.

Si l'on demeure toujours dans l'abstraction, et que l'on se figure cette immense muraille sans ornements, avec de forts piliers, avec les ouvertures nécessaires, mais réduites à ce que le besoin réclame; si l'on accorde même à ces parties principales de bonnes proportions: l'ensemble paraîtra sans doute noble et sévère, mais toujours d'une fatigante tristesse et sans art dans sa nudité, car une œuvre d'art dont l'ensemble se compose de parties grandes, simples, harmonieuses, fait bien une imposante et noble impression, mais la véritable jouissance qui naît du plaisir, le développement harmonieux de tous les détails peut seul la produire.

Or c'est en cela justement que nous satisfait au plus haut degré l'édifice que nous considérons; car nous voyons chacun de ces ornements parfaitement approprié à la partie qu'il décore; ils lui sont subordonnés, ils semblent en saillir. Une telle variété cause toujours un grand plaisir, en ce qu'elle dérive de la convenance, et, par là, réveille en même temps le sentiment de l'unité, et c'est seulement alors qu'on apprécie l'exécution comme le comble de l'art.

C'est par de tels moyens qu'un mur solide, une maçonnerie impénétrable, qui, de plus, s'était annoncée comme la base de deux tours immenses, devait se présenter à l'œil comme reposant sur elle-même, subsistant en elle-même, mais, avec cela, gracieuse et légère, et, quoique percée de mille façons, donner l'idée d'une inébranlable solidité. Ce problème est résolu de la manière la plus heureuse : les ouvertures du mur, ses parties solides, les piliers, tout a son caractère particulier, qui résulte de sa destination propre; ce caractère se communique par degrés aux sous-divisions; ainsi tout est décoré avec mesure; le grand, comme le petit, se trouve à sa place, peut être saisi facilement, et, de la sorte, l'agréable se montre dans le gigantesque. Je mentionnerai seulement les portes, qui s'enfoncent en perspective dans l'épaisseur du mur, avec les innombrables ornements de leurs piliers et de leurs ogives; la fenêtre et la rose élégante que forme sa rondeur; le profil de ses baguettes, ainsi que les fines colonnettes des sections verticales. Qu'on se représente les piliers reculant par degrés, accompagnés de petites constructions ogivales, élancées, qui s'élèvent aussi vers le ciel avec leurs colonnes légères, et qui sont destinées à protéger, en forme de dais, les statues des saints ; enfin chaque nervure, chaque saillie, apparaissant comme bouton de fleur, comme rangée de feuilles, ou comme un autre objet naturel, transformée en pensée de pierre ; qu'on étudie, sinon l'édifice lui-même, du moins les dessins de l'ensemble et des détails, pour juger et vivifier mes paroles : on les trouvera peut-être exagérées, car moi-même, qui ne sentis, il est vrai, dès le premier coup d'œil, un vif attrait pour cet édifice, il me fallut beaucoup de temps pour me pénétrer de sa beauté.

Élevé parmi les détracteurs de l'architecture gothique, je nourrissais mon antipathie pour ces ornements confus, entassés de mille manières, dont le choix arbitraire rendait extrêmement désagréable un caractère religieux et sombre ; je me fortifiai dans cette répugnance, parce que je n'avais vu dans ce genre que des œuvres sans génie, où l'on ne découvre ni de bonnes proportions ni une harmonie pure. Mais ici je crus assister à une révélation nouvelle ; ce que j'avais dû blâmer autrefois ne se montrait plus : c'était tout le contraire qui frappait mon regard.

En poursuivant mes études et mes réflexions, je crus découvrir dans l'œuvre de plus grands mérites encore. J'avais reconnu l'exacte convenance des parties principales ; l'ornementation, aussi ingénieuse que riche jusque dans les plus petits détails : maintenant je reconnaissais la liaison de ces divers ornements entre eux, le passage d'une partie principale à une autre, l'entrelacement de détails homogènes, il est vrai mais infiniment divers dans leurs formes, depuis le sacré jusqu'au monstrueux, depuis la feuille jusqu'à la pointe. Plus j'observais, plus j'étais saisi d'étonnement ; plus je m'occupais et me fatiguais à mesurer et à dessiner, plus je me sentais attaché, si bien que j'employai beaucoup de temps, soit à étudier ce qui existait, soit à rétablir, par la pensée et sur le papier, ce qui manquait, ce qui était inachevé, principalement dans les tours.

Et comme je trouvais cet édifice bâti sur une ancienne terre allemande, et sa construction si avancée dans une époque tout allemande ; que le nom du maître, gravé sur sa tombe modeste, était aussi allemand de consonnance et d'origine : encouragé par la beauté du monument, je hasardai de changer le nom, jusqu'alors décrié, de l'architecture gothique, et de la revendiquer pour notre nation comme architecture allemande : et, d'abord de vive voix, puis dans un petit mémoire, dédié aux mânes d'Erwin de Steinbach, je ne manquai pas de mettre au jour mes sentiments patriotiques.

Si je poursuis ma biographie jusqu'à l'époque où parut cet écrit, que Herder inséra plus tard dans sa brochure *Sur la manière et l'art allemand*, j'ajouterai quelques réflexions sur cet objet important. Mais, avant de quitter ce sujet, je saisirai l'occasion de justifier auprès de ceux à qui elle pourrait laisser quelques doutes, l'épigraphe que j'ai placée en tête de cette partie. Je sais fort bien qu'on pourrait opposer plus d'une expérience contraire, trouver beaucoup à dire au vieux proverbe allemand, si consolant et si bon : « Ce qu'on désire dans la jeunesse on l'a dans la vieillesse en abondance. » Mais beaucoup de choses parlent aussi en sa faveur, et je vais dire ce que j'en pense. Nos désirs sont les pressentiments des facultés qui sont en nous, les précurseurs de ce que nous sommes capables de faire; ce que nous pouvons et que nous désirons s'offre à notre imagination hors de nous et dans l'avenir; nous aspirons à ce que nous possédons déjà sans le savoir. C'est ainsi qu'une anticipation ardente transforme une possibilité véritable en une réalité imaginaire. Quand une pareille tendance existe en nous bien prononcée, à chaque degré de notre développement, s'accomplit une partie de ce premier désir, par la voie directe dans les circonstances favorables, et, dans celles qui sont contraires, par un détour, qui nous ramène toujours à l'autre chemin. C'est ainsi qu'on voit des hommes arriver par la persévérance aux avantages terrestres; ils s'entourent d'éclat, de richesse et d'honneurs; d'autres poursuivent, d'une marche plus sûre encore, les richesses spirituelles : ils acquièrent une vue claire des choses, la paix de l'âme et la sécurité pour le présent et l'avenir.

Mais il est une troisième tendance combinée des deux autres, et dont le succès est le plus certain. Quand la jeunesse de l'homme tombe sur une époque féconde, où la production surpasse la destruction, et réveille à temps chez lui le pressentiment de ce qu'une époque pareille demande et promet, poussé par des mobiles extérieurs à une active participation, il se prendra à diverses choses tour à tour, et le désir de déployer son action de plusieurs côtés s'animera chez lui. Toutefois, à la faiblesse humaine se joignent encore tant d'obstacles accidentels, qu'une œuvre commencée reste interrompue, une chose entreprise tombe des mains, les vœux, l'un après l'autre, s'éparpillent. Mais, si ces vœux étaient partis d'un cœur pur et conformes aux besoins du temps, on peut sans inquiétude les laisser dormir ou tomber à droite et à gauche, assuré que non-seulement ces choses seront retrouvées et relevées, mais que bien d'autres du même genre, auxquelles on n'a jamais touché, auxquelles on n'a même jamais songé, seront mises en lumière. Que si, dans le cours de notre vie, nous voyons accomplir par d'autres les choses où nous portait autrefois nous-mêmes une vocation à laquelle, comme à bien d'autres, nous avons dû renoncer, alors s'éveille en nous cette belle pensée, que c'est l'humanité tout entière qui est seule l'homme véritable, et que l'individu, pour être heureux et content, doit avoir le courage de se sentir dans l'ensemble.

Cette réflexion est ici à sa place : en effet, quand je songe au goût qui m'attirait vers ces vieux édifices; quand je considère le temps que j'ai donné à la seule cathédrale de Strasbourg, l'attention avec laquelle j'ai étudié plus tard celle de Cologne et celle de Fribourg, en me trouvant toujours plus sensible à la beauté de ces édifices, je me blâmerais volontiers de les avoir ensuite perdus tout à fait de vue, et même, attiré que j'étais par un art plus développé, de les avoir laissés dans l'ombre. Mais, quand je vois maintenant l'attention se reporter sur ces objets; le goût et même la passion de ces choses s'éveiller et fleurir; des jeunes gens du monde en être saisis, consacrer sans ménagements leurs forces, leurs sens, leur fortune, à ces monuments d'un monde passé, je puis me le dire avec satisfaction, ce que je voulais, ce que je désirais autrefois avait son prix. Je vois avec joie que non-seulement on sait estimer ce que nos ancêtres ont exécuté, mais qu'on cherche à représenter, du moins en dessins, d'après ce qui existe inachevé, le plan primitif, pour nous faire connaître la pensée, qui est en définitive le principe et la fin de toute entreprise; qu'on s'efforce d'éclaircir et d'animer avec un zèle intelligent un passé qui semble confus. Je louerai surtout ici l'excellent Sulpice Boisserée, qui s'occupe sans relâche à reproduire dans une suite de gravures magnifiques la cathédrale de Cologne, comme modèle de ces conceptions gigantesques, dont la pensée babylonienne s'élançait vers le ciel, et était tellement hors de proportion avec les moyens terrestres, qu'elles devaient nécessairement être arrêtées dans l'exécution. Si nous avons admiré jusqu'à présent que ces constructions aient été poussées si loin, notre admiration sera bien plus grande encore, quand nous apprendrons quel était le véritable projet.

Puissent ces entreprises, qui intéressent les arts et la littérature, être dignement encouragées par tous ceux qui ont le pouvoir, la fortune et l'influence, afin que la grande et colossale conception de nos ancêtres nous soit manifestée, et que nous puissions nous faire une idée de ce qu'ils osaient vouloir ! La connaissance qui en résultera ne sera pas stérile, et nous serons une fois en état de porter sur ces ouvrages un jugement équitable. Et ce jugement s'appuiera sur une base plus sûre, si notre jeune et laborieux ami, à côté de la monographie consacrée à la cathédrale de Cologne, poursuit jusque dans les détails l'histoire architecturale de notre moyen âge. Quand on aura publié tout ce qu'on peut savoir sur la pratique de cet art; quand on l'aura exposé dans tous ses traits principaux, en le comparant avec l'art gréco-romain et oriental-égyptien, il restera dans ce champ peu de chose à faire. Et moi, quand les résultats de ces travaux patriotiques seront publiés, je pourrai, comme aujourd'hui, dans les épanchements intimes de l'amitié, répéter cette parole avec une satisfaction véritable et dans son meilleur sens : Ce qu'on désire dans la jeunesse, on l'a dans la vieillesse en abondance.

Mais si, dans les œuvres qui appartiennent aux siècles, on peut s'en remettre au temps et attendre l'occasion, il est d'autres choses, au contraire, dont il faut se hâter de jouir dans la jeunesse, comme de fruits mûrs. Avec cette transition rapide, qu'il me soit permis d'en venir à la danse, à laquelle l'oreille fait songer chaque jour et à chaque heure en Alsace, comme l'œil fait songer à la cathédrale. Dès notre enfance, nous avions reçu, ma sœur et moi, des leçons de danse de notre père lui-même, ce qui pouvait sembler assez bizarre chez un homme si grave; mais, sans perdre contenance, il nous enseignait avec une parfaite exactitude les positions et les pas, et, quand il nous eut amenés au point de pouvoir danser un menuet, il nous jouait sur la flûte douce quelque chose de facile à trois temps, et nous dansions en mesure de notre mieux. J'avais vu d'ailleurs, dès mon enfance, au théâtre français, sinon des ballets, du moins des pas seuls, des pas de deux, où j'avais observé d'étranges mouvements des pieds et des sauts de toute espèce. Quand nous étions las du menuet, je priais mon père de nous jouer d'autres danses, telles que les livres de musique les offraient en foule dans leurs gigues et leurs murkis, et je trouvais d'abord les pas et les autres mouvements, car j'avais naturellement et de naissance le sentiment de la mesure. Cela amusait assez mon père, et il prenait quelquefois et nous donnait le divertissement de faire danser les singes de même sorte. Après ma triste aventure avec Marguerite, et pendant tout mon séjour à Leipzig, je n'avais plus pratiqué la danse. Je me souviens même qu'ayant été forcé dans un bal de danser un menuet, je parus avoir oublié la mesure et les mouvements; je ne me souvenais ni des pas ni des figures, en sorte que j'en serais sorti à ma honte, si la plupart des spectateurs n'avaient soutenu que ma gaucherie n'était que de l'entêtement, afin d'ôter aux dames toute envie de me demander malgré moi, et de m'entraîner dans leurs rangs. Pendant mon séjour à Francfort, tout amusement de ce genre m'avait manqué. Mais, à Strasbourg, je retrouvai, avec les autres plaisirs, le goût de la danse. Les dimanches, comme les jours ouvriers, on ne passait devant aucun lieu de plaisir sans y trouver une joyeuse troupe réunie pour danser, et surtout pour valser. On donnait aussi des bals particuliers dans les maisons de campagne, et déjà l'on parlait des brillantes redoutes de l'hiver. Je m'y serais trouvé déplacé et inutile à la compagnie : un ami, qui valsait fort bien, me conseilla de m'exercer dans des sociétés moins choisies, afin de pouvoir figurer ensuite dans la meilleure. Il me conduisit chez un maître de danse qui était connu pour habile. Le maître me promit que, si je voulais seulement répéter un peu les principes et me les rendre familiers, il me mènerait ensuite plus loin. C'était une de ces natures françaises qui ont la précision et l'adresse. Il me fit un gracieux accueil. Je lui payai le mois d'avance; il me donna douze cachets, et nous réglâmes nos heures. Il était sévère, exact, mais sans pédanterie ; et, comme j'avais déjà quelque pratique, je parvins bientôt à le contenter, et j'obtins son approbation.

Une circonstance particulière facilitait beaucoup l'enseignement du maître : il avait deux filles, jolies l'une et l'autre, et qui n'avaient pas vingt ans : formées à la danse dès leur bas âge, elles s'y montraient fort habiles, et, avec de si gentilles partenaires, l'écolier le plus maladroit n'aurait pas manqué de faire quelque progrès. Elles étaient toutes deux fort gentilles; elles ne parlaient que le français. Je m'observai de mon côté, pour ne pas leur sembler gauche et ridicule. J'eus le bonheur de recevoir leurs éloges; elles étaient toujours disposées à danser un menuet, au son de la pochette du papa; et même, ce qui devait les fatiguer davantage, à m'enseigner peu à peu à valser. Au reste, le père ne paraissait pas avoir beaucoup d'élèves, et elles menaient une vie solitaire. Aussi me priaient-elles quelquefois de rester auprès d'elles après la leçon, et de passer quelques moments à causer. Je le faisais d'autant plus volontiers que la cadette me plaisait beaucoup, et que leur tenue était d'une décence parfaite. Je leur lisais quelques pages de roman; elles lisaient à leur tour. L'aînée, qui était aussi jolie, plus jolie peut-être encore que la cadette, mais qui me plaisait moins, était beaucoup plus obligeante avec moi et, en tout, plus complaisante. Elle était toujours prête pour la leçon, et la prolongeait quelquefois, en sorte que je croyais devoir offrir au père deux cachets, mais il ne les acceptait pas. La cadette, au contraire, sans manquer de politesse avec moi, était plutôt réservée, et se laissait appeler par son père pour relever son aînée.

J'en sus la cause un soir. Au moment où je voulais, après la leçon, passer dans le salon avec l'aînée, elle me retint et me dit : « Restons encore un peu ici, car je vous avouerai que ma sœur est avec une tireuse de cartes, qui doit lui découvrir les sentiments d'un ami absent, unique objet de ses espérances, et qui possède tout son cœur. Le mien est libre, ajouta-t-elle, et il faudra que je m'accoutume à le voir dédaigné. » Je lui tins là-dessus quelques propos aimables, ajoutant que, pour savoir ce qui en était, elle devait d'abord consulter la devineresse; que j'en ferais autant, ayant depuis longtemps désiré d'être éclairci sur ces choses, mais que jusqu'alors la foi m'avait manqué. Elle m'en fit des reproches, et m'assura que rien au monde n'était plus sûr que les réponses de cet oracle; qu'il fallait seulement ne pas le consulter étourdiment et pour rire, mais ne l'interroger que sur des intérêts véritables. Je finis par la décider à entrer avec moi dans l'autre chambre, aussitôt qu'elle se fut assurée que l'opération était finie. Nous trouvâmes la sœur très-joyeuse; elle fut même avec moi plus empressée que de coutume, montra de la gaieté et de l'esprit; elle paraissait tranquillisée sur son ami absent, et croyait pouvoir sans inconvénient montrer quelque prévenance à l'ami présent de sa sœur (je l'étais dans sa pensée).

On fit des caresses à la vieille, on lui promit un bon salaire, si elle voulait dire aussi la vérité à la sœur aînée et à moi. Avec les préparatifs et les cérémonies ordinaires, elle déploya son bagage, et commença par prophétiser pour la jeune fille. Elle regarda attentivement la position des cartes, mais elle parut embarrassée et refusait de parler. « Je le vois bien, dit la cadette, déjà initiée à l'explication du tableau magique, vous hésitez et ne voulez annoncer à ma sœur rien de fâcheux. Mais c'est une carte maudite! » L'aînée pâlit, cependant elle se posséda, et dit : « Parlez donc! Il ne m'en coûtera pas la vie. » La vieille, avec un profond soupir, lui annonça qu'elle aimait, qu'elle n'était pas aimée, qu'une autre personne s'interposait, et que sais-je encore? La bonne jeune fille parut troublée. La vieille crut raccommoder un peu l'affaire en faisant espérer des lettres et de l'argent. « Des lettres, dit la belle enfant, je n'en attends point, et, de l'argent, je n'en veux point. S'il est vrai que j'aime, comme vous dites, je mérite un cœur qui m'aime à son tour. — Voyons si cela n'ira pas mieux! » dit la vieille, en mêlant les cartes et les étalant pour la seconde fois. Mais nous pûmes tous voir que c'était encore pire. La belle était seule, et, de plus, entourée de mille chagrins; l'ami était un peu plus loin et les figures interposées plus proches. La vieille voulait recommencer, dans l'espérance d'un meilleur succès, mais la jeune fille n'y tint plus : ses pleurs éclatèrent; son beau sein palpitait violemment; elle tourna le dos et s'enfuit de la chambre. Je ne savais que faire; l'amour me retenait auprès de l'une, la pitié m'appelait vers l'autre : ma situation était assez pénible. « Consolez Lucinde, me dit la cadette; suivez-la. » Je balançais : comment la consoler, sans l'assurer du moins de quelque tendresse? Et pouvais-je le faire avec froideur et mesure dans un pareil moment? « Allons ensemble, dis-je à Émilie. — Je ne sais, répliqua-t-elle, si ma présence lui fera du bien. » Nous allâmes pourtant, mais nous trouvâmes la porte fermée au verrou. Nous eûmes beau heurter, appeler, supplier, Lucinde ne répondait pas. « Laissons-la en repos, dit Émilie, c'est ce qu'elle veut maintenant. » Et en me rappelant ses manières, dès le premier jour de notre connaissance, je me souvins qu'elle avait quelque chose de violent et d'inégal, et son amour pour moi paraissait surtout en ce qu'elle m'épargnait sa mauvaise humeur. Que pouvais-je résoudre? Je payai généreusement la vieille pour le mal qu'elle avait fait, et je voulais sortir, quand Émilie me dit : « Je demande que l'on tire aussi les cartes pour vous. » La vieille était prête. « Souffrez que je n'en sois pas! » m'écriai-je, et je dégringolai l'escalier.

Le lendemain, je n'eus pas le courage de retourner. Le troisième jour, Émilie m'envoya un petit garçon, qui m'avait déjà fait plus d'un message de la part des sœurs, et qui leur avait porté de la mienne des fleurs et des fruits. Elle me faisait dire en toute hâte de ne pas manquer ma leçon ce jour-là. J'arrivai à l'heure ordinaire, et je trouvai le père seul. Il corrigea bien des choses encore à mon pas et ma démarche, à mes entrées et mes sorties, à ma tenue et mes gestes, et il sembla du reste satisfait de moi. La sœur cadette parut à la fin de la leçon, et dansa avec moi un très-gracieux menuet, où elle eut des mouvements d'un charme extraordinaire; et le père assura qu'il avait vu rarement sur son plancher un couple plus joli et plus leste. Après la leçon, nous passâmes au salon comme à l'ordinaire. Le père nous laissa seuls; mais Lucinde ne paraissait pas. « Elle est au lit, dit Émilie, et j'en suis bien aise. Soyez sans inquiétude. Sa souffrance morale s'apaise plus vite, quand elle se croit malade de corps. Comme elle n'a pas envie de mourir, elle fait alors ce que nous voulons. Nous avons certains remèdes usuels; elle les prend et puis elle repose, et ainsi se calment insensiblement les flots tumultueux. Elle est trop bonne et trop aimable dans ces maladies imaginaires, et comme, au fond, elle se porte très-bien et ne souffre d'autres atteintes que celles de sa passion, elle imagine toute espèce de morts romanesques, dont elle s'effraye d'une manière amusante, comme les enfants auxquels on parle de revenants. C'est ainsi qu'elle m'a déclaré hier au soir avec une grande véhémence, que, cette fois, elle mourra certainement; et qu'il fallait ramener près d'elle, mais seulement lorsqu'elle toucherait à sa dernière heure, l'ingrat, le perfide ami, qui s'était d'abord si bien montré pour elle, et qui maintenant la traitait si mal; elle lui ferait des reproches amers et rendrait l'âme aussitôt. — « Je ne suis point coupable, m'écriai-je, de lui avoir montré de l'amour. Je connais quelqu'un qui peut mieux que personne me rendre ce témoignage. » Émilie sourit et répliqua : « Je vous comprends, et, si nous ne sommes pas sages et résolus, nous allons nous trouver tous dans une fâcheuse situation. Que direz-vous, si je vous prie de ne pas continuer vos leçons? Il vous reste du dernier mois quatre cachets tout au plus, et mon père a déjà déclaré qu'il se trouverait impardonnable de recevoir encore votre argent, à moins que votre dessein ne fût de vous consacrer plus sérieusement à l'art de la danse; mais que vous en savez ce qu'un jeune homme a besoin de savoir dans le monde. — Et ce conseil de fuir votre maison, me le donnez-vous, Émilie? — Je vous le donne, mais non pas de moi-même. Écoutez-moi. Avant-hier, après votre fuite, je fis tirer les cartes pour vous, et le même oracle s'est répété trois fois et toujours plus décisif. Vous étiez entouré de biens et de plaisirs en foule, d'amis et de grands seigneurs; l'argent n'y manquait pas non plus. Les dames se tenaient à quelque distance; ma pauvre sœur surtout était toujours la plus éloignée. Une autre s'approchait toujours plus de vous, mais n'arrivait jamais à votre côté, car un tiers se plaçait entre vous deux. Je vous dirai sans détour que, dans ma pensée, la seconde dame, c'était moi. Après cet aveu, vous comprendrez mieux mon avis amical. J'ai promis à un ami absent mon cœur et ma main, et jusqu'à présent je l'ai aimé par-dessus tout; mais il serait possible que votre présence me devînt plus dangereuse à l'avenir. Et quelle serait votre situation entre deux sœurs, que vous auriez rendues malheureuses, l'une par votre amour, l'autre par votre froideur, et tout ce tourment pour rien et pour peu de temps! Car, si nous n'avions pas su qui vous êtes et ce qu'il vous est permis d'espérer, les cartes l'auraient mis sous mes yeux avec la dernière évidence. Adieu! » me dit-elle, en me tendant la main. J'hésitais. « Eh bien, dit-elle encore, en me conduisant vers la porte, afin que ce soit réellement la dernière fois que nous nous parlons, prenez ce que, sans cela, je vous refuserais. » Elle me sauta au cou et me donna le baiser le plus tendre. Je l'embrassai et je la pressai sur mon cœur.

A cet instant, la porte latérale s'ouvrit brusquement, et la sœur, en déshabillé léger mais décent, accourut et s'écria : « Tu ne seras pas seule à prendre congé de lui ! » Émilie me lâcha et Lucinde me saisit ; elle me serra vivement sur son cœur, pressa sur mes joues ses boucles noires et resta quelque temps dans cette position. Je me trouvais donc à la gêne entre les deux sœurs, comme Émilie me l'avait prédit un moment auparavant. Lucinde me lâcha à son tour, et me regarda fixement d'un air grave. Je voulus lui prendre la main et lui dire quelques paroles amicales : mais elle s'écarta, fit quelques tours de chambre à grands pas, et se jeta dans l'angle du sofa. Émilie s'approcha d'elle, mais elle fut repoussée aussitôt. Alors commença une scène dont le souvenir m'est encore pénible, et qui, sans avoir dans la réalité rien de théâtral, toute naturelle, au contraire, chez une jeune et vive Française, ne pourrait être dignement reproduite sur la scène que par une bonne et pathétique comédienne. Lucinde accabla sa sœur de reproches. « Ce n'est pas, s'écria-t-elle, le premier cœur qui s'incline vers moi et que tu me dérobes. Il en a été de même de l'absent, qui a fini par se fiancer avec toi sous mes yeux. J'ai dû le voir, je l'ai supporté ; mais je sais toutes les larmes qu'il m'en a coûté. Tu m'as encore enlevé celui-ci sans renoncer à l'autre. Et combien ne sais-tu pas en captiver à la fois! Je suis franche et bonne, et chacun croit bientôt me connaître et pouvoir me négliger : tu es dissimulée et secrète, et les gens croient merveille de ce que tu caches. Mais il n'y a rien là-dessous qu'un cœur égoïste et froid, qui sait sacrifier tout à lui-même ; cependant personne ne le connaît aisément, parce qu'il est caché au fond de ta poitrine, aussi peu que l'on connaît mon cœur ardent et fidèle, que je porte à découvert comme mon visage. »

Émilie se taisait et s'était assise à côté de sa sœur, qui s'échauffait toujours plus en parlant, et s'expliqua sur certaines particularités, qu'il m'était inutile de savoir. Émilie, qui tâchait d'apaiser sa sœur, me fit signe par derrière de m'éloigner : vaine précaution ! le soupçon et la jalousie ont cent yeux : Lucinde aperçut le geste. Elle se leva en sursaut et vint à moi sans emportement. Elle se plaça devant moi, et sembla réfléchir, puis elle me dit : « Je sais que vous êtes perdu pour moi ; je ne prétends plus à vous. Mais tu ne l'auras pas non plus, ma sœur. » A ces mots, elle me prit, à la lettre, par la tête, en me saisissant aux cheveux avec ses deux mains ; elle pressa mon visage contre le sien et me baisa plusieurs fois sur la bouche. « A présent, poursuivit-elle, crains ma malédiction ! Malheur sur malheur, pour toujours et toujours, à celle qui, la première, baisera ces lèvres après moi. Ose à présent renouer avec lui ! Je sais que, cette fois, le ciel m'exaucera. Et vous, monsieur, retirez-vous, retirez-vous, le plus vite que vous pourrez. » Je descendis l'escalier à la hâte, avec la résolution bien arrêtée de ne remettre jamais le pied dans cette maison.

LIVRE X.

Depuis que les poëtes allemands n'étaient plus unis comme un seul homme, en qualité de membres d'une confrérie, ils ne jouissaient pas du moindre avantage dans la société civile. Ils n'avaient ni valeur propre, ni rang, ni dignité, qu'autant qu'ils étaient d'ailleurs dans une position favorable, et le hasard seul décidait si le talent serait né pour l'honneur ou pour la honte. Un pauvre fils de la terre, qui avait conscience de son esprit et de ses talents, devait mener une vie misérable, et, pressé par les besoins du moment, gaspiller le don qu'il avait reçu des Muses. Le poëme de circonstance, le premier et le plus vrai des genres de poésie, était méprisé, au point que la nation ne sait pas encore en comprendre le mérite suprême, et un poëte qui ne suivait pas la voie de Gunther apparaissait dans le monde comme subordonné de la plus triste manière, comme un bouffon et un parasite, si bien qu'au théâtre, comme sur la scène du monde, il faisait un personnage dont on pouvait se jouer à son gré. Si, au contraire, la Muse favorisait de ses dons des hommes considérables, ils en recevaient un éclat qui rejaillissait sur la dispensatrice. Des gentilshommes qui savaient le monde, comme Hagedorn; de riches bourgeois, comme Brockes; des savants remarquables, comme Haller, figuraient parmi les premiers de la nation; ils étaient les égaux des plus nobles et des plus respectés. On estimait aussi particulièrement les hommes qui, à côté de ce talent agréable, se distinguaient dans les affaires par leur application et leur fidélité. C'est à cela que Uz, Rabener, Weisse, durent une considération toute particulière, parce qu'on pouvait estimer chez eux l'union des qualités les plus hétérogènes et qui sont rarement unies. Mais le temps devait venir où le génie du poëte saurait lui-même se reconnaître, lui-même se créer ses relations particulières et s'assurer une dignité indépendante. Tout se rencontrait chez Klopstock pour fonder un pareil ordre de choses.

Pour les sens et le cœur, sa jeunesse a été pure. Son éducation sérieuse et solide le conduit à prendre en grande considération, dès son enfance, et sa personne et toutes ses actions, et, en même temps qu'il mesure d'avance attentivement la marche de sa vie, il se tourne, dans le pressentiment de sa force, vers le sujet le plus sublime qui se puisse imaginer. Le Messie, ce nom qui signale des vertus infinies, il devait le glorifier une seconde fois; le Sauveur serait le héros qu'il méditait d'accompagner, à travers la bassesse et les souffrances terrestres, jusqu'aux triomphes célestes les plus sublimes. Tout ce qu'il y avait de divin, d'angélique et d'humain dans la jeune âme fut ici mis en œuvre. Élevé avec la Bible et nourri de sa sève, il vit avec les patriarches, les prophètes et les précurseurs, comme s'ils étaient présents. Et pourtant ils ne sont tous appelés, depuis des siècles, que pour former un cercle lumineux autour de l'être unique, dont ils contemplent avec étonnement l'humiliation, et à la transfiguration duquel ils prendront une part glorieuse. Car enfin, après de sombres et d'effroyables heures, le juge suprême dévoilera sa face et reconnaîtra son fils coéternel, qui lui ramènera, de son côté, les hommes égarés et même un esprit déchu. Les cieux vivants entonnent, avec mille voix d'anges, autour du trône un chant d'allégresse, et une amoureuse splendeur inonde l'univers, dont les regards étaient concentrés naguère sur une place horrible de sacrifice. La paix céleste, que Klopstock a sentie dans la conception et l'exécution de ce poëme, se communique aujourd'hui encore à tous ceux qui lisent les dix premiers chants, en faisant taire chez eux les exigences auxquelles une culture progressive ne renonce pas volontiers.

La dignité du sujet exalta chez le poëte le sentiment de sa propre personnalité. Qu'il dût lui-même un jour entrer dans les chœurs célestes; que l'Homme-Dieu dût le distinguer et lui adresser face à face, pour ses efforts, les remerciments que tous les cœurs pieux et sensibles lui avaient déjà exprimés dans ce monde assez tendrement par des larmes pures : c'étaient là des pensées et des espérances naïves, enfantines, qu'une belle âme peut seule concevoir et entretenir. C'est ainsi que Klopstock acquit le plein droit de se regarder comme une personne sainte, et qu'il s'attacha dans sa conduite à la pureté la plus attentive. Dans son âge avancé, il éprouvait encore une inquiétude extraordinaire de ce qu'il avait voué son premier amour à une dame qui, devenue la femme d'un autre, l'avait laissé incertain qu'elle l'eût réellement aimé et eût été digne de lui. Les sentiments qui l'unirent avec Méta, cet amour paisible et profond, cette union sainte et passagère, l'éloignement de l'époux survivant pour un second mariage, tout cela est d'une telle nature qu'on peut se le rappeler encore dans la société des bienheureux.

Ce respect de lui-même fut encore augmenté par l'hospitalité qu'il reçut chez les Danois, ses amis, dans la maison d'un grand homme d'État, qui était en même temps un noble caractère. Là, dans une haute société, fermée, il est vrai, mais qui avait aussi de la politesse et des attentions pour le monde, la tendance du poëte se prononça plus encore. Une conduite réservée, une parole mesurée, brève, même quand il s'exprimait d'une manière ouverte et décidée, lui donnèrent un peu, toute sa vie, un air de ministre et de diplomate, qui semblait en contradiction avec sa tendresse naturelle, et qui découlait pourtant de la même source. Tout cela, ses premiers ouvrages en offrent une image et une idée pures, et ils durent exercer une incroyable influence. Mais, que Klopstock ait soutenu personnellement ses émules dans leurs travaux et leur carrière, on ne l'a guère présenté comme une de ses qualités prononcées.

Ces encouragements donnés aux jeunes gens dans leurs travaux littéraires, ce plaisir d'avancer des hommes d'une belle espérance et maltraités de la fortune, et de leur faciliter la voie, ont illustré un Allemand, qu'il faut nommer le second pour la dignité à laquelle il s'éleva, mais le premier au point de vue de l'influence personnelle. Chacun devine que je veux parler de Gleim. En possession d'un emploi obscur mais lucratif, habitant une ville bien située, pas trop grande, animée par une activité militaire, civile et littéraire, d'où se répandaient les revenus d'une grande et riche institution, non sans qu'une partie demeurât pour la prospérité de la ville, Gleim sentait en lui une vive et féconde impulsion, qui, tout énergique qu'elle était, ne suffisait pas à le satisfaire : c'est pourquoi il s'abandonna à une autre impulsion plus puissante peut-être, celle d'encourager les autres à produire. Ces deux activités s'entrelacèrent constamment pendant sa longue carrière. Il se serait tout autant passé de respirer que de faire des vers et des largesses, et, en tirant de la gêne, dans les embarras du jeune âge ou de l'âge avancé, tout mérite indigent, en soutenant ainsi l'honneur de la littérature, il se fit tant d'amis, de débiteurs et de clients, qu'on lui passait volontiers sa poésie diffuse, parce qu'on ne pouvait autrement reconnaître ses larges bienfaits qu'en supportant ses vers.

La haute idée que ces deux hommes osèrent se faire de leur mérite, et qui en porta d'autres à se compter aussi pour quelque chose, produisit en public et en particulier de très-grands et très-heureux effets. Mais ce sentiment, si honorable qu'il soit, amena pour eux-mêmes, pour leur entourage et leur époque, une conséquence fâcheuse. Si l'on peut, sans balancer, déclarer grands ces deux hommes, sous le rapport de leur action intellectuelle, ils restèrent néanmoins petits eu égard au monde, et, comparées à une vie plus animée, leurs relations extérieures étaient nulles. Le jour est long, la nuit est longue aussi ; on ne peut versifier, agir, donner toujours ; leur temps ne pouvait être rempli comme celui des gens du monde, des grands et des riches : ils donnèrent donc à leur existence singulièrement étroite une trop haute valeur, à leur vie journalière une importance qu'ils ne pouvaient s'avouer qu'entre eux ; ils se complaisaient trop dans leurs plaisanteries, qui pouvaient amuser un moment, mais qui ne méritaient nullement de fixer plus tard l'attention ; ils recevaient de chacun les louanges et l'honneur qu'ils méritaient ; ils les rendaient avec mesure, mais toujours trop largement ; et, parce qu'ils sentaient que leur affection était d'un grand prix, ils se plaisaient à en répéter l'expression, sans y épargner ni l'encre ni le papier. Ainsi naquirent ces correspondances dont le vide étonne la génération nouvelle, excusable de concevoir à peine comment des hommes éminents pouvaient se plaire à un tel échange de pauvretés, de regretter hautement qu'on ait imprimé de telles choses. Mais laissons ces quelques volumes dormir, avec tant d'autres, sur les rayons des bibliothèques : ils nous auront appris du moins que l'homme le plus excellent ne vit que du jour, et qu'il est réduit à un pauvre régime, quand il se replie trop sur lui-même et néglige de puiser dans le riche trésor du monde extérieur, qui peut seul nourrir sa croissance, et en même temps lui en faire connaître la mesure.

Ces hommes avaient atteint leur plus beau développement quand nous commencions, nous autres jeunes gens, à nous mouvoir dans notre sphère, et j'étais assez disposé, avec de jeunes amis, même avec des personnes plus âgées, à tomber dans ces cajoleries, cette indulgence et ces admirations mutuelles. Ce que je produisais dans mon entourage pouvait toujours être jugé bon ; les dames, les amis, les protecteurs, ne trouveront pas mauvais des vers composés pour leur plaire. Les prévenances n'aboutissent qu'à un vain échange de compliments, et, dans ce verbiage, un caractère se perd aisément, si la trempe ne lui donne de temps en temps un mérite plus relevé. J'eus donc lieu de me féliciter de ce que, par une liaison inattendue, tout ce qui pouvait agir ou sommeiller en moi de suffisance, d'amour-propre, de vanité, d'orgueil, fut soumis à une très-rude épreuve, unique en son genre, sans proportion avec le temps, et qui n'en fut que plus sensible et plus pénétrante. En effet, l'événement le plus considérable, qui devait avoir pour moi les suites les plus importantes, fut la connaissance que je fis de Herder et l'intimité qui en résulta. Il avait accompagné dans ses voyages le prince de Holstein-Eutin, qui se trouvait dans une fâcheuse dispositon morale, et il était arrivé avec lui à Strasbourg. Aussitôt que notre société en fut informée, elle désira vivement entrer avec lui en relations, et j'eus ce bonheur le premier, d'une manière tout accidentelle et inattendue. J'étais allé, en effet, à l'auberge du Saint-Esprit rendre visite à je ne sais quel étranger marquant. Au bas de l'escalier, je trouvai un homme qui était aussi sur le point de monter, et que je pouvais prendre pour un ecclésiastique. Ses cheveux poudrés étaient relevés en rouleau ; on remarquait son habit noir et plus encore un long manteau de soie noire, dont il avait rassemblé et logé dans sa poche les extrémités. Cette mise un peu étrange, mais, à tout prendre, agréable et bienséante, dont j'avais déjà entendu parler, ne me laissa pas douter que ce ne fût là le célèbre étranger, et les paroles que je lui adressai durent le convaincre aussitôt que je le connaissais. Il me demanda mon nom, qui ne pouvait être pour lui d'aucune signification, mais ma franchise parut lui plaire, car il y répondit très-gracieusement, et, dès que nous fûmes au haut de l'escalier, il se montra d'humeur très-communicative. J'ai oublié à qui nous allions faire visite ; bref, en prenant congé de Herder, je lui demandai la permission d'aller le voir, et il me l'accorda avec assez d'empressement.

Je ne tardai point à profiter plusieurs fois de cette faveur, et il m'attira toujours davantage. Il avait dans ses manières une certaine douceur, pleine de bienséance et de distinction, sans être proprement adroit ; il avait le visage rond, le front prononcé, le nez un peu retroussé, la bouche un peu saillante, mais d'un agrément tout particulier, et d'une expression très-aimable. Sous des sourcils noirs, deux yeux noirs comme le charbon, qui ne manquaient pas leur effet, quoique l'un d'eux fût d'ordinaire rouge et enflammé. Il me fit diverses questions, pour apprendre à connaître ma personne et ma position, et je me sentais pour lui toujours plus d'attrait. J'étais, en général, d'un naturel très-confiant, et, pour lui surtout, je n'eus jamais aucun secret. Cependant la force répulsive de sa nature ne tarda pas à se faire sentir et me causa un malaise assez grand. Je lui contai quelques-unes de mes occupations et de mes fantaisies d'enfance, entre autres la collection de cachets que j'avais faite, principalement avec le secours de notre ami qui recevait tant de lettres. Je les avais classés d'après l'almanach d'État, et, à cette occasion, j'avais appris à connaître tous les potentats, les grandes et les petites puissances, et jusqu'à la noblesse; et ces signes héraldiques m'étaient revenus très-souvent et très à propos à la mémoire, surtout dans la solennité du couronnement. Je parlais de ces choses avec une certaine satisfaction; mais il ne fut pas de mon avis; il condamna tout cet amusement : il sut même me le rendre ridicule et m'en inspirer, ou peu s'en faut, le dégoût.

Son esprit contredisant devait me mettre encore à bien d'autres épreuves; car, soit pour se séparer du prince, soit à cause d'un mal d'yeux, il résolut de séjourner à Strasbourg. Ce mal est des plus gênants et des plus désagréables, et, ce qu'il y a de plus fâcheux, c'est qu'il ne peut être guéri que par une opération douloureuse, extrêmement pénible et peu sûre. Il faut fermer par en bas le sac lacrymal, de sorte que l'humeur qu'il contient ne peut s'écouler par le nez, d'autant que l'ouverture par laquelle devrait se faire naturellement cette sécrétion, manque aussi dans l'os voisin. Le fond du sac doit donc être ouvert et l'os percé, et ensuite un crin de cheval passé par le point lacrymal, puis par le sac ouvert, et par le nouveau canal mis avec lui en communication; et, chaque jour, ce crin doit être promené deçà et delà pour rétablir la communication entre les deux parties; et tout cela ne peut s'effectuer qu'après qu'on a fait d'abord dans cette région une incision extérieure.

Herder avait quitté son prince; il s'était logé à part; sa résolution était prise de se faire opérer par Lobstein. Ce fut alors que je me trouvai bien des exercices par lesquels j'avais amorti ma sensibilité : je pus assister à l'opération, et rendre divers services à cet homme excellent. J'eus tout lieu d'admirer sa fermeté et sa patience : ni les fréquentes opérations chirurgicales, ni les pansements douloureux, souvent répétés, ne lui arrachèrent la moindre plainte, et il semblait être celui de nous qui souffrait le moins. Mais, dans l'intervalle, nous avions à supporter souvent les variations de son humeur. Je dis nous, car, après moi, un homme d'une humeur agréable, un Russe, nommé Péglow, était le plus souvent auprès de lui. Il avait fait antérieurement la connaissance de Herder à Riga, et, quoiqu'il ne fût plus un jeune homme, il cherchait à se perfectionner dans la chirurgie sous la direction de Lobstein. Herder pouvait être délicieusement aimable et spirituel, mais, tout aussi aisément, se montrer sous un jour désagréable. Cet attrait et cette répulsion se retrouvent, il est vrai, naturellement dans tous les hommes, plus chez les uns, moins chez les autres, avec des alternatives plus lentes ou plus rapides; bien peu sont capables de surmonter sur ce point leur caractère; un grand nombre ne le peut qu'en apparence. Quant à Herder, si son humeur contredisante, amère, caustique, prenait le dessus, il fallait certainement l'attribuer à son mal et aux souffrances qui l'accompagnaient. Ce cas se présente souvent dans la vie, et l'on ne considère pas assez l'effet moral d'un état maladif: on juge dès là bien des caractères très-injustement, parce qu'on suppose tous les hommes bien portants, et qu'on exige d'eux qu'ils se conduisent en conséquence.

Pendant toute la durée de ce traitement, je visitai Herder soir et matin: je restais même des jours entiers auprès de lui, et je m'accoutumai bientôt à ses gronderies et à ses critiques, d'autant que j'apprenais à estimer chaque jour davantage ses belles et grandes qualités, ses vastes connaissances, ses vues profondes. L'influence de ce bourru débonnaire fut grande et marquée. Il avait cinq ans de plus que moi, ce qui fait, dans la jeunesse, une assez grande différence; et, comme je le reconnaissais pour ce qu'il était, comme je tâchais d'apprécier ce qu'il avait déjà produit, cela devait lui donner sur moi une grande supériorité. Mais ma situation n'était pas agréable; car les personnes plus âgées que j'avais fréquentées jusqu'alors avaient cherché à me former avec ménagement, peut-être aussi m'avaient-elles gâté par leur condescendance; quant à lui, on ne pouvait jamais espérer son approbation, de quelque manière que l'on voulût s'y prendre. Et comme, d'un côté, ma grande inclination, mon respect pour lui, et, de l'autre, le malaise qu'il me causait, se combattaient sans cesse, il en résulta chez moi une discordance, la première de ce genre que j'eusse jamais ressentie. Sa conversation étant toujours d'une grande portée, soit qu'il questionnât, soit qu'il répondît, ou se communiquât de quelque autre manière, il devait ouvrir devant moi, chaque jour, et même à toute heure, des perspectives nouvelles. A Leipzig, je m'étais accoutumé à des vues étroites et circonscrites; et mes connaissances générales sur la littérature allemande n'avaient pu s'étendre à Francfort, dans l'état où je m'y étais trouvé; ma chimie mystique et religieuse m'avait même entraîné dans des régions ténébreuses, et ce qui s'était passé depuis quelques années dans le monde littéraire m'était resté en grande partie étranger. Et tout à coup, grâce à Herder, j'apprenais à connaître toutes les tendances nouvelles et toutes les directions qu'elles paraissaient prendre. Il s'était déjà fait une assez belle réputation; par ses *Fragments*, ses *Forêts critiques*, et par d'autres écrits, il s'était placé à côté des hommes les plus éminents qui avaient déjà fixé sur eux les regards de l'Allemagne. Le mouvement qui dut se faire dans un pareil esprit, la fermentation qui dut s'opérer dans une pareille nature, on ne peut ni les saisir ni les exposer; mais, certes, il fut grand, ce travail couvert, comme on l'avouera sans peine, si l'on songe à toute l'action que Herder a exercée, à tout ce qu'il a produit dès lors, pendant un grand nombre d'années.

Nous n'avions pas vécu longtemps ensemble de la sorte, quand il me confia son projet de disputer le prix proposé à Berlin pour le meilleur mémoire sur l'origine des langues. Son travail était presque achevé, et, comme il avait une très-belle écriture, il put bientôt me communiquer par cahiers un manuscrit lisible. Je n'avais jamais médité sur ces matières; j'étais encore trop arrêté au milieu des choses, pour songer au commencement et à la fin. La question me semblait d'ailleurs un peu oiseuse. Car, si Dieu avait créé l'homme ce qu'il est, le langage était aussi inné chez lui que la marche droite. Tout comme il devait observer d'abord qu'il pouvait marcher et saisir, il devait aussi s'apercevoir qu'il pouvait chanter avec le gosier et modifier les sons de diverses manières avec la langue, les lèvres et le palais. L'homme était-il d'origine divine, la langue l'était aussi; et l'homme, considéré dans le cercle de la nature, était-il un être naturel, la langue était naturelle également. Je ne pouvais jamais séparer ces deux choses, non plus que l'âme et le corps. Sussmilch, avec son réalisme cru, mais un peu fantastique, s'était décidé pour l'origine divine, c'est-à-dire que Dieu avait joué auprès du premier homme le rôle de maître d'école. Le traité de Herder tendait à montrer comment l'homme, en qualité d'homme, pouvait et devait parvenir à un langage par ses propres forces. Je lus ce traité avec un grand plaisir et pour mon instruction particulière. Mais je n'étais assez avancé ni dans la science ni dans la méditation pour en porter un jugement solide. Je témoignai donc à l'auteur mon approbation, en n'y ajoutant qu'un petit nombre d'observations, qui dérivaient de mon sentiment, mais l'un fut reçu comme l'autre. On était grondé et blâmé, que l'on approuvât avec ou sans réserve. Le gros chirurgien eut moins de patience que moi : il refusa plaisamment la communication du manuscrit destiné au concours, et assura qu'il n'était nullement préparé à réfléchir sur des matières si abstraites. Il était plus pressé de jouer à l'hombre, qui était, le soir, notre amusement ordinaire.

Un traitement si pénible et si douloureux ne fit point perdre à notre Herder sa vivacité, mais elle était toujours moins bienfaisante. Il ne pouvait écrire un billet pour demander quelque chose, sans l'assaisonner de quelque moquerie. Il m'écrivit, par exemple, un jour ce billet en vers : « Si tu as les lettres de Brutus dans les lettres de Cicéron, toi que consolent, mais plus par dehors que par dedans, les magnifiques consolateurs des écoles de planches bien rabotées; toi qui descends des dieux (Goettern), des Goths ou de la boue (Koth), Gœthe, envoie-les-moi. » Assurément, il ne montrait pas de la délicatesse en se permettant de jouer ainsi sur mon nom; car le nom propre d'un homme n'est pas simplement un manteau qui flotte autour de sa personne, et qu'on peut, à la rigueur, secouer et tirailler; c'est un habit parfaitement juste, qui s'est développé sur l'homme tout entier, comme la peau, que l'on ne peut ni érafler ni écorcher sans le blesser lui-même.

Le premier reproche était plus fondé. J'avais en effet apporté à Strasbourg les auteurs que j'avais échangés avec Langer, et, en outre, plusieurs belles éditions de la collection de mon père, et je les avais rangés sur de jolies tablettes, avec la meilleure intention d'en profiter; mais mon temps pouvait-il y suffire, quand je le gaspillais en mille entreprises? Herder, qui faisait grande attention aux livres, parce qu'il en avait besoin à chaque instant, remarqua, dès sa première visite, ma belle collection, mais il vit bientôt que je n'en faisais aucun usage, et lui, le plus grand ennemi de l'apparence et de l'ostentation, il avait coutume de me railler là-dessus dans l'occasion.

Je me rappelle encore une épigramme qu'il m'envoya, un soir que je lui avais beaucoup parlé de la galerie de Dresde. A la vérité, je n'avais pas encore senti ce qu'il y a de plus élevé dans l'école italienne, mais Dominique Feti, artiste remarquable, quoique humoriste, et qui, par conséquent, n'est pas de premier ordre, m'avait beaucoup plu. On voulait des tableaux religieux : il se borna aux paraboles du Nouveau Testament, et il les traitait volontiers, avec beaucoup d'originalité, de goût et de bonne humeur. Par là il les rapprochait tout à fait de la vie ordinaire, et les détails aussi spirituels que naïfs de ses compositions, que faisait valoir un libre pinceau, avaient produit sur moi une vive impression. Herder se moqua de mon enthousiasme enfantin dans l'épigramme suivante : « Par sympathie, un maître me plaît surtout : Dominique Feti est son nom. Il parodie si joliment les paraboles de la Bible en fables de fous, par sympathie! O folle parabole! » Je pourrais encore citer d'autres boutades, plus ou moins gaies ou abstruses, joviales ou amères. Elles ne me fâchaient point, mais elles m'étaient importunes. Toutefois, comme je savais estimer à haut prix tout ce qui contribuait à mon développement, et que j'avais même abandonné plusieurs fois des opinions et des inclinations antérieures, je m'accoutumai bientôt à son humeur, et m'attachai seulement à distinguer, autant que cela m'était possible, au point de vue où j'étais alors, les critiques fondées des invectives injustes. Aussi n'y avait-il pas de jour qui ne fût pour moi fertile en leçons excellentes. J'appris à connaître la poésie sous une face toute nouvelle et dans un esprit tout nouveau, que je trouvai fort à mon gré. La poésie hébraïque, qu'il traitait avec génie, d'après son devancier Lowth; la poésie populaire, dont il nous encourageait à rechercher les traditions en Alsace, les plus antiques documents, considérés au point de vue poétique, témoignaient que la poésie est un don universel et populaire, et non l'héritage particulier de quelques hommes d'une culture élégante. Je dévorais tout cela, et plus je recueillais avidement, plus il donnait avec libéralité, si bien que nous passions ensemble les heures les plus intéressantes. Je m'efforçais de continuer mes études sur les sciences naturelles ; et, comme on a toujours assez de temps quand on veut bien l'employer, je réussissais parfois à faire le double et le triple. Enfin, ce petit nombre de semaines que nous vécûmes ensemble furent si bien remplies, que (je puis le dire) tout ce que Herder a plus tard exécuté successivement me fut indiqué en germe, et j'eus le bonheur de me voir ainsi en état de compléter tout ce que j'avais appris, médité, ce que je m'étais approprié jusqu'alors ; de le rattacher à un point de vue plus élevé et de le développer. Si Herder avait été plus méthodique, j'aurais aussi trouvé chez lui les plus précieuses indications pour suivre dans mon développement une direction constante ; mais il était plus disposé à examiner et à stimuler qu'à diriger et à conduire. Ainsi, par exemple, il me fit connaître, le premier, les ouvrages de Hamann, dont il faisait le plus grand cas ; mais, au lieu de me les expliquer et de me faire comprendre l'enchaînement et la marche de cet esprit extraordinaire, il se faisait d'habitude un jeu de mes efforts, assez bizarres, il est vrai, pour arriver à l'intelligence de ces feuilles sibyllines. Cependant, je sentais bien dans les écrits de Hamann quelque chose qui me satisfaisait, à quoi je m'abandonnais, sans connaître ni le point de départ ni le but.

Après que la cure se fut prolongée plus que de raison, Lobstein parut hésiter dans son traitement et se répéter, en sorte que l'affaire ne prenait point de fin. Déjà Péglow m'avait dit en secret qu'on ne pouvait guère espérer une issue favorable ; toute notre société en fut troublée. Herder tomba dans l'impatience et le découragement. Il ne pouvait continuer ses travaux comme auparavant, et il devait d'autant plus se restreindre que l'on commençait à rejeter le mauvais succès de l'opération chirurgicale sur la trop grande application de Herder, et sur la vie animée et même joyeuse qu'il ne cessait pas de mener avec nous. Après tant de tourments et de souffrances, la gouttière lacrymale artificielle ne voulut pas se former, ni la communication désirée s'établir. On se vit forcé, pour ne pas empirer le mal, de laisser la blessure se guérir. Et si, pendant l'opération, nous avions admiré la fermeté de Herder au milieu de telles souffrances, sa résignation mélancolique et même farouche, à la pensée qu'il devrait porter toute sa vie une pareille infirmité, eut quelque chose de vraiment sublime, qui lui assura pour toujours le respect de ceux qui le voyaient et qui l'aimaient. Ce mal, qui gâtait une figure si remarquable, devait d'autant plus l'affliger qu'il avait fait à Darmstadt la connaissance d'une demoiselle charmante, dont il avait gagné l'affection. C'était surtout dans cette vue qu'il s'était soumis à ce traitement, afin de paraître, à son retour, devant sa demi-fiancée plus joyeux, plus libre et plus beau, et de s'unir définitivement avec elle. Cependant il quitta Strasbourg aussitôt que possible, et, comme son séjour avait été aussi coûteux qu'agréable, j'empruntai pour lui une somme d'argent, qu'il promit de rembourser à un terme fixé. Le temps était passé et l'argent n'arrivait pas. Mon créancier ne me pressait point, mais je fus pourtant plusieurs semaines dans l'embarras. Enfin la lettre et l'argent arrivèrent, et, cette fois encore, Herder ne se démentit point. Au lieu de remercîments et d'excuses, sa lettre ne contenait que des moqueries rimées, qui auraient pu déconcerter ou même aliéner tout autre que moi; mais je n'en fus pas plus ému, parce que je m'étais fait du mérite de Herder une grande et imposante idée, devant laquelle disparaissaient toutes les défectuosités qui auraient pu lui faire tort.

Au reste on ne doit jamais parler, surtout publiquement, de ses défauts et de ceux d'autrui, à moins qu'on ne songe à faire ainsi quelque bien. C'est pourquoi je vais intercaler ici quelques réflexions qui veulent se faire place. La reconnaissance et l'ingratitude sont au nombre des phénomènes qui se manifestent à chaque moment dans le monde moral, sur lesquels les hommes ne peuvent jamais s'entendre. J'ai coutume de faire une différence entre l'ingratitude, le défaut de gratitude et la répugnance pour ce sentiment. Le défaut de gratitude est naturel et même inné chez l'homme, car il découle d'un heureux et frivole oubli des peines comme des plaisirs, qui seul rend la vie supportable. L'homme a besoin d'un nombre si prodigieux de préparations et de coopérations pour jouir d'une existence tolérable, que, s'il voulait rendre toujours au soleil et à la terre, à Dieu et à la nature, aux ancêtres et aux parents, aux amis et aux compagnons, la reconnaissance qui leur est due, il ne lui resterait plus ni temps ni sentiment pour recevoir de nouveaux bienfaits et pour en jouir. Or, si l'homme naturel se laisse dominer par cette humeur légère, une froide indifférence prend toujours plus le dessus, et l'on finit par considérer le bienfaiteur comme un étranger, au détriment duquel on oserait même, dans l'occasion, faire quelque entreprise, si l'on y trouvait son avantage. C'est là seulement ce qui mérite, à proprement parler, le nom d'ingratitude. Elle résulte de la grossièreté, dans laquelle le naturel sans culture doit nécessairement se perdre à la fin. Quant à la répugnance pour la gratitude, qui paye un bienfait par l'humeur chagrine et morose, elle est très-rare et ne se rencontre que chez les hommes éminents, qui, avec de grandes dispositions, dont ils ont le pressentiment, étant nés dans une condition inférieure ou un état indigent, doivent, dès leur jeune âge, se frayer un chemin pas à pas, et accepter de toutes parts des secours et des appuis, que la grossièreté des bienfaiteurs leur fait trouver quelquefois fâcheux et rebutants ; car ce qu'ils reçoivent est terrestre, et ce qu'ils donnent en échange est d'une nature plus relevée, en sorte qu'une véritable compensation ne se peut concevoir. Lessing, qui, dans ses plus belles années, appréciait si noblement les choses de la terre, s'exprima une fois là-dessus tout crûment, mais avec gaieté. Herder, au contraire, ne cessa pas d'empoisonner pour lui et pour les autres les plus beaux jours, parce qu'il ne sut pas modérer dans la suite, par la force d'esprit, le chagrin qui avait dû le saisir dans sa jeunesse.

On peut très-bien exiger cela de soi : car, ici encore, les lumières naturelles, toujours promptes à éclairer l'homme sur sa situation, deviennent le gracieux auxiliaire de sa perfectibilité. Et, en général, dans bien des cas d'éducation morale, on ne devrait pas être trop sévère pour les défauts, et ne pas y chercher des remèdes trop graves et trop éloignés, car certains défauts peuvent se corriger fort aisément et presque en jouant. Ainsi, par exemple, il suffit de l'habitude pour éveiller, pour entretenir en nous la reconnaissance et même nous en faire un besoin.

Dans un essai biographique, on peut avec bienséance parler de soi. Je suis, par nature, aussi peu reconnaissant que personne, et, si j'oubliais le bien reçu, le vif sentiment d'une mésintelligence momentanée pourrait bien aisément me conduire à l'ingratitude. Pour m'en préserver, je me suis accoutumé de bonne heure à me rappeler avec plaisir, à l'occasion de tout ce que je possède, comment je l'ai acquis, de quelle personne je l'ai reçu, comme cadeau, échange, emplette, ou de quelque manière que ce soit. J'ai pris l'habitude, quand je montre mes collections, de mentionner les personnes par l'entremise desquelles j'ai obtenu chaque objet ; je fais valoir même l'occasion, le hasard, la cause et la coopération la plus éloignée, auxquels je dois les choses qui me sont précieuses et chères. Par là, ce qui nous environne prend de la vie ; nous le voyons dans un enchaînement intellectuel, gracieux, « génétique ; » et, en nous représentant des circonstances passées, nous donnons à l'existence actuelle de la dignité et de l'ampleur ; les auteurs des dons nous reviennent cent fois à la pensée ; nous rattachons à leur image un agréable souvenir ; nous nous rendons l'ingratitude impossible, et, dans l'occasion, la réciprocité facile et désirable ; nous sommes conduits en même temps à considérer ce qui n'est pas possession matérielle, et nous passons avec plaisir en revue l'origine et la date de nos biens d'un ordre plus élevé.

Avant d'en finir sur mes relations avec Herder, relations si importantes pour moi et de si grande conséquence, je dois ajouter encore quelques détails. Il était tout naturel que je devinsse avec lui toujours plus sobre de confidences sur ce qui avait jusqu'alors contribué à mon développement, particulièrement sur les objets qui m'occupaient encore sérieusement : il m'avait ôté le goût de bien des choses que j'avais aimées, et, en particulier, il avait condamné avec la plus grande sévérité le plaisir que j'avais pris aux métamorphoses d'Ovide. J'eus beau prendre mon favori sous ma protection, dire qu'il n'y avait rien de plus récréatif pour une jeune imagination, que de vivre dans ces riantes et magnifiques contrées avec les dieux et les demi-dieux, et d'être témoin de leurs actes et de leurs passions; j'eus beau alléguer avec détail l'avis, que j'ai rapporté plus haut, d'un homme sérieux, et le fortifier de ma propre expérience : tout cela était sans valeur; il ne se trouvait dans ces poésies aucune vérité propre, immédiate; ce n'était ni la Grèce ni l'Italie, ni un monde primitif ni un monde civilisé; tout n'était qu'imitation de choses connues et une exposition maniérée, comme on peut l'attendre d'un esprit raffiné; et lorsqu'enfin je voulais soutenir que les productions d'un homme éminent sont encore nature, et que, en définitive, chez tous les peuples anciens et modernes, le poëte seul avait été poëte, cela ne m'était nullement accordé, et j'avais à soutenir là-dessus bien des assauts; j'en avais pris, ou peu s'en faut, mon Ovide en dégoût. Car il n'est pas d'inclination, pas d'habitude si forte, qui, à la longue, puisse tenir contre le dénigrement des hommes supérieurs dans lesquels on met sa confiance. Il en reste toujours quelque chose, et, si l'on n'ose pas aimer sans réserve, l'amour est déjà fort malade.

Je lui cachai surtout avec le plus grand soin l'intérêt que m'inspiraient certains sujets qui avaient pris racine chez moi, et qui devaient se développer peu à peu en figures poétiques. C'étaient Gœtz de Berlichingen et Faust. La biographie du premier m'avait ému jusqu'au fond de l'âme. Ce rude et généreux représentant de la défense personnelle dans une époque de sauvage anarchie excitait ma sympathie la plus vive. La remarquable pièce de marionnettes dont l'autre est le sujet résonnait et bourdonnait dans ma tête sur tous les tons. Moi aussi, je m'étais promené dans toutes les sciences, et j'en avais reconnu assez tôt la vanité. J'avais aussi essayé de tout dans la vie, et j'étais revenu toujours plus mécontent et plus tourmenté. Ces choses et bien d'autres encore me préoccupaient sans cesse, et j'en faisais mes délices dans mes heures solitaires, toutefois sans en rien écrire. Mais je cachai à Herder, plus que tout le reste, ma chimie mystique et cabalistique, et ce qui s'y rapportait, quoique je m'occupasse encore en secret, avec un grand plaisir, à la développer d'une manière plus suivie qu'on ne me l'avait enseignée. De mes travaux poétiques, je crois lui avoir fait connaître *les Complices*, mais je ne me souviens pas d'avoir reçu de lui à ce sujet aucun avis ni aucun encouragement. Avec tout cela, il demeurait ce qu'il était ; ce qui émanait de lui agissait d'une manière marquante, sinon agréable. Son écriture même exerçait sur moi un pouvoir magique. Je ne me souviens pas d'avoir détruit ou jeté au vent une de ses lettres, ni même une adresse écrite de sa main : toutefois, après tant de changements de temps et de lieux, je n'ai pas conservé un seul document de ces jours heureux, admirables et pleins de pressentiments.

Je ne m'arrêterais pas à dire que la force attractive de Herder se manifesta aussi bien sur d'autres que sur moi, si je n'avais pas à faire observer qu'elle s'étendit particulièrement à Joung, nommé Stilling. L'ardeur loyale et sincère de cet homme devait intéresser au plus haut point toute personne douée de quelque sentiment, et sa réceptivité, provoquer les épanchements de tout homme qui avait quelque chose à dire. Aussi Herder eut-il pour lui plus de ménagements que pour nous; car Joung semblait réagir sur Herder, à proportion de l'action que Herder exerçait sur lui. Avec ses vues bornées, Joung montrait tant de bonne volonté ; avec son insistance, tant de douceur et de gravité, qu'un homme intelligent ne pouvait être dur avec lui, et un homme bienveillant le railler et s'amuser de lui. Joung fut d'ailleurs tellement exalté par la présence de Herder, qu'il se sentait fortifié et encouragé dans toute sa conduite ; son inclination pour moi sembla même diminuer dans la même proportion. Cependant nous restâmes bons camarades, nous soutenant l'un l'autre comme auparavant, et nous rendant à l'envi les meilleurs services.

Éloignons-nous enfin de la chambre du malade, notre ami, et de ces réflexions générales, qui annoncent plutôt la maladie que la santé de l'esprit; transportons-nous en plein air, montons à la haute et large plate-forme de la cathédrale, comme si nous étions encore au temps où les jeunes camarades s'y donnaient rendez-vous vers le soir pour saluer, le verre à la main, le coucher du soleil. Là, toute conversation se perdait dans la contemplation de la contrée. On mettait à l'épreuve la force des yeux, et chacun tâchait d'apercevoir les objets les plus éloignés, et même de les distinguer nettement; nous nous aidions de bonnes lunettes d'approche, et chacun à son tour signalait exactement la place qui lui était devenue la plus précieuse et la plus chère. Déjà je ne manquais pas non plus d'une petite place de ce genre, qui, sans marquer dans le paysage, m'attirait plus que toute autre avec une douce magie. Dans ces occasions, l'imagination était enflammée par le récit, et l'on concertait maintes courses, souvent même on les entreprenait sur-le-champ. Je me bornerai à en raconter une, qui eut pour moi, sous plusieurs rapports, de grandes conséquences.

Avec deux de nos convives, mes bons amis Engelbach et Weyland, tous deux enfants de la basse Alsace, je me rendis à cheval à Saverne, et, par le temps qu'il faisait, cette gracieuse petite ville nous sourit très-agréablement. Nous admirâmes l'aspect du château épiscopal; l'étendue, la grandeur et le luxe d'une nouvelle écurie attestaient la richesse du possesseur; la magnificence de l'escalier nous surprit; nous parcourûmes les chambres et les salles avec respect; mais la personne du cardinal faisait contraste : c'était un petit homme caduc. Nous le vîmes dîner. La vue sur le jardin est superbe, et un canal de trois quarts de lieue, tiré au cordeau dans la direction du centre de l'édifice, donne une haute idée de l'intelligence et du pouvoir des anciens maîtres. Nous nous promenâmes au bord, et nous parcourûmes plusieurs parties de ce domaine, bien situé à l'extrémité de la magnifique plaine d'Alsace, au pied des Vosges.

Après avoir observé avec plaisir cet avant-poste ecclésiastique d'une puissante monarchie, et nous être promenés à loisir dans les environs, nous atteignîmes, le lendemain matin, un monument public, qui ouvre dignement l'entrée d'un grand royaume. Éclairée par les premiers rayons du soleil, s'élevait devant nous la célèbre montée de Saverne, monument d'un prodigieux travail. Une chaussée, assez large pour trois voitures de front, bâtie sur les plus effroyables rochers, serpente, en s'élevant avec une pente si douce qu'elle est sentie à peine. La dureté et le poli de la route, les trottoirs dallés, ménagés de part et d'autre pour les piétons, les rigoles de pierre pour l'écoulement des eaux de la montagne, tout est si proprement, artistement et solidement établi, que le regard en est satisfait. On arrive de la sorte insensiblement à Phalsbourg, nouvelle place forte. Elle est située sur une colline peu élevée ; les ouvrages sont construits élégamment sur des rochers noirâtres en pierre de même nature : les joints, enduits de chaux, indiquent exactement la grandeur des pierres équarries et attestent d'une manière frappante la netteté de l'ouvrage. Nous trouvâmes la ville régulièrement bâtie en pierres, comme il convient pour une place forte ; l'église est d'un bon goût. En nous promenant par les rues à neuf heures du matin (c'était un dimanche), nous entendîmes de la musique. On valsait déjà dans l'auberge à cœur joie, et, comme les habitants ne se laissaient pas troubler dans leur plaisir par la grande cherté, même par la disette imminente, notre jeune gaieté ne fut nullement altérée, quand le boulanger nous refusa un peu de pain pour le voyage et nous adressa à l'hôtellerie, où nous serions libres de le consommer sur place.

Nous redescendîmes avec un grand plaisir la chaussée de Saverne, pour admirer une seconde fois cette merveille d'architecture, et jouir encore de cette délicieuse vue sur l'Alsace. Nous arrivâmes bientôt à Bouchsweiler, où notre ami Weyland nous avait préparé une bonne réception. Une petite ville est un séjour très-convenable pour une âme jeune et vive ; les rapports de famille sont plus intimes et plus sensibles ; le ménage, où l'on passe, avec une activité modérée, d'occupations civiles peu gênantes à des travaux industriels, à l'agriculture et au jardinage, nous invite à une participation amicale ; la sociabilité est nécessaire, et l'étranger se trouve très-agréablement dans les cercles peu nombreux, pourvu que les mésintelligences des habitants, qui sont plus sensibles dans ces lieux-là, ne viennent pas à l'effleurer. Cette petite ville était la place principale du comté de Hanau-Lichtenberg, et appartenait au landgrave de Darmstadt, sous la protection de la France. Une administration et une chambre établies à Bouchsweiler en faisaient le centre considérable d'une belle et charmante possession princière. Nous oubliâmes aisément les rues inégales, les constructions irrégulières, quand nous sortîmes de la ville, pour contempler le vieux château et les jardins admirablement situés au penchant d'une colline. Divers bocages, une faisanderie domestique et une libre, et les restes de divers établissements pareils montraient combien cette petite résidence avait dû être agréable autrefois.

Mais on ne songeait plus à ces détails quand on contemplait du Baschberg, situé tout auprès, cette contrée, véritable paradis terrestre. La colline, toute formée de coquillages divers, fixa pour la première fois mon attention sur ces documents du monde primitif. Je ne les avais pas encore observés en si grande masse. Mais le regard avide s'arrêtait bientôt uniquement sur le paysage. On se trouve sur le dernier contre-fort du côté de la campagne : au nord s'étend une fertile plaine, parsemée de petits bois et bornée par de sévères montagnes, qui se prolongent à l'ouest du côté de Saverne, où l'on peut distinguer le palais épiscopal et l'abbaye de Saint-Jean, à une lieue de là. De ce point, l'œil suit jusqu'au sud la chaîne des Vosges, qui s'efface de plus en plus. Si l'on se tourne vers le nord-ouest, on voit, sur un rocher, le château de Lichtenberg, et, vers le sud-ouest, l'œil parcourt l'immense plaine d'Alsace, qui se dérobe à la vue en vallons champêtres, toujours plus vaporeux, jusqu'aux montagnes de Souabe, perdues comme des ombres à l'horizon.

Dans le petit nombre de pèlerinages que j'avais faits jusqu'alors, j'avais remarqué combien il importe en voyage de s'informer du cours des eaux et de s'enquérir même où chemine le plus petit ruisseau. On acquiert ainsi une vue générale de chaque région fluviale dans laquelle on se trouve, une idée des hauts et des bas qui sont en rapport entre eux, et, à l'aide de ces fils conducteurs, qui viennent au secours de l'intuition comme de la mémoire, on se dégage plus sûrement du labyrinthe géologique et politique. Dans cette contemplation, je pris un congé solennel de ma chère Alsace, car notre projet était de nous diriger le lendemain vers la Lorraine.

La soirée se passa en conversations familières, où l'on cherchait à égayer la tristesse du temps présent par le souvenir d'un passé plus heureux. Ici, comme dans tout ce petit pays, était en bénédiction, par-dessus tous les autres, le nom du dernier comte Reinhard de Hanau, dont l'intelligence et le mérite signalés paraissaient dans toute sa conduite, et qui avait laissé plusieurs beaux monuments de son existence. De tels hommes ont le privilége d'être doublement bienfaisants, d'abord pour le temps présent, qu'ils rendent heureux, ensuite pour l'avenir, dont ils nourrissent et soutiennent le sentiment et le courage.

Lorsque nous eûmes pénétré, au nord-ouest, dans les montagnes, que nous eûmes passé devant Lutzelstein, vieux château situé dans une contrée montueuse, et que nous fûmes descendus dans le bassin de la Sarre et de la Moselle, le ciel commença à se couvrir, comme pour nous rendre plus sensible encore la situation du sauvage empire d'Occident. Dans la vallée de la Sarre, nous trouvâmes d'abord le petit bourg de Bockenheim, et, vis-à-vis, nous aperçûmes Neusaarwerden, bien bâti, avec un château de plaisance. La vallée est bordée de montagnes, qui pourraient s'appeler tristes, si, à leur pied, ne s'étendait pas, à perte de vue, jusqu'à Saaralbe et au delà, une suite infinie de prairies et de pâturages, nommés la Houhnau. Là, de grands bâtiments d'un ancien haras des ducs de Lorraine attirent le regard. Ils servent actuellement de métairie, et sont assurément très-bien placés pour cet usage. Nous arrivâmes par Sarregüemines à Sarrebruck, et cette petite résidence nous fut comme un point lumineux dans ce pays rocailleux et boisé. La ville, petite et montueuse, mais embellie par le dernier prince, produit d'abord une agréable impression, parce que toutes les maisons sont grisaillées, et que leur élévation diverse offre un coup d'œil varié. Au milieu d'une belle place, entourée d'édifices remarquables, est l'église luthérienne, construite dans de petites proportions, mais en harmonie avec l'ensemble. La façade du château est sur le même niveau que la ville, mais la partie postérieure s'appuie sur la pente d'un rocher escarpé. Ce rocher a été non-seulement taillé en terrasses, pour descendre commodément dans la vallée, mais on s'est ménagé au bas une place, un jardin, qui forme un carré long, en repoussant d'un côté la rivière et en coupant de l'autre le rocher : après quoi, l'on a rempli de terre tout l'espace et on l'a planté. Cette entreprise remonte à l'époque où l'on établissait les jardins sur les plans d'un architecte, comme on consulte aujourd'hui le peintre de paysages. Toute l'ordonnance du château, les raretés, les agréments, la richesse et l'élégance annonçaient un propriétaire ami du plaisir, comme l'avait été le prince défunt. Son successeur ne se trouvait pas au château. Le président de Gunderode nous fit le plus aimable accueil et nous hébergea pendant trois jours mieux que nous ne pouvions l'espérer. Je mis à profit les différentes personnes dont nous fîmes la connaissance, pour m'instruire sur divers sujets. La vie voluptueuse du dernier prince fournit une ample matière à la conversation, ainsi que les diverses dispositions qu'il avait prises pour utiliser les avantages que lui offrait la nature de son pays. C'est alors que je fus initié à tout ce qui concerne les mines, et que s'éveilla chez moi le goût des études économiques et techniques, qui m'ont occupé pendant une grande partie de ma vie. Nous entendîmes parler des riches mines de houille de Duttweiler, de l'exploitation du fer et de l'alun; on nous parla même d'une montagne brûlante, et nous voulûmes voir cette merveille de près.

Nous traversâmes des montagnes boisées, qui doivent sembler tristes et sauvages à celui qui vient d'un pays superbe et fertile, et qui ne peuvent nous attirer que par les trésors qu'elles recèlent dans leur sein. Nous apprîmes à connaître de suite deux machines, l'une simple, l'autre compliquée : une machine à forger les faux et une tréfilerie. Si déjà la première intéresse, en ce qu'elle remplace l'ouvrage ordinaire de la main, on ne peut assez admirer la seconde, en ce qu'elle opère dans un sens organique plus relevé, et l'on dirait presque avec intelligence et conscience. Dans l'alunière, nous nous fîmes décrire exactement l'extraction et la purification de ce minéral si nécessaire, et, ayant remarqué de grands monceaux d'une substance blanche, grasse, friable, terreuse, nous demandâmes quel en était l'emploi : les ouvriers nous répondirent en souriant que c'était l'écume qui, dans la cuisson de l'alun, était rejetée au dehors et que M. Stauf faisait recueillir, parce qu'il espérait également en tirer parti. « M. Stauf vit-il encore? » s'écria mon compagnon de voyage. On répondit affirmativement, et l'on nous assura que, d'après notre itinéraire, nous ne passerions pas loin de sa solitude. Nous poursuivîmes notre chemin, en remontant le long des rigoles dans lesquelles on fait descendre l'eau d'alun, et auprès des principales galeries d'où sont tirées les célèbres houilles de Duttweiler. Elles ont, quand elles sont sèches, la couleur de l'acier bleui, et, à chaque mouvement, le plus bel iris brille à la surface. Cependant les sombres galeries nous attirèrent d'autant moins que leurs produits étaient répandus autour de nous en abondance. Ensuite nous arrivâmes aux fosses ouvertes dans lesquelles sont lavés les schistes alumineux calcinés, et, bientôt après, nous fûmes surpris par un étrange phénomène, auquel nous étions pourtant préparés. Nous entrâmes dans une crevasse. Nous étions dans la région de la montagne brûlante. Une forte exhalaison sulfureuse nous enveloppait. Un des côtés de la caverne était presque brûlant, couvert de pierres rougeâtres brûlées à blanc; une épaisse vapeur sortait des crevasses et l'on sentait la chaleur du sol, même à travers de fortes semelles. Cet accident, dont on ignore la cause, procure à la fabrique d'alun le grand avantage que les ardoises dont se compose la surface de la montagne se trouvent là complétement calcinées, et qu'il suffit tout simplement de les laver. Toute la crevasse s'était formée par l'enlèvement et l'emploi successif des ardoises calcinées. Nous sortîmes de ce gouffre en grimpant, et nous nous trouvâmes au haut de la montagne. Un agréable bois de hêtres entourait la place qui suivait la caverne ; il s'étendait sur les deux côtés. Plusieurs arbres étaient déjà brûlés, plusieurs se flétrissaient dans le voisinage d'autres, encore tout frais, lesquels ne prévoyaient pas l'embrasement qui s'approchait de leurs racines. Sur la place, diverses ouvertures fumaient, d'autres avaient cessé, et ce feu couvait ainsi depuis dix ans, à travers les anciennes galeries et les anciens puits dont la montagne est minée. Il s'étend peut-être aussi aux filons à travers les couches de houilles non exploitées ; car, à cent pas plus loin dans le bois, on s'était proposé de poursuivre des indices marquants d'abondantes couches de houille, mais on n'eut pas pénétré bien avant, qu'une épaisse fumée arrêta les ouvriers et les chassa. On avait refermé l'ouverture, mais nous trouvâmes la place encore fumante quand nous passâmes auprès, en continuant notre chemin pour gagner la résidence du chimiste solitaire. Elle est entourée de bois et de montagnes; les vallées y font des contours aussi agréables que variés; aux environs, le sol est noir et charbonneux; les couches se montrent souvent à fleur de terre. Un philosophe charbonnier, *philosophus per ignem*, comme on disait autrefois, n'aurait pu se choisir une retraite plus convenable.

Nous arrivâmes devant une maisonnette assez logeable, et nous trouvâmes M. Stauf, qui reconnut d'abord mon ami, et l'accueillit avec des plaintes sur la nouvelle administration. Nous pûmes en effet conclure de ses discours que l'exploitation de l'alun, comme tant d'autres louables établissements, ne couvrait pas les frais, à cause de circonstances extérieures et peut-être aussi intérieures. M. Stauf était comme les chimistes de ce temps-là, qui, avec le sentiment profond de tout le parti qu'on pourrait tirer des produits de la nature, se complaisaient dans la méditation abstruse de bagatelles et d'accessoires, et qui, n'ayant pas les connaissances suffisantes, ne savaient pas fournir assez couramment les produits d'où l'on peut tirer un avantage économique et commercial. Ainsi, par exemple, l'avantage qu'il se promettait de l'écume était très-problématique ; il ne montrait rien non plus qu'un gâteau de sel ammoniac, que lui avait livré la montagne brûlante. Tout empressé et tout aise de trouver quelqu'un à qui faire ses plaintes, ce petit homme, maigre et décrépit, une pantoufle à un pied, un soulier à l'autre, avec des bas tombants, qu'il relevait en vain à chaque pas, gravit avec nous la montagne, où se trouve la fabrique de résine qu'il a établie lui-même, et qu'à son grand déplaisir, il voit tomber en ruines maintenant. Là se trouvait une rangée de fourneaux, où la houille devait perdre son soufre pour être appropriée au travail du fer ; mais on voulut en même temps tirer parti de l'huile et de la résine, et même utiliser la suie, et ces desseins multipliés firent échouer toute l'entreprise. Du temps du prince défunt, c'était la fantaisie, l'espérance, qui faisaient agir ; maintenant on demandait l'utilité immédiate, et l'on ne pouvait la produire.

Nous laissâmes notre adepte dans sa solitude, et, comme il était déjà tard, nous nous hâtâmes de gagner la verrerie de Friedrichsthaler, où nous apprîmes à connaître en passant une des plus importantes et des plus admirables réalisations de l'industrie humaine. Cependant ces objets remarquables eurent peut-être moins d'attraits pour les jeunes voyageurs que certaines joyeuses aventures, et, à la tombée de la nuit, non loin de Neukirch, un feu d'artifice surprenant. Car, de même que, quelques nuits auparavant, sur les bords de la Sarre, des nuages lumineux de lampyres voltigeaient autour de nous entre les rochers et les buissons, les cheminées des forges, jetant leurs étincelles, nous saluaient de leurs joyeux feux d'artifice. Nous visitâmes de nuit les fonderies situées au fond de la vallée, et nous admirâmes l'étrange demi-obscurité de ces cabanes, qui ne sont que faiblement éclairées par l'étroite ouverture du fourneau brûlant. Le vacarme de l'eau et des soufflets qu'elle met en mouvement, l'effroyable sifflement du courant d'air, qui, soufflant avec fureur dans le bronze fondu, étourdit les oreilles et trouble les sens, finirent par nous chasser, et nous allâmes nous loger à Neukirch, qui est bâti sur le penchant de la montagne.

Mais, malgré les divers événements et les fatigues de la journée, je ne pus encore y trouver le repos. J'abandonnai mon ami à un heureux sommeil, et je cherchai le pavillon de chasse, qui est situé plus haut. De ce lieu, la vue s'étend sur les montagnes et les bois, dont je pouvais seulement distinguer les contours, à la faveur d'une nuit sereine, mais dont les flancs et les profondeurs échappaient à mon regard. L'édifice, bien entretenu, était aussi vide que solitaire; ni châtelain ni chasseurs ne se montraient. Je m'assis devant les grandes portes vitrées, sur les degrés qui font le tour de la terre. Là, au milieu des montagnes, au-dessus d'une terre boisée et sombre, qui paraissait plus sombre encore, en contraste avec le clair horizon d'une nuit d'été, ayant sur ma tête un ciel étincelant de mille feux, je restai longtemps recueilli à cette place abandonnée, et je ne croyais pas avoir jamais senti une pareille solitude. Aussi, quelle surprise agréable pour moi d'entendre le son lointain de deux cors de chasse, qui, pareils à une vapeur embaumée, animèrent tout à coup l'atmosphère tranquille! Alors s'éveilla en moi l'image d'une délicieuse créature, qui s'était effacée devant les scènes bigarrées de ces jours de voyage; elle se dévoila de plus en plus, et me ramena à l'auberge, où je pris mes arrangements pour partir de grand matin.

Le retour ne fut pas mis à profit comme l'allée. Nous traversâmes à la hâte Deux-Ponts, belle et remarquable résidence, qui aurait aussi mérité notre attention. Nous jetâmes un regard sur le grand et simple château, sur les vastes esplanades, régulièrement plantées de tilleuls et bien établies, en vue de dresser les chevaux pour la chasse à courre; sur les grandes écuries, sur les maisons bourgeoises, que le prince faisait bâtir pour les mettre en loterie. Tout cela, ainsi que le costume et les manières des habitants, surtout des femmes et des jeunes filles, annonçait un rapport avec le lointain, et rendait manifestes les relations avec Paris, qui, depuis assez longtemps, se faisaient sentir d'une manière irrésistible à toute la vie transrhénane. Nous visitâmes aussi la cave ducale, qui se trouve hors de la ville: elle est spacieuse et garnie de grands tonneaux artistement fabriqués. Nous continuâmes notre route, et nous trouvâmes enfin une contrée semblable à celle de Sarrebruck, des villages clair-semés entre des montagnes âpres et sauvages. On y perd l'habitude de chercher des blés autour de soi. En côtoyant le Hornbach, nous montâmes à Bitsch, dont la situation est remarquable : c'est la ligne de séparation des eaux, dont les unes s'écoulent dans la Sarre, les autres dans le Rhin. Ces dernières allaient bientôt nous entraîner après elles; mais nous ne pouvions refuser notre attention à la petite ville de Bitsch, qui se développe d'une manière très-pittoresque autour d'une montagne, non plus qu'à la forteresse qui la domine. Cette forteresse est en partie bâtie sur le roc, en partie taillée dans le roc. La partie souterraine est surtout remarquable : il s'y trouve non-seulement assez de place pour loger des hommes et du bétail sans nombre, mais on y voit même de grandes salles voûtées pour l'exercice, un moulin, une chapelle et tout ce qu'on pourrait désirer sous terre, quand la surface serait inquiétée.

Dès lors nous suivîmes dans le Baerenthal (vallée aux ours) les ruisseaux qui se précipitent. Les forêts touffues qui couvrent les deux versants sont inexploitées; les troncs pourrissent par milliers les uns sur les autres, et d'innombrables rejetons poussent sur leurs ancêtres à demi consumés. Là, quelques piétons, qui cheminaient avec nous, firent de nouveau résonner à nos oreilles le nom de Dieterich, que nous avions déjà entendu plusieurs fois prononcer avec respect dans ces contrées forestières.

L'activité et l'habileté de cet homme, sa richesse, l'utile emp[loi] qu'il en faisait, tout semblait en équilibre; il pouvait à bon dr[oit] se féliciter de sa richesse acquise, qu'il augmentait, et des bien[s] mérités, qu'il consolidait. Plus j'ai vu le monde, plus j'ai t[ou]jours aimé, outre les noms généralement célèbres, ceux q[ui] sont prononcés avec amour et respect dans une contrée à part. En questionnant un peu les gens, j'appris encore que Dieteric[h] avait su plus tôt que d'autres employer avec succès les richesse[s] minérales, le fer, le charbon et le bois, et n'avait cessé d'a[ug]menter sa fortune par son travail. Niederbrounn, que nous att[ei]gnîmes ensuite, en était un nouveau témoignage. Dieterich a[vait] acheté ce petit village des comtes de Leiningen et d'autres p[ro]priétaires, pour fonder dans l'endroit des usines considérable[s]. Dans ces bains, déjà établis par les Romains, je fus ondoyé p[ar] l'esprit de l'antiquité, dont les ruines vénérables brillèrent m[er]veilleusement à mes regards, en restes de bas-reliefs et d'i[n]scriptions, en chapiteaux et en fûts de colonnes, parmi le fat[ras] et le mobilier de ménage. Quand nous montâmes au château d[e] Wasenbourg, situé près de là, je pus contempler aussi av[ec] respect, sur la grande masse du rocher, base d'un côté de l'éd[i]fice, une inscription bien conservée, qui est un ex-voto co[n]sacré à Mercure. Wasenbourg est sur la dernière montag[ne] qu'on trouve en venant de Bitsch à la plaine. Ce sont les ruin[es] d'un château allemand bâti sur des ruines romaines. De la to[ur] nous contemplâmes une seconde fois l'Alsace entière; la flèc[he] visible de la cathédrale indiquait la situation de Strasbourg. Tout près, s'étendait la grande forêt de Haguenau, et les tour[s] de la ville se montraient derrière distinctement. Je fus attiré d[e] ce côté. Nous traversâmes Reichshofen, où Dieterich avait f[ait] bâtir un château remarquable, et, après que nous eûmes con[]templé, des coteaux voisins de Niedermodern, le cours agréab[le] du ruisseau de la Moder, le long de la forêt de Haguenau, j[e] laissai mon ami faire une ridicule visite de mines de houille, qui eût été à Duttweiler quelque chose de plus sérieux, et, aprè[s] avoir traversé Haguenau, suivant des sentiers, que déjà l'incli[]naison m'indiquait, je gagnai le bien-aimé Sesenheim.

Car toutes ces perspectives dans une sauvage contrée de mon[]tagnes, puis dans des plaines riantes et fertiles, ne pouvai[ent] enchaîner mon regard intérieur, qui était dirigé sur un aimable et attrayant objet. Cette fois encore, aller me charma plus que revenir, parce qu'il me rapprochait d'une femme à qui j'avais donné mon cœur et qui méritait autant de respect que d'amour. Qu'on me permette, avant d'introduire mes amis dans sa champêtre demeure, de rappeler une circonstance qui contribua beaucoup à vivifier et exalter mon inclination et le bonheur qu'elle me procura.

A quel point je devais être arriéré dans la littérature nouvelle, on peut en juger par la manière dont j'avais vécu à Francfort et par les études auxquelles je m'étais livré. Ma résidence à Strasbourg n'avait pu m'avancer dans ces connaissances. Herder arriva, et, outre son instruction étendue, il m'apporta divers secours, sans parler de plusieurs livres nouveaux. Dans le nombre, il nous annonça le *Vicaire de Wakefield*, comme un excellent ouvrage, qu'il voulait nous lire lui-même dans la traduction allemande. Sa manière de lire était toute particulière. Qui l'a entendu prêcher pourra s'en faire une idée. Il présentait tout, et le roman comme le reste, gravement et simplement. Absolument étranger à toute exposition mimique et dramatique, il évitait jusqu'à cette variété qui est permise et même demandée dans le récit, je veux dire un léger changement de ton, quand différentes personnes prennent la parole, qui fait ressortir ce que chacun dit, et distingue l'action de la narration. Sans être monotone, Herder lisait tout d'une manière uniforme, comme si rien n'était actuel, mais que tout fût simplement historique ; comme si les ombres de ces figures poétiques n'étaient pas vivantes et agissantes devant lui, et ne faisaient que glisser doucement sous ses yeux. Mais ce genre de lecture avait dans sa bouche un charme infini : comme il sentait tout profondément, et qu'il savait estimer hautement la variété d'un ouvrage de ce genre, le mérite d'une production ressortait tout entier d'une manière pure et d'autant plus distincte qu'on n'était pas distrait par des détails vivement exprimés, ni arraché à l'impression que l'ensemble devait produire.

Un pasteur protestant, dans une paroisse de campagne, est peut être le plus beau sujet d'une idylle moderne. Comme Melchisédech, il semble réunir en sa personne le prêtre et le roi.

Il tient d'ordinaire à la condition la plus innocente qui se puisse concevoir sur la terre, à la condition du laboureur, par ses occupations comme par ses rapports de famille; il est père, chef de famille, campagnard, et, par conséquent, membre complet de la communauté. Sur cette base terrestre, belle et pure, repose sa vocation sublime; à lui le soin d'introduire les hommes dans la vie, de pourvoir à leur éducation spirituelle, de les bénir à toutes les époques principales de leur existence, de les instruire, les fortifier, les consoler, et, quand la consolation ne suffit pas pour le présent, d'évoquer et de garantir l'espérance d'un plus heureux avenir. Que l'on se représente un homme pareil, avec des sentiments véritablement humains, assez fort pour ne s'écarter de ses principes en aucune circonstance, et, par là même, déjà élevé au-dessus de la foule, dont on ne peut attendre ni pureté ni fermeté; qu'on lui attribue les connaissances nécessaires pour son office, ainsi qu'une activité égale et sereine, qui est même passionnée, en ce qu'elle ne néglige à aucun moment de faire le bien, et nous l'aurons déjà doté richement. Mais qu'on y ajoute la modération nécessaire pour qu'il soit disposé à rester dans une petite sphère et même, au besoin, à passer dans une plus petite encore; qu'on lui accorde la bonhomie, la douceur, la fermeté, et tous les mérites qui naissent d'un caractère prononcé, et, par-dessus tout cela, une condescendance sereine et une riante indulgence pour ses défauts propres et pour ceux d'autrui, et l'on aura le portrait assez complet de notre excellent vicaire de Wakefield.

La peinture de ce caractère, dans le cours de sa vie, avec ses plaisirs et ses douleurs, l'intérêt de la fable, toujours croissant par l'alliance du naturel parfait avec l'étrange et l'extraordinaire, font de ce roman l'un des meilleurs qu'on ait jamais écrits. Il a de plus le grand avantage d'être tout à fait moral et même véritablement chrétien; il montre la bonne volonté et la persévérance dans le bien récompensée; il fortifie la confiance absolue en Dieu; il atteste le triomphe définitif du bien sur le mal, et, tout cela, sans aucune trace de bigoterie ou de pédantisme. L'auteur avait été préservé de l'un et de l'autre par son grand sens, qui se montre partout sous la forme de l'ironie, et nous fait juger ce petit ouvrage aussi sage qu'agréable. L'auteur, le docteur Goldsmith, a sans aucun doute une grande connaissance du monde moral, de ses mérites et de ses défauts, mais il doit aussi se féliciter d'être Anglais, et mettre à haut prix les avantages que son pays et sa nation lui procurent. La famille dont il fait le tableau se trouve à l'un des derniers degrés de l'aisance bourgeoise, et pourtant elle entre en contact avec la classe la plus élevée; son étroite sphère, qui se resserre encore davantage, s'entremêle avec le grand monde par le cours naturel et civil des événements; cette petite nacelle nage sur le flot large et mobile de la vie anglaise, et, dans le bien comme dans le mal, il faut qu'elle attende dommage ou secours de la flotte immense qui navigue autour d'elle.

Je puis supposer que mes lecteurs connaissent cet ouvrage et qu'ils s'en souviennent. Ceux qui l'entendent nommer ici pour la première fois, comme ceux que j'aurai engagés à le relire, m'en seront les uns et les autres obligés. Je ferai observer en passant, pour les premiers, que la femme du vicaire est de ces personnes actives qui ne laissent manquer de rien ni elles-mêmes ni leur famille, mais qui en revanche sont quelque peu vaines pour leur famille et pour elles. Elle a deux filles, Olivia, belle et plus communicative, Sophie, charmante et plus recueillie. Je ne veux pas négliger de nommer Moïse, le fils de la maison, un peu brusque, laborieux et marchant sur les traces de son père.

Si Herder avait un défaut comme lecteur, c'était l'impatience. Il n'attendait pas que l'auditeur eût compris et saisi une certaine partie du développement pour être en état de le bien sentir et d'en juger sainement. Dans sa précipitation, il voulait voir des effets sur-le-champ, et néanmoins il était mécontent de ceux qui se manifestaient. Il blâmait l'excès de sentiment qui débordait chez moi davantage à chaque pas. Je sentais en homme, en jeune homme; pour moi tout était vivant, vrai, présent; lui, qui ne considérait que le fond et la forme, il voyait bien que j'étais dominé par le sujet, et c'est ce qu'il ne voulait pas souffrir. Les réflexions de Péglow, qui n'étaient pas des plus fines, étaient encore plus mal reçues. Ce qui l'indignait surtout, c'est que, par défaut de pénétration, nous ne prévoyions pas les contrastes dont l'auteur use fréquemment; nous nous laissions émouvoir et entraîner, sans remarquer l'artifice qui revenait souvent; mais que, dès le commencement, où Burchell, en passant, dans un récit, de la troisième personne à la première, est sur le point de se trahir, nous n'eussions pas vu d'abord ou du moins soupçonné qu'il est lui-même le lord dont il parle, c'est ce qu'il ne nous pardonnait pas; et lorsqu'à la fin, la découverte ou la transformation du pauvre misérable passant en un riche et puissant seigneur nous causa une joie enfantine, il rappela cet endroit, auquel, suivant l'intention de l'auteur, nous n'avions fait qu'une légère attention, et nous fit de violents reproches de notre stupidité. On voit par là qu'il considérait le livre uniquement comme une œuvre d'art, et qu'il exigeait la même chose de nous, qui nous trouvions pourtant dans des dispositions où il nous est bien permis de laisser les œuvres d'art agir sur nous comme des productions naturelles.

Je ne me laissai point déconcerter par ces invectives; car les jeunes gens ont ce bonheur ou ce malheur, que, si une fois quelque chose agit sur eux, il faut que cette action soit mise en œuvre en eux-mêmes et produise soit du bien soit du mal. Le roman de Goldsmith m'avait fait une grande impression, dont je ne pouvais me rendre compte. Je me sentais en harmonie avec cette disposition ironique, qui s'élève au-dessus des choses, au-dessus du bonheur et du malheur, du bien et du mal, de la mort et de la vie, et qui arrive ainsi à la possession d'un monde vraiment poétique. Sans doute je ne devais en avoir conscience que plus tard, mais, pour le moment, la chose me donnait beaucoup d'occupation; toutefois je ne me serais pas attendu à me voir transporté si tôt de ce monde imaginaire dans un monde réel tout semblable.

Mon commensal Weyland, qui était Alsacien, égayait sa vie tranquille et laborieuse en allant voir de temps en temps des parents et des amis dans les environs. Il me rendit plus d'un service dans mes petites excursions, en m'introduisant lui-même ou par des lettres de recommandation dans plusieurs endroits et plusieurs familles. Il m'avait souvent parlé d'un pasteur de campagne, qui vivait près de Drousenheim, à six lieues de Strasbourg, dans une bonne cure, avec une femme de mérite et deux aimables filles. D'ailleurs Weyland vantait beaucoup l'humeur hospitalière et les grâces de cette famille. Il n'en fallait pas tant pour séduire un jeune cavalier, qui avait déjà pris l'habitude de passer à cheval et en rase campagne toutes ses journées et ses heures de loisir. Nous résolûmes donc de faire aussi cette partie, mais je me fis promettre par mon ami qu'en me présentant, il ne dirait de moi ni bien ni mal; qu'il me traiterait en tout avec indifférence; qu'il me permettrait même de me présenter, sinon mal vêtu, du moins d'une manière pauvre et négligée. Il y consentit, et même il s'en promit quelque divertissement.

C'est une fantaisie pardonnable des personnages marquants de dissimuler, dans l'occasion, leurs avantages extérieurs pour laisser agir uniquement le mérite intrinsèque de l'homme. Aussi l'incognito des princes et les aventures qui en résultent ont-elles toujours quelque chose d'extrêmement agréable. Ils semblent des divinités déguisées, qui doivent tenir compte doublement de tout le bien qu'on fait à leur personne, et qui sont en position de passer légèrement sur les choses désagréables ou de s'y dérober. Que Jupiter ait trouvé du plaisir dans son incognito chez Philémon et Baucis, et Henri IV chez ses paysans, après une partie de chasse, la chose est tout à fait naturelle et l'on s'y intéresse; mais qu'un jeune homme sans importance et sans nom veuille, par fantaisie, tirer de l'incognito quelque plaisir, bien des gens pourraient y voir une présomption impardonnable. Toutefois, comme il ne s'agit pas de savoir si les sentiments ou les actes sont répréhensibles ou louables, mais de suivre leur manifestation et leur accomplissement, nous voulons bien cette fois, pour notre amusement, pardonner au jeune homme sa fantaisie, d'autant plus, il faut l'ajouter ici, que mon père, si sérieux, avait éveillé en moi dès mon enfance le goût des déguisements.

Cette fois encore, au moyen de mes vieilles hardes et de quelques autres que j'empruntai, et par la manière dont j'arrangeai mes cheveux, je m'étais si bien défiguré, ou du moins si drôlement ajusté, que, chemin faisant, mon ami ne pouvait s'empêcher de rire, surtout quand j'imitais parfaitement la tenue et les gestes de ces figures à cheval qu'on appelle des *cavaliers latins*. La belle chaussée, le temps magnifique et le voisinage du Rhin nous mirent de joyeuse humeur. Nous fîmes halte un moment à Drousenheim, Weyland, pour faire sa toilette, et moi, pour me rappeler mon rôle, dont je craignais de sortir dans l'occasion. La contrée offre le caractère de la libre plaine d'Alsace. Nous suivîmes un gracieux sentier à travers les prairies, et, bientôt arrivés à Sesenheim, nous laissâmes nos chevaux à l'auberge pour nous rendre tranquillement au presbytère.

« Ne sois pas surpris, me dit Weyland, en me montrant de loin la maison, qu'elle ait l'apparence d'une vieille et mauvaise cabane : le dedans n'en est que plus jeune. » Nous entrâmes dans la cour, l'ensemble me plut : il avait justement le caractère qu'on nomme pittoresque, et dont la magie m'avait charmé dans la peinture néerlandaise. L'effet que le temps produit sur tous les ouvrages de l'homme y était visible et frappant. La maison, la grange et l'écurie étaient justement à ce point de dégradation, où l'on ne sait si l'on doit réparer ou rebâtir, et où l'indécision fait négliger l'un sans qu'on se puisse résoudre à l'autre.

Tout était tranquille et désert dans le village comme dans la cour. Nous trouvâmes le père, petit homme renfermé en lui-même et pourtant affable. Il était seul ; la famille était aux champs. Il nous salua et voulut nous offrir des rafraîchissements, que nous refusâmes. Mon ami courut à la recherche des dames, et je restai seul avec notre hôte. « Vous êtes surpris peut-être, me dit-il, de me voir si mal logé dans un riche village et avec un bon traitement. Cela vient, poursuivit-il, de l'irrésolution. La paroisse et même l'autorité supérieure m'ont promis depuis longtemps de rebâtir à neuf la maison. On a déjà fait, on a examiné et changé plusieurs plans : aucun n'a été complétement rejeté et aucun exécuté. Cela dure depuis tant d'années, que j'ai de la peine à contenir mon impatience. » Je lui répondis ce que je crus convenable, pour nourrir son espérance et l'encourager à pousser l'affaire plus vivement. Il continua, me dépeignit avec abandon les personnes de qui ces choses dépendaient, et, quoiqu'il ne fût pas un grand peintre de caractères, je pus très-bien comprendre ce qui empêchait toute l'affaire de marcher. La confiance qu'il me témoignait avait quelque chose de particulier : il me parlait comme s'il m'eût connu depuis dix ans, sans que rien dans son regard pût me faire supposer que j'eusse attiré son attention. Enfin, mon ami entra avec la mère. Elle parut me regarder avec de tout autres yeux. Sa figure était régulière et intelligente. Elle devait avoir été belle dans sa jeunesse. Elle était grande et, quoique un peu maigre, elle était bien pour son âge ; elle avait encore une tournure jeune et agréable. La fille aînée entra précipitamment. Elle demanda Frédérique, comme la mère et Weyland l'avaient déjà demandée. Le père assura ne l'avoir pas vue depuis qu'elles étaient sorties toutes les trois. La jeune fille sortit de nouveau pour chercher sa sœur. La mère nous servit quelques rafraîchissements et Weyland poursuivit avec les deux époux la conversation, qui roula uniquement sur des personnes et des relations connues, comme il arrive d'ordinaire, quand des amis se rencontrent au bout de quelque temps, s'enquièrent des membres d'une nombreuse société et se donnent des informations mutuelles. Je prêtais l'oreille et j'apprenais ce que je pouvais me promettre de cette société.

La sœur aînée rentra à la hâte, inquiète de n'avoir pas trouvé sa sœur. On en prenait souci, on lui reprochait telle ou telle mauvaise habitude, mais le père disait fort tranquillement : « Laissez-la faire, elle reviendra bien. » En effet, elle entra dans ce moment, et, en vérité, c'était un astre charmant qui se levait sur ce ciel champêtre. Les deux sœurs s'habillaient encore à l'allemande, comme on disait, et ce costume national, presque abandonné, allait particulièrement bien à Frédérique. Une jupe à falbalas, courte, blanche, ronde, qui laissait voir jusqu'à la cheville le plus joli petit pied ; un corset blanc et juste et un tablier de taffetas noir. Elle était ainsi sur la limite entre la paysanne et la demoiselle. Svelte et légère, elle marchait comme si ses pieds n'avaient rien eu à porter, et le cou semblait presque trop délicat pour les larges tresses blondes de sa jolie tête. Ses charmants yeux bleus jetaient autour d'elle des regards pleins d'intelligence, et son joli nez retroussé se levait librement en l'air, comme s'il ne pouvait y avoir dans le monde aucun souci. Son chapeau de paille était suspendu à son bras, et j'eus ainsi le plaisir de la voir, dès le premier coup d'œil, dans tout son charme et son agrément.

Alors je commençai à jouer mon rôle avec réserve, un peu

confus de m'égayer aux dépens de si bonnes gens. J'eus tout le loisir de les observer, car les jeunes filles poursuivirent la conversation commencée, et elles y mirent de la verve et de la gaieté. Les voisins et les parents furent tous passés en revue une seconde fois, et mon imagination vit paraître un tel essaim d'oncles et de tantes, de cousins et de cousines, d'allants et de venants, d'hôtes et de compères, que je croyais me trouver dans le monde le plus vivant. Tous les membres de la famille m'avaient dit quelques mots; la mère m'observait chaque fois qu'elle entrait ou sortait : cependant Frédérique fut la première qui lia conversation avec moi; et, comme je pris et parcourus des cahiers de musique que je trouvais épars, elle me demanda si je jouais du clavecin. Sur ma réponse affirmative, elle me demanda de jouer quelque chose. Mais le père ne le voulut pas souffrir, soutenant qu'il convenait avant tout que l'hôte fût régalé d'un morceau de musique ou d'une chanson. Frédérique joua plusieurs morceaux avec quelque facilité, de la façon qu'on joue d'ordinaire à la campagne, et sur un clavecin que le maître d'école aurait dû accorder depuis longtemps, s'il en avait eu le loisir. Ensuite elle essaya de chanter une romance tendre et mélancolique, mais elle n'y réussit point. Elle se leva et dit en souriant, ou plutôt avec l'expression de gaieté sereine toujours empreinte sur son visage : « Si je chante mal, je ne puis en rejeter la faute sur le clavecin et sur le maître d'école : patience, quand nous serons là dehors, vous entendrez mes chansons suisses et alsaciennes, qui sont bien plus jolies. »

Pendant le souper, je fus occupé d'une idée qui m'avait déjà saisi auparavant, au point que j'en devins rêveur et muet, malgré la vivacité de la sœur aînée et la grâce de la cadette, qui m'arrachaient assez souvent à mes réflexions. Ma surprise était inexprimable, de me trouver si visiblement dans la famille du vicaire de Wakefield. Le père ne pouvait sans doute être comparé à cet homme excellent; mais où trouver son égal? En revanche, toute la dignité qui appartient à l'époux dans le roman se trouvait ici dans l'épouse. On ne pouvait la regarder sans éprouver un sentiment de respect et de crainte. On remarquait chez elle les traces d'une bonne éducation; ses manières étaient calmes, aisées, gracieuses, engageantes. Si la fille aînée n'avait pas la remarquable beauté d'Olivia, elle était pourtant bien faite, vive et un peu prompte; elle se montrait toujours active, et secondait en tout sa mère. Substituer Frédérique à Sophie Primerose n'était pas difficile, car le roman dit peu de chose de Sophie; on convient seulement qu'elle était aimable : Frédérique l'était réellement. Or, comme la même affaire, la même situation, partout où elle se présente, produit des effets semblables, sinon pareils, il se disait là, il se passait bien des choses qui s'étaient dites, qui s'étaient passées dans la famille de Wakefield; mais, lorsqu'enfin un fils, plus jeune que ses sœurs, annoncé depuis longtemps, et attendu avec impatience par le père, s'élança dans la chambre, et prit place hardiment auprès de nous, sans trop faire attention aux hôtes, je fus sur le point de m'écrier : « Moïse, te voilà aussi ! »

A table, la conversation agrandit la perspective de cette vie de village et de famille; on parla de plaisantes aventures qui étaient arrivées en divers lieux. Frédérique, qui était placée à côté de moi, en prit occasion de me décrire plusieurs endroits qu'il valait la peine de visiter. Une historiette en provoque toujours une autre, si bien que je pus alors me mêler plus facilement à la conversation et conter des histoires semblables; et, comme le bon vin du cru n'était point ménagé, je courais le risque de sortir de mon rôle : c'est pourquoi mon ami, plus prudent, prétexta le beau clair de lune pour proposer une promenade, qui fut acceptée aussitôt. Il offrit le bras à l'aînée, moi à la cadette, et nous parcourûmes ainsi les vastes campagnes, où le ciel étendu sur nos têtes frappait nos regards plus que la terre, qui se perdait au loin devant nous. Cependant les discours de Frédérique n'avaient rien du clair de lune; la transparence de son langage changeait la nuit en jour, et rien n'y annonçait ou n'y éveillait un sentiment: seulement ses discours se rapportaient plus à moi qu'auparavant, en ce qu'elle me présentait sa situation personnelle, ainsi que le pays et leurs amis du côté par lequel je devais apprendre à les connaître : car elle espérait, ajoutait-elle, que je ne ferais pas exception, et que je reviendrais les voir, comme l'avaient fait volontiers tous les étrangers qui étaient venus loger une fois chez eux.

Il m'était très-agréable d'écouter en silence la description qu'elle faisait du petit monde dans lequel elle vivait, et des personnes qu'elle estimait particulièrement. Elle me donna ainsi, de sa position, une idée claire et en même temps pleine de charme, qui me fit une impression très-singulière, car je sentis tout à coup un profond chagrin de n'avoir pas vécu plus tôt auprès d'elle, et en même temps un sentiment très-pénible et jaloux à l'égard de tous ceux qui avaient eu jusqu'alors le bonheur de l'entourer. J'observais avec une attention minutieuse, comme si j'en avais eu le droit, tous les hommes dont elle me faisait la peinture, qu'ils se présentassent sous le nom de voisins, de cousins ou de compères, et je dirigeais mes soupçons tantôt sur l'un, tantôt sur l'autre. Mais comment aurais-je découvert quelque chose, dans la complète ignorance où j'étais de toutes ses relations? Elle devint toujours plus causeuse, et moi plus silencieux. C'était si charmant de l'écouter! Et comme je ne faisais qu'entendre sa voix, tandis que les traits de son visage se voilaient, comme toute la nature, dans le crépuscule, il me semblait voir dans son cœur, que je devais trouver bien pur, quand il s'ouvrait devant moi dans un babil si naïf.

A peine mon camarade fut-il avec moi dans la chambre d'ami qu'on nous avait préparée, qu'il débita avec suffisance d'agréables plaisanteries, et se félicita hautement de la surprise qu'il m'avait faite d'une famille semblable à celle de Primerose. J'abondai dans son sens, et je lui en témoignai ma reconnaissance. « En vérité, s'écria-t-il, c'est toute l'histoire ! Cette famille peut fort bien se comparer à l'autre, et le monsieur déguisé peut se faire l'honneur de figurer, s'il lui plaît, M. Burchell. Au reste, comme les traîtres ne sont pas aussi nécessaires dans la vie ordinaire que dans les romans, je veux, pour cette fois, prendre le rôle du neveu, et me conduire mieux que lui. » Si agréable que fût pour moi ce sujet de conversation, je le quittai néanmoins sur-le-champ, et je demandai, avant tout, à Weyland de me dire en conscience s'il ne m'avait pas trahi. Il m'assura que non, et je dus le croire. « Ces dames, ajouta-t-il, l'avaient même questionné sur son plaisant commensal de Strasbourg, dont on leur avait conté tant de folies. » Je passai ensuite à d'autres questions. Avait-elle aimé? Aimait-elle? Était-elle promise? Il m'assura que non. « Vraiment, répliquai-je, un pareil enjouement, s'il est purement naturel, est inconcevable pour moi. Si elle avait aimé et souffert, et qu'elle se fût résignée, ou si elle était fiancée, dans l'un et l'autre cas, je pourrais le comprendre. » Nous causâmes ainsi une grande partie de la nuit, et pourtant j'étais déjà éveillé au point du jour. Je sentais un irrésistible désir de la revoir ; mais, en m'habillant, je fus épouvanté du maudit costume que je m'étais étourdiment choisi ; plus j'avançais dans ma toilette, plus je me trouvais ignoble, car tout était calculé pour cet effet. J'aurais pu à la rigueur venir à bout de ma coiffure ; mais, lorsqu'enfin je me serrai dans l'habit gris, râpé, que j'avais emprunté, et dont les courtes manches me donnaient l'air le plus bête, je fus pris d'un véritable désespoir, car je ne me voyais qu'en détail dans un petit miroir, et un côté me semblait toujours plus ridicule que l'autre.

Pendant cette toilette, mon ami s'était réveillé. Avec la satisfaction d'une bonne conscience et dans le sentiment d'une joyeuse espérance pour la journée, il regardait de dessous l'édredon de soie. J'avais depuis longtemps observé avec envie ses beaux vêtements, suspendus à une chaise, et, s'il eût été de ma taille, je les aurais emportés à son nez, je m'en serais habillé dehors, puis, courant au jardin, je lui aurais laissé ma maudite dépouille. Il se serait montré d'assez bonne humeur pour endosser mes habits, et la plaisanterie aurait eu dès le matin un joyeux dénoûment. Mais il n'y fallait pas penser, non plus qu'à un arrangement convenable quelconque. Dans ce costume, sous lequel mon ami avait pu me présenter comme un étudiant en théologie habile et appliqué, mais pauvre, reparaître devant Frédérique, qui avait parlé si amicalement la veille à ma personne travestie, c'était pour moi chose impossible. J'étais là, fâché et rêveur, appelant vainement à mon aide toute mon imagination : elle me laissait sans secours. Mais lorsque Weyland, étendu à son aise dans son lit, après m'avoir contemplé un moment, poussa tout à coup un bruyant éclat de rire, et s'écria : « Oh ! c'est vrai, tu as une drôle de mine ! » Je répliquai vivement : « Et je sais ce que je vais faire ! Adieu. Excuse-moi. — Es-tu fou ? » cria-t-il en sautant à bas du lit, et il voulait m'arrêter. J'étais déjà hors de la chambre, au bas de l'escalier, hors de la maison et de la cour, à l'auberge. En un clin d'œil mon cheval fut sellé, et, dans mon furieux dépit, je galopai jusqu'à Drousenheim, et au travers, et plus loin.

Quand je me crus en sûreté, j'allai plus lentement, et je commençai à sentir avec quel regret infini je m'éloignais. Toutefois je me résignais à mon sort; je me représentais avec le calme le plus grand la promenade de la veille, et je nourrissais la secrète espérance de revoir bientôt Frédérique. Mais ce sentiment paisible se changea bientôt en impatience, et je résolus de courir à Strasbourg, de changer d'habits, de prendre un bon cheval frais. Je pouvais bien, comme la passion me le persuadait, être de retour avant dîner, ou, plus vraisemblablement, pour le souper, ou, certainement, vers le soir, et obtenir mon pardon. J'allais donner de l'éperon à mon cheval pour exécuter ce projet, lorsqu'une autre idée, qui me parut très-heureuse, me traversa l'esprit. J'avais vu, la veille, dans l'auberge de Drousenheim, un fils de la maison très-proprement vêtu, qui, ce matin encore, livré à des occupations champêtres, m'avait salué de sa cour. Il était de ma taille et m'avait fait vaguement souvenir de moi. Sans hésiter, je tourne bride, et je suis bientôt à Drousenheim. Je mets mon cheval à l'écurie, et je propose tout uniment au jeune garçon de me prêter ses habits, parce que j'ai dans la tête un badinage pour Sesenheim. Je n'eus pas besoin d'achever : il accepta ma proposition avec joie, et m'approuva de vouloir divertir ces demoiselles. Elles étaient si gentilles et si bonnes, surtout mamselle Rique, et les parents aussi voyaient avec plaisir que tout allât gaiement chez eux. Il me regarda attentivement, et, comme il pouvait, sur mon accoutrement, me prendre pour un pauvre diable : « Si vous voulez, dit il, vous insinuer, c'est le bon moyen. »

Cependant nous étions déjà bien avancés dans le changement de costume, et, véritablement, il n'aurait pas dû me confier ses habits de fête en échange des miens, mais il n'était point soupçonneux, et puis il avait mon cheval dans son écurie. Je fus vite prêt et bien paré ; je me rengorgeais et mon compagnon parut contempler avec satisfaction son image. « Tôpe, monsieur mon frère! dit-il, en me tendant la main, dans laquelle je frappai fort; n'approchez pas trop de ma belle : elle pourrait s'y

tromper. » Mes cheveux étaient revenus à leur longueur ordinaire; je pus les partager à peu près comme les siens, et, après l'avoir de nouveau considéré, je trouvai plaisant d'imiter avec un bouchon de liége brûlé ses sourcils épais, de les rapprocher, et, dans mon projet énigmatique, de faire aussi de moi, à l'extérieur, une autre énigme. « N'avez-vous pas, lui dis-je, comme il me présentait son chapeau enrubanné, quelque commission pour la cure, afin que je puisse m'y présenter d'une manière naturelle ? — Fort bien, répondit-il, mais il vous faut attendre deux heures. Nous avons à la maison une accouchée : j'offrirai de porter le gâteau à madame la ministre[1], et vous le porterez. L'orgueil doit souffrir et le badinage aussi. »
Je résolus d'attendre; mais ces deux heures furent pour moi d'une longueur infinie, et je me consumais d'impatience, quand la troisième s'écoula avant que le gâteau sortît du four. Je le reçus enfin tout chaud, et, par le plus beau soleil, je partis avec ma lettre de créance, accompagné quelque temps par mon image, qui me promettait de m'apporter mes habits vers le soir; mais je refusai vivement et me réservai de lui reporter les siens.

Je n'avais pas fait beaucoup de chemin avec mon cadeau, que je portais dans une blanche serviette nouée, quand je vis de loin mon ami, qui venait de mon côté avec les deux jeunes personnes. Mon cœur se serra, ce qui ne cadrait pas avec ma jaquette. Je m'arrêtai, je repris haleine, et je réfléchis à ce que je devais faire. Tout à coup je remarquai que le terrain m'était très-favorable; car ils cheminaient sur l'autre bord du ruisseau, qui, avec les bandes gazonnées, à travers lesquelles il coulait, tenait les deux sentiers assez éloignés l'un de l'autre. Lorsqu'ils furent vis-à-vis de moi, Frédérique, qui m'avait aperçu depuis longtemps, me cria : « Georges, que portes-tu ? » J'eus la précaution de me cacher le visage avec mon chapeau, que j'ôtai, en levant en l'air la serviette et sa charge. « Un gâteau de baptême! reprit-elle. Comment se porte la sœur ? — Bien! lui dis-je, en prenant de mon mieux une prononciation alsacienne ou du moins contrefaite. — Porte-le à la maison, dit l'aînée, et, si tu ne trouves pas notre mère, donne-le à la servante. Mais

---

1. Provincialisme nécessaire pour rendre *die Frau Pfarrin*.

tu nous attendras, nous serons bientôt de retour, entends-tu?,
Je pressai le pas, joyeux et plein d'espérance que tout se passerait bien, puisque le commencement était heureux, et je fus bientôt à la cure. Je ne trouvai personne, ni dans la maison, ni à la cuisine. Je ne voulus pas distraire le pasteur, que je pouvais croire occupé dans son cabinet; j'allai donc m'asseoir sur le banc devant la porte, le gâteau à mon côté, et j'enfonçai mon chapeau sur mes yeux.

Je ne me rappelle guère de sensation plus agréable. Me revoir assis près du seuil que j'avais franchi quelques heures auparavant, comme désespéré; avoir déjà revu Frédérique, entendu de nouveau sa voix chérie, sitôt après que mon chagrin m'avait fait envisager une longue séparation; l'attendre elle-même à chaque instant, ainsi qu'une découverte qui me faisait battre le cœur, mais qui, dans cette situation équivoque, ne pouvait cependant me faire rougir; et puis, pour mon entrée, un trait aussi plaisant qu'aucun de ceux dont nous avions ri la veille! L'amour et la nécessité sont les meilleurs maîtres. Ils avaient agi, tous deux et je ne m'étais pas montré leur disciple indigne.

La servante sortit de la grange : elle approcha. « Eh bien, les gâteaux ont réussi? me cria-t-elle. Comment va la sœur? — Fort bien, » lui dis-je, et j'indiquai le gâteau sans lever les yeux. Elle prit la serviette, et dit en bougonnant : « Eh bien, qu'as-tu encore aujourd'hui? Barbette en a-t-elle encore regardé un autre? Ne nous en fais pas payer la peine. Ce sera un joli mariage, si ça continue! » Comme elle parlait assez haut, le pasteur se mit à la fenêtre, et demanda ce que c'était. Elle le mit au fait. Je me levai et me tournai vers lui, mais en me couvrant encore le visage avec mon chapeau. Lorsqu'il m'eut adressé quelques paroles bienveillantes, et qu'il m'eut engagé à rester, je me dirigeai vers le jardin, et j'allais y entrer, quand la mère, qui revenait par la porte de la cour, m'appela. Comme le soleil me donnait en plein dans la figure, je me servis encore une fois de l'avantage que le chapeau me donnait, et je lui tirai ma révérence; puis elle entra à la maison, après m'avoir invité à ne pas m'en aller sans avoir pris quelque chose. Alors je me promenai en long et en large dans le jardin. Jusque-là tout avait réussi parfaitement, mais je me sentais suffoquer, à la pensée que les jeunes gens arriveraient bientôt. Tout à coup la mère vint à moi, et allait m'adresser une question, quand elle me regarda au visage, et je ne pouvais plus le cacher. Elle eut la parole coupée. « Je cherche Georges, dit-elle après une pause, et qui trouvé-je? C'est vous, mon jeune monsieur? Combien de figures avez-vous donc? — Au sérieux, une seule, lui répondis-je; pour le badinage, autant que vous voudrez. — Je ne troublerai pas le vôtre, dit-elle en souriant. Passez derrière le jardin et dans le pré jusqu'à ce que midi sonne. Revenez alors : j'aurai préparé la plaisanterie. »

J'obéis; mais, lorsque j'eus passé les haies des jardins du village, et que je voulus entrer dans les prairies, quelques paysans s'avancèrent par le sentier, et me mirent dans l'embarras. Je tournai donc vers un bosquet, qui couronnait une éminence voisine, pour m'y cacher jusqu'au moment convenu. Mais quelle fut ma surprise, de trouver à l'entrée une jolie place avec des bancs, de chacun desquels on avait une vue charmante sur le pays! Ici, c'était le village et le clocher; là, Drousenheim, et, derrière, les îles boisées du Rhin; vis-à-vis, les montagnes des Vosges, et enfin la cathédrale de Strasbourg. Ces divers tableaux, rayonnants de lumière, étaient encadrés par les branches touffues, en sorte qu'on ne pouvait rien voir de plus charmant et de plus délicieux. Je m'assis sur un des bancs, et je remarquai, appliquée au plus gros des arbres, une longue planchette avec cette inscription : « Repos de Frédérique. » Je ne songeai point que je fusse peut-être venu pour troubler ce repos; car une passion naissante a cela de charmant, que, tout comme elle n'a pas conscience de son origine, elle ne peut non plus avoir aucune idée d'une fin; et comme elle se sent heureuse et sereine, elle ne saurait soupçonner qu'elle pourra bien aussi causer du mal.

J'avais eu à peine le temps de regarder autour de moi, et j'allais me perdre en de douces rêveries, quand j'entendis venir quelqu'un : c'était Frédérique elle-même. « Georges, que fais-tu là? s'écria-t-elle de loin. — Ce n'est pas Georges, lui répondis-je en courant à elle, mais quelqu'un qui vous demande mille fois pardon. » Elle me regarda avec étonnement; mais elle se remit aussitôt, et me dit avec un profond soupir : « Vilain homme!

que vous me faites peur! — Le premier déguisement m'a poussé au second, m'écriai-je. Le premier eût été impardonnable, si j'avais su un peu chez qui j'allais. Le second, vous me le pardonnerez certainement, puisque c'est la figure de gens que vous accueillez si bien. » Ses joues un peu pâles s'étaient colorées du plus beau rose. « Vous ne serez du moins pas plus maltraité que Georges. Mais allons nous asseoir, je vous avoue que la peur m'a saisie. » Je m'assis auprès d'elle, extrêmement ému. « Nous savons tout jusqu'à ce matin par votre ami, dit-elle : à présent racontez-moi la suite. » Je ne me le fis pas dire deux fois, et je lui peignis mon horreur de ma figure de la veille, ma fuite précipitée, d'une façon si comique, qu'elle en rit de bonne grâce et de tout son cœur. Je dis le reste d'un ton parfaitement réservé, et pourtant assez ému pour équivaloir à une déclaration d'amour sous forme historique.

Enfin je fêtai le plaisir de la retrouver par un baiser sur sa main, qu'elle laissa dans la mienne. Si elle avait fait, la veille, les frais de la conversation dans la promenade au clair de lune, je payai cette fois ma dette largement. Le plaisir de la revoir et de pouvoir lui dire tout ce que je cachais la veille était si grand, que, dans mon épanchement, je ne remarquai pas combien elle était elle-même pensive et silencieuse. Elle soupirait quelquefois profondément, et je lui demandai encore et encore pardon de la frayeur que je lui avais causée. Combien de temps nous restâmes assis, je ne saurais le dire, mais nous entendîmes tout à coup appeler : « Frédérique! Frédérique! » C'était la voix de sa sœur. « Cela fera une belle histoire, dit l'aimable jeune fille, revenue à toute sa gaieté. Elle vient de mon côté, ajouta-t-elle, en se penchant en avant pour me cacher à moitié. Détournez-vous, pour qu'on ne vous reconnaisse pas tout de suite. » La sœur entra dans la salle de verdure, mais non pas seule : Weyland était avec elle, et tous deux, à notre vue, restèrent comme pétrifiés.

Quand nous verrions une flamme s'élancer tout à coup d'un toit paisible, ou que nous rencontrerions un monstre dont la difformité serait à la fois effroyable et révoltante, nous ne serions pas saisis d'une horreur pareille à celle qui nous surprend, quand nous voyons de nos yeux inopinément une chose que nous aurions jugée moralement impossible. « Qu'est-ce que cela signifie? s'écria la sœur, avec la précipitation de l'effroi. Qu'est-ce que cela? Toi, avec Georges! la main dans la main! Explique-moi cela. — Chère sœur, répondit-elle, d'un air tout à fait circonspect, ce pauvre garçon me demande grâce; il a aussi des excuses à te faire, mais il faut lui pardonner d'avance. — Je ne comprends pas, je ne conçois pas, » dit la sœur en secouant la tête; et Weyland regardait, et restait là immobile, avec son calme ordinaire, observant la scène sans rien laisser paraître. Frédérique se leva et m'entraîna après elle. « N'hésitez pas! dit-elle. Que l'on demande pardon et que l'on pardonne! — Eh bien, oui! m'écriai-je en m'approchant de l'aînée. J'ai besoin de pardon! » Elle recula, poussa un cri et rougit vivement. Puis elle se jeta sur le gazon, et poussa des éclats de rire qui ne pouvaient finir. Weyland sourit avec satisfaction et s'écria : « Tu es un excellent garçon! » Ensuite il me prit la main et la secoua. D'ordinaire, il n'était pas libéral de caresses, mais son serrement de main avait quelque chose de vif et de cordial. Il en était d'ailleurs aussi économe.

Après nous être un peu remis et calmés, nous retournâmes au village. J'appris en chemin ce qui avait occasionné cette singulière rencontre. Frédérique avait fini par quitter les promeneurs pour se reposer un moment dans sa retraite avant le dîner, et, quand la sœur et Weyland furent de retour à la maison, la mère les avait envoyés appeler bien vite Frédérique, parce que le dîner était prêt. La sœur se montrait de la gaieté la plus vive, et, quand elle apprit que sa mère avait déjà découvert le secret, elle s'écria : « Maintenant il reste encore à attraper notre père, notre frère, le valet et la servante. » Quand nous fûmes à la haie du jardin, elle envoya en avant à la maison Weyland et Frédérique. La servante était occupée au jardin. Olivia (c'est ainsi que nous l'appellerons encore) lui cria d'attendre; qu'elle avait quelque chose à lui dire. Elle me laissa vers la haie et s'approcha de la jeune fille. Je vis qu'elle lui parlait d'un air très-sérieux. Olivia lui faisait croire que Georges s'était brouillé avec Barbe, et qu'il paraissait avoir envie de l'épouser. Cela ne déplut point à la fillette. Alors je fus appelé pour confirmer la chose. La jolie et robuste enfant baissa les yeux, et demeura ainsi jusqu'à ce que je fusse tout près d'elle. Mais, quand tout à coup elle vit la figure étrangère, à son tour elle poussa un grand cri et prit la fuite. Olivia me dit de courir après elle et de l'arrêter, pour l'empêcher de fuir à la maison et d'y faire du bruit. Elle y voulait aller elle-même, et voir où en était le père. En chemin, elle rencontra le valet, qui aimait la servante. « Juge un peu, quel bonheur ! lui crie Olivia : Barbe a son congé, et Georges épouse Lise ! — Je m'en doutais depuis longtemps, » dit le bon garçon, et il resta tout chagrin.

J'avais fait comprendre à la servante qu'il s'agissait uniquement d'attraper le papa. Nous courûmes après le valet, qui nous tournait le dos et cherchait à s'éloigner. Lise le rattrapa, et, lorsqu'il fut détrompé, il fit aussi les gestes les plus drôles. Nous entrâmes ensemble à la maison. Le dîner était servi, et le père était déjà dans la chambre. Olivia, qui me tenait derrière elle, s'avança sur le seuil et dit : « Père, tu voudras bien que Georges dîne avec nous aujourd'hui ? Seulement, il faut que tu lui permettes de garder son chapeau. — Qu'à moi ne tienne, dit le père. Mais pourquoi cette précaution extraordinaire ? S'est-il blessé ? » Elle me fit avancer comme j'étais, le chapeau sur la tête. « Non pas, ajouta-t-elle, en me conduisant dans la chambre : c'est qu'il a, dessous, une nichée d'oiseaux, qui pourraient s'envoler et faire un bruit de démons, car ce sont de malins oiseaux. » Le père prit bien le badinage, sans trop savoir ce qu'il voulait dire. A ce moment, elle m'ôta mon chapeau, fit la révérence, et m'enjoignit d'en faire autant. Le père me regarda, me reconnut, mais il ne sortit pas de sa contenance pastorale. « Hé ! hé ! monsieur le candidat, dit-il, en levant un doigt menaçant, vous avez bien vite changé de profession, et, dans l'espace d'une nuit, je perds un aide qui m'avait promis hier fidèlement de monter quelquefois en chaire pour moi dans la semaine. » Là-dessus il rit de bon cœur, me souhaita la bienvenue et nous nous mîmes à table. Moïse arriva beaucoup plus tard. Comme le plus jeune et l'enfant gâté, il avait pris l'habitude de ne pas entendre la cloche de midi. D'ailleurs il faisait peu d'attention à la société, même lorsqu'il contredisait. Pour le mieux tromper, on m'avait placé, non pas entre les sœurs, mais au bout de la table, où Georges se plaçait quelquefois.

Lorsqu'il entra, par derrière moi, il me donna une vigoureuse tape sur l'épaule, en disant : « Georges, bon appétit! — Grand merci, mon jeune monsieur, » lui répondis-je. La voix, la figure étrangères le saisirent. « Qu'en dis-tu? s'écria Olivia. Ne trouves-tu pas qu'il ressemble parfaitement à son frère? — Mais oui, par derrière, comme à tout le monde, » répliqua Moïse, qui sut d'abord se remettre. Il ne me regarda plus, uniquement occupé qu'il était d'avaler à la hâte les mets qu'il avait à rattraper. Ensuite il lui plaisait de se lever de table par moments et de se donner quelque besogne dans la cour et le jardin. Au dessert, le véritable Georges survint, et il anima encore plus toute la scène. On voulut le railler sur sa jalousie et le blâmer de s'être donné en moi un rival; mais il ne manquait ni de réserve ni d'adresse, et, avec une demi-étourderie, il mêla sa personne, sa fiancée, son jumeau et les mamselles, de telle sorte qu'on ne savait plus à la fin de qui il était question, et qu'on fut très-heureux de le laisser en paix boire un verre de vin et manger une tranche de son gâteau.

Après dîner, on parla de faire une promenade, ce qui n'allait pas avec mes habits de paysan. Mais, dès le matin, quand les dames eurent appris qui était le personnage qui avait pris la route si précipitamment, elles s'étaient souvenues qu'un de leurs cousins avait laissé dans l'armoire une belle polonaise, qu'il avait coutume de mettre pour aller à la chasse, quand il était à Sesenheim. Je la refusai cependant par toutes sortes d'excuses bouffonnes, mais, au fond, parce que ma vanité ne voulait pas détruire, dans le rôle de cousin, la bonne impression que j'avais produite comme paysan. Le père s'était retiré pour faire sa méridienne; la mère était, comme toujours, occcupée du ménage : l'ami me demanda de conter une histoire et j'y consentis sur-le-champ. Nous nous rendîmes sous un berceau spacieux, et je débitai le conte que j'ai écrit plus tard sous le titre de la *Nouvelle Mélusine* [1]. Ce conte est au *Nouveau Paris* [2] à peu près ce que le jeune homme est à l'enfant, et je lui ferais ici une place, si je ne craignais pas de nuire par les jeux bizarres de l'imagination à la réalité et à la simplicité champêtres,

---

[1]. Tome VII, page 317. — [2]. Voyez plus haut, page 43.

qui nous environnent ici de leurs charmes. Il suffira de dire que j'obtins le succès auquel peuvent prétendre les inventeurs et les conteurs de pareilles productions : je sus éveiller la curiosité, captiver l'attention, provoquer la solution prématurée d'énigmes impénétrables, tromper l'attente, embarrasser, en mettant à la place de l'étrange des choses plus étranges encore, exciter la compassion et la frayeur, inquiéter, émouvoir, enfin satisfaire le sentiment, en transformant la gravité apparente en un spirituel et riant badinage, et laisser à l'imagination la matière de nouvelles peintures et à l'esprit celle de nouvelles réflexions.

Si plus tard quelqu'un lisait ce conte imprimé, et doutait qu'il ait pu produire un effet pareil, qu'il veuille réfléchir que la véritable mission de l'homme est d'agir dans le présent. Écrire est un abus du langage; la lecture isolée est un triste pis aller du discours. C'est au moyen de sa personnalité que l'homme agit sur l'homme avec toute sa puissance, et, principalement, la jeunesse sur la jeunesse. Là se développent aussi les effets les plus purs. Ce sont eux qui animent le monde et qui le préservent de mort physique ou morale. J'avais hérité de mon père une certaine faconde didactique, de ma mère le don d'exprimer vivement et gaiement tout ce que l'imagination peut saisir et produire, de rajeunir des fables connues, d'en inventer et d'en conter de nouvelles, d'inventer même en racontant. L'héritage paternel me rendait le plus souvent incommode en compagnie : en effet, quel homme écoutera volontiers les opinions et les sentiments d'un autre, et surtout ceux d'un jeune homme, dont le jugement, vu les lacunes de l'expérience, paraît toujours insuffisant? Ma mère, au contraire, m'avait doté richement pour le plaisir de la société. Le conte le plus frivole a déjà pour l'imagination un grand charme, et le fonds le plus léger est reçu par l'esprit avec reconnaissance.

Avec ces peintures, qui ne me coûtaient rien, je me faisais aimer des enfants; j'animais et je réjouissais la jeunesse, et j'attirais sur moi l'attention des personnes âgées. Mais, au milieu de la société, comme elle est faite en général, je dus bientôt renoncer à ces exercices, et, par là, je n'ai que trop perdu pour la jouissance de la vie et le libre développement de l'esprit. Quoi qu'il en soit, ces deux facultés héréditaires m'ont accompagné pendant toute ma carrière, associées à une troisième, le besoin de m'exprimer par figures et par emblèmes. En considérant ces qualités, que l'ingénieux et profond docteur Gall reconnaissait en moi d'après sa doctrine, il assurait que j'étais né pour être orateur populaire. Cette découverte ne me causa pas une petite frayeur, car, si elle était fondée, comme il ne se trouve dans mon pays aucun champ pour la parole, quoi que j'eusse d'ailleurs entrepris, j'aurais manqué ma vocation.

TROISIÈME PARTIE.

On a pourvu à ce que les arbres ne s'élèvent pas jusqu'au ciel.

LIVRE XI.

Après que j'eus achevé dans ce berceau mon conte, où l'ordinaire alternait assez agréablement avec l'impossible, je vis mes auditrices, qui m'avaient paru y prendre jusque-là un intérêt tout particulier, enchantées au plus haut point de mon singulier récit. Elles me prièrent instamment de leur écrire ce conte, afin de pouvoir le relire souvent entre elles et de le lire à d'autres. Je le promis d'autant plus volontiers que j'espérais m'assurer par là un prétexte à répéter ma visite et l'occasion de faire plus intime connaissance. La société se sépara un moment, et chacun sentait, je crois, qu'après une journée si vive, la soirée pourrait être un peu languissante. Mon ami m'ôta ce souci en demandant pour nous la permission de prendre congé sur-le-champ : comme étudiant appliqué et régulier, il désirait passer la nuit à Drousenheim, et se trouver le lendemain de bonne heure à Strasbourg.

Nous gagnâmes notre gîte en silence; moi, parce que je me sentais dans le cœur un hameçon qui me tirait en arrière, lui, parce qu'il avait dans l'esprit une autre idée, dont il me fit part dès notre arrivée. « C'est singulier, dit-il, que tu sois justement tombé sur ce conte! As-tu remarqué qu'il faisait une impression toute particulière? — Sans doute! Comment n'aurais-je pas remarqué qu'à certains endroits, l'aînée riait plus que de raison, que la cadette secouait la tête, que vous vous adressiez des regards significatifs, et que tu semblais prêt à perdre contenance? J'avoue que j'ai failli en être déconcerté, car je me suis figuré qu'il n'était peut-être pas convenable de conter à ces bonnes jeunes filles de telles balivernes, qu'il vaudrait mieux leur laisser ignorer, et de leur donner des hommes des idées aussi mauvaises que celles qu'elles doivent se former nécessairement d'après la figure de l'aventurier. — Nullement, répliqua-t-il, tu ne devines pas. Et comment devinerais-tu? Ces bonnes jeunes filles ne sont pas si ignorantes de ces choses que tu le crois; car la nombreuse société qui les entoure leur donne lieu de faire bien des réflexions, et il existe justement, au delà du Rhin, un couple tel que tu l'as dépeint, mais avec l'exagération du conte. Le mari est grand, robuste et pesant, la femme si mignonne et si délicate, qu'il pourrait la porter sur la main. Le reste de leur histoire s'accorde à tel point avec ton récit que les jeunes filles m'ont demandé sérieusement si tu connaissais ces personnes, et si c'est par malice que tu en as fait la peinture. Je leur ai assuré que non, et tu feras bien de ne pas écrire ton conte. Avec des délais et des prétextes nous trouverons une excuse. » Je fus bien surpris, car je n'avais eu en vue aucun couple de la rive gauche ou de la rive droite; je n'aurais même pas su dire comment cette idée m'était venue. J'aimais à occuper ma pensée de ces badinages, sans aucune allusion, et je croyais qu'il devait en être de même de mes auditeurs.

Revenu dans la ville à mes études, je les trouvai plus pénibles qu'auparavant, car l'homme né pour l'activité entreprend trop de choses et se surcharge de travaux : cela réussit parfaitement jusqu'à ce qu'un obstacle physique ou moral survienne, pour rendre manifeste la disproportion des forces et de l'entreprise. Je poursuivais mes études de droit avec l'application nécessaire pour être en état de prendre mes degrés avec quelque honneur. La médecine m'attirait, parce qu'elle me dévoilait ou du moins me montrait la nature sous toutes ses faces, et l'habitude et mon entourage m'enchaînaient à cette étude. Je devais aussi à la société une part de mon temps et de mon attention, car j'avais eu avec plusieurs familles des rapports aussi doux qu'honorables. Mais j'aurais porté et continué tout cela, si Herder ne m'avait imposé un fardeau qui me pesait outre mesure. Il avait déchiré le rideau qui cachait à mes yeux la pauvreté de la littérature allemande; il avait détruit impitoyablement mes préjugés; je ne voyais plus dans le ciel de ma patrie qu'un petit nombre d'étoiles marquantes, car il traitait toutes les autres de lueurs passagères; il avait même tellement réduit ce que je pouvais attendre et présumer de moi, que je commençais à désespérer de mes forces. Toutefois il m'entraînait en même temps sur la route large et belle qu'il se disposait lui-même à parcourir; il attirait mon attention sur ses auteurs favoris, parmi lesquels Swift et Hamann étaient au premier rang, et il me secouait plus fortement qu'il ne m'avait abaissé. A ces diverses causes de trouble venait s'ajouter une passion naissante, qui, en menaçant de m'absorber, pouvait bien me distraire de cette situation, mais non me la faire surmonter. De plus, je souffrais d'un mal corporel: après le repas, je me sentais la gorge comme étranglée, et je ne fus délivré de cette gêne que plus tard, mais très-aisément, en renonçant à un vin rouge que nous buvions d'ordinaire et très-volontiers dans notre pension. Cette incommodité insupportable m'avait aussi quitté à Sesenheim, en sorte que je m'y trouvais doublement heureux. Quand je retournais à mon régime de la ville, elle revenait aussitôt, à mon vif chagrin. Tout cela me rendait rêveur et morose, et mon extérieur répondait sans doute à l'état de mon âme.

Plus chagrin que jamais, parce que mon mal m'avait pris violemment en sortant de table, j'assistais au cours de clinique. La sérénité, la bonne humeur, avec laquelle notre maître vénéré nous conduisait d'un lit à l'autre, son exacte observation des symptômes marquants, ses jugements sur la marche générale de la maladie, sa belle méthode hippocratique, par laquelle, sans théorie, se développaient de son expérience propre les formes de la science; les discours par lesquels il terminait d'ordinaire ses leçons: tout cela m'attirait vers lui, et me rendait plus cher et plus intéressant un domaine étranger, dans lequel je ne portais la vue, pour ainsi dire, que par un jour dérobé. Mon horreur des malades diminuait insensiblement, à mesure que j'apprenais à transformer ces situations en idées, par lesquelles apparaissaient comme possibles la guérison, le rétablissement de la figure et de l'être humain. Il m'avait sans doute observé particulièrement, comme un jeune homme bizarre, et m'avait pardonné la singulière anomalie qui m'attirait à ses leçons. Cette fois, il ne termina pas son exposition comme à l'ordinaire par une instruction qui eût rapport à quelqu'une des maladies observées, mais il nous dit gaiement : « Messieurs, nous avons devant nous quelques jours de vacances : profitez-en pour vous divertir. Les études veulent sans doute de l'ardeur et du zèle; mais elles veulent aussi un esprit libre et serein. Donnez à votre corps du mouvement, parcourez à pied et à cheval ce beau pays. L'Alsacien reverra avec plaisir ce qu'il connaît, et l'étranger y trouvera des impressions nouvelles, avec un trésor d'agréables souvenirs. »

Nous n'étions proprement que deux à qui cette exhortation pouvait s'adresser. Puisse cette ordonnance avoir eu pour mon camarade la même évidence que pour moi! Je crus entendre une voix du ciel. Je me hâtai de louer un cheval, et de m'habiller proprement. Je fis appeler Weyland : il n'était pas chez lui. Cela ne m'arrêta point. Malheureusement les préparatifs tirèrent en longueur, et je ne partis pas aussitôt que je l'avais espéré. J'eus beau presser mon cheval, la nuit me surprit. Je ne pouvais me tromper de route, et la lune éclairait ma fougueuse entreprise. La nuit était orageuse et sombre ; je poussais mon cheval au galop, afin de n'être pas obligé d'attendre au lendemain matin pour voir Frédérique. Il était déjà tard, quand je logeai mon cheval à Sesenheim. Je demandai à l'aubergiste s'il y avait encore de la lumière à la cure : il m'assura que les demoiselles venaient seulement de rentrer; il croyait avoir ouï dire qu'elles attendaient un étranger. Cela me fâcha, car j'aurais désiré être le seul. Je courus, voulant du moins, si tard qu'il fût, arriver le premier. Je trouvai les deux sœurs assises devant la porte. Elles ne semblèrent pas trop surprises, mais, moi, je le fus quand Frédérique dit à l'oreille d'Olivia, de façon toutefois que je pus l'entendre : « Ne l'ai-je pas dit? C'est lui! » Elles me firent entrer, et je trouvai une petite collation servie. La mère me salua comme une vieille connaissance. Mais quand l'aînée me vit à la lumière, elle éclata de rire, car elle avait de la peine à se contenir. Après cette réception un peu singulière, la conversation devint tout de suite franche et gaie, et, ce qui me resta caché le soir, je l'appris le lendemain. Frédérique avait prédit que je viendrais : et qui ne sent pas quelque satisfaction à voir se réaliser un présage, même fâcheux ? Tous les pressentiments que l'événement confirme donnent à l'homme une plus haute idée de lui-même; qu'il se puisse croire une sensibilité assez délicate pour être affecté d'un rapport éloigné, ou assez pénétrante pour apercevoir des enchaînements nécessaires, mais incertains. Les rires d'Olivia me furent aussi expliqués : elle avoua qu'elle avait trouvé fort plaisant de me voir cette fois paré et bien équipé. Frédérique aima mieux ne pas attribuer cette toilette à la vanité, et y voir plutôt le désir de lui plaire.

De bon matin, elle me proposa une promenade. La mère et la sœur étaient occupées à tout préparer pour recevoir une nombreuse compagnie. Je passai à côté de l'aimable jeune fille une de ces magnifiques matinées du dimanche à la campagne, telles que l'inestimable Hébel nous les a représentées. Elle me dépeignit la société qu'on attendait, et me pria de la seconder, afin que tous les divertissements fussent, autant que possible, pris en commun et dans un certain ordre. « Le plus souvent, dit-elle, on se disperse; les jeux et les amusements ne sont goûtés qu'à la volée, en sorte qu'il ne reste plus à la fin, pour une partie de la société, qu'à prendre les cartes, et, pour l'autre, qu'à se livrer à la danse avec frénésie. » Nous traçâmes donc notre plan, ce qu'on ferait avant et après le dîner; nous nous enseignâmes l'un à l'autre de nouveaux jeux de société; nous étions d'accord et satisfaits, quand la cloche nous appela à l'église, où je ne trouvai pas trop long, assis à côté de Frédérique, un sermon un peu sec du papa.

Le voisinage de ceux qu'on aime abrége toujours le temps : néanmoins cette heure s'écoula pour moi au milieu de réflexions particulières. Je passai en revue les avantages que Frédérique venait de déployer si ingénument devant moi, sa sérénité prudente, sa naïveté réfléchie, sa gaieté prévoyante, qualités qui semblent inconciliables, mais qui se trouvaient réunies chez elle, et qui donnaient à sa personne le plus charmant caractère. Cependant j'avais aussi à faire sur moi-même de sérieuses réflexions, qui étaient plutôt de nature à troubler ma gaieté. Depuis qu'une jeune fille passionnée avait maudit et sanctifié mes lèvres (car toute consécration renferme l'un et l'autre), je m'étais gardé, assez superstitieusement, d'embrasser aucune jeune fille, de peur d'exercer sur elle quelque influence fatale. Je surmontais donc tout désir par lequel un jeune homme se sent pressé de ravir à une charmante jeune fille cette faveur, qui dit tant ou si peu de choses. Mais, au sein même de la société la plus décente, une épreuve pénible m'attendait. Ces petits jeux, plus ou moins spirituels, par lesquels est rassemblée et réunie une jeune et joyeuse société, reposent en grande partie sur des gages, dans le rachat desquels les baisers jouent un rôle assez grand. J'avais résolu, une fois pour toutes, de ne pas donner de baisers, et comme une privation ou un obstacle excite chez nous une activité à laquelle nous n'aurions pas été disposés sans cela, je mis en œuvre tout ce que j'avais de bonne humeur et d'adresse pour me tirer d'affaire, de manière à y gagner plutôt que d'y perdre aux yeux de la société et pour elle. Si, pour le rachat d'un gage on demandait des vers, le plus souvent c'était à moi qu'on s'adressait. J'étais toujours prêt, et, dans ces occasions, je savais produire quelque chose à la louange de la maîtresse de la maison ou d'une dame qui avait été particulièrement aimable avec moi. S'il arrivait qu'un baiser me fût imposé, je cherchais à m'en tirer par un faux-fuyant, dont on se contentait également, et, comme j'avais eu le temps d'y penser, je ne manquais pas de trouver quelque gentillesse: cependant l'impromptu était toujours ce qui réussissait le mieux.

Quand nous revînmes à la maison, les hôtes, arrivés de divers côtés, prenaient déjà confusément leurs joyeux ébats; Frédérique les rassembla, les invita à faire une promenade et les conduisit dans sa jolie retraite. On y trouva une ample collation, et, en attendant l'heure du dîner, les jeux de société commencèrent. D'accord avec Frédérique, qui pourtant ne soupçonnait pas mon secret, je sus arranger et mener jusqu'au bout des jeux sans gages et des rachats de gages sans baisers. Mon adresse et mon habileté m'étaient d'autant plus nécessaires, que la société, qui m'était d'ailleurs tout à fait étrangère, eut bientôt soupçonné une intelligence entre l'aimable jeune fille et moi, et se donnait malicieusement toute la peine possible pour m'imposer ce que je tâchais secrètement d'éviter. Car, dans ces assemblées, si l'on remarque une inclination naissante entre deux jeunes gens, on cherche à les embarrasser ou à les rapprocher davantage, tout comme, dans la suite, quand une passion s'est déclarée, on s'efforce de les éloigner l'un de l'autre, car il est tout à fait indifférent à l'homme du monde de servir ou de nuire, pourvu qu'il s'amuse.

Dans cette matinée, je pus observer avec quelque attention tout le caractère de Frédérique, en sorte que je la vis toujours la même. Déjà les salutations amicales des paysans, adressées à elle de préférence, donnaient à entendre qu'elle était bienfaisante pour eux et qu'ils étaient réjouis à sa vue. L'aînée aidait sa mère dans la maison; ce qui exigeait des efforts corporels, on ne le demandait pas à Frédérique; on l'épargnait, disait-on, à cause de sa poitrine. Il y a des femmes qui nous plaisent mieux dans la maison; il y en a d'autres qui sont mieux en plein air. Frédérique était de celles-ci. Ses manières, sa tournure, ne paraissaient jamais plus ravissantes que lorsqu'elle cheminait sur un haut sentier: la grâce de son maintien semblait rivaliser avec la terre fleurie, l'inaltérable sérénité de son visage avec le ciel azuré. Ce délicieux éther qui l'entourait, elle le portait avec elle au logis, et l'on remarquait bientôt qu'elle savait lever les embarras et effacer aisément les impressions des petits incidents désagréables.

La joie la plus pure que l'on puisse éprouver au sujet d'une personne aimée est de voir qu'elle charme les autres. En société, la conduite de Frédérique était généralement bienfaisante. A la promenade, comme un esprit vivifiant, elle voltigeait çà et là, et savait combler les vides qui pouvaient se faire quelque part. J'ai déjà signalé la légèreté de ses mouvements; elle était surtout ravissante quand elle courait. Comme le chevreuil semble accomplir sa destinée quand il vole sur les moissons naissantes, elle semblait aussi exprimer plus clairement sa façon d'être quand elle s'élançait, d'une course légère, à travers les prairies, pour aller querir un objet oublié, chercher une chose perdue, rappeler un couple écarté. Cependant elle n'était jamais hors d'haleine, et restait dans un parfait équilibre : aussi la vive inquiétude de ses parents pour sa poitrine devait-elle sembler exagérée.

Le père, qui nous accompagnait quelquefois dans les champs et les prairies, était souvent mal associé : je me joignais donc à lui, et il ne manquait pas de reprendre son thème favori. m'entretenant avec détail de la reconstruction projetée du presbytère. Il se plaignait surtout de ce que les plans, tracés avec soin, ne lui étaient pas rendus, afin qu'il pût les étudier et réfléchir à telle ou telle réparation. Je lui fis observer qu'il était facile de les remplacer, et j'offris mes services pour faire un tracé, ce qui était, pour le moment, l'essentiel. Il accepta avec plaisir; le maître d'école m'aiderait à prendre les mesures nécessaires, et le pasteur courut l'avertir aussitôt de tenir pour le lendemain matin la toise prête.

Quand il se fut éloigné, Frédérique me dit : « Vous êtes bien bon d'entretenir le faible de mon père, et de ne pas faire comme les autres, qui, lassés de cette conversation, le fuient ou changent de discours. Je dois vous avouer pourtant que, nous autres, nous ne désirons point de bâtisse. Elle coûterait trop cher à la paroisse et à nous aussi: nouvelle maison, nouveaux meubles. Nos hôtes ne s'en trouveraient pas mieux; ils sont accoutumés à la vieille maison. Nous pouvons les y traiter largement. Dans la maison neuve nous serions à l'étroit avec plus de place. Voilà la chose comme elle est, mais ne laissez pas d'être obligeant: je vous en remercie de tout mon cœur. »

Une jeune personne s'approcha de nous, et, ayant parlé de divers romans, demanda à Frédérique si elle les avait lus. Frédérique répondit que non. En général, elle avait peu lu; elle avait grandi et s'était formée en jouissant gaiement et innocemment de la vie. J'étais sur le point de nommer le *Vicaire de Wakefield*, mais je n'osai le lui offrir : la ressemblance des situations était trop frappante et trop significative. « J'aime beaucoup à lire les romans, dit-elle, on y trouve des gens tout aimables, auxquels on voudrait bien ressembler. »

Le lendemain, eut lieu le mesurage de la maison. L'opération fut assez lente, car je n'y étais pas plus habile que le maître d'école. Enfin nous arrivâmes à une esquisse passable. Le bon père me dit son projet, et ne fut pas fâché de me voir prendre congé pour aller exécuter le plan à la ville plus commodément. Frédérique me congédia le cœur joyeux. Elle était sûre de mon amour comme je l'étais du sien, et six lieues ne nous semblaient pas une distance. On pouvait bien aisément venir à Drousenheim par la diligence, et, par cette voiture, comme par des messagers, ordinaires et extraordinaires, entretenir la correspondance. Georges devait nous servir de facteur.

Arrivé à la ville, comme il n'était plus question pour moi de longs sommeils, je m'occupai dans mes heures matinales du plan, que je dessinai avec tout le soin possible. Cependant j'avais envoyé des livres à Frédérique, et j'y avais joint un petit billet amical. Je reçus sa réponse sur-le-champ, et je fus charmé de son écriture, légère, jolie et familière. Les idées et le style étaient également naturels, bons, aimables, sincères. Ainsi fut entretenue et renouvelée l'agréable impression qu'elle avait faite sur moi. Je n'avais que trop de plaisir à me représenter les avantages de cet être charmant, et je nourrissais l'espérance de la revoir bientôt pour un plus long temps. Je n'avais plus besoin des exhortations du bon professeur. Ses paroles m'avaient guéri à propos si radicalement, que je n'avais plus guère envie de le revoir, lui et ses malades. Ma correspondance avec Frédérique devint plus vive. Elle m'invita à une fête où devaient se trouver aussi des amis d'outre-Rhin. Je devais m'équiper pour un temps plus long. Je chargeai donc la diligence d'une grosse valise, et, en quelques heures, je me vis près de Frédérique. Je trouvai une nombreuse et joyeuse société. Je pris à part le père ; je lui montrai le plan, dont il témoigna une grande joie. Je lui fis part des idées qui m'étaient venues pendant mon travail. Il était transporté de plaisir; il loua particulièrement la propreté du dessin. Je m'y étais exercé dès mon enfance, et, cette fois, j'avais pris le plus beau papier et je m'étais appliqué d'une façon toute particulière. Mais le plaisir de notre bon hôte fut bientôt troublé, lorsque, dans la joie de son cœur, il montra, contre mon avis, le plan à la société. Bien loin de témoigner l'intérêt qu'il désirait, les uns ne firent aucune attention à ce précieux travail ; les autres, qui croyaient y entendre quelque chose, firent pis encore : ils condamnèrent le projet, comme n'étant pas conforme aux règles de l'art, et, dans un moment où le vieillard fut distrait, ils traitèrent ces jolies feuilles comme des brouillons, et l'un d'eux traça à coups de crayon si durs, sur le papier délicat, ses projets de correction, qu'on ne pouvait songer à lui rendre sa première propreté.

Le pasteur fut vivement affligé de voir son plaisir si outrageusement anéanti, et je pus à peine le consoler en lui protestant que j'avais regardé moi-même ces feuilles comme de simples ébauches, sur lesquelles nous voulions nous entendre et faire de nouveaux dessins. En dépit de tout cela, il s'éloigna fort mécontent, et Frédérique ne me remercia pas moins de mon attention pour son père que de la patience avec laquelle je souffrais la malhonnêteté de leurs hôtes. Pour moi, je ne connaissais ni chagrin ni douleur auprès d'elle. La société se composait de jeunes gens assez bruyants, qu'un vieux monsieur s'efforçait encore de surpasser, proposant des choses plus folles que les autres n'en exécutaient. Dès le déjeuner, on n'avait pas épargné le vin ; au dîner, qui fut très-bien servi, on se livra à tous les plaisirs de la table, avec un appétit aiguisé par l'exercice qu'on avait pris par une chaleur assez forte, et, si le vieux bailli avait un peu dépassé les bornes de la tempérance, la jeunesse n'était pas restée trop en arrière.

Je goûtais auprès de Frédérique un bonheur infini ; j'étais expansif, joyeux, spirituel, et pourtant contenu par le sentiment, le respect et l'affection. Frédérique, de son côté, se montrait ouverte, gaie, amicale et communicative. Nous paraissions ne vivre que pour la société, et nous vivions uniquement l'un pour l'autre. Après dîner, on chercha l'ombre. Les jeux de société commencèrent, et les jeux à gages eurent leur tour. Quand il s'agit de retirer les gages, on fit mille folies. Les gestes qu'on demanda, les actes qu'il fallut accomplir, les tâches dont il fallut s'acquitter, tout témoignait une gaieté sans bornes et sans frein. J'excitai moi-même ces badinages fous par mes bouffonneries ; Frédérique brilla par de piquantes saillies. Elle me parut plus aimable que jamais. Tous mes rêves hypocondres, superstitieux, étaient évanouis, et, quand l'occasion se présenta d'embrasser tendrement ma bien-aimée, je n'hésitai pas, et je me refusai moins encore la répétition de ce plaisir.

On attendait la musique, et ce désir fut enfin satisfait ; elle se fit entendre et tout le monde courut à la danse. Les allemandes, les valses, furent le commencement, le milieu et la fin. Tous étaient exercés à ces danses nationales. De mon côté, je fis assez honneur à mes secrètes institutrices, et Frédérique, qui dansait comme elle marchait, sautait et courait, fut charmée de trouver en moi un cavalier très-exercé. Nous dansâmes presque toujours ensemble, mais nous dûmes bientôt nous arrêter, parce qu'on l'exhortait de toutes parts à ne pas s'échauffer davantage. Notre dédommagement fut une promenade solitaire, la main dans la main, et, dans la place secrète, l'embrassement le plus tendre et la plus fidèle assurance d'un ardent amour.

Les personnes âgées, qui avaient quitté le jeu, nous entraînèrent avec elles. Pendant la collation du soir, on ne se posséda pas davantage. On dansa fort tard, et les santés, comme les autres invitations à boire, firent aussi peu défaut qu'au dîner.

J'eus à peine dormi quelques heures d'un profond sommeil, qu'un sang échauffé et bouillonnant m'éveilla. C'est dans ces heures et ces situations, que le souci, le repentir, ont coutume de saisir l'homme, couché sans défense. Mon imagination me présenta soudain les plus vives peintures. Je vois Lucinde, après le plus ardent baiser, s'éloigner de moi hors d'elle-même ; les joues brûlantes, les yeux étincelants, elle prononce l'imprécation qui semble ne menacer que sa sœur, et par laquelle, sans le savoir, elle menace des femmes étrangères, innocentes. Je vois Frédérique devant elle, glacée d'horreur à son aspect, pâle, et ressentant les suites de cette imprécation qu'elle ignore. Je me trouve entre elles, aussi peu en état de prévenir l'effet moral de cette aventure que d'éviter ce baiser, présage de malheur. La santé délicate de Frédérique paraissait hâter le mal dont elle était menacée, et maintenant son amour pour moi me semblait funeste : j'aurais voulu être bien loin. Mais je ne veux pas dissimuler ce qu'il y avait encore de plus douloureux pour moi au fond de tout cela. Une certaine vanité entretenait chez moi cette superstition. Mes lèvres, consacrées ou maudites, me semblaient avoir acquis une puissance nouvelle, et je n'avais pas éprouvé une médiocre satisfaction dans le sentiment de ma retenue, quand je me refusais d'innocents plaisirs, soit pour conserver ce magique privilége, soit pour ne pas nuire à l'innocence en le sacrifiant. Maintenant tout était perdu irrévocablement : j'étais revenu à un état ordinaire; je croyais avoir nui à la plus aimable créature, lui avoir fait un tort irréparable, et cette malédiction, au lieu de s'éloigner de moi, était tombée de mes lèvres sur mon cœur. Tout cela faisait bouillonner mon sang enflammé par l'amour et la passion, le vin et la danse; cela troublait ma pensée, tourmentait mon cœur, et, surtout avec le contraste des plaisirs de la veille, je sentais un désespoir qui semblait sans bornes. Heureusement la lumière du jour brilla à travers une fente des volets, et, surmontant toutes les puissances de la nuit, le soleil levant me remit sur pied; je fus bientôt en plein air et promptement apaisé, si non tout à fait remis.

La superstition, comme tant d'autres chimères, perd aisément de sa force, lorsque, au lieu de flatter notre vanité, elle la traverse, et veut faire passer à cette délicate personne une heure désagréable. Nous voyons alors très-bien que nous pouvons nous délivrer de la superstition aussitôt qu'il nous plaît: nous y renonçons d'autant plus facilement, que tout ce que nous lui retranchons tourne à notre avantage. La vue de Frédérique, le sentiment de son amour, la gaieté de son entourage, tout me reprochait d'avoir pu, au milieu des plus heureux jours, héberger chez moi de si tristes oiseaux de nuit. Je croyais les avoir chassés pour jamais. Les manières toujours plus amicales et plus familières de l'aimable jeune fille me comblaient de joie, et je me trouvai bien heureux quand, cette fois, au moment de partir, elle me donna, comme aux autres amis et parents, un baiser devant tout le monde.

Je trouvai à la ville beaucoup d'affaires et de distractions, auxquelles je me dérobais souvent pour revenir à ma bien-aimée par une correspondance désormais régulière. Dans ses lettres, elle se montrait encore la même. Qu'elle racontât quelque nouvelle, ou qu'elle fît allusion à des événements connus, qu'elle traçât une peinture légère ou une réflexion en passant, à son style, on croyait toujours la voir aller et venir, courir et sauter, d'une marche sûre et légère. De mon côté, j'aimais beaucoup à lui écrire; car, à me représenter ses charmes, je sentais mon amour croître même pendant l'absence, tellement que cet entretien le cédait peu à une conversation véritable, et me fut même dans la suite plus agréable et plus cher.

Ma superstition avait fini par céder tout à fait. Elle se fondait, il est vrai, sur des impressions d'enfance, mais l'esprit du temps, la fougue de la jeunesse, la fréquentation de personnes froides et raisonnables, tout lui était contraire, au point qu'il ne se serait pas trouvé peut-être, parmi mes connaissances, une seule personne à qui l'aveu de ma chimère n'eût semblé parfaitement ridicule. Mais, le plus fâcheux, c'est que cette rêverie, en se dissipant, faisait place à une appréciation véritable de la situation dans laquelle se trouvent toujours les jeunes gens dont les inclinations précoces ne peuvent se promettre un résultat durable. J'avais si peu gagné à me tirer d'erreur, que la raison et la réflexion me tourmentaient davantage encore dans cette circonstance. Ma passion croissait à mesure que j'apprenais à mieux connaître le mérite de l'excellente Frédérique, et le temps approchait où je devais peut-être perdre pour toujours tant de grâce et de bonté.

Notre liaison avait continué quelque temps de la sorte, agréable et paisible, quand notre ami Weiland eut la malice d'apporter à Sesenheim le *Vicaire de Wakefield* et de me le présenter à l'improviste, comme si de rien n'était, quand il fut question de faire une lecture. Je sus me posséder, et je lus avec autant d'aisance et d'enjouement qu'il me fut possible. Les physionomies de mes auditeurs s'épanouirent aussi sur-le-champ, et il ne leur sembla nullement désagréable de se voir de nouveau obligés à faire une comparaison. S'ils avaient trouvé des ressemblances comiques à Raimond et à Mélusine, ils se voyaient cette fois eux-mêmes dans un miroir qui n'enlaidissait point. On ne se l'avoua pas expressément, mais on ne dissimulait pas qu'on se trouvait là en famille pour l'esprit et pour le cœur.

Toutes les bonnes natures sentent, à mesure qu'elles sont plus cultivées, qu'elles ont dans ce monde deux rôles à remplirplir, l'un réel, l'autre idéal, et c'est dans ce sentiment qu'il faut chercher la base de toute noblesse. Quel rôle réel nous est tombé en partage, nous ne l'apprenons que trop clairement par l'expérience : il est rare que nous soyons éclairés sur le second. Que l'homme cherche sa plus haute destination sur la terre ou dans le ciel, dans le présent ou dans l'avenir, il reste par là exposé intérieurement à une fluctuation perpétuelle, extérieurement, à une influence constamment perturbatrice, jusqu'à ce qu'il ait pris une bonne fois la résolution de reconnaître que le bien est ce qui se trouve à sa mesure.

Parmi les tentatives les plus excusables pour se rattacher, pour s'égaler, à quelque chose de plus élevé, on peut ranger l'inclination des jeunes gens à se comparer avec des personnages de roman. Elle est tout à fait inoffensive et, quoi qu'on puisse dire, tout à fait innocente; elle nous occupe dans un temps où nous serions condamnés à périr d'ennui ou à chercher des passe-temps passionnés. Combien de fois n'a-t-on pas répété la litanie des maux que font les romans! Et quel mal y a-t-il à ce qu'une jolie jeune fille, un agréable jeune homme, se mettent à la place d'un personnage plus heureux ou plus malheureux qu'eux-mêmes? La vie bourgeoise est-elle donc si considérable, ou les besoins journaliers absorbent-ils un homme si complétement, qu'il doive écarter toute noble aspiration? Il faut considérer sans doute comme de petits rejetons de ces fictions poétiques et romanesques les noms de baptême poétiques et historiques, qui ont pénétré dans l'Église allemande à la place de ceux des saints, et assez souvent en dépit des ecclésiastiques qui administrent le baptême. Il est louable aussi en lui-même, le penchant d'un père à anoblir son enfant par un nom sonore, et cette association d'un monde imaginaire avec le monde réel répand même sur toute la vie de la personne un agréable éclat. Une belle enfant, que nous nommons Berthe avec plaisir, nous croirions l'offenser, si nous devions la nommer Urselblandine. Assurément un pareil nom s'arrêterait sur les lèvres d'un homme bien élevé, et bien plus encore sur celles d'un amant. Laissons un monde froid et exclusif juger ridicule et blâmable toute manifestation de la fantaisie: le sage, qui connaît les hommes, doit savoir l'estimer à sa valeur. Cette comparaison, à laquelle un fripon les avait contraints, eut les suites les plus agréables pour la position des deux amants sur la belle rive du Rhin. On n'arrête pas la pensée sur soi, quand on se regarde au miroir, mais on se sent et l'on s'accepte. Il en est de même de ces images morales dans lesquelles on reconnaît, comme dans une esquisse, et l'on s'efforce de saisir et d'embrasser, avec une tendresse fraternelle, ses mœurs et ses inclinations, ses habitudes et ses particularités. —

On s'accoutuma de plus en plus à être ensemble. On ne savait plus voir en moi qu'un ami de la famille. On laissait aller les choses, sans trop se demander ce qui en résulterait. Et quels parents ne se trouvent pas obligés de laisser ainsi quelque temps leurs filles et leurs fils dans une situation flottante, jusqu'à ce qu'un hasard les établisse pour la vie, mieux que n'aurait pu faire un plan longuement combiné! On croyait pouvoir se fier entièrement aux sentiments de Frédérique aussi bien qu'à ma loyauté, dont on s'était fait une idée favorable, à cause de la réserve singulière avec laquelle j'évitais même des caresses innocentes. On nous laissait sans surveillance, selon l'usage du temps et du pays, et nous étions libres de parcourir la contrée en compagnie, petite ou grande, et de visiter les amis du voisinage. En deçà et au delà du Rhin, à Haguenau, à Fort-Louis, à Philippsbourg, à Ortenau, je trouvai dispersées les personnes que j'avais vues réunies à Sesenheim, partout des hôtes bienveillants, qui nous ouvraient volontiers leurs cuisines et leurs caves, leurs jardins et leurs vignes, enfin toute la campagne. Les îles du Rhin furent souvent aussi le but de nos promenades. Là nous mettions sans pitié dans la poêle, sur le gril, dans la graisse bouillante, les froids habitants du fleuve limpide, et nous nous serions peut-être établis plus longtemps que de raison dans les cabanes hospitalières des pêcheurs, si les abominables mouches du Rhin ne nous avaient pas chassés au bout de quelques heures. Cet insupportable fléau d'une des plus belles parties de plaisir, où tout nous avait réussi, où la tendresse des amants semblait croître avec l'heureux succès de l'entreprise, m'arracha, en présence du bon pasteur, quand nous fûmes rentrés à la maison trop tôt, sottement et à contre-temps, des discours blasphématoires, et j'assurai que ces moucherons seuls pourraient m'ôter la pensée qu'un Dieu sage et bon ait créé le monde. Le pieux vieillard me rappela sérieusement à l'ordre, et m'expliqua que ces mouches et toute espèce de vermine n'étaient nées qu'après la chute de nos premiers parents, ou que, s'il y en avait dans le paradis, elles ne faisaient que bourdonner doucement et ne piquaient point. Je me sentis apaisé sur-le-champ, car nous parvenons toujours à calmer un homme en colère quand nous réussissons à le faire sourire. Je lui assurai cependant que l'ange armé du glaive flamboyant n'était point nécessaire pour chasser du jardin les époux coupables, et je lui demandai la permission de me figurer que les grands moucherons du Tigre et de l'Euphrate auraient bien suffi. Par là je le fis rire à mon tour; car le bon pasteur entendait la plaisanterie ou du moins la laissait passer.

Mais toutes les heures du jour, toutes les saisons, dans ce pays magnifique, procuraient des jouissances plus sérieuses et plus sublimes. Il suffisait de se livrer à la sensation du moment, pour goûter, à côté de la bien-aimée ou dans son voisinage, la clarté du ciel pur, l'éclat de la terre féconde, ces tièdes soirées, ces douces nuits. Durant des mois entiers, nous eûmes des matinées pures, éthérées, ravissantes, où le ciel se montrait dans toute sa magnificence, après avoir abreuvé la terre d'une abondante rosée. Et pour que ce spectacle ne devînt pas trop uniforme, des nuages s'amoncelaient souvent sur les montagnes lointaines, tantôt d'un côté, tantôt de l'autre. Ils restaient des jours, des semaines, sans troubler le ciel pur, et même les orages passagers rafraîchissaient la campagne, embellissaient la verdure, qui, tout humide encore, brillait de nouveau aux rayons du soleil. Le double arc-en-ciel, les bordures bicolores d'un ruban céleste, d'un gris sombre, presque noir, étaient plus magnifiques, plus colorés, mais aussi plus fugitifs que je ne les ai observés nulle part. Dans ces circonstances, se réveilla à l'improviste ma verve poétique, depuis longtemps endormie. Je composai pour Frédérique bien des chansons sur des airs connus; elles auraient formé un joli petit volume : il n'en est resté qu'un petit nombre. On les reconnaîtra aisément parmi les autres.

Comme j'étais souvent rappelé à la ville par mes singulières études et par d'autres affaires, notre tendresse en prenait une nouvelle vie, qui nous préservait de tous les désagréments, conséquences fâcheuses qui accompagnent d'ordinaire ces petits commerces d'amour. Éloignée de moi, elle travaillait pour moi, et méditait quelque nouvelle récréation pour mon retour ; éloigné d'elle, je m'occupais pour elle, afin de lui paraître nouveau par un nouveau don, une nouvelle idée. Les rubans peints étaient alors à la mode ; je lui en peignis aussitôt quelques-uns, et je les lui envoyai avec une petite poésie, ayant dû rester cette fois à la ville plus longtemps que je ne l'avais supposé. Pour tenir aussi au père, au delà de mon engagement, la promesse que je lui avais faite d'un nouveau plan, je persuadai à un jeune architecte de travailler à ma place. Aussi charmé de la commission que plein d'obligeance pour moi, il fut encore plus excité par l'espérance de trouver un bon accueil dans une si agréable famille. Il exécuta le plan, l'élévation et la coupe de la maison : la cour et le jardin ne furent pas oubliés ; il y ajouta une estimation détaillée, mais très-modérée, afin de présenter comme facile et praticable l'exécution d'une grande entreprise.

Ces témoignages de nos tentatives amicales nous valurent la plus gracieuse réception, et le bon père, voyant que nous étions parfaitement disposés à le servir, exprima un autre vœu : c'était de voir décorée de fleurs et d'autres ornements sa chaise, qui était jolie, mais d'une seule couleur. Nous assurâmes que nous étions à ses ordres. On fit acheter chez les droguistes des villes voisines les couleurs, les pinceaux et les autres choses nécessaires. Mais, afin qu'il n'y manquât pas une mésaventure à la manière de Wakefield, quand, à force de peine, nous eûmes tout couvert de peintures bigarrées, nous finîmes par nous apercevoir que nous avions pris un mauvais vernis, qui ne voulait pas sécher : soleil et courant d'air, température humide ou sereine, tout fut inutile. Il fallut, dans l'intervalle, se servir d'un vieux véhicule, et il ne nous resta plus qu'à gratter la décoration avec plus de peine que nous ne l'avions peinte. Le désagrément de ce travail s'augmenta encore des instances des jeunes filles, qui nous suppliaient de procéder lentement et avec précaution pour ménager le fond, qui, après cette opération, ne put recouvrer son premier poli. Cependant ces petits incidents désagréables nous troublèrent aussi peu dans notre vie sereine que le révérend Primerose et son aimable famille; des joies inattendues arrivaient à nous, à nos amis et à nos voisins; on se communiquait mutuellement et l'on fêtait ensemble mariages et baptêmes, achèvement d'une bâtisse, héritages, gains à la loterie. Nous jouissions ensemble de tous les plaisirs, comme d'un bien commun, et nous savions les rehausser par l'esprit et l'amour. Ce ne fut pas la première ni la dernière fois que je me trouvai au sein d'une famille dans le moment de sa plus belle floraison, et, si j'ose me flatter d'avoir contribué en quelque chose à l'éclat de ces moments, je dois, en revanche, me reprocher de les avoir par là même précipités et fait plus tôt disparaître.

Mais notre amour eut encore une étrange épreuve à subir. Je dis une épreuve, et ce n'est pourtant pas le mot propre. La champêtre famille avec laquelle je m'étais lié avait à la ville des parents honorables et vivant dans l'aisance. Les jeunes gens de ces familles s'étaient rendus souvent à Sesenheim. Les personnes âgées, les tantes et les mères, moins allantes, entendaient dire tant de choses de la vie qu'on y menait, de la grâce croissante des jeunes filles et même de mon influence, qu'elles voulurent d'abord me connaître, et, après que je leur eus fait de nombreuses visites et que j'eus reçu d'elles aussi un bon accueil, elles demandèrent de nous voir tous ensemble, d'autant plus qu'elles croyaient devoir offrir à leur tour l'hospitalité à leurs amis de Sesenheim. La négociation fut longue. Il était difficile à la mère de quitter son ménage; Olivia avait horreur de la ville, pour laquelle elle n'était pas faite; Frédérique ne se sentait pour elle aucune inclination; et la chose traîna en longueur, jusqu'à ce qu'enfin elle fut résolue, parce qu'il me devint impossible de me rendre de quinze jours à la campagne, et qu'on aima mieux se voir à la ville, avec quelque contrainte, que de ne pas se voir du tout. Ainsi donc mes jeunes amies, que j'étais accoutumé à voir sur une scène champêtre; elles, dont l'image ne m'était jusqu'alors apparue que sur un fond de rameaux vacillants, de ruisseaux mobiles, de prairies ondoyantes, entourées d'un immense horizon : je les vis alors, pour la première fois, dans des chambres de ville, spacieuses, il est vrai, mais enfin je les vis en lieu clos, en rapport avec des tapis, des glaces, des pendules et des magots de porcelaine.

La relation qui nous lie avec ceux que nous aimons est si prononcée, que l'entourage signifie peu de chose ; mais le cœur demande que ce soit l'entourage convenable, naturel, accoutumé. Tout ce qui est présent m'affecte d'une manière si vive, que j'eus d'abord de la peine à me faire aux discordances du moment. La tenue décente, noble et tranquille de la mère convenait parfaitement pour cette société ; elle ne se distinguait pas des autres femmes. Olivia, au contraire, se montrait impatiente comme un poisson sur la rive. De même qu'elle m'appelait d'ordinaire dans le jardin, ou qu'elle m'attirait à l'écart dans la campagne, quand elle avait à me dire quelque chose de particulier, ici, elle suivait ses habitudes ; elle m'entraînait dans l'embrasure d'une fenêtre ; elle le faisait avec embarras et maladresse, parce qu'elle sentait que la chose n'était pas convenable, et pourtant elle la faisait. C'était pour me dire la chose la plus insignifiante du monde, tout ce que je savais déjà : qu'elle souffrait horriblement, qu'elle voudrait être au bord du Rhin, au delà du Rhin, même en Turquie. En revanche, Frédérique, dans cette situation, était extrêmement remarquable. A vrai dire, ce milieu ne lui convenait pas non plus, mais ce qui témoignait en faveur de son caractère, c'est qu'au lieu de se conformer à cette situation, elle modelait sans le savoir la situation sur elle. Ce qu'elle était pour la société à la campagne, elle l'était aussi à la ville. Elle savait animer chaque moment sans gêner personne, elle savait tout mettre en mouvement, et, par là même, elle mettait à l'aise la société, qui n'est proprement gênée que par l'ennui. De la sorte, elle remplissait parfaitement le désir de ses tantes, qui avaient voulu assister une fois, de leur canapé, à ces jeux et ces amusements champêtres. Frédérique avait-elle satisfait à leur désir, elle examinait et admirait sans envie la garderobe, les parures et les belles toilettes des cousines de la ville, habillées à la française. Elle n'était pas moins à son aise avec moi et me traitait comme toujours. Elle semblait ne me donner d'autre préférence que de m'adresser ses désirs et ses vœux plutôt qu'à un autre et de me reconnaître par là comme son serviteur.

Un des jours suivants, elle réclama ces services avec assurance, et me dit à part que ces dames désiraient m'entendre lire. Les demoiselles de la maison avaient beaucoup parlé de la chose, car, à Sésenheim, je lisais ce qu'on voulait et quand on voulait. Je fus bientôt prêt : seulement, je réclamai quelques heures de calme et d'attention. On les promit, et, dans une soirée, je lus sans interruption Hamlet tout entier, en me pénétrant du sens de la pièce autant que je sus faire, et en m'exprimant d'une manière vive et passionnée, comme il est donné à la jeunesse. Je recueillis beaucoup de louanges. Frédérique avait de temps en temps poussé de profonds soupirs, et une rougeur fugitive avait coloré ses joues. Ces deux symptômes d'un cœur tendre et agité, sous une sérénité et une paix apparentes, ne m'échappèrent point, et c'était l'unique récompense que j'avais souhaitée. Elle recueillit avec joie les remercîments qu'on lui adressa pour m'avoir décidé à lire, et, avec sa grâce accoutumée, elle ne se refusa pas la petite satisfaction d'avoir brillé en moi et par moi.

Cette visite à la ville ne devait pas durer longtemps, mais le départ fut retardé. Frédérique fit ce qu'elle put pour amuser la société ; je m'employai aussi de mon mieux. Mais les abondantes ressources qu'on trouve sans cesse à la campagne tarirent bientôt à la ville, et la situation devint d'autant plus pénible que peu à peu la sœur aînée perdit toute contenance. Elles étaient les seules de la société qui fussent habillées à l'allemande. Frédérique ne s'était jamais imaginée autrement, et se croyait partout assez bien comme cela : elle ne se comparait point ; mais Olivia trouvait insupportable de se montrer ainsi en habits de servante dans une société si distinguée. A la campagne, elle remarquait à peine chez les autres la toilette de la ville ; elle ne la désirait point : à la ville, elle ne pouvait souffrir celle de la campagne. Tout cela, joint aux autres avantages des demoiselles de la ville, à mille bagatelles d'un monde tout opposé, fermenta à tel point, pendant quelques jours, dans son cœur passionné, que je dus lui témoigner toutes les attentions les plus caressantes pour l'apaiser selon le vœu de Frédérique. Je craignais une scène passionnée. Je voyais le moment où elle se jetterait à mes pieds, pour me conjurer, par tout ce qu'il y a de plus saint, de l'arracher à cette situation. Elle était d'une bonté céleste, quand elle pouvait se conduire à sa manière : mais une pareille contrainte la mettait d'abord mal à son aise et pouvait enfin la pousser au désespoir. Je cherchai donc à accélérer ce que la mère et Olivia désiraient et ce qui n'était pas désagréable à Frédérique. Je ne manquai pas de louer sa conduite opposée à celle de sa sœur; je lui dis combien je me félicitais de la trouver toujours la même, et, dans cet entourage encore, aussi libre que l'oiseau sous la ramée. Elle me répondit avec grâce que j'étais là, et qu'elle ne demandait rien de plus quand j'étais auprès d'elle. Enfin je les vis partir et mon cœur fut bien soulagé, car j'avais partagé les impressions de Frédérique et celles d'Olivia; je n'éprouvais pas, il est vrai, autant d'angoisses que l'une, mais j'étais loin de me sentir aussi à mon aise que l'autre.

Comme j'étais venu proprement à Strasbourg pour prendre mes degrés, c'était assurément une des irrégularités de ma vie, que je considérasse cette affaire essentielle comme un accessoire. Je m'étais fort aisément délivré du souci de l'examen : il fallait maintenant songer à la thèse, car, en partant de Francfort, j'avais promis à mon père et je m'étais fermement proposé d'en écrire une. C'est le défaut de ceux qui ont des aptitudes diverses et même marquées, de se croire capables de tout, et il faut même que telles soient les dispositions de la jeunesse, pour qu'elle arrive à quelque chose. J'avais acquis une idée générale de la jurisprudence et de tout son ensemble; je trouvais assez d'intérêt à quelques parties de la science, et, prenant pour modèle le brave Leyser, je croyais pouvoir me tirer d'affaire avec mon petit bon sens. Il se produisait de grands mouvements dans la jurisprudence; il fallait surtout juger selon l'équité; tous les droits coutumiers étaient journellement menacés, et une grande révolution était surtout imminente dans le droit criminel. Je sentais bien que, pour remplir cette topique juridique que je m'étais faite, il me manquait infiniment de choses; je n'avais pas le savoir véritable, et aucune direction intérieure ne me portait vers ces matières. Je manquais aussi d'impulsion extérieure, et même je m'étais vu entraîner vers une tout autre faculté. En général, pour trouver de l'intérêt à une chose, il fallait que je pusse en tirer quelque avantage; j'avais besoin d'y découvrir un point de vue qui me parût fécond et qui offrît des perspectives. C'est ainsi que j'avais remarqué quelques sujets, que j'avais même recueilli des notes. Je pris donc mes extraits; je réfléchis encore à ce que je voulais affirmer, au plan d'après lequel j'ordonnerais les détails, et je travaillai ainsi quelque temps. Mais je sus bientôt m'apercevoir que je ne pouvais réussir; que, pour traiter un sujet particulier, il fallait aussi une application particulière et soutenue, et qu'on ne pouvait même en venir à bout heureusement, si l'on n'était pas maître dans l'ensemble ou du moins premier ouvrier.

Les amis auxquels je confiai mon embarras me trouvèrent ridicule, parce qu'on pouvait aussi bien, et mieux encore, disputer sur des thèses que sur un traité. A Strasbourg, la chose n'avait rien du tout d'extraordinaire. J'inclinais fort pour cet expédient; mais mon père, à qui j'écrivis à ce sujet, demanda un travail régulier, qu'à son avis j'étais bien capable de faire, si je le voulais et si je prenais le temps nécessaire. Je fus donc forcé de me jeter dans quelque matière générale, et de choisir quelque chose qui me fût familier. L'histoire ecclésiastique m'était peut-être plus connue que l'histoire générale, et je m'étais toujours vivement intéressé au conflit dans lequel l'Église, le culte publiquement reconnu, se trouvent et se trouveront constamment engagés d'un côté et de l'autre. Car l'Église est en lutte perpétuelle soit avec l'État, au-dessus duquel elle veut s'élever, soit avec les individus, qu'elle veut tous rassembler dans son sein. D'un autre côté, l'État ne veut pas lui accorder la suprématie, et les individus s'opposent à son droit de contrainte. L'État ne se propose que des fins générales, publiques; l'individu, des fins particulières, affectueuses, sentimentales. J'avais été, dès mon enfance, témoin de pareils mouvements, où le clergé se brouillait, tantôt avec ses supérieurs, tantôt avec la paroisse. Aussi m'étais-je confirmé dans mon opinion de jeune homme, que l'État, le législateur, a le droit d'établir un culte, auquel le clergé doit conformer son enseignement et sa conduite, et les laïques toute leur vie extérieure et publique, sans qu'on eût d'ailleurs à s'occuper des pensées et des sentiments de chacun. Par là, je croyais avoir mis fin d'un seul coup à toutes les collisions. Je choisis donc pour ma thèse la première partie de ce thème, savoir que le législateur n'est pas seulement autorisé mais obligé à établir un certain culte, dont les ecclésiastiques, non plus que les laïques ne peuvent se séparer. Je traitai cette question d'une manière soit historique soit raisonnée, et je faisais voir que toutes les religions publiques avaient été établies par des conquérants, des rois et des hommes puissants, et que cela était vrai même de la religion chrétienne. L'exemple du protestantisme était même tout près. Je traitai mon sujet d'autant plus hardiment qu'à proprement parler, je n'écrivais ma thèse que pour contenter mon père, et mon espoir, mon désir le plus vif, était que la censure ne la laisserait point passer. Je tenais toujours de Behrisch une horreur insurmontable de me voir imprimé, et ma liaison avec Herder m'avait trop clairement révélé mon insuffisance; j'en avais même contracté une certaine défiance de moi-même, qui était alors à son comble.

Comme je tirai ce travail presque entièrement de mon cerveau et que j'écrivais et parlais le latin couramment, je passai très-agréablement le temps que je consacrai à cette dissertation. La chose avait du moins quelque fondement; le style, au point de vue oratoire, n'était pas mal; l'ensemble avait une certaine rondeur. Aussitôt que je fus au bout, je relus mon travail avec un bon latiniste, qui, sans pouvoir améliorer l'ensemble du style, fit disparaître d'une main légère toutes les fautes choquantes, en sorte qu'il en résulta quelque chose qui pouvait se produire. J'en fis parvenir aussitôt une belle copie à mon père, qui n'approuva pas, il est vrai, qu'aucun des sujets entrepris auparavant n'eût été achevé, mais qui, en bon protestant, applaudit à l'audace de mon entreprise. Mes étrangetés furent souffertes, mes efforts loués, et il se promit de la publication de ce petit ouvrage un excellent effet.

Je présentai mon travail à la faculté, qui, par bonheur, montra autant de sagesse que d'obligeance. Le doyen, homme habile et vif, commença par donner à mon travail de grands éloges; il passa ensuite aux points délicats, qu'il sut insensiblement présenter comme dangereux, et il finit par conclure qu'il serait peut-être imprudent de publier ce travail comme dissertation académique. L'aspirant s'était montré à la faculté comme un jeune homme qui savait penser, et de qui elle pouvait concevoir les meilleures espérances; elle voulait bien, pour ne pas retarder l'affaire, me permettre de disputer sur des thèses. Plus tard, je pourrais publier ma dissertation, en latin ou dans une autre langue, telle qu'elle était ou avec de nouveaux développements. Comme simple particulier et comme protestant, la chose me serait partout facile, et je recueillerais alors une approbation plus générale et plus pure. J'eus de la peine à cacher au brave homme combien je me sentais le cœur soulagé par son conseil. À chaque nouvel argument qu'il présentait pour ne pas m'affliger ou me fâcher par son refus, je me sentais plus à l'aise, et lui-même aussi à la fin, quand il vit, contre son attente, que je n'opposais rien à ses raisons, qu'au contraire je les trouvais tout à fait évidentes, et que je promis de me conduire en tout selon ses avis et ses directions. Je recommençai à travailler avec mon répétiteur. Des thèses furent choisies et imprimées, et la dispute, où nos convives me servirent d'opposants, se passa d'une manière fort gaie et même assez folle. Ma vieille habitude de feuilleter le *Corpus juris* m'y fut une grande ressource, et je pus passer pour un homme bien instruit. Un joyeux banquet termina, selon l'usage, la solennité.

Cependant mon père fut très-mécontent que cet opuscule n'eût pas été tout de bon imprimé comme thèse, parce qu'il avait espéré qu'à mon retour à Francfort, cela me ferait honneur. Il voulait donc le voir publier, mais je lui représentai que le sujet était simplement esquissé, et qu'il avait besoin de nouveaux développements. Dans ce dessein, il garda soigneusement le manuscrit, et, bien des années après, je le retrouvai parmi ses papiers.

Je fus reçu docteur le 6 août 1771. Le lendemain Schœpflin mourut dans sa soixante quinzième année. Sans que je l'eusse approché, il avait exercé sur moi une influence marquée : car les hommes éminents, nos contemporains, se peuvent comparer aux étoiles de première grandeur, vers lesquelles, aussi longtemps qu'elles se trouvent sur l'horizon, notre œil se dirige, et se sent fortifié et ennobli, quand il lui est permis de recevoir en lui de telles perfections. La nature libérale avait donné à

Schœpflin un extérieur avantageux, une taille élancée, des yeux caressants, une parole facile : enfin toute sa personne était parfaitement agréable. La nature n'avait pas non plus dispensé d'une main avare à son favori les dons de l'intelligence, et, sans qu'il eût fait des efforts pénibles, ses succès furent la conséquence de talents naturels, paisiblement développés. Il était de ces hommes heureux qui sont enclins à réunir le passé et le présent, qui savent rattacher aux intérêts actuels les connaissances historiques. Né dans le duché de Bade, élevé à Bâle et à Strasbourg, il appartenait proprement à ce paradis qu'on nomme la vallée du Rhin, comme à une patrie vaste et bien située. Voué aux matières d'histoire et d'archéologie, il les saisissait vivement avec une heureuse imagination, et les retenait à l'aide de la plus facile mémoire. Désireux, comme il l'était, d'apprendre et d'enseigner, il poursuivit du même pas ses études et sa vie. Il se distingue, et il excelle bientôt sans interruption d'aucune sorte; il se répand avec facilité dans le monde littéraire et dans la vie civile : car les connaissances historiques arrivent partout, et l'affabilité s'attache partout. Il voyage en Allemagne, en Hollande, en France, en Italie; il entre en rapport avec tous les savants de son temps ; il converse avec les princes, et c'est seulement quand il prolonge par ses vives causeries les heures de la table et de l'audience qu'il est incommode aux courtisans. En revanche, il gagne la confiance des hommes d'État ; il rédige pour eux les déductions les plus solides, et trouve partout un théâtre pour ses talents. En beaucoup de lieux on désire le fixer, mais il reste fidèle à Strasbourg et à la cour de France. Là aussi, on reconnaît son inaltérable loyauté allemande; on le protége même contre le puissant préteur Kinglin, son ennemi secret. Sociable et communicatif par nature, il se répand dans le monde comme dans la science et les affaires, et l'on aurait peine à comprendre où il trouvait tout ce temps, si l'on ne savait pas que son invariable éloignement pour les femmes lui a fait gagner bien des heures et des jours que leurs amis dissipent avec bonheur.

Au reste, comme écrivain, il appartient à la chose publique, et comme orateur à la foule. Ses programmes, ses discours et ses allocutions sont voués au jour particulier, à la solennité actuelle; son grand ouvrage, *Alsatia illustrata*, appartient lui-même à la vie, car il évoque le passé, il rafraîchit des figures décolorées, il fait revivre la pierre taillée, sculptée; il remet devant les yeux, dans l'esprit du lecteur des inscriptions effacées, morcelées. C'est ainsi que son activité remplit l'Alsace et le voisinage; il conserve dans le pays de Bade et le Palatinat, jusqu'à son plus grand âge, une influence non interrompue; il fonde à Manheim l'académie des sciences, et il en reste président jusqu'à sa mort.

Je n'ai approché de cet homme éminent que dans une nuit où nous lui donnâmes une sérénade aux flambeaux. Nos torches répandaient plus de fumée que de clarté dans la cour du vieux bâtiment claustral ombragée de tilleuls. Quand la musique eut cessé son vacarme, il descendit, se mêla parmi nous, et là il était vraiment à sa place. Ce joyeux vieillard, à la taille élancée et bien prise, se présenta devant nous avec dignité, sans gêne et sans contrainte, et nous fit l'honneur de nous adresser, avec une grâce paternelle, un discours bien pensé, sans aucune trace d'effort et de pédantisme, si bien que nous étions assez flattés, dans le moment, de nous voir traités par lui comme les rois et les princes, qu'il était souvent appelé à haranguer publiquement. Nous fîmes éclater à grand bruit notre joie; les trompettes et les timbales retentirent une seconde fois, et l'aimable et intéressante plèbe universitaire se dispersa, pour rentrer chez elle avec une satisfaction secrète.

Ses disciples et ses émules, Koch et Oberlin, m'approchèrent davantage de leur personne. Mon goût pour les restes de l'antiquité était extrême. Ils me montrèrent plusieurs fois le musée, qui renfermait en nombre les pièces justificatives du grand ouvrage de Schœpflin sur l'Alsace. Je n'avais appris à connaître cet ouvrage qu'après la promenade où j'avais trouvé sur place des antiquités, et dès lors, parfaitement préparé, je pus, dans mes excursions, grandes et petites, me représenter la vallée du Rhin comme une possession romaine, et me retracer, en veillant, bien des songes du temps passé.

J'eus à peine fait quelques progrès dans cette carrière, que Oberlin attira mon attention sur les monuments du moyen âge, et me fit faire connaissance avec les ruines et les restes, les sceaux et les documents qui subsistent encore; il chercha même à m'inspirer du goût pour les minnesinger et les poëtes épiques. J'eus beaucoup d'obligations à cet excellent homme, de même qu'à M. Koch; et, si les choses avaient été selon leur volonté et leur désir, je leur aurais dû ma fortune. Voici ce qui arriva :

Schœpflin, qui avait toujours vécu dans la haute sphère du droit public, et qui connaissait bien la grande influence que cette étude et les études voisines doivent procurer dans les cours et les cabinets à un homme capable, sentait une répugnance insurmontable, injuste, pour la condition du légiste, et il avait inspiré les mêmes sentiments à ses disciples. Koch et Oberlin, amis de Salzmann, lui avaient demandé avec bienveillance des informations sur moi. Ils appréciaient plus que moi-même mon ardeur à saisir les objets extérieurs, la manière dont je savais en faire valoir les avantages et leur prêter un intérêt particulier ; ils n'avaient pas manqué d'observer la faible, je puis dire, la chétive attention que je donnais au droit civil; ils me connaissaient suffisamment pour savoir combien il était facile de me déterminer ; je n'avais d'ailleurs point dissimulé mon goût pour la vie universitaire, et ils eurent l'idée, d'abord en passant, puis d'une manière plus décidée, de me consacrer à l'histoire, au droit public et à l'éloquence. Strasbourg même offrait assez d'avantages; la perspective de la chancellerie allemande à Versailles, l'exemple de Schœpflin, dont le mérite, à vrai dire, me semblait inaccessible, devaient m'exciter, sinon à l'imitation, du moins à l'émulation, et peut-être me faire acquérir par la culture un talent semblable, qui pourrait être avantageux à celui dont il ferait la gloire, et utile aux hommes qui songeraient à l'employer pour eux. Ces bienveillants amis, et Salzmann avec eux, attachaient un grand prix à ma bonne mémoire et à ma faculté de saisir le génie des langues, et c'est principalement là-dessus qu'ils motivaient leurs desseins et leurs projets. Comment tout cela resta sans effet, et comment il se fit que je quittai la rive française pour repasser sur la rive allemande, c'est ce que je me propose de développer ici. Qu'on me permette, comme auparavant, quelques réflexions générales pour servir de transition.

Il y a peu de biographies qui puissent présenter un progrès pur, paisible, continuel, de l'individu. Notre vie est, comme l'univers dans lequel nous sommes renfermés, un incompréhensible mélange de liberté et de nécessité. Notre vouloir est un pronostic de ce que nous ferons dans toutes les circonstances; mais ces circonstances nous saisissent d'une manière qui leur est propre. Le *quoi* est en nous, le *comment* dépend rarement de nous, nous ne devons pas demander le *pourquoi*, et c'est à cause de cela qu'on nous renvoie justement à *quia*. J'avais aimé la langue française dès mon enfance; j'avais appris à la connaître dans une vie plus animée, et, par elle, une vie plus animée m'était apparue; elle m'était devenue familière sans grammaire et sans leçons, par la conversation et par la pratique, comme une seconde langue maternelle. Après cela, j'avais désiré m'en rendre l'usage plus facile, et j'avais préféré Strasbourg à d'autres universités pour mon second séjour scolaire. Mais je devais, par malheur, y éprouver le contraire de ce que j'avais espéré, et être détourné de cette langue et de ces mœurs plutôt qu'attiré vers elles.

Les Français, qui, en général, se piquent de bonnes manières, sont indulgents pour les étrangers qui commencent à parler leur langue; ils ne raillent personne pour une faute, ou ne l'en reprennent pas tout crûment. Cependant, comme ils ne souffrent guère qu'on pèche contre leur idiome, ils ont l'habitude de répéter, avec un autre tour, la même chose qu'on a dite, comme pour la confirmer poliment, mais de se servir pour cela du mot propre, qu'on aurait dû employer, et de signaler de la sorte le bon usage aux personnes intelligentes et attentives. Quelque utile et profitable que cela puisse être, si l'on est résigné à se donner pour un écolier, on se sent toujours un peu humilié, et comme, après tout, on parle aussi pour la chose, on se trouve souvent par trop interrompu et même détourné, et, d'impatience, on laisse tomber la conversation. Cela m'arrivait plus qu'à d'autres, parce que je croyais toujours dire quelque chose d'intéressant, et que je voulais en échange entendre aussi quelque chose de marquant, et ne pas être ramené uniquement à l'expression; or, j'y étais fort exposé, parce que mon français était beaucoup plus bigarré que celui de tout autre étranger. J'avais retenu les expressions, comme l'accentuation, des domestiques, des valets de chambre et des sentinelles, des comédiens jeunes et vieux, des amoureux de théâtre, des paysans et des héros, et cet idiome babylonien se brouilla plus encore par un étrange ingrédient : j'aimais à entendre les prédicateurs français réformés, et je visitais d'autant plus volontiers leurs églises, que cela me permettait, m'imposait même, une promenade à Bockenheim. Mais cela ne devait pas suffire encore. Devenu un jeune homme, je portai toujours plus mon attention sur l'Allemagne du seizième siècle, et je compris bientôt dans cette inclination les Français de cette grande époque. Montaigne, Amyot, Rabelais, Marot, furent mes amis ; ils excitèrent ma sympathie et mon admiration. Tous ces éléments divers se mêlaient confusément dans mon langage, en sorte qu'il devenait le plus souvent inintelligible pour l'auditeur par l'étrangeté de l'expression, et qu'un Français bien élevé au lieu de me corriger poliment, devait me condamner et me régenter sans façon. Je me trouvais dans la même situation qu'à Leipzig ; seulement, je ne pouvais plus me retrancher dans le droit que ma ville natale avait, aussi bien que d'autres provinces, d'employer ses idiotismes ; ici, sur terre étrangère, je devais me plier à des lois traditionnelles et définitives.

Peut-être encore nous serions-nous résignés, si un mauvais génie ne nous avait pas soufflé à l'oreille que tous les efforts d'un étranger pour parler français resteraient toujours inutiles, car une oreille exercée distinguait fort bien l'Allemand, l'Italien, l'Anglais, sous son masque français ; on pouvait être souffert : on ne serait jamais reçu dans le sein de l'unique Église bien disante. On n'accordait qu'un petit nombre d'exceptions. On nous citait un M. de Grimm ; mais Schœpflin lui-même n'avait pas atteint le sommet. Ils accordaient qu'il avait bien senti de bonne heure la nécessité de s'exprimer parfaitement en français ; ils approuvaient son penchant à communiquer avec tout le monde, et surtout son commerce avec les grands ; ils le louaient même de ce que, sur le théâtre où il se trouvait, il avait cherché à s'approprier la langue nationale, et à faire de lui, autant que possible, un causeur et un orateur français. Mais que lui sert-il de renier sa langue maternelle, d'en cultiver avec zèle une étrangère? Il n'est approuvé de personne. Dans le monde, on l'accuse de vanité : comme si, sans amour-propre et sans estime de soi-même, personne voulait et pouvait se communiquer aux autres! Ensuite les gens qui se piquent de bon ton et de beau langage prétendent qu'il disserte, qu'il dialogue, plutôt qu'il ne converse : l'un est le défaut héréditaire et fondamental des Allemands, l'autre est généralement reconnu comme la vertu cardinale des Français. Comme orateur, il n'est pas plus heureux. Fait-il imprimer un discours bien travaillé, qu'il adresse au roi ou aux princes, les jésuites, qui le haïssent comme protestant, sont aux aguets et signalent ses barbarismes. Au lieu de nous résigner à cela et de supporter, comme bois vert, ce qui pesait sur le bois sec, nous nous révoltâmes contre cette injustice pédantesque, nous désespérâmes du succès, et, par cet exemple frappant, nous nous persuadâmes que ce serait un effort inutile de vouloir satisfaire les Français par le fond, puisqu'ils sont trop attachés aux formes rigoureusement extérieures, sous lesquelles tout doit se manifester. Nous prîmes donc la résolution inverse, de renoncer tout à fait à la langue française et de nous consacrer avec plus de force et de zèle qu'auparavant à la langue maternelle.

La vie même nous y conduisait et nous y encourageait. Il n'y avait pas encore assez longtemps que l'Alsace était réunie à la France, pour qu'un affectueux attachement à l'ancienne constitution, aux mœurs, à la langue, au costume, ne subsistât pas toujours chez les jeunes et les vieux. Quand un peuple subjugué perd, par contrainte, la moitié de son existence, il se croirait déshonoré d'abandonner volontairement l'autre moitié; il tient donc fermement à tout ce qui peut lui rappeler le bon temps passé et nourrir l'espérance du retour d'une heureuse époque. Bien des habitants de Strasbourg formaient de petites sociétés séparées, il est vrai, mais réunies par l'esprit; elles étaient sans cesse augmentées et recrutées par les nombreux sujets de princes allemands qui possédaient des terres considérables sous la suzeraineté de la France; car les pères et les fils séjournaient plus ou moins longtemps à Strasbourg pour leurs affaires ou leurs études.

A notre table aussi, on ne parlait guère qu'allemand. Salzmann s'exprimait en français avec beaucoup de facilité et d'élégance, mais incontestablement, par ses tendances et sa vie, il était un parfait Allemand; on aurait pu présenter Lerse aux jeunes Allemands comme un modèle; Meyer, de Lindau, se mettait trop volontiers à son aise en bon allemand pour consentir à se composer en bon français; et si, parmi les autres convives, quelques-uns inclinaient pour la langue et les mœurs françaises, aussi longtemps qu'ils étaient avec nous, ils se soumettaient eux-mêmes au ton général.

De la langue nous passions aux affaires d'État. Nous ne pouvions, il est vrai, beaucoup vanter notre constitution de l'Empire: nous accordions qu'elle se composait uniquement d'abus légitimes, mais nous nous élevions d'autant plus contre la constitution française, qui n'était qu'un amalgame confus d'abus illégitimes; dont le gouvernement ne déployait son énergie que mal à propos, et devait souffrir qu'une révolution totale fût déjà prophétisée publiquement dans un noir avenir. Si au contraire nous portions nos regards vers le Nord, nous y voyions briller Frédéric, l'étoile polaire, autour de laquelle l'Allemagne, l'Europe, le monde entier, semblaient tourner. La marque la plus forte de sa prépondérance en toutes choses, c'est qu'on introduisait dans l'armée française l'exercice à la prussienne et même le bâton prussien. Nous lui pardonnions d'ailleurs sa préférence pour une langue étrangère, ayant la satisfaction de voir ses poëtes, ses philosophes et ses littérateurs français le tourmenter et redire sans cesse qu'on ne devait le regarder et le traiter que comme un intrus.

Mais ce qui nous éloignait des Français plus que tout le reste, c'était l'assertion impolie et souvent répétée que les Allemands, en général, et le roi lui-même, malgré ses prétentions à la culture française, manquaient de goût. Cette phrase revenait comme un refrain après chaque jugement, et, pour nous tranquilliser là-dessus, nous avions recours au dédain. Nous n'en n'étions pas moins fort embarrassés pour nous expliquer la chose, car on nous assurait qu'au dire de Ménage, les écrivains français avaient tout en partage excepté le goût; le Paris vivant nous apprenait à son tour que les auteurs modernes, pris en masse, manquaient de goût, et Voltaire lui-même ne pouvait échapper tout à fait à cette critique souveraine. Déjà auparavant, et à diverses reprises, ramenés à la nature, nous ne voulûmes donc rien admettre que la vérité et la sincérité du sentiment, et son expression vive et forte.

> L'amitié, l'amour, la fraternité,
> Ne se produisent-ils pas d'eux-mêmes?

Tel fut le mot d'ordre et le cri de guerre, avec lequel les membres de notre petite bande universitaire avaient coutume de se reconnaître et de s'encourager. Cette maxime régnait dans tous nos banquets fraternels, où le cousin Michel[1], avec sa nationalité bien connue, venait souvent égayer nos soirées.

Si l'on ne veut voir dans ce que je viens d'exposer que des mobiles extérieurs, accidentels, et des particularités personnelles, je dirai que la littérature française avait en elle certaines qualités qui devaient moins attirer que repousser un jeune homme plein d'ardeur. Elle était vieille et aristocratique, et ces deux caractères ne peuvent charmer la jeunesse, qui cherche autour d'elle la jouissance et la liberté. Depuis le seizième siècle, on n'avait jamais vu la marche de la littérature française complètement interrompue; les troubles intérieurs, politiques et religieux, aussi bien que les guerres extérieures, avaient même hâté ses progrès; mais on affirmait généralement qu'il y avait déjà cent ans qu'elle avait brillé dans tout son éclat. Par l'effet de circonstances favorables, une riche moisson avait mûri tout à coup et avait été heureusement récoltée, en sorte que les plus grands talents du dix-huitième siècle devaient se contenter modestement d'un glanage.

Cependant beaucoup de choses avaient vieilli, et d'abord la comédie, qui avait besoin d'être renouvelée sans cesse, pour se plier, moins parfaite, il est vrai, mais avec un intérêt nouveau, à la vie et aux mœurs. Pour les tragédies, un grand nombre avaient disparu du théâtre, et Voltaire ne laissa pas échapper l'occasion solennelle qui lui fut offerte de donner une édition des œuvres de Corneille, pour montrer les nombreux défauts de son devancier, que, selon l'opinion générale, il n'avait pas atteint. Et ce Voltaire lui-même, la merveille de son temps, était maintenant vieilli comme la littérature, qu'il avait vivifiée et dominée pendant près d'un siècle. A côté de lui existaient et végétaient encore de nombreux littérateurs, d'âge plus ou moins actif, plus ou moins heureux, qui disparaissaient peu à peu. L'influence de la société sur les écrivains augmentait sans cesse; car la bonne société, composée des nobles, des grands et des riches, choisissait pour un de ses principaux

---

[1] C'est un type national. Voyez tome I, p. 54.

amusements la littérature, qui en était devenue tout à fait mondaine et aristocratique. Les grands seigneurs et les lettrés se formaient mutuellement, et ils devaient mutuellement se déformer : car tout ce qui est distingué est proprement dédaigneux, et elle devint aussi dédaigneuse, la critique française, négative, dénigrante, médisante. C'est ainsi que la haute classe jugeait les écrivains ; les écrivains, avec un peu moins de bienséance, agissaient de même entre eux, et même envers leurs protecteurs. Ne pouvait-on imposer au public, on cherchait à le surprendre ou à le gagner par l'humilité. Ainsi se développa (sans parler de ce qui agitait dans leurs profondeurs l'Église et l'État) une telle fermentation littéraire, que Voltaire lui-même eut besoin de toute son activité, de toute sa prééminence, pour surnager dans le courant de l'irrévérence universelle. Déjà on l'appelait tout haut un vieil enfant opiniâtre ; ses travaux, poursuivis sans relâche, étaient considérés comme le vain effort d'une vieillesse usée ; certains principes, qu'il avait professés toute sa vie, à la propagation desquels il avait consacré ses jours, n'obtenaient plus ni estime ni respect ; son Dieu même, par la profession duquel il continuait à se séparer de tout athéisme, on ne le lui passait plus ; et lui-même, le vieux patriarche, il était contraint, comme le plus jeune de ses rivaux, de guetter le moment, de poursuivre une faveur nouvelle, de montrer à ses amis trop de bienveillance, à ses ennemis trop de méchanceté, et, sous l'apparence d'un ardent amour pour la vérité, d'agir sans vérité et sans franchise. Était-ce donc la peine d'avoir mené une vie si active et si grande, pour la finir d'une manière plus dépendante qu'il ne l'avait commencée ? Combien une pareille situation était insoutenable, son grand esprit, sa délicate irritabilité, le sentaient parfaitement. Il se soulageait quelquefois par des élans et des secousses ; il lâchait la bride à son humeur, passait les bornes et portait quelques bottes, qui, le plus souvent, provoquaient la mauvaise humeur de ses amis et de ses ennemis ; car chacun se croyait au-dessus de lui, bien que nul ne fût son égal. Un public qui n'entend jamais que les jugements des vieillards ne devient que trop aisément sage à leur manière, et rien n'est plus insuffisant qu'un jugement mûr accepté par un esprit qui ne l'est pas.

Pour nous, jeunes hommes, qui, dans notre amour germanique de la nature et de la vérité, voyions toujours planer devant nos yeux, comme le meilleur guide dans la vie et dans l'étude, la loyauté envers nous-mêmes et envers les autres, nous trouvions toujours plus choquante la partiale déloyauté de Voltaire et l'altération de tant d'objets respectables, et notre aversion pour lui se fortifiait de jour en jour. Pour combattre les bigots, il n'avait jamais assez rabaissé la religion et les saints livres sur lesquels elle est fondée, et, par là, il avait souvent blessé mes sentiments. Mais, lorsque j'appris que, pour discréditer la tradition d'un déluge, il niait tous les coquillages fossiles et n'y voulait voir que des jeux de la nature, il perdit absolument ma confiance, car j'avais vu de mes yeux assez clairement sur le Baschberg, que je me trouvais sur un ancien lit de mer desséché, parmi les dépouilles de ses antiques habitants ; que ces montagnes avaient été un jour couvertes par les flots. Si ce fut avant ou pendant le déluge, c'était pour moi une question indifférente.

Il me suffisait de savoir que la vallée du Rhin avait été un vaste lac, un golfe immense; on ne pouvait m'en ôter la conviction. Je songeais plutôt à m'avancer dans la connaissance des terres et des montagnes, quel que pût être le résultat de mes recherches.

La littérature française était donc vieille et aristocratique en elle-même et par Voltaire. Ajoutons encore quelques réflexions sur cet homme remarquable. Une vie active et répandue, la politique, la richesse, des relations avec les dominateurs du monde, pour le dominer à son tour au moyen de ces relations : tel avait été dès sa jeunesse l'objet des vœux et des efforts de Voltaire. Rarement un homme se soumit à une telle dépendance pour être indépendant. Il réussit même à subjuguer les esprits : la nation fut à lui. Vainement ses adversaires déployèrent-ils de médiocres talents et une prodigieuse haine : rien ne lui put nuire. Il ne réussit jamais, il est vrai, à gagner la faveur de la cour, mais, en revanche, des monarques étrangers furent ses tributaires; la grande Catherine et le grand Frédéric, Gustave de Suède, Christian de Danemark, Poniatowski de Pologne, Henri de Prusse, Charles de Brunswyk, se reconnurent ses vassaux; des papes même crurent devoir l'apprivoiser par quelque condescendance. Si Joseph II se tint éloigné de lui, cela ne fit pas trop d'honneur à ce prince, car ses entreprises n'en auraient pas plus mal tourné, si, avec sa belle intelligence, avec ses nobles sentiments, il eût été un peu plus spirituel et meilleur juge de l'esprit.

Ce que je présente ici en abrégé, et dans un certain enchaînement, retentissait alors sans liaison et sans utilité à nos oreilles, comme le cri du moment, comme une discordante cacophonie. On n'entendait jamais que l'éloge des morts. On demandait du bon, du nouveau, mais, les choses les plus nouvelles, on n'en voulait jamais. A peine un patriote français eut-il présenté sur la scène, dès longtemps glacée, de nobles sujets; à peine le *Siége de Calais* eut-il remporté un succès d'enthousiasme, que cette pièce patriotique, avec toutes ses pareilles, fut déclarée creuse et mauvaise à tous égards. Les peintures de mœurs de Destouches, auxquelles, jeune garçon, j'avais pris plaisir si souvent, étaient jugées faibles; le nom de cet honorable auteur était oublié. Et combien d'autres écrivains ne devrais-je pas nommer, au sujet desquels j'essuyais le reproche de juger en provincial, lorsque, en présence de personnes entraînées par le nouveau courant littéraire, j'avais montré quelque sympathie pour ces auteurs et leurs ouvrages!

Aussi, nous autres jeunes Allemands, nous étions plus mécontents tous les jours. Selon notre manière de sentir, selon notre nature propre, nous aimions à fixer les impressions des objets, à les mûrir lentement, et, s'il fallait absolument les laisser échapper, que ce fût le plus tard possible. Nous étions persuadés que, par une attention fidèle, par une application soutenue, on peut tirer quelque chose de tout, et qu'à force de persévérance, on doit enfin arriver à un point où, en même temps que le jugement, on en peut exprimer aussi la raison. Nous savions reconnaître que la grande et admirable société française nous offrait bien des avantages et des conquêtes. Rousseau nous avait charmés. Cependant, quand nous considérions sa vie et son sort, nous le voyions, pour suprême récompense de tout ce qu'il avait produit, contraint de vivre inconnu et oublié dans Paris.

Si nous entendions parler des encyclopédistes, et si nous ouvrions un volume de leur immense ouvrage, nous ressentions une impression pareille à celle qu'on éprouve, lorsque, au milieu d'innombrables bobines et métiers en mouvement, on parcourt une grande fabrique, et que ce ronflement et ce tintamarre, ce mécanisme qui trouble l'œil et l'esprit, ce mystère incompréhensible d'un appareil dont les parties s'enchevêtrent avec une variété infinie, enfin la vue de tout ce qui est nécessaire pour fabriquer une pièce de drap, font prendre en dégoût l'habit même qu'on porte sur le corps.

Diderot avait avec nous assez d'affinité, car, en tout ce que les Français blâment chez lui, il est un véritable Allemand. Mais son point de vue était déjà trop élevé, son horizon trop vaste, pour qu'il nous eût été possible de nous associer à lui et de nous placer à son côté. Toutefois ses enfants de la nature, qu'il savait relever et ennoblir avec un grand art oratoire, nous plaisaient infiniment; nous étions ravis de ses hardis braconniers et contrebandiers; et, depuis, cette canaille n'a que trop pullulé sur le Parnasse allemand. C'était donc lui encore, comme Rousseau, qui répandait le dégoût de la vie sociale, secret acheminement à ces révolutions effroyables dans lesquelles tout ce qui existait parut s'abîmer.

Mais nous devons écarter pour le moment ces considérations et remarquer l'influence que ces deux hommes ont exercée sur l'art. Là encore, ils furent nos guides, et, de l'art, ils nous entraînèrent vers la nature. Dans tous les arts, l'objet suprême est de produire par l'apparence l'illusion d'une réalité supérieure. Mais c'est une fausse tendance que de réaliser l'apparence au point qu'il ne reste à la fin qu'une réalité vulgaire.

L'application des lois de la perspective aux coulisses, placées les unes en arrière des autres, avait assuré au théâtre, comme lieu idéal, le plus grand avantage, et maintenant on voulait, par caprice, sacrifier ce progrès, fermer les côtés du théâtre et former de véritables chambres. Il fallait donc aussi que la pièce elle-même, que le jeu des acteurs, que tout en un mot, fût mis d'accord avec une scène pareille, et qu'il en sortît un théâtre tout nouveau.

Les acteurs français avaient atteint dans la comédie le plus haut degré de vérité idéale. Le séjour à Paris, l'observation des manières des courtisans, les liaisons amoureuses des acteurs et des actrices avec des personnes du grand monde, tout contribuait à transplanter sur la scène ce que l'élégance et la politesse de la vie sociale ont de plus relevé, et, à cet égard, les amis de la nature avaient peu de chose à reprendre. Mais ils crurent faire un grand progrès, en choisissant pour leurs pièces des sujets sérieux et tragiques, dont la vie bourgeoise ne manque pas non plus, et en se servant également de la prose pour le style élevé, bannissant ainsi par degrés les vers, qui ne sont pas naturels, avec la déclamation et les gestes, qui le sont aussi peu.

C'est une chose très-remarquable, et qui fixa peu l'attention générale, que, dans ce temps même, la vieille tragédie, sévère, rhythmique, savante, fut menacée d'une révolution, qui ne put être détournée que par de grands talents et par la force de l'habitude. L'acteur Le Kain, qui jouait ses héros avec une dignité théâtrale particulière, avec élévation et avec force, et se tenait éloigné du naturel et de l'ordinaire, vit se produire devant lui un nommé Aufresne, qui déclara la guerre à tout ce qui n'était pas nature, et qui cherchait à exprimer dans son jeu tragique la plus haute vérité. Ce système ne pouvait cadrer avec le reste du personnel théâtral de Paris. Aufresne était seul de son côté : les autres se groupèrent; et lui, assez obstiné dans ses idées, il aima mieux quitter Paris et il passa à Strasbourg. Là nous le vîmes jouer le rôle d'Auguste dans Cinna, celui de Mithridate et quelques autres du même genre, avec la dignité la plus vraie et la plus naturelle. C'était un grand et bel homme, plus élancé que fort, qui avait l'air, sinon imposant, du moins noble et gracieux. Son jeu était calme et réfléchi, sans être froid, et assez énergique, quand la situation le demandait. C'était un artiste fort exercé et du petit nombre de ceux qui savent transformer complétement l'art en nature et la nature en art. Ce sont eux proprement dont les avantages mal compris accréditent sans cesse la doctrine du faux naturel.

Je ferai encore mention d'un petit ouvrage qui fit une grande sensation : c'est le *Pygmalion* de Rousseau. Il y aurait beaucoup à dire sur ce sujet, car cette production étrange flotte également entre la nature et l'art, avec la fausse prétention de résoudre l'art dans la nature. Nous voyons un artiste qui a produit une œuvre parfaite et qui ne se trouve pas satisfait pour avoir présenté, selon les règles de l'art, son idée, et lui avoir donné une vie supérieure; non, il faut qu'elle descende jusqu'à lui dans la vie terrestre; ce que l'esprit et la main ont produit de plus sublime, il veut le détruire par l'acte le plus vulgaire de la sensualité.

Toutes ces choses et bien d'autres, sages et folles, vraies et demi-vraies, qui agissaient sur nous, contribuaient plus encore à confondre les idées; nous suivions au hasard mille chemins écartés et détournés, et c'est ainsi que se préparait de divers côtés cette révolution littéraire de l'Allemagne, dont nous avons été témoins, et à laquelle, sciemment et à notre insu, volontairement ou involontairement, nous travaillions d'une manière irrésistible. Nous ne sentions ni le besoin ni le désir d'être éclairés et avancés en matière de philosophie; nous croyions nous être instruits nous-mêmes sur les matières religieuses, et la violente querelle des philosophes français avec les prêtres nous était assez indifférente. Des livres défendus, condamnés au feu, qui faisaient alors un grand vacarme, n'exerçaient sur nous aucun effet. Je me bornerai à citer le *Système de la nature*, que nous ouvrîmes par curiosité. Nous ne comprîmes pas comment un pareil livre pouvait être dangereux. Il nous parut si pâle, si ténébreux, si cadavéreux, que nous avions peine à en soutenir la vue et qu'il nous faisait horreur comme un fantôme. L'auteur croit recommander son livre en assurant dans la préface que, vieillard épuisé, sur le point de descendre dans la fosse, il veut annoncer la vérité à ses contemporains et à la postérité. Il nous fit rire à ses dépens, car nous croyions avoir observé que les vieilles gens n'estiment proprement dans ce monde rien de ce qu'il a d'aimable et de bon. « Les vieilles églises ont les vitres sombres.... Le goût des cerises et des groseilles, c'est aux enfants et aux moineaux qu'il faut le demander. » C'étaient là nos proverbes favoris, et ce livre, véritable quintessence de la vieillesse, nous parut fade et même insipide. Tout devait être nécessairement, et, par conséquent, il n'y avait point de Dieu. Mais, demandions-nous, un Dieu ne pourrait-il pas aussi être nécessairement? Nous accordions, il est vrai, que nous ne pouvions guère nous soustraire aux nécessités des jours et des nuits, des saisons, des influences du climat, des circonstances physiques et animales : cependant nous sentions en nous quelque chose qui apparaissait comme volonté parfaite, et quelque chose encore qui cherchait à se mettre en équilibre avec cette volonté. L'espérance de devenir toujours plus raisonnables, de nous rendre toujours plus indépendants des objets extérieurs et aussi de nous-mêmes, nous ne pouvions y renoncer. Le mot de liberté sonne si bien, qu'on ne pourrait s'en passer, lors même qu'il n'exprimerait qu'une erreur.

Aucun de nous n'avait lu le livre jusqu'au bout, car nous trouvions déçue l'attente dans laquelle nous l'avions ouvert. On nous annonçait un système de la nature, et nous espérions, par conséquent, apprendre quelque chose sur la nature, notre idole; la physique et la chimie, l'astronomie et la géographie, l'histoire naturelle et l'anatomie, d'autres sciences encore, avaient, depuis des années et jusqu'à ce jour, porté notre attention sur le magnifique et vaste univers, et nous aurions recueilli avec joie des notions, soit détaillées soit générales, sur les soleils et les astres, les planètes et les satellites, les montagnes, les vallées, les fleuves et les mers, et sur tous les êtres qui y vivent et respirent. Nous ne doutions point qu'il ne se trouvât dans cet ouvrage bien des choses que le commun des hommes pouvait juger nuisibles, le clergé, dangereuses, l'État, intolérables, et nous espérions que ce petit livre aurait supporté dignement l'épreuve du feu. Mais quel désert, quel vide nous sentîmes dans ce triste et nébuleux athéisme, où disparaissait la terre avec toutes ses figures, le ciel avec toutes ses étoiles! Il y aurait eu une matière de toute éternité, et, de toute éternité, en mouvement; et, par ce mouvement à droite et à gauche et de tous côtés, elle aurait, sans autre secours, produit les immenses phénomènes de l'être. Tout cela, nous aurions pu à la rigueur l'accepter, si l'auteur, avec sa matière en mouvement, avait en effet construit le monde devant nos yeux. Mais il paraissait en savoir aussi peu que nous sur la nature; car, après avoir établi, comme des jalons, quelques idées générales, il les abandonne aussitôt, pour transformer ce qui apparaît comme plus élevé que la nature, ou du moins comme une nature plus élevée dans la nature, en une nature matérielle, pesante, qui se meut, il est vrai, mais sans direction et sans forme, et, par là, il croit avoir beaucoup gagné. Si pourtant ce livre nous causa quelque tort, ce fut celui de nous faire prendre à jamais en aversion toute philosophie et particulièrement la métaphysique, et de nous porter, avec une vivacité et une ardeur nouvelles, vers la science vivante, l'expérience, l'action et la poésie.

C'est ainsi qu'à la frontière de la France, nous fûmes tout d'un coup affranchis et dégagés de l'esprit français. Nous trouvions leur manière de vivre trop arrêtée et trop aristocratique, leur poésie froide, leur critique négative, leur philosophie abstruse et pourtant insuffisante, en sorte que nous étions sur le point de nous abandonner, du moins par manière d'essai, à l'inculte nature, si une autre influence ne nous avait préparés depuis longtemps à des vues philosophiques et des jouissances intellectuelles plus élevées, plus libres, et non moins vraies que poétiques, et n'avait pas exercé sur nous une autorité, d'abord modérée et secrète, puis toujours plus énergique et plus manifeste.

J'ai à peine besoin de dire qu'il s'agit ici de Shakspeare, et, après cette déclaration, tous les développements sont inutiles. Shakspeare est admiré des Allemands plus que des autres peuples, plus peut-être que de ses compatriotes eux-mêmes. Il a trouvé chez nous en abondance la justice, l'équité et les ménagements que nous nous refusons les uns aux autres. Des hommes éminents se sont appliqués à présenter son génie sous le jour le plus favorable, et j'ai toujours souscrit volontiers à ce qu'on a dit en son honneur, à son avantage et même pour son apologie. J'ai déjà exposé l'influence que ce génie extraordinaire a exercée sur moi, et j'ai fait sur ses travaux quelques essais qui ont trouvé de l'approbation. Je puis donc me borner ici à cette déclaration générale, jusqu'à ce que je sois en mesure de communiquer à des amis qui veuillent m'entendre quelques réflexions que j'ai recueillies encore sur de si grands mérites et que j'avais envie d'insérer ici. Pour le moment, je me bornerai à dire comment je fis connaissance avec lui. Ce fut d'assez bonne heure à Leipzig, par les *Beauties of Shakspeare* de Dodd. Quoi qu'on puisse dire contre de pareils recueils, qui nous présentent les auteurs en lambeaux, ils produisent pourtant quelques bons effets. Nous ne sommes pas toujours assez préparés et assez intelligents pour nous approprier, selon son mérite, un ouvrage tout entier. Ne soulignons-nous pas dans un livre les endroits qui se rapportent à nous directement? Les jeunes gens surtout qui manquent d'une culture approfondie, reçoivent des passages brillants une très-heureuse impulsion, et je me rappelle encore comme une des plus belles époques de ma vie, celle que ce livre marqua chez moi. Ces admirables particularités, ces grandes maximes, ces peintures saisissantes, ces traits humoristiques, tout m'intéressait en détail et puissamment.

Ensuite parut la version de Wieland. Elle fut dévorée, puis communiquée et recommandée aux amis et aux connaissances. Les Allemands ont eu l'avantage de posséder d'abord des traductions agréables et faciles de plusieurs ouvrages marquants des littératures étrangères. Shakspeare, traduit en prose, d'abord par Wieland, puis par Eschenbourg, a pu se répandre promptement, comme un livre généralement facile à entendre et à la portée de tous les lecteurs, et produire un grand effet. J'honore le rhythme comme la rime, sans eux il n'est pas de poésie : mais ce qui exerce proprement une action essentielle et profonde, ce qui véritablement développe et cultive, c'est ce qui reste du poëte quand il est traduit en prose: alors subsiste, dans son entière pureté, le fonds, qu'un dehors éclatant sait souvent nous figurer lorsqu'il manque, et nous cache lorsqu'il existe. Je crois donc, pour la première éducation de la jeunesse, les traductions en prose préférables aux traductions en vers, car on peut observer que les écoliers, à qui tout doit servir de jouet, s'amusent du son des mots, de la chute des syllabes, et, par une sorte de parodie folâtre, détruisent le fonds du plus noble ouvrage. C'est pourquoi je demande s'il ne conviendrait pas d'entreprendre d'abord une traduction en prose des poëmes d'Homère; mais il faudrait qu'elle fût digne du degré où se trouve actuellement la littérature allemande. J'abandonne cette idée et tout ce que j'ai dit aux méditations de nos dignes pédagogues, qui ont là-dessus les lumières d'une expérience étendue. Je citerai seulement, à l'appui de ma proposition, la traduction de la Bible par Luther : car cet homme excellent, en nous donnant dans la langue maternelle, et comme d'un seul jet, cet ouvrage écrit du style le plus divers, avec le ton poétique, historique, législatif et didactique, a plus avancé la religion que s'il avait voulu reproduire en détail les particularités de l'original. C'est en vain qu'on s'est efforcé plus tard de nous faire goûter dans leur forme poétique le livre de Job, les Psaumes et les autres ouvrages lyriques. Pour la foule, sur laquelle il faut agir, une traduction coulante est toujours la meilleure. Ces traductions critiques, qui rivalisent avec l'original, ne servent proprement qu'à amuser les savants entre eux.

C'est ainsi que, dans les traductions et dans l'original, par des fragments et par l'ensemble, par des extraits et des passages, Shakspeare exerça sur notre société de Strasbourg une telle influence, que, de même qu'on a des hommes forts sur la Bible, nous nous rendîmes peu à peu forts sur Shakspeare; nous imitions dans nos conversations les qualités et les défauts de son temps, qu'il nous fait connaître; nous prenions le plus grand plaisir à ses *Quibbles*, et nous rivalisions avec lui, soit en les traduisant, soit par des boutades originales. Je fus pour beaucoup dans l'affaire par mon enthousiasme, qui surpassait encore celui des autres. La joyeuse profession de foi que quelque chose de sublime plane au-dessus de moi fut contagieuse pour mes amis, qui s'abandonnèrent tous à ce sentiment. Nous ne contestions pas qu'il était possible de mieux connaître de tels mérites, de les comprendre, de les juger avec discernement, mais nous nous réservions ce travail pour la suite. En attendant, nous ne voulions autre chose qu'une joyeuse sympathie, une imitation vivante, et, au milieu de si grandes jouissances, nous ne voulions pas fouiller et critiquer l'homme qui nous les donnait; nous étions heureux, au contraire, de l'honorer sans réserve.

Si l'on veut apprendre directement ce qui fut pensé, exprimé et débattu dans cette société vivante, on devra lire le mémoire de Herder sur Shakspeare, dans la brochure *De la manière et de l'art allemands* et les *Remarques sur le théâtre* par Lenz, auxquelles fut jointe une traduction des *Love's labours lost*. Herder pénètre dans les profondeurs du génie de Shakspeare et les expose admirablement; Lenz se comporte plutôt en iconoclaste envers la tradition du théâtre, et il ne veut plus entendre parler que de Shakspeare. Puisque je suis amené à faire ici mention de cet homme, aussi distingué que bizarre, c'est le moment d'en dire quelques mots par forme d'essai.

Je ne fis sa connaissance que vers la fin de mon séjour à Strasbourg.

Nous nous vîmes rarement ; sa société n'étoit pas la mienne, mais nous cherchions l'occasion de nous rencontrer, et nous aimions à converser ensemble, parce que nos âges et nos sentiments étaient les mêmes. Il était petit, mais bien fait, une tête mignonne et charmante, à la délicatesse de laquelle répondaient parfaitement de jolis traits un peu émoussés ; des yeux bleus, des cheveux blonds, bref un petit personnage comme j'en ai rencontré de temps en temps parmi les jeunes hommes du Nord ; une démarche douce et comme circonspecte, une parole agréable, sans être tout à fait coulante, et des manières qui, nuancées de réserve et de timidité, convenaient parfaitement à un jeune homme. Il lisait fort bien de petits poëmes, particulièrement les siens ; son écriture était fort courante. Pour exprimer son caractère, je ne trouve que le mot anglais *whimsical*, lequel, ainsi qu'on le voit dans le dictionnaire, renferme en une seule idée bien des singularités. Par cela même, personne peut-être n'était plus capable que lui de sentir et d'imiter les écarts et les extravagances du génie de Shakspeare. Sa traduction en est la preuve. Il traite son auteur avec une grande liberté ; il n'est rien moins que serré et fidèle ; mais il sait si bien s'ajuster l'équipement ou plutôt la jaquette bouffonne de son modèle, imiter ses gestes d'une manière si humoristique, qu'il ne manqua pas d'obtenir les applaudissements de tout homme qui se plaisait à ces choses.

Les absurdités des *Clowns* faisaient surtout nos délices et nous trouvions Lenz un homme privilégié de savoir les imiter[1]. Le goût de l'absurde, qui se manifeste librement et sans détour dans la jeunesse, mais qui, plus tard, se dissimule toujours davantage, sans se perdre tout à fait, était parmi nous en pleine fleur, et nous cherchions aussi à fêter notre grand maître par des bouffonneries originales. Puis nous disputions très-sérieusement sur la question de savoir si elles étaient ou n'étaient pas dignes des *Clowns*, et si elles coulaient de la véritable et pure source des fous, ou s'il ne s'y était point mêlé, contre la convenance et la règle, quelque sens et quelque raison. En général, les idées bizarres pouvaient se répandre sans retenue, et chacun était libre d'y prendre part, depuis que Lessing, qui jouissait d'une si grande confiance, en avait donné le premier signal dans sa dramaturgie.

J'eus le plaisir de faire avec cette joyeuse société plusieurs agréables promenades dans la haute Alsace, mais je n'en rapportai aucune instruction de quelque valeur. Les petites poésies que chaque occasion faisait éclore, en grand nombre, et qui formaient une assez joyeuse description de voyage, se sont toutes perdues. Dans le cloître de l'abbaye de Molsheim, nous admirâmes les peintures sur verre ; dans la fertile contrée entre Colmar et Schelestadt, retentirent des hymnes folâtres à

---

1. Nous omettons quelques vers, dont la traduction est impossible à cause des jeux de mots.

Cérès, dans lesquels était exposée en détail et célébrée la consommation de tant de fruits, et traitée fort plaisamment l'importante question du commerce libre ou restreint de ces denrées. A Ensisheim, nous vîmes l'énorme aérolithe suspendu dans l'église, et, selon la manie sceptique de l'époque, nous tournâmes en ridicule la crédulité des hommes, ne prévoyant pas qu'un jour nous verrions tomber dans nos propres champs de ces corps aériens, ou que du moins nous les garderions dans nos cabinets. Je me rappelle encore avec plaisir un pèlerinage à Ottilienberg, entrepris avec cent ou même avec mille croyants. Dans ce lieu, où se voient encore les fondements d'un castellum romain, une jeune et belle comtesse s'était, disait-on, retirée, par une pieuse inclination, au milieu des crevasses et des ruines. Non loin de la chapelle où les pèlerins font leurs dévotions, on montre sa fontaine et l'on conte de gracieuses légendes. L'image que je me faisais d'elle et son nom se gravèrent profondément dans ma mémoire. Ils m'accompagnèrent longtemps : enfin je donnai ce nom à l'une de mes filles tard venues, mais non pas moins chéries, qui fut accueillie avec une grande faveur par les cœurs pieux et purs.

De cette hauteur encore se développe au regard la magnifique Alsace, toujours la même et toujours nouvelle ; tout comme, dans l'amphithéâtre, où que l'on se place, on voit l'assemblée tout entière, mais, d'une manière distincte, ses voisins seulement, il en est de même ici des bocages, des rochers, des collines, des bois, des champs, des prairies, des villages, rapprochés et lointains. On voulut même nous montrer Bâle à l'horizon. Que nous l'ayons vu, je ne voudrais pas en jurer ; mais l'azur lointain des montagnes de la Suisse exerça aussi sur nous son prestige, en nous appelant à lui, et, comme nous ne pouvions obéir à cette impulsion, il nous laissa un sentiment douloureux.

Je m'abandonnais volontiers et même avec ivresse à ces distractions et ces plaisirs, d'autant plus que mes amours avec Frédérique commençaient à me causer de vives inquiétudes. Ces inclinations de jeunesse, nourries à l'aventure, peuvent se comparer à la bombe lancée de nuit, qui monte en décrivant une ligne gracieuse et brillante, se mêle aux étoiles, semble même s'arrêter un moment au milieu d'elles, et, descendant ensuite, trace de nouveau le même sillon, mais en sens inverse, et porte enfin la ruine au lieu où elle achève sa course. Frédérique était toujours la même; elle semblait ne pas penser, ne pas vouloir penser, que cette liaison pût si tôt finir. Olivia, au contraire, qui ne savait pas non plus se passer de moi sans regret, mais qui perdait cependant moins que sa sœur, fut plus prévoyante ou plus franche. Elle m'entretint quelquefois de mon départ probable, et elle cherchait, pour elle-même et pour sa sœur, des sujets de consolation. Une jeune fille qui renonce à un homme à qui elle n'avait pas caché sa tendresse est loin de se trouver dans la pénible situation d'un jeune homme qui s'est autant avancé dans ses déclarations à l'égard d'une jeune fille. Il joue toujours un fâcheux personnage, car on attend de lui, qui commence à être un homme, une certaine connaissance de sa position, et une légèreté décidée lui sied mal. Les raisons d'une jeune fille qui se retire paraissent toujours valables, celles d'un homme jamais.

Mais comment une passion qui nous flatte nous laisserait-elle prévoir où elle peut nous conduire, puisqu'alors même qu'avec toute notre raison nous y avons déjà renoncé, nous ne pouvons encore nous en affranchir, nous nous livrons avec délice à la douce habitude, lors même que la position est changée! C'est aussi ce qui m'arriva. La présence de Frédérique m'était douloureuse, et pourtant je ne savais rien de plus agréable que de penser à elle en son absence et de m'entretenir avec elle. J'allais plus rarement la voir, mais notre correspondance n'en était que plus animée. Elle savait me peindre sa situation avec sérénité, ses sentiments avec grâce; et moi je me représentais ses mérites avec passion, avec tendresse. L'absence me rendait libre, et toute ma flamme prenait une vie jusqu'alors inconnue par ces entretiens à distance. Je pouvais, dans ces moments, m'aveugler tout à fait sur l'avenir; j'étais assez distrait par le cours du temps et par des affaires pressantes. J'avais fait jusqu'alors mon possible pour répondre aux exigences les plus diverses, en prenant toujours un vif intérêt à ce qui touchait le présent et le moment; mais, vers la fin, elles se précibitèrent les unes sur les autres, comme il arrive d'ordinaire lorsqu'on doit changer de séjour.

Un incident qui survint me déroba encore les derniers jours. Je me trouvais, avec une société distinguée, dans une maison de campagne d'où l'on voyait admirablement la façade de la cathédrale et le clocher. « Quel dommage, dit quelqu'un, que l'ouvrage ne soit pas achevé et que nous n'ayons qu'une des tours ! » Je répliquai : « Je ne suis pas moins fâché de voir que cette tour unique ne soit pas terminée, car les quatre tourelles sont beaucoup trop écourtées ; il fallait là encore quatre flèches légères et une plus haute au milieu, à la place de cette lourde croix. » Comme j'avais ainsi parlé avec ma vivacité ordinaire, un petit monsieur, fort éveillé, m'adressa la parole et me demanda qui m'avait dit cela. « La tour elle-même, répondis-je ; je l'ai observée si longtemps et si attentivement, et je lui ai voué une si grande affection, qu'elle s'est enfin résolue à m'avouer ce secret manifeste. — Elle ne vous a pas mal informé. Je puis le savoir mieux que personne, car je suis l'administrateur préposé aux bâtiments. Nous avons encore dans nos archives les plans originaux, qui disent la même chose, et je puis vous les montrer. »

Je le priai, vu mon prochain départ, de hâter l'effet de sa complaisance. Il me fit voir les inestimables rouleaux. Je dessinai bien vite, au moyen de papier huilé, les flèches qui manquaient dans l'édifice, et je regrettai de n'avoir pas connu plus tôt ce trésor. Mais c'est là ce qui devait m'arriver toujours ; je devais m'élever péniblement, par la contemplation et la méditation des objets, à une idée qui n'aurait été peut-être ni aussi surprenante ni aussi féconde pour moi, si on me l'avait communiquée.

Au milieu de la presse et des embarras où je me trouvais, je ne pus négliger d'aller voir Frédérique encore une fois. Ce furent de pénibles jours, dont je n'ai pas conservé le souvenir. Lorsque, monté à cheval, je lui tendis encore la main, elle avait les larmes aux yeux, et je souffrais beaucoup. Je suivis le sentier qui mène à Drousenheim, et j'y fus saisi du plus étrange pressentiment. Je me vis, non pas avec les yeux du corps, mais avec ceux de l'esprit, je me vis revenir à cheval par le même chemin, avec un habillement tel que je n'en avais jamais porté : il était d'un gris bleuâtre, avec quelque dorure. Aussitôt que j'eus secoué ce rêve, l'image disparut. C'est pourtant singulier que, huit ans après, sous l'habit que j'avais rêvé, et que je portais, non par choix, mais par hasard, je me trouvai sur le même chemin pour aller voir encore une fois Frédérique. On pensera de ces visions ce qu'on voudra : l'image fantastique me rendit un peu de calme dans les moments de la séparation. La douleur de quitter pour toujours la belle Alsace, avec tout ce qu'elle m'avait donné, en fut adoucie; enfin, échappé au trouble de l'adieu, je me retrouvai dans un état passable durant un paisible et riant voyage.

Arrivé à Mannheim, je m'empressai de courir à la salle des antiques, dont la renommée était grande. Dès mon séjour à Leipzig, j'avais beaucoup entendu parler de ces excellents ouvrages, à l'occasion des écrits de Lessing et de Winckelmann, mais j'en avais peu vu; car, outre le Laocoon (le père seulement et le Faune aux crotales, il ne se trouvait aucuns plâtres à l'Académie; et ce que OEser voulait bien nous dire au sujet de ces statues devait être assez énigmatique. Comment donner à des commençants une idée de la fin de l'art ? Le directeur Berschaffeldt me fit un gracieux accueil. Un de ses aides me mena à la salle, et, après me l'avoir ouverte, il me laissa à mes inclinations et à mes pensées. J'étais là livré aux plus merveilleuses impressions, dans une salle spacieuse, carrée, et, vu sa hauteur extraordinaire, presque cubique, dans un espace bien éclairé d'en haut par des fenêtres ouvertes sous la corniche : les plus admirables statues de l'antiquité, non-seulement rangées le long des murs, mais érigées pêle-mêle dans toute la salle, une forêt de statues, à travers laquelle il fallait se glisser, une grande foule idéale, parmi laquelle il fallait s'ouvrir un passage. Toutes ces belles images, on pouvait, en ouvrant ou fermant les rideaux, les placer dans le jour le plus avantageux; de plus, elles étaient mobiles sur leurs piédestaux et l'on pouvait les tourner à volonté.

Après m'être abandonné quelque temps à la première impression de cet ensemble irrésistible, je m'approchai des figures qui m'attiraient le plus; et qui peut nier que l'Apollon du Belvédère, par sa grandeur demi-colossale, sa taille élancée, son libre mouvement, son regard vainqueur, ne remporte aussi, avant tous les autres, la victoire sur notre sentiment? Ensuite je me tournai vers le Laocoon, que je voyais là pour la première fois avec ses fils. Je me rappelai, aussi bien que possible, les dissertations et les débats dont il avait été l'objet, et je cherchai à me faire un point de vue particulier; mais j'étais entraîné tantôt d'un côté tantôt de l'autre. Le gladiateur mourant m'arrêta longtemps; je passai surtout des moments délicieux devant le groupe de Castor et Pollux, restes précieux, quoique problématiques. Je ne savais pas encore qu'il est impossible de se rendre compte sur-le-champ d'une contemplation qui charme. Je me contraignais de réfléchir et, malgré l'inutilité de mes efforts pour arriver à une sorte de clarté, je sentais pourtant que, dans ce grand nombre d'ouvrages, chacun, pris à part, était saisissable, chaque objet, naturel et marquant. Cependant mon attention était principalement dirigée sur le Laocoon, et je résolus pour moi la fameuse question de savoir pourquoi il ne crie pas, en concluant qu'il ne peut crier. Toutes les actions et tous les mouvements du groupe s'expliquèrent pour moi par la première conception. Toute l'attitude, aussi violente qu'ingénieuse, de la figure principale, était composée de deux mouvements, la lutte contre les serpents et la fuite devant la morsure actuelle. Pour adoucir cette douleur, le bas-ventre devait se contracter et rendait le cri impossible. Je me convainquis également que le plus jeune des fils n'est pas mordu, et c'est ainsi que je cherchai à m'expliquer encore les beautés de ce groupe. J'écrivis sur ce sujet une lettre à Oeser, qui n'accorda pas à mes explications une attention bien particulière, et se contenta de donner à ma bonne volonté de vagues encouragements. Mais je fus assez heureux pour retenir cette pensée et la laisser dormir plusieurs années, jusqu'au moment où elle se rattacha à l'ensemble de mes expériences et de mes convictions, et c'est dans ce sens que je la produisis plus tard en publiant les *Propylées*.

Après avoir contemplé avec amour tant de sublimes œuvres plastiques, je devais avoir un avant-goût de l'architecture antique. Je trouvai le plâtre d'un chapiteau de la Rotonde et je ne nierai pas qu'à l'aspect de ces feuilles d'acanthe, tout ensemble gracieuses et colossales, ma foi à l'architecture du Nord fut un peu ébranlée.

Ce grand spectacle offert à ma première jeunesse, et dont je ressentis l'influence toute ma vie, eut cependant peu de conséquences pour le temps qui suivit d'abord. Je voudrais avoir commencé un livre avec cet exposé au lieu de le finir. Car, à peine la porte de la salle magnifique se fut-elle fermée derrière moi, que j'aspirai à me retrouver moi-même ; je cherchai même à éloigner de mon imagination ces figures, comme importunes, et ce fut seulement par un long détour que je revins plus tard à ce domaine. Elle est cependant inestimable, la fécondité secrète de ces impressions que l'on reçoit avec jouissance, sans que le jugement les disperse. La jeunesse est capable de ce suprême avantage, si elle veut ne pas être critique, et, sans recherche, sans analyse, laisser le bon et l'excellent agir sur elle.

LIVRE XII.

Le voyageur était enfin revenu dans ses foyers, mieux portant et plus joyeux que la première fois; mais on remarquait pourtant dans sa manière d'être une certaine exaltation, qui n'annonçait pas une parfaite santé morale. Dès l'abord, ma mère dut s'occuper de chercher, pour les incidents qui survenaient, certains tempéraments entre la sage régularité de mon père et mes nombreuses excentricités. A Mayence, un jeune garçon, joueur de harpe, m'avait tellement plu, que je lui avais proposé de venir à Francfort, la foire étant près de s'ouvrir; je lui avais promis de le loger et de lui être utile. Dans cette occasion se produisit de nouveau cette singularité, qui m'a coûté si cher dans le cours de ma vie, je veux dire mon penchant à m'entourer de jeunes êtres et à me les attacher, d'où il résulte à la fin que je suis chargé de leur sort. Une suite d'expériences fâcheuses n'a pu changer mon inclination naturelle, qui, malgré les raisons les plus claires, menace encore aujourd'hui de me séduire de temps en temps. Ma mère, plus clairvoyante, sentit combien il paraîtrait bizarre à mon père de voir un musicien, coureur de foires, sortir d'une maison respectable pour aller dans les auberges et les cabarets gagner son pain; c'est pourquoi elle lui procura dans le voisinage un logement et une pension; je le recommandai à mes amis, et l'enfant ne s'en trouva pas mal. Je le revis plusieurs années après. Il était devenu gros et grand, sans avoir fait beaucoup de progrès dans son art. La bonne mère, satisfaite de son premier essai de conciliation et d'accommodement, ne songeait pas qu'elle aurait prochainement grand besoin de cette adresse.

Mon père, qui menait une heureuse vie, livré à ses fantaisies et à ses occupations surannées, était satisfait, en homme qui poursuit ses plans malgré tous les retards et les obstacles. J'étais reçu docteur; le premier pas était fait pour suivre désormais de proche en proche le cours de la vie civile. Ma thèse avait eu son approbation; il s'occupait à la revoir, avec plus de soin, à en préparer la publication. Pendant mon séjour en Alsace, j'avais écrit beaucoup de petites poésies, de mémoires, d'observations de voyage, et bien des feuilles volantes : il s'amusait à les étiqueter, à les classer, me pressait de les compléter, et il se flattait de voir bientôt cesser ma répugnance, jusqu'alors invincible, à laisser imprimer quelques-unes de ces choses.

Ma sœur s'était entourée d'un cercle de jeunes personnes aimables et intelligentes. Sans être impérieuse, elle exerçait sur toutes de l'empire, parce que son esprit savait voir bien des choses et sa bonne volonté les accommoder; d'ailleurs elle était en position de jouer le rôle de confidente plus que celui de rivale.

Parmi mes anciennes connaissances et mes anciens amis, je trouvai Horn toujours le même fidèle et joyeux camarade; je me liai de même avec Riese, qui ne manquait pas d'exercer et de mettre à l'épreuve ma pénétration, en opposant, par une contradiction soutenue, le doute et la négation à un enthousiasme dogmatique, auquel je m'abandonnais trop volontiers. A ces amis s'en joignirent d'autres peu à peu, dont je parlerai plus tard; mais, parmi les personnes qui me rendirent utile et agréable ce nouveau séjour dans ma ville natale, les frères

Schlosser occupent le premier rang. L'aîné, Jérôme, jurisconsulte élégant et profond, jouissait, comme avocat, de la confiance générale. Il ne se trouvait nulle part aussi bien qu'au milieu de ses livres et de ses papiers, dans des chambres où régnait un ordre parfait. Je ne l'y ai jamais trouvé autrement que joyeux et sympathique. En nombreuse compagnie, il se montrait de même agréable et intéressant, car une vaste lecture avait orné son esprit de toutes les beautés des anciens. Il ne dédaignait pas, dans l'occasion, d'augmenter nos plaisirs, en composant des vers latins pleins d'agrément. Je conserve encore de lui plusieurs distiques badins, écrits de sa main sous les portraits, que j'avais dessinés, de bizarres caricatures francfortoises, généralement connues. Je conférais souvent avec lui sur la carrière que je devais suivre, et, si des penchants, des passions et des entraînements sans nombre ne m'avaient pas détourné de cette voie, il eût été mon guide le plus sûr. Son frère Georges était d'un âge plus rapproché du mien ; il avait quitté Treptow et le service du duc Frédéric-Eugène de Wurtemberg. Il avait acquis plus de connaissance du monde, plus d'habileté pratique, et avait fait aussi des progrès dans l'étude générale des littératures allemande et étrangères. Comme auparavant, il aimait à écrire dans toutes les langues ; mais, par là, il ne provoquait pas mon émulation, parce que, me vouant exclusivement à la langue allemande, je ne cultivais les autres qu'autant qu'il fallait pour lire avec quelque facilité les meilleurs écrivains dans l'original. Sa droiture se montrait toujours la même ; et peut-être la connaissance du monde l'avait-elle disposé à persister avec plus de rigueur et même de roideur dans ses honnêtes sentiments.

Par ces deux amis, je fis bientôt la connaissance de Merck, à qui Herder m'avait annoncé de Strasbourg assez favorablement. Cet homme singulier, qui a exercé sur ma vie la plus grande influence, était originaire de Darmstadt. Je sais peu de chose de sa première éducation. Ses études achevées, il accompagna un jeune homme en Suisse ; il y séjourna quelque temps et il en revint marié. Quand je fis sa connaissance, il était trésorier de la guerre à Darmstadt. Né avec du sens et de l'esprit, il avait acquis de très-belles connaissances, surtout dans les littératures modernes, et il avait porté son attention sur l'histoire du monde et des hommes de tous les temps et de tous les lieux. Il était doué d'un jugement vif et pénétrant. On estimait en lui l'homme d'affaires actif et résolu et le calculateur habile. Il était partout bien reçu, son commerce paraissant fort agréable aux personnes dont il ne s'était pas fait craindre par des traits mordants. Il était grand et maigre, remarquable par son nez pointu ; ses yeux bleu clair, peut-être gris, donnaient à son regard mobile quelque chose du tigre. La *Physiognomonie* de Lavater nous a conservé son profil. Son caractère offrait une singulière discordance : naturellement loyal, noble et sûr, il s'était aigri contre le monde, et il se laissait tellement dominer par son humeur morose, qu'il éprouvait un penchant irrésistible à se montrer, de propos délibéré, rusé et même narquois. Raisonnable, calme et bon, dans un moment donné, il pouvait, dans un autre, comme le limaçon déploie ses cornes, s'aviser de faire une chose de nature à blesser, à offenser ou même à nuire. Mais, tout comme on manie volontiers un instrument dangereux, quand on croit n'en avoir rien à craindre, je me sentais d'autant plus disposé à le fréquenter et à jouir de ses bonnes qualités, qu'une secrète confiance me faisait pressentir qu'il ne me ferait jamais éprouver les mauvaises. Tandis que, d'un côté, par cette inquiétude morale, par ce besoin de se montrer sournois et malin, il troublait les relations de société, une autre inquiétude, qu'il nourrissait en lui avec le même soin, s'opposait à son propre contentement. Je veux parler d'un certain besoin de produire, qu'il sentait à la manière des amateurs et auquel il devait céder volontiers, car il s'exprimait en prose et en vers avec bonheur et facilité, et il aurait fort bien pu essayer de jouer un rôle parmi les beaux esprits du temps. Je possède même encore de lui des épîtres en vers d'une hardiesse et d'une âpreté extraordinaires, et d'une amertume digne de Swift, qui se distinguent à un haut degré par des vues originales sur les hommes et les choses ; malheureusement, elles sont écrites avec une vigueur si blessante, que je ne voudrais pas les publier même aujourd'hui ; mais je devrais ou bien les détruire, ou bien les tenir en réserve pour la postérité, comme d'étranges documents des dissensions secrètes de notre littérature. Toutefois le caractère négatif et destructeur de tous ses travaux lui était désagréable à lui-même, et il m'enviait, disait-il souvent, ma verve naïve, qui naissait du plaisir que je prenais au modèle et à l'objet représenté.

Au reste son dilettantisme littéraire lui aurait été moins nuisible que profitable, s'il n'avait senti un irrésistible désir de s'essayer dans la carrière de l'industrie et du commerce. En effet, lorsqu'une fois il commençait à maudire ses facultés, et qu'il s'indignait de ne pouvoir satisfaire d'une manière assez originale ses prétentions à un talent pratique, il abandonnait tour à tour l'art plastique et la poésie, et méditait des entreprises industrielles et commerciales, qui devaient rapporter de l'argent en même temps qu'elles l'amuseraient.

Au reste, il y avait à Darmstadt une société d'hommes très-instruits. Parmi ceux du pays, figuraient le conseiller intime de Hesse, ministre du landgrave, le professeur Petersen, le recteur Wenck; à ces hommes de mérite se joignaient tour à tour quelques voisins et nombre de voyageurs. Mme de Hesse et sa sœur, Mlle Flachsland, étaient des femmes d'un rare mérite: la dernière, fiancée de Herder, était doublement intéressante par ses belles qualités et par son amour pour un homme si éminent. Je ne saurais dire combien je fus animé et soutenu par cette société. On écoutait avec plaisir la lecture de mes ouvrages achevés ou commencés; on m'encourageait, quand j'exposais sans réserve et en détail ce que je méditais ; on me grondait, quand je laissais en arrière, à la première occasion, le travail entrepris. *Faust* était déjà avancé, *Goetz de Berlichingen* se construisait peu à peu dans mon esprit; l'étude du quinzième et du seizième siècle m'occupait, et la cathédrale de Strasbourg m'avait laissé une très-grave impression, qui pouvait fort bien servir de fond à ces poëmes.

Ce que j'avais pensé et imaginé sur cette architecture, je le mis par écrit. Le premier point sur lequel j'insistai, c'est qu'il fallait l'appeler allemande et non gothique, la tenir pour nationale et non pour étrangère; je disais ensuite qu'on ne devait pas la comparer avec l'architecture des Grecs et des Romains, parce qu'elle procédait d'un tout autre principe. Quand ces peuples, sous un ciel plus doux, faisaient reposer leur toit sur des colonnes, il en résultait déjà, en soi, un mur à jour ; mais nous, qui sommes contraints à nous défendre absolument contre la température et à nous entourer de murs de toutes parts, nous devons honorer le génie qui trouva le moyen de donner de la variété à des murailles massives, de les transpercer en apparence, et d'occuper l'œil dignement et agréablement sur la grande surface. Il en est de même des tours, qui ne représentent pas, comme les coupoles, un ciel en dedans, mais qui s'élancent au dehors vers le ciel, et qui doivent annoncer de loin aux pays d'alentour la présence du sanctuaire placé à leur base. Quant à l'intérieur de ces vénérables édifices, je ne hasardais d'y toucher que par la contemplation poétique et par de pieux sentiments. S'il m'avait plu d'exprimer clairement et distinctement, dans un style intelligible, ces vues, dont je ne veux pas contester le mérite, la brochure *De l'architecture allemande*, D. M. ERVINI A STEINBACH aurait produit plus d'effet dès son apparition, et éveillé plus tôt l'attention des amis de l'architecture nationale ; mais, séduit par l'exemple de Hamann et de Herder, j'enveloppai ces idées et ces considérations toutes simples dans un poudreux nuage de paroles et de phrases étranges, et j'obscurcis, pour les autres et pour moi, la lumière qui m'était apparue. Néanmoins ces feuilles furent bien reçues, et réimprimées dans la brochure de Herder *Sur la manière et l'art allemand*.

Si, par inclination ou dans un but poétique et par d'autres vues, je m'occupais avec plaisir des antiquités nationales et cherchais à les faire revivre devant moi, j'en étais toutefois détourné de temps en temps par les études bibliques et par les émotions religieuses; la vie et les actes de Luther, qui jettent dans le seizième siècle un éclat si magnifique, devaient toujours me ramener aux Saintes Écritures et à la méditation des idées et des sentiments religieux. Je me complaisais, dans mon petit orgueil, à considérer la Bible comme une œuvre collective, formée peu à peu, remaniée à diverses époques : car cette conception n'était point encore dominante, et surtout elle n'était point admise dans la société au milieu de laquelle je vivais. Pour le sens général, je m'en tenais à la version de Luther ; pour les détails, je recourais à la traduction littérale de Schmid, et je m'aidais, aussi bien que possible, du peu d'hébreu que je savais. Qu'il se trouve dans la Bible des contradictions, personne aujourd'hui ne le contestera. On cherchait à les lever en prenant pour base le passage le plus clair, et en s'efforçant de concilier avec celui-là le passage qui l'était moins et qui le contredisait. Moi, je voulais découvrir, par l'examen, l'endroit qui exprimait le mieux l'idée de la chose; je m'attachais à ces passages, et je rejetais les autres comme interpolés.

Car dès lors s'était affermie chez moi, sans que je pusse dire si elle m'avait été inspirée ou insinuée, ou si elle était née de mes propres réflexions, cette idée fondamentale, que, dans toute tradition et particulièrement dans la tradition écrite, l'essentiel est le fonds, l'intérieur, le sens, la direction de l'ouvrage; là se trouve ce qui est originel, divin, efficace, inviolable, inaltérable; ni le temps ni aucune influence, aucune condition extérieure, n'ont de prise sur ce fonds intime, du moins pas plus que la maladie du corps n'en a sur une âme bien faite. La langue, le dialecte, les idiotismes, le style et enfin l'écriture, devaient donc être considérés comme le corps de tout ouvrage d'esprit. Ce corps, assez intimement uni, il est vrai, avec l'intérieur, est toutefois exposé aux altérations, aux détériorations, car, en général, aucune tradition ne peut, par sa nature, être transmise dans une pureté parfaite, et, quand elle le serait, elle ne pourrait, dans la suite, être toujours parfaitement intelligible : l'un est impossible à cause de l'insuffisance des organes par lesquels elle est transmise; l'autre, à cause de la différence des temps et des lieux, mais particulièrement à cause de la différence des facultés et des opinions humaines, et c'est pourquoi les interprètes ne s'accorderont jamais. Rechercher la nature intime, le caractère propre d'un livre qui nous plaît particulièrement, est donc l'affaire de chacun, et, pour cela, il faut, avant toute chose, examiner dans quels rapports le livre est avec notre propre nature et à quel point cette force vivante anime et féconde la nôtre; en revanche, tout l'extérieur, qui est sans action sur nous ou sujet à un doute, on doit l'abandonner à la critique, qui, fût-elle même en état de morceler et de disperser l'ensemble, ne parviendrait jamais à nous ravir le fonds véritable, auquel nous tenons fermement, et même ne troublerait pas un moment notre conviction, une fois qu'elle s'est formée.

Cette conviction, née de la contemplation et de la foi, qui trouve son usage et qui fortifie dans tous les cas que nous regardons comme les plus importants, est à la base de ma vie morale aussi bien que littéraire, et doit être considérée comme un capital bien placé et à gros intérêt, quoique nous puissions, dans des cas particuliers, être induits à une fausse application. Ce fut par cette idée que la Bible me devint entièrement abordable. Je l'avais parcourue plusieurs fois, comme il arrive dans l'enseignement religieux des protestants; je me l'étais même rendue familière par des lectures détachées du commencement à la fin, et réciproquement. Le naturel énergique de l'Ancien Testament et la tendre naïveté du Nouveau m'avaient captivé en détail; la Bible ne s'offrait jamais à moi comme un tout, mais les divers caractères des divers livres ne m'embarrassaient plus; je savais me représenter fidèlement la signification de chacun à son tour, et j'avais trop donné de mon âme à ce livre pour qu'il me devînt jamais possible de m'en passer. Précisément par ce côté sentimental, j'étais en garde contre toutes les moqueries, parce que j'en voyais d'abord la déloyauté. Je les détestais, et même elles pouvaient me mettre en fureur; je me souviens parfaitement que, dans mon fanatisme enfantin, si j'avais pu tenir Voltaire, je l'aurais étranglé à cause de son Saül. Au contraire, toute espèce de recherche consciencieuse me causait une grande satisfaction; j'accueillais avec joie toutes les explications relatives à la topographie et aux costumes de l'Orient, lesquelles répandaient toujours plus de lumière, et je continuais à exercer ma sagacité sur de si respectables traditions.

On sait comme je cherchai de bonne heure à m'initier dans l'état du monde primitif, que nous retrace le premier livre de Moïse. Songeant à procéder désormais avec ordre et pas à pas, après une longue interruption je passai au second livre. Mais quelle différence! Tout comme s'étaient évanouis pour moi les trésors de l'enfance, je trouvai le second livre séparé du premier par un abîme. L'oubli absolu du temps passé s'exprime déjà par ce peu de mots significatifs : « Alors parut en

Égypte un nouveau roi, qui n'avait pas connu Joseph. » Mais le peuple même, innombrable comme les étoiles du ciel, semblait presque avoir oublié l'ancêtre à qui Jéhova avait fait, sous le ciel étoilé, cette même promesse désormais accomplie. Avec une peine incroyable, avec des forces et des secours insuffisants, je vins à bout des cinq livres, et ce travail me suggéra les plus singulières idées; je crus avoir trouvé que les dix commandements n'avaient pas été écrits sur les tables; que les Israélites n'avaient pas erré quarante années, mais un temps très-court, dans le désert, et je m'imaginai pouvoir donner sur le caractère de Moïse des éclaircissements tout nouveaux.

Le Nouveau Testament ne fut pas non plus à l'abri de mes recherches; avec mon goût pour les distinctions, je ne le ménageai pas; mais, par affection et par amour, j'adhérai à ces paroles salutaires : « Que les Évangélistes se contredisent, pourvu que l'Évangile ne se contredise pas. » Dans ce domaine encore, je crus avoir fait toutes sortes de découvertes. Ce don des langues, communiqué au milieu des flammes, le jour de la Pentecôte, je me l'expliquais d'une manière un peu abstruse, qui n'était pas propre à se concilier beaucoup de partisans.

Une des doctrines fondamentales du luthéranisme, que les frères moraves avaient encore exagérée, était de croire l'homme sous l'empire du péché : j'essayai de m'accommoder à cette idée, mais avec peu de succès. Cependant je m'étais assez bien approprié la terminologie de cette doctrine, et je m'en servis dans une lettre qu'il me plut d'adresser, sous le masque d'un pasteur de campagne, à un nouveau confrère. Le thème principal de cet écrit était le mot d'ordre de l'époque, je veux dire la tolérance, alors admise par les meilleurs esprits.

Ces productions écloses peu à peu, je les fis publier à mes frais l'année suivante pour tâter le public; j'en fis cadeau ou je les remis à la librairie d'Eschenberg, pour les vendre aussi bien que possible. Je n'en retirai aucun profit. Çà et là une revue critique en fit une mention favorable ou défavorable; mais elles furent aussitôt oubliées. Mon père les conserva soigneusement dans ses archives; sans lui, je n'en aurais plus aucun exemplaire. Je les joindrai à la nouvelle édition de mes œuvres, avec quelques travaux du même genre, que j'ai retrouvés manuscrits.

Comme c'est par l'influence de Hamann que je m'étais laissé entraîner à écrire ces compositions sibyllines et à les publier, il me semble que le moment est venu de mentionner cet homme respectable, influent, et qui était alors pour nous un aussi grand mystère qu'il l'est encore aujourd'hui pour sa patrie. Ses *Mémoires socratiques* firent sensation, et furent particulièrement appréciés des personnes qui ne pouvaient s'accommoder de l'éblouissant esprit du temps. On devinait ici un penseur profond et solide, qui connaissait bien le monde extérieur et la littérature, mais qui admettait aussi quelque chose de mystérieux, d'insondable, et s'exprimait là-dessus d'une façon toute particulière. Ceux qui dominaient la littérature du jour le tenaient, il est vrai, pour un nébuleux enthousiaste, mais une jeunesse ardente se laissait attirer par lui. Les *Stillen im Lande*[1], ainsi nommés moitié par plaisanterie moitié sérieusement, âmes pieuses, qui, sans se déclarer pour une congrégation, formaient une église invisible, fixèrent sur lui leur attention, et mon amie Klettenberg, non moins que son ami Moser, vit avec joie apparaître le *Mage du Nord*. On fut bien plus empressé de se mettre en relation avec lui, quand on sut que c'était au milieu d'une gêne pénible qu'il savait nourrir ces beaux et nobles sentiments. Avec la grande influence qu'il exerçait, le président de Moser aurait aisément procuré à un homme si modéré une position suffisante et commode. On s'en occupa et l'on s'était déjà si bien mis d'accord, que Hamann entreprit le long voyage de Kœnigsberg à Darmstadt. Mais, le président s'étant trouvé par hasard absent, cet homme bizarre s'en retourna sur-le-champ, on ne sait pour quel motif : cependant on continua d'entretenir avec lui une correspondance amicale. Je possède encore deux lettres de Hamann à son bienveillant ami qui attestent les sentiments élevés et affectueux de leur auteur.

Une si bonne intelligence ne pouvait pas durer longtemps. Ces pieuses personnes avaient cru Hamann pieux à leur manière; elles l'avaient traité avec respect comme le Mage du Nord et elles croyaient qu'il continuerait à se montrer d'une manière respectable; mais il avait déjà causé quelque scandale par les *Nuées, Supplément aux Mémoires socratiques*, et, lorsqu'il en vint à publier les *Croisades du philologue*, dont le titre présentait le profil d'un Pan cornu, et l'une des premières pages, un coq dont naît le ton fort plaisamment à de jeunes poulettes, debout devant lui avec des notes dans leurs pattes, allusion railleuse à certaines musiques d'église que Hamann ne pouvait approuver, il en résulta, chez ces personnes bien intentionnées et délicates, un mécontentement que l'on fit sentir à l'auteur, et lui, blessé à son tour, il évita une liaison plus intime. Cependant nous fûmes toujours occupés de lui, parce que Herder, qui restait en correspondance avec nous et avec sa fiancée, nous faisait savoir d'abord tout ce qui paraissait de ce remarquable esprit. Dans le nombre, étaient ses critiques et ses comptes rendus, insérés dans la *Gazette de Kœnigsberg*, et qui offraient tous un caractère extrêmement singulier. Je possède une collection assez complète de ses ouvrages, et un travail manuscrit très-remarquable sur la dissertation de Herder concernant l'origine des langues, où il répand, d'une manière tout à fait originale, sur l'essai de Herder, des traits de lumière étonnants.

1. Les *Paisibles du pays*.

Je ne renonce pas à l'espérance de publier une édition des ouvrages de Hamann, ou du moins de l'encourager. Et quand ces importants documents seront sous les yeux du public, il sera temps de parler plus en détail de l'auteur, de son esprit et de son caractère. En attendant, je veux ajouter ici quelques réflexions, car il existe encore des hommes éminents qui lui ont aussi voué leur affection et dont l'adhésion ou les avis me seront très-agréables. Le principe auquel peuvent se réduire toutes les assertions de Hamann est celui-ci : tout ce que l'homme entreprend de produire, que ce soit par l'action ou par le langage, doit résulter de tout l'ensemble des forces; toute œuvre isolée est mauvaise. Maxime admirable, mais difficile à suivre. Elle peut être observée dans la vie et dans les arts, mais, dans toute production littéraire, qui n'est pas précisément poétique, la difficulté est grande ; car le langage doit se décomposer, il doit se démembrer, pour exprimer, pour signifier quelque chose. L'homme, lorsqu'il parle, doit, pour le moment, devenir exclusif : point de communication, point d'enseignement, sans analyse. Or, comme Hamann répugnait absolument à cette séparation et qu'il voulait parler comme il sentait, imaginait et pensait, dans l'unité, et qu'il demandait aux autres la même chose, il se trouvait en contradiction avec son propre style et avec tout ce que les autres pouvaient produire. Aussi, pour faire l'impossible, s'empare-t-il de tous les éléments; les plus profondes et les plus mystérieuses contemplations, où la nature et l'esprit se rencontrent en secret, de brillants éclairs de sagesse, qui reluisent de ce concours, des images frappantes, qui planent dans ces régions, des maximes pressantes, empruntées aux écrivains sacrés et profanes, et tout ce qu'on peut ajouter encore d'humoristique, tout cela compose le merveilleux ensemble de son style, de ses écrits. Si l'on ne peut le suivre dans la profondeur, se promener avec lui sur les cimes, se saisir des figures qui planent devant lui, deviner exactement le sens d'un simple renvoi à un passage tiré d'une lecture immense : plus nous l'étudierons, plus nous serons enveloppés d'une obscurité profonde, qui ne fera que s'accroître avec le temps, parce que les allusions de Hamann étaient principalement dirigées sur certaines particularités qui dominaient momentanément dans la société et dans la littérature. Ma collection renferme quelques-unes de ses brochures, où il a cité en marge, de sa main, les endroits auxquels se rapportent ses allusions. Si l'on y recourt, cela produit une double lumière chatoyante d'un effet extrêmement agréable, mais il faut renoncer absolument à ce qu'on appelle d'ordinaire « comprendre. » Ces feuilles méritent encore le nom de sibyllines, parce qu'on ne peut les considérer en elles-mêmes et pour elles-mêmes, mais qu'il faut attendre l'occasion où peut-être on aura lieu de recourir à leurs oracles. Chaque fois qu'on les parcourt, on croit y trouver quelque chose de nouveau, parce que le sens inhérent à chaque passage nous frappe et nous impressionne diversement.

Je n'ai pas connu Hamann personnellement, et je n'ai jamais été avec lui en correspondance directe. Il était, me semble-t-il, d'une netteté parfaite dans ses relations de société et d'amitié, et avait un sentiment très-juste des rapports des hommes entre eux et avec lui. Toutes les lettres que j'ai lues de lui sont excellentes et bien plus intelligibles que ses écrits, parce que les rapports au temps et aux circonstances, comme aux liaisons personnelles, y ressortent plus clairement. Toutefois il me parut évident que, sentant d'une manière toute naïve la supériorité de son esprit, il s'estimait toujours un peu plus avisé et plus sage que ses correspondants, auxquels il montrait plus d'ironie que d'affection. Ce n'était, à vrai dire, que dans certains cas particuliers, mais, pour moi, c'était le grand nombre, et cela m'ôta le désir de rechercher son intimité.

En revanche, nous avions toujours avec Herder une amicale correspondance littéraire; nous regrettions seulement qu'elle ne pût jamais se maintenir paisible et sereine : Herder ne renonçait pas à ses railleries et à ses querelles. Il n'était pas nécessaire de provoquer Merck bien vivement, et il savait aussi exciter mon impatience. Comme, entre tous les écrivains et tous les hommes, Swift était celui que Herder honorait le plus, nous l'appelions lui-même le doyen, et ce fut le sujet de plusieurs brouilleries. Néanmoins ce nous fut une grande joie d'apprendre qu'il était placé à Buckebourg : nomination doublement honorable pour lui, parce que son nouveau patron s'était fait, malgré ses singularités, une grande réputation par son esprit et son courage. Thomas Abbt s'était rendu célèbre dans ce poste; la patrie déplorait sa mort et voyait avec sympathie le monument que lui avait élevé son protecteur. Herder allait remplacer l'homme qu'on avait trop tôt perdu et remplir toutes les espérances que son prédécesseur avait si glorieusement éveillées. L'époque de l'événement releva l'éclat et l'importance de cette nomination : plusieurs princes allemands suivaient déjà l'exemple du comte de la Lippe, en recevant à leur service, non pas seulement des hommes savants et habiles en affaires, mais des hommes d'esprit et d'avenir. On rapportait que Klopstock avait été appelé par le margrave Charles de Bade, non pour un service proprement dit, mais pour donner par sa présence de l'agrément et de l'intérêt à la haute société. En même temps que cela augmentait la considération de cet excellent prince, attentif à tout ce qui était utile et beau, la vénération pour Klopstock devait s'en accroître sensiblement. Tout ce qui émanait de lui était précieux et chéri. Nous avions grand soin de copier ses odes et ses élégies, à mesure que chacun de nous pouvait se les procurer. Aussi fûmes-nous charmés, quand la landgrave Caroline de Hesse-Darmstadt en fit publier un recueil, et que nous eûmes en main un des rares exemplaires, sur lequel nous pûmes compléter nos recueils manuscrits. Aussi cette première forme nous est-elle restée longtemps la plus chère, et nous avons lu souvent encore avec délices des poésies que l'auteur a rejetées plus tard. Tant il est vrai que l'impulsion qui part d'une belle âme exerce plus librement son influence, à proportion qu'elle semble moins avoir été entraînée par la critique dans le domaine de l'art.

Klopstock avait su par sa conduite et son caractère assurer à lui-même et à d'autres hommes de talent considération et dignité; ils allaient lui devoir aussi, autant que possible, la sécurité et l'amélioration de leur fortune. Jusqu'alors le commerce des livres avait eu pour objet d'importants ouvrages scientifiques, des articles de fonds, qui étaient modestement payés. Mais la production des œuvres poétiques était considérée comme quelque chose de sacré, et l'on regardait presque comme une simonie de se les faire payer. Les auteurs et les éditeurs étaient dans les relations les plus singulières. Ils semblaient être, de part et d'autre, selon qu'on voulait le prendre, patrons et clients. Les auteurs qui, à côté de leur talent, étaient d'ordinaire considérés et honorés par le public comme des hommes d'une haute culture morale, avaient la supériorité intellectuelle, et se sentaient récompensés par la jouissance du travail. les éditeurs se contentaient de la seconde place et faisaient des bénéfices considérables. Mais bientôt l'opulence éleva le riche libraire au-dessus du pauvre poëte, et tout se trouva dans le plus bel équilibre. Les échanges de générosité et de reconnaissance n'étaient pas rares. Breitkopf et Gottsched logèrent toute leur vie sous le même toit. La lésinerie et la bassesse, surtout des contrefacteurs, n'étaient pas encore à l'ordre du jour.

Néanmoins il s'était produit parmi les auteurs allemands un mouvement général. Ils comparaient leur situation très-modeste, et même pauvre, avec la richesse des libraires en renom; ils considéraient combien était grande la renommée d'un Gellert, d'un Rabener, et dans quelle gêne domestique devait végéter en Allemagne un écrivain universellement aimé, s'il ne se créait par quelque industrie une existence plus facile. Les médiocres et les petits esprits sentaient eux-mêmes un vif désir de voir leur position améliorée et de se rendre indépendants des éditeurs. C'est alors que Klopstock offrit par souscription sa *République des lettres*. Quoique les derniers chants de la Messiade, soit à cause du fond soit à cause de la forme, n'eussent pu produire le même effet que les premiers, qui, naïfs et purs eux-mêmes, avaient paru dans une époque naïve et pure, le respect pour le poëte était toujours le même et la publication de ses *Odes* lui avait gagné les cœurs et les esprits de beaucoup de monde. Nombre d'hommes bien pensants, parmi lesquels plusieurs exerçaient une grande influence, offrirent de recevoir d'avance le prix, qui fut fixé à un louis d'or, car, disait-on, il ne s'agissait pas tant de payer le livre que de récompenser l'auteur à cette occasion, pour ses mérites envers la patrie. L'empressement fut général. Des jeunes gens, des jeunes filles, qui n'avaient guère à dépenser, ouvrirent leur épargne; hommes et femmes, la haute classe, la classe moyenne, contribuèrent à cette sainte largesse, et mille personnes peut-être payèrent d'avance. L'attente était au comble, la confiance absolue.

Par là, l'ouvrage dut trouver, à son apparition, l'accueil le plus étrange du monde. Il était toujours d'un mérite marquant, mais il n'était nullement d'un intérêt général. Les idées de Klopstock sur la poésie et la littérature étaient exposées sous la forme d'une ancienne république druidique allemande, et ses principes sur le vrai et le faux, exprimés en adages laconiques, où l'instruction était parfois sacrifiée à l'étrangeté de la forme. Pour les écrivains et les littérateurs, ce livre était et il est encore inestimable, mais c'est dans cette sphère seulement qu'il pouvait être efficace et utile. Qui avait pensé lui-même suivait le penseur; qui savait chercher et estimer le vrai se trouvait instruit par cet honnête et solide esprit: quant au simple amateur, il n'était pas éclairé; le livre restait scellé pour lui, et pourtant on l'avait mis dans toutes les mains; et, tandis que chacun attendait un livre parfaitement usuel, la plupart en reçurent un auquel ils ne pouvaient prendre le moindre goût. La stupéfaction fut générale, toutefois le respect pour l'homme était si grand, qu'on n'entendit aucun murmure; il s'éleva à peine un léger bourdonnement. La belle jeunesse se consola de sa perte, et donna, en badinant, les exemplaires chèrement payés. J'en reçus moi-même plusieurs de bonnes amies : il ne m'en est resté aucun.

Cette entreprise, heureuse pour l'auteur, malheureuse pour le public, eut cette fâcheuse conséquence, qu'on ne dut pas songer de sitôt aux souscriptions et aux payements anticipés. Mais le vœu s'en était trop généralement répandu pour qu'on n'essayât pas d'y revenir. La librairie de Dessau offrit de faire la chose en grand et au complet. Les lettrés et l'éditeur devaient s'associer pour jouir proportionnellement du bénéfice qu'on pouvait espérer. La gêne pénible, si longtemps éprouvée, éveilla encore ici une grande confiance, qui, du reste, ne se soutint pas longtemps. Après quelques efforts, les intéressés se séparèrent bientôt avec une perte mutuelle.

Cependant une communication rapide s'était déjà établie entre les amis de la littérature; les Almanachs des Muses réunissaient tous les jeunes poëtes; les journaux, le poëte avec les autres écrivains. Mon goût de produire était sans bornes; à l'égard de ce que j'avais produit, j'étais indifférent : toutefois, quand je le faisais revivre gaiement pour d'autres et pour moi, dans une compagnie, j'y reprenais goût. De nombreux amis s'associaient aussi à mes travaux, grands et petits, parce que, par mes instances, quiconque se sentait un peu de disposition et de facilité à composer était obligé de nous donner, à sa façon, quelque chose qui vînt de lui : et, à leur tour, ils me demandaient tous de nouvelles compositions et de nouvelles poésies.

Ces excitations mutuelles, poussées jusqu'à l'excès, donnèrent à chacun, dans son genre, une joyeuse influence, et, de ce tourbillon et de cette activité, de ce faire et laisser faire, de ces emprunts et de ces largesses, auxquels se livraient aveuglément, librement, sans aucune direction théorique, tant de jeunes gens, chacun selon son caractère naturel, surgit cette fameuse époque littéraire de si glorieux et si fâcheux renom, dans laquelle une foule de jeunes hommes de talent se produisirent avec toute l'ardeur et toute la présomption qui n'appartiennent qu'à cet âge, et, par l'emploi de leurs forces, firent beaucoup de plaisir et de bien, et, par l'abus, beaucoup de chagrins et de mal; et l'action et la réaction émanées de cette source sont justement l'objet principal de ce volume.

Mais à quoi des jeunes gens prendront-ils le plus grand intérêt, comment éveilleront-ils l'intérêt parmi leurs égaux, si l'amour ne les anime pas, si les affaires de cœur, de quelque nature qu'elles soient, ne sont pas en eux vivantes? J'avais à déplorer en secret un amour perdu. Cela me rendait indulgent et doux, et plus agréable à la société que dans l'époque brillante où je n'avais à me reprocher aucun tort, aucun faux pas, et où je m'élançais dans la vie, libre de tout engagement. La réponse de Frédérique à une lettre d'adieux me déchira le cœur. C'était la même main, la même pensée, le même sentiment, qui s'étaient développés pour moi et par moi. Alors seulement, je compris la perte qu'elle faisait, et je ne voyais aucune possibilité de la réparer ni même de l'adoucir. Frédérique m'était toujours présente. Je sentais constamment qu'elle me manquait, et, ce qui était le plus douloureux, je ne pouvais me pardonner mon propre malheur. On m'avait ôté Marguerite, Annette m'avait quitté : ici j'étais coupable pour la première fois; j'avais blessé profondément le plus noble cœur, et cette époque d'un sombre repentir, auquel se joignait la privation d'un amour accoutumé, délices de ma vie, me fut extrêmement pénible et même insupportable. Mais l'homme veut vivre : je prenais donc aux autres un intérêt sincère; je cherchais à les tirer de leurs embarras, à rejoindre ce qui voulait se séparer, afin de leur épargner mon sort. C'est pourquoi on avait coutume de m'appeler le confident, et aussi le pèlerin, à cause de mes courses vagabondes dans la contrée. Cet apaisement de mon cœur, je ne le trouvais qu'en plein air, dans les vallées, sur les hauteurs, dans les campagnes et les bois, et je l'avais à ma portée, grâce à la position de Francfort entre Darmstadt et Hombourg, deux séjours agréables, qui étaient en bonne intelligence à cause de la parenté des deux cours. Je m'accoutumai à vivre sur la route, allant et venant, comme un messager, de la montagne à la plaine. Seul ou en compagnie, il m'arrivait souvent de traverser ma ville natale, comme si elle m'eût été étrangère; je dînais dans une des grandes auberges de la Fahrgasse, après quoi, je poursuivais ma route. Plus que jamais, je cherchais le vaste monde et la libre nature. Chemin faisant, je chantais des hymnes et des dithyrambes étranges, dont un s'est conservé sous le titre de *Chant d'orage du pèlerin*[1]. J'allais chantant avec entraînement cette demi-extravagance, surpris en chemin par un temps affreux, qu'il me fallait braver.

Mon cœur était libre et désoccupé ; j'évitais scrupuleusement toute liaison intime avec les femmes, et c'est pourquoi, ignorant et inattentif, je ne sus pas voir un amoureux génie qui planait autour de moi secrètement. Une aimable et tendre femme nourrissait pour moi un attachement silencieux, que je n'aperçus point, et, par là même, je me montrais plus agréable et plus gai dans sa société bienfaisante. Ce fut seulement plusieurs années après, seulement après sa mort, que j'appris cet amour secret et céleste, d'une manière propre à m'émouvoir ; du moins, irréprochable moi-même, je pus verser des larmes pures et sincères sur un être irréprochable, avec d'autant plus de douceur que cette découverte tombait sur une époque où j'étais absolument sans passion et où j'avais le bonheur de vivre pour moi et pour mes goûts intellectuels.

Dans le temps où la situation de Frédérique me causait une douleur cruelle, suivant mon ancienne habitude, je cherchai de nouveau mon recours dans la poésie. Je continuai ma confession poétique accoutumée, pour mériter par cette expiation volontaire l'absolution de ma conscience. Les deux Marie, dans Gœtz de Berlichingen et dans Clavijo, et les deux tristes rôles que jouent leurs amants, pourraient bien avoir dû la naissance à ces pensées de repentir.

Mais, comme les blessures et les maladies se guérissent promptement dans la jeunesse, parce qu'une organisation saine peut soutenir l'état morbide et laisser à la guérison le temps d'arriver, ainsi, dans plusieurs occasions favorables, les exercices corporels produisirent heureusement leurs effets salutaires, et je fus porté de mille manières à une courageuse résolution, à des joies et des jouissances nouvelles. Le cheval remplaça peu à peu les promenades à pied, nonchalantes, mélancoliques, pénibles

---

[1]. Tome I, page 195.

et pourtant lentes et sans objet : on allait plus vite, plus gaiement et plus commodément à son but. Les jeunes camarades revinrent à l'escrime ; mais surtout il s'ouvrit à nous un monde nouveau à l'entrée de l'hiver. Je me décidai tout à coup à patiner, ce que je n'avais jamais essayé, et, en peu de temps, par l'exercice, la réflexion et la persévérance, je fis les progrès nécessaires pour prendre avec la foule mes ébats sur la plaine de glace, sans vouloir précisément me distinguer.

Cette nouvelle et joyeuse activité, nous en étions aussi redevables à Klopstock, à son enthousiasme pour cet heureux mouvement ; enthousiasme que des renseignements particuliers confirmaient, et dont ses odes présentaient l'irrécusable témoignage. Je me rappelle fort bien que, par une claire matinée d'un froid glacial, sautant à bas du lit, je déclamai ces passages : « Déjà, dans le joyeux sentiment de la santé, bien loin, le long du rivage, j'ai tracé un blanc sillon sur la plaine de cristal.... Comme le jour d'hiver, qui se lève, éclaire le lac doucement! La nuit a semé sur son étendue un givre étincelant, pareil aux étoiles. »

Ma résolution, indécise et chancelante, fut fixée sur-le-champ, et je courus tout droit à la place où un si vieux commençant pouvait entreprendre avec quelque convenance ses premiers exercices. Et certes il méritait bien d'être recommandé par Klopstock, ce déploiement de forces qui nous met en contact avec la plus vive enfance, qui provoque le jeune homme à jouir de toute sa souplesse, et qui est fait pour prévenir l'engourdissement de la vieillesse. Aussi ce plaisir devint-il pour nous une passion. Un beau dimanche passé sur la glace ne nous suffisait pas ; nous poursuivions nos promenades bien tard dans la nuit. Car, tandis que les autres exercices fatiguent le corps, celui-ci lui imprime un élan toujours nouveau. La pleine lune, se montrant des nuages sur les vastes prairies nocturnes, converties en plaines de glace ; la brise de la nuit, murmurant à l'encontre de notre course, le grave tonnerre de la glace, qui s'affaissait quand l'eau venait à décroître, le retentissement étrange de nos propres mouvements, nous représentaient avec une vérité parfaite les scènes d'Ossian. Tantôt l'un tantôt l'autre des amis faisait entendre, dans un demi-chant déclamatoire, une ode de Klopstock, et, quand nous nous retrouvions dans la lueur crépusculaire, nous faisions retentir la louange sincère de l'auteur de nos plaisirs.

« Et ne doit-il pas être immortel, celui qui nous a trouvé la santé avec des jouissances que le cheval ne donna jamais dans sa course hardie, et que la balle même n'offre pas? »

Telle est la reconnaissance que s'assure un homme qui sait ennoblir et populariser dignement, par l'impulsion de l'esprit, un acte terrestre. Et comme des enfants bien doués, dont les facultés intellectuelles sont de bonne heure merveilleusement développées, reviennent, dès qu'ils l'osent, aux plus simples jeux de leur âge, nous n'oublions que trop aisément que nous étions appelés à des choses plus sérieuses; toutefois ce mouvement, souvent solitaire, ce doux balancement dans le vague, réveillait en foule mes besoins intimes, qui avaient sommeillé quelque temps, et j'ai dû à ces heures le développement plus rapide d'anciens projets.

Les siècles ténébreux de l'histoire d'Allemagne avaient dès longtemps occupé ma curiosité et mon imagination. L'idée de dramatiser Goetz de Berlichingen au milieu de son époque avait pour moi infiniment de charmes et d'intérêt. Je lus soigneusement les principaux écrivains; l'ouvrage de Datt de *Pace publica* fixa toute mon attention; je l'avais étudié assidûment et m'étais représenté de mon mieux ces singulières particularités. Ces travaux, poursuivis dans un but moral et poétique, je pouvais encore en tirer un autre parti, et, comme je me disposais à visiter Wetzlar, j'étais historiquement assez préparé; car la Chambre impériale avait pris naissance à la suite de la paix publique, et l'histoire de ce tribunal pouvait être un précieux fil conducteur à travers le labyrinthe de l'histoire d'Allemagne. L'organisation des tribunaux et des armées donne, après tout, l'idée la plus juste de l'organisation d'un État. Les finances mêmes, dont on regarde l'influence comme si importante, méritent beaucoup moins d'attention : car, si la fortune publique est insuffisante, on n'a qu'à prendre à l'individu ce qu'il a péniblement amassé et recueilli, et, comme cela, l'État est toujours assez riche.

Ce qui m'arriva à Wetzlar n'est pas d'une grande importance, mais on y trouvera peut-être un plus haut intérêt, si l'on ne dédaigne pas de jeter un coup d'œil rapide sur la Chambre impériale, pour se représenter le moment défavorable dans lequel j'y arrivai. Les maîtres du monde le sont principalement parce que, tout comme ils peuvent, en temps de guerre, s'entourer des plus vaillants et des plus résolus, en temps de paix, ils peuvent appeler autour de leur personne les plus sages et les plus justes. A la maison d'un empereur d'Allemagne était attaché un pareil tribunal, qui l'accompagnait toujours dans ses courses à travers l'Empire; mais ni cette précaution, ni le droit de Souabe, qui était en vigueur dans l'Allemagne du Sud, ni le droit saxon, qui régnait dans celle du Nord, ni les juges établis pour le maintien de ces lois, ni les commissions arbitrales des pairs, ni les arbitres acceptés par convention, ni les transactions amiables, instituées par le clergé, ne purent apaiser l'humeur guerroyante des chevaliers, excitée, nourrie et passée en coutume par les querelles intérieures, par les expéditions étrangères, surtout par les croisades et même par les usages des tribunaux. L'empereur et les princes les plus puissants voyaient avec un extrême déplaisir les vexations que les petits faisaient souffrir à leurs pareils et même aux grands, en se liguant entre eux. Toute force pour agir au dehors était paralysée, de même que l'ordre était troublé au dedans. De plus, une grande partie du pays était sous le joug de la cour vehmique, institution terrible, dont on peut se faire une idée, si l'on songe qu'elle dégénéra en une police secrète, qui finit même par tomber dans les mains de simples particuliers.

Pour réprimer en quelque mesure ces iniquités, on fit inutilement plusieurs tentatives; enfin les États proposèrent avec insistance d'établir un tribunal à leurs frais. Ce projet, si louable que fût la pensée, tendait néanmoins à étendre les droits des États, à restreindre la puissance impériale. Sous Frédéric III, la chose est différée; son fils Maximilien, pressé du dehors, doit céder. Il nomme le président; les États envoient les assesseurs. Ils devaient être au nombre de vingt-quatre: on se contente d'abord de douze. Une faute que les hommes commettent généralement dans leurs entreprises fut aussi le vice originel et perpétuel, le vice fondamental de la Chambre impériale: on employa pour un grand but des moyens insuffisants. Les assesseurs étaient trop peu nombreux. Comment auraient-ils pu suffire à une tâche si difficile et si vaste? Mais qui aurait réclamé une organisation suffisante? L'empereur ne pouvait favoriser un établissement qui semblait agir contre lui plutôt que pour lui: il avait de bien plus fortes raisons pour développer son propre tribunal, son propre conseil aulique. Si, d'un autre côté, on considère l'intérêt des États, ils ne pouvaient proprement avoir en vue que d'arrêter le sang; ils s'inquiétaient moins de savoir si la blessure était guérie. Et puis c'était encore une nouvelle dépense! Il semble qu'on ne sut pas voir bien clairement que, par cette institution, chaque prince augmentait le nombre de ses serviteurs. C'était, il est vrai, pour un but bien déterminé: mais qui donne volontiers de l'argent pour le nécessaire? Chacun voudrait recevoir l'utile pour l'amour de Dieu.

Au commencement, les assesseurs durent vivre d'épices; puis ils reçurent des États une modeste rétribution: tout cela était misérable. Mais, afin de pourvoir à ce grand et manifeste besoin, il se trouva des hommes capables, zélés, laborieux, et le tribunal fut établi. Si l'on comprit qu'il s'agissait seulement de pallier le mal et non de le guérir, et si l'on se flatta, comme il arrive en pareil cas, de pouvoir faire beaucoup avec peu, c'est ce qu'on ne saurait décider. En somme, le tribunal servit plutôt de prétexte pour punir les perturbateurs qu'il ne fut un préservatif assuré contre l'injustice. Mais, à peine est-il constitué, qu'il se développe chez lui une force propre; il voit la hauteur où il est placé; il reconnaît sa grande importance politique. Il cherche, par une activité surprenante, à conquérir une autorité plus marquée. Les juges expédient tout ce qui peut et qui doit être promptement terminé, ce qui peut être décidé au moment même ou qui est d'ailleurs facile à juger, et, par là, ils se montrent à tout l'Empire actifs et respectables. En revanche, les affaires plus graves, les véritables questions de droit, restaient en arrière, et ce n'était pas un malheur. Ce qui importe à l'État, c'est seulement que la possession soit certaine et assurée; de savoir si l'on possède légitimement, il en prendra moins de souci. C'est pourquoi le nombre immense et toujours croissant des procès arriérés ne causait aucun tort à l'Empire. On avait pris des mesures contre les gens qui employaient la violence, et l'on pouvait en finir avec eux; quant aux autres, qui se disputaient juridiquement la possession, ils vivaient, jouissaient ou végétaient comme ils pouvaient; ils mouraient, se ruinaient, s'accommodaient; mais tout cela n'était que le bien ou le mal de quelques familles; peu à peu l'Empire s'était pacifié. Car on avait remis à la Chambre impériale un certain droit manuaire contre les rebelles. Si l'on avait pu prononcer l'anathème, il aurait été plus efficace.

Mais, à l'époque où nous étions arrivés, le nombre des assesseurs ayant tantôt augmenté tantôt diminué, le tribunal ayant éprouvé plusieurs interruptions, ayant été transporté d'un lieu dans un autre, l'arriéré, les pièces, durent s'accroître à l'infini. Dans un péril de guerre, on transporta une partie des archives de Spire à Aschaffenbourg, une autre à Worms; la troisième tomba dans les mains des Français, qui crurent avoir conquis des archives d'État, et qui se seraient ensuite débarrassés volontiers de ce fatras, si quelqu'un avait voulu seulement fournir les voitures.

Pendant les négociations de la paix de Westphalie, les hommes habiles qu'elles avaient réunis virent bien quel levier était nécessaire pour remuer ce rocher de Sisyphe. On décida de nommer cinquante assesseurs, mais ce nombre ne fut jamais atteint. On se contenta encore une fois de la moitié, parce que la dépense parut trop grande. Cependant, si tous les intéressés avaient compris leur intérêt dans l'affaire, on aurait fort bien pu suffire à tout. Pour les honoraires de vingt-cinq assesseurs, il fallait environ cent mille florins. L'Allemagne aurait bien aisément fourni le double. La proposition de doter la Chambre impériale avec les biens ecclésiastiques confisqués ne put passer. Comment les deux partis religieux se seraient-ils entendus pour ce sacrifice? Les catholiques ne voulaient pas faire des pertes nouvelles, et les protestants voulaient employer, chacun pour l'avantage de son État, ce qu'ils avaient gagné. La division de l'Empire en deux partis religieux eut encore ici, sous plusieurs rapports, la plus fâcheuse influence. Les États prirent toujours moins d'intérêt au tribunal qu'ils avaient fondé ; les plus puissants cherchèrent à se détacher de l'union ; on sollicita toujours plus vivement le privilége de ne pouvoir être poursuivi devant aucune haute cour de justice ; les grands ne payaient pas, et les petits, qui se croyaient d'ailleurs lésés dans la matricule, payaient le plus tard qu'ils pouvaient.

Il était donc bien difficile de recueillir les contributions nécessaires pour les traitements. Ce fut une nouvelle affaire, une nouvelle perte de temps, pour la Chambre impériale. Dans l'origine, les inspections annuelles y avaient pourvu. Les princes, en personne, ou leurs conseillers se rendaient seulement pour quelques semaines ou quelques mois à la résidence du tribunal, visitaient les caisses, s'enquéraient de l'arriéré et se chargeaient de le faire rentrer. En même temps, si le cours de la justice éprouvait quelque arrêt, si quelque abus s'y glissait, ils étaient compétents pour y porter remède. Ils devaient rechercher et faire disparaître les vices de l'institution, mais leur office ne s'étendit que plus tard à la recherche et à la répression des délits des membres eux-mêmes. Cependant, comme les plaideurs sont toujours enclins à prolonger un moment de plus leurs espérances, et cherchent et provoquent par conséquent des juridictions plus élevées, ces inspecteurs devinrent aussi un tribunal de révision, devant lequel on espérait d'obtenir d'abord, dans des cas déterminés, manifestes, une réintégration, puis enfin, dans tous les cas, un délai et la perpétuation du procès. L'appel à la diète de l'Empire et les efforts des deux partis religieux pour se surmonter ou du moins se balancer l'un l'autre contribuèrent encore à ce résultat.

Mais, quand on réfléchit à ce que pouvait être ce tribunal, sans ces obstacles, sans toutes ces causes de perturbation et de ruine, on ne peut se le figurer assez remarquable et assez important. Si, dès l'origine, on l'avait composé d'un assez grand nombre de juges ; si on leur avait assuré un traitement suffisant, la solidité du caractère allemand aurait procuré à cette compagnie une influence sans bornes. Ce titre honorable d'Amphictyons, qu'on ne leur donnait que par forme oratoire, ils l'auraient réellement mérité ; ils auraient pu même s'élever à une puissance intermédiaire, respectable à la fois au chef et aux membres de l'Empire. Bien loin de produire de si grands effets, le tribunal ne fit que traîner une existence misérable, sauf peut-être pendant une courte période sous Charles-Quint et avant la guerre de Trente ans. Il est difficile de comprendre comment il se trouva des hommes pour cette ingrate et triste besogne. Mais, ce que l'homme pratique chaque jour, il y prend goût, s'il y est habile, dût-il même ne pas voir clairement qu'il en résultera quelque chose. Ce caractère persévérant appartient surtout à notre nation, et c'est ainsi que, durant trois siècles, les hommes les plus respectables se sont occupés de ces affaires et de ces travaux. Une galerie caractéristique de pareilles figures éveillerait encore aujourd'hui la sympathie et inspirerait le courage. Car c'est justement dans ces temps d'anarchie que l'homme de mérite se montre avec plus de vigueur, et que celui qui veut le bien se trouve parfaitement à sa place. C'est ainsi, par exemple, que la direction de Furstenberg était restée en bénédiction dans toutes les mémoires ;

et c'est de la mort de cet homme excellent que date une foule d'abus pernicieux.

Mais tous ces vices, anciens et nouveaux, découlaient de la source première et unique, d'un personnel insuffisant. Il était réglé que les assesseurs feraient leurs rapports dans une certaine série et d'après un ordre déterminé. Chacun pouvait savoir quand son tour viendrait et lequel de ses procès il aurait à exposer. Il pouvait y travailler, il pouvait se préparer. Cependant le malheureux arriéré s'amoncelait toujours : il fallut se résoudre à choisir les affaires les plus importantes et à les rapporter hors de tour. Le jugement de l'importance supérieure d'une affaire est difficile, quand il y a une foule de cas graves, et le choix prête à la faveur. Un autre écueil se présentait : le rapporteur fatiguait et lui-même et le tribunal avec une affaire difficile et embrouillée, et, à la fin, il ne se trouvait personne qui voulût retirer le jugement. Les parties avaient transigé, elles s'étaient accommodées, elles étaient mortes, elles avaient changé d'avis. On résolut donc de n'examiner que les affaires qui seraient rappelées par les intéressés. On voulait être assuré de leur persévérance, et, par là, on donna l'entrée aux plus grands désordres : car celui qui recommande son affaire doit la recommander à quelqu'un, et à qui la recommanderait-il mieux qu'à celui qui l'a dans les mains? Tenir secret, selon l'ordonnance, le nom du rapporteur devenait impossible. En effet, au milieu de tant de subalternes qui le savaient, comment serait-il resté ignoré? Quand on sollicite l'accélération, on peut solliciter aussi la faveur : car, par cela même qu'on presse la solution de sa cause, on montre qu'on la croit juste. On ne le fera peut-être pas d'une manière directe, mais assurément on le fera d'abord par des subalternes. Il faut les gagner, et voilà toutes les intrigues et les corruptions introduites.

L'empereur Joseph, de son propre mouvement et à l'imitation de Frédéric, dirigea d'abord son attention sur l'armée et sur la justice. Il porta ses regards sur la Chambre impériale. Les injustices traditionnelles, les abus introduits, ne lui étaient pas restés inconnus. Là aussi il y avait un mouvement, une secousse, à imprimer, une action à exercer : sans demander si c'était l'avantage de l'empereur, sans prévoir la possibilité d'un heureux succès, il proposa l'inspection et en précipita l'ouverture. Depuis cent soixante-six ans, on n'avait fait aucune inspection régulière; un énorme fatras d'écritures était amoncelé et grossissait chaque année, les dix-sept assesseurs n'étant pas même en état d'expédier les affaires courantes. Vingt mille procès s'étaient accumulés; on en pouvait régler soixante par année et il en survenait le double. Un nombre assez respectable de révisions attendait aussi les inspecteurs : on disait cinquante mille. D'ailleurs plus d'un abus gênait la marche de la justice. Mais, ce qui était plus grave que tout le reste, on entrevoyait dans le fond les malversations de quelques assesseurs.

Quand je dus me rendre à Wetzlar, l'inspection suivait son cours depuis quelques années; les coupables étaient suspendus, l'information très-avancée; et les hommes versés dans le droit public allemand ne voulurent pas laisser échapper cette occasion de montrer leurs lumières et de les vouer au bien général. Il parut nombre d'écrits solides et sages, dans lesquels ceux qui possédaient quelques connaissances préalables pouvaient puiser une instruction substantielle. Si, à cette occasion, on revenait sur la constitution de l'Empire et sur les ouvrages qui en traitent, on s'étonnait que l'état monstrueux de ce corps, profondément malade, qui ne vivait encore que par un miracle, eût toutes les sympathies des savants. C'est que la respectable assiduité allemande, qui s'attache plus à rassembler et à développer les détails qu'à poursuivre les résultats, trouvait là un fonds inépuisable d'occupations toujours nouvelles : et soit qu'on opposât l'Empire à l'empereur, les petits États aux grands, les catholiques aux protestants, il y avait toujours nécessairement, selon les divers intérêts, des opinions diverses, et toujours des occasions de luttes et de controverses nouvelles.

Comme je m'étais représenté de mon mieux toutes ces situations anciennes et nouvelles, je ne pouvais me promettre beaucoup de jouissances de mon séjour à Wetzlar. Ce n'était pas une perspective attrayante de trouver dans une ville bien située, il est vrai, mais petite et mal bâtie, un double monde : d'abord le monde indigène, ancien, traditionnel, puis un monde étranger, nouveau, chargé d'examiner sévèrement le premier; un tribunal jugeant et jugé; plus d'un habitant dans la crainte et le souci de se voir peut-être aussi impliqué dans l'enquête pendante; des personnes considérables, si longtemps regardées comme dignes d'estime, convaincues des plus honteux méfaits, et réservées à un châtiment ignominieux : tout cela formait le tableau le plus triste, et ne pouvait engager à approfondir une affaire embrouillée par elle-même et sur laquelle le crime répandait une nouvelle confusion.

Je supposais qu'à l'exception du droit civil et du droit public allemand, je ne trouverais là aucun élément scientifique bien remarquable; que j'y serais privé de tout commerce poétique, lorsque, après quelque hésitation, le désir de changer de situation, plus que la soif de la science, me conduisit dans ce pays. Mais quelle fut ma surprise, lorsqu'au lieu d'une société morose, s'offrit à moi une troisième vie universitaire ! A une grande table d'hôte, je trouvai réunis presque tous les attachés aux ambassades, jeunes gens éveillés. Ils me firent un gracieux accueil, et, dès le premier jour, je m'aperçus qu'ils égayaient leur dîner par une fiction romanesque : ils représentaient en effet, avec esprit et gaieté, une table de chevaliers. Au haut bout siégeait le commandeur, à côté de lui le chancelier, puis les officiers les plus importants ; venaient ensuite les chevaliers, rangés selon l'ancienneté ; les étrangers en passage devaient se contenter du bas bout, et la conversation était, le plus souvent, inintelligible pour eux, parce que, indépendamment des expressions chevaleresques, la langue de la société s'était enrichie de nombreuses allusions. Chacun recevait un nom de chevalier, avec un surnom. Ils me nommèrent Gœtz de Berlichingen, le loyal. Je méritais le nom par l'attention que j'avais vouée à ce brave patriarche allemand, et le surnom par mon attachement et mon dévouement sincère aux hommes éminents dont je fis la connaissance. Pendant ce séjour, j'eus de grandes obligations au comte de Kielmannsegg : c'était le plus sérieux de tous, un homme très-capable et très-sûr. De Goué était un personnage difficile à déchiffrer et à décrire, une figure âpre, large, hanovrienne, un esprit renfermé en lui-même ; il ne manquait pas de talents en divers genres. On soupçonnait qu'il était enfant naturel. Il se plaisait dans une certaine manière mystérieuse, et dissimulait sous diverses bizarreries ses désirs et ses projets véritables. C'est ainsi qu'il était vraiment l'âme de cette société chevaleresque, sans avoir prétendu à la place de commandeur. Au contraire, ce chef de l'ordre étant venu à manquer dans ce temps-là, il en fit nommer un autre, et il exerça par lui son influence. Il savait aussi tirer parti de petits incidents pour les faire paraître considérables, et les rendre susceptibles d'être développés sous forme de fictions. Mais, dans tout cela, on ne pouvait remarquer aucun but sérieux ; il ne songeait qu'à charmer l'ennui que devaient lui causer, comme à ses collègues, ces affaires qui traînaient en longueur ; il ne voulait que remplir le vide, fût-ce avec des toiles d'araignée. Au reste, cette comédie était traitée de l'air le plus sérieux du monde, sans que personne dût trouver ridicule qu'un moulin fût qualifié de château, et le meunier de burgrave, que l'on déclarât les *Quatre fils Aymon* un livre canonique, et qu'on en lût avec respect des passages dans les cérémonies. L'accolade même était donnée avec les symboles traditionnels, empruntés à divers ordres de chevalerie. Une des principales plaisanteries consistait à traiter mystérieusement ce qui était manifeste. Tout

ce manége était public, et il ne fallait pa. en parler. La liste
de tous les membres de l'ordre fut imprimée avec autant de
cérémonie qu'un almanach impérial ; et, si quelques familles
s'en moquaient, et osaient déclarer toute l'affaire absurde et
ridicule, on intriguait, pour les punir, tant et si bien, qu'on
parvenait à décider un sérieux époux ou un proche parent à
entrer dans la société et à recevoir l'accolade ; et le chagrin de
ses proches devenait le sujet d'une maligne joie.

Dans cette chevalerie se perdait encore un ordre bizarre qui
devait être philosophique et mystique, et qui n'avait point de
nom particulier. Le premier degré s'appelait le passage; le
second, le passage du passage ; le troisième, le passage du
passage au passage ; et le quatrième, le passage du passage au
passage du passage. Expliquer le sens profond de cette suite
de degrés était le devoir des initiés, et l'on y procédait en se
réglant sur un petit livre imprimé, dans lequel ces expressions
étranges étaient expliquées, ou plutôt amplifiées d'une manière
plus étrange encore. S'occuper de ces choses était le passe-temps
favori. La folie de Behrisch et la déraison de Lenz semblaient
réunies : je me borne à répéter qu'il n'y avait pas derrière ces
symboles l'apparence d'un dessein.

Je m'étais associé très-volontiers à ces badinages ; j'avais
même eu l'idée, le premier, de mettre en ordre les fragments
des *Quatre fils Aymon*, et proposé la manière en laquelle ils seraient lus dans les fêtes et les solennités ; je savais moi-même
les débiter avec emphase : cependant je m'étais bientôt lassé de
tout cela, et, comme je regrettais ma société de Francfort et
de Darmstadt, je fus charmé d'avoir trouvé Gotter, qui me
voua une sincère affection, que je lui rendis de bon cœur. Son
esprit était délicat, clair et serein, son talent exercé et réglé ;
il s'attachait à l'élégance française, et il aimait la partie de la
littérature anglaise qui s'occupe d'objets agréables et moraux.
Nous passâmes ensemble beaucoup de belles heures à nous
communiquer mutuellement nos connaissances, nos projets et
nos goûts. Il m'excita à divers petits travaux, et, comme il
était lié avec les littérateurs de Gœttingue, il me demanda particulièrement quelques-unes de mes poésies pour l'almanach
de Boie.

Par là, je formai quelques relations avec ces jeunes hommes pleins de talent, qui s'étaient groupés, et qui exercèrent plus tard une action si marquée et si diverse. Les deux comtes de Stolberg, Burger, Voss, Hoelty et d'autres étaient réunis par la foi et l'esprit autour de Klopstock, dont l'influence s'exerçait de toutes parts. Dans ce cercle de poëtes allemands, qui s'étendait toujours davantage, se développait en même temps, avec des talents poétiques si divers, un autre esprit, auquel je ne saurais donner un nom tout à fait particulier. On pourrait l'appeler le besoin d'indépendance, qui s'éveille toujours dans la paix, c'est-à-dire lorsqu'en réalité on n'est pas dépendant. Durant la guerre, on supporte la force brutale aussi bien qu'on peut; on se sent lésé dans son corps et dans ses biens, mais non dans son être moral; la contrainte n'humilie personne, et ce n'est pas une concession honteuse que de céder au temps; on s'accoutume à souffrir de la part des amis et des ennemis; on a des désirs et non des sentiments. Dans la paix, au contraire, le sentiment de la liberté humaine se manifeste de plus en plus, et plus on est libre plus on veut l'être; on ne veut rien souffrir au-dessus de soi; nous ne voulons pas être opprimés : nul ne doit être opprimé, et ce sentiment délicat, et même maladif, apparaît dans les belles âmes sous la forme de la justice. Cet esprit se montrait alors partout, et précisément parce que peu de gens étaient opprimés, on voulait les délivrer aussi de cette oppression accidentelle. Ainsi prit naissance une sorte d'opposition morale, une intervention des individus dans le gouvernement, qui, avec des commencements louables, amena d'épouvantables malheurs.

Voltaire, en prenant la défense des Calas, avait produit une grande sensation et s'était fait beaucoup d'honneur. L'entreprise de Lavater contre le bailli Grebel avait été peut-être plus surprenante et plus grave encore pour l'Allemagne. Le sentiment esthétique, joint à l'ardeur juvénile, se poussait en avant, et, tout comme naguère encore on étudiait pour arriver aux offices, on commençait à se faire surveillant des officiers, et le temps approchait où les poëtes dramatiques et les romanciers allaient prendre de préférence leurs scélérats parmi les ministres et les fonctionnaires. De là résulta un monde, moitié imaginaire, moitié réel, d'action et de réaction, dans lequel nous avons pu voir plus tard les dénonciations et les excitations les plus violentes, que les gazetiers et les journalistes se permettaient, avec une sorte de fureur, sous l'apparence de la justice, et ils exerçaient une action irrésistible, parce qu'ils faisaient croire au public qu'il était le véritable tribunal : pure folie, car le public n'a point de pouvoir exécutif, et, dans l'Allemagne morcelée, l'opinion publique ne faisait ni bien ni mal à personne. Chez nous autres jeunes gens, on n'apercevait rien de pareil, qui eût mérité le blâme : nous étions dominés par une idée voisine qui, formée de poésie, de moralité et d'un noble zèle, était innocente mais inféconde.

Klopstock, en publiant sa *Bataille de Hermann* et en la dédiant à l'empereur Joseph II, avait produit un mouvement merveilleux. Les Germains se délivrant de la tyrannie romaine offraient une magnifique et puissante peinture, bien propre à réveiller le sentiment national. Mais, comme, en temps de paix, le patriotisme ne consiste proprement qu'à balayer chacun devant sa porte, à remplir son office, à apprendre sa leçon, pour que tout aille bien au logis, le sentiment national éveillé par Klopstock ne trouvait aucun objet sur lequel il pût s'exercer. Frédéric avait sauvé l'honneur d'une partie des Allemands contre une ligue générale, et il était permis à chaque membre de la nation, en applaudissant et honorant ce grand prince, de prendre part à ses victoires. Mais que faire maintenant de cette bravoure guerrière qu'on provoquait? Quelle direction devait-elle prendre et quels effets produirait-elle? Ce fut d'abord une simple forme poétique, et les chants des bardes, si souvent critiqués dans la suite, et trouvés même ridicules, s'amoncelèrent par cette impulsion, par ce choc. On n'avait point d'ennemis extérieurs à combattre : on imagina des tyrans, et les princes et leurs serviteurs durent prêter à cet effet leurs figures, d'abord en général, puis peu à peu même en particulier, et la poésie se joignit avec violence à ce mouvement que nous avons signalé, à cette intervention dans l'administration de la justice, et c'est une chose remarquable de voir, de ce temps-là, des poésies dont la tendance générale est de détruire toutes les sommités, monarchiques ou aristocratiques.

Pour moi, je continuais à me servir de la poésie pour exprimer mes sentiments et mes rêveries. De petits poëmes, tels que le *Voyageur*[1], sont de cette époque ; ils furent insérés dans l'Almanach des Muses de Goettingue. Mais ce qui avait pu pénétrer en moi de cette contagion, je m'efforçai bientôt après de m'en délivrer dans *Gœtz de Berlichingen*, en faisant voir comment, dans les époques d'anarchie, l'homme loyal et bien intentionné se résout, au besoin, à prendre la place de la loi et du pouvoir exécutif, mais tombe dans le désespoir, quand il vient à paraître suspect et même rebelle au souverain qu'il reconnaît et qu'il révère.

Les odes de Klopstock avaient aussi introduit dans la littérature allemande la mythologie du Nord ou plutôt la nomenclature de ses divinités ; et, tout disposé que j'étais à me servir de ce qui m'était présenté, je ne pus toutefois me résoudre à faire usage de cette mythologie, et cela par les raisons suivantes. J'avais appris depuis longtemps à connaître les fables de l'Edda par la préface que Mallet avait mise en tête de son *Histoire de Danemark*, et je m'en étais emparé sur-le-champ. Elles étaient au nombre des contes que j'aimais le mieux à débiter, quand une compagnie me le demandait. Herder me fit lire Résénius, et me rendit plus familières les légendes des héros. Toutefois, quelle que fût à mes yeux la valeur de ces choses, je ne pus les admettre dans mon trésor poétique ; elles agissaient puissamment sur mon imagination, mais elles échappaient absolument à la perception sensible, tandis que la mythologie des Grecs, transformée par les plus grands artistes du monde en figures visibles, qu'il était facile de se représenter, étaient encore en foule devant nos yeux. En général, je ne mettais pas beaucoup les dieux en scène, parce que, pour moi, ils résidaient encore hors de la nature que je savais imiter. Qu'est-ce donc qui aurait pu me décider à mettre Wodan pour Jupiter et Thor pour Mars, à introduire dans mes poésies, au lieu des figures méridionales, nettement dessinées, des images nébuleuses ou plutôt des mots sonores ? D'un côté, elles se rattachaient plutôt aux héros d'Ossian, sans forme comme elles, mais plus rudes et

---

[1] Tome I, page 249.

plus gigantesques ; de l'autre, je les rapprochais de la légende badine, car le trait humoristique qui circule dans toute la mythologie du Nord me paraissait infiniment agréable et digne de remarque. Elle me semblait la seule qui joue sans cesse avec elle-même, qui oppose à une étrange dynastie de dieux d'aventureux géants, des enchanteurs et des monstres, uniquement occupés à dérouter les augustes personnages pendant qu'ils gouvernent, à se moquer d'eux et à les menacer ensuite d'une chute ignominieuse, inévitable.

Je trouvai un intérêt semblable, si ce n'est égal, dans les fables indiennes, que j'appris à connaître d'abord par les voyages de Dapper, et que je serrai aussi avec grand plaisir dans mon magasin de contes. L'*Autel de Ram* est celui que je réussis le mieux à reproduire, et, malgré la grande variété des personnages de ce conte, le singe Hannemann resta le favori de mon public. Mais ces figures monstrueuses, informes, colossales, ne pouvaient satisfaire mon sentiment poétique : elles étaient trop éloignées du vrai, auquel ma pensée aspirait sans cesse.

Cependant une force admirable allait protéger mon sentiment du beau contre tous ces fantômes que le goût désavoue. C'est toujours une heureuse époque pour une littérature, que celle où de grandes œuvres du passé reprennent une vie nouvelle et reviennent à l'ordre du jour, parce qu'elles produisent alors un effet tout nouveau. L'astre d'Homère se releva pour nous, et ce fut tout à fait dans l'esprit du temps, qui favorisa puissamment cette apparition : appelés sans cesse vers la nature, nous apprîmes à considérer aussi de ce côté les ouvrages des anciens. Ce que plusieurs voyageurs avaient fait pour l'explication de l'Écriture sainte, d'autres le firent pour Homère. Guys ouvrit la carrière, Wood donna l'impulsion. Un compte rendu, publié à Goettingue, de l'ouvrage original, d'abord très-rare, nous en fit connaître le but, et nous apprit à quel point l'exécution était avancée. Nous ne vîmes plus dès lors dans ces poëmes un héroïsme tendu et boursouflé, mais le miroir fidèle d'un âge primitif, et nous cherchâmes à le rapprocher de nous autant que possible. A la vérité, nous ne pouvions en même temps admettre sans réserve que, pour bien comprendre la nature homérique, il fallût apprendre à connaître les peuples sauvages et leurs mœurs, telles que nous les retracent les voyageurs des nouveaux mondes, car on ne peut nier que les Européens, comme les Asiatiques, ne soient déjà représentés dans les poëmes homériques à un haut degré de culture, plus haut peut-être que celui dont on jouissait aux temps de la guerre de Troie; mais cette maxime était d'accord avec le culte de la nature, alors dominant, et, dans ce sens, nous pouvions l'admettre.

Au milieu de toutes ces occupations, qui se rapportaient à l'étude de l'homme dans un sens élevé, tout comme à la poésie dans le sens le plus intime et le plus aimable, j'étais pourtant forcé de m'apercevoir chaque jour que je me trouvais à Wetzlar. A chaque heure, la conversation revenait sur l'état de l'inspection, sur les obstacles toujours croissants qu'elle rencontrait, sur la découverte de nouvelles malversations. Je voyais encore le saint Empire romain rassemblé, non pas pour de simples solennités extérieures, mais pour une affaire qui pénétrait dans les dernières profondeurs. Toutefois je dus me rappeler encore le jour du couronnement et cette salle à manger à moitié vide, où les convives invités ne parurent pas, parce qu'ils étaient de trop grands personnages. Ils s'étaient rendus à Wetzlar, mais on dut reconnaître des symptômes plus fâcheux encore. L'incohérence de l'ensemble, l'opposition des parties, ne cessaient pas de se révéler, et l'on savait fort bien que des princes s'étaient dit en confidence les uns aux autres, qu'il fallait voir si l'on ne pourrait pas, à cette occasion, enlever au chef quelque prérogative.

Quelle fâcheuse impression le minutieux récit de toutes les négligences, les injustices et les corruptions, devait produire sur un jeune homme qui voulait le bien et qui s'efforçait d'y former son cœur, tous les gens honnêtes le sentiront. De quelle source naîtra, dans de pareilles circonstances, le respect de la loi et du juge? Mais, lors même qu'on aurait attendu avec la plus grande confiance les effets de l'inspection; qu'on aurait pu croire qu'elle remplirait entièrement sa haute destination, il n'y avait rien là de salutaire pour un jeune homme qui marchait en avant d'un cœur joyeux. En elles-mêmes, les formalités de ce procès tendaient toutes à traîner le temps en longueur. Voulait-on déployer quelque action et produire quelque effet, il fallait toujours servir celui qui avait tort, toujours l'accusé, et savoir, en escrimeur habile, bien esquiver et détourner les coups. Aussi, aucun travail esthétique ne voulant me réussir au milieu de ces distractions, je me perdis à diverses reprises en spéculations esthétiques : en effet, si l'on théorise, c'est que la force créatrice fait défaut ou est arrêtée. J'avais déjà essayé avec Merck, et j'essayai alors avec Gotter, de trouver des principes propres à diriger dans la composition ; mais aucun de nous n'y réussit. Merck était sceptique et éclectique ; Gotter s'attachait aux modèles qui lui plaisaient le mieux. On annonçait la théorie de Soulzer, que l'on disait faite pour l'amateur plus que pour l'artiste. Dans cette sphère, on demande avant tout des effets moraux. ce qui amène aussitôt un désaccord entre ceux qui produisent et ceux qui jouissent : car une bonne œuvre d'art peut avoir et aura sans doute des suites morales ; mais imposer à l'artiste un but moral, c'est proprement gâter son métier.

Depuis quelques années, sans me livrer à cette étude d'une manière suivie, j'avais lu à bâtons rompus ce que les anciens ont dit sur ces sujets importants. Aristote, Cicéron, Quintilien, Longin, m'avaient tous occupé, mais inutilement. Car tous ces écrivains supposaient une expérience que je n'avais pas. Ils m'introduisaient dans un monde infiniment riche en œuvres d'art ; ils développaient les mérites de poëtes et d'orateurs accomplis, dont il ne nous est resté, le plus souvent, que les noms, et ils me fournissaient la preuve trop claire qu'il faut avoir devant soi une foule d'objets avant de pouvoir en juger ; qu'il faut d'abord produire soi-même quelque chose, qu'il faut même s'être égaré, pour apprendre à connaître ses propres talents et ceux des autres. Ma connaissance de tous ces trésors de l'antiquité était uniquement une affaire d'école et de bibliothèque ; elle n'était point vivante, tandis qu'on voyait évidemment, surtout pour les orateurs les plus célèbres, qu'ils s'étaient formés entièrement dans la vie, et qu'on ne pouvait jamais parler du caractère de leur talent sans parler aussi de leur caractère personnel. Cela était moins frappant chez les poëtes, mais partout la nature et l'art n'étaient mis en contact que par la vie : aussi le résultat de toutes mes réflexions et de tous mes efforts fut toujours mon ancienne résolution d'observer la nature intérieure et extérieure, et de la laisser agir elle-même en l'imitant avec amour.

A cette activité, qui ne cessait en moi ni jour ni nuit, il s'offrait deux grands sujets, deux sujets immenses, tels qu'il me suffisait d'en apprécier un peu la richesse pour produire quelque chose de marquant. C'était l'époque ancienne, dans laquelle tombe la vie de Gœtz de Berlichingen, et la nouvelle, dont le malheureux épanouissement est retracé dans *Werther*. J'ai déjà parlé de mes préparations historiques au premier travail; je dois exposer maintenant les causes morales du second.

La résolution que j'avais prise de laisser agir selon ses tendances particulières ma nature intérieure, et de laisser la nature extérieure agir sur moi selon ses qualités, me plongea dans le milieu étrange dans lequel *Werther* fut conçu et fut écrit. Je cherchais à me dégager intérieurement de toute influence étrangère, à observer le monde extérieur avec amour, et à laisser tous les êtres agir sur moi chacun à sa manière, depuis l'homme jusqu'aux plus infimes qui nous soient encore perceptibles. Il en résulta une merveilleuse parenté avec chaque objet de la nature et un accord intime, une si parfaite harmonie avec l'ensemble, que tout changement, qu'il eût pour objet les lieux, les heures et les saisons ou tout ce qui pouvait arriver, m'affectait profondément. Le regard du peintre s'unissait au regard du poëte. La belle contrée champêtre, animée par la douce rivière, augmentait mon inclination pour la solitude, et favorisait mes méditations secrètes, qui s'étendaient de tous côtés. Mais, depuis que j'avais quitté le cercle de famille de Sesenheim, et ensuite mon cercle d'amis de Francfort et de Darmstadt, il m'était resté dans le cœur un vide que je ne pouvais remplir : je me trouvais donc dans un état où une inclination, pourvu qu'elle se produise un peu déguisée, peut nous surprendre à l'improviste et anéantir toutes nos bonnes résolutions.

Arrivé à ce point de son entreprise, l'auteur se sent, pour la première fois, le cœur à l'aise dans son travail : car c'est d'ici seulement que ce livre devient ce qu'il doit être. Il ne s'est pas annoncé comme une œuvre indépendante; il est plutôt destiné à combler les lacunes d'une vie d'auteur, à compléter divers fragments et à conserver le souvenir de tentatives perdues et oubliées. Mais, ce qui est déjà fait, on ne peut, on ne doit pas le répéter. D'ailleurs le poëte invoquerait vainement aujourd'hui ses facultés obscurcies ; vainement il leur demanderait de faire revivre ces relations aimables qui lui rendirent si doux le séjour de Lahnthal. Heureusement le génie propice s'était chargé d'y pourvoir, et le porta pendant sa florissante jeunesse à fixer un passé récent, à le peindre et à le publier, assez hardiment, à l'heure favorable. Que je fasse allusion dans ce moment à mon petit roman de *Werther*, on le devine sans autre explication : mais j'en donnerai peu à peu quelques-unes sur les personnages comme sur les sentiments.

Parmi les jeunes hommes, attachés aux ambassades, qui se préparaient à leur carrière future, il s'en trouvait un que nous appelions tout simplement *le fiancé*. On remarquait sa conduite calme et posée, la clarté de son esprit, la précision de ses actes et de son langage. Son activité, sa bonne humeur, son application soutenue, le recommandaient tellement à ses supérieurs, qu'on lui promit de le placer bientôt. Là-dessus, il n'hésita pas à se fiancer avec une demoiselle qui satisfaisait parfaitement son cœur et ses vœux. Après la mort de sa mère, elle avait déployé, à la tête d'une jeune et nombreuse famille, une rare activité ; elle seule avait soutenu le courage de son père ; en sorte qu'un époux pouvait espérer d'elle les mêmes soins pour lui et pour ses enfants, et en attendre infailliblement le bonheur domestique. Chacun avouait, même sans nourrir pour soi ces projets intéressés, qu'elle était digne d'être aimée. Elle était de ces femmes qui, sans inspirer des passions violentes, sont faites pour tenir chacun sous le charme. Une taille légère, des formes élégantes, une belle et pure santé, et la joyeuse activité qui en est la conséquence ; l'accomplissement facile des devoirs de chaque jour : tous ces dons étaient son partage. Observer ces qualités était aussi pour moi une jouissance toujours nouvelle, et je me rapprochais avec plaisir de ceux qui la possédaient. Si je ne trouvais pas toujours l'occasion de leur rendre de véritables services, je partageais plus volontiers avec eux qu'avec d'autres ces innocents plaisirs qui sont toujours à la portée de la jeunesse, et qu'on peut se procurer sans beaucoup d'efforts et de frais. Au reste, comme il est convenu que les femmes ne se parent que pour les autres femmes, et qu'elles sont infatigables à rivaliser entre elles de parure, celles-là m'étaient les plus agréables, qui, par une simple toilette, donnent à leur ami, à leur fiancé, la secrète assurance qu'elles n'ont pris ce soin que pour lui, et que, sans beaucoup d'embarras et de frais, les choses pourront continuer ainsi toute la vie.

Les personnes de ce caractère ne sont pas trop occupées d'elles-mêmes; elles ont le temps d'observer le monde extérieur, et la patience nécessaire pour se régler sur lui, s'accommoder à lui; elles deviennent habiles et sages sans efforts; peu de livres suffisent à leur culture. Le fiancé, d'un caractère parfaitement loyal et confiant, mettait bientôt en relation avec sa fiancée tous ceux qu'il estimait, et, comme il se livrait assidûment aux affaires, la plus grande partie du jour, il la voyait avec plaisir, après qu'elle avait vaqué aux occupations domestiques, prendre quelque récréation, et faire avec leurs amis et leurs amies des promenades et des parties de campagne. Charlotte était sans prétention, d'abord parce qu'elle était naturellement disposée à une bienveillance générale plutôt qu'aux inclinations particulières; ensuite elle s'était destinée à un homme digne d'elle, qui se déclarait prêt à s'unir avec elle pour la vie. Autour d'elle régnait la sérénité la plus pure. C'est déjà un charmant spectacle de voir des parents voués sans relâche au soin de leur famille, mais il y a quelque chose de plus aimable encore dans le dévouement d'un frère ou d'une sœur. Dans le premier cas, nous croyons voir plutôt l'instinct et la coutume civile; dans le second, le choix et le libre sentiment.

Le nouveau venu, complétement affranchi de tous liens, tranquille en présence d'une jeune fille, qui, déjà promise, ne pouvait s'expliquer comme une recherche les attentions les plus empressées, et n'en pouvait être que plus flattée, s'abandonna sans trouble à ses sentiments; mais il fut bientôt tellement enveloppé et enchaîné, et traité en même temps par le jeune couple avec tant de confiance et d'amitié, qu'il ne se reconnaissait plus. Oisif et rêveur, parce que nul objet ne pouvait lui suffire, il trouva ce qui lui manquait dans une amie qui, en même temps qu'elle vivait pour l'année entière, semblait ne vivre que pour le moment. Elle aimait sa société ; il ne put bientôt se passer d'elle, parce qu'elle lui rendait agréable la vie journalière, et, au milieu d'un ménage considérable, dans les champs et les prés, dans le potager comme au jardin, ils furent bientôt inséparables. Quand ses affaires le lui permettaient, le fiancé était de la partie. Sans le vouloir, ils s'étaient accoutumés tous trois les uns aux autres, et ne savaient pas comment ils en étaient venus à ne pouvoir vivre séparés. C'est ainsi qu'ils passèrent un été magnifique, véritable idylle allemande, où une fertile contrée fournissait la prose, et une pure affection la poésie. En se promenant à travers les blés mûrs, ils se récréaient à la fraîcheur matinale ; le chant de l'alouette, le cri de la caille, étaient une ravissante musique ; puis venaient les heures brûlantes ; de violents orages éclataient : on s'en rapprochait d'autant plus les uns des autres, et plus d'un petit chagrin domestique était dissipé aisément par un amour fidèle. C'est ainsi qu'un jour ordinaire succédait à l'autre, et tous semblaient être des jours de fête ; il aurait fallu imprimer en rouge tout le calendrier. Il me comprendra, celui qui se rappelle la prédiction de l'heureux infortuné, ami de la nouvelle Héloïse : « Et assis aux pieds de sa bien-aimée, il teillera du chanvre, et il souhaitera de teiller du chanvre aujourd'hui, demain, après-demain et toute sa vie. »

Je puis maintenant dire quelques mots, en me bornant au nécessaire, sur un jeune homme dont le nom n'a été que trop souvent prononcé dans la suite. Il s'agit de Jérusalem, le fils du théologien, ce libre et subtil penseur. Il était aussi attaché à une ambassade. D'un extérieur agréable, de taille moyenne et bien fait, il avait le visage assez rond, des traits délicats et doux, et tous les avantages d'un joli blondin, des yeux bleus, plus agréables qu'expressifs. Il portait l'habillement traditionnel de la basse Allemagne, à l'imitation des Anglais, le frac bleu, la veste et le gilet jaunes, les bottes à revers bruns. L'auteur ne lui a jamais fait de visite, n'en a jamais reçu de lui ; il l'a rencontré quelquefois chez des amis. Le langage de ce jeune homme était modéré, mais bienveillant. Il s'intéressait aux productions les plus diverses ; il aimait surtout les dessins et les esquisses où l'on avait conservé aux paysages solitaires leur caractère tranquille. A ce sujet, il montrait des eaux-fortes de Gessner, et il encourageait les amateurs à les choisir pour modèles. Il prenait peu ou point d'intérêt à toute cette chevalerie et à ces mascarades, vivait pour lui et pour ses pensées. On le disait passionnément épris de la femme d'un ami. On ne les voyait jamais ensemble. En somme, on avait peu de chose à dire de lui, sinon qu'il s'occupait de la littérature anglaise. Son père étant riche, il n'avait pas besoin de s'appliquer péniblement aux affaires ni de solliciter vivement un emploi.

Ces gravures de Gessner augmentèrent notre goût pour les objets champêtres, et un petit poëme que nous lûmes dans notre cercle intime, avec le plus vif plaisir, ne nous permit plus de considérer autre chose. Le *Deserted village* de Goldsmith devait nous charmer tous, au degré de culture et avec les sentiments qu'on nous connaît. On y trouvait retracé, non pas comme vivant et agissant, mais comme passé et disparu, tout ce qu'on voyait si volontiers de ses yeux, ce qu'on aimait, qu'on estimait, qu'on recherchait avec passion dans la réalité, pour y prendre part avec la joie de la jeunesse : les jours de fête à la campagne, les consécrations d'églises et les foires, la grave assemblée des vieillards sous le tilleul du village, bientôt remplacée par la danse des jeunes gens, à laquelle même les élégants prenaient part. Que ces plaisirs paraissaient convenables, modérés par un honnête pasteur de campagne, qui savait d'abord aplanir et régler ce qui pouvait dépasser les bornes ou donner lieu à des noises et des querelles ! Là encore, nous retrouvions notre vénérable vicaire de Wakefield dans sa société bien connue, mais non plus agissant et vivant. C'était comme une ombre évoquée par les doux gémissements du poëte élégiaque. La seule idée de ce tableau est des plus heureuses, une fois qu'on a résolu de ressusciter, avec une gracieuse tristesse, un passé innocent. Et comme cette œuvre sentimentale du poëte anglais est à tous égards heureusement accomplie ! Je partageais l'enthousiasme de Gotter pour ce délicieux poëme. Nous entreprîmes tous deux de le traduire. Son travail vaut mieux que le mien, parce que je m'étais efforcé trop scrupuleusement d'imiter dans notre langue la délicate énergie de l'original, et, par là, j'avais fidèlement reproduit quelques passages, mais non pas l'ensemble.

Or, si le bonheur suprême réside dans la mélancolie, et si la vraie mélancolie ne doit avoir pour objet que l'inaccessible, tout concourait pour faire du jeune homme que nous suivons ici dans ses égarements le plus heureux des mortels. Son amour pour une femme promise et fiancée, ses efforts pour donner et approprier à notre littérature des chefs-d'œuvre étrangers, son application à peindre la nature, non-seulement avec le langage, mais aussi avec le burin et le pinceau, et cela sans véritable technique : chacune de ces choses eût été suffisante pour gonfler le cœur et serrer la poitrine; mais, pour arracher à cette situation celui qui éprouvait de si douces souffrances, pour lui préparer de nouvelles relations, et, par là, de nouvelles inquiétudes, voici ce qui arriva. A Giessen se trouvait Hœpfner, professeur de droit. Merck et Schlosser reconnaissaient en lui un jurisconsulte habile, un penseur, un homme de mérite, et ils l'honoraient infiniment. Il y avait longtemps que je désirais faire sa connaissance, et, ces deux amis ayant résolu de lui faire une visite pour conférer sur des sujets littéraires, nous convînmes qu'à cette occasion je me rendrais aussi à Giessen. Mais, comme il arrive dans l'intempérance des époques de joie et de paix, nous avions de la peine à faire quelque chose tout uniment, et, en véritables enfants, nous tâchions de faire jaillir même du nécessaire quelque plaisanterie. Il fut donc convenu que je me présenterais comme un inconnu, sous une forme étrangère, et que je satisferais encore une fois mon goût de paraître sous un déguisement. Par une belle matinée, avant le lever du soleil, je partis de Wetzlar et remontai l'agréable vallée en côtoyant la Lahn. Ces promenades faisaient aussi mon bonheur. J'inventais, j'enchaînais, je travaillais à fond, et, dans la solitude, livré à moi-même, j'étais joyeux et content; je réduisais à sa valeur ce que le monde, contradicteur éternel, m'avait mal à propos et confusément imposé. Arrivé au terme de mon voyage, je cherchai la demeure de Hœpfner, et je frappai à la porte de son cabinet. Quand il m'eut crié : « Entrez! » je me présentai modestement, comme un étudiant qui retournait de l'université dans la maison paternelle, et qui voulait faire en chemin la connaissance des hommes les plus distingués. J'étais préparé à ses questions sur mes relations personnelles ; je lui fis un conte croyable, vulgaire, dont il parut satisfait. Après cela, je me donnai pour un étudiant en droit, et je ne soutins pas mal l'épreuve, car je connaissais son mérite dans ce domaine, et je savais qu'il s'occupait justement du droit naturel. Cependant la conversation languit quelquefois, et le savant semblait attendre mon album ou ma révérence : je sus temporiser, car j'étais sûr que Schlosser, dont je connaissais la ponctualité, ne tarderait pas à paraître. Il arriva en effet; il fut reçu à bras ouverts, et, après m'avoir regardé de côté, il parut faire peu d'attention à moi. Hœpfner, au contraire, m'associa à la conversation, et montra une véritable bienveillance. Enfin je pris congé, et je courus à l'auberge, où j'échangeai à la hâte quelques mots avec Merck, pour nous entendre sur la suite.

Les amis étaient convenus d'inviter Hœpfner à dîner, et, avec lui, Chrétien-Henri Schmid, qui jouait un rôle, mais très-subordonné, dans la littérature allemande. C'était proprement contre lui que l'affaire était dirigée, et il allait être joyeusement châtié pour maint péché dont il s'était rendu coupable. Quand les convives furent réunis dans la salle à manger, je fis demander par le sommelier si ces messieurs me permettraient de dîner avec eux. Schlosser, à qui une certaine gravité allait fort bien, fit résistance, ne voulant pas que leur conversation familière fût troublée par un tiers. Cependant, sur les instances du sommelier, et grâce à l'intercession de Hœpfner, qui assura que j'étais un homme supportable, je fus admis, et je me comportai d'abord avec réserve et modestie. Schlosser et Merck ne se gênèrent point, et parlèrent sur divers sujets aussi ouvertement que s'il n'y avait eu là aucun étranger. On mit sur le tapis les questions littéraires les plus importantes et les hommes les plus marquants. Alors je me montrai un peu plus hardi, et je ne me laissais point déconcerter, quand Schlosser me décochait quelque trait d'un air sérieux et Merck avec ironie. Cependant je dirigeai sur Schmid tous les miens, qui tombaient sûrement et vivement sur ses côtés faibles, à moi bien connus.

Je m'en étais tenu modérément à ma chopine de vin ordinaire, mais ces messieurs s'en firent servir de meilleur, et ils ne manquèrent pas de m'en faire part. Après avoir discouru sur beaucoup d'affaires du jour, la conversation passa aux matières générales, et l'on traita la question, qui reviendra toujours, aussi longtemps qu'il y aura des auteurs, de savoir si la littérature était en progrès ou en décadence. Cette question, sur laquelle les vieux et les jeunes, les débutants et les émérites, s'entendent rarement, on la traita gaiement, sans avoir trop l'intention de se mettre sérieusement d'accord. Enfin je pris la parole et je dis : « Il me semble que les littératures ont leurs saisons, qui, se succédant, comme dans la nature, produisent certains phénomènes et se répètent successivement. Je ne crois donc pas qu'on puisse louer ou blâmer absolument aucune époque d'une littérature. Surtout je n'aime pas à voir qu'on exalte et qu'on glorifie et que, d'un autre côté, on critique et l'on rabaisse certains talents que la saison fait naître. Le gosier du rossignol est animé par le printemps, mais il en est de même de la gorge du coucou. Les papillons, qui sont le plaisir des yeux, et les moucherons, si importuns, sont éveillés également par la chaleur du soleil. Si l'on se pénétrait bien de cette vérité, on ne répéterait pas tous les dix ans les mêmes plaintes, et l'on ne prendrait pas si souvent la peine inutile d'extirper tel ou tel mal. »

La société me regardait avec étonnement, se demandant d'où me venait tant de sagesse et de tolérance; mais je continuai, avec une tranquillité parfaite, à comparer les phénomènes littéraires aux productions matérielles, et je ne sais comment j'arrivai même aux mollusques, et sus débiter sur leur compte mille excentricités. « C'étaient des créatures, disais-je, auxquelles on ne pouvait contester une espèce de corps et même une certaine forme; mais, comme elles n'ont point d'os, on ne sait proprement qu'en faire, et ce n'est qu'une mucosité vivante; il faut cependant que la mer ait aussi de pareils habitants. » Comme je poursuivais la comparaison au delà des bornes convenables, pour désigner Schmid et cette race de littérateurs sans caractère, on me fit observer qu'une comparaison poussée trop loin finissait par n'être plus rien. « Eh bien, je reviens sur terre, répliquai-je, et je parlerai du lierre. Comme les mollusques n'ont point d'os, il n'a point de tige, et pourtant, où qu'il soit, où qu'il s'attache, il aime à jouer le premier rôle. Il appartient aux vieilles murailles, ruinées sans ressource; on l'éloigne sagement des constructions neuves; il suce les arbres à fond, et je le trouve surtout insupportable quand il grimpe sur un poteau, et nous assure que c'est une tige vivante, parce qu'il l'a couvert de son feuillage. » On eut beau m'objecter que mes comparaisons étaient obscures et inapplicables, je devins toujours plus vif contre toutes les créatures parasites, et, pour autant que j'en savais alors en histoire naturelle, je soutins ma thèse assez joliment. Je finis par entonner un *vivat* en l'honneur des hommes indépendants, un *pereat* pour les intrus; je pris, en sortant de table, la main de Hœpfner, je la secouai rudement, je le déclarai le premier homme du monde, je l'embrassai, ainsi que les autres, de tout mon cœur. L'excellent homme, mon nouvel ami, croyait rêver; enfin Schlosser et Merck lui dirent le mot de l'énigme, et la plaisanterie découverte répandit une allégresse générale, à laquelle Schmid lui-même s'associa, car nous l'apaisâmes en reconnaissant ses mérites réels et en nous intéressant à ses fantaisies.

Cette introduction badine ne pouvait qu'animer et favoriser le congrès littéraire qu'elle avait proprement en vue. Merck, adonné tour à tour à l'esthétique, à la littérature et au commerce, avait décidé le sage et savant Schlosser, dont l'instruction était si riche et si variée, à publier cette année les *Annonces littéraires de Francfort*. Ils s'étaient associé Hœpfner et d'autres professeurs de Giessen, à Darmstadt un excellent pédagogue, le recteur Wenck, et d'autres hommes de mérite. Chacun avait, dans son domaine, assez de connaissances historiques et théoriques, et l'esprit du temps fit agir ces hommes dans un même esprit. Les deux premières années de ce journal, qui passa ensuite en d'autres mains, rendent un beau témoignage à l'étendue de la science, à la pureté des vues, à la loyauté des intentions des collaborateurs. Le point de vue humain et cosmopolite est encouragé; des hommes distingués et justement renommés sont soutenus contre les attaques de tout genre; on prend leur défense contre leurs ennemis, et particulièrement contre les écoliers qui abusent, au détriment de leurs maîtres, de la science qu'ils leur doivent. Au nombre des morceaux les plus intéressants, sont les comptes rendus d'autres journaux, la *Bibliothèque de Berlin*, le *Mercure allemand*, dans lesquels on admire à bon droit l'habileté en tant de branches diverses, les lumières et la bienveillance.

Pour ce qui me concernait, les rédacteurs virent fort bien que tout me manquait pour être un véritable critique. Mes connaissances historiques étaient sans cohérence; l'histoire du monde, celle des sciences et de la littérature, avaient fixé mon attention par époques seulement, et les objets mêmes, partiellement et en gros. La faculté que j'avais d'animer et de me rendre présentes les choses, même hors de leur enchaînement, me permettait de me familiariser avec un siècle, avec une portion de la science, sans que j'eusse aucune connaissance de ce qui avait précédé et suivi. Il s'était de même développé chez moi un sens théorique et pratique, qui me mettait en mesure d'exposer plutôt comment les choses devaient être que comment elles étaient, et qui, sans véritable enchaînement philosophique, rencontrait juste par saillies. A cela se joignait une conception très-facile et l'empressement à accueillir les opinions des autres, pourvu qu'elles ne fussent pas en contradiction directe avec mes convictions.

Cette union littéraire fut en outre favorisée par une active correspondance et par de fréquentes conférences, que le voisinage des lieux rendait faciles. Qui avait lu un livre le premier en rendait compte; quelquefois il se trouvait deux critiques pour un; l'affaire était discutée, rattachée à d'autres, qui y touchaient, et, quand on était parvenu à un résultat certain, quelqu'un se chargeait de la rédaction. C'est pourquoi plusieurs comptes rendus sont aussi solides que vifs, aussi agréables que satifaisants. Je fus très-souvent chargé du rôle de secrétaire. Mes amis me permettaient aussi d'entremêler mes badinages à leurs travaux et de me produire librement dans les matières que je sentais à ma portée et qui me tenaient particulièrement au cœur. J'essayerais inutilement, par des tableaux ou par des réflexions, de reproduire dans toute sa vérité l'esprit qui nous animait alors, si les deux années du journal ne m'offraient pas les documents les plus positifs. Plus tard, des extraits de passages auxquels je me reconnais trouveront peut-être leur place avec d'autres écrits.

Dans cet échange si vif de connaissances, d'opinions et de convictions, j'appris bientôt à connaître Hœpfner intimement et à l'aimer. Aussitôt que nous étions seuls, je le mettais sur les objets de ses études, qui devaient être aussi les miennes, et j'en retirais, dans un enchaînement très-naturel, des lumières et des connaissances. Je n'avais pas encore clairement reconnu que je pouvais fort bien puiser l'instruction dans les livres et les conversations, mais non dans les leçons suivies. Le livre me permettait de m'arrêter sur un endroit, de revenir même en arrière, ce que l'exposition orale et le professeur ne pouvaient me permettre. Quelquefois, au début de la leçon, j'étais saisi d'une pensée, à laquelle je m'attachais et qui me faisait perdre la suivante et toute la liaison. C'est aussi ce qui m'était arrivé aux cours de droit, et c'est pourquoi je saisissais toutes les occasions de m'entretenir avec Hœpfner, qui entrait volontiers dans mes doutes et mes incertitudes et comblait bien des lacunes. Cela me fit concevoir le désir de rester à Giessen auprès de lui, pour m'instruire dans son commerce sans trop m'éloigner de Wetzlar et de mes affections. Mes deux amis s'opposèrent à mes désirs, d'abord sans le savoir, et ensuite avec connaissance de cause; car ils avaient hâte de partir l'un et l'autre, et de plus ils étaient intéressés à me faire quitter ce lieu.

Schlosser me découvrit qu'il aimait ma sœur, qu'il en était aimé, et qu'il n'attendait qu'une position qui lui permît de s'unir avec elle. Cette déclaration me surprit un peu, et pourtant les lettres de ma sœur auraient dû me la faire deviner depuis longtemps. Mais nous passons légèrement sur ce qui pourrait offenser la bonne opinion que nous avons de nous-mêmes, et je m'aperçus enfin que j'étais réellement jaloux de ma sœur : sentiment que je me dissimulai d'autant moins, que, depuis mon retour de Strasbourg, notre liaison était devenue toujours plus intime. Combien de temps avions-nous passé à nous confier mutuellement nos petites affaires d'amour et tout ce qui nous était arrivé pendant l'intervalle! Et ne s'était-il pas ouvert à moi, dans le champ de l'imagination, un nouveau monde, où je devais aussi l'introduire? Mes petites compositions, une poésie universelle, qui embrassait un vaste horizon, lui devaient être peu à peu révélées. C'est ainsi que j'improvisais pour elle la traduction des passages d'Homère auxquels elle pouvait prendre un intérêt particulier. Je lisais de mon mieux, en allemand, la traduction littérale de Clarke; ma lecture prenait d'ordinaire les formes et les terminaisons métriques, et la vivacité avec laquelle j'avais saisi les images, la force avec laquelle je les exprimais, levaient tous les obstacles d'une construction entrelacée; ce que l'esprit présentait, elle le suivait avec l'esprit. Nous passions bien des heures dans ces amusements. Quand sa société était réunie, c'était le loup Fenris et le singe Hannemann qu'on demandait d'une voix unanime. Combien de fois n'ai-je pas dû répéter en détail la fameuse histoire de Thor et de ses compagnons, singés par les géants magiques! Aussi m'est-il resté de toutes ces fictions une impression si agréable, qu'elles sont encore au nombre des plus précieux souvenirs que mon imagination se puisse représenter. J'avais aussi initié ma sœur à mes liaisons avec mes amis de Darmstadt; mes courses et mes absences devaient même rendre notre liaison plus étroite, car je m'entretenais avec elle par lettres de tout ce qui m'arrivait; je lui envoyais chaque petit poëme, se fût-il même borné à un point d'exclamation, et je lui faisais voir tout d'abord les lettres que je recevais ainsi que mes réponses. Tout ce mouvement, si vif, s'était arrêté depuis mon départ de Francfort; il n'y avait pas dans mon séjour à Wetzlar de quoi fournir à un pareil commerce, et puis mon affection pour Charlotte put bien nuire à mes attentions pour ma sœur. Elle se sentit seule, peut-être négligée, et prêta plus aisément l'oreille aux loyales poursuites d'un galant homme, qui, sérieux et concentré, estimable et sûr, lui avait voué, avec passion, une tendresse dont il était d'ailleurs très-avare. Il fallut me résigner et me réjouir du bonheur de mon ami, non sans me dire à moi-même avec confiance, que, si le frère n'avait pas été absent, l'ami n'aurait pas eu un si beau succès. Il importait donc à mon ami et futur beau-frère que je retournasse à la maison, parce que mon entremise permettrait une fréquentation plus libre, qui paraissait extrêmement nécessaire à ce cœur, touché à l'improviste d'une tendre inclination. A son départ, qui ne tarda pas, il prit de moi la promesse que je le suivrais bientôt.

J'espérais du moins que Merck, qui avait alors du loisir, prolongerait son séjour à Giessen, et qu'il me serait permis de passer chaque jour quelques heures avec mon bon Hœpfner, tandis que notre ami travaillerait aux *Annonces littéraires de Francfort*: Merck fut inébranlable, et la haine le chassa de l'université, comme l'amour en avait chassé mon beau-frère. En effet, comme il y a des antipathies natives; comme certaines gens ne peuvent souffrir les chats; que d'autres ont une secrète répugnance pour ceci ou pour cela, Merck était l'ennemi mortel de tout le peuple universitaire, qui, il faut le dire, se complaisait alors à Giessen dans la plus profonde barbarie. Pour moi, je m'en accommodais fort bien; je les aurais fort bien mis en œuvre, comme masques, dans un de mes divertissements de carnaval; mais leur vue pendant le jour, et pendant la nuit leur vacarme, ôtaient à Merck toute espèce de bonne humeur. Il avait passé ses plus belles années dans la Suisse française, et vécu dès lors dans l'agréable société des hommes de cour, des gens du monde, d'administrateurs ou de littérateurs cultivés; beaucoup de militaires, chez lesquels s'était éveillé le goût de la culture intellectuelle, le recherchaient, et, de la sorte, il passait sa vie au milieu d'un monde fort poli. Il ne fallait donc pas s'étonner que ce désordre le choquât. Mais son aversion pour les étudiants était véritablement plus furieuse qu'il ne convenait à un homme posé; et pourtant ses spirituelles peintures de leurs manières et de leur tenue extravagantes me donnaient souvent à rire. Les invitations de Hœpfner et mes exhortations furent inutiles : il me fallut, aussitôt que possible, l'accompagner à Wetzlar.

Je pouvais à peine attendre le moment de l'introduire auprès de Charlotte, mais je n'eus pas à me féliciter de sa présence dans ce cercle : car, de même que Méphistophélès, où qu'il se montre, n'apporte guère la bénédiction, l'indifférence de Merck pour cette personne aimée, si elle n'ébranla pas mes sentiments, ne me fit du moins aucun plaisir. J'aurais pu le prévoir, si je m'étais rappelé que ces femmes sveltes, élégantes, qui répandent autour d'elles une vive gaieté, sans élever d'autres prétentions, étaient peu de son goût. Il donna tout de suite la préférence à une des amies de Charlotte, une beauté majestueuse, et, comme le temps lui manquait pour s'engager dans une liaison, il me fit des reproches amers de n'avoir pas offert mes hommages à cette femme superbe, qui se trouvait libre et sans attachement. Je ne comprenais pas mon avantage, disait-il, et il voyait encore ici, avec infiniment de regret, ma singulière manie de perdre mon temps.

S'il est dangereux de faire connaître à un ami les perfections de la femme qu'on aime, parce qu'il peut bien aussi la trouver charmante et digne de ses vœux, d'un autre côté, nous devons craindre aussi qu'il ne nous déconcerte par sa désapprobation. Il n'en fut rien cette fois : l'amabilité de Charlotte avait fait sur moi une impression assez profonde pour qu'il ne fût pas si facile de la détruire ; mais la présence de Merck, ses exhortations, hâtèrent ma résolution de quitter ce lieu. Il me présenta de la manière la plus attrayante un voyage du Rhin, qu'il était sur le point de faire avec sa femme et son fils, et il éveilla mon désir de voir enfin de mes yeux ces merveilles, dont la description avait souvent excité mon envie. Quand il se fut éloigné, je me séparai de Charlotte, la conscience plus libre qu'en me séparant de Frédérique, mais non pas sans douleur. Grâce à l'habitude et à l'indulgence, cette liaison était aussi devenue, de mon côté, plus passionnée qu'elle n'aurait dû l'être ; en revanche, Charlotte et son fiancé gardaient, avec sérénité, une telle mesure, qu'il ne se pouvait rien de plus beau et de plus aimable ; et la sécurité même qu'elle me donnait m'avait fait oublier tout péril. Cependant je ne pus me dissimuler que cette aventure touchait à sa fin, car on attendait d'un jour à l'autre la nomination de laquelle dépendait l'union du jeune homme avec l'aimable Charlotte, et, comme tout caractère un peu résolu sait se déterminer à vouloir lui-même ce qui est nécessaire, je pris la résolution de m'éloigner volontairement, avant d'être chassé par un spectacle que je n'aurais pu supporter.

LIVRE XIII.

C'était une chose convenue avec Merck, que nous nous trouverions dans la belle saison à Coblentz chez Mme de La Roche. J'avais expédié mes effets à Francfort et embarqué sur la Lahn, par une occasion, les objets dont je pouvais avoir besoin en route, et maintenant je descendais le long de cette belle rivière, aux agréables contours, aux rives variées, libre par la volonté, enchaîné par le sentiment, dans une situation où l'aspect de la nature vivante et muette nous est salutaire. Mon œil, exercé à découvrir les beautés du paysage qui appellent ou qui défient le pinceau, s'enivrait à contempler le voisinage et le lointain, les roches buissonneuses, les cimes éclairées, les humides profondeurs, les châteaux triomphants et les montagnes bleues, qui m'appelaient de loin. Je suivais la rive droite, et je voyais, à quelque profondeur et à quelque distance au-dessous de moi, la rivière, couverte çà et là de riches saussaies, glisser aux rayons du soleil. Alors se réveilla en moi mon ancien désir de pouvoir peindre dignement de tels objets. Je tenais par hasard un couteau de poche à la main, et, à l'instant même, partit du fond de mon âme comme un ordre de lancer sans hésiter ce couteau dans le courant. Si je le voyais plonger dans l'eau, mon vœu artiste serait comblé; si l'immersion du couteau était cachée par les branches surplombantes, je devais renoncer à mes vœux et à mes efforts. A peine conçue, cette fantaisie fut exécutée, car, sans considérer l'utilité du couteau, qui renfermait plusieurs pièces, je le lançai vivement dans la rivière. Malheureusement, cette fois encore, je devais éprouver la trompeuse ambiguïté des oracles, sur laquelle on fait dans l'antiquité des plaintes si amères. L'immersion du couteau me fut cachée par les derniers rameaux des saules, mais l'eau rejaillit sous le choc comme une forte fontaine, et me fut parfaitement visible. Je n'expliquai pas la chose à mon avantage, et le doute qu'elle éveilla dans mon esprit eut dans la suite cette fâcheuse conséquence, que je me livrai à ces exercices d'une manière plus décousue et plus négligée, et donnai ainsi moi-même à l'oracle l'occasion de s'accomplir. Du moins cela me dégoûta pour le moment du monde extérieur; je m'abandonnai à mes imaginations et à mes sentiments, et, tantôt seul, tantôt, pour quelques moments, en compagnie d'un voyageur, je laissai peu à peu derrière moi les châteaux et les villages bien situés, Weilbourg, Limbourg, Diez et Nassau.

Au bout de quelques jours d'une si agréable promenade, j'arrivai à Ems, où je pris quelques bains agréables, puis je descendis la rivière en bateau. Alors se produisit devant moi le vieux Rhin. La belle situation d'Oberlahnstein me ravit; mais je trouvai surtout magnifique et majestueux le château d'Ehrenbreistein, qui se dressait là, complétement armé, dans sa force et sa puissance. Dans un contraste infiniment aimable, s'étendait à ses pieds le petit village de Thal, aux jolies maisons, où je sus trouver aisément la demeure du conseiller intime, M. de La Roche. Annoncé par Merck, je reçus un accueil très-amical de cette noble famille, qui me traita sur-le-champ comme un des siens. Mes inclinations littéraires et sentimentales me lièrent avec la mère, ma joyeuse mondanité avec le père, et ma jeunesse avec les filles.

La maison, située au bout du village, peu élevée au-dessus du fleuve, jouissait, en aval, d'une libre perspective. Les chambres étaient hautes et spacieuses, et les murs couverts de tableaux, qui se touchaient comme dans les galeries. De toutes parts, chaque fenêtre formait le cadre d'un tableau naturel, que l'éclat d'un soleil propice faisait très-vivement ressortir. Je ne croyais pas avoir jamais vu des matinées aussi sereines et des soirées aussi magnifiques.

Je ne fus pas longtemps le seul hôte de la maison. Au congrès, moitié artiste, moitié sentimental, qui devait se tenir chez Mme de La Roche, était aussi invité Leuchsenring, qui arriva de Dusseldorf. Très-instruit dans la littérature moderne, il avait fait beaucoup de connaissances dans plusieurs voyages, surtout pendant un séjour en Suisse, et, comme il était agréable et insinuant, il s'était fait aussi beaucoup d'amis. Il portait avec lui plusieurs cassettes, qui renfermaient sa correspondance familière avec de nombreuses relations : car, en général, il régnait dans la société une franchise si universelle, qu'on ne pouvait parler ni écrire à personne, sans regarder la communication comme adressée à plusieurs. On épiait son propre cœur et celui des autres, et l'indifférence des gouvernements pour ce genre de correspondances, la célérité des postes Taxis, la sûreté du sceau, la modicité des ports, favorisèrent le prompt développement de ce commerce moral et littéraire. Ces correspondances, surtout avec des personnes marquantes, étaient soigneusement recueillies et lues par extraits dans les réunions d'amis, et, les discussions politiques offrant d'ailleurs peu d'intérêt, on était ainsi assez au courant de l'état du monde moral.

Les cassettes de Leuchsenring renfermaient dans ce genre plus d'un trésor. Les lettres d'une Julie Bondelli étaient fort estimées ; elle avait de la réputation comme femme d'esprit et de mérite et comme amie de Rousseau. Quiconque avait eu quelques relations avec cet homme extraordinaire était éclairé d'un rayon de sa gloire, et une communauté secrète était au loin répandue à l'abri de son nom.

J'assistais volontiers à ces lectures, parce qu'elles me transportaient dans un monde inconnu, et que j'apprenais à connaître le secret de choses récemment arrivées. Assurément tout n'était pas substantiel, et M. de La Roche, homme du monde et homme pratique, d'humeur joyeuse, qui, tout catholique qu'il était, s'était déjà égayé dans ses écrits sur la moinerie et la prêtraille, croyait voir encore ici une confrérie, dans laquelle tel ou tel individu sans valeur se parait de sa liaison avec des hommes marquants, ce qui, en fin de compte, lui était profitable, mais ne leur servait de rien à eux-mêmes. Cet homme diligent se dérobait le plus souvent quand on ouvrait les cassettes. S'il assistait par hasard à la lecture de quelques lettres, on pouvait s'attendre à une réflexion maligne. Il dit entre autres choses, un jour, que cette correspondance le confirmait de plus en plus dans son opinion que les dames pourraient épargner absolument la cire à cacheter ; qu'elles devraient se borner à fermer leurs lettres avec des épingles, et se persuader que leurs missives arriveraient toujours intactes à leur destination. C'est ainsi qu'il avait coutume de badiner sur tout ce qui sortait du cercle de la vie et des affaires, suivant en cela le sentiment de son seigneur et maître, le comte Stadion, ministre de l'électeur de Mayence, qui, certes, n'était pas fait pour donner à la mondanité et à l'indifférence de son élève un contre-poids dans le respect de quelque mystère.

Je rapporterai, en revanche, un trait du grand sens pratique du comte. Lorsqu'il eut pris en amitié le jeune de La Roche, devenu orphelin, et qu'il l'eut adopté pour son élève, il lui demanda tout d'abord les services d'un secrétaire. Il lui donnait des réponses à faire, des dépêches à rédiger, qu'il devait aussi mettre au net, chiffrer assez souvent, sceller et adresser. Cela dura plusieurs années. Quand l'adolescent fut devenu un jeune homme, et fit réellement le service qu'il avait cru faire jusque-là, le comte le mena à un grand bureau dans lequel étaient conservés, comme exercices du premier temps, toutes les lettres et tous les paquets intacts.

Un autre exercice, que le comte avait imposé à son élève, ne trouvera pas une approbation aussi générale. De La Roche avait dû s'exercer à imiter parfaitement la main de son seigneur et maître, pour lui épargner la fatigue d'écrire lui-même. Mais ce n'est pas seulement dans les affaires qu'il lui fallut exercer ce talent : le jeune homme dut aussi tenir la place de son maître dans ses galanteries. Le comte était passionnément épris d'une spirituelle et noble dame. Tandis qu'il veillait auprès d'elle, bien avant dans la nuit, son secrétaire était à la maison, occupé à forger de brûlantes lettres d'amour; le comte choisissait dans le nombre, et envoyait sur-le-champ la lettre à sa bien-aimée, qui devait être convaincue de l'impérissable flamme d'un adorateur si passionné. On peut croire que ces expériences précoces ne donnèrent pas au jeune de La Roche la meilleure idée des correspondances d'amour.

Cet homme, qui avait servi deux électeurs ecclésiastiques, avait conçu pour les prêtres une haine irréconciliable, née vraisemblablement de ce qu'il avait observé la vie grotesque, rude, grossière, matérielle, que les moines d'Allemagne menaient en divers lieux, arrêtant et détruisant par là toute espèce de culture. Ses *Lettres sur le Monachisme* firent sensation; elles furent accueillies avec de grands applaudissements par tous les protestants et par beaucoup de catholiques.

Mais, si M. de La Roche se révoltait contre tout ce qu'on pourrait appeler sentiment, et s'il en écartait résolûment loin de lui jusqu'à l'apparence, il ne cachait pas cependant sa tendresse de père pour sa fille aînée, qui, à vrai dire, était parfaitement aimable. Plutôt petite que grande, elle avait les formes les plus gracieuses, une tournure agréable et dégagée, les yeux les plus noirs, le teint le plus pur et le plus vermeil du monde. De son côté, elle chérissait son père et se pliait à ses sentiments. Livré aux affaires, il devait à ses fonctions la plus grande partie de son temps; et, comme c'était sa femme, et non pas lui, qui attirait leurs hôtes, la société ne pouvait lui donner beaucoup de plaisir. Aux repas, il était gai, amusant, et il cherchait du moins à préserver sa table de l'assaisonnement sentimental.

Ceux qui connaissent les tendances et les sentiments de Mme de La Roche (et une longue vie et de nombreux écrits l'ont fait connaître honorablement à toute l'Allemagne) soupçonneront peut-être que ces contrastes ont pu donner lieu à une mésintelligence domestique, mais il n'en était rien. C'était une femme admirable, et je ne saurais laquelle lui comparer. Elle était d'une taille svelte et délicate, assez grande; elle avait su conserver jusque dans l'arrière-saison une certaine élégance de tournure et de manières, qui offrait un agréable mélange du maintien de la noble dame et de la respectable bourgeoise. Elle avait gardé longtemps la même façon de s'habiller. Une jolie cornette allait fort bien à sa petite tête et à son fin visage, et son habillement brun ou gris donnait à sa personne un air de calme et de dignité. Elle parlait bien et savait toujours donner à ce qu'elle disait de l'intérêt par le sentiment. Sa conduite à l'égard de chacun était parfaitement égale, mais tout cela n'exprime pas encore ce qu'il y avait en elle de plus particulier. Le retracer est difficile. Elle semblait prendre intérêt à tout, et, dans le fond, rien n'agissait sur elle. Elle était douce envers chacun, et pouvait tout endurer sans souffrir; au badinage de son mari, à la tendresse de ses amis, aux grâces de ses enfants, elle répondait de même façon, et restait toujours elle-même, sans que, dans le monde, le bien et le mal, ou, dans la littérature, l'excellent et le faible, eussent prise sur elle. C'est à ce caractère qu'elle fut redevable de son indépendance jusque dans un âge avancé, malgré les chagrins et même la gêne qu'elle eut à souffrir. Toutefois, pour ne pas être injuste, je dois ajouter que ses deux fils, qui étaient alors des enfants d'une éblouissante beauté, savaient quelquefois obtenir d'elle un regard qui n'était pas celui dont elle usait à l'ordinaire.

Je vivais ainsi depuis quelque temps au milieu d'une société nouvelle et merveilleusement agréable, lorsque Merck arriva avec sa famille. De nouvelles affinités électives en résultèrent sur-le-champ : les deux dames se rapprochèrent, et Merck se trouva, par son instruction et ses voyages, plus de points de contact avec M. de La Roche, qui connaissait le monde et les affaires. Le jeune garçon se joignit à ses pareils, et les filles, dont l'aînée eut bientôt pour moi un attrait particulier, me tombèrent en partage. C'est un sentiment très-agréable que celui d'une passion nouvelle, qui s'éveille en nous avant que l'ancienne soit tout à fait assoupie. C'est ainsi qu'on aime à voir, quand le soleil se couche, la lune se lever au point opposé, et qu'on jouit du double éclat des deux flambeaux célestes. Alors les plaisirs ne manquèrent pas au logis et au dehors : on parcourut la contrée ; sur la rive droite, on monta à Ehrenbreitstein, sur la gauche, à la Chartreuse ; la ville, le pont de la Moselle, le trajet du Rhin, tout procura les divertissements les plus variés. Le château neuf n'était pas encore bâti : on nous conduisit à la place où il devait s'élever ; on nous fit voir les plans.

Toutefois, au sein même des plaisirs, se développaient les germes d'incompatibilité qui, dans une société cultivée, comme dans une société sans culture, montrent d'ordinaire leurs fâcheux effets. Merck, en même temps froid et inquiet, n'assista pas longtemps à la lecture des lettres sans décocher des traits malins sur les choses dont elles parlaient, comme sur les personnes et leurs relations ; et il me découvrit en secret les choses les plus étranges, qui devaient être proprement cachées là-dessous. Il n'était pas question, il est vrai, de secrets politiques, ni de quelque chose qui présentât un certain enchaînement. Il me signalait ces personnes, qui, sans talents par-

ticuliers, savent, avec une certaine adresse, se donner de
l'importance, et qui, par leurs liaisons avec beaucoup de gens,
cherchent à faire elles-mêmes quelque figure. Dès lors j'eus
l'occasion de faire plusieurs remarques de ce genre. Comme
ces personnes changent ordinairement de résidence, et, en qualité de voyageurs, se montrent tantôt ici, tantôt là, elles ont
pour elles la faveur de la nouveauté, qu'on ne doit ni leur
envier ni leur troubler : car c'est là une chose traditionnelle,
que tout voyageur a souvent éprouvée à son avantage et tout
résidant à son préjudice. Quoi qu'il en soit, nous observâmes
dès lors avec une attention un peu inquiète, et même jalouse, ces gens qui se donnent la mission de courir à droite
et à gauche, de jeter l'ancre dans chaque ville, et de chercher
du moins à prendre de l'influence dans quelques familles. J'ai
représenté un membre délicat et doux de cette confrérie dans
Pater Brey, et un autre, plus vigoureux et plus vert, dans un
divertissement de carnaval, sous le titre de *Satyrus ou le diable
des bois divinisé*, dans lequel j'ai montré, sinon des ménagements, du moins de la bonne humeur.

Cependant les éléments bizarres de notre petite société exerçaient encore les uns sur les autres une action assez tolérable : d'un côté, nous étions contenus par la politesse et le
savoir-vivre ; de l'autre, nous étions tempérés par le caractère particulier de Mme de La Roche, qui, n'étant que légèrement affectée par ce qui se passait autour d'elle, s'abandonnait toujours à certaines conceptions idéales, et, les
exprimant avec grâce et bienveillance, savait adoucir toutes
les aspérités qui faisaient saillie dans le cercle, et aplanir les
inégalités.

Merck avait donné à propos le signal du départ, si bien que
la société se sépara dans les meilleurs termes. Je remontai le
Rhin, avec lui et sa famille, dans un yacht qui retournait à
Mayence, et, quoique la marche du bateau fût très-lente,
nous priâmes le patron de ne pas se presser. Ainsi nous
jouîmes à loisir de ces objets, d'une diversité infinie, qui, par
un temps magnifique, semblaient croître à chaque heure en
beauté, et varier sans cesse en grandeur et en agrément. Je
souhaite qu'en me bornant à nommer Rheinfels et Saint-Goar,

Bacharach, Bingen, Ellfeld et Biberich, chacun de mes lecteurs puisse retrouver ces contrées dans ses souvenirs.

Nous avions beaucoup dessiné, et, par là du moins, gravé plus fermement dans notre mémoire les tableaux changeants de ces magnifiques rivages; mais notre intimité s'accrut encore par cette réunion prolongée, par nos épanchements intimes sur divers sujets, en sorte que Merck prit sur moi une grande influence, et que je devins pour lui comme un bon camarade, indispensable à son bien-être. Mon regard, exercé par la nature, revint à la contemplation des œuvres d'art, et les belles collections de tableaux et de gravures que je trouvais à Francfort, m'en fournirent la meilleure occasion. J'eus de grandes obligations à l'amitié de MM. Ettling, Ehrenreich, et surtout à l'excellent Nothnagel. Voir la nature dans l'art devint chez moi une passion, qui, dans ses moments d'ivresse, devait paraître un égarement, même aux amateurs passionnés. Et comment ce goût pouvait-il être mieux nourri que par la contemplation continuelle des excellents ouvrages des Néerlandais! Pour m'engager à chercher dans la pratique des lumières nouvelles, Nothnagel me céda un cabinet, où je trouvai tout ce qui est nécessaire pour la peinture à l'huile, et je peignis d'après la réalité quelques simples tableaux d'intérieur, dans l'un desquels un manche de couteau en écaille de tortue, incrusté d'argent, étonna tellement mon maître, qui m'avait visité une heure auparavant, qu'il soutint que, dans l'intervalle, un des artistes, ses subordonnés, devait avoir passé chez moi. Si j'avais continué patiemment à m'exercer sur de pareils objets, à rendre la lumière et l'ombre et les particularités de leurs surfaces, j'aurais acquis une certaine pratique, et j'aurais pu m'acheminer à quelque chose de plus élevé. Mais je commis la faute de tous les amateurs, de commencer par le plus difficile, de vouloir même accomplir l'impossible, et je m'engageai bientôt dans de grandes entreprises, où je me vis arrêté, soit parce qu'elles étaient bien au-dessus de mes forces, soit parce que je ne sus pas entretenir, toujours pure et agissante, l'amoureuse attention et l'application tranquille avec lesquelles le commençant lui-même produit déjà quelque chose.

A cette même époque, je fus entraîné une seconde fois dans

une plus haute sphère, parce que je trouvai l'occasion d'acheter quelques beaux plâtres de têtes antiques. Les Italiens qui visitent les foires apportaient quelquefois de bons exemplaires, et consentaient à les vendre après en avoir pris l'empreinte. Je me formai de la sorte un petit musée, en réunissant peu à peu les têtes du Laocoon et de ses fils, de la fille de Niobé; en achetant dans la succession d'un amateur les imitations en petit des plus célèbres ouvrages de l'antiquité, et je cherchais à ranimer ainsi autant que possible, la grande impression que j'avais reçue à Mannheim.

Tandis que je cherchais à cultiver, à nourrir et à entretenir tout ce que je pouvais avoir de talents, de goûts artistiques ou, en général d'inclinations, quelconques, je consacrais, selon le vœu de mon père, une bonne partie du jour à la pratique du droit, et j'en trouvai par hasard l'occasion la plus favorable. Après la mort de mon grand-père, mon oncle Textor était entré au Sénat, et il me remettait les petites affaires que j'étais en état de traiter, comme faisaient aussi les frères Schlosser. Je prenais connaissance des pièces; mon père les lisait aussi avec beaucoup de plaisir, parce qu'il retrouvait, à l'occasion de son fils, une activité qui lui avait manqué longtemps. Nous en raisonnions ensemble, puis je rédigeais ensuite, avec une grande facilité, les mémoires nécessaires. Nous avions sous la main un excellent copiste, sur lequel on pouvait aussi se reposer entièrement pour toutes les formalités de chancellerie. Ce travail m'était d'autant plus agréable qu'il me mettait mieux avec mon père, qui, entièrement satisfait de ma conduite sur ce point, souffrait avec indulgence toutes mes autres occupations, attendant avec impatience le moment où je moissonnerais aussi de la gloire littéraire.

Or, comme, à chaque époque, tout s'enchaîne, parce que les opinions et les idées régnantes se ramifient de la manière la plus diverse, on suivait alors dans la jurisprudence les maximes selon lesquelles on traitait la religion et la morale. Parmi les avocats, comme plus jeunes, et plus tard parmi les juges, comme plus âgés, se répandit « l'humanisme. » Chacun à l'envi voulait absolument être humain, même dans les affaires juridiques. Les prisons furent améliorées, les crimes excusés, les peines adoucies, les légitimations facilitées, les mésalliances et les divorces encouragés ; un de nos premiers avocats se fit le plus grand honneur en procurant par son éloquence à un fils du bourreau l'entrée du corps médical. Les maîtrises et les corporations résistaient en vain ; les digues étaient rompues l'une après l'autre. La tolérance mutuelle des partis religieux était enseignée et même pratiquée, et la constitution civile fut menacée d'une atteinte plus grande encore, quand on s'efforça, avec l'intelligence, la sagacité et l'énergie de cette époque bienveillante, de recommander la tolérance envers les juifs. Ces nouveaux objets de la pratique du barreau, qui se trouvaient en dehors de la loi et de la coutume, et qui ne réclamaient qu'une appréciation équitable, une participation sentimentale, demandaient en même temps un style plus naturel et plus vif. C'était là une agréable carrière ouverte aux plus jeunes, dans laquelle ils escarmouchaient à plaisir; et je me souviens encore qu'un procureur du conseil aulique m'adressa dans un cas pareil une fort gracieuse lettre de félicitations. Les plaidoyers français nous servaient de modèles et de stimulants. Par là nous étions en chemin de devenir meilleurs orateurs que juristes, et c'est ce que me fit observer un jour avec reproche le solide George Schlosser. Comme je lui contais que j'avais lu à mon client un mémoire écrit en sa faveur avec beaucoup d'énergie, et qu'il m'en avait témoigné une grande satisfaction: « Dans cette occasion, me dit-il, tu as agi en auteur plutôt qu'en avocat. On ne doit jamais demander si un pareil écrit plaît au client, mais s'il plaît au juge. »

Cependant quel homme a des affaires si sérieuses et si pressantes, auxquelles il consacre sa journée, qui ne trouve du temps le soir pour fréquenter le spectacle? C'est aussi ce qui m'arrivait à moi, qui, à défaut d'une scène excellente, ne cessais pas de méditer sur le théâtre allemand, pour chercher le moyen de concourir à ses progrès. L'état de la scène allemande dans la seconde moitié du siècle passé est suffisamment connu, et quiconque veut s'en instruire trouve partout des secours tout prêts: je me bornerai donc ici à quelques réflexions générales. Le succès théâtral reposait plus sur la personne du comédien que sur le mérite des pièces. C'était surtout le cas des pièces à demi ou entièrement improvisées, où tout dépendait de l'esprit et du talent des acteurs comiques. Les sujets en doivent être pris dans la vie la plus commune, conformes aux mœurs du peuple devant lequel on joue. De cette actualité résultent les grands applaudissements que ces pièces obtiennent toujours. Elles furent constamment goûtées dans l'Allemagne méridionale, où elles se maintiennent encore, sans autre nécessité que de faire de temps en temps au caractère des masques bouffons quelque changement, motivé par celui des personnes. Toutefois le théâtre allemand, pour se conformer au caractère sérieux de la nation, se tourna bientôt vers la morale, et cette révolution fut accélérée par une cause extérieure. Parmi les chrétiens rigides s'éleva la question de savoir si le théâtre était au nombre des choses coupables et, dans tous les cas, au nombre de celles qu'il fallait éviter; ou s'il était au nombre des indifférentes, qui peuvent être bonnes pour les bons et ne sont mauvaises que pour les méchants. Les zélateurs austères niaient la dernière proposition, et prétendaient qu'aucun ecclésiastique ne devait jamais aller au spectacle. On ne pouvait soutenir rigoureusement la thèse contraire qu'en présentant le théâtre, non-seulement comme inoffensif, mais encore comme utile. Pour être utile, il devait être moral, et il s'empressa de prendre ce caractère dans l'Allemagne du Nord. Une sorte de fausse délicatesse ayant fait écarter le personnage plaisant, qui dut disparaître, malgré ce que de bons esprits alléguèrent en sa faveur, et quoiqu'il eût passé de la rudesse du Jean Farine allemand à l'élégance et à la gentillesse des arlequins italiens et français. Scapin et Crispin disparurent eux-mêmes insensiblement. J'ai vu Koch, dans sa vieillesse, jouer le dernier pour la dernière fois.

Les romans de Richardson avaient déjà fait connaître à la société bourgeoise une délicate moralité. Les suites funestes et inévitables de la faute d'une femme étaient analysées dans *Clarisse* d'une manière cruelle. Lessing traita le même sujet dans *Miss Sara Sampson*. Le *Marchand de Londres* montra dans la situation la plus horrible un jeune homme séduit. Les drames français avaient le même but, mais ils procédaient plus modérément, et savaient plaire en finissant par tout arranger. Le *Père de famille* de Diderot, l'*Honnête criminel*, le *Vinaigrier*, le *Philosophe sans le savoir*, *Eugénie* et d'autres ouvrages pareils étaient conformes au respectable esprit de cité et de famille, qui prévalait de plus en plus. Chez nous, le *Fils reconnaissant*, le *Déserteur par amour filial* et leur séquelle avaient la même tendance. Le *Ministre*, *Clémentine* et les autres pièces de Gobler, le *Père de famille allemand* de Gemmingen, tous présentaient le spectacle sentimental des vertus de la classe moyenne et même de la classe inférieure, et ravissaient le grand public. Eckhof, par son noble caractère, qui prêtait à la condition du comédien une certaine dignité, dont elle avait manqué jusqu'alors, releva extraordinairement les premiers rôles de ces pièces, car, en honnête homme qu'il était, il rendait parfaitement l'expression de l'honnêteté.

Tandis que la scène allemande tombait ainsi dans un amollissement complet, Schrœder parut, comme auteur et comme acteur, et les relations de Hambourg avec l'Angleterre le conduisirent à mettre en œuvre des comédies anglaises. Il ne pouvait faire de ces matériaux qu'un emploi très-général, car les originaux sont, la plupart, informes, et, s'ils commencent bien et régulièrement, ils finissent par se perdre dans le vague. Il semble que toute l'affaire des auteurs soit de réussir à présenter les scènes les plus bizarres, et, si l'on est accoutumé aux œuvres soutenues, on se voit à regret poussé à la fin dans un espace sans bornes. De plus, il règne dans ces ouvrages une grossièreté, une indécence, une barbarie, si insupportables, qu'il serait difficile de faire disparaître du plan et des caractères tous ces défauts. C'est une nourriture grossière, et en même temps dangereuse, qu'une grande masse de peuple, à demi corrompue, à pu seule recevoir et digérer quelque temps. Schrœder a mis du sien dans ces ouvrages plus qu'on ne le croit communément; il les a transformés, les a appropriés au caractère allemand et adoucis autant que possible. Mais il y reste toujours un fond de dureté, parce que la plaisanterie roule très-souvent sur les mauvais traitements essuyés par des personnes coupables ou innocentes. Ces peintures, qui se répandirent également sur le théâtre, formèrent un contre-poids secret à la moralité efféminée, et l'effet réciproque des deux genres empêcha heureusement l'uniformité, dans laquelle on serait tombé sans cela.

L'Allemand, bon et généreux de sa nature, ne veut voir maltraiter personne : mais, comme, avec toute sa bienveillance, un homme n'est jamais assuré qu'on ne lui fera pas souffrir quelque chose contre son inclination, la comédie, si elle veut plaire, doit supposer ou réveiller toujours chez le spectateur quelque maligne joie, et c'est ainsi qu'on fut entraîné, par une pente naturelle, à une manière d'agir jusqu'alors considérée comme contraire à la nature, et qui consistait à rabaisser les hautes classes et à les attaquer plus ou moins. La satire, en prose et en vers, s'était toujours gardée de toucher à la cour et à la noblesse. Rabener s'interdit de ce côté toute raillerie et demeura dans une sphère inférieure. Zacchariæ s'occupa beaucoup des gentilshommes campagnards; il retrace comiquement, mais sans mépris, leurs fantaisies et leurs singularités. *Wilhelmine* de Thummel, petite composition pleine d'esprit, aussi agréable que hardie, eut un grand succès, peut-être même parce que l'auteur, qui était noble et courtisan, traitait sa propre classe sans trop de ménagement. Cependant ce fut Lessing qui fit le pas le plus décisif, dans *Emilia Galotti*, où les passions et les artifices des hautes régions sont retracés d'un ton amer et incisif. Toutes ces choses allaient parfaitement à l'agitation de l'époque, et des hommes de peu d'esprit et de talent se crurent permis d'en faire autant ou même davantage. C'est ainsi que Grossmann servit au public malin, dans « six plats » fort peu appétissants, toutes les friandises de sa cuisine populaire. Un brave homme, le conseiller aulique Reinhart, remplissait, à cette table déplaisante, les fonctions de majordome, à la grande joie de tous les convives. Dès lors on choisit toujours les scélérats de théâtre dans les classes supérieures; le personnage devait être gentilhomme de la chambre ou tout au moins secrétaire intime, pour se rendre digne d'une pareille distinction. Les figures les plus abominables étaient choisies parmi les charges et les offices de la cour et de l'état civil dans l'almanach des adresses, et, dans cette société d'élite, les officiers de justice trouvaient leur place, comme scélérats de première instance. Mais, comme je crains d'avoir déjà franchi les limites de l'époque dont il peut être ici question, je reviens à ce qui me regarde et au besoin que je sentais de m'occuper dans mes loisirs de mes plans dramatiques.

Le goût que j'avais continué de prendre aux ouvrages de Shakspeare avait tellement élargi mes idées, que l'espace étroit du théâtre et la courte durée du temps mesuré pour une représentation ne me semblaient nullement suffire à l'exposition d'un sujet important. La vie du loyal Gœtz de Berlichingen, écrite par lui-même, me jeta dans l'exposition historique, et mon imagination se déploya de telle sorte que ma forme dramatique dépassa aussi toutes les bornes du théâtre, et chercha de plus en plus à se rapprocher de la réalité. A mesure que j'avançais, je m'étais entretenu en détail de ces choses avec ma sœur, qui s'y intéressait de cœur et d'esprit, et je renouvelai ces entretiens si souvent, sans me mettre seulement à l'ouvrage, qu'elle finit par me prier, avec une amicale impatience, de ne pas jeter toujours mes paroles au vent, mais de fixer enfin une bonne fois sur le papier des choses qui m'étaient si présentes. Décidé par cette exhortation, je me mis à écrire un matin, sans avoir rédigé d'abord ni ébauche ni plan. J'écrivis les premières scènes, et, le soir, je les lus à Cornélie. Elle en fit de grands éloges, mais seulement conditionnels, car elle doutait que je continuasse de la sorte, et même elle exprima une parfaite incrédulité à l'endroit de ma persévérance. Cela ne fit que m'exciter davantage; je continuai le lendemain et le surlendemain; l'espérance s'accrut avec mes communications journalières; à chaque pas, tout s'animait pour moi de plus en plus, car je m'étais d'ailleurs identifié complétement avec le sujet : je restai donc sans interruption à mon ouvrage, que je poursuivis sans dévier, sans regarder ni en arrière, ni à droite, ni à gauche, et, au bout de six semaines environ, j'eus le plaisir de voir le manuscrit broché. Je le communiquai à Merck, qui m'en parla avec esprit et bienveillance; je l'envoyai à Herder, qui s'exprima, en revanche, d'une manière désobligeante et dure, et ne m'épargna pas, à cette occasion, les épigrammes blessantes et les qualifications railleuses. Je ne m'en laissai pas déconcerter ; je portai sur mon sujet un regard attentif; les dés étaient jetés; il ne s'agissait plus que de placer avantageusement les dames sur le tablier. Je voyais bien que, cette fois encore, je ne pouvais attendre des conseils de personne, et, au bout de quelque temps, quand je pus considérer mon travail comme une œuvre étrangère, je reconnus véritablement que, dans ma tentative de renoncer à l'unité de temps et de lieu, j'avais aussi porté atteinte à une plus haute unité, qui n'est que plus impérieusement exigée. Comme je m'étais abandonné, sans plan et sans ébauche, à mon imagination et à une impulsion intérieure, j'avais d'abord serré mon sujet d'assez près, et les premiers actes n'étaient point mal pour ce qu'ils devaient être; mais, dans les suivants, et surtout vers la fin, une passion prestigieuse m'avait entraîné. En m'attachant à peindre Adélaïde sous d'aimables couleurs, j'en étais devenu amoureux; involontairement ma plume s'était donnée à elle uniquement; son sort devenait le principal intérêt, et, comme d'ailleurs, vers la fin, Gœtz est rendu inactif et ne revient plus que pour prendre une part malheureuse à la guerre des paysans, c'était une chose toute naturelle qu'une femme séduisante le supplantât chez l'auteur, qui, secouant le joug de l'art, voulait s'essayer dans un nouveau domaine. Je reconnus bien vite ce défaut, disons mieux, cette vicieuse surabondance; car le caractère de ma poésie me poussait toujours vers l'unité. Alors, au lieu de la biographie de Gœtz et des antiquités allemandes, je portai dans ma pensée mon propre ouvrage, et je cherchai à lui donner toujours plus une valeur historique et nationale, et à faire disparaître ce qu'il y avait de fabuleux ou de simplement passionné. Il m'en coûta plus d'un sacrifice, l'inclination de l'homme devant céder aux convictions de l'artiste. Je m'étais complu, par exemple, à produire Adélaïde dans une effroyable scène nocturne de bohémiens où sa beauté faisait des prodiges : un examen plus attentif me fit supprimer cette scène, et le commerce amoureux de Franz avec sa gracieuse maîtresse, que j'avais développé en détail dans le quatrième et le cinquième acte, fut de même réduit à d'étroites limites, et ne dut paraître que dans ses moments décisifs.

Ainsi donc, sans rien changer au premier manuscrit, que je possède dans sa forme originelle, je résolus d'écrire le tout une seconde fois, et je le fis avec une telle activité, qu'en peu de semaines j'eus devant moi une pièce entièrement refondue. J'étais allé d'autant plus vite en besogne, que j'avais moins l'intention de faire jamais imprimer ce second travail, et ne le regardais non plus que comme un exercice destiné à devenir la base d'un nouveau remaniement, que j'entreprendrais avec plus de soin et de réflexion. Mais, quand je m'avisai de présenter à Merck divers projets sur la manière dont je me proposais de procéder, il se moqua de moi, et me demanda ce que signifiaient ces fontes et ces refontes perpétuelles. La chose en était changée seulement et rarement meilleure. Il faut voir l'effet qu'un ouvrage produit, et, après cela, entreprendre toujours du nouveau. « Vite, le linge sur la haie ! voilà comment il sèche, me dit-il proverbialement : les retards et les lenteurs ne font que des hommes irrésolus. » Je lui répliquai qu'il me serait désagréable d'offrir à un libraire un travail auquel j'avais voué tant d'amour, et d'essuyer peut-être un refus. En effet, comment jugeraient-ils un écrivain jeune, obscur et de plus téméraire ? Mes *Complices*, dont je faisais quelque estime, j'aurais bien voulu (ma peur de la publicité s'étant peu à peu dissipée) les voir livrés à l'impression, mais je ne trouvai aucun éditeur disposé à la chose. Là-dessus, les inclinations mercantiles de mon ami se réveillèrent tout à coup. Par la Gazette de Francfort, il s'était déjà mis en relation avec des hommes de lettres et des libraires ; nous devions, à son avis, imprimer à nos frais ce remarquable ouvrage, qui ne manquerait pas de faire sensation ; on pouvait, disait-il, en retirer un bon bénéfice : car c'était sa coutume de faire, ainsi que bien d'autres, le compte du bénéfice des libraires, qui était grand en effet pour certains ouvrages, surtout si l'on faisait abstraction des pertes considérables que d'autres livres et d'autres spéculations occasionnaient. Il fut donc convenu que je fournirais le papier et qu'il se chargerait de l'impression. On se mit à l'œuvre sans délai, et je ne fus pas fâché de voir peu à peu ma sauvage ébauche théâtrale en belles feuilles d'impression : elle se présentait mieux que je ne l'avais moi-même présumé. L'impression achevée, nous fîmes l'expédition en nombreux paquets. Un grand mouvement ne tarda guère à se produire de tous côtés ; l'ouvrage fit une sensation générale, mais nos relations bornées ne nous ayant pas permis de l'expédier assez tôt dans toutes les places, il parut tout à coup une contre-façon ; et comme, en échange de nos envois, nous ne reçûmes d'abord aucunes valeurs, et surtout point d'argent comptant, moi qui, en ma qualité de fils de famille, n'étais pas trop en fonds, je me trouvai, dans le temps où je recevais de tous côtés des marques d'attention et des éloges, fort embarrassé à payer seulement le papier sur lequel j'avais révélé mon talent au monde. Merck, qui savait déjà mieux se tirer d'affaire, nourrissait, au contraire, les meilleures espérances que tout s'arrangerait bientôt, mais je ne m'en suis point aperçu.

J'avais déjà appris à connaître le public et les critiques, à l'occasion des petites pièces fugitives que j'avais publiées en gardant l'anonyme, et j'étais assez bien préparé à l'éloge et au blâme, surtout ayant suivi ces choses depuis plusieurs années, et observé comment on traitait les écrivains qui avaient fixé mon attention au plus haut point. Je pouvais même, dans mon incertitude, remarquer clairement combien il se disait au hasard de choses frivoles, partiales et arbitraires. J'en fis l'épreuve à mon tour, et, si je n'avais eu quelque expérience, les contradictions de gens éclairés m'auraient causé un trouble étrange. Il parut entre autres, dans le *Mercure allemand*, une appréciation étendue, bienveillante, ouvrage d'un esprit borné. Je ne pouvais souscrire à ses critiques, encore moins aux corrections qu'il proposait. Aussi me fut-il bien agréable de trouver, aussitôt après, une franche déclaration de Wieland, qui se prononçait, en général, contre le critique, et prenait ma défense contre lui. Mais l'autre opinion était aussi imprimée; j'avais là un exemple des jugements aveugles d'hommes instruits et cultivés : que serait-ce de la masse du public?

Le plaisir que j'avais à m'entretenir et à m'instruire avec Merck sur ces matières fut de courte durée. Une princesse éclairée, la landgrave de Hesse-Darmstadt, l'emmena avec elle à Saint-Pétersbourg. Ses lettres détaillées étendirent ma connaissance du monde, et il me fut d'autant plus facile d'en faire mon profit, que c'était une main amie et connue qui traçait ces peintures. Néanmoins son départ me laissa longtemps très-solitaire, et c'était justement dans cette conjoncture importante que je me voyais privé de son intelligente sympathie, qui m'était si nécessaire. En effet, de même qu'on prend la résolution de se faire soldat et d'aller à la guerre; qu'on se propose courageusement d'affronter les périls et les fatigues, les blessures, les souffrances et même la mort, mais sans se représenter les circonstances particulières au milieu desquelles ces maux, vaguement attendus, peuvent nous surprendre de la manière la plus pénible : la même chose arrive à quiconque se lance dans le monde, surtout aux auteurs, et c'est aussi ce qui m'arriva. Comme la plus grande partie du public s'arrête au fond plus qu'à la forme, l'intérêt que les jeunes gens portaient à mes pièces tenait surtout au sujet. Ils croyaient y voir une bannière, à la suite de laquelle tous les emportements et les désordres de la jeunesse pourraient se donner carrière, et ce furent précisément les meilleures têtes, chez lesquelles déjà pointait quelque chose de pareil, qui furent entraînées. Je possède encore de Burger, cet homme excellent et, à quelques égards, unique, une lettre, adressée à un inconnu, qui peut servir comme témoignage important de l'effet et du réveil que produisit l'apparition de mon ouvrage. En revanche, des hommes graves me blâmèrent d'avoir peint avec des couleurs trop favorables le droit du plus fort ; ils m'attribuèrent même le dessein de ramener ces temps d'anarchie. D'autres me prirent pour un homme d'une science profonde, et me demandèrent de publier une nouvelle édition, annotée, des mémoires originaux du bon Gœtz : à quoi je ne me sentais nullement préparé. Toutefois je consentis à laisser mettre mon nom sur le titre de l'édition nouvelle. Parce que j'avais su cueillir les fleurs d'une grande vie, on me prenait pour un soigneux jardinier. Cette érudition et cette profonde connaissance des faits fut cependant révoquée en doute par d'autres personnes. Un administrateur distingué vient me voir à l'improviste. Je m'en trouve infiniment honoré, d'autant plus qu'il commence par donner des éloges à mon *Gœtz de Berlichingen* et à mes connaissances historiques. Mais je me trouve bien surpris quand j'observe qu'il est venu essentiellement pour m'apprendre que Gœtz de Berlichingen n'avait pas été le beau-frère de Franz de Sickingen, et que, par cette alliance poétique, j'avais porté à l'histoire une grave atteinte. Je cherchai à m'excuser, en alléguant que Gœtz lui-même le qualifiait ainsi : il me répliqua que c'était une façon de parler qui n'exprimait qu'une intime liaison d'amitié, tout comme, de nos jours, on appelle aussi les postillons *beaux-frères*, sans qu'un lien de parenté les unisse à nous. Je le remerciai de mon mieux de la leçon, et je regrettai seulement que le mal fût irréparable. Il exprima les mêmes regrets ; sur quoi il m'exhorta obligeamment à poursuivre l'étude de l'histoire et de la constitution de l'Allemagne, et m'offrit à cet effet sa bibliothèque, dont je fis bon usage dans la suite.

Mais ce qui m'arriva de plus amusant, ce fut la visite d'un libraire, qui vint tout uniment me demander une douzaine de pièces pareilles, et me promit de les bien payer. On peut juger que sa demande nous divertit beaucoup, et pourtant il n'était pas au fond si déraisonnable : je m'étais occupé en silence de l'histoire allemande, en remontant de cette époque décisive aux temps plus anciens et en descendant aux temps plus modernes, et j'avais songé à traiter dans le même esprit les événements principaux : louable projet, emporté, comme bien d'autres, par la marche rapide du temps.

Toutefois ce drame ne m'avait pas seul occupé jusqu'alors : tandis que je l'avais médité, écrit, remanié, livré à l'impression et publié, bien d'autres images et d'autres projets roulaient dans mon esprit. Ceux qui appelaient la forme dramatique obtinrent l'avantage d'être médités plus souvent et fort avancés dans l'exécution ; mais, en même temps, je passai par degrés à un autre genre de compositions, qu'on ne range pas d'ordinaire parmi les compositions dramatiques, et qui a pourtant avec elles une grande affinité. Ce passage résulta principalement de la singulière disposition que j'avais à convertir le monologue en dialogue.

Accoutumé à passer de préférence mon temps en société, je transformais aussi en conversation la méditation solitaire, et cela de la manière suivante. Quand je me voyais seul, j'avais coutume d'appeler à moi en esprit quelque personne de ma connaissance ; je la priais de s'asseoir, j'allais et venais, je me tenais debout devant elle, et je traitais avec elle le sujet que j'avais dans la pensée. Elle y répondait tout à son aise, ou elle faisait connaître par sa pantomime ordinaire son approbation ou sa désapprobation, car chacun a là-dessus ses habitudes particulières. Puis je poursuivais mes discours, développant ce qui paraissait plaire à mon hôte, établissant ou déterminant avec plus de précision ce qu'il désapprouvait, et parfois même abandonnant ma thèse avec complaisance. Chose singulière! je ne choisissais jamais des personnes de mon intimité, mais de celles que je voyais rarement, plusieurs même qui vivaient loin de moi, et avec lesquelles je n'avais eu que des relations passagères. Je conviais le plus souvent de celles qui, plus impressionnables qu'expansives, sont prêtes à prendre, avec un sens droit, un intérêt calme aux choses qui se trouvent dans leur horizon. Toutefois j'appelais de temps en temps à ces exercices dialectiques des esprits contredisants. Des personnes des deux sexes, de tout âge et de toute condition, voulaient bien se prêter à la chose, et se montraient agréables et complaisantes, parce qu'on les entretenait uniquement d'objets à leur portée et de leur goût. Et pourtant plusieurs auraient été bien surprises si elles avaient pu savoir comme elles étaient souvent appelées à ces entretiens imaginaires, elles qu'on aurait si difficilement amenées à un entretien réel.

On voit assez clairement combien ces conversations idéales ont d'affinité avec une correspondance épistolaire. Seulement celle-ci répond à une confiance établie, tandis que, dans l'autre cas, on trouve moyen de s'en procurer une nouvelle, toujours changeante, et qui reste sans réponse. Aussi, quand je me proposai de peindre ce dégoût de la vie, que les hommes ressentent sans être pressés par la nécessité, je dus songer aussitôt à exposer par lettres mes sentiments, car le découragement est toujours l'enfant, le nourrisson de la solitude. Celui qui s'y abandonne fuit toute contradiction, et qu'est-ce qui le contredit plus que toute société joyeuse? Le bonheur des autres lui est un douloureux reproche, et ce qui devrait l'engager à sortir de lui-même l'y refoule plus profondément. S'il veut peut-être s'expliquer là-dessus, il le fera par lettres, car un épanchement écrit, qu'il soit joyeux ou chagrin, ne rencontre aucun contradicteur direct; une réponse, où sont exposées les raisons contraires, donne au solitaire l'occasion de se confirmer dans ses rêveries, un sujet de s'obstiner toujours davantage. Si les lettres de Werther, écrites dans cet esprit, ont un attrait si varié, c'est que le fonds très-divers en avait été élaboré dans ces conversations imaginaires avec nombre de personnes, et qu'ensuite, dans la composition, elles paraissent adressées à un seul ami, à un seul confident. Il serait peu opportun d'en dire davantage sur la rédaction de cet opuscule, qui a fait tant de bruit, mais je puis ajouter quelques réflexions sur le fond.

Ce dégoût de la vie a ses causes physiques et ses causes morales. Laissons le médecin étudier les premières et le moraliste les secondes, et, dans un sujet si souvent approfondi, ne considérons que le point principal, où ce phénomène se révèle avec le plus de clarté. Tout bien-être dans la vie est fondé sur un retour régulier des objets extérieurs. La succession du jour et de la nuit, des saisons, des fleurs et des fruits et de tout ce qui s'offre à nous de période en période, pour que l'homme puisse et doive en jouir, tels sont les véritables ressorts de la vie terrestre. Plus nous sommes ouverts à ces jouissances, plus nous nous sentons heureux; mais, si ces phénomènes divers passent et repassent devant nous sans nous intéresser, si nous sommes insensibles à de si nobles avances, alors prend naissance le plus grand mal, la plus grave maladie : on regarde la vie comme un pénible fardeau. On rapporte d'un Anglais qu'il se pendit pour n'avoir pas à s'habiller et se déshabiller chaque jour. J'ai connu un bonhomme de jardinier, inspecteur d'un grand parc, qui s'écria un jour avec chagrin : « Faudra-t-il donc que je voie toujours ces nuages pluvieux passer du couchant au levant ? » On raconte d'un de nos hommes les plus distingués, qu'il voyait avec ennui le printemps reverdir : il aurait voulu, pour changer, le voir rouge une fois. Ce sont là proprement les symptômes du dégoût de la vie, qu'il n'est pas rare de voir aboutir au suicide, et qui, chez les hommes réfléchis et concentrés en eux-mêmes, a été plus fréquent qu'on ne peut croire.

Mais rien n'occasionne plus ce dégoût que le retour de l'amour. Le premier amour est l'unique, dit-on avec raison. Car, dans le second et par le second, le sens le plus élevé de l'amour est déjà perdu. L'idée de l'éternité et de l'infini, qui l'élève et le porte, est détruite ; il paraît passager comme tout ce qui revient. La séparation du physique et du moral, qui, dans les complications de la vie civilisée, isole la tendresse et le désir, provoque encore ici une exagération, qui ne peut produire aucun bien.

D'ailleurs un jeune homme s'aperçoit bientôt, sinon chez lui-même, du moins chez les autres, que les époques morales alternent aussi bien que les saisons. La faveur des grands, les bonnes grâces des hommes puissants, les encouragements des personnes actives, l'inclination de la multitude, l'amitié des individus, tout change et passe, sans que nous puissions le fixer plus que le soleil, la lune et les étoiles. Et pourtant ces choses ne sont pas de simples phénomènes naturels ; elles nous échappent par notre faute ou par celle d'autrui, par le hasard ou la destinée ; elles changent, et nous ne sommes jamais assurés d'elles.

Toutefois, ce qui tourmente surtout un jeune homme qui a de la sensibilité, c'est l'inévitable retour de nos fautes ; car nous tardons longtemps à reconnaître qu'en cultivant nos vertus, nous cultivons aussi nos défauts. Nos vertus reposent sur nos défauts comme sur leurs racines, et nos défauts se ramifient en secret avec autant de force et de diversité que nos vertus à la lumière du jour. Or, comme nous exerçons le plus souvent nos vertus avec volonté et conscience, tandis que nous sommes surpris à notre insu par nos défauts, elles nous procurent rarement quelque joie, tandis qu'ils nous causent sans cesse douleur et tourment. C'est ce qui nous rend surtout difficile et presque impossible la connaissance de nous-mêmes. Qu'on se représente avec cela un jeune sang qui bouillonne, une imagination que les objets particuliers enchaînent aisément, puis les alternatives du jour, et l'on trouvera assez naturel un impatient désir de s'affranchir d'une pareille gêne.

Cependant ces sombres réflexions, qui égarent dans l'infini celui qui s'y abandonne, n'auraient pu se développer d'une manière aussi marquée dans les cœurs de la jeunesse allemande, si une cause extérieure ne l'avait excitée et encouragée à ce funeste travail. Ce fut l'œuvre de la littérature et surtout de la poésie anglaise, dont les grands mérites sont accompagnés d'une grave mélancolie, qu'elle communique à quiconque s'occupe d'elle. L'Anglais intelligent se voit dès son enfance entouré d'une société puissante, qui stimule toutes ses forces; il s'aperçoit tôt ou tard que, pour s'accommoder avec elle, il doit rassembler toute son intelligence. Combien de leurs poëtes n'ont-ils pas mené dans leur jeunesse une vie dissolue et tumultueuse, et ne se sont-ils pas crus de bonne heure autorisés à se plaindre de la vanité des choses humaines! Combien se sont essayés dans les affaires publiques, et, dans le parlement, à la cour, dans le ministère, dans les ambassades, ont joué, soit les premiers rôles, soit des rôles inférieurs; ont pris une part active aux troubles intérieurs, aux révolutions politiques, et ont fait, sinon par eux-mêmes, du moins par leurs amis et leurs protecteurs, des expériences plus souvent tristes que satisfaisantes! Combien se sont vus bannis, chassés, emprisonnés, lésés dans leurs biens!

Mais il suffit d'être spectateur de si grands événements pour être porté au sérieux; et, le sérieux, où peut-il nous conduire qu'à la pensée de la fragilité et de la vanité de toutes les choses terrestres? L'Allemand aussi est sérieux, et, par conséquent, la poésie anglaise lui convenait parfaitement, et, parce qu'elle émanait d'une condition supérieure, elle lui paraissait imposante. On trouve partout en elle une intelligence grande, forte, éprouvée, un sentiment profond, délicat, une excellente volonté, une action passionnée, les plus nobles qualités qu'on admire chez des hommes intelligents et cultivés; mais tout cela réuni ne fait pas encore un poëte. La véritable poésie se révèle à ceci, que, par une sérénité intérieure, par un bien-être extérieur, comme un évangile mondain, elle sait nous délivrer des fardeaux terrestres qui pèsent sur nous. Comme un aérostat, elle nous élève, avec le lest qui s'attache à nous, dans des régions supérieures, et laisse les confus labyrinthes de la terre se développer devant nous à vol d'oiseau. Les œuvres les plus gaies et les plus sérieuses ont le même but, de modérer la joie aussi bien que la douleur par une heureuse et spirituelle peinture. Que l'on considère dans cet esprit la plupart des poésies anglaises, le plus souvent morales et didactiques, et l'on verra qu'elles ne témoignent, en général, qu'un sombre dégoût de la vie. Non-seulement les *Nuits* d'Young, où ce thème est essentiellement développé, mais aussi les autres poésies contemplatives nous égarent insensiblement dans ce triste champ, où est proposé à l'esprit un problème qu'il ne suffit pas à résoudre, car la religion elle-même, quelle que soit celle qu'il pourra se construire, le laisse sans secours. On pourrait réunir des volumes entiers, qui serviraient de commentaires à ce texte terrible :

« Le vieil âge et l'expérience, la main dans la main, le mènent à la mort, et lui font comprendre, après une recherche si douloureuse et si longue, que toute sa vie il a été dans l'erreur. »

Ce qui achève de rendre misanthropes les poëtes anglais, et ce qui répand dans leurs écrits le pénible sentiment du dégoût de toutes choses, c'est que les nombreuses dissidences de leur vie publique les contraignent, les uns et les autres, de vouer, sinon toute leur vie, du moins la part la meilleure, à tel ou tel parti. Comme un écrivain ainsi placé ne peut ni louer ni prôner les amis auxquels il est dévoué, la cause qu'il a embrassée, parce qu'il ne ferait qu'exciter la haine et l'envie, il exerce son talent à dire des adversaires tout le mal possible, à aiguiser, à empoisonner même, autant qu'il peut, les traits de la satire. Que cela se fasse de part et d'autre, et le monde intermédiaire est détruit et anéanti, en sorte que, chez une grande nation, active, intelligente, on ne peut, avec la plus extrême indulgence, découvrir que sottise et folie. Leurs poésies tendres s'occupent elles-mêmes de tristes objets. Ici meurt une jeune fille abandonnée, là se noie un amant fidèle, ou bien, tandis qu'il nage précipitamment, il est dévoré par un requin avant d'atteindre sa bien-aimée ; et, lorsqu'un poëte comme Gray s'établit dans un cimetière de village, et rechante ces mélodies connues, il peut être assuré de rassembler en foule autour de lui les amis de la mélancolie. Il faut que l'*Allégro* de Milton commence par exorciser le chagrin en vers énergiques, avant de pouvoir arriver à une gaieté très-modérée, et le joyeux Goldsmith lui-même se perd dans des sentiments élégiaques, quand son *Village abandonné* nous retrace, avec autant de grâce que de tristesse, un paradis perdu, que son *Voyageur* recherche sur toute la terre. Je ne doute pas qu'on ne puisse me citer aussi et m'opposer des œuvres gaies, des poésies sereines ; mais la plupart et les meilleures appartiennent certainement à l'époque antérieure, et les plus récentes qu'on pourrait ranger dans le nombre inclinent également vers la satire : elles sont amères et surtout elles rabaissent les femmes.

Enfin ces poëmes, que je viens de rappeler en termes généraux, ces poëmes sérieux, qui sapaient la base de la nature humaine, étaient nos auteurs favoris, préférés entre tous les autres ; l'un, selon son caractère, recherchait la tristesse légère, élégiaque, l'autre, le désespoir accablant, qui rejette tout salut. Chose étrange! notre père et maître Shakspeare, qui sait répandre une si pure allégresse, fortifiait lui-même cette hypocondrie. Hamlet et ses monologues demeuraient comme des fantômes qui ne cessaient d'apparaître à toutes les jeunes imaginations. Chacun savait par cœur les principaux endroits et se plaisait à les réciter ; et chacun croyait devoir être mélancolique comme le prince de Danemark, sans avoir vu toutefois comme lui aucun fantôme et sans avoir un auguste père à venger.

Mais, afin que toute cette mélancolie eût un théâtre fait pour elle, Ossian nous avait attirés dans la Thulé lointaine, où, parcourant l'immense bruyère grisâtre, parmi les pierres moussues des tombeaux, nous voyions autour de nous les herbes agitées par un vent horrible, et sur nos têtes un ciel chargé de nuages. La lune enfin changeait en jour cette nuit calédonienne; des héros trépassés, des beautés pâlies, planaient autour de nous; enfin nous croyions voir, dans sa forme effroyable, l'esprit même de Loda.

Dans un pareil milieu, avec une pareille société, avec des goûts et des études de ce genre, tourmenté de passions non satisfaites, n'étant excité par aucun mobile extérieur à une sérieuse activité, sans autre perspective que l'obligation de se renfermer dans une insipide et languissante vie bourgeoise, on se familiarisait, dans son orgueil chagrin, avec la pensée de pouvoir à volonté quitter la vie, quand on ne la trouverait plus à son gré, et, par là, on se dérobait quelque peu aux injustices et à l'ennui journaliers. Cette disposition était générale, et, si *Werther* produisit un grand effet, c'est qu'il était à l'unisson de toutes les âmes, et qu'il exprimait ouvertement et clairement le secret d'une maladive et juvénile rêverie. A quel point les Anglais connaissaient cette maladie, c'est ce que prouvent ces lignes significatives, écrites avant l'apparition de *Werther* :

« Enclin à des douleurs qu'il aimait, il connut plus de souffrances que la nature ne lui en avait imposé, cependant que son imagination lui présentait le malheur sous des couleurs idéales et sombres, et avec des horreurs étrangères. »

Le suicide est un événement de la nature humaine, qui, après tout ce qu'on a dit et débattu sur ce sujet, réclame l'attention de chacun, et qui veut qu'on le traite de nouveau à chaque époque. Montesquieu accorde à ses héros et ses grands hommes le droit de se donner la mort à volonté, en disant qu'il doit être loisible à chacun de finir où il lui plaît le cinquième acte de sa tragédie. Mais il n'est pas ici question de ces personnages qui ont mené une vie active, marquante, qui ont consacré leurs jours à un grand État ou à la cause de la liberté, et qu'on ne saurait guère blâmer lorsque, voyant disparue de ce monde l'idée qui les animait, ils songent à la poursuivre au delà du tombeau. Nous avons affaire à des gens qui, par défaut d'activité dans la condition la plus paisible du monde, prennent la vie en dégoût, grâce à leurs prétentions exagérées pour eux-mêmes. Comme j'ai connu moi-même cet état, et que je sais parfaitement quelles peines il m'a fait souffrir, quels efforts il m'en a coûté pour y échapper, je ne veux pas taire les réflexions que j'ai faites mûrement sur les différents genres de mort qu'on pourrait choisir. Qu'un homme se sépare violemment de lui-même, qu'il en vienne non-seulement à se blesser, mais à se détruire, c'est une chose si contraire à la nature, qu'il recourt le plus souvent à des moyens mécaniques pour mettre son projet à exécution. Quand Ajax se jette sur son épée, c'est le poids de son corps qui lui rend le suprême service; quand le guerrier fait promettre à son écuyer de ne pas le laisser tomber dans les mains des ennemis ; c'est encore une force extérieure dont il s'assure : seulement c'est une force morale au lieu d'une force physique. Les femmes cherchent dans l'eau l'apaisement de leur désespoir, et le moyen essentiellement mécanique de l'arme à feu assure un prompt effet avec le plus léger effort. On ne parle guère de la pendaison, qui est une mort ignoble. C'est en Angleterre que ce cas doit être le plus fréquent, parce qu'on y est accoutumé dès l'enfance à voir pendre nombre de gens, sans que la mort soit précisément déshonorante. Avec le poison, avec l'ouverture des veines, on se propose de ne quitter la vie que lentement, et la mort la plus raffinée, la plus prompte, la moins douloureuse, par la blessure d'un aspic, était digne d'une reine qui avait passé sa vie dans le faste et les plaisirs. Mais tout cela sont des ressources extérieures, ce sont des ennemis avec lesquels l'homme conclut une alliance contre lui-même.

Quand je passais en revue tous ces moyens et que je consultais l'histoire, je ne trouvais, parmi tous ceux qui se sont ôté la vie, personne qui eût accompli cet acte avec autant de grandeur et de liberté morale que l'empereur Othon. Son armée avait éprouvé un échec, il est vrai, mais il n'était point réduit à l'extrémité, et, pour le bien de l'empire, dont il était déjà presque maître, pour épargner des milliers d'hommes, il se détermine à quitter ce monde. Il soupe gaiement avec ses amis, et l'on trouve, le lendemain, qu'il s'est enfoncé de sa propre main un poignard aigu dans le cœur. Voilà l'unique suicide qui me parût digne d'être imité, et je me persuadai que celui qui ne pouvait agir en cela comme Othon ne devait pas se permettre de quitter volontairement la vie. Cette conviction me sauva, je ne dirai pas du projet, mais de la fantaisie du suicide, qui, dans ces beaux temps de paix, s'était insinuée chez une jeunesse oisive. Parmi une remarquable collection d'armes, je possédais entre autres un précieux poignard bien affilé : je le plaçais tous les soirs auprès de mon lit, et, avant d'éteindre la lumière, j'essayais si je saurais bien m'enfoncer à deux ou trois pouces la pointe aiguë dans la poitrine. Mais ne pouvant jamais en venir à bout, je finis par rire de moi-même ; je rejetai loin de moi toutes ces sombres folies, et je résolus de vivre. Cependant, pour vivre avec sérénité, j'avais besoin d'exécuter une œuvre poétique où serait exposé tout ce que j'avais senti, pensé et rêvé sur ce point important. J'en rassemblai les éléments, qui fermentaient dans mon esprit depuis quelques années ; je me représentai les situations qui m'avaient causé le plus de gêne et d'angoisse, mais cela ne prenait aucune forme; il me manquait un événement, une fable, dans laquelle ces éléments pourraient prendre un corps.

Tout à coup j'apprends la nouvelle de la mort de Jérusalem et, immédiatement après la rumeur générale, le récit exact et détaillé de l'événement. Aussitôt le plan de *Werther* fut trouvé. L'ensemble se forma de toutes parts, et devint une masse solide, comme l'eau dans le vase, lorsqu'elle est au point de la congélation, est soudain transformée en glace compacte par le moindre mouvement. Conserver cette rare conquête, rendre pour moi vivante une œuvre d'un fonds si marquant et si varié, et l'accomplir dans toutes ses parties, était une chose qui me tenait d'autant plus au cœur, que j'étais retombé dans une situation pénible, qui me laissait encore moins d'espérance que les précédentes, et ne me présageait que des ennuis et peut-être des chagrins.

C'est toujours un malheur de former des relations nouvelles, auxquelles on n'est pas amené par une longue habitude; on est souvent, contre sa volonté, entraîné à une fausse sympathie; l'incomplet de situations pareilles fait souffrir, et l'on ne voit pourtant aucun moyen de les compléter ou d'y renoncer. Mme de La Roche avait marié à Francfort sa fille aînée; elle venait la voir souvent, et ne pouvait s'accommoder à une situation qu'elle avait pourtant choisie elle-même. Au lieu de s'y trouver contente ou de ménager un changement quelconque, elle se répandait en plaintes, et, par là, donnait lieu de croire que sa fille était malheureuse; et pourtant, comme rien ne lui manquait et que son mari ne la gênait en rien, on ne voyait pas trop en quoi consistait ce malheur. Cependant j'étais bien reçu dans la maison, et j'entrai en rapport avec tout l'entourage, composé de personnes qui avaient contribué au mariage ou qui faisaient des vœux pour son bonheur. M. Dumeitz, doyen de Saint-Léonard, me donna sa confiance et même son amitié. Ce fut le premier prêtre catholique avec lequel j'entrai en relation intime, et qui, en homme très-éclairé, me donna de belles et satisfaisantes explications sur les dogmes, les usages, les rapports extérieurs et intérieurs de l'ancienne Église. Je me rappelle aussi nettement la figure d'une dame Servière, qui était belle, quoiqu'elle ne fût plus jeune. J'entrai également en relation avec la famille Alessina Schweizer et quelques autres, et je formai avec les fils des liaisons d'amitié, qui ont duré longtemps. Je me trouvai tout d'un coup familier dans un cercle étranger, avec l'engagement et même l'obligation de prendre part à ses occupations, à ses plaisirs, même à ses exercices religieux. Ma liaison, toute fraternelle, avec la jeune femme continua après le mariage; mon âge s'accordait au sien; j'étais le seul dans tout le cercle qui lui fît encore entendre un écho de ces accents poétiques, habitude de son jeune âge. Nous continuâmes à vivre ensemble dans une enfantine familiarité, et, quoique la passion fût étrangère à notre commerce, il était néanmoins assez douloureux, parce qu'elle ne savait pas non plus s'accommoder à son entourage, et qu'en dépit d'une brillante fortune, transportée de la gracieuse vallée d'Ehrenbreitstein et d'une riante jeunesse dans une triste et sombre maison de commerce, il lui fallait encore remplir les devoirs de mère à l'égard de quelques enfants d'un premier lit. Tels étaient les nouveaux rapports de famille dans lesquels je me trouvais engagé, sans sympathie, sans participation réelle. Lorsqu'on était content les uns des autres, on semblait s'entendre de soi-même : mais la plupart des intéressés s'adressaient à moi dès qu'il survenait des contrariétés, et pourtant la vivacité de mon entremise les aggravait plutôt qu'elle ne les apaisait. Cette situation ne tarda pas à me devenir insupportable; tous les ennuis qui résultent à l'ordinaire de ces demi-liaisons pesèrent sur moi au double et au triple, et il me fallut de nouveau une violente résolution pour m'en affranchir.

La mort de Jérusalem, causée par sa passion malheureuse pour la femme d'un ami, m'arracha à mon rêve; et, comme j'ouvrais les yeux sur ce qui lui était arrivé ainsi qu'à moi, que même ce que j'éprouvais alors de semblable me plongeait dans une agitation violente, je dus nécessairement répandre dans l'ouvrage que j'entreprenais alors toute la flamme qui ne permet aucune distinction entre la poésie et la réalité. Je m'étais retiré dans une complète solitude, refusant même les visites de mes amis, et j'écartai aussi de ma pensée tout ce qui n'appartenait pas directement à mon dessein. En revanche, je rassemblai tout ce qui s'y rapportait, et je me retraçai mes dernières aventures, dont je n'avais fait encore aucun usage poétique. Dans ces circonstances, après tant et de si longs préparatifs secrets, j'écrivis *Werther* en quatre semaines, sans avoir auparavant jeté sur le papier aucun plan de l'ensemble ni traité aucune de ses parties.

J'avais donc sous les yeux mon brouillon, avec un petit nombre de corrections et de changements. Je le fis aussitôt brocher : car la brochure est à un écrit ce que le cadre est à un tableau ; par elle, on voit beaucoup mieux s'il forme un tout. Comme j'avais écrit ce petit ouvrage d'une manière assez inconsciente et comme un somnambule, il m'étonna moi-même quand je le relus, dans l'intention d'y faire quelques changements et quelques corrections. Toutefois, dans l'espérance qu'au bout d'un certain temps, quand je le verrais à une certaine distance, il me viendrait quelques idées dont il pourrait profiter, je le donnai à lire à mes jeunes amis, sur lesquels il produisit une impression d'autant plus grande que, contre ma coutume, je n'en avais parlé d'avance à personne, et n'avais point découvert mon dessein. A vrai dire, cette fois encore, ce fut proprement le fonds qui produisit l'effet, et, par là, leurs dispositions se trouvèrent justement le contraire des miennes : car, par cette composition plus que par toute autre, je m'étais délivré d'un élément orageux, sur lequel ma faute et celle d'autrui, la vie qui m'était échue et celle que je m'étais choisie, la volonté et la précipitation, l'obstination et la condescendance, m'avaient ballotté avec une violence extrême. Je me sentais, comme après une confession générale, redevenu libre et joyeux, et en droit de commencer une vie nouvelle. Cette fois encore, la vieille recette m'avait parfaitement réussi. Mais, tout comme je me sentais soulagé et éclairé, pour avoir transformé la réalité en poésie, mes amis tombèrent dans l'erreur de croire qu'il fallait transformer la poésie en réalité, imiter le roman et, au besoin, se brûler la cervelle. Ce qui se passa d'abord dans un petit cercle arriva ensuite dans le grand public, et ce petit livre, qui m'avait été si utile, fut décrié comme nuisible au plus haut point.

Cependant tous les maux et les malheurs qu'on l'accuse

d'avoir produits faillirent être prévenus par accident, car, peu de temps après sa naissance, il courut le risque d'être anéanti. Voici ce qui arriva. Merck était depuis peu revenu de Saint-Pétersbourg. Comme il était sans cesse occupé, j'avais eu peu d'entretiens avec lui, et je n'avais pu lui parler qu'en gros de ce *Werther*, qui me tenait au cœur. Un jour, il vint me voir, et, comme il semblait un peu taciturne, je le priai de m'entendre. Il s'assit sur le canapé, et je commençai à lui lire, lettre par lettre, cette histoire. Après avoir continué quelque temps de la sorte, sans tirer de lui un signe d'approbation, je pris un ton encore plus pathétique, et qu'est-ce que j'éprouvai, lorsqu'au milieu d'une pause, il m'accabla de cette exclamation terrifiante : « Bien ! bien ! c'est tout à fait joli ! » et s'éloigna sans ajouter un mot ? J'étais hors de moi, car, tout en prenant plaisir à mes productions, comme je n'avais pas, dans les premiers moments, d'opinion sur elles, je fus persuadé que je m'étais mépris dans le sujet, le ton et le style, qui, à vrai dire, étaient tous hasardés, et que j'avais fait une œuvre tout à fait inadmissible. Si j'avais eu sous la main un feu de cheminée, j'y aurais jeté l'ouvrage aussitôt. Mais je repris courage et je passai de tristes jours, jusqu'au moment où Merck m'avoua qu'au moment de cette lecture, il se trouvait dans la plus affreuse position où un homme puisse tomber. Il n'avait donc rien vu ni entendu, et ne savait pas du tout de quoi il était question dans mon manuscrit. Cependant l'affaire s'était arrangée autant qu'elle pouvait l'être, et Merck, dans le temps de sa force, était homme à s'accommoder de la situation la plus dure ; sa gaieté était retrouvée ; seulement, il était devenu encore plus amer qu'auparavant. Il blâma sévèrement mon projet de remanier *Werther*, et demanda qu'il fût imprimé tel qu'il était. On en fit une belle copie, qui ne resta pas longtemps dans mes mains : car, le jour même où ma sœur se maria avec George Schlosser, et où la maison brillait, animée par une joyeuse fête, il m'arriva de Weygand, libraire à Leipzig, une lettre qui me demandait un manuscrit. Cette rencontre me parut un heureux présage. J'envoyai *Werther*, et j'eus le plaisir de voir que le prix ne fut pas entièrement absorbé par les dettes que j'avais dû contracter pour *Goetz de Berlichingen*.

L'effet de ce petit livre fut grand; il fut même prodigieux, et principalement parce qu'il parut à propos. Car, de même qu'il suffit d'une petite amorce pour faire sauter une mine puissante, l'explosion qui se produisit à cette occasion dans le public fut violente, parce que la jeunesse s'était déjà minée elle-même, et la commotion fut grande, parce que chacun donnait l'essor à ses prétentions exagérées, à ses passions inassouvies et à ses souffrances imaginaires. On ne peut demander au public d'accueillir intellectuellement une œuvre intellectuelle. On ne considéra que le fond, le sujet, comme je l'avais déjà éprouvé avec mes amis; en outre, on vit reparaître le vieux préjugé, fondé sur la dignité d'une œuvre imprimée, qu'elle doit offrir un but didactique. Mais la vraie exposition n'en a point; elle n'approuve pas, elle ne blâme pas : elle développe dans leur enchaînement les actions et les sentiments, et par là elle éclaire et elle instruit.

Je m'arrêtai peu aux critiques. Pour moi la question était complètement résolue. Ces bonnes gens n'avaient qu'à s'en démêler à leur tour. Cependant mes amis ne manquèrent pas de recueillir ces choses, et ils s'en divertirent, parce qu'ils étaient déjà mieux initiés à mes vues. Les *Joies du jeune Werther*, œuvre de Nicolaï, nous inspirèrent mille plaisanteries. Cet homme, d'ailleurs estimable, plein de mérite et de science, avait déjà entrepris de rabaisser et d'exclure tout ce qui ne s'accordait pas avec son sentiment, que son esprit, très-borné, regardait comme unique et véritable. Il fallut qu'il s'essayât aussi contre moi, et cette brochure nous tomba bientôt dans les mains. La délicieuse vignette de Chodowiecki me fit grand plaisir, car j'avais pour cet artiste la plus haute estime. Cette fadaise même était fabriquée de cette grossière toile de ménage que le sens commun se fatigue en famille à préparer aussi dure qu'on peut. Il ne sent point qu'il n'y a pas de remède possible, que la jeunesse de Werther paraît, dès l'origine, rongée dans sa fleur par un ver qui la tue, et il laisse subsister mon travail jusqu'à l'endroit où le furieux se prépare à l'acte fatal : alors l'intelligent médecin de l'âme glisse subtilement dans les mains de son malade un pistolet chargé de sang de coq, d'où il ne résulte qu'un vilain spectacle, mais heureusement aucun mal. Charlotte devient la femme de Werther, et tout se termine à la satisfaction générale.

Je n'en ai pas retenu davantage, car je n'ai jamais revu le livre. J'en avais détaché la vignette, et je l'avais placée parmi mes gravures favorites. Par une secrète et innocente vengeance, je composai un petit poëme satirique, *Nicolaï au tombeau de Werther*, qui n'est pas fait pour être publié. Mon goût de tout dramatiser s'éveilla de nouveau dans cette occasion. J'écrivis un dialogue en prose entre Werther et Charlotte, d'un ton assez railleur. Werther se plaint amèrement que sa délivrance par le sang du coq ait si mal tourné. Il est resté vivant, mais l'explosion lui a crevé les yeux. Il est au désespoir d'être le mari de Charlotte et de ne pas la voir; car la vue de toute sa personne lui serait presque plus douce que les aimables détails dont il ne peut s'assurer que par le toucher. Charlotte, comme on la connaît, n'est pas non plus fort satisfaite d'un mari aveugle, et l'occasion se trouve ainsi de reprocher hautement à Nicolaï son entreprise de se mêler sans aucune mission des affaires d'autrui. Tout cela était écrit fort gaiement, et faisait allusion librement à cette malheureuse et présomptueuse tendance de Nicolaï à s'occuper de choses au-dessus de sa portée, par où il attira dans la suite à lui-même et à d'autres beaucoup de chagrin, et perdit enfin, malgré ses mérites incontestables, toute sa considération littéraire. Le manuscrit original de ce badinage ne fut jamais copié, et il est détruit depuis nombre d'années. J'avais pour cette production une prédilection particulière. L'amour ardent et pur des deux jeunes gens était plutôt augmenté qu'affaibli par la situation tragi-comique à laquelle ils se trouvaient réduits. Il régnait dans cette composition la plus grande tendresse, et l'adversaire lui-même était traité non pas avec amertume, mais avec gaieté. Je faisais parler moins poliment le petit livre, qui, imitant de vieilles rimes, s'exprimait ainsi : « Que ce présomptueux me déclare dangereux, si cela lui plaît! Le lourdaud, qui ne sait pas nager, veut s'en prendre à l'eau! Que m'importent l'anathème de Berlin et ces pédants en soutane? Qui ne peut me comprendre apprenne à mieux lire! »

Préparé à tout ce qu'on avancerait contre *Werther*, je ne me fâchai nullement de toutes ces critiques, mais je n'avais pas prévu que les âmes bienveillantes et sympathiques me préparaient un insupportable tourment. Car, au lieu de me dire sur mon livre, tel qu'il était, quelques paroles obligeantes, chacun voulait savoir une bonne fois ce qu'il y avait de vrai dans le fonds. J'en fus très-choqué et, le plus souvent, je m'exprimai à l'encontre d'une manière fort brutale. Car, pour répondre à cette question, il m'aurait fallu disséquer et défigurer mon petit ouvrage, que j'avais si longtemps médité, pour donner à tant d'éléments l'unité poétique, et, de la sorte, ses véritables parties constitutives auraient été elles-mêmes sinon anéanties, du moins éparpillées et dispersées. En y réfléchissant davantage, je ne pouvais trouver déplacée l'exigence du public. L'aventure de Jérusalem avait produit une grande sensation. Un jeune homme cultivé, aimable et sans reproche, le fils d'un théologien, d'un écrivain éminent, jouissant de l'aisance et de la santé, renonçait tout à coup à la vie sans motif connu. Chacun demanda comment une pareille chose avait été possible; et toute la jeunesse, lorsqu'on entendit parler d'un amour malheureux, et toute la classe moyenne, lorsqu'on rapporta les petits dégoûts qu'il avait essuyés dans la haute société, furent vivement émues, et chacun désira connaître les faits exactement. Alors parut dans Werther une peinture détaillée, dans laquelle on pensait retrouver la vie et le caractère de ce jeune homme. Le lieu et la personne s'accordaient; la peinture était si naturelle, qu'on se croyait parfaitement instruit et satisfait. Mais, après un plus mûr examen, bien des choses ne s'accordaient pas, et ceux qui cherchaient la vérité s'imposaient un travail insupportable, car l'analyse critique fait naître mille doutes. Pénétrer au fond de ce mystère était chose impossible : ce que j'avais mis de ma vie et de mes souffrances dans cette composition ne se pouvait démêler : jeune homme inaperçu, j'avais vécu, sinon dans le mystère, du moins dans l'obscurité.

Pendant mon travail, je n'ignorai pas le bonheur insigne de cet artiste à qui l'on avait fourni l'occasion d'étudier plusieurs beautés pour en composer une Vénus, et je me permis aussi de former ma Charlotte d'après la figure et les qualités de plusieurs aimables personnes, bien que les traits principaux fussent empruntés à la plus aimée. Le public curieux put donc découvrir des ressemblances avec plusieurs dames, et ce n'était pas non plus pour les dames une chose indifférente de passer pour la véritable. Toutes ces Charlottes me causèrent des tourments infinis; quiconque me rencontrait m'exprimait le désir de savoir tout de bon où demeurait la véritable. Je cherchais à me tirer d'affaire comme Nathan avec les trois anneaux : expédient qui peut convenir à des natures élevées, mais qui ne saurait contenter le public lisant et crédule. J'espérais être délivré au bout de quelque temps de ces recherches importunes, mais elles m'ont poursuivi pendant toute ma vie. Je tâchai de leur échapper en voyage par l'incognito, et cette ressource me fut encore enlevée insensiblement. Si donc l'auteur de cet opuscule a fait quelque chose de nuisible et de criminel, il en a été suffisamment et même trop sévèrement puni par ces inévitables importunités.

Tourmenté de la sorte, je reconnus trop bien que les auteurs et le public sont séparés par un immense abîme, dont on n'a heureusement de part et d'autre aucune idée. Aussi avais-je senti depuis longtemps combien toutes les préfaces sont inutiles. En effet, plus on croit rendre clair son dessein, plus on donne lieu à la confusion. En outre, un auteur a beau répondre, le public continuera toujours de lui adresser les réclamations qu'il a déjà essayé d'écarter. J'appris aussi de bonne heure à connaître une singularité des lecteurs, voisine de celle-là, et qui nous cause une surprise comique, surtout chez les lecteurs qui font imprimer leurs jugements. Ils se figurent, en effet, qu'en publiant quelque chose, on devient leur débiteur, et qu'on reste toujours fort au-dessous de ce qu'ils voulaient et désiraient, bien qu'un moment plus tôt, avant qu'ils eussent vu notre ouvrage, ils n'eussent pas l'idée qu'il existât ou qu'il pût exister quelque chose de pareil. Tout cela mis à part, le meilleur ou le pire fut que chacun voulut savoir ce qu'était ce jeune et singulier auteur qui s'était produit d'une manière si inattendue et si hardie. On demanda à le voir, à lui parler; même au loin, on voulut savoir quelque chose de lui, et il se vit ainsi l'objet d'un empressement marqué, tantôt agréable, tantôt incommode, mais toujours fait pour le distraire; car il avait devant lui assez de travaux commencés, il aurait eu même de quoi s'occuper plusieurs années, s'il avait pu s'y attacher avec son zèle accoutumé ; mais, du sein de la retraite, de l'ombre et de l'obscurité, qui seules peuvent faire éclore les productions pures, il fut entraîné dans le fracas du grand jour, où l'on se perd dans les autres, où l'on est égaré par la sympathie comme par la froideur, par la louange comme par le blâme, parce que les contacts extérieurs ne correspondent jamais au degré de notre culture intérieure, et que, par conséquent, ne pouvant nous seconder, ils doivent nécessairement nous nuire.

Mais ce qui me détourna, plus que toutes les distractions du jour, de composer et d'achever des œuvres importantes, ce fut le plaisir que nous trouvions dans notre cercle à dramatiser tous les événements journaliers un peu marquants. Ce que signifiait proprement ce terme technique (car il avait ce caractère dans notre productive société), il faut l'expliquer ici. Animés par notre commerce d'esprit, dans ces joyeuses réunions, nous avions coutume de morceler en de petites compositions improvisées tout ce que nous avions recueilli pour en faire des compositions plus étendues. Un simple incident, un mot d'une heureuse naïveté, une sottise, un malentendu, un paradoxe, une remarque spirituelle, des singularités ou des habitudes individuelles, une mine significative et tout ce qui peut se rencontrer dans une vie dissipée et bruyante, était représenté sous la forme du dialogue, du catéchisme, d'une action animée, d'un drame, en prose quelquefois, en vers plus souvent.

Ces exercices, poursuivis avec une verve originale, fortifièrent cette façon de penser véritablement poétique. Sans s'inquiéter de ce qu'étaient en eux-mêmes, et dans tous leurs rapports, les objets, les événements, les personnes, on cherchait à les saisir clairement et à les peindre vivement. Tout jugement, favorable ou défavorable, devait se mouvoir en formes vivantes sous les yeux du spectateur. On pourrait nommer ces productions des épigrammes vivantes, qui, sans tranchant et sans pointes, étaient abondamment pourvues de traits frappants et décisifs. La *Fête de la foire* est une de ces épigrammes, ou plutôt elle en est un recueil. Parmi tous les masques qui y figurent, il y a des membres réels de notre société, ou du moins des personnes liées avec elle et qui étaient assez connues; mais le mot de l'énigme restait caché à la plupart des spectateurs; tous riaient, et un petit nombre seulement savaient que leurs propres singularités servaient d'amusement. Le *Prologue pour les nouvelles révélations de Bahrdt* est un document d'un autre genre : les plus courtes se trouvent dans mes poésies mêlées; un grand nombre se sont perdues; quelques-unes, qui restent, ne se peuvent guère publier. Ce qui parut augmenta l'attention du public et sa curiosité à l'égard de l'auteur; ce qui circula en manuscrit anima notre cercle intime, qui s'étendait toujours. Le docteur Bahrdt, qui demeurait alors à Giessen, vint me faire une visite, qui parut familière et polie; il plaisanta sur le prologue, et m'exprima le désir d'être mon ami. Mais les jeunes gens n'en continuèrent pas moins de prendre dans toutes leurs joyeuses réunions le malin plaisir de rire en secret des singularités que nous avions observées chez les autres et heureusement retracées.

Le jeune auteur n'était nullement fâché d'exciter l'étonnement comme un météore littéraire; toutefois il cherchait à témoigner, avec une joyeuse modestie, son estime pour ses compatriotes dont la réputation était le mieux établie. Dans le nombre, je dois nommer avant tout l'excellent Juste Mœser. Cet homme incomparable avait déjà écrit, quelques années auparavant, et publié dans un journal d'Osnabruck, de petits mémoires roulant sur le droit public, et je les avais connus par Herder, qui ne repoussait rien de ce qui se produisait et surtout s'imprimait de remarquable de son temps. La fille de Mœser, Mme de Voigt, était occupée à rassembler ces feuilles éparses. Nous en attendions la publication avec impatience, et j'entrai avec elle en relation, pour lui assurer, avec un intérêt sincère, que ces mémoires, destinés à un petit nombre de lecteurs, seraient d'une utilité universelle, aussi bien par le fond que par la forme. Ce jugement d'un étranger, qui n'était pas tout à fait inconnu, fut très-bien accueilli par elle et par son père, et dissipa provisoirement les inquiétudes qu'elle avait conçues.

Ces petites compositions, toutes écrites dans un même esprit, et qui forment un véritable ensemble, sont remarquables au plus haut degré par la connaissance intime des affaires publiques. Nous voyons une constitution qui repose sur le passé et qui subsiste encore pleine de vie,

D'un côté, on s'attache fermement à la tradition, de l'autre, on ne peut arrêter le mouvement et le cours des choses. Ici on redoute une innovation utile, là on se plaît aux nouveautés, fussent-elles inutiles ou même nuisibles. Comme l'auteur développe sans préjugés les relations des États, ainsi que les rapports mutuels des villes, des bourgs et des villages! On apprend à connaître leurs droits en même temps que les motifs juridiques; on apprend où réside le vrai capital de l'État et les intérêts qu'il rapporte. Nous voyons la propriété avec ses avantages et, d'un autre côté, les impôts et les charges de divers genres, puis les divers modes d'acquérir; ici sont pareillement opposés les uns aux autres, les temps anciens et nouveaux.

Osnabruck, comme membre de la Hanse, nous offre dans les anciens temps le spectacle d'une grande activité commerciale. Il a, selon les convenances de l'époque, une belle et remarquable situation; il peut s'approprier les produits du pays, et n'est pas assez éloigné de la mer pour ne pas y exercer aussi sa part d'activité. Mais, plus tard, il se trouve déjà enfoncé dans les terres; il s'éloigne et se voit exclu peu à peu du commerce maritime. Mœser montre, sous plusieurs faces, comment cela est arrivé. Il parle du conflit de l'Angleterre et des côtes, des ports et de l'intérieur du pays; il expose les grands avantages des populations riveraines de la mer, et présente de sérieux projets sur les moyens d'assurer ces avantages aux habitants de l'intérieur des terres. Puis nous apprenons beaucoup de choses sur les industries et les métiers, et comment ils sont débordés par les fabriques, écrasés par le petit commerce. Nous voyons la décadence comme résultat de diverses causes, et ce résultat, à son tour, comme cause d'une nouvelle décadence, dans un cercle éternel dont il est difficile de sortir; mais le bon citoyen le trace si nettement, qu'on se flatte encore d'y pouvoir échapper. L'auteur fait pénétrer une lumière sûre dans les détails les plus particuliers. Ses projets, ses conseils, rien n'est chimérique, mais bien des choses sont inexécutables. C'est pourquoi il a intitulé son recueil *Fantaisies patriotiques*, quoique tout s'y renferme dans le réel et le possible.

Mais, comme tout l'État repose sur la famille, Mœser porte aussi particulièrement ses regards sur elle. Les changements des mœurs et des coutumes, de l'habillement, de la diète, de la vie domestique, de l'éducation, sont l'objet de ses observations sérieuses ou badines. Il faudrait énumérer tout ce qui se passe dans le monde civil et moral, pour épuiser tous les sujets qu'il traite. Et sa manière de les traiter est admirable. Un administrateur accompli s'adresse au peuple dans une gazette, pour faire voir à chacun, sous le véritable jour, ce qu'une administration éclairée et bienveillante entreprend ou exécute. Il ne prend point le ton didactique, mais les formes les plus variées, qu'on pourrait nommer poétiques, et qui, certainement, doivent passer pour oratoires, dans le meilleur sens de ce mot. Il domine toujours sa matière et sait nous offrir une vue attrayante de l'objet le plus sérieux; caché à demi, tantôt sous un masque, tantôt sous un autre, tantôt se montrant à visage découvert, toujours complet, avec cela, toujours gai, plus ou moins ironique, parfaitement habile, honnête, bien intentionné, quelquefois même âpre et véhément, et tout cela dans une si juste mesure, qu'il faut admirer l'esprit, la raison, la facilité, l'habileté, le goût et le carratère de l'écrivain. Pour le choix des sujets d'utilité publique, pour la sagacité profonde, le libre coup d'œil, l'heureuse exposition, la gaieté et la solidité, je ne saurais le comparer qu'à Franklin.

Un tel homme nous inspirait un profond respect, et il eut la plus grande influence sur une jeunesse qui voulait aussi du solide, et qui était en voie de le comprendre. Les formes de son exposition nous semblaient aussi être à notre portée ; mais qui pouvait espérer de s'approprier un fonds si riche, et de traiter avec une pareille liberté les sujets les plus rebelles ? Et pourtant notre plus belle et plus douce illusion, à laquelle nous ne pouvons renoncer, quoiqu'elle nous cause dans la vie bien des tourments, c'est de vouloir nous approprier, s'il est possible, et même de produire et de développer, de notre propre fonds, ce que nous estimons et que nous respectons chez les autres.

LIVRE XIV.

A ce mouvement qui s'étendait dans le public, il s'en joignit un autre dans l'entourage de l'auteur, et qui fut peut-être pour lui de plus grande conséquence. Mes anciens amis, qui avaient connu en manuscrit ces poésies, maintenant si remarquées, et qui, par conséquent, les considéraient en quelque sorte comme leur bien propre, triomphaient de cet heureux succès, qu'ils avaient assez hardiment prophétisé. A ce cercle se joignaient de nouveaux approbateurs, de ceux-là surtout qui se sentaient la force de produire, ou qui désiraient l'éveiller et l'entretenir. Parmi les premiers, Lenz se montrait d'une manière fort vive et même fort bizarre. J'ai déjà esquissé la figure de cet homme remarquable ; je me suis plu à mentionner son talent humoristique : maintenant je veux donner l'idée de son caractère, mais par les effets plus que par une peinture, parce qu'il serait impossible de le suivre dans les détours de sa carrière, et de décrire ses singularités.

On connaît ce tourment de soi-même qui, à défaut de souffrances extérieures, était à l'ordre du jour, et qui inquiétait précisément les esprits d'élite. Ce qui ne tourmente qu'en passant les hommes ordinaires, qui ne s'observent pas eux-mêmes ; ce qu'ils cherchent à bannir de leur pensée, les meilleurs le remarquaient, le considéraient, le conservaient avec soin dans leurs écrits, leurs lettres, leurs journaux. Mais les exigences morales les plus sévères pour soi et pour les autres s'associaient à la plus grande négligence dans la pratique, et une certaine vanité, que produisait cette demi-connaissance de soi, entraînait aux habitudes et aux désordres les plus étranges. Cette application à s'observer soi-même était encouragée par le réveil de la psychologie expérimentale, qui sans doute ne trouvait pas mauvais et condamnable tout ce qui nous agite intérieurement, mais qui ne pouvait tout approuver. De là résultait une lutte interminable, éternelle. Soutenir et entretenir ce combat, c'est ce que Lenz savait faire mieux que tous les hommes inoccupés ou à demi occupés qui se rongeaient eux-mêmes. Il souffrait donc comme chacun de la disposition régnante, à laquelle la peinture de Werther devait mettre un terme ; mais un trait particulier le distinguait de tous les autres, qu'il fallait reconnaître pour des âmes parfaitement sincères et loyales : il avait un penchant décidé pour l'intrigue, et pour l'intrigue en elle-même, sans but particulier, sans but raisonnable, intéressé, accessible ; il aimait plutôt à se proposer quelque chimère, qui lui servait par cela même de perpétuel amusement. Il fut de la sorte toute sa vie un fourbe en imagination ; son amitié comme sa haine étaient imaginaires ; il faisait un usage arbitraire de ses idées et de ses sentiments, afin d'avoir toujours quelque chose à faire : il cherchait à réaliser par les moyens les plus absurdes ses affections ou ses antipathies, et il anéantissait bientôt lui-même son ouvrage ; aussi n'a-t-il jamais servi ceux qu'il aimait, jamais nui à ceux qu'il haïssait, et, en tout, il semblait pécher uniquement pour se punir, intriguer pour greffer une nouvelle fable sur une vieille.

Son talent résultait d'une véritable profondeur, d'une fécondité inépuisable, et réunissait à la fois la délicatesse, la mobilité, la finesse ; mais, avec tous ses avantages, il avait de véritables défaillances, et ces talents sont les plus difficiles à juger. On ne pouvait méconnaître de grands traits dans ses ouvrages ; une aimable délicatesse s'entremêle aux plus sottes et plus baroques niaiseries, que l'on pardonne à peine à la bonne humeur la plus franche et la plus exempte de prétention, à un talent réellement comique. Il dissipait ses journées en véritables bagatelles, auxquelles il savait donner par sa vivacité quelque importance ; au reste il pouvait se permettre de dissiper bien des heures, parce qu'avec son heureuse mémoire, il tirait toujours beaucoup de fruit du temps qu'il employait à lire, et fournissait en abondance des aliments variés à son esprit original.

On l'avait envoyé à Strasbourg avec deux gentilshommes livoniens, et il eût été difficile d'être plus malheureux dans le choix d'un mentor.

L'aîné de ces jeunes seigneurs dut retourner pour quelque temps dans son pays et se séparer d'une jeune personne dont il était fort épris. Lenz, pour écarter le frère et d'autres amants et conserver ce précieux trésor à son ami absent, résolut de jouer lui-même le personnage d'amoureux auprès de la belle ou, si l'on veut, d'en devenir amoureux réellement. Il soutint sa thèse avec le plus inébranlable attachement à l'idéal qu'il s'était fait de la belle, sans vouloir observer qu'il ne lui servait, comme les autres, que de jouet et d'amusement. Et tant mieux pour lui! car chez lui-même aussi, ce n'était qu'un jeu, qui pouvait durer d'autant plus longtemps que la belle ne lui répondait non plus qu'en se jouant, l'attirait et le repoussait, le distinguait ou le dédaignait tour à tour. On peut être assuré que, s'il revint à lui, ce qui lui arrivait de temps en temps, il se félicita complaisamment de son invention.

Au reste, comme ses élèves, il vivait surtout avec les officiers de la garnison, et c'est là sans doute que s'offrirent à lui les singulières observations dont il fit usage plus tard dans sa comédie des *Soldats*. Cependant ses liaisons précoces avec cet ordre de personnes eurent pour lui cette conséquence particulière, qu'il se crut grand connaisseur en affaires militaires. Il avait en effet étudié peu à peu ces choses en si grand détail, qu'il rédigea, quelques années plus tard, un grand mémoire, adressé au ministre de la guerre du roi de France, et il s'en promettait le meilleur succès. Les vices du système français étaient assez bien observés, mais les remèdes, ridicules et inapplicables. Il n'en était pas moins convaincu que ce mémoire lui donnerait à la cour une grande influence, et il sut mauvais gré à ses amis qui, soit par leurs représentations, soit par leur résistance effective, l'empêchèrent d'expédier et lui firent ensuite brûler cet ouvrage fantastique, déjà copié proprement, accompagné d'une lettre, enveloppé et adressé.

Il m'avait confié de bouche et ensuite par écrit toutes ses démarches, tous les mouvements qu'il s'était donnés pour la dame dont nous avons parlé. Je m'étonnais souvent de la poésie qu'il savait répandre sur la chose la plus commune, et je le sollicitais de féconder spirituellement le germe de cette longue aventure et d'en faire un petit roman; mais ce n'était pas son fait: son plaisir était de se répandre sans mesure dans le détail et de filer sans dessein un fil interminable. Peut-être, après ces prémisses, sera-t-il possible de donner une idée de sa vie, jusqu'au temps où elle se perdit dans la démence: pour le moment, je m'en tiens à ce qui est proprement de mon sujet.

A peine *Gœtz de Berlichingen* eut-il paru, que Lenz m'envoya, sur de mauvais papier commun dont il se servait d'habitude, un long exposé, sans le moindre blanc ni en tête ni au bas de la page ni sur les côtés. Ces feuilles étaient intitulées: *Sur notre mariage*. Si elles existaient encore, elles nous donneraient plus de lumières qu'elles ne m'en donnèrent alors, car je ne savais encore que penser de lui et de son génie. L'objet principal de ce long écrit était de comparer mon talent avec le sien. Il semblait tantôt se subordonner, tantôt s'égaler à moi; mais tout cela éta tourné avec tant de gaieté et de grâce, que j'accueillis de grand cœur la pensée à laquelle il voulait m'amener, d'autant que j'avais réellement pour son génie une très-haute estime, le pressant toutefois sans relâche de renoncer à ses divagations et de mettre à profit, d'une manière conforme aux règles de l'art, le talent plastique qu'il avait reçu de la nature. Je répondis amicalement à sa confiance, et, comme il me demandait l'union la plus intime, ainsi que le faisait entendre le titre bizarre de son écrit, je lui communiquai dès lors tous mes travaux, déjà terminés ou en projet. Il m'envoya en échange, l'un après l'autre, ses manuscrits, le *Gouverneur*, le *Nouveau Menoza*, les *Soldats*, ses *Comédies imitées de Plaute*, et cette traduction de la pièce de Shakspeare qu'il a donnée comme supplément à ses *Remarques sur le théâtre*.

Je fus surpris de lire, dans un court avant-propos, placé en tête de ce dernier écrit, qui attaquait vivement le théâtre régulier, que le fond de ce mémoire avait été lu quelques années auparavant, dans une société d'amis de la littérature, et, par conséquent, à une époque où Goetz n'avait pas encore paru. Qu'il eût existé, dans le monde que Lenz fréquentait à Strasbourg, une société littéraire dont je n'aurais pas eu connaissance, la chose me semblait assez problématique; mais je ne m'y arrêtai pas et je procurai bientôt à Lenz un éditeur pour cet ouvrage, comme pour les autres, sans me douter le moins du monde qu'il m'avait choisi pour objet principal de sa haine fantastique, et pour but d'une bizarre et capricieuse persécution.

C'est le lieu de nommer encore, en passant, un des membres de notre société, qui, sans avoir des talents extraordinaires, méritait pourtant d'être compté. C'était Wagner. Membre de notre cercle à Strasbourg, puis à Francfort, il ne manquait pas d'esprit, de talent et d'instruction. Il montrait du zèle et il était bien reçu. Il rechercha aussi ma confiance, et, comme je ne faisais point mystère de mes travaux, je lui confiai, ainsi qu'à d'autres, mon plan de *Faust* et particulièrement la catastrophe de Marguerite. Il s'empara du sujet et le traita dans une tragédie qu'il intitula l'*Infanticide*. C'était la première fois qu'on me dérobait un de mes projets. J'en fus peiné, sans lui en garder rancune. Ces larcins de pensées et ces prélèvements, je les ai connus assez souvent dans la suite, et mes lenteurs, ma disposition à jaser de mes projets et de mes inventions, m'ôtaient le droit de me plaindre.

Si les orateurs et les écrivains, considérant le grand effet que les contrastes produisent, en usent volontiers, quand ils devraient même les chercher et les amener, il doit m'être agréable de rencontrer ici une opposition décidée et d'avoir à parler de Klinger après Lenz. Ils étaient du même âge, et, dans leur jeunesse, ils parurent comme deux émules; mais Lenz passa comme un météore sur l'horizon de la littérature allemande, et disparut soudain sans laisser une trace après lui. Klinger, au contraire, se maintient encore aujourd'hui comme auteur influent et administrateur diligent. Sans poursuivre une comparaison qui se présente d'elle-même, je parlerai de lui en tant qu'il est nécessaire, car ce n'est pas en secret qu'il a tant produit et agi, mais, à l'un et l'autre égard, il est encore en bon souvenir et en bonne renommée dans le public et chez ses amis.

J'aime à parler d'abord de l'extérieur des personnes. Celui de Klinger était fort avantageux. Il était grand, svelte et bien fait; ses traits étaient réguliers; soigneux de sa personne et de son habillement, il pouvait passer pour le plus joli homme de notre petite société. Ses manières n'étaient ni prévenantes ni repoussantes; elles étaient modérées, si quelque orage intérieur ne l'agitait pas.

On aime dans la jeune fille ce qu'elle est, et dans le jeune homme ce qu'il annonce : je fus l'ami de Klinger, du moment que je le connus. Il attirait par une douceur pure; un caractère d'une fermeté manifeste lui gagnait la confiance. Appelé dès son enfance à une vie sérieuse, il était, avec une sœur vertueuse et belle, le soutien de sa mère, qui, restée veuve, avait besoin de s'appuyer sur de tels enfants. Tout ce qu'il était, il ne le devait qu'à lui-même, en sorte qu'on lui passait la veine de fière indépendance qui circulait dans toute sa conduite. Il possédait à un degré remarquable ces dispositions naturelles décidées, qui sont communes à tous les hommes bien doués, une conception facile, une excellente mémoire et le don des langues; mais il semblait moins apprécier tout cela que la fermeté et la constance qui lui étaient également naturelles, et que les circonstances avaient portées chez lui au plus haut point.

Un jeune homme tel que lui devait faire ses délices des ouvrages de Rousseau. L'*Émile* était pour lui le premier des livres, et ces idées, qui exerçaient une influence générale sur le monde civilisé, fructifièrent chez lui plus que chez les autres. Lui aussi, il était l'enfant de la nature; lui aussi, il était parti d'une position inférieure; ce que les autres devaient rejeter, il ne l'avait jamais possédé; les liens dont ils doivent se délivrer ne l'avaient jamais enchaîné; il pouvait donc être considéré comme un des disciples les plus purs de cet évangile de la nature, et, en considérant ses sérieux efforts, sa conduite comme homme et comme fils, il pouvait à bon droit s'écrier : « Tout est bien, sortant des mains de la nature [1]; » mais une fâcheuse expérience le força aussi de reconnaître que « tout dégénère entre les mains de l'homme. » Il n'eut pas à lutter avec lui-même, mais, hors de lui, avec le monde routinier, aux charmes duquel le citoyen de Genève voulait nous arracher. Et comme, dans la position du jeune homme, cette lutte devint souvent pénible et dure, il se sentit refoulé trop violemment en lui-même pour être en état de s'élever à une joyeuse et sereine culture : il dut au contraire se frayer un passage à force de peines et de combats. C'est pourquoi il se développa dans son caractère une veine d'amertume, qu'il entretint et nourrit parfois dans la suite, mais qu'il sut le plus souvent combattre et surmonter.

Dans ses productions se montre, autant qu'il m'en souvienne, une raison sévère, un sens droit, une vive imagination, une heureuse observation des traits divers de la nature humaine, et une fidèle imitation des différences génériques. Ses jeunes filles et ses enfants sont libres et aimables, ses jeunes gens ardents, ses hommes mûrs sont simples et sages; les figures qu'il représente désagréables ne sont pas trop exagérées; il ne manque pas de sérénité et de bonne humeur, d'esprit et d'heureuses saillies; les allégories et les symboles ne lui font jamais défaut, il sait

---

1. Rousseau dit : *de l'Auteur des choses.*

nous amuser et nous divertir, et le plaisir serait plus pur encore, s'il ne gâtait çà et là, pour nous et pour lui, par un amer chagrin un badinage agréable et sensé. Mais cela le fait ce qu'il est, et ce qui rend les écrivains, et tous les hommes, si divers, c'est que chacun flotte, en théorie, entre la connaissance et l'erreur, en pratique, entre la création et la destruction.

Klinger fut du nombre des hommes qui se sont formés pour le monde par eux-mêmes, par leur cœur et leur intelligence, et, comme il le fit avec beaucoup d'autres, et qu'ils se servaient entre eux, avec force et avec effet, d'une langue intelligible, découlant de la nature universelle et du caractère national, toutes les formes d'école leur devinrent tôt ou tard extrêmement odieuses, surtout lorsque, séparées de leur origine vivante, elles dégénéraient en phrases et perdaient ainsi entièrement leur signification première. Et comme ils se déclarent contre les opinions, les vues, les systèmes nouveaux, ces hommes se prononcent aussi contre les nouveaux événements, les personnages marquants qui s'élèvent, qui annoncent ou qui accomplissent de grands changements, conduite dont il ne faut point leur faire un crime, parce qu'ils voient porter une atteinte profonde à ce qui fut la base de leur propre existence et de leur propre culture. Mais cette persévérance d'un solide caractère est plus respectable encore, quand elle se maintient au milieu du monde et des affaires, et quand une manière de traiter les circonstances, qui pourrait sembler à plusieurs un peu rude et même violente, mise en œuvre à propos, mène plus sûrement au but. C'est ce qui arriva chez lui; car, sans aucune souplesse (ce n'est pas, on le sait, la vertu des bourgeois des villes impériales), mais laborieux, ferme et loyal, il s'éleva à des emplois considérables, il sut s'y maintenir, et déploya son activité avec l'approbation et la faveur de ses nobles patrons. Cependant il n'oublia jamais ni ses anciens amis ni le chemin qu'il avait parcouru : à travers tous les degrés de l'absence et de la séparation, il s'efforça d'entretenir constamment la permanence du souvenir. Il vaut certainement la peine de remarquer que, comme un autre Willigis, il ne dédaigna pas de perpétuer dans ses armes, décorées de ses insignes, le souvenir de sa première condition.

Je ne tardai pas à entrer aussi en relation avec Lavater. Quelques passages de la *Lettre du pasteur à ses collègues* l'avaient beaucoup frappé, car elle se trouvait en plusieurs points parfaitement d'accord avec ses sentiments. Son incessante activité rendit bientôt notre correspondance très-vive. Il faisait alors de sérieux préparatifs pour sa grande *Physiognomonie*, dont l'introduction avait déjà paru. Il demandait à tout le monde de lui envoyer des dessins, des silhouettes, mais surtout des portraits du Christ, et, malgré mon extrême insuffisance, il voulut avoir aussi de ma main un Sauveur tel que je me le figurais. En me demandant ainsi l'impossible, il provoqua mes plaisanteries, et je ne sus d'autres moyens de me défendre contre ses bizarreries que de lui opposer les miennes.

Le nombre était grand des personnes qui n'avaient aucune foi à la physiognomonie, ou qui du moins la jugeaient incertaine et trompeuse. Beaucoup de gens, d'ailleurs amis de Lavater, se sentaient la démangeaison de le mettre à l'épreuve, et, s'il était possible, de lui jouer un malin tour. Il avait commandé à un peintre de Francfort, assez habile, les profils de plusieurs hommes connus. L'expéditeur se permit la plaisanterie de lui envoyer d'abord le portrait de Bahrdt comme étant le mien, ce qui lui attira une lettre fort gaie mais fulminante, où Lavater protestait et déclarait que ce portrait n'était pas le mien, ajoutant tout ce qu'il pouvait avoir à dire en cette occasion pour confirmer la science physiognomonique. Il accepta mieux le véritable, qui lui fut ensuite envoyé ; mais, cette fois encore, se produisit le désaccord dans lequel il se trouvait soit avec les peintres soit avec les originaux. Pour lui, le travail des premiers n'était jamais vrai et fidèle ; les autres, avec toutes les qualités qu'ils pouvaient avoir, restaient toujours trop au-dessous de l'idée qu'il avait conçue des hommes et de l'humanité, pour qu'il ne fût pas, en quelque mesure, choqué des particularités qui font de l'individu une personne.

L'idée de l'humanité qui s'était développée en lui, et d'après sa propre humanité, était si étroitement unie avec l'idée du Christ, qu'il portait en lui vivante, qu'il ne comprenait pas qu'un homme pût vivre et respirer sans être chrétien. Mes relations avec la religion chrétienne étaient tout entières d'intelligence et de sentiment, et je n'avais pas la moindre idée de cette parenté physique à laquelle Lavater inclinait. Je trouvai donc fâcheuse la vive importunité avec laquelle cet homme, plein d'esprit et de cœur, me poursuivait, ainsi que Mendelssohn et d'autres, et soutenait qu'on devait être chrétien avec lui, chrétien à sa manière, ou qu'on devait l'attirer à soi, qu'on devait le convaincre aussi de la vérité dans laquelle on trouvait son repos. Cette prétention, si directement opposée à l'esprit libéral du monde, auquel j'adhérais par degrés, ne produisit pas sur moi le meilleur effet. Toutes les tentatives de conversion, quand elles échouent, roidissent et endurcissent celui qu'on a choisi pour prosélyte, et telles furent surtout mes dispositions, quand Lavater finit par me présenter ce dilemme rigoureux : « Ou chrétien ou athée. » Sur quoi je déclarai que, s'il ne voulait pas me laisser mon christianisme tel que je l'avais nourri jusqu'alors, je pourrais bien me décider pour l'athéisme, d'autant plus que personne ne me semblait savoir exactement ce qu'étaient l'une et l'autre croyance.

Cette correspondance, si vive qu'elle fût, ne troubla point notre bonne harmonie. Lavater avait une patience, une obstination, une persévérance incroyables ; il avait foi en sa doctrine, et, fermement décidé à répandre sa conviction dans le monde, il se résignait à accomplir, à l'aide du temps et de la douceur, ce que les moyens énergiques ne pouvaient opérer. Il était du petit nombre de ces hommes heureux dont la vocation extérieure s'accorde parfaitement avec la vocation intérieure, et dont la première culture, constamment liée avec le progrès ultérieur, développe les facultés d'une manière conforme à la nature. Né avec les inclinations morales les plus délicates, il se destina à l'état ecclésiastique ; il reçut l'instruction nécessaire et montra beaucoup de dispositions, sans incliner toutefois vers ce qu'on appelle proprement les études savantes. C'est que Lavater, qui était pourtant de beaucoup notre aîné, avait aussi été subjugué par l'esprit du temps, l'esprit de la liberté et de la nature, qui murmurait d'un ton flatteur à l'oreille de chacun que, sans tant de secours extérieurs, on avait en soi assez d'étoffe; qu'il s'agissait uniquement de la développer comme il faut. Le devoir de l'ecclésiastique d'exercer sur les hommes une action morale, dans le sens usuel, une action religieuse, dans le sens relevé, s'accordait parfaitement avec sa manière de penser. Communiquer aux hommes les sentiments honnêtes et pieux qu'il éprouvait, les éveiller en eux, était le penchant le plus prononcé du jeune Lavater, et sa plus chère occupation était d'observer les autres comme il s'observait lui-même : l'un lui était rendu facile et même imposé par une grande délicatesse de sentiment, l'autre, par une vue pénétrante des objets extérieurs. Cependant il n'était pas né pour la contemplation; il n'avait aucun véritable talent d'exposition; il se sentait plutôt porté avec toutes ses forces vers l'activité, vers la pratique; aussi n'ai-je connu personne qui déployât une action plus continue. Mais notre nature morale se trouve enchaînée à des conditions extérieures, et, comme membre d'une famille, d'une classe, d'une corporation, d'une ville ou d'un État, il dut aussi, en tant qu'il voulait exercer une action, entrer en contact avec toutes ces extériorités, et les mettre en mouvement, ce qui donna lieu à maint conflit, à mainte complication, vu surtout que la communauté dont il était né membre jouissait, dans des limites très-exactes et très-déterminées, d'une honorable liberté traditionnelle. Dès son enfance, le républicain s'accoutume à réfléchir et à discourir sur les affaires publiques. A la fleur de son âge, le jeune homme se voit, comme membre de la tribu, appelé à donner ou à refuser sa voix. Veut-il donner un suffrage indépendant et juste, il doit, avant tout, s'éclairer sur le mérite de ses concitoyens; il doit apprendre à les connaître; il doit s'enquérir de leurs sentiments, de leur capacité, et, en s'efforçant de pénétrer les autres, faire des retours continuels sur son propre cœur.

Telle fut la sphère dans laquelle Lavater s'exerça de bonne heure, et cette activité pratique paraît l'avoir plus occupé que l'étude des langues, que cette critique analytique, qui y touche de près, qui en est la base comme le but. Plus tard, quand ses connaissances, ses lumières, se furent infiniment étendues, il disait assez souvent, d'un ton sérieux ou badin, qu'il n'était pas savant. C'est précisément par suite de ce défaut d'études profondes qu'il s'en tint à la lettre de la Bible, et même à la traduction, et, assurément, pour ce qu'il cherchait et qu'il avait en vue, il y trouvait une nourriture et des secours suffisants.

Mais cette sphère d'activité, avec la lenteur de mouvement propre aux maîtrises et aux corporations, devint bientôt trop étroite pour sa vive nature. Être juste n'est pas difficile au jeune homme, et un cœur pur déteste l'injustice, dont il ne s'est pas encore rendu coupable. Les actes oppressifs d'un bailli étaient manifestes pour les citoyens; il était plus difficile de les traduire devant la justice : Lavater s'associe un ami, et tous deux ils menacent, sans se nommer, cet homme coupable. L'affaire est ébruitée, on se voit forcé de faire des poursuites. Le coupable est puni, mais les promoteurs de ce jugement sont blâmés et même censurés : dans un État bien constitué, la justice même ne doit pas être exercée injustement.

Dans un voyage que Lavater fait en Allemagne, il entre en contact avec des hommes savants et bien pensants; mais il ne fait que se fortifier de plus en plus dans ses propres idées et ses convictions. De retour chez lui, il agit par lui-même toujours plus librement. Homme généreux et bon, il trouve en lui une idée magnifique de l'humanité, et, ce qui peut la contredire dans l'expérience, tous les défauts, incontestables, qui détournent chacun de la perfection, doivent être effacés par l'idée de la divinité qui, au milieu des temps, est descendue dans la nature humaine pour rétablir parfaitement son image première.

Je n'en dirai pas davantage sur les débuts de cet homme remarquable, et je me hâte d'en venir au récit de notre heureuse entrevue et du temps que nous passâmes ensemble. Notre correspondance ne durait pas depuis longtemps, quand il m'annonça, comme à d'autres, qu'il allait faire le voyage du Rhin, et qu'il passerait bientôt à Francfort. Aussitôt le public s'émut: tout le monde était impatient de voir un homme si remarquable; beaucoup espéraient y gagner pour leur culture morale et religieuse; les douteurs songeaient à se produire, armés d'objections sérieuses; les présomptueux étaient assurés de le troubler et de le confondre par des arguments dans lesquels ils s'étaient eux-mêmes affermis; enfin c'était tout ce que peut attendre de favorable ou de défavorable un homme célèbre qui a dessein de se communiquer à ce monde mêlé.

Notre première entrevue fut cordiale; nous nous embrassâmes avec la plus vive affection. Je le trouvai tel que de nombreux portraits me l'avaient déjà fait connaître. Je voyais devant moi, vivant et agissant, un personnage unique, distingué, tel qu'on n'en a point vu et qu'on n'en verra plus. Lui, au contraire, il laissa paraître, dans le premier moment, par quelques exclamations singulières, qu'il s'était attendu à me voir autrement. Je lui assurai de mon côté, avec mon réalisme naturel et acquis, que, puisqu'il avait plu à Dieu et à la nature de me faire ainsi, nous devions nous en contenter. Aussitôt nous en vînmes aux questions les plus importantes, sur lesquelles nous avions pu le moins nous entendre par lettres, mais on ne nous laissa pas la liberté de les traiter en détail, et je fis une expérience toute nouvelle pour moi.

Quand nous voulions, nous autres, nous entretenir sur des affaires d'esprit et de cœur, nous avions coutume d'éviter la foule et même la société; car les diverses manières de penser et les différents degrés de culture rendent l'accord déjà très-difficile, même entre un petit nombre de personnes : Lavater pensait tout autrement; il se plaisait à étendre son influence dans une vaste sphère; il ne se trouvait bien que dans la communauté, qu'il savait intéresser et instruire avec un talent particulier, basé sur ses dons excellents comme physionomiste. Il avait le juste discernement des personnes et des esprits, en sorte qu'il apercevait d'abord les dispositions morales de chacun. Si un aveu sincère, une question loyale, venaient s'y joindre, il trouvait dans le riche trésor de son expérience intérieure et extérieure une réponse appropriée à chacun et de nature à satisfaire. Son regard doux et profond, sa bouche expressive et gracieuse, et jusqu'au naïf dialecte suisse, qu'on entendait à travers son haut allemand, bien d'autres choses encore qui le distinguaient, donnaient à tous ceux auxquels il adressait la parole le calme d'esprit le plus agréable; son attitude même, un peu penchée en avant, qui tenait à la conformation de sa poitrine, contribuait sensiblement à établir une sorte de niveau entre cet homme supérieur et le reste de la compagnie. Avait-il affaire à la présomption et à la vanité, il savait s'y prendre avec beaucoup de calme et d'adresse : car, en paraissant esquiver, il présentait tout à coup, comme un bouclier de diamant, une grande vue, à laquelle l'adversaire ignorant n'avait pu penser de sa vie; et il savait toutefois tempérer si agréablement la lumière qui en jaillissait, que ces hommes se sentaient instruits et convaincus, du moins en sa présence. Chez plusieurs peut-être l'impression s'est continuée, car les hommes vains peuvent être bons aussi : il ne s'agit que de détacher par une douce influence la dure écorce qui enveloppe le noyau fécond.

Mais ce qui lui causait la peine la plus vive, c'était la présence de ces personnes que leur laideur devait marquer irrévocablement comme les ennemis décidés de sa doctrine sur la signification des physionomies. Elles employaient, avec une malveillance passionnée et un scepticisme mesquin, assez de bon sens, de talent et d'esprit à combattre une doctrine qui semblait offensante pour leurs personnes; car il ne s'en trouvait guère qui, avec la grandeur d'âme de Socrate, eussent présenté justement leur enveloppe de satyre comme indice honorable d'une moralité acquise. La dureté, l'obstination de ces adversaires, le faisaient frémir; il leur opposait une résistance passionnée, ainsi que le feu de forge embrase, comme odieux et ennemis, les minerais réfractaires.

Dans ces circonstances, nous ne pouvions penser à une conversation intime, à une conversation qui eût rapport à nous-mêmes. Toutefois, en observant la manière dont il maniait les hommes, je m'instruisais beaucoup, mais je ne me formais pas, car ma position était toute différente de la sienne. Celui qui exerce une influence morale ne perd aucun de ses efforts, dont il réussit un bien plus grand nombre que la parabole du semeur ne l'avoue avec trop de modestie; au contraire, celui qui agit en artiste a perdu sa peine dans tout travail où l'on ne reconnaît pas une œuvre d'art. On sait à quel point mes chers et bienveillants lecteurs excitaient souvent mon impatience, et par quels motifs j'étais extrêmement éloigné de m'accorder avec eux. Maintenant je ne sentais que trop combien l'action de Lavater différait de la mienne : la sienne s'exerçait en sa présence, la mienne dans l'éloignement; celui qui était mécontent de lui à distance devenait de près son ami, et celui qui, par mes ouvrages, me jugeait aimable, se trouvait bien trompé, quand il rencontrait un homme roide et froid.

Merck, qui était aussitôt arrivé de Darmstadt, joua le Méphistophélès, et se moqua surtout de l'empressement des femmelettes, et, plusieurs ayant visité attentivement les chambres qu'on avait assignées au prophète et particulièrement la chambre à coucher, le moqueur dit que les bonnes âmes avaient voulu voir où l'on avait couché le Seigneur. Avec tout cela, il dut se laisser exorciser aussi bien que les autres; car Lips, qui accompagnait Lavater, dessina le profil de Merck aussi soigneusement, aussi bien, que les figures d'hommes marquants et insignifiants qui devaient être un jour entassées dans le grand ouvrage de la *Physiognomonie*.

La société de Lavater fut importante et instructive pour moi au plus haut point; ses excitations pressantes mirent en mouvement ma nature d'artiste calme et contemplative. Je n'en tirai pas, il est vrai, un avantage immédiat : car la dissipation à laquelle j'étais déjà en proie ne fit que s'accroître; mais nous avions discouru sur tant de sujets, que j'éprouvai le plus vif désir de continuer ces entretiens. C'est pourquoi je résolus, quand il irait à Ems, de l'y accompagner, afin de pouvoir, en chemin, une fois que nous serions enfermés dans la voiture et séparés du monde, raisonner librement sur les matières qui nous tenaient au cœur à tous deux.

Les entretiens de Lavater et de Mlle de Klettenberg furent pour moi d'une grande valeur et d'une grande conséquence. Deux chrétiens décidés se trouvaient en présence l'un de l'autre, et l'on put voir, de la manière la plus manifeste, combien la même croyance se transforme selon les sentiments des personnes. On répétait sans cesse, dans ces temps de tolérance, que chacun avait sa religion particulière, sa façon particulière d'honorer Dieu. Sans affirmer précisément la chose, je pus remarquer, dans ce cas particulier, qu'il faut aux hommes et aux femmes un Sauveur différent. Mlle de Klettenberg s'attachait au sien comme à un amant auquel on se livre sans réserve, dans lequel on met toute sa joie et son espérance, et à qui l'on abandonne sans hésiter, sans balancer, le destin de sa vie; Lavater, de son côté, traitait le sien comme un ami, sur les traces duquel on marche avec dévouement et sans envie, dont on reconnaît, dont on exalte les mérites, et que l'on s'efforce par conséquent d'imiter et même d'égaler. Quelle différence entre les deux directions selon lesquelles s'expriment en général les besoins spirituels des deux sexes! C'est là aussi ce qui peut expliquer pourquoi les hommes d'un cœur tendre se sont tournés vers la mère de Dieu, lui ont voué, à l'exemple de Sannazar, leur vie et leurs talents, comme au type de la femme vertueuse et belle, et se sont contentés de jouer en passant avec l'enfant divin.

Les relations mutuelles de mes deux amis, leurs sentiments l'un pour l'autre, m'étaient connus, non-seulement par leurs entretiens, mais aussi par les confidences qu'ils me faisaient tous deux. Je n'étais parfaitement d'accord ni avec l'un ni avec l'autre, car mon Christ avait aussi emprunté à ma manière de sentir sa figure particulière. Et, comme ils ne voulaient nullement me passer le mien, je les tourmentais par toute sorte de paradoxes et d'exagérations, et, s'ils témoignaient de l'impatience, je m'éloignais avec une plaisanterie.

La lutte entre la science et la foi n'était pas encore à l'ordre du jour ; cependant ces deux mots et les idées qu'on y rattache revenaient assez souvent, et les véritables contempteurs du monde affirmaient que l'une est aussi insuffisante que l'autre. Je trouvai donc à propos de me prononcer en faveur de toutes deux, mais cela ne me valut point l'approbation de mes amis. En matière de croyance, disais-je, l'essentiel c'est de croire : ce que l'on croit est complétement indifférent. La foi est un grand sentiment de sécurité pour le présent et pour l'avenir, et cette sécurité résulte de la confiance en un être infini, tout-puissant et impénétrable. L'essentiel est que cette foi soit inébranlable. Quant à la manière dont nous nous représentons cet être, elle dépend de nos autres facultés, des circonstances même, et elle est tout à fait indifférente. La foi est un vase saint, dans lequel chacun est prêt à sacrifier, autant qu'il est en lui, son sentiment, sa raison, son imagination. La science est tout le contraire : l'essentiel n'est pas le savoir, c'est l'objet, la qualité et l'étendue du savoir. Aussi peut-on disputer sur la science, parce qu'on peut la rectifier, l'étendre et la resserrer. La science commence par l'individuel ; elle est sans limites et sans forme, et c'est tout au plus en rêve qu'on pourra jamais l'embrasser tout entière : elle est donc directement opposée à la foi.

Ces demi-vérités et les rêveries qui en découlent, revêtues des couleurs de la poésie, peuvent stimuler et distraire ; mais, dans le commerce de la vie, elles troublent et embrouillent la conversation. Je laissais donc volontiers Lavater seul aux prises avec tous ceux qui cherchaient auprès de lui et avec lui leur édification, et je fus bien dédommagé de ce sacrifice par le voyage que nous fîmes ensemble à Ems. Un beau temps d'été nous accompagna. Lavater fut gai et charmant ; car, avec la direction religieuse et morale, mais parfaitement sereine, de son esprit, il ne restait point inaccessible à la bonne humeur et à la joie que réveillent dans les cœurs les incidents de la vie. Il était affectueux, spirituel, piquant, et il aimait qu'on le fût, pourvu qu'on restât dans les bornes que lui prescrivait sa délicatesse. Si l'on se permettait de les franchir, il frappait sur l'épaule du téméraire, et un cordial : « Calmez-vous ! » le rappelait à la bienséance. Ce voyage fut pour moi, à divers égards, instructif et vivifiant, mais il me servit plutôt à approfondir le caractère de Lavater qu'à régler et à former le mien. A Ems, je le vis d'abord entouré de personnes de tout genre, et je retournai à Francfort, parce que mes petites affaires étaient en train, et que je ne pouvais guère les abandonner.

Mais je ne devais pas retrouver de sitôt un état tranquille, car Basedow survint, qui me toucha et me prit d'un autre côté. Ces deux hommes formaient le plus parfait contraste qu'on pût voir. La figure de Basedow annonçait d'abord cette opposition. Tandis que la physionomie de Lavater s'ouvrait librement à l'observateur, celle de Basedow était concentrée et comme repliée sur elle-même. Les yeux de Lavater étaient brillants et doux, sous de très-larges paupières; ceux de Basedow, enfoncés, petits, noirs, perçants, lançaient des éclairs par-dessous des sourcils hérissés, tandis que le front de Lavater était encadré de gracieuses boucles de cheveux bruns. La voix de Basedow, impétueuse et rude, ses assertions soudaines et tranchantes, un certain rire sardonique, ses brusques changements de conversation, et tout ce qui pouvait encore le caractériser, étaient l'opposé des qualités et des manières avec lesquelles Lavater nous avait séduits. Basedow fut aussi très-recherché à Francfort, et ses grandes facultés excitèrent l'admiration; mais il n'était fait ni pour édifier ni pour diriger les âmes. Son unique souci était de mieux cultiver le vaste champ qu'il s'était tracé, afin que l'humanité y pût vivre à l'avenir d'une manière plus facile et plus conforme à la nature; par malheur, il courait à ce but avec trop peu de ménagement.

Je ne pouvais me familiariser avec ses plans ni me faire même une idée claire de ses vues. Qu'il demandât que tout enseignement fût vivant et conforme à la nature, c'est ce que j'approuvais sans doute; je trouvais très à propos que les langues anciennes fussent appliquées à des objets modernes, et j'aimais à reconnaître ce qu'il y avait dans son projet de propre à développer l'activité et une plus vive intelligence du monde; mais j'étais choqué de voir les dessins de son livre élémentaire plus dispersés encore que les objets mêmes, car enfin, dans le monde réel, on ne voit ensemble que le possible : aussi le monde, malgré toute sa variété et son désordre apparent, a-t-il constamment dans toutes ses parties quelque chose de réglé. Cet ouvrage élémentaire l'éparpille au contraire absolument, en ce que les choses qui ne se rencontrent point dans le monde sont placées les unes à côté des autres, à cause de l'affinité des idées. Aussi l'ouvrage manque-t-il de cette méthode sensible que nous devons reconnaître dans les travaux du même genre d'Amos Comenius.

Cependant la conduite de Basedow était beaucoup plus étrange et plus difficile à comprendre que sa doctrine. Son but, dans ce voyage, était d'intéresser par son influence personnelle le public à son entreprise philanthropique, et d'ouvrir à la fois les cœurs et les bourses. Il savait parler de son dessein d'une manière élevée et persuasive, et ses assertions étaient acceptées volontiers; mais il blessait d'une manière inconcevable les cœurs des personnes qu'il voulait mettre à contribution; il les offensait même sans nécessité, en ne sachant pas dissimuler ses idées bizarres en matière de religion. Ici encore Basedow était tout l'opposé de Lavater. Tandis que celui-ci acceptait la Bible et la jugeait applicable littéralement, dans tout son contenu, et même mot à mot, jusqu'au temps actuel, Basedow sentait la plus inquiète démangeaison de tout renouveler, et de refondre, soit les croyances, soit le culte, d'après des idées singulières qu'il s'était faites. Il traitait surtout sans ménagement et sans précaution les idées qui ne sont pas émanées immédiatement de la Bible, mais de son interprétation; les expressions techniques, philosophiques, ou les images sensibles avec lesquelles les Pères de l'Église et les conciles ont cherché à expliquer l'inexprimable ou à combattre les hérétiques. Avec une dureté inexcusable, il se déclarait devant tout le monde l'ennemi le plus prononcé de la trinité, et n'avait jamais fini d'argumenter contre ce mystère universellement reconnu. J'avais moi-même beaucoup à souffrir de ces conversations dans nos tête-à-tête, et il ne cessait pas de me remettre en avant l'hypostase et l'ousia, ainsi que le prosôpon. Je recourais aux paradoxes, je débordais ses opinions, et j'essayais de combattre les témérités par des témérités plus grandes. Cela donnait à mon esprit une impulsion nouvelle, et, comme Basedow avait beaucoup plus de lecture, et qu'il était, dans la dispute, beaucoup meilleur maître d'escrime que moi, novice, j'avais à faire des efforts toujours plus grands à mesure que nous traitions des points plus importants.

Je ne pouvais laisser échapper une occasion si belle de m'instruire ou du moins de m'exercer. Je décidai mon père et mes amis à se charger des affaires les plus indispensables, et je quittai de nouveau Francfort pour accompagner Basedow. Mais combien je fus frappé de la différence, quand je songeais à la grâce expressive de Lavater! Comme il était pur, il rendait pur son entourage. On devenait virginal à ses côtés, de peur de lui faire entendre quelque chose qui pût le choquer. Basedow, au contraire, beaucoup trop concentré en lui-même, ne pouvait prendre garde à son extérieur. Qu'il fumât sans cesse de mauvais tabac, c'était déjà une chose extrêmement incommode; de plus, une pipe était à peine achevée, qu'il allumait de l'amadou salement préparé, qui prenait feu très-vite, mais qui avait une affreuse odeur, et qui, dès les premières bouffées, répandait une puanteur insupportable. J'appelais cette préparation l'amadou puant de Basedow, et je voulais l'introduire sous ce nom dans l'histoire naturelle : sur quoi il s'égayait fort à m'expliquer en détail, de manière à provoquer le dégoût, cette odieuse préparation, et mon horreur excitait au plus haut point sa maligne joie. Car c'était un des travers profondément enracinés de cet homme éminent, d'aimer à harceler les gens et à lancer des traits malins aux plus paisibles. Il ne pouvait voir personne en repos; d'une voix rauque, il provoquait en ricanant, par quelque raillerie; il embarrassait par une question soudaine, et riait amèrement quand il avait atteint son but, mais il était charmé si l'on était prompt à lui faire quelque réplique.

Il me tardait toujours plus de revoir Lavater. Il parut lui-même très-joyeux à mon arrivée. Il me confia plusieurs de ses dernières expériences, particulièrement ce qui avait rapport aux divers caractères des convives, parmi lesquels il avait su déjà se faire beaucoup d'amis et de partisans. Je retrouvai là moi-même plusieurs anciennes connaissances; et celles que je n'avais pas vues depuis des années me fournirent la première occasion d'observer ce qu'on tarde longtemps à remarquer dans la jeunesse, c'est que les hommes vieillissent et que les femmes changent. La société devint de jour en jour plus nombreuse. On dansait énormément, et, comme on se touchait d'assez près dans les deux grandes maisons de bains, après qu'on eut fait bonne et particulière connaissance, on se livra à mille badinages. Un jour, je me déguisai en pasteur de campagne; un ami, homme de renom, était sa femme; nous accablâmes la belle société de notre excessive politesse, et cela mit chacun de bonne humeur. Les sérénades le soir, et à minuit les aubades, ne manquaient pas. La jeunesse ne dormait guère.

En contraste avec ces dissipations, je passais une partie de la nuit avec Basedow. Il ne se couchait jamais et dictait sans cesse. Quelquefois il se jetait sur le lit et sommeillait, tandis que son Tiron, la plume à la main, restait assis tranquillement, prêt à continuer d'écrire, aussitôt que le maître, à demi réveillé, redonnait un libre cours à ses pensées. Tout cela se passait dans une chambre étroitement fermée, remplie de la fumée de son tabac et de son amadou. Chaque fois que je laissais passer une danse, je montais vite chez Basedow, qui était prêt aussitôt à parler et à disputer sur toute question, et si, au bout de quelques moments, je retournais à la danse, je n'avais pas fermé la porte qu'il reprenait le fil de son traité, et dictait aussi tranquillement que s'il n'eût pas été interrompu.

Nous fîmes ensuite plusieurs courses dans le voisinage; nous visitâmes les châteaux, surtout ceux de quelques nobles dames. qui étaient beaucoup mieux disposées que les hommes à accueillir l'esprit et la spiritualité. A Nassau, nous trouvâmes nombreuse société chez Mme de Stein, dame du plus haut mérite et universellement respectée. Mme de La Roche était là aussi. Il ne manquait pas de jeunes demoiselles et d'enfants. Lavater se vit exposé à plusieurs piéges physiognomoniques, qui consistaient principalement à ce qu'on voulait lui faire prendre des accidents de conformation pour des formes originelles ; mais il était assez clairvoyant pour ne pas se laisser tromper. Comme toujours, je dus m'expliquer sur la réalité des *Souffrances de Werther*, sur la demeure de Charlotte, et je me dérobai assez cavalièrement à ces exigences. En revanche, je rassemblai autour de moi les enfants, pour leur faire des contes bien étranges, qui se composaient uniquement de choses connues. J'avais là ce grand avantage, que, dans le cercle de mes auditeurs, aucun ne me harcelait pour savoir ce qu'il fallait tenir pour vrai ou pour fictif dans mon récit.

Basedow mettait en avant la seule chose nécessaire, savoir une meilleure éducation de la jeunesse : à cet effet, il demandait aux grands et aux riches de larges contributions; mais, à peine avait-il gagné ou du moins bien disposé les cœurs avec ses raisons et son éloquence passionnées, qu'il était saisi de son mauvais génie antitrinitaire et que, sans le moindre sentiment du lieu où il se trouvait, il se livrait aux discours les plus bizarres, très-religieux à son sens, mais que la société trouvait impies au plus haut point. Chacun cherchait en vain à détourner le fléau, Lavater par une douce gravité, moi par des plaisanteries évasives; les dames par la diversion de la promenade : on ne parvenait pas à effacer la fâcheuse impression. Une conversation chrétienne, qu'on s'était promise de la présence de Lavater; une conversation pédagogique, comme on l'attendait de Basedow; une conversation sentimentale, à laquelle je devais me trouver prêt, était sur-le-champ troublée et rompue.

Au retour, Lavater lui fit des reproches, et moi je le punis plaisamment. La chaleur était brûlante, et la fumée du tabac avait sans doute desséché plus encore le gosier de Basedow. Il soupirait après un verre de bière, et, ayant aperçu de loin une auberge au bord de la route, il recommanda au cocher d'y faire halte. Mais, au moment où l'homme voulut arrêter, je lui criai d'un ton impérieux de poursuivre sa route. Basedow, surpris, essaya de réclamer d'une voix enrouée : je n'en pressai que plus vivement le cocher, qui m'obéit. Basedow me maudissait et m'aurait battu volontiers; je lui répliquai du ton le plus tranquille : « Père, calmez-vous. Vous m'avez une grande obligation. Heureusement vous n'avez pas vu l'enseigne de l'auberge. Ce sont deux triangles entrelacés. Un seul triangle suffit d'ordinaire pour vous rendre fou : si vous aviez vu les deux, il aurait fallu vous lier. » Cette boutade le fit rire aux éclats: puis, par intervalles, il me gourmandait et me maudissait, et Lavater exerçait sa patience avec le vieux et le jeune fou.

Vers le milieu de juillet, Lavater se disposait à partir; Basedow trouvait son avantage à l'accompagner, et je m'étais si bien accoutumé à cette précieuse société, que je ne pus me résoudre à la quitter. Nous descendîmes la Lahn, et ce fut pour moi une course bien agréable, où le cœur et les sens étaient également réjouis. A la vue d'un remarquable château en ruine, j'écrivis sur l'album de Lips la chanson : « Au sommet de la vieille tour..., [1] » et, comme elle fut bien reçue, j'ajoutai, suivant ma mauvaise habitude de gâter l'impression, toute espèce de rimes et de bouffonneries sur les feuilles suivantes. Je fus heureux de revoir le beau fleuve, et je jouis de la surprise de ceux à qui ce spectacle se présentait pour la première fois. Nous abordâmes à Coblentz. Partout où nous allions la presse était grande, et chacun de nous trois excitait, à sa manière, l'intérêt et la curiosité. Basedow et moi, nous paraissions rivaliser d'impertinence; Lavater se comportait avec sagesse et prudence; seulement il ne pouvait cacher ses sentiments intimes: avec les intentions les plus pures, aussi, paraissait-il aux gens ordinaires un homme bien étrange.

Le souvenir d'un singulier repas que nous fîmes à une table d'hôte de Coblentz s'est conservé dans des rimes que j'ai admises, avec leur séquelle, dans ma nouvelle édition. J'étais placé entre Lavater et Basedow. Le premier expliquait à un pasteur de campagne les mystères de l'Apocalypse ; l'autre faisait de vains efforts pour démontrer à un maître de danse opiniâtre que le baptême était un usage suranné et qui ne cadrait plus avec notre époque, et, quand nous fûmes en chemin pour Cologne, j'écrivis sur je ne sais quel album : « Et comme sur le chemin d'Emmaüs, nous continuâmes notre marche avec l'esprit et le feu, un prophète à droite, un prophète à gauche, le mondain entre deux. [2] »

Heureusement ce mondain avait aussi un côté tourné vers le ciel, et qui devait être touché d'une façon toute particulière. Je m'étais déjà félicité à Ems, en apprenant que nous trouverions à Cologne les deux Jacobi, qui, avec d'autres hommes distingués

---

1. Tome I, page 36.
2. Voyez cette pièce, tome I, page 282. Il y a une variante.

et prévenants, arrivaient au-devant des deux illustres voyageurs. Pour ma part, j'espérais obtenir d'eux mon pardon de quelques petites impertinences, que s'était permises notre grande impolitesse, excitée par l'humeur incisive de Herder. Ces lettres et ces poésies dans lesquelles Gleim et George Jacobi se cajolaient à l'envi publiquement, avaient provoqué nos plaisanteries, et nous ne pensions pas qu'on montre autant de suffisance en faisant de la peine à des gens qui se sentent satisfaits, qu'en témoignant à soi-même ou à ses amis une bienveillance excessive. Il en était résulté une certaine mésintelligence entre le Haut et le Bas-Rhin, mais de si petite importance, qu'elle put aisément être apaisée, et les dames étaient faites pour y réussir. Sophie de La Roche nous avait déjà donné de ces deux nobles frères l'idée la plus avantageuse; Mlle Fahlmer, venue de Dusseldorf à Francfort, et intimement liée avec cette société, nous donnait, par la grande délicatesse de ses sentiments, par la remarquable culture de son esprit, un témoignage du mérite des personnes au milieu desquelles son éducation s'était faite. Elle nous fit peu à peu rougir par sa condescendance pour notre rudesse de Haute-Allemagne; elle nous apprit l'indulgence, en nous faisant sentir que nous pouvions bien en avoir aussi besoin. La cordialité de la sœur cadette des Jacobi, la vive gaieté de la femme de Frédéric, attirèrent de plus en plus notre esprit et notre cœur vers ces contrées. La dernière était faite pour me captiver complétement: pas une trace d'affectation sentimentale, un esprit juste, un langage charmant. C'était une magnifique Néerlandaise, qui, sans expression voluptueuse, rappelait par la beauté de ses formes les femmes de Rubens. Ces dames, dans les séjours plus ou moins longs qu'elles avaient faits à Francfort, s'étaient liées intimement avec ma sœur; elles avaient ouvert et égayé le caractère sérieux, rebelle et presque dur de Cornélie, et c'est ainsi que, pour l'esprit et pour le cœur, un Pempelfort, un Dusseldorf, nous étaient tombés en partage à Francfort.

Aussi notre première entrevue à Cologne fut-elle tout d'abord familière et cordiale; la bonne opinion que les dames avaient de nous s'était communiquée à leurs alentours; je ne fus plus traité, ainsi que je l'avais été jusque-là dans ce voyage, comme la queue vaporeuse de ces deux grandes comètes ; on s'occupa aussi particulièrement de moi, pour me témoigner mille bontés, et l'on parut désirer d'être payé de retour. J'étais las de mes folies et de mes témérités passées, sous lesquelles, à vrai dire, je ne cachais que mon mécontentement d'avoir trouvé, pour mon cœur, pour mon âme, si peu d'aliments dans ce voyage. Mes sentiments éclatèrent avec violence, et c'est peut-être pourquoi je me rappelle peu les détails des événements. Ce qu'on a pensé, les images des choses qu'on a vues, se retrouvent dans l'esprit et dans l'imagination ; mais le cœur est moins complaisant : il ne nous reproduit jamais les belles impressions, et nous sommes surtout incapables de faire revivre en nous les moments d'enthousiasme : on en est surpris à l'improviste et l'on s'y abandonne à son insu. Ceux qui nous observent dans de pareils moments en ont une idée plus nette et plus claire que nous-mêmes.

J'avais jusqu'alors esquivé doucement les entretiens religieux, et répondu rarement et avec réserve à des questions sages, parce qu'elles me semblaient trop bornées en comparaison de l'objet que je cherchais. Si les gens voulaient m'imposer leurs sentiments et leur opinion sur mes propres ouvrages, surtout si l'on me tourmentait avec les exigences de la raison vulgaire, et si l'on me présentait très-positivement ce que j'aurais dû faire et ne pas faire, la patience m'échappait, et la conversation était rompue ou elle s'éparpillait, en sorte que personne ne pouvait emporter de moi une opinion bien favorable. Il eût été bien plus dans ma nature de me montrer affectueux et délicat, mais mon cœur ne voulait pas être régenté ; il voulait s'ouvrir par l'effet d'une libre bienveillance, être invité à la résignation par une véritable sympathie. En revanche, un sentiment qui prenait chez moi une grande force, et qui ne pouvait se manifester d'une manière assez étrange, c'était le sentiment du présent et du passé confondus en une idée unique, contemplation qui communiquait au présent quelque chose de fantastique : elle est exprimée dans plusieurs de mes grands et de mes petits ouvrages, et l'effet en est toujours favorable en poésie, quoique, dans l'instant même où elle s'exprimait directement sur la vie et dans la vie, elle dût paraître à chacun bizarre, inexplicable, et désagréable peut-être.

Cologne était le lieu où l'antiquité pouvait exercer sur moi cette influence incalculable. La ruine de la cathédrale (car un ouvrage inachevé est pareil à un monument détruit) réveilla mes sentiments de Strasbourg. Je ne pouvais me livrer à des méditations sur l'art : j'avais devant moi trop et trop peu, et il ne se trouvait personne qui pût (comme aujourd'hui, grâce aux études de nos amis persévérants) me tirer du labyrinthe du travail exécuté et du travail projeté, de l'action et du dessein, de ce qui était construit ou seulement indiqué. En compagnie, j'admirais bien ces salles et ces piliers magnifiques; mais, si j'étais seul, je contemplais toujours avec chagrin ce monde déjà immobilisé au milieu de sa création et bien loin de son achèvement. Encore une vaste pensée, qui n'était pas arrivée à l'accomplissement! Il semble que l'architecture soit là uniquement pour nous convaincre qu'un grand nombre d'hommes sont incapables de rien produire dans une suite d'années, et que, dans les arts et dans la vie, rien ne se réalise que ce qui sort, comme Minerve, accompli et tout armé du cerveau de l'inventeur.

Dans ces moments, faits pour serrer le cœur plus que pour l'élever, je ne prévoyais pas les impressions tendres et sublimes qui m'attendaient près de là. On me conduisit dans la maison de Jabach[1], où s'offrit à ma vue, et réalisé, ce que jusqu'alors je n'avais fait que me figurer. Toute cette famille était morte depuis longtemps ; mais, dans le rez-de-chaussée, contigu au jardin, rien n'avait subi aucun changement; un pavé rouge brun formé régulièrement de briques en losanges, de grands fauteuils sculptés, aux siéges et aux dossiers brodés, des dessus de tables incrustés artistement, posés sur des pieds pesants, des lustres de métal, une vaste cheminée, avec ses ustensiles en proportion ; tout en harmonie avec ce vieux temps, et, dans tout l'appartement, rien de nouveau, rien d'actuel, que nous-mêmes. Mais ce qui augmenta, ce qui compléta et fit déborder les impressions merveilleusement excitées en nous à ce spectacle, ce fut un grand tableau de famille, placé au-dessus de la cheminée. L'ancien et riche propriétaire de cette demeure était représenté

---

[1]. Évrard Jabach, banquier, amateur des arts à Cologne.

assis avec sa femme, entouré de ses enfants ; tous étaient là, frais et vivants, comme d'hier, comme d'aujourd'hui, et pourtant tous étaient morts. Ces fraîches et rondes joues d'enfants avaient aussi vieilli et, sans cette ingénieuse imitation, il n'en serait resté aucun souvenir. Dominé par ces impressions, je ne saurais dire ce que je devins. Mes dispositions morales et mes facultés poétiques les plus intimes se manifestèrent par la profonde émotion de mon cœur, et sans doute on vit s'épanouir et se répandre tout ce qu'il y avait de bon et d'affectueux dans mon âme ; car, dès ce moment, sans autre examen, j'obtins, pour la vie, l'affection et la confiance de ces hommes excellents.

Dans le cours de cette réunion des âmes et des intelligences, où se produisait au jour tout ce qui vivait dans chacun de nous, j'offris de réciter les plus nouvelles de mes ballades favorites. Le *Roi de Thulé*[1] et *Il était un gars assez hardi*[2] produisirent un bon effet, et je les récitai avec d'autant plus de sentiment, que mes poésies étaient encore enchaînées à mon cœur et ne s'échappaient que rarement de mes lèvres, car j'étais arrêté par la présence de certaines personnes, auxquelles auraient pu nuire mes sentiments trop tendres. Cela me troublait quelquefois au milieu de ma récitation, et je ne pouvais plus en reprendre le fil. Combien de fois n'ai-je pas été accusé pour cela d'obstination et de bizarrerie !

Quoique la composition poétique fût mon occupation principale et celle qui allait le mieux à ma nature, je ne laissais pas de méditer sur des sujets de toute espèce, et je trouvais infiniment attrayante et agréable la tendance originelle et naturelle de Jacobi à poursuivre l'impénétrable. Ici ne se produisait aucune controverse chrétienne, comme avec Lavater, ni didactique, comme avec Basedow. Les pensées que me communiquait Jacobi jaillissaient directement de son cœur, et comme j'étais pénétré, lorsqu'il me révélait, avec une confiance absolue, les plus intimes aspirations de l'âme ! Cependant ce singulier mélange de besoins, de passions et d'idées, ne pouvait éveiller en moi que des pressentiments de ce qui peut-être s'éclaircirait pour moi dans la suite. Heureusement je m'étais déjà formé ou du

---

1. Voyez tome IV page 200. — 2. Voyez tome I, page 61.

moins exercé à ces études, et j'avais reçu en moi la personnalité et la doctrine d'un homme extraordinaire, d'une manière incomplète, il est vrai, et comme à la dérobée, mais j'en éprouvais déjà de remarquables effets. Cet esprit, qui exerçait sur moi une action si décidée, et qui devait avoir sur toute ma manière de penser une si grande influence, c'était Spinoza. En effet, après avoir cherché vainement dans le monde entier un moyen de culture pour ma nature étrange, je finis par tomber sur l'*Éthique* de ce philosophe. Ce que j'ai pu tirer de cet ouvrage, ce que j'ai pu y mettre du mien, je ne saurais en rendre compte; mais j'y trouvais l'apaisement de mes passions; une grande et libre perspective sur le monde sensible et le monde moral semblait s'ouvrir devant moi. Toutefois, ce qui m'attachait surtout à Spinoza, c'était le désintéressement sans bornes qui éclatait dans chacune de ses pensées. Cette parole admirable : « Celui qui aime Dieu parfaitement ne doit pas demander que Dieu l'aime aussi, » avec toutes les prémisses sur lesquelles elle repose, avec toutes les conséquences qui en découlent, remplissait toute ma pensée. Être désintéressé en tout, et, plus que dans tout le reste, en amour et en amitié, était mon désir suprême, ma devise, ma pratique, en sorte que ce mot hardi, qui vient après : « Si je t'aime, que t'importe? » fut le véritable cri de mon cœur. Au reste on ne peut non plus méconnaître ici, qu'à proprement parler, les plus intimes unions résultent des contrastes. Le calme de Spinoza, qui apaisait tout, contrastait avec mon élan qui remuait tout; sa méthode mathématique était l'opposé de mon caractère et de mon exposition poétique, et c'était précisément cette méthode régulière, jugée impropre aux matières morales, qui faisait de moi son disciple passionné, son admirateur le plus prononcé. L'esprit et le cœur, l'intelligence et le sentiment, se recherchèrent avec une affinité nécessaire, et par elle s'accomplit l'union des êtres les plus différents.

Mais, dans la première action et réaction, tout fermentait et bouillonnait en moi. Frédéric Jacobi, le premier à qui je laissai entrevoir ce chaos, lui, qui était naturellement porté à descendre dans les profondeurs, accueillit avec cordialité ma confiance, y répondit et s'efforça de m'initier à ses idées. Lui aussi, il éprouvait d'inexprimables besoins spirituels ; lui aussi, il refusait de les apaiser par des secours étrangers ; il voulait se former et s'éclairer par lui-même. Ce qu'il me communiquait sur l'état de son être moral, je ne pouvais le comprendre, d'autant moins que je ne pouvais me faire aucune idée du mien. Bien plus avancé que moi dans la méditation philosophique, même dans l'étude de Spinoza, il cherchait à diriger, à éclairer, mes aveugles efforts. Cette pure parenté intellectuelle était nouvelle pour moi, et m'inspirait un ardent désir de continuer ces échanges d'idées. La nuit, quand nous étions déjà séparés et retirés dans nos chambres, j'allais le visiter encore ; le reflet de la lune tremblait sur le large fleuve, et nous, à la fenêtre, nous nous abandonnions avec délices aux épanchements mutuels, qui jaillissent avec tant d'abondance dans ces heures admirables d'épanouissement.

Toutefois, je ne saurais aujourd'hui rendre compte de ces choses, qui sont inexprimables. Je me rappelle beaucoup mieux une course au château de chasse de Bensberg, situé sur la rive droite du Rhin, et d'où l'on jouissait d'une vue magnifique. Ce qui excita mon ravissement dans cette demeure, ce furent les décorations des murs par Weenix. Tous les animaux que la chasse peut fournir étaient rangés alentour, comme sur le socle d'un grand portique ; au-dessus, la vue s'étendait dans un vaste paysage. Pour animer ces créatures inanimées, cet homme extraordinaire avait épuisé tout son talent, et, dans la peinture des vêtements divers des animaux, des soies, des poils, des plumes, du bois, des griffes, il avait égalé la nature ; sous le rapport de l'effet, il l'avait surpassée. Lorsqu'on avait assez admiré dans l'ensemble le travail de l'artiste, on était amené à réfléchir aux procédés par lesquels de pareilles peintures pouvaient être produites avec autant de génie que d'exactitude. On ne comprenait pas comment elles étaient sorties de la main de l'homme ni de quels instruments il s'était servi. Le pinceau n'était pas suffisant ; il fallait admettre des procédés tout particuliers, qui avaient rendu possibles des effets si variés. On s'approchait, on s'éloignait avec une égale surprise ; la cause était aussi admirable que l'effet.

Nous continuâmes à descendre le Rhin, et notre promenade

fut heureuse et gaie. L'élargissement du fleuve invite aussi l'imagination à s'étendre et à se porter au loin. Nous arrivâmes à Dusseldorf et de là à Pempelfort, séjour agréable et riant; où une maison spacieuse, attenante à un vaste jardin bien entretenu, réunissait une société sage et polie. La famille était nombreuse, et il ne manquait jamais d'amis, qui se trouvaient fort bien de ces relations agréables et fécondes. Dans la galerie de Dusseldorf, ma prédilection pour l'école néerlandaise trouva largement de quoi se satisfaire. Il y avait des salles entières de tableaux excellents, vigoureux, brillants d'une riche nature, et, si mes vues sur l'art n'en furent pas étendues, mes connaissances s'augmentèrent, et ma passion d'amateur se fortifia.

Le calme charmant, la tranquillité, unie à la persévérance, qui était le principal caractère de ce cercle de famille, prit bientôt, aux yeux de son hôte, une vie nouvelle, quand il put remarquer que de ce lieu se développait et s'étendait au dehors une vaste influence. L'activité et le bien-être des villes et des villages voisins ne contribuaient pas peu à augmenter le sentiment d'une satisfaction intérieure. Nous vîmes Elberfeld, et nous admirâmes le mouvement de ses nombreuses et florissantes fabriques. Nous y retrouvâmes notre Joung Stilling, qui était déjà venu à notre rencontre à Coblentz, et qui marchait toujours sous la précieuse escorte de sa foi en Dieu et de sa fidélité envers les hommes. Là nous le vîmes dans sa sphère, et nous fûmes heureux d'observer la confiance dont il jouissait chez ses concitoyens, qui, en recherchant les biens terrestres, ne négligeaient pas ceux du ciel. L'industrieuse contrée offrait un aspect satisfaisant, parce que l'utile y naissait de l'ordre et de la propreté. Nous passâmes d'heureux jours dans ces méditations.

Quand je revins auprès de mon ami Jacobi, je jouis du délicieux sentiment d'une liaison formée par ce qu'il y a de plus profond dans les âmes. Nous étions animés tous deux par la plus vive espérance d'exercer une action commune. Je le pressai d'exposer vigoureusement, sous une forme quelconque, tout ce qui fermentait dans son esprit; c'était le moyen dont je m'étais servi pour m'arracher aux troubles qui m'avaient obsédé : j'espérais qu'il trouverait aussi le moyen de son goût. Il ne tarda pas à se mettre à l'œuvre avec courage, et que de choses bonnes

et belles et satisfaisantes pour le cœur n'a-t-il pas produites!
Nous nous quittâmes enfin dans le délicieux sentiment d'une
éternelle union, bien éloignés de pressentir que nos tendances
suivraient une direction opposée, comme il ne parut que trop
par la suite.

Ce qui m'arriva au retour, en remontant le Rhin, s'est complétement effacé de mon souvenir, soit parce que la seconde rencontre des objets se confond d'ordinaire dans la pensée avec la première, soit parce que, recueilli en moi-même, je m'efforçais de classer mes nombreuses observations, et de réfléchir à ce qui avait fait impression sur moi. Et je me propose actuellement de parler d'un important résultat, qui me donna pendant quelque temps beaucoup d'occupation en me sollicitant à produire.

Tandis que mes sentiments se donnaient libre carrière, que je vivais et agissais sans but et sans dessein, je ne pus manquer de reconnaître que Lavater et Basedow employaient des moyens intellectuels et même spirituels dans des vues terrestres. Moi, qui dissipais sans but mes talents et mes jours, je dus être bientôt frappé de voir que ces deux hommes, chacun à sa manière, en même temps qu'ils s'efforçaient d'enseigner, d'instruire et de convaincre, tenaient sous le manteau certains desseins, qu'ils avaient fort à cœur d'avancer. Lavater procédait avec ménagement et sagesse, Basedow, avec violence, avec témérité, même avec maladresse; ils avaient l'un et l'autre une telle foi dans leurs fantaisies, leurs entreprises et l'excellence de leur œuvre, qu'il fallait rendre hommage à leur probité, les aimer et les honorer. On pouvait dire, surtout à la gloire de Lavater, qu'il avait véritablement des desseins très-élevés, et, s'il usait de politique, il pouvait bien croire que la fin sanctifie les moyens. En les observant tous deux, même en leur découvrant librement mon opinion et en recevant en retour leurs confidences, je compris que l'homme éminent éprouve le désir de répandre au dehors l'idée divine qui est en lui; mais ensuite il entre en contact avec le monde grossier, et, pour agir sur lui, il doit se mettre à sa mesure; par là il sacrifie une grande partie de sa prééminence, et, à la fin, il s'en dessaisit tout à fait: le divin, l'éternel, s'abaisse et s'incorpore en des vues terrestres, et il est entraîné avec elles dans des destinées passagères. Je considérai à ce point de vue la carrière de ces deux hommes, et ils me parurent dignes à la fois de respect et de pitié, car je prévoyais qu'ils pourraient se trouver tous deux contraints de sacrifier le supérieur à l'inférieur. Et comme je poursuivais jusqu'aux dernières limites toutes les méditations, et que, sortant du cercle étroit de mon expérience, je cherchais des cas semblables dans l'histoire, je conçus l'idée d'exposer sous une forme dramatique, dans la vie de Mahomet (que je n'avais jamais pu considérer comme un imposteur), ces voies, qui s'étaient manifestées à moi si vivement dans la réalité, et qui mènent souvent à la perte plutôt qu'au salut. J'avais lu et étudié peu de temps auparavant, avec un grand intérêt, la vie du prophète oriental, et, quand cette idée me vint, j'étais donc assez bien préparé. L'ensemble se rapprochait de la forme régulière, vers laquelle j'inclinais déjà de nouveau, tout en me servant avec mesure de la liberté, désormais conquise pour le théâtre, de disposer à mon gré du temps et du lieu. La pièce commençait par un hymne que Mahomet chante seul, la nuit, sous un ciel serein. Il commence par adorer les innombrables étoiles comme autant de dieux ; ensuite se lève l'aimable étoile de Gad (notre Jupiter), et il lui adresse à elle seule son hommage, comme à la reine des étoiles. Bientôt la lune s'avance, et elle charme le cœur et les yeux de l'adorateur, qui, récréé et fortifié plus tard par le soleil levant, entonne des louanges nouvelles. Mais cette succession, si charmante qu'elle puisse être, laisse de l'inquiétude : le cœur sent qu'il doit enchérir encore ; il s'élève à Dieu, l'unique, l'éternel, l'infini, à qui tous ces êtres magnifiques, mais limités, doivent leur existence. J'avais composé cet hymne avec amour ; il est perdu, mais on pourrait en faire une cantate, qui se recommanderait au musicien par la variété de l'expression. Il faudrait, comme c'était alors mon intention, se représenter le chef d'une caravane avec sa famille et toute sa tribu, et l'on aurait ainsi le moyen de varier les voix et la force des chœurs.

Après que Mahomet s'est converti de la sorte lui-même, il communique ses idées et ses sentiments à ses alentours. Sa femme et Ali se déclarent pour lui sans réserve. Au second acte, il essaye lui-même, et Ali avec plus d'ardeur encore que lui, de propager cette croyance dans la tribu. Il se manifeste, selon la diversité des caractères, de la sympathie et de l'opposition. La discorde éclate, la querelle devient violente, et Mahomet est contraint de fuir. Au troisième acte, il triomphe de ses adversaires; il érige sa religion en culte public; il purge la Caaba de ses idoles; mais, comme tout ne peut se faire par la force, il doit aussi recourir à la ruse. L'élément terrestre s'accroît et se développe; le divin recule et s'altère. Au quatrième acte, Mahomet poursuit ses conquêtes; la doctrine devient plutôt un prétexte qu'un but; il faut employer tous les moyens imaginables; les cruautés ne manquent pas. Une femme, dont il a fait mettre à mort le mari, l'empoisonne. Au cinquième, il se sent empoisonné. Sa grande fermeté, son retour à lui-même, à de plus hautes pensées, le rendent digne d'admiration. Il purifie sa doctrine, il affermit son empire, et meurt.

Tel était le dessein d'un travail que j'ai longtemps médité. Car, à l'ordinaire, j'avais besoin de combiner en moi-même un ensemble avant de passer à l'exécution. Toute l'action que le génie peut exercer sur les hommes par l'esprit et le caractère devait être exposée avec ce qu'il y gagne et ce qu'il y perd. Plusieurs chants, qui devaient être insérés dans la pièce, furent d'abord composés. Il n'en reste qu'un seul, le *Chant de Mahomet*, qui se trouve dans mes poésies [1]. Dans la pièce, Ali devait faire entendre ce chant en l'honneur de son maître, au comble de ses prospérités, peu de temps avant la catastrophe de l'empoisonnement. Je me rappelle encore l'intention de quelques endroits, mais ce développement me mènerait trop loin.

LIVRE XV.

Après des distractions si diverses, qui toutefois provoquaient le plus souvent des réflexions sérieuses et même religieuses, je

---

[1]. Tome I, page 190.

revenais toujours à ma noble amie de Klettenberg, dont la présence calmait, du moins pour un moment, mes inclinations et mes passions orageuses, qui prenaient l'essor de toutes parts; c'était à elle, après ma sœur, que j'aimais le mieux à rendre compte de ces projets. J'aurais bien pu remarquer que de temps en temps sa santé déclinait, mais je me le dissimulais, et cela m'était d'autant plus facile que sa sérénité augmentait avec la maladie. En toilette soignée, assise auprès de la fenêtre, dans son fauteuil, elle écoutait avec bienveillance les récits de mes excursions ainsi que mes lectures. Parfois aussi je faisais pour elle quelques dessins, afin de décrire plus aisément les contrées que j'avais visitées. Un soir, que je m'étais précisément rappelé plusieurs tableaux, elle me parut, au coucher du soleil, comme glorifiée, elle et son entourage, et je ne pus m'empêcher de reproduire, aussi bien que le permettait mon insuffisance, sa personne et l'ameublement de la chambre, dans un tableau, dont un peintre habile, comme Kersting, aurait fait un ouvrage plein de charme. Je l'envoyai à une amie étrangère, avec ces vers, en forme de commentaire et de supplément :

« Vois dans ce miroir magique un rêve charmant et bon : sous les ailes de son Dieu, notre amie souffre et repose.

« Vois comme elle s'est dégagée victorieusement du flot de la vie ; vois devant ses yeux ton image et le Dieu qui souffrit pour vous.

« Éprouve ce que j'ai éprouvé dans cette atmosphère céleste, lorsqu'avec une ardeur impatiente j'ai tracé cette peinture. »

Si, dans ces strophes, comme cela m'arrivait d'ailleurs quelquefois, je me donnais pour un homme du dehors, un étranger, même un païen, elle n'en était pas choquée : au contraire, elle m'assurait qu'elle ne m'en aimait pas moins qu'au temps où je me servais de la terminologie chrétienne, dont l'usage ne m'avait jamais fort bien réussi. Si même je lui lisais des rapports de missionnaires, qu'il lui était toujours fort agréable d'entendre, il était passé en coutume que je pouvais prendre parti pour les peuples contre les missionnaires, et préférer l'ancien état de ces peuples au nouveau. Elle ne cessait pas d'être amicale et douce et sans la moindre inquiétude pour mon salut.

Mais, si je m'éloignais chaque jour davantage de la confession morave, cela venait du zèle excessif, de l'amour passionné avec lequel j'avais voulu m'y attacher. Mes relations avec la communauté morave n'avaient cessé d'accroître mon attachement pour cette société, qui se rassemblait sous l'étendard victorieux de Christ. L'attrait d'une religion positive n'est jamais plus grand qu'à sa naissance. C'est pourquoi il est si agréable de se reporter au temps des apôtres, où tout se présente encore avec une inspiration fraîche et directe, et la communauté morave avait ceci de magique, qu'elle semblait continuer et même perpétuer ce premier état. Elle rattachait son origine aux temps les plus anciens ; elle n'avait jamais atteint son accomplissement; elle n'avait fait que se glisser en rameaux inaperçus à travers le monde barbare ; maintenant un bourgeon unique, sous la protection d'un homme d'une piété éminente, poussait des racines, pour se répandre de nouveau dans le monde, après des débuts imperceptibles et qui semblaient accidentels. Le point essentiel était l'union inséparable des constitutions religieuse et civile ; des qualités d'instituteur et de maître, de père et de juge; bien plus, le chef divin, auquel on avait voué une foi absolue dans les choses spirituelles, était aussi appelé à la direction des affaires séculières, et sa réponse était reçue avec résignation par la voie du sort, pour ce qui devait déterminer soit l'administration en général, soit chacun en particulier. La paix admirable que témoignait du moins l'état extérieur de la société avait un attrait infini, tandis que, d'un autre côté, l'œuvre des missions réclamait toute l'énergie dont l'homme est capable. Les personnes excellentes dont je fis la connaissance au synode de Marienbourg, où m'avait conduit M. Moritz, conseiller de légation, homme d'affaires du comte d'Isenbourg, m'avaient inspiré le plus profond respect, et il n'aurait tenu qu'à elles de m'enrôler dans leur société. Je m'occupais de leur histoire, de leur doctrine, de son origine et de son développement, et je me trouvai dans le cas d'en rendre compte et d'en parler avec les adeptes. Mais je dus observer que les frères étaient aussi peu disposés que Mlle de Klettenberg à voir en moi un chrétien. Cela commença par m'inquiéter, et puis cela refroidit un peu mon zèle. Je fus longtemps sans pouvoir découvrir le véritable point qui nous divisait, bien qu'il fût assez apparent; enfin je le reconnus, par hasard plus que par mes recherches. Ce qui me séparait des frères moraves, comme d'autres belles âmes chrétiennes, a déjà divisé l'Église plus d'une fois : les uns soutenaient que la nature humaine a été tellement corrompue par la chute, qu'il ne se trouve pas en elle, jusque dans sa nature la plus intime, le moindre bien, que par conséquent l'homme doit renoncer absolument à ses propres forces et tout attendre de la grâce et de son influence; les autres n'hésitaient pas à reconnaître l'imperfection héréditaire de l'homme; mais ils accordaient encore à sa nature intime un germe heureux, qui, animé par la grâce divine, pouvait se développer et produire les fruits de la béatitude céleste. J'étais profondément pénétré de cette croyance, sans le savoir et quoique j'eusse souvent professé l'opinion contraire dans mes discours et mes écrits; mais je demeurais dans ce demi-jour; je ne m'étais jamais posé le véritable dilemme. Je fus arraché à cette illusion d'une manière soudaine, un jour que j'exprimais naïvement cette opinion, à mes yeux, tout à fait innocente, et que je dus essuyer pour cela une réprimande sévère. C'était là, me dit-on, la propre doctrine de Pélage, et, par malheur, on voyait de nos jours cette fatale doctrine se réveiller et s'étendre. Je fus surpris et même effrayé. Je revins à l'histoire de l'Église, j'étudiai la doctrine et la vie de Pélage, et je vis clairement que ces deux doctrines inconciliables avaient traversé les siècles dans une oscillation perpétuelle, et que les hommes les avaient accueillies et professées, selon qu'une nature active ou passive dominait en eux.

Jusqu'alors tout m'avait porté incessamment à l'exercice de mes forces propres; avec une activité sans relâche, avec la meilleure volonté, je travaillais à ma culture morale. Le monde demandait que cette activité fût réglée et consacrée à l'avantage d'autrui, et je devais satisfaire à cette grande exigence par un travail intérieur. De toutes parts j'étais attiré vers la nature; elle m'était apparue dans sa magnificence; j'avais appris à connaître bien des hommes sages et vertueux, qui, dans le cercle de leurs devoirs, savaient tout endurer pour l'amour du devoir: renoncer à eux, à moi-même, me semblait impossible; l'abîme qui me séparait de la doctrine morave me parut évident. Il fallut donc m'éloigner de cette société, et, comme on ne pouvait m'ôter mon attachement pour l'Écriture sainte, non plus que pour le fondateur de la religion et ses premiers disciples, je me formai un christianisme pour mon usage particulier, et je cherchai à le fonder et à le construire par une sérieuse étude de l'histoire, et par l'observation attentive de ceux qui avaient penché vers mon sentiment.

Mais, comme tout ce que je recevais en moi avec amour prenait aussitôt une forme poétique, je conçus l'idée singulière de traiter d'une manière épique l'histoire du juif errant, gravée de bonne heure dans mon esprit par les livres populaires. Je voulais, en suivant ce fil conducteur, exposer, selon l'occurrence, les points saillants de l'histoire ecclésiastique et religieuse. Voici comment j'avais conçu la fable et quelle idée j'y rattachais. Il se trouvait à Jérusalem un cordonnier que la légende nomme Ahasvérus. Mon cordonnier de Dresde m'en avait fourni les traits principaux. Je lui avais libéralement dispensé l'esprit et la bonne humeur de Hans Sachs, son confrère, et je l'avais ennobli en faisant de lui un ami de Jésus. Et comme, de sa boutique ouverte, il aimait à s'entretenir avec les passants, les agaçait, et, ainsi que Socrate, attaquait chacun à sa manière, les voisins et le peuple s'arrêtaient volontiers auprès de lui; les pharisiens et les saducéens le fréquentaient, et le Sauveur, accompagné de ses disciples, voulait bien lui-même s'arrêter quelquefois devant sa boutique. Le cordonnier, dont toutes les pensées étaient tournées vers le monde, prit cependant pour Notre-Seigneur un attachement, qui se manifestait surtout en ce qu'il voulait amener à sa façon de voir et d'agir l'homme auguste dont il ne comprenait pas la pensée. Il pressait donc vivement Jésus de renoncer à la contemplation, de ne pas errer dans le pays avec ces oisifs, de ne pas détourner le peuple du travail pour l'attirer à lui dans le désert : un peuple rassemblé était toujours un peuple agité, et il n'en résulterait rien de bon.

De son côté, le Seigneur cherchait à l'instruire par des figures de ses vues et de ses desseins sublimes, mais ces leçons ne profitaient pas sur cet homme grossier. Aussi, Jésus étant devenu un personnage toujours plus important et même un personnage public, le bienveillant artisan se prononça avec une vivacité, une véhémence, toujours plus grande; il représenta qu'il s'en suivrait nécessairement des troubles et des séditions, et que Jésus lui-même serait contraint de se déclarer chef de parti, ce qui ne pouvait toutefois être son intention. La chose ayant eu les suites que nous savons, Jésus-Christ est arrêté et condamné, et l'exaltation d'Ahasvérus augmente encore, quand Judas, qui, en apparence, a trahi le Seigneur, entre désespéré dans la boutique, et raconte en gémissant sa malheureuse tentative. Il était, ainsi que les plus sages adhérents, fermement persuadé que Jésus se proclamerait roi et chef du peuple, et lui, il avait voulu pousser, par contrainte, à l'action le maître, jusque-là irrésolu et inébranlable, et, par ce motif, il avait excité les prêtres à des violences qu'ils n'avaient pas non plus osé se permettre jusqu'alors. Les disciples, de leur côté, n'étaient pas non plus restés désarmés, et vraisemblablement tout aurait bien fini, si le maître ne se fût livré lui-même et ne les eût pas laissés dans la plus triste position. Ahasvérus, que ces discours n'avaient nullement disposé à la douceur, envenime encore la douleur du pauvre ex-apôtre, à qui il ne reste plus qu'à s'aller pendre bien vite.

Et lorsque Jésus est conduit au supplice par-devant la boutique du cordonnier, on voit se passer la scène connue : le patient succombe sous le fardeau de la croix, et l'on force Simon de Cyrène de la porter. Ahasvérus sort de sa boutique, à la façon de ces gens d'une raison austère, qui, à la vue d'une personne malheureuse par sa faute, ne ressentent aucune pitié, et même, poussés par une justice intempestive, aggravent le mal par des reproches; il sort et répète tous ses anciens avertissements; il les transforme en accusations violentes, que semble autoriser son amitié pour le patient. Jésus ne répond rien, mais, à ce moment, la tendre Véronique couvre d'un linge la figure du Sauveur, et, comme elle l'ôte et qu'elle le tient en l'air, Ahasvérus y voit la face du Seigneur; mais ce n'est point celle de Jésus souffrant devant lui, c'est celle d'un glorifié, qui rayonne de la vie céleste. Ébloui par cette apparition, Ahasvérus détourne les yeux, et il entend ces mots : « Tu seras errant sur la terre, jusqu'à ce que tu me revoies dans cette figure. » Il se trouble, et, lorsqu'enfin il revient à lui, la foule s'étant portée au lieu du supplice, il voit les rues de Jérusalem désertes; l'inquiétude et l'impatience l'entraînent, et il commence sa course.

Peut-être parlerai-je une autre fois de ses voyages et de l'événement par lequel le poëme est terminé, mais non pas achevé. Le commencement, quelques morceaux épars, et la fin étaient écrits; mais l'ensemble me manquait, le temps me manquait pour faire les études nécessaires, pour donner à l'ouvrage la solidité que je désirais, et j'en restai là, d'autant plus qu'il se faisait en moi un développement nouveau, qui dut nécessairement prendre naissance dans le temps où j'écrivis *Werther*, et où je vis ensuite les effets qu'il produisait. La destinée commune de l'humanité, que nous avons tous à porter, doit peser plus lourdement sur les hommes dont les facultés ont un développement plus précoce et plus large. Nous pouvons grandir sous la garde de nos parents et de nos proches, nous appuyer sur nos frères et nos amis, trouver l'amusement chez des personnes de connaissance et le bonheur chez des personnes aimées : mais la conclusion est toujours que l'homme doit se replier sur lui, et il semble que la Divinité elle-même se soit placée vis-à-vis de l'homme dans une telle situation qu'elle ne puisse toujours répondre à son respect, à sa confiance et à son amour, du moins dans l'instant même du besoin. Bien jeune encore, j'avais éprouvé fort souvent, que, dans les moments les plus critiques, on nous crie : « Médecin, guéris-toi toi-même; » et combien de fois n'avais-je pas dû me dire en soupirant : « Je suis seul à serrer le pressoir ! » En cherchant donc le moyen d'assurer mon indépendance, je trouvai que la plus sûre base en était mon talent fécond. Depuis quelques années, il ne me quittait pas un seul instant. Souvent ce que j'observais dans l'état de veille se disposait même pendant la nuit en songes réguliers, et, au moment où j'ouvrais les yeux, m'apparaissait un ensemble merveilleux et nouveau ou une partie d'une œuvre déjà commencée. D'ordinaire j'écrivais tout de grand matin; mais, le soir encore, et bien avant dans la nuit, quand le vin et la compagnie excitaient mes esprits, on pouvait me demander ce qu'on voulait. Qu'il s'offrît seulement une occasion qui eût un certain caractère, j'étais prêt et dispos. En réfléchissant sur ce don naturel et en reconnaissant qu'il m'appartenait en propre, qu'aucune circonstance extérieure ne pouvait ni le favoriser ni le contrarier, j'aimais à me le représenter comme la base de toute mon existence. Cette idée se transforma en image ; je fus frappé de l'antique figure mythologique de Prométhée, qui, séparé des dieux, peuplait un monde du fond de son atelier. Je sentais fort bien que, pour produire quelque chose de marquant, il faut s'isoler. Mes ouvrages, qui avaient été si favorablement accueillis, étaient enfants de la solitude ; et, depuis que j'avais avec le monde des relations plus étendues, je ne manquais ni de force d'invention ni de verve, mais l'exécution chômait, parce que je n'avais proprement de style ni en prose ni en vers, et qu'à chaque nouveau travail, selon la nature du sujet, il me fallait encore essayer et tâtonner tout de nouveau. Et comme en cela je devais refuser, je devais exclure le secours des hommes, je me séparai même des dieux, à la manière de Prométhée, chose d'autant plus naturelle, que, dans mon caractère et avec les habitudes de mon esprit, une idée absorbait et repoussait toujours les autres.

La fable de Prométhée devint en moi vivante ; je coupai à ma taille la robe antique du Titan, et, sans autres méditations, je commençai à écrire une pièce, dans laquelle est représenté le mécontentement que Prométhée provoque chez Jupiter et les autres dieux en formant des hommes de sa propre main, en les animant par la faveur de Minerve et en fondant une troisième dynastie. Et véritablement les dieux qui régnaient alors avaient tout sujet de se plaindre, parce qu'on pouvait les considérer comme des intrus, injustement établis entre les Titans et les hommes. A cette composition bizarre appartient, comme monologue, ce morceau lyrique qui a marqué dans la littérature allemande, parce qu'il amena Lessing à se déclarer contre Jacobi sur des points importants de la pensée et du sentiment. Ce fut la première étincelle d'une explosion qui découvrit et livra au public les plus secrètes relations d'hommes respectables, relations qui sommeillaient en eux à leur insu, dans une société d'ailleurs extrêmement éclairée. La rupture fut si violente, que, dans les incidents qui survinrent, nous perdîmes un de nos hommes les plus distingués, le respectable Mendelssohn.

Bien que le sujet de Prométhée puisse amener, comme il l'a fait, des méditations philosophiques et même religieuses, il appartient tout particulièrement à la poésie. Les Titans font ressortir le polythéisme, comme on peut dire que le diable fait ressortir le monothéisme. Mais le diable, non plus que le Dieu unique auquel il est opposé, n'est point une figure poétique. Le Satan de Milton, assez heureusement dessiné, a toujours le désavantage d'une position subalterne, en cherchant à détruire la création magnifique d'un être supérieur ; Prométhée, au contraire, a l'avantage, et il peut créer et produire en dépit d'êtres supérieurs. C'est aussi une belle et poétique pensée que d'attribuer la création des hommes non au suprême ordonnateur de l'univers, mais à un être intermédiaire, à qui sa descendance de la plus ancienne dynastie donne pour cela assez d'importance et de dignité. Et, en général, la mythologie grecque présente une richesse inépuisable de symboles divins et humains.

Cependant l'idée titanique et gigantesque d'un assaut livré au ciel ne fournit aucun élément à ma poésie. Il me convenait mieux de retracer cette résistance paisible, plastique, au besoin, patiente, qui reconnaît la puissance supérieure, mais qui voudrait s'égaler à elle. Toutefois les plus hardis de cette race, Tantale, Ixion, Sisyphe, étaient mes saints. Admis dans la société des dieux, ils ne s'étaient peut-être pas montrés assez soumis; convives présomptueux, ils avaient mérité la colère de leur protecteur hospitalier, et s'étaient attiré un triste bannissement. Ils m'inspiraient de la compassion ; déjà les anciens avaient jugé leur situation vraiment tragique; et, en les faisant paraître, comme membres d'une formidable opposition, à l'arrière-plan de mon *Iphigénie*, je leur dois sans doute une partie de l'effet que cette pièce a eu le bonheur de produire.

Dans ce temps-là, je m'occupais à la fois sans relâche de poésie et de peinture. Je dessinai sur papier gris, avec le crayon noir et le crayon blanc, les portraits en profil de mes amis. Quand je dictais ou que j'écoutais une lecture, j'esquissais les attitudes de l'écrivain et du lecteur avec les objets qui les entouraient. La ressemblance était frappante et ces esquisses étaient bien reçues. Les amateurs ont toujours cet avantage, parce qu'ils donnent leur travail gratis. Mais, comme je sentais l'insuffisance de ces dessins, je revins au rhythme et au langage, qui me servaient mieux. L'ardeur, la verve et la rapidité avec lesquelles je travaillais alors sont attestées par divers poëmes qui, proclamant avec enthousiasme la nature idéale et l'idéal naturel, nous inspiraient, au moment de leur naissance, une ardeur nouvelle à mes amis et à moi.

Un jour, étant ainsi occupé dans ma chambre, où ne pénétrait qu'une faible lumière, ce qui lui donnait du moins l'apparence de l'atelier d'un artiste, d'autant que les travaux inachevés qui étaient fixés ou suspendus aux murs faisaient naître l'idée d'une grande activité, je vis entrer un homme de haute et belle taille, que je pris d'abord, dans le demi-jour, pour Frédéric Jacobi; mais, reconnaissant bientôt mon erreur, je le saluai comme un étranger. Il se nomma : c'était de Knebel. Une courte explication m'apprit qu'étant au service de la Prusse, il avait profité d'un long séjour à Berlin et à Potsdam, pour lier de bonnes et actives relations avec les littérateurs du pays et, en général, avec la littérature allemande. Il s'était attaché particulièrement à Ramler, et avait adopté sa manière de réciter les vers. Il connaissait aussi tous les écrits de Gœtz, qui n'avait pas encore un nom en Allemagne. C'était par son entremise que l'*Ile des jeunes filles* de ce poëte avait été imprimée à Potsdam, et que cet ouvrage était arrivé jusque dans les mains du roi, qui en avait parlé favorablement.

Nous avions à peine discouru en termes généraux sur la littérature allemande, quand j'eus le plaisir d'apprendre que Knebel était alors placé à Weimar et attaché à la personne du prince Constantin. On m'avait déjà fait de grands éloges de la société de Weimar, car il était arrivé chez nous, de cette résidence, de nombreux étrangers qui avaient vu la duchesse Amélie appeler, pour l'éducation des princes ses enfants, les hommes les plus distingués; l'académie de Iéna concourir à ce noble but par ses professeurs éminents; les arts, non-seulement protégés par cette princesse, mais cultivés par elle-même avec talent et avec zèle. On apprenait aussi que Wieland était en grande faveur; et le *Mercure allemand*, qui recueillait les travaux de tant de savants d'autres États, ne contribuait pas peu à la renommée de la ville où il était publié. Elle possédait un des meilleurs théâtres de l'Allemagne, un théâtre célèbre par ses acteurs aussi bien que par ses auteurs. Cependant ces beaux établissements parurent compromis et menacés d'une longue interruption par l'affreux incendie qui avait dévoré le château au mois de mai de cette même année; mais chacun était persuadé, tant le prince héréditaire inspirait de confiance, que ce dommage serait bientôt réparé, et même toutes les autres espérances remplies dans une large mesure. Comme je m'informais de ces personnes et de ces choses, pour ainsi dire, en vieille connaissance, exprimant le vœu de les mieux connaître encore, l'étranger me répondit très-obligeamment que rien n'était plus facile, puisque le prince héréditaire venait d'arriver à Francfort avec son frère, le prince Constantin, et qu'ils désiraient tous deux m'entretenir et faire ma connaissance. Je témoignai aussitôt le plus grand empressement de leur présenter mes hommages, et mon nouvel ami me dit qu'il ne fallait pas tarder, parce que leur séjour ne serait pas long. En attendant que je fusse prêt à le suivre, je le conduisis auprès de mes parents, qui, vivement surpris de son arrivée et de son message, l'entretinrent avec un sensible plaisir. Je le suivis aussitôt auprès des jeunes princes, qui m'accueillirent avec beaucoup de bienveillance et de simplicité. Le comte de Gœrtz, gouverneur du prince héréditaire, parut me voir aussi sans déplaisir. Les sujets de conversation littéraire ne manquaient pas, mais un hasard nous y amena de la manière la plus intéressante et la plus féconde.

La première partie des *Fantaisies patriotiques* de Mœser, fraîchement brochées et non coupées encore, se trouvait sur la table. Comme je les connaissais fort bien et que les personnes présentes les connaissaient peu, j'eus l'avantage de pouvoir en rendre un compte détaillé; et c'était le sujet de conversation le plus convenable avec un jeune prince qui avait d'excellentes intentions et le ferme dessein d'user de son pouvoir pour faire des réformes décisives. L'ouvrage de Mœser, soit par le fond, soit par l'esprit qui l'anime, est du plus haut intérêt pour tous les Allemands. Tandis qu'on reprochait à l'empire d'Allemagne le morcellement, l'anarchie et l'impuissance, au point de vue de Mœser, le grand nombre des petits États paraissait justement ce qu'il y a de plus désirable pour le développement de la culture particulière, selon les besoins qui résultent de la situation et de la nature des diverses provinces; et quand Mœser, sortant des limites de la ville et de l'évêché d'Osnabruck, et s'étendant sur le cercle de Westphalie, savait en exposer les rapports avec tout l'Empire, et, dans l'examen de la situation, rattachant le présent au passé, déduisait le premier du second et faisait voir de la manière la plus claire si un changement était digne d'éloge ou de blâme : chaque administrateur d'un État n'avait qu'à procéder de même dans son pays, pour apprendre à connaître parfaitement la constitution de son territoire et sa liaison avec les voisins et avec l'ensemble, et pour juger soit le présent soit l'avenir.

A cette occasion, on discourut sur les différences des États de la Haute et de la Basse-Saxe; que, dès les temps les plus anciens, les productions naturelles, tout comme les mœurs, les lois et les coutumes, s'y étaient développées de manières diverses et avaient reçu de la constitution politique et de la religion des directions différentes. On essaya de caractériser un peu plus nettement ces différences, et cela même nous fit sentir combien il est avantageux d'avoir sous les yeux un bon modèle, qui, si l'on en considère, non pas les détails, mais la méthode, peut être appliqué aux cas les plus divers et, par lui-même, offrir au jugement un secours inestimable.

Pendant le dîner, nous continuâmes cette conversation, et l'on en conçut de moi une opinion peut-être plus favorable que je ne méritais. En effet, au lieu de diriger l'entretien sur les travaux dont j'étais moi-même capable, de demander pour le théâtre, pour le roman, une attention exclusive, je parus donner la préférence aux écrivains tels que Mœser, dont le talent émanait de la vie active et revenait aussitôt y déployer une action directement utile, tandis que les ouvrages poétiques, qui planent au-dessus du monde moral et sensible, ne peuvent être utiles que par un détour et d'une manière en quelque sorte accidentelle. Il en fut de notre conversation comme des *Mille et* une nuits : un sujet intéressant s'insinuait dans l'autre et empiétait sur lui ; plusieurs questions ne furent qu'indiquées, sans qu'il fût possible de les traiter, et, comme le séjour des jeunes princes à Francfort ne devait être que fort court, on me fit promettre de les suivre à Mayence et d'y passer quelques jours. Je le promis de grand cœur, et je revins bien vite porter à mes parents cette agréable nouvelle.

Mon père n'en fut nullement satisfait. Ses sentiments de citoyen d'une ville impériale l'avaient toujours tenu éloigné des grands, et, quoiqu'il fût lié avec les hommes d'affaires des princes et des seigneurs du voisinage, il n'avait avec ceux-ci aucunes relations personnelles. Les cours étaient même au nombre des objets sur lesquels il avait coutume de plaisanter; mais il trouvait bon qu'on lui fît là-dessus quelques répliques, pourvu qu'elles fussent à son gré vives et spirituelles. Nous avions admis son *Procul a Jove, procul a fulmine*, en lui faisant toutefois observer que l'essentiel est de savoir non pas d'où part la foudre, mais où elle frappe. Alors il citait le vieux dicton, qu'il ne fait pas bon manger des cerises avec les grands seigneurs : on lui répliquait que c'est encore pis de manger au même panier avec les gourmands. Il ne prétendait pas le nier, mais il avait aussitôt sous la main un autre proverbe rimé, qui devait nous mettre dans l'embarras; car les proverbes et les devises émanent du peuple, qui, étant contraint d'obéir, aime du moins à parler, tandis que les grands savent se dédommager par l'action. Et comme la poésie du seizième siècle, presque tout entière, est vigoureusement didactique, nous ne pouvons manquer dans notre langue de mots plaisants et graves pour l'usage des petits à l'adresse des grands. Sur quoi, nous autres jeunes gens, nous nous exercions dans l'autre sens, et, nous imaginant être quelque chose de grand, nous nous plaisions à prendre le parti des grands. Voici quelques-uns de ces dits et contredits :

> A. La cour à mes yeux c'est l'enfer.
> B. Maint bon diable y chauffe sa chair.
> A. Tel que je suis, je suis à moi.
>   A d'autres la faveur du roi !
> B. La faveur ! pourquoi t'en défendre ?
>   Prends-la plutôt, pour la répandre.

A. Pauvre courtisan, tu ne peux
    Te gratter même quand tu veux!
B. Mais le démagogue, en échange,
    Se gratte où rien ne le démange.
A. Qui prend maître me fait pitié :
    Il perd la moitié de sa vie,
    Et bientôt, pleurant sa folie,
    Donne au diable l'autre moitié.
B. Plaire au prince est-il mon étude,
    Tôt ou tard je m'en trouve bien :
    Qui veut plaire à la multitude
    Au bout de l'an n'arrive à rien.
A. Votre blé fleurit chez le prince....
    Mais par qui sera-t-il mangé?
    De son froment même on évince
    Celui qui l'avait engrangé.
B. Le blé fleurit, le blé mûrit,
    C'est notre vieille ritournelle;
    Et, si la grêle nous meurtrit,
    A nouvel an moisson nouvelle.
A. Veux-tu narguer tous les tyrans?
    Demeure dans ta maisonnette;
    Avec ta femme et tes enfants,
    Régale-toi de ta piquette.
    Ton repas sans doute est frugal,
    Mais des rois tu marches l'égal.
B. Des tyrans tu veux fuir la chaîne?...
    Au bout du monde apparemment?...
    Prends les choses plus doucement.
    A son gré ta femme te mène;
    Ton sot bambin lui fait la loi:
    Tu n'es qu'un esclave chez toi.

Au moment où je rassemble ces rimes, que je tire de vieux papiers, il me tombe dans les mains un grand nombre de ces joyeux exercices, où notre plaisir était d'amplifier de vieilles sentences allemandes, et de leur opposer ensuite d'autres proverbes, qui se vérifiaient tout aussi bien par l'expérience. Mais toutes ces répliques ne pouvaient changer les sentiments de mon père. Il avait coutume de réserver pour la conclusion son argument le plus fort, et il retraçait en détail l'aventure de Voltaire avec Frédéric II; comme quoi la faveur extrême, la familiarité, les prévenances mutuelles, avaient cessé et disparu tout à coup; comme quoi nous avions pu voir ce poëte, cet écrivain éminent, arrêté par des soldats de Francfort, à la réquisition du résident Freitag et sur l'ordre du bourgmestre Fichard, et retenu quelque temps prisonnier, rue de la Zeile, à l'auberge de la *Rose*. On aurait bien pu lui répliquer certaines choses, et entre autres que Voltaire lui-même n'était pas sans reproches : mais, par respect filial, nous rendions les armes chaque fois.

Comme, à cette occasion, j'entendais faire des allusions à ces choses et à d'autres pareilles, je savais à peine quelle conduite tenir. Mon père m'avertissait sans détour, et m'assurait que cette invitation n'était qu'un piége ; on voulait tirer de moi vengeance pour les railleries que je m'étais permises sur Wieland, favori de la cour. Tout persuadé que j'étais du contraire (car je voyais trop clairement que mon digne père était sous l'empire d'une idée préconçue, éveillée chez lui par de sombres fantômes), je ne voulais pourtant pas agir contre sa conviction, et je ne pouvais trouver aucun prétexte qui me permît de retirer ma promesse, sans paraître ingrat et incivil. Malheureusement, notre amie de Klettenberg, à qui nous avions coutume de recourir en pareil cas, était alors alitée. J'avais en elle et en ma mère deux aides excellentes. Je les appelais toujours le Conseil et l'Action. Quand Mlle de Klettenberg avait jeté un regard serein et même céleste sur les choses d'ici-bas, ce qui nous embarrassait, nous autres enfants de la terre, se démêlait aisément devant elle, et elle savait d'ordinaire nous indiquer la bonne voie, précisément parce qu'elle voyait d'en haut le labyrinthe, et ne s'y trouvait pas elle-même engagée. Mais, avait-on pris une décision, on pouvait se reposer sur l'empressement et l'énergie de ma mère. Soutenue par la foi, comme son amie par la contemplation, et conservant en toute circonstance sa sérénité, elle ne manquait jamais de ressources pour accomplir ce qui était projeté ou désiré. Cette fois, elle fut déléguée auprès de notre amie malade, pour lui demander son avis, et, comme elle en reçut un favorable, je la priai ensuite de solliciter le consentement de mon père, qui céda, mais à contre-cœur et en gardant sa défiance.

J'arrivai donc à Mayence au jour fixé et par un froid rigoureux. Les jeunes princes et les personnes de leur suite me firent, comme je pouvais m'y attendre, le plus aimable accueil. On se rappela les entretiens de Francfort ; on poursuivit ceux qu'on avait commencés, et, comme on parlait de la littérature du jour et de ses témérités, on en vint tout naturellement à la fameuse pièce : *Les dieux, les héros et Wieland*, et j'eus d'abord le plaisir d'observer que l'on traitait l'affaire gaiement. Je fus amené à conter l'histoire de cette bouffonnerie, qui avait fait tant de bruit, et je dus avant tout reconnaître qu'en vrais enfants du Haut-Rhin, nous ne connaissions de bornes ni dans nos sympathies ni dans nos antipathies. Notre admiration pour Shakspeare allait jusqu'à l'adoration; Wieland, au contraire, bizarrement résolu à affaiblir l'intérêt pour les lecteurs et pour lui et à refroidir l'enthousiasme, avait fait, dans les notes ajoutées à sa traduction, beaucoup d'observations critiques sur le grand poëte, et cela, dans une forme qui nous blessait extrêmement, et qui diminuait à nos yeux le mérite de son travail; Wieland, pour qui nous avions, comme poëte, une si grande admiration, qui nous avait rendu comme traducteur un si grand service, nous paraissait désormais un critique fantasque, partial et injuste. Ajoutez à cela qu'il se déclarait contre les Grecs, nos idoles, et, par là, redoublait encore notre mécontentement contre lui. C'est une chose assez connue que l'idée des dieux et des héros de la Grèce repose non sur des qualités morales, mais sur des qualités physiques glorifiées, et c'est pourquoi ils offrent à l'artiste de si magnifiques modèles. Or, dans son *Alceste*, Wieland avait représenté les héros et les demi-dieux à la manière moderne, à quoi l'on n'aurait eu rien à dire, chacun étant libre de transformer les traditions poétiques selon son but et son génie; mais ses lettres sur cet opéra, insérées dans le *Mercure*, nous avaient paru relever ce système d'une manière trop partiale, et pécher irrémissiblement contre ces admirables anciens et leur style sublime, en refusant absolument de reconnaître la saine et vigoureuse nature sur laquelle reposent ces productions. A peine notre jeune société se fut-elle entretenue avec passion de ces griefs, qu'un dimanche après-midi, je cédai à ma fureur accoutumée de tout dramatiser, et, animé par une bouteille d'excellent bourgogne, j'écrivis d'un seul jet toute la pièce. Je n'en eus pas plus tôt donné lecture à mes amis, qui l'accueillirent avec enthousiasme, que j'envoyai le manuscrit à Lenz, à Strasbourg. Il n'en parut pas moins enchanté, et déclara qu'il fallait l'imprimer sur-le-champ. Après quelques lettres échangées, je donnai mon consentement, et il se hâta de faire imprimer la pièce à Strasbourg. Je sus, mais longtemps après, que ce fut une des premières démarches par lesquelles Lenz avait eu l'intention de me mettre en mauvais renom auprès du public; à cette époque, je n'en devinai et n'en soupçonnai rien encore.

J'avais donc conté à mes nouveaux patrons, tout naïvement, et aussi bien que je la savais moi-même, l'origine, non suspecte, de cet opuscule, pour les convaincre qu'il ne s'y trouvait aucune personnalité, aucune autre vue; je leur avais dit la manière plaisante et hardie dont nous avions coutume de nous harceler et nous railler les uns les autres. Là-dessus je vis les visages s'éclaircir parfaitement; on admirait, peu s'en faut, notre grande frayeur que personne pût s'endormir sur ses lauriers. On compara notre société à ces flibustiers, qui craignaient de s'amollir dans chaque intervalle de repos, en sorte que, s'il ne se présentait point d'ennemis et rien à piller, leur chef lâchait un coup de pistolet sous la table du festin, afin que, même en paix, on ne manquât ni de douleurs ni de blessures. A la suite de ces entretiens, je résolus d'écrire à Wieland une lettre amicale, et je le fis d'autant plus volontiers, qu'il s'était déjà expliqué très-libéralement dans le *Mercure* sur cette folie de jeunesse, et s'en était tiré avec esprit, comme il faisait le plus souvent dans les querelles littéraires.

Le peu de jours que je passai à Mayence s'écoulèrent très-agréablement. Quand les princes étaient appelés au dehors par des visites ou des banquets, je restais avec leurs officiers; je fis le portrait de plusieurs; je patinais aussi quelquefois; les fossés gelés de la forteresse m'en offraient la meilleure occasion. Plein de joie d'une si bonne réception, je revins à la maison et j'allais, dès l'entrée, soulager mon cœur par un récit circonstancié, mais je ne trouvai que des visages consternés, et j'appris que nous avions perdu notre amie Klettenberg. Mon trouble fut grand. J'aurais eu besoin d'elle plus que jamais dans ma situation présente. On me raconta, pour me calmer, que sa sainte vie s'était terminée par une pieuse mort, et que sa confiante sérénité s'était maintenue sans trouble jusqu'à la fin. Un autre obstacle s'opposait encore à mes libres confidences : mon père, au lieu de voir avec plaisir l'heureuse issue de ma petite aventure, persistait dans son sentiment, à l'entendre, tout cela n'était que dissimulation, et l'on me réservait peut-être dans la suite quelque chose de pire.

Je fus donc réduit à m'ouvrir de toutes ces choses à mes jeunes amis, auxquels je ne pouvais, il est vrai, les conter avec assez de détails : mais leur affection et leur bonne volonté eurent encore ici pour moi une conséquence très-désagréable, car il parut quelque temps après, toujours dans la forme dramatique, un pamphlet intitulé *Brométhée, Deucalion et ses critiques*. Les espiègles, au lieu de nommer les personnages dans le dialogue, s'étaient avisés de les représenter par de petites gravures sur bois, et de désigner par toute sorte d'images satiriques, les critiques qui s'étaient prononcés publiquement sur mes ouvrages et sur ce qui y avait rapport. Le postillon d'Altona, représenté sans tête, sonnait du cor; ici grognait un ours, là claironnait une oie; le *Mercure* n'était pas oublié, et maint animal, apprivoisé ou sauvage, cherchait à troubler le sculpteur dans son atelier, mais lui, sans y faire trop d'attention, il poursuivait son travail diligemment, non sans en faire connaître la conception générale. Je fus très-étonné de cette plaisanterie inattendue, parce que le ton et le style annonçaient quelqu'un de notre société; on aurait même pu croire que cette petite composition était mon ouvrage. Mais ce qui me fut le plus désagréable, c'est que Prométhée disait certaines choses qui se rapportaient au séjour de Mayence, aux discours qu'on y avait tenus et à des particularités que je pouvais seul connaître. Cela me prouvait que l'auteur était de ma société intime, et qu'il m'avait entendu raconter en détail toute mon aventure. Nous nous regardions les uns les autres, et chacun soupçonnait ses amis. L'auteur inconnu sut parfaitement dissimuler. J'invectivais contre lui, parce qu'il m'était extrêmement pénible, après un accueil si favorable et des conversations si intéressantes, après ma lettre amicale à Wieland, de trouver là d'autres sujets de méfiance et des désagréments tout nouveaux. Cependant mon incertitude ne fut pas de longue durée : en effet, comme je me promenais dans ma chambre en long et en large, et lisais à haute voix cet opuscule, j'entendis distinctement, aux saillies et aux tournures, la voix de Wagner, et c'était lui en effet. Je courus chez ma mère pour lui faire part de ma découverte : elle m'avoua qu'elle en était déjà informée. L'auteur, alarmé du fâcheux effet d'un dessein qu'il avait cru bon et louable, s'était ouvert à elle et lui avait demandé son entremise, pour me détourner d'accomplir contre lui la menace que j'avais proférée de n'avoir plus aucun commerce avec l'auteur qui avait abusé de ma confiance. Ce fut une circonstance heureuse pour lui, que j'eusse démêlé moi-même le secret, et que la satisfaction qui accompagne toute découverte personnelle me disposât au pardon. J'excusai la faute qui avait donné lieu à cette preuve de ma perspicacité. Cependant le public ne voulut pas croire aussi aisément que Wagner fût l'auteur, et que je n'eusse pas mis la main à l'œuvre. On ne lui accordait pas cette diversité parce qu'on ne songeait pas que, sans avoir un talent distingué, il avait pu recueillir, observer et exposer, dans sa manière connue, tous les badinages, tous les raisonnements, auxquels s'était livrée depuis longtemps une société spirituelle. Et c'est ainsi que j'eus à expier, cette fois, et très-souvent dans la suite, outre mes propres folies, la légèreté et la précipitation de mes amis.

Le concours de plusieurs circonstances réveille mes souvenirs, et me conduit à parler encore de quelques hommes célèbres, qui, ayant passé dans notre ville à diverses époques, logèrent chez nous ou s'assirent à notre table hospitalière. Il est juste de nommer d'abord Klopstock. J'avais déjà échangé avec lui plusieurs lettres, quand il m'annonça qu'il était invité à Carlsruhe et qu'on le pressait de s'y établir. Il serait tel jour à Friedberg, et il désirait que j'allasse l'y chercher. Je ne manquai pas de m'y trouver à l'heure fixée, mais un hasard l'avait arrêté en voyage, et, après l'avoir attendu inutilement plusieurs jours, je retournai chez nous, où il arriva seulement quelque temps après, s'excusa de son retard et me sut très-bon gré de mon empressement à aller au-devant de lui. Il était de petite stature, mais bien fait; ses manières étaient graves et réservées sans roideur; sa conversation était précise et agréable. Il y avait dans toute sa tenue quelque chose du diplomate. Un homme de ce caractère s'impose la tâche difficile de soutenir à la fois sa propre dignité et la dignité d'un supérieur, à qui il doit rendre compte; de soigner en même temps ses propres intérêts et ceux, bien plus importants, d'un prince et même d'États entiers; et, dans cette situation délicate, de se rendre avant tout agréable aux hommes. C'est aussi de la sorte que Klopstock paraissait se conduire, comme personnage considérable et comme représentant d'êtres supérieurs, la religion, la morale et la liberté. Il avait aussi adopté une autre particularité des gens du monde, savoir de peu parler des choses sur lesquelles on aurait justement espéré et souhaité un entretien. On l'entendait rarement discourir sur des sujets de poésie et de littérature; mais, comme il nous trouva, mes amis et moi, de zélés patineurs, il s'entretint longuement avec nous de ce noble exercice, qu'il avait étudié à fond, se rendant compte de ce qu'il fallait rechercher et éviter. Toutefois, avant qu'il nous fût permis de recevoir ses bienveillantes leçons, nous dûmes souffrir qu'il nous redressât sur l'expression même, que nous employions mal à propos; nous parlions en effet en bon haut-allemand de *Schlittschuhen* (souliers-traîneaux), et il ne voulait absolument pas admettre ce mot; car l'expression ne venait point de *Schlitt*, comme si l'on cheminait sur de petites barres de traîneaux, mais de *schreiten* (marcher), parce que, à la manière des dieux d'Homère, on marchait avec ces semelles ailées sur la mer devenue solide. Il en venait ensuite à l'instrument lui-même; il ne voulait pas entendre parler de patins élevés et cannelés; il recommandait les lames basses, larges, unies, usitées dans la Frise, comme celles qui étaient les meilleures pour la course rapide. Il n'aimait pas les tours d'adresse qu'on a coutume d'exécuter dans cet exercice. Par ses conseils, je me procurai une paire de ces souliers plats à longues poulaines, et je m'en suis servi, mais avec quelque difficulté, pendant nombre d'années. Il nous parla aussi en connaisseur et très-volontiers d'équitation et même de l'art de dresser les chevaux; évitant d'ordinaire et à dessein, semblait-il, de discourir sur son propre métier, pour causer familièrement des arts étrangers qu'il cultivait en amateur. Je pourrais rapporter encore d'autres singularités de cet homme extraordinaire, mais des personnes qui ont vécu plus longtemps avec lui nous en ont déjà suffisamment instruits. Je ferai seulement remarquer que les hommes auxquels la nature a dispensé des dons extraordinaires, et qui se trouvent placés dans une sphère étroite ou du moins sans proportion avec leur génie, descendent souvent à des singularités, et, ne pouvant faire aucun usage direct de leurs talents, essayent de les faire valoir par des moyens extraordinaires et singuliers.

Zimmermann fut aussi quelque temps notre hôte. C'était un homme de haute et forte taille. Naturellement violent et sans gêne, il savait si bien se posséder pour l'extérieur et les manières, qu'il paraissait dans le monde un médecin insinuant et poli, et il ne lâchait la bride à son caractère indomptable que dans ses écrits et dans l'intimité. Sa conversation était variée et infiniment instructive; et, si l'on pouvait lui pardonner de sentir très-vivement sa personnalité, ses mérites, on ne pouvait trouver une société plus désirable. Et comme ce qu'on appelle vanité ne me blessait jamais; que je me permettais au contraire à moi-même d'être vain, c'est-à-dire de laisser voir sans hésiter ce qui me satisfaisait en moi, je m'accordais fort bien avec lui; nous nous passions notre humeur l'un à l'autre; il se montrait tout à fait ouvert et communicatif, si bien que j'appris en peu de temps beaucoup de choses de lui.

Mais, si je porte sur un tel homme un jugement bienveillant, reconnaissant et sérieux, je ne puis pas même dire qu'il fût vain. Nous abusons trop souvent de ce mot en Allemagne : car, à proprement parler, il emporte avec lui l'idée de frivolité, et l'on ne désigne par là équitablement que l'homme qui ne peut dissimuler le plaisir qu'il prend à sa nullité, la satisfaction que lui donne sa stérile existence. Chez Zimmermann, c'était justement le contraire : il avait un grand mérite et n'avait aucune satisfaction intérieure. Or celui qui ne peut jouir en silence de ses dons naturels, celui qui, en les employant, ne sait pas trouver en lui-même sa récompense, mais qui attend, qui espère, que les autres apprécieront ses travaux et leur rendront pleine justice, celui-là se trouve dans une fâcheuse position, car on sait trop bien que les hommes dispensent leur approbation avec une grande parcimonie, qu'ils amoindrissent la louange, et, si la chose est tant soit peu faisable, la convertissent en blâme. Celui qui se présente au public sans être préparé à ces choses ne doit attendre que des chagrins. En effet, lors même qu'il ne surestime pas ce qu'il a produit, il l'estime du moins sans condition ; et toute approbation que nous accorde le monde sera conditionnelle. En outre, la louange et l'approbation supposent la réceptivité, comme tout autre plaisir. Qu'on applique ces réflexions à Zimmermann et, cette fois encore, on avouera qu'un homme ne peut obtenir ce qu'il n'apporte pas avec lui.

Si l'on ne veut pas admettre ces excuses, nous aurons bien plus de peine encore à justifier d'un autre défaut cet homme remarquable, parce que ce défaut troublait et même détruisait le bonheur d'autrui. Je veux parler de sa conduite envers ses enfants. Sa fille, qui voyageait avec lui, était restée chez nous pendant qu'il parcourait les environs. Elle pouvait avoir seize ans. Elle était svelte et bien faite, mais sans grâce ; sa figure régulière eût été agréable, si l'on avait pu y découvrir un trait de sensibilité ; elle paraissait constamment immobile comme une statue ; elle parlait rarement, jamais en présence de son père. Mais à peine se fut-elle trouvée seule quelques jours avec ma mère, et eut-elle reçu l'impression de cette nature aimante, sereine et sympathique, qu'elle se jeta à ses pieds, lui ouvrit son cœur, et, toute baignée de larmes, la supplia de la garder chez elle. Elle déclarait, avec l'accent de la passion, qu'elle resterait chez nous comme servante, comme esclave, pour ne pas retourner chez son père, dont la dureté et la tyrannie passaient toute idée. Son frère en avait perdu la raison. Elle s'était jusque-là résignée à son sort, parce qu'elle avait cru qu'il n'en allait pas autrement ou pas beaucoup mieux dans chaque famille ; mais, après s'être vu traitée avec tant de bonté, de grâce et d'indulgence, sa situation deviendrait pour elle un enfer. Ma mère était très-émue quand elle me rapporta une effusion si touchante ; sa compassion alla même au point de me laisser voir assez clairement qu'elle garderait volontiers la jeune fille chez elle, si je pouvais me résoudre à l'épouser. « Si elle était orpheline, répliquai-je, on pourrait y songer et en parler ; mais Dieu me préserve d'un beau-père qui se montre un pareil père ! » Ma mère se donna encore beaucoup de peine pour la pauvre enfant, qui n'en fut que plus malheureuse. On recourut enfin à l'expédient de la mettre en pension. Au reste, elle ne vécut pas longtemps

J'aurais à peine mentionné cette blâmable singularité d'un homme de sa grand mérite, si le public ne s'en était pas déjà entretenu, et surtout lorsqu'après sa mort on parla de la malheureuse hypocondrie avec laquelle il avait tourmenté les autres et lui-même à la fin de sa vie. Car cette dureté même envers ses enfants, était de l'hypocondrie, une folie partielle, un meurtre moral prolongé, qu'il tourna enfin contre lui-même, après avoir sacrifié ses enfants. Mais il faut réfléchir que cet homme, si robuste en apparence, était souffrant dans ses plus belles années, qu'une incurable infirmité tourmentait l'habile médecin. Avec sa réputation, sa gloire, son rang, sa fortune, il mena la plus triste vie, et ceux qui voudront s'en convaincre par les écrits qui nous restent de lui seront portés, non pas à le condamner, mais à le plaindre.

Si l'on attend de moi que je rende un compte exact de l'influence que cet homme éminent a exercée sur moi, il faut que je revienne à des considérations générales sur l'époque. On peut la nommer l'époque « exigeante, » car on exigeait de soi et des autres ce que nul homme encore n'avait donné. Un trait de lumière avait frappé les esprits d'élite, capables de penser et de sentir : observer directement, observer soi-même la nature et établir là-dessus sa conduite, était ce que l'homme pouvait souhaiter de mieux, et ce résultat n'était point difficile à obtenir. L'expérience était donc encore une fois le mot de ralliement universel, et chacun ouvrait les yeux aussi bien qu'il pouvait, mais les médecins avaient plus de sujet que tous les autres d'insister là-dessus et plus d'occasions de s'en occuper. Du sein de l'antiquité, brillait à leurs yeux un astre qui leur offrait l'idéal de tout ce qu'on pouvait désirer. Les écrits qui nous sont parvenus sous le nom d'Hippocrate offraient le modèle de la manière dont l'homme doit observer le monde et communiquer ce qu'il a vu, sans y mêler ses propres idées. Mais nul ne songeait que nous ne pouvons voir comme les Grecs, et que nous ne saurions jamais êtres poëtes, artistes et médecins comme eux. En admettant même qu'on pût s'instruire à leur école, on avait fait cependant des expériences infinies, et pas toujours bien pures, et bien souvent les expériences s'étaient modelées sur les opinions. Cela, il fallait aussi le savoir, le distinguer et le passer au crible. Encore une prétention exorbitante! Il fallait ensuite, observant et agissant en personne, apprendre à connaître par soi-même la saine nature, comme si on l'observait et la mettait en œuvre pour la première fois. C'était le seul moyen de procurer le juste et le vrai. Or, comme on ne peut guère concevoir l'érudition en général sans pédanterie, ni la pratique sans empirisme et sans charlatanisme, il en résultait un violent conflit, parce qu'il fallait séparer l'usage de l'abus, et se débarrasser de la coquille pour arriver au noyau. Mais, ici encore, quand on passait à l'exécution, on voyait que le plus court moyen d'en finir était d'appeler à son aide le génie, qui, par son pouvoir magique, apaiserait la querelle et satisferait aux exigences. Cependant la raison se mêlait aussi de l'affaire, tout devait être amené à des idées claires et présenté dans une forme logique, afin que tout préjugé fût écarté et toute superstition détruite. Et, comme quelques hommes extraordinaires, tels que Boerhaave et Haller, avaient accompli des travaux incroyables, on pensait être autorisé à exiger plus encore de leurs élèves et successeurs. Le chemin était ouvert, disait-on, quoique, dans toutes les choses terrestres, il puisse rarement être question de chemin. En effet, comme l'eau qui est écartée par un navire se précipite aussitôt derrière lui, l'erreur, que des esprits excellents ont écartée pour se faire place, se reforme bien vite derrière eux par une force naturelle.

C'est là ce que l'honnête Zimmermann ne voulait absolument pas reconnaître; il ne voulait pas convenir que l'absurde remplît le monde. Impatient jusqu'à la fureur, il frappait sur tout ce qu'il reconnaissait et tenait pour faux. Qu'il se chamaillât avec le garde-malade ou avec Paracelse, avec un uromante ou un chimiste, c'était égal : il frappait toujours de même, et, quand il s'était mis hors d'haleine, il était bien étonné de voir l'hydre, qu'il croyait avoir foulée aux pieds, redresser ses têtes innombrables et lui montrer les dents. En lisant ses ouvrages, et particulièrement le solide traité sur l'*Expérience*, on comprendra mieux quels furent les sujets de mes débats avec cet homme éminent. Il dut exercer sur moi une action d'autant plus marquée, qu'il avait vingt ans de plus que moi. Médecin renommé, il s'occupait surtout des hautes classes de la société, et cela le conduisait à parler à chaque instant de la corruption du temps, amenée par l'amollissement et par l'excès des jouissances; et les discours du médecin, comme ceux des philosophes et de mes poétiques amis, me ramenaient aussi vers la nature. Je ne pouvais partager tout à fait sa fureur réformatrice. Loin de là, quand nous nous fûmes séparés, je me retirai bientôt dans mon véritable domaine, et je cherchai à employer, avec des efforts modérés, les dons que m'avait départis la nature, et à me donner un peu carrière dans une lutte joyeuse avec les choses que je désapprouvais, sans m'inquiéter de savoir jusqu'où mon action pourrait s'étendre, où elle pourrait me conduire.

Nous eûmes aussi la visite de M. de Salis, qui fondait un grand institut à Marschlins[1]. C'était un homme sage et grave, qui dut faire à part lui de singulières observations sur la vie, un peu folle et fantasque, de notre petite société. Sulzern, qui nous vit au passage, en allant visiter la France méridionale, dut éprouver les mêmes impressions. Telle est du moins la portée d'un endroit de son voyage où il fait mention de moi.

A ces visites, aussi agréables qu'avantageuses, il s'en mêlait d'autres, qu'on aurait volontiers esquivées. De véritables nécessiteux et des aventuriers impudents s'adressaient au jeune homme confiant, appuyant leurs sollicitations de parentés ou d'infortunes réelles ou supposées. Ils m'empruntaient de l'argent, et m'obligèrent d'emprunter à mon tour, ce qui me plaça dans la position la plus désagréable envers des amis riches et bienveillants. J'aurais voulu donner au diable tous ces importuns, et, de son côté, mon père se trouvait dans la situation de l'apprenti sorcier[2], qui verrait volontiers sa maison bien lavée,

---

1. Antique château dans les Grisons. — 2. Tome I, page 80.

mais qui s'effraye, quand l'eau arrive et se précipite à flots irrésistibles par-dessus le seuil et les degrés. Car le plan de vie réglée que mon père avait conçu pour moi était pas à pas dérangé par trop de bonne fortune; il était retardé et, d'un jour à l'autre, transformé contre notre attente. On ne parlait déjà plus du séjour à Vienne et à Ratisbonne; toutefois, je devais visiter ces villes, quand je me rendrais en Italie, afin que j'en eusse du moins une idée générale. En revanche, d'autres amis, qui ne pouvaient approuver un si grand détour pour arriver à la vie active, étaient d'avis qu'il fallait profiter du moment où tant de faveur m'était témoignée, et songer à un établissement durable dans ma ville natale. Si j'étais exclu du conseil, d'abord par mon grand-père et ensuite par mon oncle, il y avait cependant d'autres emplois civils, auxquels on pouvait prétendre; il fallait s'établir dans l'intervalle et attendre l'avenir. Plusieurs agences donnaient assez d'occupation, et les places de résidents étaient honorables. Je me laissais persuader, et je croyais bien aussi que je me ferais à ces emplois, sans avoir examiné si c'était bien mon fait qu'un genre de vie et d'affaires qui demande, de préférence au milieu des distractions, une sage et prudente activité. A ces plans et à ces projets se joignit encore un tendre penchant, qui semblait hâter cette résolution, et m'inviter à me fixer dans la vie domestique.

La société de jeunes gens des deux sexes, dont j'ai parlé plus haut, et qui devait à ma sœur, sinon son origine, du moins sa consistance, s'était toujours maintenue après le mariage et le départ de Cornélie, parce qu'on s'était accoutumé les uns aux autres, et qu'on ne pouvait mieux passer une soirée de la semaine que dans ce cercle d'amis. Cet orateur fantasque, avec lequel nous avons déjà fait connaissance[1], nous était aussi revenu, plus habile et plus malin, après diverses fortunes, et se fit de nouveau le législateur du petit État. Pour faire suite à nos anciens badinages, il avait imaginé quelque chose d'analogue. Il s'agissait de tirer au sort, tous les huit jours, pour former, non pas comme autrefois des couples d'amants, mais de véritables époux. Comment on se comporte envers son amant ou son

---

1. Voyez page 201.

amante, cela nous était assez connu ; mais comment deux époux doivent se conduire dans le monde, nous ne le savions pas, et, vu le progrès des années, c'était ce que nous devions apprendre avant tout. Il traça les règles générales, qui consistent, ainsi que chacun sait, à faire comme si l'on ne s'appartenait pas, à ne pas s'asseoir l'un à côté de l'autre, à ne pas parler beaucoup ensemble, bien moins encore à se permettre des caresses ; mais, avec cela, on doit éviter tout ce qui pourrait provoquer de part et d'autre des soupçons et des désagréments : on mérite, au contraire, les plus grands éloges, lorsque, avec une parfaite aisance, on sait se montrer aimable pour sa femme. Là-dessus on demanda au sort de prononcer, on rit et l'on plaisanta de quelques unions baroques, qu'il lui plut de former, et cette comédie conjugale collective, gaiement commencée, fut renouvelée tous les huit jours.

Un hasard assez singulier voulut que, dès le commencement, la même dame me tombât deux fois en partage. C'était une très-bonne jeune fille, et justement de celles qu'on songerait volontiers à prendre pour femme. Sa taille était belle et régulière, son visage agréable, et il régnait dans ses manières un calme qui annonçait la santé du corps et de l'esprit. Tous les jours et à toutes les heures, elle était parfaitement égale à elle-même. On vantait beaucoup son activité domestique. Elle causait peu, mais à tout ce qu'elle disait on pouvait reconnaître un sens droit et une culture naturelle. Il était facile de témoigner à une pareille personne de l'amitié et de l'estime ; j'étais déjà habitué à le faire par inclination générale : maintenant la bienveillance accoutumée agissait comme devoir de société. Mais, le sort nous ayant unis pour la troisième fois, le malin législateur déclara solennellement que le ciel avait parlé, et que nous ne pouvions plus être séparés. Nous y souscrivîmes tous deux, et nous nous prêtâmes si gentiment de part et d'autre aux devoirs publics du mariage, que nous pouvions être pris pour modèles. Et comme, d'après la constitution générale, tous les couples unis pour la soirée devaient se tutoyer pendant ces quelques heures, nous avions si bien pris, durant une suite de semaines, l'habitude de cette forme familière, que, même dans les intervalles, si nous venions à nous rencontrer, le *tu* cordial s'échappait de nos lèvres. Or, l'habitude est une chose étrange : peu à peu nous trouvâmes cette liaison toute naturelle ; cette jeune personne me devenait de jour en jour plus chère, et sa conduite avec moi témoignait une noble et tranquille confiance, en sorte que, si, d'aventure, un prêtre se fût trouvé là, sans beaucoup hésiter, nous nous serions laissé marier sur-le-champ.

Dans chacune de nos réunions, nous devions lire quelque chose de nouveau : j'apportai donc un soir, comme une nouveauté toute fraîche, le mémoire de Beaumarchais contre Clavijo, en original. Il eut beaucoup de succès. On ne manqua pas de faire les observations qu'il provoque, et, après qu'on eut beaucoup discouru en sens divers, ma chère moitié me dit : « Si j'étais ton amante et non pas ta femme, je t'engagerais à transformer ce mémoire en drame : il me semble fait tout exprès. — Afin que tu voies, ma chère, lui répondis-je, que l'amante et la femme peuvent être réunies dans la même personne, je promets de vous lire dans huit jours le sujet de cette brochure sous forme de pièce de théâtre, comme je vous ai lu ces pages. » On s'étonna d'une promesse si hardie, et je ne tardai pas à la remplir : car ce qu'on appelle ici invention était chez moi instantané ; et aussitôt, comme je reconduisais chez elle mon épouse titulaire, je devins muet. Elle m'en demanda la raison. « Je médite déjà la pièce, lui répondis-je, et je suis tout au milieu. Je désire te montrer qu'il m'est doux de faire quelque chose pour l'amour de toi. » Elle me serra la main, et comme je lui répondis par un ardent baiser : « Ne sors pas de ton rôle, me dit-elle ; les gens assurent que la tendresse ne convient point aux époux. — Laissons-les dire, lui répliquai-je, et faisons comme il nous plaira. »

Avant que je fusse rentré chez moi, en faisant, il est vrai, un grand détour, la conception de la pièce était déjà assez avancée. Cependant, pour que ceci ne semble pas une trop grosse vanterie, j'avouerai que, dès la première et la seconde lecture, le sujet m'avait paru dramatique et même théâtral, mais, sans cette provocation, la pièce serait restée, comme bien d'autres, parmi les productions possibles. On sait comment j'ai traité le sujet. Fatigué des scélérats qui, par vengeance, par haine ou par de petits motifs, s'opposent à une noble nature et la poussent à sa perte, j'ai voulu, dans Carlos, faire agir le pur esprit du monde, avec une véritable amitié, contre la passion, l'inclination et les obstacles extérieurs, pour motiver une fois ainsi une tragédie. Autorisé par notre ancêtre Shakspeare, je n'hésitai pas un moment à traduire littéralement la scène principale et la véritable exposition théâtrale. Enfin, j'empruntai pour le dénoûment la conclusion d'une ballade anglaise, et mon travail était prêt avant que le vendredi fût arrivé. On voudra bien croire que ma lecture eut un heureux succès. Mon épouse souveraine en eut une grande joie, et, comme une postérité spirituelle, cette production sembla resserrer et affermir notre liaison.

Mais, pour la première fois, Méphistophélès Merck me fit un grand tort. Quand je lui fis part de la pièce, il me dit : « Ne me fais plus à l'avenir de pareilles fadaises. Tout le monde en peut faire autant. » Et néanmoins il avait tort : il ne faut pas que tout ouvrage dépasse les idées reçues ; il est bon aussi de s'attacher quelquefois aux sentiments ordinaires. Si j'avais alors écrit une douzaine de pièces de ce genre, ce qui m'eût été facile avec quelques encouragements, trois ou quatre seraient peut-être restées au théâtre. Toute direction qui sait apprécier son répertoire peut dire quel avantage ce serait.

A la suite de ces amusements littéraires et d'autres pareils, on causa de nos mariages pour rire, sinon dans la ville, du moins dans nos familles, et cela ne sonnait point désagréablement aux oreilles des mères de nos belles. Ma mère n'était point non plus fâchée de cet incident. Elle était déjà bien disposée pour la jeune personne avec laquelle j'avais contracté cette singulière liaison, et se plut à lui dire en confidence qu'elle ne serait pas moins goûtée comme belle-fille que comme femme. Cette agitation sans but, dans laquelle je vivais depuis assez longtemps, ne plaisait point à ma mère, et véritablement elle en avait le principal embarras. C'était elle qui devait faire une réception libérale à ces hôtes affluents, sans se voir autrement dédommagée de cette hospitalité littéraire que par l'honneur qu'on faisait à son fils de tabler chez lui. Elle voyait d'ailleurs clairement que tous ces jeunes gens sans fortune, réunis pour mener joyeuse vie, tout autant que pour s'occuper de science et de poésie, finiraient par être à charge et par se nuire les uns aux autres et plus sûrement à moi, dont elle connaissait la libéralité inconsidérée et le goût à répondre pour autrui. Le voyage d'Italie, dès longtemps projeté, et que mon père mettait de nouveau en avant, parut donc à mère le plus sûr moyen de couper court à toutes ces relations. Mais, de peur des nouveaux dangers que je pouvais courir dans le monde, elle songeait à confirmer l'union déjà préparée, afin de me rendre plus désirable le retour dans la patrie et de décider mon établissement définitif. Si je lui attribue sans fondement ce dessein, ou si elle l'avait réellement formé, peut-être avec notre défunte amie, c'est ce que je ne saurais décider; quoi qu'il en soit, sa conduite paraissait calculée pour un dessein médité. On me faisait quelquefois entendre que, depuis le mariage de Cornélie, notre cercle de famille était trop réduit; on trouvait qu'il me manquait une sœur, à ma mère une aide, à mon père une élève, et l'on ne s'en tint pas à ces propos. Il arriva, comme par hasard, que mes parents rencontrèrent la jeune fille à la promenade, l'invitèrent à entrer dans le jardin et s'entretinrent longtemps avec elle. On en plaisanta, le soir, à souper, et l'on remarqua avec une certaine satisfaction qu'elle avait plu à mon père, parce qu'elle possédait toutes les qualités principales qu'en véritable connaisseur il voulait trouver chez une femme.

Là-dessus, on fit au premier étage divers préparatifs, comme si on avait attendu des hôtes; on passa le linge en revue; on s'occupa de quelques meubles, jusqu'alors négligés. Je surpris un jour ma mère occupée à considérer dans un galetas les vieux berceaux, parmi lesquels j'en remarquai surtout un grand de noyer, incrusté d'ivoire et d'ébène, qui m'avait bercé jadis. Elle ne parut pas fort contente, quand je lui fis observer que ces coffres-balançoires étaient tout à fait passés de mode, et que les enfants, sans gêne de leurs membres, couchés dans une petite corbeille qu'on s'attachait au cou avec un ruban, étaient portés en montre comme d'autres menues marchandises. Ces avant-coureurs de l'établissement d'un nouveau ménage se produisaient souvent, et, comme je laissais tout faire sans opposition, la pensée d'une situation qui devrait durer toute la vie répandit dans notre maison une paix que nous n'avions pas goûtée depuis longtemps.

QUATRIÈME PARTIE.

Nemo contra deum nisi deus ipse.

AVANT-PROPOS.

Une vie aussi variée dans sa marche que celle dont nous avons entrepris le récit, nous oblige, pour rendre clairs et intelligibles certains événements, à séparer des choses confondues dans le temps, à en rassembler d'autres, que la suite pourra seule faire comprendre, et à réunir ainsi le tout en parties qu'on peut juger, en les considérant avec réflexion, et dont on peut tirer pour soi-même quelque profit.

Nous plaçons cette observation en tête du présent volume[1] pour qu'elle serve à justifier notre méthode, et nous y ajoutons cette prière, adressée à nos lecteurs, de vouloir bien prendre garde que cette suite ne se lie pas exactement à la fin du livre précédent, mais que son objet est de reprendre peu à peu tous les fils principaux et de présenter, dans un enchaînement solide et fidèle, aussi bien les personnes que les actes et les sentiments.

LIVRE XVI.

Comme on a coutume de dire qu'un malheur ne vient jamais seul, on peut observer qu'il en est de même du bonheur, et même des autres circonstances qui se réunissent d'une manière

---

[1]. Les derniers livres de *Vérité et Poésie* furent publiés séparément et plus tard que les autres.

harmonique autour de nous, soit qu'un sort les répande sur nous, soit que l'homme ait la force d'attirer à lui ce qui tient ensemble. Du moins, je fis cette fois l'expérience que tout concourait à produire une paix extérieure et intérieure. Je jouissais de la première, parce que j'attendais tranquillement l'issue de ce qu'on méditait et projetait pour moi ; je trouvai la seconde en revenant à l'étude.

Il y avait longtemps que je ne m'étais occupé de Spinoza, et je fus ramené à lui par la contradiction. Je trouvai dans notre bibliothèque un petit livre dont l'auteur combattait avec passion ce penseur original, et, pour produire plus d'effet, avait placé en regard du titre le portrait de Spinoza, avec cette inscription : *Signum reprobationis in vultu gerens*, déclarant donc qu'il portait sur son visage le signe de la réprobation. Et certes on ne pouvait le nier, à la vue du portrait, car la gravure était misérable et une vraie caricature. Cela nous rappelait ces adversaires qui commencent par défigurer celui auquel ils veulent du mal, et qui le combattent ensuite comme un monstre.

Cependant ce petit livre ne fit aucune impression sur moi, parce qu'en général je n'aimais pas les controverses, et que je préférais toujours apprendre de l'homme ce qu'il pensait plutôt que d'entendre dire à un autre ce que cet homme aurait dû penser. La curiosité m'engagea pourtant à lire l'article Spinoza dans le dictionnaire de Bayle, ouvrage aussi estimable et utile par l'érudition et la sagacité que ridicule et nuisible par le bavardage. L'article consacré à Spinoza excita chez moi le mécontentement et la défiance. On commence par déclarer l'homme athée et ses doctrines extrêmement condamnables, puis on avoue qu'il était paisible, méditatif, appliqué à ses études, bon citoyen, homme expansif, particulier tranquille, en sorte qu'on paraissait avoir entièrement oublié la parole de l'Évangile : « Vous les reconnaîtrez à leurs fruits. » En effet comment une vie agréable à Dieu et aux hommes résultera-t-elle de maximes funestes ? Je me rappelais encore très-bien le calme et la clarté qui s'étaient répandus en moi, lorsqu'un jour j'avais parcouru les ouvrages laissés par cet homme remarquable. L'effet était encore parfaitement distinct, mais les détails étaient effacés de ma mémoire. Je m'empressai donc de revenir à ses écrits, auxquels j'avais eu tant d'obligations, et je sentis l'impression du même souffle de paix. Je m'adonnai à cette lecture, et je crus, portant mes regards en moi-même, n'avoir jamais eu une vue aussi claire du monde.

Comme on a beaucoup disputé sur ce sujet, et particulièrement dans ces derniers temps, je désirerais n'être pas mal compris, et je tiens à placer ici quelques réflexions sur ce système si redouté et même si détesté. Notre vie physique et sociale, nos mœurs, nos habitudes, la politique, la philosophie, la religion et même les événements accidentels, tout nous appelle au renoncement. Il est beaucoup de choses qui nous appartiennent de la manière la plus intime, et que nous ne devons pas produire au dehors; celles du dehors dont nous avons besoin pour le complément de notre existence nous sont refusées; un grand nombre, au contraire, nous sont imposées, quoique étrangères et importunes. On nous dépouille de ce que nous avons acquis péniblement, de ce qu'on nous a dispensé avec bienveillance, et, avant que nous soyons bien éclairés là-dessus, nous nous trouvons contraints de renoncer, d'abord en détail, puis complétement, à notre personnalité. Ajoutez qu'il est passé en coutume qu'on n'estime pas celui qui en témoigne sa mauvaise humeur. Au contraire, plus le calice est amer, plus on doit montrer un visage serein, afin que le spectateur tranquille ne soit pas blessé par quelque grimace.

Pour accomplir cette tâche difficile, la nature a doté l'homme richement de force, d'activité et de persistance; mais il est surtout secondé par la légèreté, son impérissable apanage. Par elle, il est capable, à chaque moment, de renoncer à une chose, pourvu qu'un moment après il en puisse saisir une nouvelle; et c'est ainsi qu'à notre insu nous réparons sans cesse toute notre vie, nous mettons une passion à la place d'une autre; occupations, inclinations, fantaisies, marottes, nous essayons tout, pour nous écrier à la fin que tout est vanité. Elle ne fait horreur à personne, cette maxime fausse et même blasphématoire; bien plus, en la prononçant, on croit avoir dit quelque chose de sage et d'irréfutable. Il n'y a que peu d'hommes qui pressentent cette impression insupportable, et, qui, pour se dérober à toutes les résignations partielles, se résignent absolument une bonne fois. Ces hommes se persuadent de ce qui est éternel, nécessaire, légitime, et cherchent à se former des idées qui soient indestructibles, qui, loin d'être abolies par la considération des choses passagères, en soient au contraire confirmées. Mais, comme il y a dans cela quelque chose de surhumain, ces personnes sont d'ordinaire considérées comme inhumaines, impies, insociables; on ne peut leur attribuer assez de cornes et de griffes.

Ma confiance en Spinoza reposait sur l'effet paisible qu'il produisait en moi, et elle ne fit que s'accroître quand on accusa de spinozisme mes respectables mystiques, quand j'appris que Leibnitz lui-même n'avait pu échapper à ce reproche, et que Boerhaave, soupçonné des mêmes opinions, avait dû passer de la théologie à la médecine. Mais qu'on ne pense pas que j'eusse voulu signer les écrits de Spinoza et les avouer littéralement : j'avais trop bien reconnu qu'aucune personne n'en comprend une autre, qu'une conversation, une lecture, éveille chez différentes personnes différents ordres d'idées, et l'on voudra bien accorder à l'auteur de *Werther* et de *Faust* que, profondément pénétré de ces malentendus, il n'a pas eu lui-même la présomption de croire entendre parfaitement un homme, qui, disciple de Descartes, s'est élevé par une culture mathématique et rabbinique à une hauteur de pensée où l'on voit, jusqu'à nos jours, le terme de tous les efforts de la spéculation.

On aurait une idée assez claire de ce que j'avais emprunté à Spinoza, si j'avais couché par écrit et conservé la visite que le juif errant faisait au philosophe, et que j'avais jugée un digne ingrédient de ce poëme. Mais je me complaisais si fort dans cette conception, et je m'en occupais en secret avec tant de plaisir, que je ne parvins pas à en écrire quelque chose, en sorte que l'idée, qui n'aurait pas été sans mérite comme plaisanterie de passage, s'étendit tellement qu'elle en perdit sa grâce, et que je la chassai de mon esprit comme importune. En quel sens les points principaux de mes rapports avec Spinoza sont demeurés chez moi ineffaçables, en exerçant une grande influence sur la suite de ma vie, c'est ce que je vais exposer aussi brièvement que possible.

La nature agit selon des lois éternelles, nécessaires et tellement divines, que la divinité elle-même n'y pourrait changer rien. Sur ce point tous les hommes sont parfaitement d'accord sans le savoir. Qu'on réfléchisse à l'étonnement et même à l'effroi que produit un phénomène naturel qui annonce de l'intelligence, de la raison ou seulement de la volonté! S'il se manifeste chez des animaux quelque chose qui ressemble à la raison, nous ne pouvons revenir de notre surprise; en effet, si près qu'ils soient de nous, ils nous semblent en être séparés par un abîme, et relégués dans le domaine de la nécessité. On ne peut donc blâmer les penseurs qui déclaraient purement machinale la technique infiniment ingénieuse, mais pourtant exactement limitée, de ces créatures. Si nous passons aux plantes, notre assertion est confirmée d'une manière encore plus éclatante. Rendons-nous compte de la sensation qui nous saisit, quand la sensitive, touchée, replie deux à deux ses feuilles pennées, et abaisse enfin le pétiolule comme au moyen d'une charnière. Elle est plus vive encore, la sensation inqualifiable qu'on éprouve en observant l'*hedysarum gyrans*, qui, sans cause extérieure visible, élève et abaisse ses folioles, et semble jouer avec lui-même comme avec nos pensées. Qu'on se figure un bananier qui aurait reçu cette propriété, de sorte que, par lui-même, il abaisserait et relèverait tour à tour ses vastes éventails : quiconque verrait la chose pour la première fois reculerait de frayeur. L'idée de nos propres avantages est tellement enracinée chez nous que nous ne voulons absolument en accorder au monde extérieur aucune part et que, si cela pouvait se faire, nous les refuserions même à nos semblables. La même frayeur nous saisit, quand nous voyons l'homme agir d'une manière déraisonnable, contre les lois morales généralement reconnues, d'une manière inintelligente, contre ses intérêts ou contre ceux d'autrui. Pour nous délivrer de l'horreur que ce spectacle nous cause, nous la transformons aussitôt en blâme, en abomination, et nous cherchons à repousser loin de nous la présence ou l'idée d'un tel homme.

Ce contraste que Spinoza fait ressortir avec tant d'énergie, je l'appliquai d'une façon très-singulière à mon individualité, et ce qui précède ne doit proprement servir qu'à rendre intelligible ce qui me reste à dire. J'étais parvenu à regarder comme un don entièrement naturel le talent poétique qui était en moi, d'autant plus que j'étais conduit à considérer la nature extérieure comme son objet. L'exercice de cette faculté poétique pouvait, il est vrai, être excité et déterminé par une occasion, mais c'était involontairement, et même contre ma volonté, qu'elle se produisait avec plus de joie et d'abondance. « Courir les bois et les campagnes, fredonner ma chansonnette, ainsi se passait tout le jour[1]. » La même chose arrivait quand je me réveillais la nuit, et j'eus souvent envie de porter un gilet de cuir, comme avait fait un de mes prédécesseurs, pour m'accoutumer à fixer dans les ténèbres, au moyen du toucher, les vers qui me venaient à l'improviste. Il m'arrivait si souvent de me réciter une chansonnette sans pouvoir la retrouver, que je courais quelquefois à mon pupitre, sans me donner le temps de redresser une feuille posée de travers, et, sans bouger de la place, j'écrivais la poésie d'un bout à l'autre en diagonale. Dans ce même esprit, je prenais de préférence le crayon, qui traçait plus facilement les caractères, car il était arrivé quelquefois que le murmure et le craquement de la plume me réveillaient de mon poétique somnambulisme, me distrayaient et étouffaient, à sa naissance, une petite production. J'avais pour ces sortes de poésies un respect particulier, parce que je me comportais avec elles comme la poule avec les poulets qu'elle a couvés, et qu'elle entend piauler autour d'elle. Mon ancien goût de ne communiquer ces choses que par la lecture se renouvela : il me semblait abominable de les échanger contre de l'argent.

Je rapporterai ici un fait qui n'arriva que plus tard. Comme on demandait toujours plus mes ouvrages, qu'une édition complète en était même réclamée, et que la disposition dont je parle me détournait de l'entreprendre moi-même, Himbourg profita de mes lenteurs, et je reçus à l'improviste quelques exemplaires de mes œuvres complètes. Cet éditeur inappelé se vantait à moi avec une grande impertinence du service qu'il rendait au public, et il offrait de m'envoyer, si je le désirais, en récompense, quelques porcelaines de Berlin. A cette occa-

---

1. Tome I, page 2, avec une variante.

sion, je me rappelai que les juifs de Berlin, quand ils se mariaient, étaient obligés d'acheter une certaine quantité de porcelaines, afin que la fabrique royale eût un débit assuré. Le mépris que m'inspira cet impudent contrefacteur me rendit supportable le chagrin que ce vol devait me faire éprouver. Je ne lui répondis point, et, tandis qu'il usait de mon bien à sa fantaisie, je me vengeais en silence par ces vers : « Gracieux témoins de ma vie bercée dans les rêves les plus doux, fleurs fanées, boucles de cheveux emportées par le vent, voiles, rubans froissés et flétris, tristes gages d'un amour évanoui, déjà dévoués aux flammes de mon foyer, l'impudent Sosie vous ramasse, comme si l'œuvre poétique et la gloire lui étaient dévolues par héritage, et l'on veut que, moi vivant, assis auprès de la table à thé et à café, je souffre tranquillement sa conduite? Arrière les porcelaines! arrière les sucreries! Pour Himbourg et ses pareils, je suis mort ! »

Cependant, comme la disposition naturelle qui me faisait produire spontanément de ces poésies plus ou moins étendues, était quelquefois sujette à de longues pauses, et que, durant des intervalles considérables, j'étais, même en le voulant, incapable de rien produire; que j'en éprouvais assez souvent de l'ennui : dans ce pénible combat, l'idée me vint que je devrais peut-être employer à l'avantage des autres et au mien ce qu'il y avait en moi d'humanité, de raison et d'intelligence, et de vouer, comme je l'avais déjà fait, comme j'y serais toujours plus appelé, les temps intermédiaires aux affaires du monde, en sorte qu'aucune de mes facultés ne serait laissée sans emploi. Je trouvai ce projet, qui semblait découler de ces idées générales, si bien d'accord avec mon caractère, avec ma situation, que je résolus d'agir de la sorte et de fixer par là mes incertitudes et mes irrésolutions précédentes. Il m'était très-agréable de penser que je pourrais demander aux hommes, pour des services réels, une récompense effective, et continuer de dispenser gratuitement, comme une chose sainte, cet aimable don de la nature. Par cette réflexion, je me préservai de l'aigreur qui aurait pu naître chez moi, quand je dus observer que ce talent, si recherché et si admiré en Allemagne, était traité comme proscrit et hors la loi. Car ce n'était pas seulement à

Berlin qu'on regardait la contrefaçon comme une chose licite et même plaisante ; mais le vénérable margrave de Bade, honoré pour ses vertus de souverain, l'empereur Joseph, qui justifiait tant d'espérances, favorisaient, l'un son Macklot, l'autre son noble de Trattner, et c'était un point décidé que les droits comme la propriété du génie étaient livrés en proie à l'artisan et au fabricant.

Un jour que nous en faisions nos plaintes à un Badois, qui nous rendait visite, il nous conta le fait suivant : Mme la margrave, qui était une femme active, avait établi une fabrique de papier. Mais la marchandise était devenue si mauvaise qu'on ne pouvait l'écouler nulle part. Là-dessus, le libraire Macklot avait proposé d'imprimer sur ce papier, pour en relever un peu la valeur, les poëtes et les prosateurs allemands. On avait accepté des deux mains. Nous déclarâmes ce mauvais propos mensonger, cependant il nous divertit. Le nom de Macklot devint une injure et reçut plus d'une fois des applications fâcheuses. Et c'est ainsi qu'une jeunesse étourdie, souvent réduite à emprunter, tandis que des gens vils s'enrichissaient au moyen de ses talents, se trouvait assez dédommagée par quelques bons mots.

Les enfants et les jeunes gens heureux vivent sans souci dans une sorte d'ivresse, qui se fait surtout reconnaître à ce que ces cœurs innocents et bons remarquent à peine les rapports des personnes au milieu desquelles ils vivent, et savent moins encore les apprécier. Le monde est à leurs yeux comme une matière qu'ils doivent façonner, comme un bien dont ils doivent s'emparer. Tout leur appartient, tout semble soumis à leur volonté : aussi se perdent-ils souvent dans un désordre sauvage. Cependant, chez les meilleurs, cette tendance devient un enthousiasme moral, qui, selon l'occasion, se porte de son propre mouvement vers quelque bien réel ou apparent, mais qui souvent aussi se laisse mener, conduire et séduire. Le jeune homme dont nous nous occupons était dans ce cas, et, si les gens le trouvaient bizarre, un bon nombre se sentaient de l'attrait pour lui. Dès le premier abord, on trouvait une parfaite franchise, une joyeuse sincérité, dans son langage, et une façon d'agir sans calcul et sans gêne. Je vais en citer quelques exemples.

Un violent incendie avait éclaté dans la rue des Juifs, très-étroite et enchevêtrée : ma bienveillance générale, et, dès là, le plaisir que je trouvais à me montrer secourable, m'y firent courir sans changer d'habits. On y avait pénétré par la rue de Tous-les-Saints : c'est là que je me rendis. J'y trouvai une foule de gens occupés à porter de l'eau, accourant avec les seaux pleins, revenant avec les seaux vides. Je vis bientôt que, si l'on formait une chaîne, où l'on ferait passer les seaux dans l'un et l'autre sens, le secours serait doublé. Je pris deux seaux pleins et je restai en place ; j'appelai à moi d'autres personnes ; on enleva aux arrivants leur fardeau ; ceux qui revenaient se rangèrent en haie de l'autre côté. La chose fut approuvée ; mes exhortations et mon action personnelle trouvèrent de la faveur, et la chaîne fut bientôt complète et formée, de son origine jusqu'au foyer de l'incendie. Mais, à peine l'entrain avec lequel cela s'était fait eut-il éveillé une disposition joyeuse et, l'on peut dire, folâtre, dans cette machine vivante, qui fonctionnait avec intelligence, que l'espièglerie et la malice se donnèrent un libre champ. De malheureux fugitifs, portant sur le dos leur pauvre petit avoir, une fois arrivés dans la chaîne qui leur ouvrait un passage, ne pouvaient éviter de la parcourir et n'étaient pas épargnés. De malins espiègles les arrosaient, ajoutant le mépris et l'insulte à la misère. Mais des exhortations mesurées et des réprimandes éloquentes, peut-être aussi quelque considération pour mes beaux habits, que je négligeais, firent cesser sur-le-champ ces insolences. Quelques-uns de mes amis, attirés par la curiosité d'observer le sinistre, furent surpris de me voir, en culottes et en bas de soie (on ne s'habillait pas alors autrement), occupé à cette humide besogne. J'en attirai quelques-uns ; les autres riaient et secouaient la tête. Nous tînmes ferme longtemps : car, si plusieurs se retiraient, plusieurs aussi se joignaient à nous ; les curieux se succédaient en grand nombre ; par là, mon innocent exploit fut connu de tout le monde, et ce singulier coup de tête devint l'histoire du jour.

Cette insouciance, avec laquelle je m'abandonnais à un joyeux et bienveillant caprice, inspirée par une heureuse estime de soi-même, que les hommes taxent souvent de vanité, attira l'attention sur notre ami par d'autres excentricités. Un très-rude hiver avait converti le Mein en une plaine de glace. Elle était devenue le théâtre du mouvement le plus vif, des affaires et des plaisirs. D'immenses avenues, ouvertes aux patineurs, de vastes plaines glacées, fourmillaient d'une foule mobile. Je ne manquai pas de m'y rendre de bon matin, et, quand ma mère vint plus tard, en voiture, assister à ce spectacle, comme j'étais légèrement vêtu, je me sentais réellement transpercé par le froid. Elle était dans sa voiture, enveloppée de sa pelisse de velours rouge, qui, serrée sur sa poitrine avec ses larges cordons et ses houppes d'or, était d'un effet superbe. « Bonne mère, prêtez-moi votre pelisse, lui criai-je sur-le-champ sans réflexion. Je meurs de froid. » Elle n'y réfléchit pas plus que moi, et en un instant j'eus endossé la pelisse, qui, descendant jusqu'à mi-jambes, avec sa couleur pourpre, bordée de zibeline, ornée de dorures, n'allait point mal avec mon bonnet de fourrure brune. Je me promenai comme cela sans gêne ; d'ailleurs la foule était si grande qu'on ne remarquait pas trop cette apparition singulière. On la remarqua pourtant, car on me la reprocha plus tard, d'un ton sérieux ou badin, comme une de mes excentricités. Après ces souvenirs de mon heureuse insouciance je reprends le fil de mon récit.

Un Français a dit avec esprit : « Si un homme de talent a fixé sur lui l'attention du public par un ouvrage de mérite, on fait tout ce qu'on peut pour l'empêcher d'en jamais faire un second. » Et cela est vrai ! Un jeune homme produit, dans la retraite et le silence, quelque chose de bon et d'ingénieux ; il obtient l'approbation, mais il perd l'indépendance ; ce talent concentré, on le dissipe dans la distraction, parce qu'on espère attraper et s'approprier quelque chose de sa personnalité. C'est ainsi que je recevais nombre d'invitations, ou que, sans invitation formelle, un ami, une connaissance, me proposait, souvent même en y mettant plus que des instances, de m'introduire dans telle ou telle maison. Le quasi-étranger, annoncé comme un ours, à cause de ses refus répétés et désobligeants, puis comme le Huron de Voltaire, l'Américain de Cumberland, comme un enfant de la nature doué de grands talents, excitait la curiosité, et l'on engageait dans plusieurs maisons des négociations polies pour arriver à le voir.

Un soir, entre autres, un ami me proposa de l'accompagner

à un petit concert qu'on donnait chez un notable négociant calviniste. Il était déjà tard ; mais, comme j'aimais tout ce qui était improvisé, je le suivis, me trouvant, comme d'ordinaire, en costume présentable. Nous entrâmes dans une pièce au rez-de-chaussée. C'était un vaste salon. Nous y trouvâmes nombreuse compagnie. Un clavecin était au milieu. La fille unique de la maison s'y plaça aussitôt, et joua avec une habileté et une grâce remarquables. Je m'étais placé au petit bout du clavecin, afin de pouvoir observer d'assez près son air et sa tournure. Elle avait dans ses manières quelque chose d'enfantin ; les mouvements auxquels le jeu l'obligeait étaient aisés et faciles. La sonate finie, elle passa devant moi au bout du piano. Nous nous saluâmes sans mot dire, parce qu'un quatuor venait de commencer. Quand il fut achevé, je m'approchai d'elle et lui adressai quelques mots de politesse, et lui dis combien je me félicitais d'apprendre à connaître à la fois sa personne et son talent. Elle me répondit avec beaucoup de grâce, resta à sa place et moi à la mienne. Je pus remarquer qu'elle m'observait avec attention, et que j'étais là tout à fait en spectacle, ce que je pouvais souffrir doucement, puisqu'on me donnait aussi quelque chose de fort agréable à contempler. Cependant nos regards se rencontrèrent, et je ne nierai pas que je crus sentir une force d'attraction de la plus douce nature. Le mouvement de la société et les devoirs qui occupèrent la jeune fille empêchèrent ce soir-là tout autre rapprochement ; mais j'éprouvai, je l'avoue, un sentiment agréable, quand la mère, au moment où je prenais congé, me donna à entendre qu'elles espéraient me revoir bientôt, et quand la fille parut se joindre, avec quelque obligeance, à cette invitation. Je ne manquai pas, après un délai convenable, de renouveler ma visite, et nous engageâmes une conversation gaie et raisonnable, qui ne présageait aucune liaison passionnée.

Cependant les habitudes d'hospitalité que notre maison avait contractées attiraient à mes bons parents et à moi-même quelques ennuis. Dans ma tendance, qui visait toujours à découvrir ce qu'il y a de plus élevé, à le reconnaître, à le favoriser, et, s'il était possible, à le figurer par l'imitation, je ne gagnais rien à cet état de choses. Si les hommes étaient bons, ils étaient pieux, et, s'ils étaient actifs, ils étaient imprudents et souvent malhabiles : les uns m'étaient inutiles, les autres m'égaraient. En voici, avec détail, un exemple remarquable. Au commencement de 1775, Joung, plus tard surnommé Stilling, nous écrivit du bas Rhin qu'il allait se rendre à Francfort, où il était appelé, comme oculiste, à entreprendre une cure importante. Mes parents et moi, nous fûmes charmés de sa venue, et nous lui offrîmes l'hospitalité. M. de Lersner, homme âgé et respectable, estimé de chacun, pour avoir élevé et dirigé de jeunes princes, et pour avoir observé une sage conduite à la cour et dans ses voyages, souffrait depuis longtemps d'une complète cécité; mais le désir de la guérison ne pouvait tout à fait s'éteindre en lui. Depuis quelques années, Joung, avec un bon courage et une pieuse hardiesse, avait fait plusieurs fois, dans le bas Rhin, l'opération de la cataracte, et il s'était fait par là une réputation étendue. Son âme candide, son caractère loyal, sa piété pure, lui gagnèrent la confiance générale; elle s'étendit en remontant le cours du fleuve, grande voie des relations commerciales. M. de Lersner et sa famille, conseillés par un habile médecin, résolurent de faire venir l'heureux oculiste, bien qu'un marchand de Francfort, à qui le traitement avait mal réussi, le leur déconseillât fortement. Mais que prouvait un seul cas malheureux contre un si grand nombre de favorables! Joung arriva, attiré par un salaire considérable, qu'il n'avait guère obtenu jusqu'alors; il venait, pour augmenter sa réputation, joyeux et confiant, et nous nous félicitâmes de posséder un si estimable et si paisible convive.

Après diverses précautions médicales, la cataracte fut levée aux deux yeux. Nous étions dans une vive attente. On disait qu'aussitôt après l'opération, le patient avait vu jusqu'à ce que le bandeau lui eût de nouveau dérobé la lumière du jour. Mais on pouvait observer que Joung n'était pas tranquille, et que quelque chose lui pesait sur le cœur. Et en effet, comme je le pressais davantage, il m'avoua qu'il était inquiet du résultat de la cure. D'ordinaire (et je l'avais vu maintes fois à Strasbourg), il semblait qu'il n'y eût rien de plus facile au monde. Et la chose avait réussi cent fois à Stilling. L'incision douloureuse une fois pratiquée, le cristallin opaque s'échappait de lui même à la plus légère pression, à travers la cornée insensible ; le patient voyait aussitôt les objets, et n'avait qu'à prendre patience, les yeux bandés, jusqu'à ce que le traitement achevé lui permît de se servir à son gré et à son aise du précieux organe. Bien des pauvres, à qui Joung avait procuré ce bonheur, avaient invoqué sur lui la bénédiction de Dieu et la récompense que cet homme riche devait maintenant lui payer.

Joung avouait que, cette fois, l'opération n'avait pas été aussi facile et aussi heureuse ; le cristallin n'avait pas sauté dehors ; il avait dû l'extraire ; et même, parce qu'il était adhérent, le détacher. Cela n'avait pu s'accomplir sans quelque violence. Maintenant il se faisait des reproches d'avoir aussi opéré l'autre œil. Mais on avait résolu de faire les deux opérations en même temps ; on n'avait pas songé à un pareil accident, et, quand il se fut présenté, on ne s'était pas remis et déterminé sur-le-champ. Bref, le second cristallin n'était pas venu de lui-même ; il avait fallu le détacher aussi, et l'extraire avec effort. Combien un homme si bon, si bien intentionné et si pieux doit souffrir dans une situation pareille, c'est ce qu'on ne peut ni développer ni décrire. Quelques réflexions générales sur un pareil caractère sont peut-être ici à leur place.

Travailler à sa culture morale est ce que l'homme peut entreprendre de plus simple et de plus faisable ; il y est porté par une impulsion naturelle ; il y est conduit et même contraint dans la vie civile par le bon sens et l'amour. Stilling vivait dans un sentiment de sympathie morale et religieuse ; il ne pouvait exister sans se communiquer et sans éprouver à son tour la bienveillance ; il demandait une affection mutuelle ; où l'on ne le connaissait pas, il était silencieux ; où l'on ne l'aimait pas, le connaissant, il était triste : c'est pourquoi il ne se trouvait jamais mieux qu'avec les personnes bien intentionnées, qui, dans une sphère bornée et tranquille, sont occupées paisiblement à se perfectionner.

Ces personnes sauront se défaire de la vanité, renoncer à la poursuite de l'honneur mondain, se former un langage réservé, observer une conduite égale et bienveillante avec leurs amis et leurs voisins. Ici se trouve souvent, à la base, une forme de l'intelligence difficile à définir, modifiée par l'individualité :

ces personnes attachent une grande importance à leur carrière pratique ; on regarde tout comme détermination surnaturelle, avec la conviction que Dieu agit directement. D'ailleurs, il y a chez l'homme un certain penchant à persister dans son état, mais aussi à se laisser pousser et conduire, et une certaine hésitation à agir soi-même. Elle s'accroît par la ruine des plans les plus sages, tout comme par la réussite accidentelle d'un heureux concours de circonstances imprévues. Et comme un pareil genre de vie est un obstacle à une conduite mâle et attentive, la manière de tomber dans un semblable état mérite également d'être observée et considérée.

L'objet dont ces adeptes s'entretiennent de préférence, est ce qu'on nomme réveils, conversions, auxquels nous ne contestons pas leur valeur psychologique. C'est proprement ce que nous appelons, en matière de science et de poésie, des aperçus, la reconnaissance d'une grande maxime, ce qui est toujours une opération spontanée de l'esprit ; on y arrive par la contemplation, et non par la méditation, l'enseignement ou la tradition. Ici, c'est la reconnaissance de la force morale, qui s'appuie sur l'ancre de la foi, et se sentira dans une orgueilleuse sûreté au milieu des flots. Un pareil aperçu donne à celui qui le découvre la plus grande joie, parce qu'il porte, d'une manière originale, la pensée vers l'infini ; il n'est besoin d'aucun laps de temps pour opérer la conviction ; elle naît entière et parfaite en un moment ; de là le bon vieux proverbe français : « En peu d'heures Dieu labeure. » Des impulsions extérieures déterminent souvent l'explosion soudaine d'une pareille conversion ; on croit voir des signes et des miracles.

La confiance et l'amitié m'unissaient de la manière la plus cordiale avec Stilling ; au reste, j'avais eu aussi sur sa carrière une heureuse et bonne influence, et il était fait pour garder un délicat et reconnaissant souvenir de tout ce qu'on faisait pour lui ; mais, dans la direction que j'avais prise alors, son commerce ne m'était ni agréable ni avantageux. A la vérité, je laissais volontiers chacun arranger et régler l'énigme de sa vie ; mais attribuer à une intervention divine, immédiate, tout ce qui nous arrive raisonnablement d'heureux me semblait une prétention excessive, et l'idée que toute précipitation, toute négligence, qui résultent de notre légèreté et de notre vanité, ont des suites fâcheuses et pénibles, je ne pouvais non plus la concevoir comme un enseignement divin. Je pouvais donc tout au plus prêter l'oreille à cet excellent ami, mais sans rien lui répondre qui dût le satisfaire. Toutefois je lui laissais le champ libre comme à tant d'autres, et, comme auparavant, je pris sa défense dans la suite, quand des personnes par trop mondaines ne craignaient pas de blesser sa nature délicate. Aussi ne laissai-je pas arriver jusqu'à son oreille la boutade d'un esprit goguenard, qui disait un jour d'un ton sérieux : « En vérité, si j'étais aussi bien avec Dieu que Joung, ce n'est pas de l'argent que je demanderais à l'Être suprême, mais de la sagesse et de la prudence, pour me faire éviter tant de sottises qui coûtent de l'argent et qui nous endettent misérablement pour de longues années. »

En effet, ces plaisanteries et ces traits malins n'étaient pas alors de saison. Bien des jours se passèrent entre la crainte et l'espérance; la crainte augmenta, l'espérance s'évanouit et disparut tout à fait. Les yeux du bon M. de Lersner s'enflammèrent, et il ne fut plus douteux que la cure avait mal réussi. L'état dans lequel ce malheur plongea notre ami ne peut se décrire. Il était aux prises avec le plus profond et le plus cruel désespoir. En effet, que n'avait-il pas perdu dans cette occasion! D'abord, la vive reconnaissance de l'homme rendu à la lumière, ce qui est pour le médecin la plus magnifique récompense; la confiance de tant d'autres infirmes; le crédit, car sa pratique détruite laissait une famille dans l'indigence. En un mot, nous jouâmes d'un bout à l'autre le lamentable drame de Job, où l'honnête Stilling se chargea lui-même du rôle des amis qui le censurent. Il voulait considérer cet accident comme une punition de ses fautes; il lui semblait qu'il avait témérairement considéré comme une vocation divine les remèdes ophthalmiques, accidentellement parvenus dans ses mains; il se reprochait de n'avoir pas étudié à fond cet art, d'une si grande importance, mais d'avoir pratiqué d'une manière superficielle et aventureuse; il se rappelait à tout moment les méchants propos de la malveillance, et il se demandait si ces propos n'étaient pas fondés. Ces réflexions l'affligeaient d'autant plus qu'il devait se reprocher, dans le cours de sa vie, la légèreté, si dangereuse pour les hommes pieux, et, par malheur, aussi la vanité et la présomption. Dans ces moments, il était comme anéanti, et nous avions beau chercher des explications, nous finissions par arriver au résultat où la raison est forcée d'aboutir, c'est que les décrets de Dieu sont impénétrables.

J'aurais plus souffert encore dans ma joyeuse tendance au progrès, si je n'avais pas soumis, selon mon habitude constante, ces dispositions de l'âme à un sérieux et bienveillant examen. Mais, ce qui m'affligeait, c'était de voir ma bonne mère si mal récompensée de ses fatigues et de ses soins hospitaliers : cependant, avec son âme égale, incessamment active, elle n'en fut pas affectée. C'était mon père que je plaignais le plus. Il avait décemment élargi en ma faveur un intérieur rigoureusement fermé, et, à table surtout, où la présence de personnes étrangères attirait aussi nos amis de l'endroit et d'autres voyageurs en passage, il prenait grand plaisir à une conversation gaie et même paradoxale, dans laquelle, par les mille ressources de ma dialectique, je provoquais sa gaieté et son bienveillant sourire, car j'avais la malicieuse habitude de tout contester, en n'insistant toutefois que jusqu'au point nécessaire pour rendre, en tout cas, ridicule celui qui avait raison. Mais c'est à quoi il ne fallut pas du tout penser durant les dernières semaines; les plus heureux événements, la joie causée par le bon succès de cures secondaires de notre ami, si malheureux par la cure principale, ne purent faire impression, bien moins encore donner le change à sa tristesse.

Et pourtant nous fûmes égayés entre autres par un vieux juif d'Isenbourg, aveugle, mendiant, qui, amené à Francfort dans la plus profonde misère, ayant à peine un abri, à peine une chétive nourriture et les soins nécessaires, fut si bien soutenu par sa coriace nature orientale, qu'il se vit, avec des transports de joie, parfaitement guéri et sans la moindre incommodité. Quand on lui demanda s'il avait trouvé l'opération douloureuse, il répondit, avec sa manière hyperbolique : « Quand j'aurais un million d'yeux, je les laisserais tous opérer pour un demi-teston. » A son départ, il se comporta dans la Fahrgasse d'une manière tout aussi excentrique; il remerciait Dieu avec la naïveté des hommes de l'Ancien Testament, louait le Seigneur et son merveilleux envoyé. Il parcourut ainsi lentement jusqu'au pont cette longue rue marchande. Vendeurs et acheteurs sortaient des boutiques, surpris d'un enthousiasme si rare, si pieux, et qui s'exprimait avec exaltation à la face de tout le monde. Chacun était ému et intéressé, en sorte que, sans rien quêter ni demander, il reçut d'abondantes aumônes pour ses frais de voyage. Mais nous osâmes à peine parler chez nous de cet incident : car, si nous pouvions nous représenter le pauvre homme bien heureux au delà du Mein, dans sa sablonneuse patrie, au sein de sa misère domestique, un homme riche et respectable était en deçà, privé de la jouissance inestimable qu'il avait d'abord espérée.»

Aussi notre bon Stilling se trouva-t-il humilié de recevoir les mille florins, stipulés à tout événement, et qui furent noblement payés par l'homme généreux. Cet argent devait, après le retour de notre ami, acquitter une partie des dettes qui pesaient sur sa misère et sa détresse. Il nous quitta désolé ; il prévoyait, à son retour, la réception d'une femme soucieuse, l'accueil moins amical de son beau-père et de sa belle-mère, personnes excellentes, qui, ayant cautionné pour de nombreuses dettes cet homme trop confiant, pouvaient croire qu'ils s'étaient mépris dans le choix d'un mari pour leur fille. Il pouvait prévoir dans telle et telle maison, de telle et telle fenêtre, la moquerie et la raillerie de gens déjà malveillants à son égard dans la prospérité. Une pratique, interrompue par son absence, menacée dans sa base par cette disgrâce, devait lui donner de grandes inquiétudes. C'est dans ces dispositions que nous le vîmes partir. Cependant nous n'étions pas, de notre côté, tout à fait sans espérance ; car sa nature excellente, appuyée sur la foi en un secours surnaturel, devait inspirer à ses amis une modeste et tranquille confiance.

LIVRE XVII.

Au moment où je reprends le récit de ma liaison avec Lili, je dois me souvenir que j'ai passé avec elle les heures les plus agréables, soit en tête-à-tête, soit en présence de sa mère. On m'attribuait, d'après mes écrits, la connaissance du cœur humain, comme on disait alors, et, sous ce rapport, nos entretiens étaient, de toute manière, moralement intéressants. Mais comment s'entretenir de l'état du cœur sans s'ouvrir l'un à l'autre? Avant qu'il fût longtemps, Lili, dans une heure tranquille, me conta l'histoire de ses premières années. Elle avait grandi dans la jouissance de tous les avantages de la société et des plaisirs du monde. Elle me dépeignit ses frères, ses proches, ainsi que sa vie intime. Sa mère seule demeura dans une respectable obscurité. Elle fit aussi mention de ses petites faiblesses, et, par exemple, elle ne put dissimuler qu'elle avait dû remarquer en elle un certain don d'attirer, joint à une certaine disposition à ne pas retenir. Par là, nous fûmes amenés, de parole en parole, à ce point délicat, qu'elle avait aussi exercé ce don sur moi, mais qu'elle en avait été punie, en ce que je l'avais attirée à mon tour. Ces aveux partaient d'une âme si naïve et si pure, qu'ils m'attachèrent à elle par les liens les plus étroits. Ce fut bientôt un besoin mutuel, une habitude, de se voir ; mais combien de jours, combien de soirées aurais-je dû passer sans elle, si je n'avais pu me résoudre à la voir dans ses assemblées! Il en résulta pour moi plus d'un tourment.

Ma liaison avec elle était de personne à personne; j'aimais une jeune fille belle, aimable et instruite. Cette liaison était comme les premières, et d'une nature encore plus relevée. Cependant je n'avais point songé aux circonstances extérieures, à l'union réciproque des deux familles. Un désir irrésistible était devenu le maître. Je ne pouvais vivre sans elle, ni elle sans moi ; mais, dans ses entours et grâce à tel ou tel membre de la société, que de jours troublés! qu'd'heures perdues! L'histoire des parties de plaisir d'où le plaisir finissait par s'envoler, un frère en retard, qui me demandait de l'attendre, qui terminait d'abord ses affaires tout à loisir, peut-être avec une malicieuse lenteur, et troublait ainsi tous les arrangements que nous avions pris; ajoutez les rencontres et les manquements, l'impatience et la privation; toutes ces peines qui, minutieusement décrites dans un roman, trouveraient sans doute des lecteurs sympathiques, je dois les omettre ici. Cependant, pour que cette exposition méditée ait un air de vie, un sentiment de jeunesse, je citerai quelques poésies, connues, il est vrai, mais qui peut-être seront ici plus expressives.

« Mon cœur, mon cœur, quel est ce mystère? Quel mal si vivement te presse? Quelle étrange et nouvelle vie! Je ne te reconnais plus. Tout ce que tu aimais est bien loin, bien loin l'objet de ta tristesse, bien loin ton travail et ton repos.... Ah! comment donc en es-tu venu là?

« Cette fleur de jeunesse, cette aimable figure, ce regard plein de candeur et de bonté, est-ce qu'ils t'enchaînent avec une puissance infinie? Si je veux brusquement me séparer d'elle, m'évertuer, la fuir, hélas! au même instant mon sentier me ramène auprès d'elle.

« Et avec ce fil enchanté, qui ne se laisse pas rompre, l'aimable et folle jeune fille m'arrête malgré moi. Il faut que désormais je vive à sa guise, dans son cercle magique. Quel changement, hélas! Amour, Amour, brise ma chaîne! »

« Hélas! pourquoi m'entraîner absolument dans cette brillante assemblée? Le bon jeune homme n'était-il pas heureux dans la nuit solitaire?

« Secrètement reclus dans ma chambrette, j'étais couché au clair de la lune, tout enveloppé de sa mystérieuse lumière, et je commençais à sommeiller.

« Là je rêvais les heures dorées d'un bonheur sans mélange; j'avais senti ta chère image tout entière au fond de mon cœur.

« Est-ce bien moi que tu enchaînes, devant mille bougies, à

la table de jeu? Est-ce bien moi que tu fais asseoir en face de visages souvent insupportables?

« Viens! la fleur du printemps n'est pas pour moi plus ravissante dans les campagnes. Où tu es, mon ange, est l'amour, la bonté ; où tu es, la nature[1]. »

Qu'on lise ces poésies avec attention, ou plutôt qu'on se les chante avec le cœur, et l'on sentira certainement passer un souffle de ces heures fortunées. Mais nous ne quitterons pas à la précipitée cette grande et brillante société, sans ajouter quelques observations, surtout pour expliquer la fin de la seconde pièce. Celle que j'étais accoutumée à voir en un simple négligé, qu'elle variait rarement, m'apparaissait ensuite brillante et parée à la mode, avec élégance, et pourtant c'était toujours elle : sa grâce, son affabilité, étaient les mêmes ; je dirais seulement qu'elle se montrait plus attirante ; peut-être parce qu'elle était là en présence d'une société nombreuse, qu'elle se trouvait engagée à se produire plus vivement, à se diversifier selon les personnes qui se présentaient à elle. Pour tout dire, je ne pouvais me dissimuler que ces étrangers m'importunaient, mais que je n'aurais pas voulu pour beaucoup être privé du plaisir d'apprendre à connaître ses mérites de société, et de voir qu'elle serait à sa place dans une position plus large et plus étendue.

C'était ce même sein, maintenant voilé par la toilette, qui m'avait révélé ses mystères, et dans lequel je voyais aussi clair que dans le mien ; c'étaient ces mêmes lèvres qui m'avaient fait sitôt le récit de sa vie pendant ses premières années. Chaque regard échangé, chaque sourire qui l'accompagnait, exprimaient une noble et secrète intelligence, et, dans le monde, je m'étonnais de l'innocent et mystérieux accord qui s'était formé entre nous, de la manière la plus simple et la plus naturelle.

Toutefois, à l'arrivée du printemps, une décente liberté champêtre devait resserrer encore cette liaison. Offenbach sur le Mein montrait dès lors les premières constructions d'une ville qui promettait de se former dans la suite. Des maisons, belles et magnifiques pour le temps, s'étaient déjà élevées. L'oncle Ber-

---

[1]. Voyez Poésies diverses, tome I, page 28.

nard (je lui donne tout de suite son titre de famille) habitait la plus grande; de vastes fabriques y touchaient; d'Orville, jeune homme, vif, aimable et original, demeurait vis-à-vis. Des jardins attenants, des terrasses prolongées jusqu'au Mein, permettant de toutes parts une libre sortie sur de gracieux environs, offraient aux arrivants, aux hôtes, d'admirables jouissances. Un amant ne pouvait trouver, pour entretenir ses sentiments, un plus souhaitable séjour.

Je demeurais chez Jean André, et, puisque je dois nommer ci cet homme, qui s'est fait assez connaître dans la suite, je me permettrai une petite digression, pour donner quelque idée de l'opéra d'alors. Marchand était à cette époque le directeur du théâtre de Francfort, et il s'employait lui-même de son mieux. C'était un bel homme, grand et bien fait et à la fleur de l'âge. Chez lui dominaient la nonchalance et la mollesse, et sa personne était assez agréable sur la scène. Il avait assez de voix pour chanter la musique d'alors : aussi prenait-il soin d'arranger pour la scène allemande les grands et les petits opéras français. Il jouait particulièrement bien le père dans *Zémire et Azor* de Grétry ; il avait une pantomime très-expressive dans la vision disposée derrière le voile. Cependant cet opéra, bien réussi dans son genre, s'approchait du style noble, et il était fait pour éveiller les plus tendres sentiments. En revanche, un démon réaliste s'était emparé de l'opéra; les opéras de professions et de métiers se produisaient. *Les Chasseurs*, *le Tonnelier*, et que sais-je encore, avaient pris les devants. André se choisit *le Potier*. Il avait composé lui-même les paroles, et il avait déployé sur ce texte tout son talent musical. J'étais logé chez lui. Je ne dirai ici que le nécessaire sur ce poëte et compositeur toujours prêt. C'était un homme d'un talent vif et naturel, fixé à Offenbach comme industriel et fabricant. Il flottait entre le maître de chapelle et le dilettante. Dans l'espérance d'atteindre au mérite de maître, il faisait de sérieux efforts pour acquérir une solide science musicale; comme dilettante, il était disposé à répéter sans fin ses compositions.

Parmi les personnes qui se montraient les plus actives pour occuper et animer la société, il faut nommer le pasteur Ewald, qui, spirituel et gai dans le monde, savait poursuivre en silence es études que lui imposait son état : aussi s'est-il fait connaître honorablement par la suite dans le domaine de la théologie. Il faut se le représenter dans notre cercle comme une personne indispensable, ayant l'intelligence et la riposte.

Le clavecin de Lili enchaînait complétement à notre compagnie le bon André; comme professeur, comme maître et comme exécutant, il y avait peu d'heures du jour et de la nuit où il ne prît une part active à la vie de famille, aux plaisirs de chaque jour. Il avait mis en musique la *Lénore* de Burger, alors dans sa première nouveauté, et que l'Allemagne avait reçue avec enthousiasme; il la répétait souvent et volontiers. Moi, qui récitais beaucoup de vers et d'une manière animée, j'étais toujours prêt à la déclamer. On ne s'ennuyait pas encore en ce temps-là d'entendre redire la même chose. Si la société avait le choix de dire lequel de nous deux elle voulait entendre, elle décidait souvent en ma faveur. Mais tout cela ne servait qu'à permettre aux amants d'être plus longtemps ensemble. Ils ne pouvaient finir, et, tantôt l'un tantôt l'autre, ils savaient aisément entretenir par leurs cajoleries le bon Jean-André dans un mouvement continuel, pour prolonger, à force de répétitions, la musique jusqu'après minuit. Par là, les deux amants s'assuraient la précieuse et indispensable douceur d'être ensemble. On sortait de la maison de bon matin, et l'on se trouvait en plein air, mais non proprement à la campagne. De remarquables bâtiments, qui, dans ce temps-là, auraient fait honneur à une ville, des jardins dessinés en parterres, avec des platesbandes de fleurs et d'autres décorations, une libre vue sur la rivière jusqu'à l'autre bord, souvent, de très-bonne heure, une active navigation de radeaux, de coches et de barques agiles, un monde vivant, qui doucement glissait sur l'eau, étaient en harmonie avec des sentiments affectueux et tendres. La rivière elle-même, avec son doux mouvement, son cours solitaire et ses roseaux murmurants, était faite pour récréer, et ne manquait pas d'exercer sur les arrivants un charme puissant et doux. Un ciel serein, dans la plus belle saison de l'année, étendait sa voûte sur tout ce paysage. Quel plaisir une société intime n'avait-elle pas à se retrouver, le matin, entourée de scènes pareilles !

Si un lecteur sérieux jugeait cette vie par trop frivole et légère, je le prierais de considérer que tous ces plaisirs, dont j'ai dû faire un ensemble pour en tracer la peinture, étaient interrompus par des journées et des semaines de privations, par d'autres soins et des occupations, même par l'insupportable ennui. Les hommes et les dames étaient sérieusement occupés, chacun dans sa sphère. Je ne manquais pas non plus de remplir ma tâche, en considération du présent et de l'avenir, et je trouvais encore assez de temps pour obéir aux inspirations irrésistibles du talent poétique et de l'amour. Je donnais à la poésie les premières heures de la matinée; la suite du jour appartenait aux affaires, qui étaient traitées d'une façon toute particulière. Mon père, jurisconsulte profond et même élégant, soignait lui-même les affaires que lui imposaient soit l'administration de son bien, soit ses liaisons avec de dignes amis; et, bien que sa qualité de conseiller impérial ne lui permît pas de pratiquer, il était, comme jurisconsulte, à la disposition de plusieurs personnes dont il avait la confiance; ses écritures étaient signées par un avocat ordinaire, à qui chaque signature valait une rétribution équitable.

Son activité avait encore augmenté depuis que j'étais entré dans les affaires, et je pouvais remarquer qu'il mettait à plus haut prix mon talent de poëte que ma pratique, et qu'il faisait tout, afin de me laisser assez de temps pour mes études et mes travaux poétiques. Solide et laborieux, mais lent à concevoir et à exécuter, il étudiait les pièces comme référendaire particulier, puis, quand nous étions réunis, il m'exposait l'affaire, et je l'expédiais avec une si grande facilité, que son cœur paternel en était vivement réjoui : il me dit même un jour que, si je lui étais étranger, il me porterait envie.

Pour faciliter encore ces travaux, nous avions un clerc, dont les manières et le caractère, bien retracés, feraient bonne figure dans un roman. Après avoir bien employé son temps au collège, où il était devenu bon latiniste et avait acquis d'autres précieuses connaissances, il mena à l'université une vie par trop légère, qui interrompit sa carrière; il se traîna quelque temps dans l'indigence, avec un corps infirme, et ne revint que plus tard à une situation meilleure, au moyen de sa belle écriture et de son talent de comptable. Soutenu par quelques avocats, il apprit peu à peu à connaître fort bien la procédure, et, par sa probité et sa ponctualité, il se fit des protecteurs de tous ceux qui l'employèrent. Il nous rendit aussi de bons services, et il était à notre disposition pour toutes les affaires de droit et de calcul. Il s'occupait donc, pour sa part, de nos affaires, toujours plus étendues, qui avaient pour objet soit la pratique du droit, soit des gérances, des commissions et des expéditions diverses. A l'hôtel de ville, il connaissait tous les tours et les détours; tel qu'il était, on le souffrait dans les deux audiences du bourgmestre; et, comme il connaissait bien, depuis leur entrée en fonctions, et dans leur marche encore mal assurée, plusieurs sénateurs, dont quelques-uns devinrent bientôt échevins, il avait gagné une certaine confiance, qu'on pourrait appeler une sorte d'autorité. Il savait employer tout cela à l'avantage de ses patrons, et, comme sa santé l'obligeait à une activité modérée, on le trouvait toujours prêt à remplir soigneusement toute commission. Sa personne n'était point désagréable; sa taille était élancée, ses traits réguliers, ses manières point importunes; avec l'air d'assurance d'un homme qui sait parfaitement ce qu'il est à propos de faire, il était habile et de joyeuse humeur, quand il s'agissait d'écarter des obstacles. Il devait approcher de la cinquantaine. Encore une fois, je regrette de ne l'avoir pas introduit comme ressort dans quelque nouvelle.

Avec l'espérance d'avoir satisfait, en quelque mesure, mes lecteurs par ce qui précède, je reviens à ces jours brillants, où l'amour et l'amitié se montrèrent dans leur plus belle lumière. Que l'on célébrât soigneusement, gaiement et avec une certaine diversité, les jours de naissance, c'était chose naturelle dans une pareille société. C'est pour le jour natal du pasteur Ewald que fut composée la chanson : « Dans toutes les bonnes heures, exaltés par l'amour et le vin, unissons nos voix pour dire cette chanson! Il nous lie, le dieu qui nous amène ici; il ranime nos flammes que ses mains allumèrent [1]. » Comme cette chanson s'est conservée jusqu'à présent, et qu'il n'y a guère de société joyeuse, rassemblée pour un festin, qui ne la répète gaiement,

[1] Tome I, page 44.

nous la recommandons à nos successeurs, et nous leur souhaitons à tous de la dire et de la chanter avec autant de plaisir et de contentement que nous en ressentions alors dans notre petit cercle, qui était un monde pour nous et nous faisait oublier qu'il y en avait un plus grand.

On s'attend bien que le jour natal de Lili, qui revenait, le 23 juin, pour la dix-septième fois, devait être célébré avec une solennité particulière. Elle avait promis d'arriver à midi à Offenbach, et je dois dire que les amis s'étaient heureusement accordés pour écarter de cette fête tous les compliments traditionnels et s'étaient préparés à recevoir et à réjouir Lili avec des témoignages d'affection dignes d'elle. Occupé de ces agréables devoirs, je voyais se coucher le soleil, qui annonçait un beau lendemain et promettait à notre fête sa joyeuse et brillante présence, quand Georges, le frère de Lili, qui ne pouvait se contraindre, entra assez brusquement dans ma chambre et m'apprit sans ménagement que la fête du lendemain était troublée; il ne savait lui-même ni pourquoi ni comment, mais sa sœur me faisait dire qu'il lui était tout à fait impossible de se trouver le lendemain pour midi à Offenbach et de prendre part à la fête préparée pour elle. Elle n'espérait pas de s'y trouver avant le soir. Elle savait, elle sentait parfaitement, combien la chose devait être désagréable pour moi et pour nos amis, mais elle me priait instamment d'imaginer quelque chose pour adoucir et même pour faire pardonner le fâcheux effet de cette nouvelle qu'elle me chargeait d'annoncer. Elle m'en serait infiniment obligée. Je gardai un moment le silence, je me recueillis, et, comme par inspiration, j'avais trouvé ce qu'il fallait. Je m'écriai : « Va, Georges, va lui dire de se tranquilliser, de faire son possible pour arriver vers le soir : je promets que cette contrariété sera changée en fête. » Georges était curieux de savoir comment, mais je refusai obstinément de le satisfaire, quoiqu'il appelât à son secours tous les artifices et tout le pouvoir que se permet d'exercer sur nous le frère d'une amante.

A peine fut-il parti, que je me promenai de long en large dans ma chambre, singulièrement satisfait de moi-même, avec le joyeux et libre sentiment qu'une occasion m'était offerte de me montrer d'une manière brillante comme serviteur de Lili; je cousis ensemble plusieurs feuilles de papier avec de belle soie, comme il convient pour les poëmes de circonstance, et je me hâtai d'écrire le titre :

ELLE NE VIENT PAS!

Lamentable drame de famille, qui, Dieu l'a voulu! sera représenté au naturel, à Offenbach sur le Mein, le 23 juin 1775. L'action dure du matin jusqu'au soir.

Il ne reste de ce badinage ni brouillon ni copie ; je m'en suis souvent informé, sans avoir pu jamais obtenir aucun éclaircissement : il faudra donc que je le recompose, mais il est facile d'en donner une idée générale. La scène se passe à Offenbach, dans la maison et le jardin de d'Orville. Au lever du rideau, les domestiques jouent chacun leur rôle exactement, et l'on voit, à n'en pas douter, qu'il se prépare une fête. Les enfants, esquissés d'après nature, se mêlent à l'action, puis monsieur et madame déploient leur activité et leur autorité particulières. Au milieu de ce mouvement confus et précipité, arrive l'infatigable voisin, le compositeur Jean-André ; il se met au clavecin, et appelle tout le monde, pour écouter et essayer le chant de fête qu'il vient de terminer. Il attire à lui toute la maison, mais chacun s'écarte de nouveau pour courir aux affaires pressantes : l'un est appelé par l'autre ; l'un a besoin de l'autre ; survient le jardinier, qui attire l'attention sur les décors du jardin et de l'eau ; couronnes, banderoles, inscriptions élégantes, rien n'est oublié.

Comme on se rassemble pour voir toutes ces belles choses, arrive un messager, qui, en sa qualité de joyeux commissionnaire, était aussi autorisé à jouer un rôle à caractère, et à qui de trop généreux pourboires pouvaient faire deviner à peu près de quoi il s'agissait. Il se fait un peu valoir avec son paquet ; il espère un verre de vin et quelques friandises ; enfin, après quelques malicieux refus, il donne sa dépêche. Les bras en tombent au maître de la maison ; la lettre échappe de ses mains. Il s'écrie : « Qu'on m'approche de la table, de la commode! Que je puisse passer la main sur quelque chose! » Les personnes vives, qui ont l'habitude d'une spirituelle intimité, se distinguent bientôt par un langage et des gestes symboliques. Il se forme un argot particulier, qui fait le charme des initiés et que les étrangers ne remarquent pas, ou qu'ils trouvent insipide, s'ils le remarquent. Une des singularités les plus agréables de Lili est ici rendue par l'expression et par le geste de « passer la main; » c'est ce qu'elle faisait, particulièrement à table, ou si elle se trouvait dans le voisinage d'une surface polie, lorsqu'on tenait quelques discours choquants. Cette habitude lui venait d'une gracieuse malice dont elle s'était rendue coupable, un jour qu'elle se trouvait placée à table à côté d'un étranger, qui tint quelques propos malséants. Sans laisser paraître la moindre émotion sur son charmant visage, elle promena gentiment sa main droite sur la nappe, et poussa doucement par terre tout ce qu'elle rencontra dans ce geste léger, couteau, fourchette, pain, salière, que sais-je! et même plusieurs objets à l'usage de son voisin. Grand émoi : les domestiques accoururent; nul ne savait ce que cela voulait dire, excepté les convives les plus proches, qui furent charmés de voir faire à une incongruité une si jolie et victorieuse réplique. Un symbole était donc trouvé pour le refus d'une chose contrariante, ce qui peut arriver quelquefois dans une société instruite, honnête, estimable, bien intentionnée, mais qui n'est pas cultivée au plus haut point. Nous nous permettions tous, pour exprimer le refus, ce mouvement de la main droite. Elle-même, elle ne se permit dans la suite que modérément et avec goût de passer réellement la main sur les objets.

Si donc le poëte attribue, comme mimique, au maître de la maison ce désir, devenu chez nous, par l'habitude, un mouvement naturel, on voit d'abord l'effet qu'il va produire : comme il menace de tout jeter à bas des meubles par le frottement, tout le monde l'arrête; on cherche à le calmer; enfin il se jette accablé dans un fauteuil. « Qu'est-il arrivé? s'écrie-t-on. Est-elle malade? Quelqu'un est-il mort? — Lisez! lisez, s'écrie d'Orville. La lettre est là par terre. » On ramasse la dépêche, on lit, on s'écrie : « Elle ne vient pas! » Cette grande frayeur avait préparé à une plus grande. Mais elle était donc bien! Il ne lui était rien arrivé! Nul accident fâcheux dans la famille! Il restait l'espérance du soir. André, qui, dans l'intervalle, n'avait pas cessé de musiquer, accourait enfin, consolait et cherchait à se consoler. Le pasteur Ewald et sa femme entraient en scène d'une manière également caractéristique, avec chagrin et avec esprit, avec des regrets sentis et des conseils modérés. Cependant la confusion était encore générale, lorsque enfin l'oncle Bernard arrive, avec une tranquillité exemplaire, dans l'attente d'un bon déjeuner, d'un honorable dîner de fête, et il est le seul qui envisage l'affaire du véritable point de vue, qui tienne des discours consolatifs, raisonnables, et qui arrange tout, absolument comme dans la tragédie grecque un Dieu fait cesser avec peu de mots les égarements des plus grands héros.

Tout cela fut écrit à plume courante pendant une partie de la nuit, et remis à un messager, qui avait pour instruction d'arriver, le lendemain, à dix heures précises à Offenbach. A mon réveil, je vis la plus belle matinée. Je m'arrangeai pour arriver aussi à Offenbach au coup de midi. Je fus accueilli par le plus étrange des charivaris. On parlait à peine de la fête troublée. Ils me grondaient et me querellaient tous de les avoir si bien saisis. Les domestiques étaient charmés d'avoir figuré sur le même théâtre que leurs maîtres; les enfants seuls, invariables, incorruptibles réalistes, soutenaient obstinément qu'ils n'avaient pas parlé ainsi, et que tout s'était passé autrement qu'on ne le voyait là écrit. Je les apaisai avec quelques avant-goûts du dessert, et nous restâmes bons amis. Un joyeux dîner, des préparatifs modestes, nous disposèrent à recevoir Lili sans faste, mais peut-être aussi avec plus de tendresse. Elle vint et trouva, pour lui souhaiter la bienvenue, des visages gais et riants : elle était presque surprise que son absence permît tant d'allégresse : on lui expliqua tout, on lui donna lecture de la pièce, et, avec sa douceur et sa grâce, elle me remercia comme elle seule pouvait faire.

Il n'était pas besoin d'une grande pénétration pour remarquer que son absence d'une fête qui lui était consacrée n'avait pas été accidentelle, mais qu'elle avait eu pour cause les propos qu'on tenait sur notre liaison. Cependant ils n'eurent pas la moindre influence ni sur nos sentiments ni sur notre conduite. On ne pouvait manquer dans cette saison de chercher, avec empressement, hors de la ville, les plaisirs de la société. Souvent je n'arrivais que tardivement dans la soirée, et je trouvais Lili avec tous les dehors de l'affection et de la sympathie. Comme je ne paraissais que pour bien peu de temps, j'aimais à lui rendre quelques services. Tantôt je m'étais chargé d'une affaire grande ou petite, tantôt je venais recevoir une commission. Ce servage est pour un amant la chose la plus agréable du monde, ainsi que les vieux romans de chevalerie savent nous le dire d'une manière obscure mais énergique. Qu'elle régnât sur moi, c'était chose manifeste, et elle pouvait bien se permettre d'en être fière. C'est ici le triomphe du vainqueur et du vaincu ; l'un et l'autre se complaisent dans le même orgueil.

Cette action répétée, mais souvent très-courte, que j'exerçais, n'en était que plus prononcée. Jean-André avait toujours une provision de musique ; j'apportais des nouveautés étrangères ou de ma façon ; c'était une pluie de fleurs poétiques et musicales ; c'était un beau temps ! Il régnait dans notre société une certaine exaltation. Pas un moment de vide. Il n'est pas douteux que cet effet ne fût produit sur nos amis par notre liaison : en effet, quand l'amour et la passion se montrent avec leur hardiesse naturelle, ils encouragent les âmes craintives, qui ne comprennent plus pourquoi elles feraient mystère de leurs droits tout pareils. Aussi voyait-on des liaisons plus ou moins cachées se former désormais sans crainte, et d'autres, qui ne se pouvaient guère avouer, se glissaient doucement de compagnie sous le voile du secret.

Si mes affaires, qui se multipliaient, ne me permettaient pas de passer à la campagne les jours auprès d'elle, les belles soirées offraient l'occasion de prolonger en plein air nos entrevues. C'était une situation dont il est écrit : « Je dors, mais mon cœur veille. » Les heures de clarté et de ténèbres étaient pareilles ; la lumière du jour ne pouvait éclipser la lumière de l'amour, et l'éclat de la passion faisait de la nuit un jour splendide. Voici une aventure que les âmes aimantes accueilleront avec plaisir. Nous avions prolongé assez tard, sous un beau ciel étoilé, notre promenade dans la campagne : après l'avoir accompagnée, ainsi que nos autres amis, de porte en porte, et avoir pris enfin congé d'elle, je sentis si peu le sommeil, que je n'hésitai pas à recommencer une promenade. Je suivis la grande route de Francfort, pour m'abandonner à mes pensées et à mes espérances; je m'assis sur un banc, pour être tout à elle et à moi-même, dans le profond silence de la nuit, sous un ciel étoilé, d'une splendeur éblouissante. Un bruit remarquable et difficile à expliquer se fit tout près de moi; ce n'était pas un frôlement, ce n'était pas un murmure : en prêtant l'oreille avec plus d'attention, je découvris que c'était le travail souterrain de petits animaux, peut-être des hérissons ou des belettes, ou de quelque autre animal, ainsi occupé à ces heures. J'avais poursuivi mon chemin vers la ville, et j'étais arrivé à Rœderberg, où je reconnus, à leur blancheur calcaire, les degrés qui mènent aux vignes. Je montai, je m'assis et je m'endormis. A mon réveil, le jour commençait à poindre; je voyais en face de moi le haut rempart bâti autrefois comme défense contre les hauteurs qui s'élèvent en deçà. Sachsenbourg s'étendait devant moi; de légers brouillards indiquaient le cours de la rivière. Je sentais une agréable fraîcheur. Je restai là jusqu'au moment où le soleil, se levant peu à peu derrière moi, illumina le paysage en face. C'était la contrée où je devais revoir ma bien-aimée, et je retournai lentement dans ce paradis, au milieu duquel elle sommeillait encore.

Cependant mes occupations croissantes, que je cherchais à étendre et à dominer pour l'amour d'elle, devaient rendre plus rares mes visites à Offenbach, et me causer une certaine anxiété; on sentait bien qu'en faveur de l'avenir on sacrifiait et l'on perdait le présent. Et comme je voyais s'ouvrir peu à peu devant moi des perspectives plus avantageuses, je les jugeai plus considérables qu'elles ne l'étaient réellement, et je songeai d'autant plus à une décision prochaine, qu'une liaison si publique ne se pouvait continuer plus longtemps sans malaise. Comme il arrive d'ordinaire en pareil cas, les deux amants ne se le disaient pas expressément l'un à l'autre, mais le sentiment d'un bonheur mutuel sans bornes, la pleine conviction qu'une séparation était impossible, la confiance égale que nous avions l'un en l'autre, tout cela produisit un effet si sérieux, que moi, qui avais pris la ferme résolution de fuir désormais toute longue chaîne, et qui me trouvais lié de celle-ci, sans assurance d'un heureux événement, j'étais saisi d'une véritable stupeur, et, pour m'en délivrer, je m'enfonçais toujours plus dans des affaires civiles indifférentes, dont j'attendais aussi succès et contentement auprès de ma bien-aimée.

Dans cette situation singulière, que d'autres peuvent bien aussi avoir douloureusement connue, nous fûmes secourus par une amie qui jugea très-bien les rapports des personnes et les circonstances. C'était Mlle Delf. Elle était, avec sa sœur aînée, à la tête d'une petite maison de commerce à Heidelberg; elle avait eu, en différentes occasions, beaucoup d'obligations à la grande maison de banque de Francfort. Elle avait connu et aimé Lili dès son enfance. C'était une personne singulière; son air avait quelque chose de grave et de masculin, sa démarche était vive, égale, délibérée; elle avait eu sujet de se plier aux exigences du monde, et, par là, elle le connaissait, du moins dans un certain sens. On ne pouvait pas la nommer intrigante. Elle observait longtemps les liaisons et méditait secrètement ses desseins; mais ensuite elle avait le don de discerner l'occasion, et, quand elle voyait les sentiments des personnes flotter entre le doute et la résolution, quand il ne s'agissait plus que de se décider, elle savait agir avec une telle fermeté, qu'elle ne manquait guère de réaliser son projet. Elle n'avait proprement aucun but égoïste; avoir fait, avoir accompli quelque chose, surtout avoir fait un mariage, était déjà pour elle une récompense. Elle avait longtemps observé notre liaison; dans ses fréquents séjours à Francfort, elle avait approfondi la chose, et s'était enfin convaincue que cette inclination devait être favorisée; que ces projets, honnêtement mais faiblement entrepris et poursuivis, devaient être secondés, et ce petit roman amené promptement à sa conclusion. Depuis nombre d'années, elle avait la confiance de la mère de Lili; introduite par moi dans ma famille, elle avait su se rendre agréable à mes parents; car ces manières brusques ne déplaisent point dans une ville impériale, et, avec un fonds de sagesse, elles sont même bienvenues. Elle connaissait très-bien nos vœux, nos espérances; avec son goût pour agir, elle y vit une commission. Bref, elle négocia avec les parents. Comment s'y prit-elle? Comment vint-elle à bout d'écarter les difficultés qui se présentèrent peut-être? Je ne sais, mais, un soir, elle vient à nous et nous apporte le consentement. « Donnez-vous la main ! » dit-elle, avec sa manière pathétique et impérieuse. J'étais devant Lili, et je lui tendis la main ; elle me donna la sienne, sans hésiter, mais lentement. Revenus de notre saisissement, nous nous jetâmes dans les bras l'un de l'autre. Une remarquable dispensation de l'Être tout-puissant a voulu, dans le cours de mon aventureuse carrière, me faire connaître les émotions du fiancé. Je puis dire que, pour un homme qui a des mœurs, c'est le plus agréable de tous les souvenirs. Il est doux de se rappeler les sentiments qu'il est difficile d'exprimer, et qui se peuvent expliquer à peine. La situation antérieure est entièrement changée ; les dures oppositions sont abolies ; la continuelle discordance est effacée ; la nature envahissante, la raison qui avertit sans cesse, les penchants tyranniques, la loi sage, qui nous assiégeaient de leur éternel conflit, viennent à nous maintenant dans une aimable concorde, et, grâce à une fête pieuse et généralement célébrée, ce qui était défendu est prescrit et ce qui était puni s'élève au rang de devoir indispensable. Mais on apprendra avec une satisfaction morale, que, dès ce moment, il s'opéra un certain changement dans ma manière de sentir. Si j'avais trouvé jusqu'à ce jour ma bien-aimée belle, agréable, attrayante, elle me parut dès lors noble et imposante. C'étaient deux personnes en une ; sa grâce et son amabilité m'appartenaient : je le sentais comme auparavant ; mais la dignité de son caractère, son assurance en elle-même, sa fidélité en toute chose, restaient toujours son bien propre. Je le contemplais, je le pénétrais, et j'y voyais avec bonheur un capital, dont les intérêts seraient ma jouissance pour la vie.

On l'a dit depuis longtemps, avec autant de sagesse que de gravité, nous ne demeurons guère au sommet d'une situation. Le consentement des deux familles, qui était tout particulièrement l'ouvrage de Mlle Delf, fut considéré désormais comme valable tacitement et sans autre formalité. Car, aussitôt que quelque chose d'idéal, comme on peut appeler de pareilles fiançailles, entre dans la réalité, il survient une crise au moment où l'on pense que tout est conclu. Le monde est impitoyable et il a raison ; car il faut que, de toute façon, il se maintienne ; la confiance de la passion est grande, mais nous la voyons bien souvent échouer contre la réalité. Deux jeunes époux qui s'unissent, surtout de nos jours, sans avoir une fortune suffisante, ne peuvent point se promettre de lune de miel; le monde les menace aussitôt de ses impérieuses exigences, qui, si elles ne sont pas satisfaites, font accuser un jeune couple de folie.

L'insuffisance des moyens que j'avais courageusement mis en œuvre pour atteindre mon but n'avait pu se révéler à moi auparavant, parce que ces moyens auraient suffi jusqu'à un certain point : maintenant le but s'était rapproché, et rien ne cadrait plus. Le sophisme, que la passion trouve si aisément, ressortait peu à peu dans toute son inconvenance. Je dus considérer avec quelque sang-froid ma maison ma situation domestique, dans ses derniers détails. Je sentais bien au fond que tout cela était préparé pour une bru; mais sur quel genre de personne avait-on compté? Nous avons fait connaissance, à la fin de la troisième partie, avec une jeune personne modeste, aimable, sage, belle, vertueuse, toujours égale à elle-même, aimante et sans passion ; c'était la clef de voûte convenable au cintre qui s'achevait : maintenant, à juger avec calme et sans prévention, on ne pouvait se dissimuler que pour la nouvelle clef il aurait fallu construire une voûte nouvelle. Cependant cela n'était pas encore évident pour moi, et pour elle tout aussi peu. Mais, quand je me voyais dans ma maison et que je songeais à l'y introduire, elle me semblait n'être pas à sa place, tout comme, pour paraître dans ses assemblées, pour ne pas trancher avec les gens à la mode, j'avais dû changer d'habits de temps en temps et en changer encore. Or cela n'allait pas avec un ménage où, dans une maison bourgeoise, neuve, de belle apparence, une magnificence surannée avait, en quelque sorte, reculé la date de l'établissement. Aussi n'avait-il pu s'engager ni s'établir, même après le consentement obtenu, aucunes relations entre les parents, aucun lien de famille. C'étaient d'autres usages religieux, d'autres mœurs. A supposer que mon aimable fiancée voulût continuer un peu son genre de vie, elle ne trouverait dans la décente et spacieuse maison ni l'occasion ni l'espace nécessaires.

Si j'avais jusqu'alors détourné les yeux de toutes ces choses, il s'était ouvert à moi du dehors, pour me tranquilliser et me fortifier, de belles perspectives de parvenir à quelque emploi avantageux. Un esprit alerte trouve partout à se placer; les aptitudes, les talents éveillent la confiance; chacun se dit qu'il s'agit seulement de prendre une autre direction. La jeunesse empressée rencontre la faveur; on suppose le génie capable de tout, parce qu'il est capable d'une certaine chose.

Le domaine de l'esprit et de la littérature en Allemagne pouvait alors être considéré comme une terre nouvellement défrichée. Il se trouvait parmi les gens d'affaires des hommes habiles qui désiraient de laborieux colons et de bons économes pour le terrain à mettre en culture. La loge des francs-maçons, considérée et bien établie, dont je connaissais les principaux membres par mes relations avec Lili, me préparait doucement des rapports plus intimes; mais, par un sentiment d'indépendance, qui plus tard me parut une folie, j'évitai toute liaison plus étroite, ne voyant pas que ces hommes, quoique réunis dans une plus haute pensée, auraient pu me seconder dans mes desseins, si voisins des leurs.

Je reviens à mon sujet. Dans les villes telles que Francfort, il y a des fonctions collectives, des résidences, des agences, qui, avec de l'activité, peuvent s'étendre sans limites. Il s'en offrait aussi à moi, qui paraissaient, au premier coup d'œil, non moins honorables que lucratives. On présuma que je pouvais les remplir, et les choses auraient marché, au moyen de la triade bureaucratique dont j'ai fait la peinture. On se dissimule ce qui est douteux; on se communique ce qui est favorable; on surmonte toutes les hésitations par une ardente activité; ainsi se mêle dans la situation quelque chose de faux, sans que la passion en soit diminuée.

En temps de paix, il n'y a guère pour la foule de lecture plus agréable que les feuilles publiques, qui nous informent promptement des événements les plus nouveaux. Le bourgeois heureux et tranquille exerce là-dessus innocemment l'esprit de parti, que, dans notre sphère bornée, nous ne pouvons ni ne devons dépouiller. Tout homme de loisir se crée alors, comme dans une gageure, un intérêt arbitraire, un gain ou une perte chimérique, et prend, comme au théâtre, un intérêt très-vif, quoique imaginaire, au bonheur et au malheur d'autrui. Cet intérêt paraît souvent arbitraire, cependant il repose sur une base morale. Car, tantôt nous donnons une approbation méritée à des desseins louables, tantôt, entraînés par un brillant succès, nous nous tournons vers celui dont nous aurions blâmé les projets. Sous tous ces rapports, l'époque nous offrait une riche matière. Frédéric II, appuyé sur sa force, semblait toujours l'arbitre de l'Europe et du monde. Catherine, femme de génie, qui s'était jugée elle-même digne du trône, donnait à des hommes habiles, comblés de sa faveur, une grande latitude pour étendre de plus en plus la puissance de leur souveraine, et comme c'était aux dépens des Turcs, auxquels nous avons coutume de rendre largement le mépris qu'ils nous témoignent, il semblait qu'on n'eût pas sacrifié des hommes, quand ces infidèles tombaient par milliers. L'incendie de leur flotte dans le port de Tschesmé causa une allégresse universelle dans le monde civilisé, et chacun s'associa à l'ivresse du vainqueur, lorsque, voulant conserver une image véritable de ce grand événement, on fit sauter en l'air un vaisseau de guerre dans la rade de Livourne, pour offrir un objet d'étude à l'artiste. Peu de temps après un jeune monarque du Nord s'empare aussi, par un coup d'autorité, du gouvernement. L'aristocratie, qu'il opprime, n'avait pas la faveur publique, attendu que, par sa nature, elle agit en silence, et n'est jamais plus en sûreté que lorsqu'elle fait peu parler d'elle; et, dans cette circonstance, on attendait merveille du jeune roi, parce que, pour faire contre-poids à la classe supérieure, il dut favoriser et s'attacher l'autre. Mais le monde s'émut plus vivement encore, quand tout un peuple fit mine de s'affranchir. Déjà auparavant on avait assisté avec plaisir à un pareil spectacle sur un petit théâtre: longtemps la Corse avait fixé tous les regards. Lorsque Paoli, hors d'état de poursuivre sa patriotique entreprise, traversa l'Allemagne pour se rendre en Angleterre, il attira tous les cœurs. C'était un bel homme, blond, svelte, plein de grâce et d'affabilité. Je le vis dans la famille Bethmann, où il passa quelques jours, accueillant avec une gracieuse obligeance les curieux qui se pressaient autour de lui. Maintenant, des scènes pareilles allaient se répéter dans un monde lointain; on faisait mille vœux pour les Américains, et les noms de Franklin et de Washington commençaient à resplendir sur l'horizon politique et guerrier. On avait beaucoup fait pour le soulagement de l'humanité, et lorsqu'un nouveau roi de France, qui voulait le bien, montra la meilleure intention de limiter lui-même son autorité, pour abolir les nombreux abus et arriver aux plus nobles résultats, introduire une administration régulière et satisfaisante, se dépouiller de tout pouvoir arbitraire, et ne régner que par l'ordre et la justice, la plus riante espérance se répandit dans le monde entier, et la confiante jeunesse crut pouvoir se promettre à elle-même, promettre à tous ses contemporains, un beau, un magnifique avenir. Cependant tous ces événements n'excitaient mes sympathies qu'autant qu'ils intéressaient l'humanité. Dans notre cercle étroit, on ne s'occupait ni de gazettes, ni de nouvelles; notre affaire était d'apprendre à connaître l'homme : quant aux hommes en général, nous les laissions volontiers en faire à leur tête.

L'état tranquille de la patrie allemande, auquel ma ville natale se voyait aussi associée depuis plus de cent ans, s'était maintenu parfaitement dans sa forme, malgré tant de guerres et de commotions. Un certain bien-être était favorisé par la hiérarchie, si diverse, qui, de la classe la plus élevée à la plus basse, de l'empereur jusqu'au juif, au lieu de séparer les personnes, paraissait les unir. Si les rois étaient subordonnés à l'empereur, leur droit d'électeurs et les priviléges qu'ils avaient acquis et maintenus en l'exerçant, leur assuraient un contre-poids décisif. La haute noblesse était entremêlée au premier ordre royal, en sorte qu'elle pouvait, en considérant ses importants priviléges, s'estimer l'égale des plus grands; elle pouvait même, dans un certain sens, se juger supérieure, puisque les électeurs ecclésiastiques avaient le pas sur tous les autres, et, comme membres de la hiérarchie, occupaient une position respectable, incontestée. Que l'on songe maintenant aux avantages extraordinaires dont ces anciennes familles jouissaient ensemble, et, en outre, dans les fondations religieuses, les ordres de chevalerie, les ministères, les associations et les confréries, et l'on jugera aisément que cette masse de personnes considérables, qui se sentaient à la fois subordonnées et coordonnées, devaient passer leurs jours dans un suprême contentement et dans une activité régulière, et préparer et transmettre, sans beaucoup de peine, le même bien-être à leurs descendants. Cette classe ne manquait pas non plus de culture intellectuelle, car, depuis cent ans, la haute éducation militaire et politique s'était remarquablement avancée: elle s'était emparée du grand monde et du monde diplomatique, mais elle avait su en même temps gagner les esprits par la littérature et la philosophie, et les placer à un point de vue élevé, qui n'était pas trop favorable au présent.

En Allemagne, on ne s'était guère avisé encore de porter envie à cette puissante classe privilégiée ou de voir avec peine ses précieux avantages sociaux. La classe moyenne s'était vouée paisiblement au commerce et aux sciences, et, par là, comme par l'industrie, qui, y touche de près, elle était parvenue à peser d'un grand poids dans la balance; des villes libres ou à peu près favorisaient cette activité, et leurs habitants jouissaient d'une sorte de bien-être paisible. Celui qui voyait sa richesse augmenter, son activité intellectuelle se développer, surtout dans la pratique du droit et les affaires d'État, avait la satisfaction d'exercer partout une grande influence. Dans les premiers tribunaux de l'Empire, et même ailleurs, on plaçait vis-à-vis du banc des nobles celui des savants; le coup d'œil plus libre des uns s'accordait fort bien avec la pensée plus profonde des autres, et l'on n'apercevait dans la vie aucune trace de rivalité. Le noble jouissait tranquillement de ses priviléges inaccessibles, consacrés par le temps, et le bourgeois dédaignait de viser à l'apparence de ces avantages en ajoutant à son nom une particule. Le marchand et l'industriel avaient assez à faire de rivaliser, en quelque mesure, avec les nations qui avançaient d'un pas plus rapide. Si l'on veut ne pas s'arrêter aux fluctuations ordinaires du jour, on pourra dire que ce fut, en somme, un temps de nobles efforts, tel qu'on n'en avait pas vu auparavant, et qui ne pouvait longtemps se maintenir dans la suite, à cause des prétentions du dedans et du dehors.

J'étais alors à l'égard des classes supérieures dans une position très-favorable. Bien que, dans *Werther*, les désagréments qu'on essuie à la limite de deux catégories déterminées soient exprimés avec impatience, on le pardonnait en considération des autres emportements de l'ouvrage, car chacun sentait bien qu'on n'avait ici en vue aucune action immédiate. Mais *Goetz de Berlichingen* me posait très-bien vis-à-vis des hautes classes. Si le goût littéraire qui avait régné jusqu'alors s'y trouvait blessé, on y voyait représentés, d'une manière savante et vigoureuse, l'état de la vieille Allemagne, l'inviolable empereur à sa tête, avec des personnages de conditions diverses, et un chevalier qui, au milieu de l'anarchie générale, se proposait d'agir, sinon légalement, du moins justement, et tombait ainsi dans une situation très-fâcheuse. Et cet ensemble n'était pas pris en l'air; il était plein d'une agréable vie, et par conséquent aussi un peu moderne çà et là, mais pourtant toujours exposé dans l'esprit avec lequel le digne et vaillant homme s'était représenté lui-même, et sans doute avec quelque faveur, dans son propre récit. La famille florissait encore; ses rapports avec la noblesse de Franconie s'étaient conservés dans leur intégrité, quoique ces rapports, comme bien d'autres choses de ce vieux temps, fussent devenus moins vivants et moins efficaces. Tout à coup la petite rivière de la Jaxt et le château de Jaxthausen avaient pris une valeur poétique; on les visitait, ainsi que l'hôtel de ville de Heilbronn. On savait que j'avais porté ma pensée sur plusieurs autres points de l'histoire de ce temps-là, et plus d'une famille, qui remontait incontestablement à cette époque, avait la perspective de voir en quelque sorte ressusciter son ancêtre.

Il se produit chez un peuple un sentiment de satisfaction universelle, quand on lui rappelle d'une manière ingénieuse son histoire; il prend plaisir aux vertus de ses ancêtres et sourit de leurs défauts, dont il se croit dès longtemps corrigé : la sympathie et l'approbation ne sauraient donc manquer à une œuvre pareille, et je pus, dans ce sens, me féliciter des effets divers que la mienne produisit. Il est toutefois remarquable que, parmi les nombreuses liaisons, et dans la foule des jeunes gens qui vinrent à moi, il ne se trouva pas un gentilhomme. En revanche, plusieurs hommes qui avaient passé la trentaine me recherchèrent, me visitèrent, et, dans leur volonté et leurs efforts, perçait une joyeuse espérance de se former sérieusement pour le bien de la patrie et de l'humanité.

Dans ce temps, la tendance générale portait donc l'activité des esprits vers l'époque intermédiaire entre le quinzième et le seizième siècle. Les ouvrages d'Ulric de Hutten me tombèrent dans les mains, et il me parut assez extraordinaire de voir se manifester de nouveau en notre temps ce qui s'était produit alors. La lettre suivante, adressée par Ulric de Hutten à Bilibad Pirkheïmer, trouvera donc ici sa place convenable :

« Ce que nous a donné la fortune, elle nous le reprend d'ordinaire, et elle ne s'en tient pas là ; tous les autres avantages extérieurs de l'homme sont sujets au hasard. A présent, j'aspire à un honneur que je voudrais bien obtenir sans disgrâce, de quelque manière que ce fût. Car une violente soif me possède d'arriver à la gloire et de m'ennoblir autant qu'il se pourra. Je serais fort à plaindre, cher Bilibad, de me tenir déjà pour noble, avec le rang, la famille et les parents auxquels j'appartiens, si je n'étais pas ennobli par mes propres efforts. C'est là le grand ouvrage que j'ai dans l'esprit : ma pensée se porte plus haut ; je n'aspire point à me voir placé dans une condition plus distinguée et plus brillante, je voudrais chercher ailleurs une source où puiser une noblesse particulière, et non me voir compté parmi les faux gentilshommes, satisfait de ce que j'ai reçu de mes ancêtres ; je voudrais, au contraire, ajouter moi-même à ces biens quelque chose qui passât de moi à mes descendants.

« C'est donc de ce côté que je dirige et que je pousse mes études et mes efforts, opposé d'opinion à ceux qui regardent comme suffisant tout ce qui est. Rien de pareil n'est suffisant pour moi, et c'est dans ce sens que je t'ai fait connaître mon ambition particulière. Je ne porte point envie, je l'avoue, à ceux qui, sortis des rangs les plus bas, se sont élevés au-dessus de ma condition, et je ne pense point là-dessus comme les gens de ma classe, qui ont coutume d'injurier les personnes d'une basse origine, lorsqu'elles se sont distinguées par leur mérite. Car ils nous sont à bon droit préférés, ceux qui saisissent et s'approprient la matière de la gloire, que nous méprisons nous-mêmes ; qu'ils soient fils de foulons ou de corroyeurs, ils ont su obtenir la gloire avec plus de difficultés que nous n'en aurions rencontré. Il ne faut pas seulement qualifier d'insensé l'ignorant, envieux de celui qui s'est distingué par ses connaissances, il faut le mettre au nombre des misérables, même des plus misérables, et c'est le défaut auquel notre noblesse est tout particulièrement sujette, de regarder d'un œil jaloux ces avantages Et quelle folie, bon Dieu, d'envier celui qui possède ce que nous avons négligé ! Pourquoi n'avons-nous pas étudié le droit ? Pourquoi n'avons-nous pas appris les belles-lettres, les beaux-arts ? Des foulons, des cordonniers et des charrons ont pris l'avance sur nous. Pourquoi avons-nous quitté la place et (quelle honte !) abandonné les études libérales aux gens de service et à leur crasse ? Tout homme habile et studieux a pu très-justement s'approprier et mettre à profit par son activité l'héritage de la noblesse que nous avons dédaigné. Misérables que nous sommes, de négliger ce qui suffit pour élever au-dessus de nous l'homme le plus infime ! Cessons d'envier et tâchons aussi d'acquérir ce que d'autres usurpent à notre honte.

« Tout désir de gloire est honorable ; tout combat pour le mérite est digne de louange : que chaque condition conserve donc son honneur propre ; qu'un ornement particulier lui soit assuré. Je ne veux pas dédaigner les images des ancêtres, non plus que les arbres généalogiques bien établis ; mais, quelle qu'en soit la valeur, elle ne nous est pas propre, si nous ne savons pas d'abord nous l'approprier par des mérites ; et cela ne peut se faire, si la noblesse n'adopte pas des mœurs qui lui conviennent. C'est en vain qu'un de ces gros et gras seigneurs te montrera les statues de ses ancêtres, tandis que lui-même, inactif, serait plus semblable à une souche que comparable à ceux dont le mérite brillait devant lui pour éclairer ses pas. Voilà ce que je voulais te confier, avec autant de prolixité que de franchise, sur mon ambition et mes sentiments. »

Sans parler avec cette abondance et cet enchaînement, les plus distingués d'entre mes amis et mes connaissances me faisaient entendre d'aussi fortes et sérieuses pensées, dont l'effet se montrait dans une louable activité. C'était pour nous un article de foi, qu'il fallait se conquérir une noblesse personnelle ; et, s'il se manifestait dans ce beau temps quelque rivalité, c'était de haut en bas. Nous autres, en revanche, nous avions ce que nous pouvions désirer : l'usage libre et consenti des talents que nous avait donnés la nature, autant que cet usage pouvait s'accorder avec nos relations civiles. Car ma ville natale était dans une condition toute particulière et trop peu observée. Tandis que les villes libres du nord de l'Allemagne s'appuyaient sur un commerce étendu, et celles du midi sur les arts et l'industrie, au défaut du commerce, qui les désertait, on pouvait observer à Francfort-sur-le-Mein, une sorte d'état complexe, où se trouvaient entremêlés le commerce, la richesse mobilière, la possession foncière, le goût des sciences et des collections. La confession luthérienne avait le gouvernement ; l'ancien héritage de Gau, qui empruntait à la maison de Limbourg le nom de maison de Frauenstein, et qui, dans le principe, n'était qu'un club, fidèle aux idées sages au milieu des ébranlements amenés par les classes inférieures ; le juriste, l'homme aisé et bien pensant, personne n'était exclu des magistratures ; les artisans mêmes qui s'étaient montrés attachés à l'ordre dans les temps difficiles étaient éligibles au conseil, quoique stationnaires à leur place. Les autres contre-poids constitutionnels, les institutions formelles et tout ce qui se rattache à une pareille constitution, ouvraient à beaucoup de gens un champ pour leur activité, tandis que le commerce et l'industrie, vu l'heureuse situation de la ville, n'étaient en aucune façon empêchés de s'étendre. La haute noblesse vivait pour elle, sans être enviée ni presque remarquée; une seconde classe, qui s'en rapprochait, devait déjà déployer plus d'activité, et, s'appuyant sur d'anciennes et puissantes bases de famille, cherchait à se rendre considérable par la connaissance du droit et de la politique. Les soi-disant réformés composaient, comme en d'autres villes les réfugiés, une classe distinguée, et même, quand ils se rendaient le dimanche à Bockenheim, dans de beaux équipages, pour assister à leur service divin, c'était toujours une sorte de triomphe sur la portion de la bourgeoisie qui avait le privilège de se rendre à pied à l'église, que le temps fût bon ou mauvais. Les catholiques étaient à peine remarqués, mais ils avaient eux-mêmes observé les avantages que les deux autres confessions s'étaient appropriés.

LIVRE XVIII.

Je reviens à la littérature et je dois signaler une circonstance qui eut sur la poésie allemande de cette époque une grande influence, et qui est particulièrement remarquable, parce que l'action dont je parle s'est fait sentir jusqu'à nos jours dans tout le cycle de notre poésie et qu'elle ne peut cesser dans l'avenir. Dès les plus anciens temps, les Allemands étaient accoutumés à la rime. Elle offrait cet avantage, qu'on pouvait procéder d'une manière très-naïve, et se borner presque à compter les syllabes. Quand la culture fut plus avancée, observait-on aussi, d'une manière plus ou moins instinctive, la force et la signification des syllabes, on méritait la louange, que plusieurs poëtes surent conquérir. La rime indiquait la conclusion de la phrase poétique; dans les vers courts, les plus petites coupures étaient elles-mêmes sensibles, et une oreille naturellement délicate veillait à la variété et à la grâce. Tout à coup on laissa la rime de côté, sans réfléchir que la valeur des syllabes n'était pas encore décidée, que la décider était chose difficile. Klopstock ouvrit la marche. On connaît ses efforts et ses travaux. Chacun sentait l'incertitude de la chose ; on n'aimait pas à s'aventurer, et, sollicité par l'ancienne tendance naturelle, on se jeta dans une prose poétique. Les délicieuses idylles de Gessner ouvrirent une carrière infinie. Klopstock écrivit en prose le dialogue de la *Bataille d'Hermann* ainsi que la *Mort d'Adam*. Avec la tragédie bourgeoise et les drames, un haut style sentimental s'empara du théâtre, et, réciproquement, l'Yambe de cinq pieds, qui se répandit chez nous sous l'influence des Anglais, ravala la poésie à la prose. Mais on ne pouvait sacrifier généralement les exigences du rhythme et de la rime. Ramler, qui suivait, il est vrai, des principes incertains, sévère pour ses propres ouvrages, ne pouvait manquer de déployer aussi cette sévérité envers les ouvrages d'autrui ; il transformait la prose en poésie, il changeait et corrigeait le travail des autres, ce qui lui valut peu de reconnaissance et augmenta la confusion. Les plus heureux furent ceux qui observèrent la rime traditionnelle, avec un certain égard à la valeur des syllabes, et, conduits par un goût naturel, observèrent des lois inexprimées et indécises, comme, par exemple, Wieland, qui, tout inimitable qu'il était, servit longtemps de modèle aux talents médiocres. En tout cas, la pratique demeura incertaine ; tous les poëtes, même les meilleurs, eurent un moment de trouble et d'embarras. Il s'ensuivit malheureusement que la véritable époque du génie poétique en Allemagne produisit peu d'ouvrages qu'on puisse appeler corrects en leur genre ; car, ici encore, l'époque était entraînante, exigeante et active, mais non méditative et satisfaite d'elle-même.

Cependant, pour trouver un terrain sur lequel la poésie pût prendre pied, pour découvrir un élément dans lequel on pût librement respirer, on avait reculé de quelques siècles, jusqu'à l'époque où, du sein d'un chaos, brillèrent de sérieux talents. Par là, on se familiarisa aussi avec la poésie de ces temps. Les minnesinger étaient trop loin de nous. Il aurait fallu étudier la langue, et ce n'était pas notre affaire ; nous voulions vivre et non pas étudier. Hans Sachs, le véritable maître-chanteur, était plus près de nous ; talent réel, non pas, il est vrai, comme les chevaliers et les hommes de cour, mais simple bourgeois, comme nous faisions gloire de l'être nous-mêmes. Nous aimions ce réalisme didactique, et nous mettions en œuvre dans mainte occasion ce rhythme facile, cette rime qui s'offrait d'elle-même. Cette forme semblait s'accommoder à la poésie du jour, et nous en avions besoin à toute heure. Et, si des ouvrages importants, qui exigeaient des années et même toute une vie d'attention et de travail, étaient commencés étourdiment et plus ou moins construits sur ce fondement hasardeux, on peut juger avec quelle témérité se dessinèrent quelquefois d'autres productions passagères, par exemple, des épîtres, des paraboles et des invectives de toute forme, avec lesquelles nous ne cessions de nous livrer à une guerre intestine et de provoquer au dehors l'ennemi.

Outre ce qui est imprimé, il reste peu de chose de tout cela. Il vaut la peine de le conserver. De courtes notices en rendront un peu plus clairs aux lecteurs réfléchis l'origine et le but. Ceux qui viendront plus tard à lire ces choses aimeront à reconnaître, en pénétrant plus avant, que toutes ces excentricités avaient pour fondement une vertueuse tendance. La volonté sincère lutte avec la prétention, la nature avec la routine, le talent avec la forme, le génie avec lui-même, la force avec la mollesse, le mérite encore en germe avec la médiocrité épanouie; en sorte qu'on peut considérer tout ce mouvement comme un combat d'avant-poste, qui suit une déclaration de guerre et annonce de violentes hostilités; car, à vrai dire, la lutte des cinquante dernières années n'est pas encore à son terme; elle se poursuit toujours, mais dans de plus hautes régions.

J'avais imaginé, d'après une ancienne pièce de marionnettes, une folle bouffonnerie intitulée les *Noces de Jean-Potage*. En voici l'idée. Jean-Potage est un jeune et riche paysan qui n'a plus ni père ni mère. A peine est-il majeur, qu'il veut épouser une riche jeune fille, nommée Ursule Blandine. Le tuteur de Jean-Potage, Kilian Broustfleck, et la mère d'Ursule, en sont charmés. Leur plan, médité durant de longues années, leurs vœux les plus ardents, seront enfin accomplis. Il ne se présente pas le moindre obstacle, et tout l'intérêt repose sur ce que le désir des jeunes gens de se posséder est retardé par les apprêts de la noce et les cérémonies indispensables. Le prologue est débité par le semonneur, qui récite sa tirade traditionnelle et la termine par ces mots:

> Au cabaret de la *Puce dorée*
> Sera la noce célébrée.

Pour échapper au reproche d'avoir violé l'unité de lieu, on exposait aux yeux, dans le fond du théâtre, l'auberge avec ses brillants insignes, mais de telle sorte que, tournant sur un pivot, elle pût être présentée par ses quatre faces, ce qui exigeait toutefois à l'avant-scène les changements convenables. Au premier acte, on voyait la face tournée vers la route, avec ses insignes dorés, exécutés tels que les avaient présentés le microscope solaire; au deuxième acte, c'était le côté qui regardait le jardin; au troisième, celui qui donnait sur un bosquet; au quatrième, celui devant lequel s'étalait le lac voisin. Par où était prophétisé que, dans les temps futurs, le décorateur pourrait, sans beaucoup de peine, amener une vague sur toute la scène et jusque dans le trou du souffleur. Tout cela ne fait pas ressortir encore le véritable intérêt de la pièce; le badinage fou qui en faisait le fond, c'est que tout le personnel des acteurs portait des sobriquets en pur allemand, qui exprimaient le caractère des personnages et leurs relations mutuelles. Comme nous osons espérer que ces Mémoires seront lus dans les bonnes compagnies et même dans le cercle décent de la famille, nous ne croyons pas devoir nommer ici nos personnages à la file, comme c'est l'usage sur les affiches de théâtre, ni citer les endroits où ils se montraient de la manière la plus brillante, quoique les applications gaies, malignes, naïves, et les spirituelles plaisanteries dussent se produire de la manière la plus simple. Voici un échantillon. Nos éditeurs jugeront s'il est admissible.

Le cousin Schouft (faquin) avait le droit, par ses rapports avec la famille, d'être invité à la fête; personne n'avait d'objection à faire, car, si sa conduite était inepte, cependant il se trouvait là, et, puisqu'il se trouvait là, on ne pouvait décemment le renier ; d'ailleurs on ne se souvenait pas d'avoir jamais été mécontent de lui à pareille fête. Le cousin Schourke (maraud) embarrassait davantage. Il avait rendu service à la famille, quand cela le servait aussi lui-même ; il lui avait nui aussi quelquefois, peut-être pour son avantage personnel, peut-être aussi parce que cela lui plaisait. Les gens plus ou moins avisés votèrent pour son admission ; quelques-uns, qui l'excluaient, eurent contre eux la majorité. Encore un troisième personnage, sur lequel il était difficile de se prononcer : c'était, dans la société, une personne convenable, aussi facile et obligeante qu'une autre, capable de rendre plus d'un service. Son seul défaut était de ne pouvoir entendre son nom. Aussitôt que notre homme l'entendait, il entrait soudain dans une fureur héroïque, dans une frénésie guerrière, il menaçait de tout massacrer à droite et à gauche, et, dans son emportement, il blessait ou il était blessé. C'est ainsi qu'on voyait, grâce à lui, le second acte s'achever dans une grande confusion.

On ne pouvait manquer dans cette occasion de châtier le brigand Macklot. Il vient en effet, colportant sa « mackloture, » et comme il aperçoit les préparatifs de la noce, il ne peut résister à son penchant de faire encore ici le parasite, et d'apaiser, aux dépens d'autrui, ses entrailles affamées. Il se présente, Kilian Broustfleck examine ses droits, mais il est obligé de l'écarter ; car, dit-il, tous les convives sont des caractères ouverts et connus, et c'est à quoi le requérant ne saurait prétendre. Macklot fait son possible pour démontrer qu'il est aussi renommé que les autres. Mais, comme Kilian Broustfleck, en sa qualité de rigoureux maître des cérémonies, ne veut pas se laisser ébranler, l'autre personnage sans nom, qui s'est remis de sa frénésie guerrière, prend si vivement la défense du contrefacteur, avec lequel il a tant d'affinité, que Macklot est finalement admis au nombre des convives.

Vers ce temps-là, les comtes de Stolberg, qui allaient faire un voyage en Suisse, nous annoncèrent leur visite. La publication de mes premières poésies dans l'Almanach des Muses de Gœttingue m'avait lié avec eux étroitement, comme avec toute cette jeunesse, dont l'influence et le caractère sont assez connus. A cette époque, on se faisait des idées assez singulières de l'amour et de l'amitié. C'étaient proprement de jeunes hommes alertes, qui se débraillaient ensemble et qui montraient un talent réel, mais inculte. Ces rapports mutuels, qui avaient l'air de la confiance, on les prenait pour de l'affection, pour un véritable attachement. Je m'y trompais aussi bien que les autres, et j'en ai longtemps souffert de plus d'une manière. Il existe encore de ce temps-là une lettre de Burger, où l'on voit qu'il n'était nullement question entre ces camarades d'esthétique morale : chacun se sentait en verve, et, là-dessus, croyait pouvoir parfaitement agir et composer.

Les deux frères Stolberg arrivèrent, et le comte de Haugwitz avec eux. Je les reçus à cœur ouvert, avec une affectueuse politesse. Ils logèrent à l'auberge, mais ils prirent le plus souvent leurs repas chez nous. La première entrevue fut charmante, mais bientôt les excentricités se produisirent. Les rapports avec ma mère eurent un caractère particulier. Elle savait, avec sa manière franche et habile, se reporter dans le moyen âge pour être placée, comme Aia, chez quelque princesse lombarde ou byzantine. On ne l'appelait pas autrement que Mme Aia; elle se plaisait à ce badinage, et se prêtait d'autant plus volontiers aux imaginations de la jeunesse, qu'elle croyait déjà voir son image dans la femme de Gœtz de Berlichingen. Mais les choses n'en devaient pas rester là. A peine eûmes-nous tablé quelquefois ensemble, qu'après avoir vidé une ou deux bouteilles, on donna l'essor à la poétique haine des tyrans, et l'on se montra altéré du sang de ces barbares. Mon père secoua la tête en souriant; ma mère n'avait peut-être de sa vie entendu parler de tyrans, cependant elle se souvint d'avoir vu de ces monstres gravés sur cuivre dans la chronique de Godefroi : le roi Cambyse, qui, en présence du père, triomphe d'avoir atteint de sa flèche le cœur du jeune fils, et d'autres encore, qui étaient restés dans sa mémoire. Pour donner un tour plus gai à ces déclamations, toujours plus violentes, elle se rendit à la cave, où elle gardait, entretenus soigneusement, de grands tonneaux des vins les plus vieux. Il ne s'en trouvait pas de moindre qualité que des années 1706, 1719, 1726, 1748, gardés et soignés par elle-même. On n'y touchait que rarement et dans les occasions solennelles. En posant sur la table, dans le cristal poli, le vin haut en couleur, elle s'écria : « Voici le vrai sang de tyran! Faites-en vos délices, mais hors de chez moi toutes ces pensées de meurtre! — Oui, le vrai sang de tyran, m'écriai-je. Il n'y a pas au monde de tyran pareil à celui dont on vous présente le sang le plus vif. Que l'on s'en rafraîchisse, mais modérément, car vous devez craindre qu'il ne vous subjugue par son bon goût et son esprit. Le pampre est le tyran universel, qu'il faudrait extirper, et nous devrions prendre et honorer comme patron saint Lycurgue de Thrace : il entreprit avec vigueur ce pieux ouvrage; mais, ébloui et perdu par l'enivrant démon Bacchus, il mérite d'être placé au premier rang des martyrs. Le pampre est le père de tous les tyrans, il est à la fois hypocrite, flatteur et violent. Les premières gorgées de son sang vous charment, mais une goutte attire l'autre irrésistiblement; elles se suivent comme un tour de perles que l'on craint de rompre. »

Si je pouvais être soupçonné d'intercaler ici, comme ont fait les meilleurs historiens, un discours fictif au lieu de notre conversation, j'ose exprimer le vœu qu'un sténographe eût recueilli et nous eût transmis cette oraison : on en trouverait les idées exactement les mêmes, et le flot du discours plus agréable peut-être et plus engageant. En général, il manque à mon récit l'abondante faconde et l'effusion d'une jeunesse qui se sent et qui ne sait pas ce qu'elle fera de sa force et de sa richesse.

L'habitant d'une ville telle que Francfort se trouve dans une situation singulière : des étrangers, qui se croisent sans cesse, attirent l'attention sur toutes les contrées du globe et réveillent le goût des voyages. Plus d'une occasion m'avait déjà ébranlé, et, maintenant qu'il s'agissait d'essayer si je pourrais me passer de Lili; qu'une pénible inquiétude me rendait incapable de tout travail fixe, la proposition des Stolberg, de les accompagner en Suisse, arriva très à propos. Encouragé par mon père, qui voyait très-volontiers un voyage dans cette direction, et me recommandait, quelles que fussent les circonstances, de passer en Italie, j'eus bientôt pris ma résolution, et mes préparatifs ne furent pas longs. Je me séparai de Lili, en faisant quelque allusion à mon dessein, et non pas des adieux ; elle était si vivante dans mon cœur, que je ne croyais nullement m'éloigner d'elle.

En quelques heures, je fus transporté à Darmstadt avec mes joyeux compagnons. A la cour, on dut encore se comporter convenablement; là, ce fut proprement le comte de Haugwitz qui se chargea de nous conduire. Il était le plus jeune, bien fait de sa personne, avec un air noble et délicat, des traits doux et gracieux, toujours égal à lui-même, sympathique, mais avec une telle mesure, qu'auprès des autres il tranchait comme impossible. Aussi lui fallait-il essuyer des Stolberg des railleries et des qualifications de tout genre. C'était admissible, tant que ces messieurs croyaient pouvoir se produire comme enfants de la nature; mais quand il s'agissait d'être convenable, et qu'on était obligé, sans trop de regret, de se remontrer comme comte, il savait tout conduire et tout arranger, en sorte qu'après notre départ, nous laissâmes de nous une assez bonne idée.

Pour moi, je passai mon temps avec Merck, qui jeta sur mon voyage entrepris un regard oblique, un regard de Méphistophélès, et sut peindre avec une impitoyable sagacité mes compagnons, qui lui avaient aussi rendu visite. Il me connaissait à fond à sa manière : l'incorrigible et naïve débonnaireté de ma nature lui était douloureuse; mon éternelle tolérance, mon goût de vivre et laisser vivre, irritaient sa bile. « Quelle sottise de t'en aller avec ces drôles! » s'écria-t-il. Et il en faisait un portrait frappant, mais non entièrement fidèle; la bienveillance y manquait tout à fait: c'est pourquoi je pouvais croire que je voyais de plus haut que lui, et pourtant je ne voyais pas de plus haut: seulement, je savais estimer les côtés qui se trouvaient hors de son horizon. « Tu ne resteras pas longtemps avec eux! » me dit-il pour conclure. Je me rappelle en outre une parole remarquable qu'il me répéta plus tard, que je me répétai à moi-même, et qui me frappa souvent dans la suite. « Ta tendance, me dit-il, ta direction inévitable, est de donner à la réalité une forme poétique; les autres cherchent à réaliser ce qu'on nomme poétique, imaginaire, et cela ne produit rien de bon. Si l'on saisit l'énorme différence de ces deux procédés, si on la retient constamment, et qu'on la mette en pratique, on est éclairci sur mille autres choses. »

Malheureusement, avant que notre société s'éloignât de Darmstadt, une nouvelle circonstance confirma l'opinion de Merck d'une manière victorieuse. Parmi les aberrations de l'époque, qui naissaient de l'idée qu'on devait chercher à se transporter dans l'état de nature, il faut compter le bain en pleine eau et à ciel ouvert; et nos amis, après s'être efforcés de se montrer convenables, ne purent s'abstenir de cette inconvenance. Darmstadt, sans eau courante, situé dans une plaine sablonneuse, doit avoir dans son voisinage un étang, dont je n'ai entendu parler qu'à cette occasion. Nos amis, de bouillante nature, et qui s'échauffaient toujours davantage, cherchèrent du rafraîchissement dans ce vivier. Voir, à la clarté du soleil, des jeunes gens nus pouvait bien, dans cette contrée, sembler quelque chose de singulier. Quoi qu'il en soit, il y eut du scandale. Merck aggrava ses conclusions, et j'avoue que je pressai notre départ.

Sur le chemin de Mannheim, on vit déjà paraître, malgré l'harmonie de nobles et bons sentiments, une certaine différence dans les vues et la conduite. Léopold Stolberg déclara avec chaleur qu'il avait été contraint de rompre un commerce d'amour avec une belle Anglaise, et que c'était la cause qui lui faisait entreprendre un si grand voyage. Cependant, si on lui découvrait à son tour avec sympathie qu'on n'était pas non plus étranger à de pareils sentiments, il s'écriait, avec une impétueuse ardeur de jeunesse, que rien au monde ne se pouvait comparer à sa passion, à sa douleur, comme à la beauté et aux charmes de sa bien-aimée. Voulait-on, comme il convient entre bons camarades, réduire à une juste mesure, par des discours modérés, une assertion pareille, la chose ne faisait que s'empirer, et le comte de Haugwitz et moi nous devions nous résoudre à laisser tomber ce thème. Arrivés à Mannheim, nous nous logeâmes fort bien, dans une décente auberge, et, au dessert du premier dîner, où le vin n'avait pas été épargné, Léopold nous invita à boire à la santé de sa belle, ce que nous fîmes avec assez de vacarme. Quand les verres furent vides, il s'écria : « A présent, il n'est plus permis de boire dans ces verres consacrés! Une seconde santé serait une profanation! Qu'on les brise! » Et, en disant ces mots, il jeta derrière lui son verre à pied contre la muraille. Nous en fîmes autant, et il me sembla que je sentais Merck me tirer par le collet. Mais la jeunesse conserve ce trait de l'enfance, qu'elle ne garde rancune de rien à de bons camarades, et que sa bienveillance naïve, qui peut être sans doute affectée désagréablement, ne saurait être offensée.

Après que les verres, désormais déclarés anglais, eurent augmenté notre écot, nous courûmes gaiement à Carlsruhe, pour nous transporter familièrement et sans souci dans une nouvelle société. Nous y trouvâmes Klopstock, qui exerçait avec beaucoup de dignité sa vieille autorité morale sur ses disciples, pénétrés pour lui d'un profond respect. Je me plus à lui montrer la même déférence, et, invité à la cour avec les autres, je m'y comportai, je crois, assez bien pour un débutant. Au reste, on était en quelque sorte convié à se montrer naturel et pourtant sérieux. Le margrave régnant, vénéré parmi les princes allemands à cause de son âge, mais avant tout pour ses vues excellentes en matière de gouvernement, aimait à discourir sur l'économie politique; Mme la margrave, active et versée dans les arts et dans plusieurs bonnes connaissances, se plaisait aussi à témoigner par des discours agréables une certaine sympathie. Nous nous en montrâmes reconnaissants; mais, retirés chez nous, nous ne manquâmes pas de fronder sa mauvaise fabrique de papier et la faveur qu'elle accordait à Macklot. Cependant la circonstance la plus marquante pour moi, c'est que le jeune duc de Saxe-Weimar et sa noble fiancée, la princesse Louise de Hesse-Darmstadt, se rencontrèrent à Carlsruhe pour conclure leur mariage. Déjà le président de Moser y était arrivé à cet effet, pour régler une affaire si importante, et la terminer avec le comte de Gœrtz, grand maître de la cour. Mes entretiens avec ces deux augustes personnes furent pleins de charme, et la conclusion, dans l'audience de congé, fut l'assurance répétée qu'il leur serait agréable à tous deux de me voir bientôt à Weimar.

Quelques conversations particulières avec Klopstock, dans lesquelles il me témoigna de la bienveillance, éveillèrent ma confiance et ma franchise : je lui communiquai les dernières des scènes de *Faust* que j'avais écrites. Il parut les accueillir favorablement, et j'ai su plus tard qu'il voulut bien en parler à d'autres personnes avec une approbation marquée (ce qui ne lui était pas ordinaire), et qu'il exprima le vœu que l'ouvrage fût achevé.

A Carlsruhe, noble séjour et presque sacré, mes compagnons de voyage avaient un peu modéré leur conduite fougueuse, à laquelle on trouvait alors le cachet du génie. Je me séparai d'eux, parce que j'avais à faire un détour pour me rendre à

Emmendingen, où mon beau-frère était grand bailli. Je regardais cette visite à ma sœur comme une véritable épreuve. Je savais qu'elle n'était pas heureuse, sans qu'on pût en accuser ni elle-même ni son mari ni la situation. Cornélie était une nature à part, dont il est difficile de parler. J'essayerai de rassembler ici ce qui peut se communiquer.

Ma sœur était une belle femme, mais les traits de son visage, qui exprimaient assez clairement la bonté, l'esprit, la sympathie, manquaient cependant de grâce et de régularité. Ajoutez que son front élevé, fortement bombé, produisait, grâce à la fâcheuse mode d'écarter les cheveux du visage, je ne sais quelle impression désagréable, tout en annonçant les plus belles facultés morales et intellectuelles. Je puis me dire que, si elle avait pu, suivant la mode actuelle, ombrager de boucles le haut de son visage, habiller de même ses tempes et ses joues, elle se serait trouvée plus à son gré dans son miroir, et sans crainte de déplaire aux autres comme à elle-même. Ajoutez à cela l'inconvénient que sa peau était rarement pure; fâcheuse disposition, qui, dès son enfance, par une cruelle fatalité, survenait d'ordinaire dans les jours de fête, de bal, de concert et d'autres invitations. Elle avait peu à peu surmonté ces désavantages, tandis que ses autres admirables qualités se développaient de plus en plus : un caractère ferme et difficile à plier, une âme sympathique, ayant besoin de sympathie; une excellente culture intellectuelle, de belles connaissances, de beaux talents, l'usage familier de quelques langues, une plume habile; en sorte qu'avec un extérieur avantageux, elle eût été une des femmes les plus recherchées de son temps.

Il faut dire encore, chose singulière, qu'il n'y avait pas en elle une trace de sensualité. Elle avait grandi à mes côtés et souhaité de continuer et de passer sa vie dans cette harmonie fraternelle. Après mon retour de l'université, nous étions restés inséparables; avec la plus intime confiance, nous mettions en commun nos pensées, nos sentiments, nos fantaisies, toutes nos impressions accidentelles. Quand je me rendis à Wetzlar, la solitude lui parut insupportable; mon ami Schlosser, qui n'était ni inconnu ni désagréable à la bonne Cornélie, me remplaça. Malheureusement, la tendresse fraternelle se changea chez lui en une passion décidée, la première peut-être que cet homme sévère et consciencieux eût éprouvée. C'était, comme on dit, un parti très-convenable, et elle, qui avait constamment refusé diverses propositions significatives d'hommes insignifiants, gens qu'elle avait en horreur, elle se laissa enfin persuader, je puis le dire, d'accepter cette fois. J'avouerai sincèrement que, s'il m'arrivait quelquefois de rêver à son sort, je n'aimais pas à me la représenter mère de famille, mais abbesse, mais présidente d'une noble communauté. Elle possédait tout ce qu'exige cette haute position; il lui manquait ce que le monde exige absolument. Elle exerçait sur l'esprit des femmes un irrésistible empire; elle attirait avec grâce les jeunes cœurs, et les dominait par l'influence de ses qualités morales. Et comme elle était, ainsi que moi, disposée à tolérer généralement ce qui est bon, humain, avec toutes ses singularités, pourvu qu'elles n'allassent pas jusqu'à la perversité, rien de ce qui pouvait caractériser et signaler un naturel intéressant n'avait besoin de se dissimuler ou de se gêner devant elle : c'est pourquoi nos réunions eurent toujours, ainsi que nous l'avons vu plus haut, un mouvement varié, libre, gracieux, et pourtant quelquefois un peu hardi. C'est d'elle seule que j'appris à vivre avec les jeunes personnes d'une manière affectueuse et bienséante, sans qu'il s'ensuivît d'abord une préférence et un attachement déclaré. Maintenant le lecteur intelligent, qui saura lire entre ces lignes ce qui n'est pas écrit mais indiqué, devinera les sérieuses préoccupations avec lesquelles je me rendis à Emmendingen.

À mon départ, après un séjour de peu de durée, je me sentis le cœur encore plus oppressé, de ce que ma sœur m'avait instamment recommandé et même commandé de me séparer de Lili. Elle avait elle-même beaucoup souffert de ses longues fiançailles. L'honnête Schlosser ne voulut pas les célébrer avant d'être assuré d'une place dans le grand-duché de Bade, et même, on pourrait dire, avant d'être déjà placé. Or la décision définitive se fit attendre d'une manière inimaginable. S'il faut que je dévoile ma conjecture, l'excellent Schlosser, quelle que fût son habileté dans les affaires, ne pouvait, à cause de sa rude probité, convenir au prince comme serviteur immédiat, et il convenait moins encore aux ministres comme proche collaborateur. Il ne put, selon ses espérances et malgré ses instantes sollicitations, être placé à Carlsruhe. Ce délai s'expliqua pour moi, quand la charge de grand bailli devint vacante à Emmendingen et qu'il en fut pourvu sur-le-champ. On lui conférait donc un bel et fructueux emploi qu'il se montra parfaitement capable de remplir. C'était une chose toute conforme à son humeur et à sa conduite d'être seul, d'agir selon sa conviction, et de rendre compte de tout, quitte à recueillir la louange ou le blâme. Toutes les objections furent inutiles; ma sœur dut le suivre, non pas dans une résidence, comme elle l'avait espéré, mais dans une bourgade, qui dut lui paraître une solitude, un désert; dans une maison spacieuse, magistrale, imposante, mais qui manquait de toute société. Quelques jeunes demoiselles, avec qui elle s'était liée d'amitié, la suivirent, et, comme la famille Gerock avait abondance de filles, elles alternaient, et Cornélie, parmi tant de privations, jouissait du moins d'une société dès longtemps familière.

C'était cette position, ces expériences, qui l'autorisaient, croyait-elle, à m'ordonner, de la manière la plus pressante, de renoncer à Lili. Il lui semblait dur d'arracher cette demoiselle, dont elle s'était fait la plus haute idée, à une existence, sinon brillante, du moins vive et animée, pour l'enfermer dans notre maison, honorable sans doute, mais qui n'était point montée pour s'ouvrir au grand monde; entre un père bienveillant, taciturne, et pourtant volontiers pédagogue, et une mère très-active, à sa manière, dans son ménage, mais qui, ses occupations une fois terminées, voulait se livrer paisiblement à un ouvrage d'aiguille, dans un doux entretien avec des jeunes personnes choisies qu'elle attirait près d'elle. En revanche, elle me retraça vivement les relations de Lili, que je lui avais moi-même exposées jusqu'aux moindres détails, soit dans mes lettres, soit dans les confidences où j'avais épanché mon cœur. Par malheur, cette peinture n'était que le développement détaillé et bienveillant de ce qu'un de nos familiers, méchant rapporteur, duquel on finit par se défier tout à fait, s'était efforcé de me souffler à l'oreille en quelques traits caractéristiques. Je ne pus rien promettre à Cornélie, toutefois je dus avouer qu'elle m'avait persuadé. Je partis, en gardant au fond du cœur le mystérieux sentiment dont la passion continue de se nourrir; car cet enfant, que l'on appelle Amour, se cramponne encore avec obstination au vêtement de l'Espérance, quand elle prend déjà sa course pour s'éloigner à grands pas.

De là jusqu'à Zurich, le seul objet dont je garde encore un souvenir distinct est la chute du Rhin près de Schaffhouse. Une puissante cataracte signale le premier degré qui annonce un pays de montagnes, dans lequel nous nous proposons d'entrer et où nous devons en effet, de degrés en degrés et dans une progression croissante, atteindre péniblement les hauteurs. La vue du lac de Zurich, dès le seuil de l'Épée, m'est également présente : je dis du seuil de l'auberge, car je n'y entrai point et je courus chez Lavater. La réception fut gaie et cordiale et, je dois le dire, infiniment agréable. Je trouvai Lavater familier, indulgent, bénissant, édifiant ; on ne pouvait se faire une autre idée de sa personne. Sa femme, avec des traits un peu singuliers, mais paisibles, qui exprimaient une douce piété, s'harmonisait parfaitement, comme tout ce qui entourait Lavater, avec sa manière de vivre et de sentir.

La conversation roula d'abord et continua presque sans interruption sur sa *Physiognomonie*. La première partie de ce singulier ouvrage était déjà, si je ne me trompe, complétement imprimée, ou du moins près de l'être. On peut dire que cet ouvrage est empirique avec génie, collectif avec méthode. J'eus avec le livre les plus singuliers rapports. Lavater voulait avoir tout le monde pour collaborateur et participant. Dans son voyage du Rhin, il avait déjà fait faire le portrait d'une foule d'hommes marquants, pour les intéresser personnellement à un livre dans lequel ils devaient figurer eux-mêmes. Il procéda de même avec les artistes; il les pressait tous de lui envoyer des dessins pour son objet. Les dessins arrivèrent, et ils ne répondaient pas précisément à leur destination. Il demanda pareillement de divers côtés des gravures sur cuivre, et le résultat fut aussi rarement caractéristique. De son côté, il avait exécuté un grand travail; à force d'argent et de peines de tout genre, un ouvrage considérable était préparé; la *Physiognomonie* avait obtenu tous les honneurs, et, au moment où ces travaux allaient former un volume, où leur objet, appuyé sur une doctrine, confirmé par des exemples, devait s'élever à la dignité d'une science, aucun tableau ne disait ce qu'il avait à dire, toutes les planches étaient critiquées, expliquées, non pas louées mais seulement acceptées, plusieurs même étaient abolies par les commentaires. C'était pour moi, qui n'avançais jamais le pied sans chercher d'abord à l'assurer, une des missions les plus pénibles qu'il fût possible d'imposer à mon activité. Qu'on veuille en juger ! Le manuscrit m'arriva à Francfort, avec les gravures intercalées dans le texte. J'avais le droit d'effacer ce qui me déplairait, de changer et d'insérer ce que je croirais convenable. Je fis de cette permission un usage très-modéré. Une seule fois, je retranchai une controverse très-vive, jetée en passant contre une injuste critique, et j'y substituai une poésie gaie et naturelle. Lavater m'en fit des reproches, mais, plus tard, lorsqu'il fut apaisé, il approuva ce que j'avais fait.

Toute personne qui feuillettera les quatre volumes de la *Physiognomonie* et qui voudra les parcourir (ce qui ne lui laissera pas de regret) pourra juger quel intérêt eut notre entrevue. La plupart des sujets qui figurent dans l'ouvrage étaient déjà dessinés et une partie gravés ; ils furent examinés et jugés, et l'on délibéra sur les moyens ingénieux par lesquels l'insuffisant pourrait être ici rendu instructif et par conséquent suffisant. Si quelquefois encore je parcours l'ouvrage de Lavater, il produit sur moi une impression riante et comique : il me semble voir passer les ombres d'hommes que j'ai bien connus autrefois, qui m'ont fâché en d'autres temps, et qui ne devraient pas m'égayer aujourd'hui.

Ce qui permit de donner une certaine harmonie à tant de figures mal exécutées, ce fut le beau et sérieux talent du dessinateur et graveur Lips ; la nature lui avait donné en effet la libre et prosaïque expression de la réalité, qui était ici l'essentiel. Il travaillait sous le physiognomoniste, qui avait de singulières exigences, et il lui fallait une attention bien vive pour approcher de ce que désirait son maître. Cet ingénieux villageois sentait tout ce qu'il devait à un digne ecclésiastique, bourgeois de la ville privilégiée, et il travaillait avec le plus grand soin.

Comme je ne logeais pas sous le même toit que mes compagnons de voyage, je leur devins chaque jour plus étranger, sans que nous fussions moins bien ensemble. Nos parties de campagne ne correspondaient plus, mais nous avions encore dans la ville quelques rapports. Ils s'étaient aussi présentés chez Lavater, avec tout l'orgueil de jeunes gentilshommes, et ils produisirent sur l'habile observateur une autre impression que sur le reste du monde. Il s'en expliqua avec moi, et je me rappelle parfaitement, que, parlant de Léopold Stolberg, il s'écria : « Je ne vous conçois pas, vous autres. C'est un noble jeune homme, excellent et bien doué ; mais on me l'a dépeint comme un héros, comme un Hercule, et je n'ai vu de ma vie un jeune homme plus doux, plus délicat, et, lorsqu'il le faudra, plus facile à déterminer. Je suis encore bien éloigné d'une pénétration physiognomonique certaine, mais c'est pourtant trop affligeant de voir où vous en êtes, vous et la multitude. »

Depuis le voyage que Lavater avait entrepris dans le Bas-Rhin, sa personne et ses études inspiraient un bien plus vif intérêt. De nombreux visiteurs venaient à leur tour se presser à sa porte, si bien qu'il éprouvait quelque embarras d'être envisagé comme le premier des hommes d'Église et des hommes d'esprit, et considéré comme le seul qui attirât chez lui les étrangers. Pour échapper à l'envie et la disgrâce, il savait engager et encourager ceux qui le visitaient à témoigner aussi leur empressement et leur respect aux autres hommes marquants. Le vieux Bodmer était surtout signalé à l'attention, et nous dûmes l'aller voir et lui présenter nos jeunes hommages. Il demeurait sur un coteau, derrière la grande ou vieille ville, située sur la rive droite, à l'endroit où le lac se resserre et devient la Limmat ; nous traversâmes la vieille ville, et nous montâmes, par des sentiers toujours plus roides, la hauteur derrière les remparts, où s'était formé, d'une manière demi-champêtre, entre les fortifications et les anciens murs de la ville, un faubourg très-agréable, composé, soit de maisons juxtaposées, soit d'habitations éparses. Là se trouvait la maison de Bodmer, où il avait passé toute sa vie au milieu du paysage le plus libre et le plus gai, que nous avions déjà contemplé avec un extrême plaisir avant d'entrer, favorisés par la beauté et la sérénité du jour.

On nous fit monter un étage, et l'on nous introduisit dans une chambre toute lambrissée, où nous vîmes un joyeux vieillard de moyenne taille venir au-devant de nous. Il nous accueillit avec une salutation qu'il avait coutume d'adresser aux disciples qui le visitaient. Nous devions lui savoir gré, nous dit-il, d'avoir différé son départ de ce monde passager assez longtemps pour nous accueillir avec amitié, pour faire notre connaissance, se réjouir de nos talents et nous exprimer ses vœux pour la suite de notre carrière. Nous le félicitâmes à notre tour, lui poëte, qui appartenait au monde des patriarches, d'avoir possédé toute sa vie dans le voisinage d'une ville si cultivée, une demeure véritablement idyllique et, dans cette atmosphère haute et libre, d'avoir joui durant de longues années d'une telle perspective, à la satisfaction perpétuelle de ses yeux. Il ne parut point mécontent, quand nous lui demandâmes la permission d'admirer un moment la vue de sa fenêtre, et, véritablement, par un brillant soleil, dans la plus belle saison de l'année, cette vue paraissait incomparable. On voyait une bonne partie de la grande ville s'abaissant dans la profondeur, la petite ville sur l'autre bord de la Limmat, les fertiles campagnes de la Sihl vers le couchant; en arrière, à gauche, une partie du lac de Zurich avec sa plaine brillante et mobile et l'infinie variété de ses rives, où les montagnes alternent avec les vallées; ses collines et mille détails que l'œil ne peut saisir. Après quoi, ébloui de toutes ces choses, on contemplait dans le lointain, avec le plus ardent désir, la chaîne bleue des hautes montagnes, dont on se hasardait à nommer les cimes. Le ravissement de jeunes hommes, en présence du spectacle extraordinaire qui était devenu pour lui, depuis tant d'années, une chose coutumière, parut faire plaisir à Bodmer; il s'y montrait, pour ainsi dire, sympathique avec ironie, et nous nous séparâmes très-bons amis, bien que l'impatience de courir à ces montagnes bleues se fût déjà rendue maîtresse de nos cœurs.

Au moment où je vais prendre congé de notre digne patriarche, je m'aperçois que je n'ai rien dit encore de sa stature, de sa physionomie, de ses gestes et de sa manière d'être; mais, en général, je ne trouve pas fort convenable que les voyageurs décrivent l'homme remarquable qu'ils visitent, comme s'ils voulaient donner son signalement. Nul ne songe qu'il n'a qu'un moment pour se présenter, observer avec curiosité et, encore, à sa manière seulement : de la sorte, la personne visitée peut sembler, avec ou sans fondement, humble ou fière, taciturne ou expansive, triste ou gaie. Dans le cas particulier, je puis dire, pour m'excuser, qu'aucunes paroles ne pourraient donner une idée assez favorable du vénérable vieillard. Heureusement son portrait par J. F. Bause le représente exactement tel qu'il nous est apparu, avec son regard contemplatif et rêveur.

Ce fut pour moi un plaisir particulier, non pas inattendu, mais vivement souhaité, de trouver à Zurich mon jeune ami Passavant. Il appartenait à une notable famille calviniste de ma ville natale, et vivait en Suisse, à la source de cette doctrine qu'il devait prêcher un jour. D'une taille peu élevée mais bien prise, il avait dans sa physionomie et dans toute sa personne quelque chose d'agréable, de vif et de résolu; la barbe et les cheveux noirs, les yeux vifs et, dans toute sa manière d'être, une activité modérée et sympathique. Nous nous étions à peine embrassés et salués l'un l'autre, qu'il me proposa de visiter les petits cantons, qu'il avait déjà parcourus avec ravissement, et qu'il voulait me faire admirer à mon tour. Tandis que j'avais discouru avec Lavater sur les objets les plus pressants et les plus importants, et que nous avions à peu près épuisé les sujets qui nous intéressaient tous deux, mes joyeux compagnons de voyage avaient déjà fait diverses courses et s'étaient promenés, à leur manière, dans la contrée. Passavant, en m'accueillant avec une cordiale amitié, croyait s'être acquis par là un droit exclusif à ma société, et, en l'absence des Stolberg, il réussit d'autant mieux à m'attirer dans les montagnes, que j'étais moi-même décidé à faire dans le plus grand repos et à ma façon ce pèlerinage longtemps désiré. Nous nous embarquâmes, et, par une brillante matinée, nous remontâmes ce lac magnifique. Puisse la poésie que je vais citer donner quelque idée de ces heureux moments!

« Et je puise une vive nourriture, un sang nouveau, dans la libre étendue. Qu'elle est gracieuse et bonne, la nature qui me presse dans ses bras! Le flot berce notre nacelle aux coups mesurés de la rame, et les montagnes nuageuses, sublimes, viennent au-devant de notre course.

« O mes yeux, pourquoi vous baisser? Rêves dorés, revenez-vous? Rêves, fuyez, tout brillants que vous êtes! Dans ces lieux aussi sont l'amour et la vie.

« Sur les vagues scintillent mille étoiles flottantes; de légères vapeurs abreuvent à la ronde les cimes lointaines; le vent matinal voltige autour de la rive ombreuse, et dans le lac se reflète la moisson jaunissante [1]. »

Nous abordâmes à Richtenschwyl, où nous étions recommandés par Lavater au docteur Hotze, qui, en sa qualité de médecin et d'homme bienveillant et sage, jouissait d'une respectueuse estime dans son endroit et dans toute la contrée. Nous ne croyons pouvoir mieux honorer sa mémoire qu'en renvoyant le lecteur à un passage de la *Physiognomonie* où Lavater le désigne. Il nous fit le meilleur accueil, nous entretint de la manière la plus agréable et la plus utile sur les premières stations de notre pèlerinage; après quoi, nous gravîmes les montagnes prochaines. Avant de descendre dans la vallée de Schindeleggi, nous nous retournâmes encore une fois, pour graver dans notre mémoire la vue ravissante du lac de Zurich. Ce que j'éprouvais, on le devine par les lignes suivantes, que j'écrivis alors et que je retrouve dans un petit album :

« Chère Lili, si je ne t'aimais pas, quelle volupté je goûterais à ce spectacle! Et pourtant, Lili, si je ne t'aimais pas, que serait, que serait mon bonheur [2]? »

Je trouve ici cette petite exclamation plus expressive que sous la forme qu'elle a reçue dans le recueil imprimé.

Les chemins raboteux qui nous menèrent de là à Einsiedlen ne purent nous décourager. De nombreux pèlerins, que nous avions déjà remarqués au bord du lac, et qui avançaient d'un pas régulier, avec des chants et des prières, finirent par nous atteindre. Nous les saluâmes et nous les laissâmes passer. En éveillant chez nous la sympathie pour leur pieux dessein, ils vivifièrent d'une manière agréable et caractéristique ces hauteurs solitaires. Nous vîmes s'animer le sentier sinueux que

---

1. Tome I, page 31. — 2. Tome I, page 31 ; avec une variante.

nous devions aussi parcourir ; nous le suivîmes, à ce qu'il nous semblait, plus gaiement. Car les usages de l'Église romaine sont imposants et significatifs pour le protestant, en ce qu'il reconnaît uniquement le principe intérieur qui leur a donné naissance, le caractère humain qui les propage de génération en génération, et qu'il pénètre ainsi jusqu'au noyau, sans s'arrêter pour le moment à la coque, à l'enveloppe, à l'arbre même, à ses rameaux, à ses feuilles, à son écorce et à ses racines.

Enfin nous vîmes se dresser, dans une vallée déserte et sans arbres, l'église magnifique, le cloître, d'une vaste étendue, au milieu d'un établissement proprement tenu, et capable de recevoir assez convenablement un grand nombre d'hôtes divers. Dans la grande église, la petite, ancien ermitage du saint, incrustée en marbre et transformée, autant que possible, en une décente chapelle, était pour moi quelque chose de nouveau, que je n'avais encore jamais vu ; ce petit vase était entouré et surmonté de piliers et de voûtes. C'était un sujet de sérieuses réflexions, qu'une étincelle unique de moralité et de piété eût allumé dans ce lieu une petite flamme, toujours lumineuse et brûlante, vers laquelle des troupes de croyants venaient en pèlerinage, avec de grandes difficultés, pour allumer aussi leur petit cierge à cette sainte flamme. Quoi qu'il en soit, cela annonce dans l'humanité un besoin immense de la même lumière, de la même chaleur, que le premier adorateur a sentie et entretenue dans le fond de son cœur avec une foi parfaite.

On nous conduisit dans le trésor, assez riche et imposant, qui offrait surtout aux yeux étonnés les bustes de grandeur naturelle, et même colossale, de saints et de fondateurs. Mais une armoire qu'on ouvrit ensuite excita tout autrement notre attention. Elle contenait d'antiques raretés, vouées et honorées dans ce lieu. Différentes couronnes, remarquables ouvrages d'orfévrerie, fixèrent mes regards, et l'une d'entre elles les captiva enfin entièrement. C'était une couronne à pointes, dans le goût du vieux temps, comme on en voyait sur la tête des reines, mais dessinée avec un goût infini, exécutée avec un travail prodigieux. Les pierres colorées étaient distribuées avec un discernement et une habileté admirables ; bref, c'était un de ces ouvrages qu'on déclare parfaits dès le premier coup d'œil, sans pouvoir analyser cette impression selon les règles de l'art. Dans ces occasions, où l'art n'est pas reconnu mais senti, l'esprit et le cœur songent à l'application ; on voudrait posséder le joyau, pour en faire plaisir à quelqu'un. Je demandai la permission de sortir de l'armoire la petite couronne, et, lorsque je l'eus délicatement placée sur ma main et élevée en l'air, je n'eus pas d'autre pensée que celle de pouvoir la poser sur la brillante chevelure de Lili, que je conduirais devant une glace, pour observer son propre contentement et le bonheur qu'elle répandrait autour d'elle. J'ai souvent songé depuis que cette scène, représentée par un peintre habile, parlerait vivement à la pensée et au sentiment. Il serait doux d'être le jeune roi qui s'assurerait de la sorte une épouse et un nouvel empire.

Pour nous montrer au complet les richesses du couvent, on nous conduisit dans un cabinet d'objets d'art, de curiosités et de productions naturelles. Je connaissais peu à cette époque la valeur de ces choses ; la géognosie, science infiniment estimable, mais qui morcelle à la vue de l'esprit l'impression de la belle surface terrestre, ne m'avait pas encore séduit ; une géologie fantastique m'avait bien moins encore embarrassé dans ses labyrinthes : cependant l'ecclésiastique qui nous conduisait m'obligea de donner quelque attention à une petite tête fossile de sanglier, très-estimée, disait-il, des connaisseurs, et bien conservée dans une argile schisteuse bleue ; cette tête, noire comme elle était, est restée gravée dans mon imagination. On l'avait trouvée dans la contrée de Rapperschwyl, contrée de tout temps marécageuse, faite pour recevoir et conserver de pareilles momies, à l'usage de la postérité.

Je fus tout autrement attiré par une gravure de Martin Schœn, encadrée et sous verre, représentant la mort de Marie. Un exemplaire irrréprochable peut seul nous donner l'idée du talent d'un pareil maître ; mais alors nous en sommes tellement saisis, comme de toute chose parfaite en son genre, que nous ne saurions échapper au désir de posséder un exemplaire pareil, afin de pouvoir renouveler l'impression, quel que soit le temps écoulé depuis. Pourquoi ne pas anticiper et avouer que, plus tard, je n'eus pas de repos avant de m'être procuré une belle épreuve de cette gravure ?

Le 16 juillet 1775 (c'est la première date que je trouve consignée dans mes notes), nous entreprîmes une course pénible; il s'agissait de franchir des montagnes rocheuses, et cela dans une complète solitude. Le soir, à sept heures et trois quarts, nous étions vis-à-vis du Hacken. Ce sont deux sommets, qui se dressent fièrement l'un à côté de l'autre. Pour la première fois dans notre voyage, nous trouvâmes de la neige encore persistante sur ces crêtes dentelées. Une antique forêt de pins, sévère et sombre, remplissait les vastes ravins dans lesquels nous devions descendre. Après avoir fait une courte halte, nous dégringolâmes gaiement et vivement, de rocher en rocher, de saillie en saillie, le sentier qui se précipite dans la profondeur, et nous arrivâmes à dix heures à Schwitz. Nous étions à la fois las et joyeux, brisés et gaillards. Nous apaisâmes au plus tôt notre soif ardente, et nous n'en fûmes que plus animés. Qu'on se figure le jeune homme qui avait écrit *Werther*, environ deux années auparavant, et un ami de son âge, qui s'était déjà échauffé l'imagination sur le manuscrit de ce singulier ouvrage, transportés tous deux, sans le savoir et le vouloir, dans une sorte d'état de nature, se rappelant vivement leurs amours passées, occupés des amours présentes, forgeant des plans sans suite, parcourant avec ivresse, dans le joyeux sentiment de leur force, le royaume de la fantaisie, et l'on se fera quelque idée de cet état, que je ne saurais peindre, si je ne trouvais ces mots dans mon journal : « Le rire et l'allégresse ont duré jusqu'à minuit. » Le 17, au matin, nous vîmes le Hacken devant nos fenêtres. Les nuages montaient à la file vers ces énormes pyramides irrégulières. A une heure après midi, nous quittâmes Schwitz pour aller au Rigi. A deux heures, sur le lac de Lowertz, soleil magnifique. Plongé dans l'extase, on ne voyait rien. Deux robustes jeunes filles menaient la barque. C'était agréable, et nous en prîmes fort bien notre parti. Nous abordâmes dans l'île, où les gens disent que l'ancien tyran avait habité. Quoi qu'il en soit, la cabane de l'ermite s'est nichée entre les ruines. Nous montâmes le Rigi. A sept heures et demie, nous étions à Notre-Dame des Neiges, puis à la chapelle, et, après avoir passé devant le cloître, nous arrivâmes à l'auberge du Bœuf.

Le dimanche, 18, dessiné, le matin, la chapelle, prise de l'auberge. A midi, arrivé à Kaltbad ou fontaine des Trois-Sœurs. A deux et un quart, nous avions gravi la hauteur. Nous nous trouvâmes dans les nuages, doublement désagréables cette fois, parce qu'ils masquaient la vue et retombaient sur nous en brouillards humides. Mais, lorsqu'ils se déchirèrent çà et là et qu'ils nous laissèrent voir, entouré de cadres flottants, un monde brillant, magnifique, illuminé par le soleil, comme des images qui se produisaient et changeaient sans cesse, nous ne regrettâmes plus ces accidents; car c'était un spectacle que nous n'avions jamais vu, que nous ne devions plus revoir, et nous restâmes longtemps dans cette position, assez incommode, pour apercevoir, à travers les déchirures et les intervalles des masses de nuages sans cesse en mouvement, un petit lambeau de terre, une lisière de rivage, un petit bout de lac, éclairés par le soleil. A huit heures du soir, nous étions de retour à l'auberge, où nous trouvâmes du poisson, des œufs et du vin en suffisance. Au crépuscule, et à mesure que la nuit tombait, des sons formant une mystérieuse harmonie occupèrent notre oreille, le tintement de la cloche de la chapelle, le gazouillement de la fontaine, le murmure des brises changeantes, les sons lointains du cor.... C'étaient des moments salutaires, qui apaisent et qui endorment dans les chants. Le 19, à six heures et demie du matin, nous commençâmes par monter, puis nous descendîmes au lac des Quatre cantons, à Fitznau; de là, par le lac, à Gersau. A midi, à l'auberge, au bord du lac. Vers deux heures, nous sommes vis-à-vis du Grutli, où les trois Tells firent leur serment; puis à la plate-forme où le héros s'élança de la barque, et où la peinture a immortalisé, en son honneur, la légende de sa vie et de ses actions. Vers trois heures, à Fluelen, où Tell fut embarqué; vers quatre heures, à Altorf, où il abattit la pomme. On s'attache tout naturellement à ce fil poétique à travers le labyrinthe de ces rochers, qui descendent à pic jusque dans l'eau et n'ont rien à nous dire. Pour eux, inébranlables, ils sont là, immobiles comme les coulisses d'un théâtre; bonheur ou malheur, joie ou tristesse, n'appartiennent qu'aux personnages qui sont aujourd'hui sur l'affiche. Au reste, de pareilles réflexions étaient tout à fait hors de la sphère de nos jeunes gens; ils avaient oublié leur court passé, et l'avenir était devant eux aussi merveilleusement impénétrable que les montagnes dans lesquelles ils allaient s'avancer.

Le 20, nous gagnâmes Amstaeg, où l'on nous servit d'excellents poissons. Enfin, dans cette montagne, déjà assez sauvage, où la Reuss s'élançait de gorges rocheuses plus escarpées, et où l'eau de neige se jouait sur les couches de pur gravier, je saisis avec empressement l'occasion souhaitée de me rafraîchir dans les flots murmurants. A trois heures, nous poursuivîmes notre marche; une file de bêtes de somme nous précédait; nous traversâmes avec elles une large masse de neige, et nous n'apprîmes qu'après qu'elle était creuse par-dessous. La neige de l'hiver s'était amoncelée dans un ravin, autour duquel il aurait fallu tourner; elle servait maintenant à redresser et abréger le chemin. Les eaux torrentueuses l'avaient peu à peu creusée par-dessous; la chaleur de l'été avait de plus en plus fondu la voûte, en sorte qu'elle unissait naturellement les deux bords, comme un large pont cintré. Nous pûmes nous convaincre de ce merveilleux phénomène, lorsque, étant arrivés un peu plus haut, nous nous hasardâmes à descendre dans le ravin plus large.

A mesure que nous nous élevions, nous laissions sous nos pieds, dans l'abîme, les bois de sapins, à travers lesquels la Reuss écumante se laissait voir de temps en temps, tombant de rochers en rochers. A huit heures et demie, nous arrivâmes à Wasen, où, pour nous rafraîchir avec le vin rouge lombard, acide et pesant, il nous fallut d'abord le tremper et ajouter en abondance, le sucre que la nature lui avait refusé. L'hôte nous montra de beaux cristaux, mais j'étais alors si éloigné de ces études, que je ne voulus pas, même pour un prix modique, me charger de ces productions de montagne. Le 21, à six heures et demie, nous poursuivons notre ascension. Les rochers sont toujours plus énormes et plus affreux; la route, jusqu'à la pierre du Diable, jusqu'à la vue du pont du Diable, est toujours plus pénible. Là il plut à mon compagnon de se reposer; il me pressa de dessiner ce point de vue remarquable. Je réussis à tracer les contours, mais rien ne ressortait, rien n'était refoulé. Je n'avais point de langage pour de pareils objets. Nous continuâmes de monter péniblement; les sauvages horreurs semblaient croître sans cesse; les plateaux devenaient des montagnes, et les enfoncements des abîmes. C'est ainsi que mon guide me conduisit jusqu'au Trou-d'Ouri, où je pénétrai avec quelque répugnance. Ce qu'on avait vu jusqu'alors était du moins imposant : ces ténèbres faisaient tout disparaître. Mais sans doute mon fripon de guide s'était figuré d'avance le joyeux étonnement que j'éprouverais à la sortie. La rivière, pas trop écumante, serpentait doucement à travers une vallée hospitalière, tout unie, entourée de montagnes, et cependant assez large. Au-dessus du joli village d'Urseren et de son église, qui s'offrirent à nos regards dans la plaine, s'élevait un petit bois de sapins, religieusement respecté, parce qu'il protége contre les avalanches les habitants établis au pied de la montagne. De petits saules se remontraient et paraient, le long de la rivière, les verdoyantes prairies. La végétation, longtemps regrettée, faisait plaisir à la vue. Le repos était grand. On sentait ses forces renaître dans les sentiers unis, et mon compagnon se savait fort bon gré de la surprise qu'il m'avait si habilement ménagée.

A Andermatt, nous trouvâmes le célèbre fromage d'Urseren, et les jeunes enthousiastes se régalèrent d'un vin passable, pour exalter encore leur joie et donner à leurs projets un essor plus fantastique. Le 22, à trois heures et demie, nous quittâmes notre auberge, pour passer de la douce vallée d'Urseren dans la vallée pierreuse de Livine. Toute fertilité avait disparu soudain ; c'étaient des rochers arides ou moussus, couverts de neige, un vent orageux, soufflant par rafales, des nuages qui viennent et qui passent, le murmure des cascades, les clochettes des mulets dans la plus profonde solitude, où l'on ne voyait personne arriver ou partir.... Il en coûte peu à l'imagination pour se figurer dans les cavernes des nids de dragons. Mais nous nous sentîmes exaltés et réjouis par une cascade des plus belles et des plus pittoresques, unissant la variété à la grandeur dans toutes ses chutes, et qui, abondamment nourrie par la neige fondue, tantôt enveloppée de nuages, tantôt découverte, nous enchaîna longtemps à cette place. Enfin nous arrivâmes à de petits lacs vaporeux, qu'on distinguait à peine des nues traînantes. Bientôt un édifice sortit du brouillard : c'était l'hospice, et nous éprouvâmes une grande jouissance à pouvoir tout d'abord nous abriter sous son toit hospitalier.

LIVRE XIX.

Annoncés par les faibles aboiements d'un petit chien qui vint à notre rencontre, nous fûmes reçus à la porte amicalement par une femme vieillotte, mais robuste. Elle excusa le père, qui était allé à Milan, mais qu'on attendait ce soir. Puis, sans beaucoup de paroles, elle s'occupa de notre bien-être et de nos besoins. Une vaste chambre chaude nous recueillit : on nous servit du pain, du fromage et un vin potable ; on nous promit un souper suffisant. Alors nous revînmes sur les merveilles du jour, et mon ami se félicitait que tout eût si bien réussi, et que nous eussions passé une journée dont les impressions ne pouvaient être rendues ni par la prose ni par la poésie. Le crépuscule était fort avancé lorsque enfin le respectable père arriva. Il salua ses hôtes avec une dignité amicale et familière, puis, adressant quelques mots à la cuisinière, il lui recommanda de faire pour le mieux. Nous lui laissâmes voir notre étonnement qu'il se fût décidé à passer sa vie dans ces hauts lieux, dans une solitude si complète, loin de toute société. Il nous répondit qu'il ne manquait jamais de société ; c'est ainsi que nous étions venus à notre tour le réjouir par notre visite. Le transport des marchandises était considérable de part et d'autre, entre l'Italie et l'Allemagne. Ces expéditions, qui ne cessaient pas, le mettaient en rapport avec les premières maisons de commerce. Il descendait souvent à Milan ; il se rendait plus rarement à Lucerne ; mais les maisons qui étaient chargées sur cette route du service de la poste lui envoyaient fréquemment des jeunes gens, qui devaient se familiariser, dans ce point élevé et intermédiaire, avec toutes les circonstances et les événements qui pouvaient survenir dans ces affaires.

Au milieu de ces entretiens divers, la soirée s'écoula, et nous passâmes une nuit tranquille dans des lits un peu courts, fixés à la paroi, et qui rappelaient plutôt des tablettes que de véritables lits. Je me levai de bonne heure et me trouvai bientôt sous le ciel ouvert, mais dans un espace étroit, environné de hautes cimes. J'avais descendu le sentier qui mène en Italie, et je dessinais, à la manière des amateurs, ce qu'on ne saurait dessiner et ce qui pourrait moins encore faire un tableau, les cimes prochaines, avec leurs flancs, où la neige fondante laissait voir de blancs sillons et de noires arêtes. Cependant ces efforts infructueux ont gravé ce spectacle d'une manière ineffaçable dans ma mémoire. Mon compagnon arriva gaiement et me dit : « Que penses-tu du récit que notre hôte nous a fait hier au soir? N'as-tu pas pris envie, comme moi, de quitter ce repaire de dragons pour nous rendre dans ces ravissantes contrées? La descente à travers ces gorges doit être admirable et facile, et quand le pays s'ouvrira auprès de Bellinzone, quel sera notre enchantement! Les discours du père m'ont rappelé vivement les îles du Lac Majeur. On a vu et entendu sur ce sujet tant de choses depuis les voyages de Keyssler, que je ne puis résister à la tentation. N'est-ce pas aussi ton sentiment? poursuivit-il. Te voilà justement assis à la bonne place. Je m'y suis déjà trouvé une fois et je n'ai pas eu le courage de descendre. Prends les devants sans autre façon. Tu m'attendras à Airolo; je te suivrai avec le messager, après avoir pris congé du bon père et réglé tout. — Si soudainement, une telle entreprise! Cela ne me plaît guère, lui répondis-je. — A quoi bon tant réfléchir? Nous avons assez d'argent pour aller jusqu'à Milan. Nous trouverons du crédit. Nous y connaissons, par nos foires, plus d'un négociant. » Il me pressait toujours davantage. « Va, lui dis-je, arrange tout pour le départ. Nous déciderons ensuite. »

Il me semble qu'en de pareils moments l'homme ne sent en lui aucune résolution, mais qu'il est conduit et déterminé par des impressions antérieures. La Lombardie et l'Italie étaient devant moi comme une chose tout à fait étrangère; l'Allemagne, comme une chose connue, aimable, pleine de perspectives gracieuses et familières. Et il faut que je l'avoue, ce qui m'avait si longtemps possédé tout entier, ce qui avait nourri ma vie, était encore l'élément indispensable hors des limites duquel je n'osais pas m'aventurer. Un petit cœur d'or, que j'avais reçu d'elle dans les plus belles heures, était encore suspendu au même ruban auquel elle l'avait attaché, doucement réchauffé sur ma poitrine. Je le pris et le baisai. Voici le petit poëme qu'il m'inspira :

« Souvenir de joies évanouies, ô toi que je porte toujours à mon col, nous enchaînes-tu tous deux plus longtemps que le lien des âmes ? Prolonges-tu les jours fugitifs de l'amour ?

« Lili, j'ai pu te fuir ! Et il me faut encore, avec ton lien, courir les pays étrangers, les forêts, les vallées lointaines ! Ah ! le cœur de Lili ne pouvait sitôt se détacher de mon cœur.

« Comme un oiseau, qui rompt le lacet et retourne au bois, traîne après lui un bout de fil, signal de l'esclavage; il n'est plus l'oiseau d'autrefois, l'oiseau né libre; il a connu un maître [1]. »

Je me levai aussitôt pour m'éloigner de la place escarpée, de peur que mon ami, accourant avec le portefaix, ne m'entraînât dans l'abîme. Je saluai à mon tour le bon père, et, sans dire un mot inutile, je me tournai vers le sentier par lequel nous étions venus. Mon ami me suivit avec quelque hésitation, et, malgré son amitié et son attachement pour moi, il demeura quelque temps en arrière; enfin, la magnifique cascade nous rapprocha, nous réunit, et la résolution, une fois prise, dut être acceptée comme bonne et salutaire. Je ne dirai rien de plus de la descente, sinon que nous trouvâmes entièrement éboulé ce pont de neige que nous avions naguère traversé tranquillement, en société pesamment chargée, et, comme il nous fallut faire un détour pour franchir l'échancrure ouverte, nous pûmes contempler avec étonnement les ruines colossales d'une architecture naturelle. Mon ami ne pouvait s'empêcher de regretter la course manquée en Italie. Peut-être l'avait-il prémédité, et, avec une ruse amicale, avait-il espéré de me surprendre dans le lieu même. Aussi le retour fut-il moins gai; je n'en fus que plus assidûment occupé, pendant notre marche silencieuse, à fixer, du moins dans leurs traits saisissables et caractéristiques, ces images colossales qui d'ordinaire se réduisent peu à peu dans notre esprit.

---

1. Tome I, page 37.

Ce ne fut pas sans impressions et sans pensées nouvelles ou renouvelées que nous nous rendîmes à Kussnacht, en côtoyant les imposantes montagnes du lac des Quatre-Cantons; nous abordâmes, et, poursuivant notre marche, nous saluâmes la chapelle de Tell, située au bord de la route, et nous nous rappelâmes ce meurtre, célébré dans tout le monde comme un acte d'héroïsme patriotique. Nous traversâmes de même le lac de Zoug, que nous avions déjà vu du Righi. Zoug ne me rappelle que les vitraux peints, de grandeur médiocre, mais excellents dans leur genre, enchâssés dans les fenêtres de la salle d'auberge. De là, traversant l'Albis, nous gagnâmes le Sihlthal, où nous visitâmes un jeune monsieur de Lindau, du Hanovre, qui se plaisait dans la solitude. Je voulais m'excuser auprès de lui d'avoir refusé sa compagnie, ce que j'avais fait pourtant de la manière la plus polie et la plus affectueuse. La jalouse amitié du bon Passavant était la véritable cause qui m'avait empêché d'accepter une société, aimable sans doute, mais incommode.

Avant de redescendre de ces hauteurs magnifiques vers le lac et la ville gracieusement située, je dois faire encore une observation sur mes tentatives pour exprimer par mes dessins et mes esquisses quelques traits de ce pays. L'habitude que j'avais dès l'enfance de considérer le paysage comme un tableau m'induisait à entreprendre, quand je voyais de la sorte une contrée nouvelle, de fixer en moi un souvenir exact de pareils moments. Mais, ne m'étant exercé auparavant que sur des objets bornés, je sentis bientôt mon insuffisance dans un monde pareil. La hâte et l'impatience me réduisirent à un singulier expédient : aussitôt que j'avais saisi un objet intéressant et que je l'avais indiqué, en quelques traits d'une manière tout à fait générale, je donnais à côté, en paroles, les détails que je n'avais pu exprimer ni exécuter avec le crayon : par là, je me rendis ces aspects si présents, qu'à l'instant même où je voulais mettre en usage une localité dans un poëme ou dans un récit, elle paraissait devant moi et se trouvait à ma disposition.

Revenu à Zurich, je n'y trouvai plus les Stolberg. Leur séjour dans cette ville s'était abrégé par une singulière aventure. Avouons, en général, que des voyageurs qui s'éloignent du cercle borné de leur vie domestique s'imaginent, en quelque façon, qu'ils entrent dans une nature étrangère et même entièrement libre. On pouvait d'autant plus se le figurer dans ce temps-là, que la police ne demandait point les passe-ports, qu'on n'avait point de péages à payer, et qu'aucun autre obstacle pareil ne rappelait à chaque instant qu'on est encore plus mal et plus gêné dehors que chez soi. Qu'on se représente ensuite la tendance absolue de nos amis vers une liberté naturelle réalisée, et l'on excusera de jeunes esprits qui regardaient la Suisse comme le véritable théâtre où ils pourraient mettre en idylle la vive nature de leur âge. Les tendres poëmes de Gessner et ses délicieuses gravures les y autorisaient pleinement. En réalité, le bain dans une eau libre semble une expression infiniment agréable de ces manifestations poétiques. Dans le cours du voyage, ces exercices naturels avaient déjà paru s'accorder mal avec les mœurs modernes, et l'on s'en était abstenu jusqu'à un certain point. Mais, en Suisse, à l'aspect de ces fraîches eaux ruisselantes, courantes, bondissantes, qui se rassemblaient dans la plaine et peu à peu s'étendaient en lacs, la tentation devint irrésistible. J'avouerai que moi-même je me joignis à mes compagnons pour me baigner dans le lac limpide, assez loin, semblait-il, de tous les regards humains. Mais les corps brillent à une grande distance, et quiconque les avait aperçus en prenait de la mauvaise humeur.

Ces bons et candides jeunes gens, qui ne trouvaient rien de choquant à se voir demi-nus comme de poétiques bergers, ou tout nus comme des divinités païennes, furent avertis par des amis de renoncer à ces amusements. On leur fit comprendre qu'ils ne vivaient pas au sein de la nature primitive, mais dans un pays qui avait jugé utile et bon de s'attacher aux institutions et aux mœurs anciennes, dérivées du moyen âge. Ils n'étaient pas éloignés de se laisser convaincre, surtout puisqu'on leur parlait du moyen âge, qui leur semblait vénérable comme une seconde nature. Ils quittèrent donc les rives du lac, trop fréquentées, et ils trouvèrent dans leurs promenades à travers les montagnes des eaux si claires, si fraîches, si murmurantes, qu'au milieu de juillet, il leur parut impossible de se refuser un pareil soulagement. Leurs courses vagabondes les avaient conduits dans la sombre vallée où la Sihl précipite son cours derrière l'Albis, pour se verser dans la Limmat au-dessous de Zurich : éloignés de toute habitation et même de tout sentier battu, ils crurent pouvoir innocemment quitter leurs habits et se présenter hardiment aux vagues écumantes. Ce ne fut pas sans pousser des cris, des exclamations de sauvage allégresse, excitées soit par la fraîcheur, soit par le plaisir ; ils voulaient consacrer ainsi ces rochers couverts de bois sombres, et en faire la scène d'une idylle ; mais, soit que des malveillants se fussent glissés sur leurs pas, soit que, par leur tumulte poétique, ils eussent eux-mêmes provoqué des ennemis dans la solitude, ils se virent assaillis d'en haut à coups de pierres, qui partaient des buissons muets, sans savoir si c'était le fait de peu de gens ou d'un grand nombre, si c'était accidentel ou prémédité ; et ils jugèrent que le plus sage était de quitter l'élément restaurateur et de retourner à leurs habits. Aucun ne fut blessé ; la surprise et le chagrin furent le châtiment moral qu'ils eurent à souffrir, et que ces joyeux camarades eurent bien vite oublié. Les suites les plus désagréables furent pour Lavater; on lui reprochait d'avoir accueilli avec bienveillance des jeunes gens si téméraires, d'avoir fait avec eux des promenades, enfin de s'être montré favorable à des hommes dont le naturel sauvage, indomptable, antichrétien et même païen, causait un pareil scandale dans un pays civilisé et bien policé. Mais notre pieux ami, qui savait si bien calmer de pareils orages, y réussit cette fois encore, et, après le départ de ces voyageurs, passés comme un météore, nous trouvâmes tout apaisé.

Dans le fragment des voyages de Werther[1], j'ai cherché à peindre ce contraste de l'ordre estimable et de la gêne légale qui règnent en Suisse avec cette vie naturelle que réclame une enthousiaste jeunesse. Mais, parce qu'on a coutume de prendre comme une opinion arrêtée, comme un blâme didactique, les discours les plus naïfs du poëte, les Suisses en ont été fort mécontents, et j'ai renoncé à donner la suite, qui devait exposer en quelque manière la marche de Werther jusqu'à l'époque où sont retracées ses douleurs : tableau que les personnes qui connaissent le cœur humain auraient certainement accueilli avec faveur.

1. Voyez tome IX.

Arrivé à Zurich, j'appartins à Lavater; je jouis encore de son hospitalité et presque toujours sans partage. La *Physiognomonie*, avec toutes ses figures, bien ou mal exécutées, pesait toujours plus lourdement sur les épaules de l'excellent homme. Nous traitâmes toute l'affaire assez à fond, selon les circonstances, et je promis de m'y intéresser après mon retour, comme je l'avais fait jusqu'alors. J'y fus entraîné par la confiance absolue que me donnait la jeunesse dans ma conception prompte, et plus encore par le sentiment de ma docilité complaisante; car, à proprement parler, la manière dont Lavater analysait les physionomies n'était pas dans ma nature; l'impression qu'une personne faisait sur moi à la première vue déterminait en quelque sorte mes relations avec elle, quoique, à proprement parler, la bienveillance générale qui agissait en moi, unie à la légèreté de la jeunesse, dominât constamment, et me montrât les objets dans un jour un peu crépusculaire.

L'esprit de Lavater était tout à fait imposant; auprès de lui on ne pouvait échapper à une influence décisive. Il fallait donc me résoudre à considérer isolément le front et le nez, les yeux et la bouche, et peser aussi leurs rapports. Ce « voyant » était forcé de le faire, pour se rendre un compte exact de ce qui lui apparaissait si clairement. Pour moi, je m'accusais toujours de ruse et d'espionnage, quand je voulais ramener à ses éléments une personne présente et, par là, démêler ses qualités morales. J'aimais mieux m'en tenir à sa conversation, dans laquelle elle se dévoilait elle-même à son gré. Au reste, je ne veux pas dissimuler qu'on éprouvait auprès de Lavater une certaine angoisse : car, en s'emparant de nos qualités par la physiognomonie, il était, dans la conversation, le maître de nos pensées, qu'avec quelque pénétration il pouvait aisément deviner dans le cours de l'entretien.

L'homme qui sent en lui une synthèse vraiment prégnante a le droit d'analyser, parce qu'il éprouve et légitime sur les individualités étrangères tout ce qui le constitue lui-même. Voici un exemple de la manière dont Lavater s'y prenait. Le dimanche, après le sermon, il devait, comme ecclésiastique, présenter à chaque fidèle sortant de l'église la bourse de velours, au court manche, et recevoir avec bénédiction la pieuse offrande. Il se proposa, par exemple, ce dimanche-là de ne regarder personne, et de se borner à observer les mains pour s'en expliquer la figure ; et non-seulement la forme des doigts, mais encore leur geste en laissant tomber l'offrande, n'échappa point à son attention, et il eut à ce sujet beaucoup de révélations à me faire. Combien ces entretiens ne devaient-ils pas être instructifs et stimulants pour moi, qui étais aussi en voie de me signaler comme peintre de la nature humaine! Je fus conduit à diverses époques de ma vie à méditer sur cet homme, un des plus excellents avec lesquels je sois arrivé à une pareille intimité, et j'écrivis en divers temps les réflexions suivantes, qu'il m'inspira. Nos tendances opposées durent nous rendre peu à peu étrangers l'un à l'autre ; cependant je ne voulus pas laisser déchoir dans mon esprit l'idée de son excellente nature. Je me la représentai à diverses reprises, et c'est ainsi que ces pages furent écrites sans liaison entre elles. On y trouvera des répétitions peut-être, mais non, je l'espère, des contradictions.

A proprement parler, Lavater était tout réaliste, et ne connaissait l'idéal que sous la forme morale. C'est là ce qu'il ne faut pas perdre de vue pour s'expliquer cet homme rare et singulier. Ses *Perspectives sur l'éternité* ne sont proprement que des continuations de l'existence actuelle, dans des conditions plus faciles que celles auxquelles nous sommes soumis ici-bas. Sa *Physiognomonie* repose sur la croyance que l'extérieur de l'homme correspond parfaitement à l'intérieur, en rend témoignage et même le représente. Il ne pouvait se faire à l'idéal de l'art, parce que, avec son regard pénétrant, il voyait trop bien chez de tels êtres l'impossibilité de l'organisation vivante, et les rejetait par conséquent dans le domaine des fables et même des monstres. Sa tendance irrésistible à réaliser l'idéal lui fit la réputation d'un enthousiaste, tout persuadé qu'il était que personne plus que lui ne poursuivait la réalité. C'est pourquoi il ne put jamais découvrir la méprise dans sa manière de penser et d'agir.

Peu de gens ont pris à tâche plus vivement de se manifester aux autres, et c'est par là essentiellement qu'il fut instituteur. Cependant, quoique ses efforts eussent aussi pour objet le perfectionnement intellectuel et moral des autres, ce n'était pas le dernier terme auquel il tendait.

Son occupation principale était la réalisation de la personne du Christ: de là cet empressement presque fou de faire dessiner, copier, imiter, l'une après l'autre, une image du Christ, dont aucune à la fin ne pouvait naturellement le satisfaire.

Ses écrits sont déjà difficiles à comprendre; car il n'est pas aisé de pénétrer son véritable dessein. Personne n'a autant écrit de l'époque et sur l'époque; ses écrits sont de véritables journaux, que l'histoire du temps peut seule expliquer; ils sont rédigés dans un langage de coterie, qu'il faut connaître pour être juste envers lui : autrement le lecteur intelligent y trouvera bien des choses dépourvues de raison et de goût, ce qu'on lui a suffisamment reproché de son vivant et après sa mort. Nous lui avions, par exemple, échauffé tellement la tête avec nos idées dramatiques, en ne présentant jamais que sous cette forme tout ce qui survenait, et n'en admettant aucune autre, qu'il sentit l'aiguillon, et s'efforça de montrer dans son *Ponce Pilate* que la Bible est le plus dramatique des livres, et, particulièrement, que la Passion est le drame des drames.

Dans ce chapitre de son opuscule, et, en général, dans tout le livre, Lavater paraît très-semblable au P . Abraham de Sainte-Claire, car tout homme d'esprit, qui veut agir sur le moment, doit tomber dans cette manière : il doit s'informer des tendances, des passions, de la langue et de la terminologie actuelles, pour les faire ensuite servir à son but et se rapprocher de la masse, qu'il veut attirer à lui.

Comme il recevait Jésus-Christ à la lettre, tel que l'Écriture, tel que plusieurs interprètes le donnent, cette idée lui servait à tel point de supplément pour sa propre existence, qu'il incarna idéalement l'Homme-Dieu à sa propre humanité, jusqu'à ce qu'il les eût réellement confondus en un seul être, qu'il se fût unifié avec lui, ou qu'il s'imaginât qu'il était lui-même le Christ.

Cette ferme croyance à la lettre de la Bible dut le conduire aussi à la pleine conviction qu'on peut faire des miracles aujourd'hui tout aussi bien qu'autrefois; et, comme il avait réussi parfaitement, dans des occasions importantes et pressantes, à obtenir instantanément, par de ferventes et même de véhémentes prières, l'issue favorable d'accidents très-menaçants, les objections de la froide raison ne l'ébranlaient pas le moins du monde. Pénétré, en outre, de la grande valeur de l'humanité, régénérée par Jésus-Christ et destinée à une heureuse éternité, mais connaissant aussi les besoins divers de l'esprit et du cœur, l'immense désir de savoir, sentant lui-même s'étendre à l'infini ce désir auquel nous convie en quelque sorte sensiblement le ciel étoilé, il esquissa ses *Perspectives sur l'éternité*, qui durent toutefois sembler fort étranges à la plupart de ses contemporains.

Mais tous ces efforts, ces désirs, ces entreprises, pesèrent moins dans la balance que le génie physiognomonique dont l'avait doué la nature. En effet, comme la pierre de touche est particulièrement appropriée par sa noirceur et par la nature à la fois rude et polie de sa surface à indiquer la différence des métaux frottés : grâce à l'idée pure de l'humanité, qu'il portait en lui, à la vivacité et à la délicatesse du talent d'observation, qu'il exerça d'abord par instinct d'une manière superficielle et accidentelle, puis, avec réflexion, d'une façon méditée et réglée, Lavater était au plus haut degré en mesure d'apercevoir, de connaître, de distinguer et même d'exprimer les traits caractéristiques des individus. Tous les talents qui reposent sur une disposition naturelle décidée nous semblent avoir quelque chose de magique, parce que nous ne pouvons subordonner à une idée ni ce talent ni ses effets. Et véritablement la pénétration de Lavater à l'égard des individus passait toute idée; on s'étonnait, à l'entendre parler confidentiellement de tel ou tel ; c'était même une chose redoutable de vivre auprès d'un homme qui voyait clairement les limites dans lesquelles il avait plu à la nature de nous enfermer.

Tout homme croit pouvoir communiquer ce qu'il possède, et Lavater ne voulait pas se borner à faire usage pour lui-même de cette grande faculté; il voulait la découvrir, l'éveiller chez les autres et même la transmettre à la foule. Toutes les interprétations fausses, méchantes et ténébreuses, les sottes plaisanteries et les basses railleries que cette doctrine étrange a provoquées, plus d'une personne s'en souvient encore, et l'excellent Lavater y fut pour quelque chose. En effet, quoique l'unité intérieure eût chez lui pour base une haute moralité, cependant, avec ses efforts multipliés, il ne put arriver à l'unité extérieure, parce qu'il était incapable de méditer en philosophe et de créer en artiste. Il n'était ni penseur ni poëte; il n'était pas même orateur dans le sens propre du mot. Incapable de rien saisir méthodiquement, il s'emparait des détails avec fermeté et les plaçait hardiment les uns à côté des autres. Son grand ouvrage en est un exemple et un témoignage frappant. L'idée de l'homme moral et physique pouvait bien former un tout dans sa pensée: mais, cette idée, il ne savait pas la produire au dehors, si ce n'est encore d'une manière pratique, dans le détail, comme il avait saisi le détail dans la vie.

Ce même ouvrage nous montre d'une manière affligeante comment un esprit pénétrant tâtonne dans l'expérience la plus commune, fait appel à tous les artistes vivants, bons ou mauvais, paye fort cher des dessins ou des gravures sans caractère, pour dire ensuite dans le livre que telles et telles estampes sont plus ou moins manquées, insignifiantes et inutiles. Sans doute il a aiguisé par là son jugement et le nôtre, mais il prouve aussi que son inclination l'a poussé à accumuler les expériences plus qu'à y chercher l'air et la lumière. C'est pourquoi il ne put jamais arriver aux résultats, que je lui demandais souvent avec instance. Ce qu'il présenta dans la suite comme tel à ses amis, d'une manière confidentielle, n'en était pas pour moi; car cela se composait d'un ensemble de certaines lignes et de certains traits, même de verrues et de taches, auxquelles il avait vu associées certaines qualités morales et souvent immorales. Il se trouvait dans le nombre des observations effrayantes. Mais cela ne formait aucune suite, tout se trouvait confondu au hasard; point de fil directeur, point de rapprochements. Il ne règne pas plus de méthode littéraire et de sentiment artiste dans ses autres écrits, qui ne présentent jamais qu'une exposition vive et passionnée de sa pensée et de sa volonté, et remplacent toujours ce qu'ils n'offrent pas dans l'ensemble par les détails les plus touchants et les plus spirituels.

Les réflexions suivantes, qui se rapportent au même sujet, ne seront pas ici déplacées. Personne n'accorde volontiers aux autres un avantage, aussi longtemps qu'il peut, en quelque mesure, le leur contester. Les avantages naturels de tout genre sont les moins contestables, et cependant l'usage ordinaire de l'époque n'accordait le génie qu'au poëte. Mais un autre monde parut surgir tout à coup : on demanda le génie au médecin, au général, à l'homme d'État, et bientôt à quiconque songeait à se distinguer dans la théorie ou la pratique. Zimmermann avait surtout donné cours à ces prétentions. Lavater, dans sa *Physiognomonie*, dut nécessairement indiquer une division plus générale des dons intellectuels ; le terme de génie devint un mot d'ordre général, et, parce qu'on l'entendait souvent prononcer, on supposa aussi que la chose qu'il devait signifier était commune. Mais, comme chacun était autorisé à demander aux autres le génie, on finit par croire qu'on le possédait aussi soi-même. On était loin encore du temps où il pourrait être énoncé que le génie est cette force de l'homme qui, par l'action, impose la règle et la loi. A cette époque, il ne se manifestait qu'en transgressant les lois existantes, en renversant les règles établies et en se déclarant sans limites. Il était donc facile d'avoir du génie, et tout naturel aussi que l'abus du mot et de la chose sollicitât tous les hommes réglés de s'opposer à un désordre pareil.

Si un homme courait à pied par le monde, sans trop savoir où ni pourquoi, cela s'appelait un voyage de génie ; et si quelqu'un faisait une folle entreprise sans but et sans utilité, c'était un trait de génie. Des jeunes hommes ardents, souvent d'un vrai mérite, se perdaient dans l'espace ; de vieux sages, peut-être sans talent et sans esprit, se faisaient alors un malin plaisir d'exposer risiblement aux yeux du public ces échecs de tout genre. C'est ainsi que je fus peut-être plus empêché de me développer et de me produire par la coopération et l'influence malentendues de ceux qui partageaient mes idées que par la résistance de ceux qui pensaient autrement que moi. Des noms, des épithètes, des phrases, qui rabaissaient les dons les plus élevés de l'esprit, se répandirent de telle sorte parmi la foule, qui les répétait platement, qu'aujourd'hui encore, dans la vie ordinaire, on les entend çà et là articulés par les ignorants ; ils pénétrèrent même dans les dictionnaires, et le mot génie prit un sens tellement défavorable qu'on en vint à conclure qu'il fallait le bannir complétement de la langue allemande. Ainsi les Allemands, chez qui la vulgarité trouve en général plus d'occasions de prévaloir que chez tout autre peuple, se seraient dépouillés de la plus belle fleur du langage, d'un mot, en apparence étranger, mais qui appartient également à tous les peuples, si le sentiment du sublime et de l'excellent, trouvant dans une philosophie plus profonde une base nouvelle, n'eût été heureusement rétabli [1].

Je retrouvai Merck à Darmstadt, et le laissai triompher à son aise d'avoir prédit que je me séparerais bientôt de la joyeuse société. Arrivé à Francfort, je fus bien reçu de chacun, même de mon père, qui me fit toutefois entrevoir son mécontentement de ce que je n'étais pas descendu à Airolo, et ne lui avais pas annoncé mon arrivée à Milan ; il ne pouvait d'ailleurs me témoigner aucune sympathie pour les rochers sau-

---

1. Goethe donne ici une citation étendue de la *Physiognomonie* de Lavater (2ᵉ partie, 30ᵉ fragment) que nous croyons devoir omettre.

vages, les lacs vaporeux et les nids de dragons. Sans contester là-dessus, il me faisait sentir, dans l'occasion, le peu de valeur de tout cela : qui n'avait pas vu Naples n'avait pas vécu.

Je n'évitai pas et je ne pouvais éviter de voir Lili ; nous observâmes l'un avec l'autre une réserve délicate. Je fus informé qu'on l'avait persuadée en mon absence qu'elle devait se séparer de moi, et que cela était plus nécessaire et aussi plus facile, puisque, par mon voyage et mon absence tout à fait arbitraires, je m'étais moi-même assez expliqué. Cependant les mêmes lieux, à la ville et à la campagne, les mêmes personnes, initiées à tout ce qui s'était passé, ne laissaient guère sans contact les deux amants, toujours épris, quoique séparés l'un de l'autre d'une manière étrange. C'était un état maudit, comparable, dans un certain sens, à l'enfer, à la société de ces heureux et malheureux morts. Il y avait des moments où les jours passés semblaient renaître, mais pour disparaître aussitôt comme des fantômes orageux. Des personnes bienveillantes me confièrent que Lili avait déclaré, quand on lui eut représenté tout ce qui s'opposait à notre union, que, par amour pour moi, elle pourrait renoncer à sa position et à sa société pour me suivre en Amérique. L'Amérique était alors, plus encore peut-être qu'aujourd'hui, l'Eldorado de ceux qui se trouvaient à la gêne dans leur situation présente. Mais ce qui aurait dû ranimer mes espérances leur porta le coup fatal. Ma belle maison paternelle, qui était à quelques cents pas de la sienne, était pourtant une situation plus acceptable qu'un établissement incertain, éloigné, au delà des mers. Cependant, je ne le nierai pas, en présence de Lili, toutes mes espérances, tous mes vœux renaissaient, et j'étais agité de nouvelles incertitudes.

L'opposition de ma sœur était toujours aussi prononcée. Avec toute la sensibilité intelligente dont elle était capable, elle m'avait exposé clairement la situation, et ses lettres pressantes, véritablement douloureuses, développaient toujours le même texte avec une nouvelle énergie. « Si vous ne pouviez l'éviter, disait-elle, il faudrait le souffrir. On endure de pareilles choses, on ne les choisit pas. » Quelques mois s'écoulèrent dans un état si malheureux : tous les entours s'étaient prononcés contre ce mariage ; en elle seule, je le croyais, je le savais, était un force qui aurait triomphé de tout. Les deux amants, connaissant leur position, évitaient de se trouver seuls, mais ils ne pouvaient faire autrement que de se rencontrer en société comme à l'ordinaire. Alors m'était imposée une cruelle épreuve, comme le reconnaîtra tout noble cœur, si je m'explique avec quelque détail.

Il faut avouer qu'en général un amant qui forme une nouvelle connaissance, qui s'engage dans de nouveaux liens, tire volontiers le voile sur le passé. L'amour ne s'inquiète pas des antécédents; comme il se produit par une inspiration soudaine, il ne veut rien savoir ni du passé ni de l'avenir. Il est vrai que mon intimité avec Lili avait précisément commencé par les récits qu'elle m'avait faits de ses premières années, des inclinations et des attachements qu'elle avait inspirés dès son enfance, particulièrement aux étrangers qui visitaient leur maison si fréquentée; du plaisir qu'elle y avait pris, mais sans que cela eût amené aucune suite, aucune liaison. Les vrais amants ne voient dans tout ce qu'ils ont éprouvé antérieurement qu'une préparation à leur félicité présente, une base sur laquelle doit s'élever l'édifice de leur vie. Les amours passés apparaissent comme des fantômes nocturnes, qui s'évanouissent à la naissance du jour. Mais qu'arriva-t-il? La foire vint, et l'essaim de ces fantômes parut dans sa réalité. Tous les amis qui avaient des affaires avec cette maison considérable arrivèrent peu à peu, et il fut bientôt manifeste qu'aucun ne voulait ni ne pouvait renoncer tout à fait à un certain goût pour l'aimable fille de la maison. Les plus jeunes, sans être indiscrets, se présentèrent pourtant comme bien connus; les hommes de moyen âge, avec une politesse affectueuse, comme gens qui pourraient se rendre agréables, et, le cas échéant, élever plus haut leurs prétentions. Il y avait dans le nombre de beaux hommes, avec la joyeuse humeur que donne une solide opulence. Pour les vieux messieurs, ils étaient tout à fait insupportables avec leurs manières d'oncles; ils ne tenaient pas leurs mains en bride, et, avec leurs odieuses familiarités, ils demandaient même un baiser, auquel la joue n'était pas refusée. Lili savait se prêter à tout cela avec une bienséance naturelle. Mais les conversations elles-mêmes éveillaient plus d'un souvenir inquiétant.

On parlait des parties de plaisir qu'on avait faites sur terre et sur eau, de divers accidents qui avaient eu une joyeuse issue, des bals et des promenades du soir, des prétendants ridicules mystifiés, et de tout ce qui pouvait éveiller un chagrin jaloux dans le cœur de l'amant inconsolable, qui s'était en quelque sorte approprié quelque temps le produit de tant d'années. Toutefois, parmi cette presse et ce mouvement, elle ne négligeait pas son ami, et, quand elle se tournait de son côté, elle savait lui dire en peu de mots les choses les plus tendres, qui semblaient parfaitement appropriées à leur situation mutuelle.

Détournons les yeux de ces angoisses, qui me sont encore presque insupportables dans le souvenir, et revenons à la poésie, qui répandit sur la situation quelque charme ingénieux et tendre. Le *Parc de Lili*[1] est à peu près de ce temps-là. Je ne citerai pas ici ce poëme, parce qu'il n'exprime pas ces sentiments délicats, mais qu'il essaye de faire ressortir, avec une vivacité originale, les contrariétés, et de transformer, par la peinture d'un chagrin comique, la résignation en désespoir. La pièce suivante exprime mieux le caractère gracieux de cette infortune, et c'est pourquoi je l'insère dans mon récit :

« Vous passez, douces roses, mon amie ne vous a point portées ; vous fleurissiez, hélas ! pour l'amant sans espoir à qui le chagrin brise le cœur.

« Je me souviens avec tristesse de ces jours, ô mon ange, où tu me tenais dans ta chaîne ; où je guettais le premier bouton, et, de bonne heure, je courais à mon jardin.

« Toutes les fleurs, tous les fruits encore, je les portais à tes pieds, et devant tes yeux mon cœur battait d'espérance.

« Vous passez, douces roses, mon amie ne vous a point portées ; vous fleurissiez, hélas ! pour l'amant sans espoir à qui le chagrin brise le cœur[2]. »

L'opéra d'*Ervin* et *Elmire* était né de la délicieuse romance insérée par Goldsmith dans son *Vicaire de Wakefield*, et qui nous avait charmés dans l'heureux temps où nous ne prévoyions pas qu'un sort assez semblable nous attendait. J'ai déjà cité quel-

---

1. Tome I, page 200. — 2. Tome I, page 25.

ques productions poétiques de cette époque, et je voudrais qu'elles se fussent toutes conservées. Une agitation continuelle, dans un heureux temps d'amour, augmentée par le souci qui survint, donna naissance à des chansons qui n'exprimaient absolument rien d'exagéré, mais toujours l'impression du moment. Depuis les chansons pour les fêtes de société jusqu'au plus humble cadeau, tout était vivant, senti par une société cultivée, joyeux d'abord, puis douloureux; enfin, pas un sommet du bonheur, pas un abîme de la souffrance, auquel un chant n'eût été consacré.

Tous ces événements intérieurs et extérieurs, en tant qu'ils auraient pu affecter péniblement mon père (qui espérait toujours moins de voir introduite dans sa maison cette première bru, si agréable à ses yeux), ma mère savait les lui dérober avec une sage vigilance. Mais cette « grande dame, » comme il l'appelait dans ses entretiens secrets avec ma mère, n'était nullement de son goût. Cependant il laissait la chose suivre son cours, et vaquait assidûment aux affaires de son petit bureau. Le jeune jurisconsulte, comme l'habile secrétaire, voyaient sous son nom leurs affaires s'étendre toujours davantage. Et, comme nous savons qu'on se passe fort bien des absents, ils me laissaient suivre mon sentier, et cherchaient à s'établir toujours mieux sur un terrain où je ne devais pas réussir.

Heureusement mes tendances s'accordaient avec les sentiments et les vœux de mon père. Il avait une si haute idée de mes talents poétiques; le succès de mes premières productions lui avait causé tant de joie, qu'il m'entretenait souvent de nouveaux ouvrages à entreprendre, mais je n'osais rien lui communiquer de ces badinages de société et de ces poésies amoureuses. Après avoir représenté, à ma manière, dans *Gœtz de Berlichingen*, le type d'une époque remarquable de l'histoire universelle, je cherchai soigneusement une époque du même genre de l'histoire politique. La révolte des Pays-Bas fixa mon attention. Dans *Gœtz*, un brave guerrier succombe pour s'être imaginé que, dans les temps d'anarchie, l'homme énergique et bienveillant peut exercer quelque influence; dans *Egmont*, des positions solidement établies ne peuvent tenir contre un despotisme rigide et bien calculé. J'avais exposé à mon père avec tant de vivacité ce qu'on pouvait faire, ce que je voulais faire de cela, qu'il éprouvait un désir invincible de voir sur le papier, de voir imprimée et admirée, cette pièce, achevée dans ma tête.

Dans le temps où j'espérais encore posséder Lili, j'avais tourné toute mon activité vers l'étude et la pratique des affaires civiles : maintenant une heureuse coïncidence voulut que j'eusse à remplir par un travail où se répandaient mon esprit et mon âme l'affreux abîme qui me séparait d'elle. Je commençai donc en effet à écrire *Egmont*, mais non pas de suite comme *Goetz de Berlichingen* : après avoir achevé l'introduction, j'attaquai la scène principale, sans m'inquiéter des liaisons qui seraient nécessaires. Avec cela, j'avançai à grands pas, car, dans ma manière nonchalante de travailler, je fus, sans exagérer, éperonné jour et nuit par mon père, qui s'attendait à voir aisément achevé un travail conçu si aisément.

LIVRE XX.

Je continuai donc de travailler à *Egmont*, et, si l'état violent où je me trouvais en reçut quelque apaisement, la présence d'un artiste de mérite m'aida aussi à passer bien des heures pénibles; et, cette fois encore, comme cela m'était arrivé souvent, je dus à la poursuite incertaine d'un perfectionnement pratique une secrète paix de l'âme que je n'aurais pu espérer autrement. George-Melchior Kraus, né à Francfort, formé à Paris, revenait justement d'un petit voyage dans le nord de l'Allemagne; il me rechercha, et je sentis aussitôt le désir et le besoin de me lier avec lui. C'était un joyeux compagnon, dont le talent agréable et facile avait trouvé à Paris l'école qui lui convenait. Paris offrait dans ce temps-là aux Allemands d'agréables ressources. Philippe Hackert y vivait en bon renom et dans l'aisance. La naïve manière allemande avec laquelle il exécutait heureusement, à la gouache ou à l'huile, le paysage d'après nature, était très-bien accueillie, comme contraste avec une manière pratique, à laquelle les Français s'étaient adonnés. Wille, très-estimé comme graveur, assura au mérite allemand une base solide. Grimm, déjà influent, secondait ses compatriotes. On faisait d'agréables voyages à pied pour dessiner d'après nature. Ainsi furent exécutées et préparées de bonnes choses. Boucher et Watteau, qui étaient nés artistes, et dont les ouvrages, qui papillonnaient dans l'esprit et le goût de l'époque, sont néanmoins jugés encore très-dignes d'estime, étaient favorables à cette nouvelle peinture, et ils s'y adonnèrent eux-mêmes, mais seulement par forme d'essai et de badinage. Greuze, qui menait une vie paisible et retirée dans le sein de sa famille, et qui aimait à représenter des scènes bourgeoises, enchanté de ses propres ouvrages, avait un talent honorable et facile.

Tout cela, notre Kraus sut très-bien en faire profiter son talent; il se forma pour la société avec la société; il savait très-gracieusement présenter sous forme de portraits un petit cercle d'amis; il ne réussissait pas moins dans le paysage, qui se recommandait par un dessin pur, un lavis traité largement, un agréable coloris; le sentiment était satisfait par une certaine vérité naïve, et l'amateur, par son adresse à préparer et disposer en tableau tout ce qu'il dessinait lui-même d'après nature. Il était du commerce le plus agréable; une gaieté tranquille l'accompagnait sans cesse; officieux sans humilité, réservé sans orgueil, il se trouvait partout à son aise, partout aimé; c'était à la fois le plus actif et le plus nonchalant des hommes. Avec ce talent et ce caractère, il fut bientôt recherché dans le grand monde, et particulièrement bien reçu au château seigneurial de Stein, dans le duché de Nassau, au bord de la Lahn; là il dirigeait dans ses exercices de peinture Mlle de Stein, jeune personne pleine de talent et infiniment aimable, et il animait de diverses manières la société. Après que cette jeune dame eut épousé le comte de Werther, les nouveaux mariés emmenèrent l'artiste dans leurs beaux domaines en Thuringe, et il finit par arriver à Weimar. Il y fut connu, apprécié, et cette noble société désira le retenir. Et comme sa complaisance ne se démentait nulle part, revenu à Francfort, il forma à l'exécution pratique mon goût, qui jusque-là s'était borné à faire des collections.

La société de l'artiste est indispensable à l'amateur, qui voit en lui le complément de sa propre existence; les vœux de l'amateur s'accomplissent dans l'artiste. Grâce à mes dispositions naturelles et à la pratique, je réussissais à faire une esquisse; ce que je voyais devant moi dans la nature se formait aussi aisément en tableau; mais je manquais de la véritable force plastique, de l'application nécessaire pour donner à l'esquisse un corps par une convenable dégradation des lumières et des ombres. Mes imitations étaient plutôt les indications lointaines d'une forme, et mes figures ressemblaient à ces créatures aériennes du *Purgatoire* de Dante, qui, ne projetant aucune ombre, s'effrayent à la vue de l'ombre des véritables corps.

Grâce à ses persécutions physiognomoniques (car on peut donner ce nom à l'ardeur impatiente avec laquelle Lavater voulait obliger tout le monde, non-seulement à la contemplation des physionomies, mais aussi à l'imitation pratique des traits du visage, artistement ou grossièrement exécutée), j'avais acquis une certaine facilité à dessiner sur papier gris, aux crayons noir et blanc, les portraits de mes amis. La ressemblance était frappante, mais la main de mon artiste était nécessaire pour les faire ressortir de leur fond obscur.

Quand je feuilletais et parcourais les riches portefeuilles que le bon Kraus avait rapportés de ses voyages, il se plaisait surtout, lorsqu'il décrivait les paysages et les personnes, à discourir sur la société de Weimar. Je m'y arrêtais aussi volontiers; le jeune homme était charmé de considérer toutes ces images comme un texte à la déclaration détaillée et répétée qu'on désirait m'y voir. Kraus savait animer avec beaucoup de grâce ses rencontres, ses invitations, en représentant les personnes. Dans un tableau à l'huile, bien réussi, on voyait au clavecin Wolf, le maître de chapelle, et, derrière lui, sa femme, se disposant à chanter. L'artiste savait me dire en même temps, d'une manière fort pressante, que ce couple aimable me ferait le plus gracieux accueil. Parmi ses dessins, il s'en trouvait plusieurs des montagnes et des forêts voisines de Burgel. Pour le plaisir de ses charmantes filles, plus peut-être que pour le sien, un forestier diligent avait rendu hospitaliers et praticables des rochers, des buissons et des bois sauvages, au moyen de ponts, de balustrades et de doux sentiers; on voyait les demoiselles en robes blanches dans de gracieux chemins; elles n'étaient pas seules : dans un jeune homme, on reconnaissait Bertouch, dont les vues sérieuses sur l'aînée n'étaient pas un mystère, et Kraus ne trouvait pas mauvais que l'on se permît, à la vue d'un autre jeune homme, de faire allusion à lui et à sa passion naissante pour la sœur.

Bertouch, comme élève de Wieland, s'était tellement distingué par ses connaissances et son activité, qu'il était devenu le secrétaire du grand-duc, et faisait concevoir les plus belles espérances. L'honnêteté, la sérénité, la bonhomie de Wieland furent l'objet de longs entretiens; ses beaux projets poétiques et littéraires furent dès lors signalés en détail, et l'effet du *Mercure* en Allemagne apprécié; bien des noms furent cités, comme intéressant la littérature, la politique, la société, ainsi, par exemple, Musaeus, Kirms, Berendis et Loudecous. Parmi les femmes, Mme Wolf, une veuve, Mme Kotzeboue, avec son aimable fille et un gentil petit garçon; bien d'autres encore furent dépeints d'une manière avantageuse et caractéristique. Tout annonçait une vie animée, active, vouée aux arts et à la littérature. Ainsi se dessinait peu à peu le monde sur lequel le jeune duc devait agir après son retour; la situation avait été préparée par madame la grande tutrice; mais, selon le devoir des administrations provisoires, l'exécution des affaires importantes avait été réservée à la volonté et à l'énergie du futur souverain. On considérait déjà comme l'occasion de déployer une activité nouvelle les affreuses ruines de l'incendie du château; les mines d'Ilmenau, dont l'exploitation était interrompue, mais dont on avait su rendre possible la reprise par le coûteux entretien de la profonde galerie; l'académie d'Iéna, qui était restée quelque peu en arrière de l'esprit du temps, et menacée de perdre de très-habiles professeurs, éveillaient un noble patriotisme. On cherchait de tous côtés, dans l'industrieuse Allemagne, des personnes qui pussent être appelées à seconder tous ces progrès. Ainsi se déployait une perspective animée, telle que pouvait la désirer une forte et vive jeunesse. Et, s'il paraissait triste de convier une jeune princesse dans une très-modeste demeure, bâtie pour une tout autre destination, et qui n'avait point la dignité convenable, les villas d'Ettersbourg, du Belvédère, ainsi que d'autres belles maisons de plaisance, bien situées et bien établies, offraient des jouissances présentes, avec l'espérance d'un revenu et d'une agréable activité dans cette vie champêtre, devenue alors une nécessité.

On a vu avec détail dans le cours de cet exposé biographique comment l'enfant, l'adolescent, le jeune homme, chercha par des voies diverses à s'approcher du transcendental ; porta d'abord avec affection ses regards vers une religion naturelle ; s'attacha ensuite avec amour à une religion positive, puis, se recueillant en lui-même, essaya ses propres forces, et finit par s'abandonner avec joie à une croyance universelle. Tandis qu'il allait et venait dans les intervalles de ces régions, qu'il cherchait, regardait autour de lui, il rencontra bien des choses qui ne pouvaient appartenir à aucune d'elles, et il crut reconnaître de plus en plus que le mieux était de détourner sa pensée de l'infini, de l'inaccessible. Il crut découvrir dans la nature vivante et sans vie, animée et inanimée, quelque chose qui ne se manifeste que par des contradictions, et, par conséquent, ne pourrait être compris sous aucune idée, bien moins encore sous un mot. Ce quelque chose n'était pas divin, puisqu'il semblait irraisonnable ; il n'était pas humain, puisqu'il n'avait pas d'intelligence ; ni diabolique, puisqu'il était bienfaisant ; ni angélique, puisqu'il laissait souvent paraître une maligne joie. Il ressemblait au hasard, car il ne montrait aucune suite ; il avait un peu l'air de la Providence, car il offrait un enchaînement. Tout ce qui nous limite semblait pénétrable pour lui ; il semblait agir en maître sur les éléments nécessaires de notre existence ; il resserrait le temps et il étendait l'espace. Il semblait ne se plaire que dans l'impossible et repousser le possible avec mépris. Cet être, qui paraissait pénétrer parmi tous les autres, les séparer, les unir, je l'appelai « démonique, » à l'exemple des anciens et de ceux qui avaient observé quelque chose de pareil. J'essayai de me dérober à cet être redoutable, en me réfugiant, suivant ma coutume, derrière une figure.

Au nombre des parties détachées de l'histoire que j'avais étudiées avec plus de soin, se trouvaient les événements qui ont rendu si célèbres les Pays-Bas, devenus plus tard les Provinces-Unies. J'avais étudié soigneusement les sources, et cherché, autant que possible, à m'instruire directement et à me faire de tout une image vivante. Les situations m'avaient paru extrêmement dramatiques, et, comme figure principale, autour de laquelle les autres pouvaient se grouper de la manière la plus heureuse, le comte d'Egmont m'avait frappé; j'étais charmé de sa grandeur humaine et chevaleresque. Mais, pour mon dessein, je dus le transformer, en lui attribuant des qualités mieux séantes à un jeune homme qu'à un homme d'âge mûr, à un homme non marié qu'à un père de famille, à un personnage indépendant qu'à celui qui, avec tout son amour de liberté, se trouve limité par des relations diverses. Après l'avoir ainsi rajeuni dans ma pensée et affranchi de toute gêne, je lui donnai un amour immense de la vie, une confiance illimitée en lui-même, le don d'attirer à lui tous les hommes (*attrattiva*), de gagner ainsi la faveur du peuple, l'amour secret d'une princesse, l'amour avoué d'une fille de la nature, la sympathie d'un politique, et de captiver même le fils de son plus grand ennemi.

Le courage personnel, qui distingue notre héros, est la base sur laquelle repose toute son existence, *le fonds et le terrain* d'où elle surgit. Il ne connaît aucun péril, il s'aveugle sur le plus grand, qui s'approche de lui. Un combattant s'ouvre, au besoin, un passage à travers les ennemis qui l'enveloppent : les filets de la politique sont plus difficiles à rompre. L'élément « démonique, » qui est en jeu des deux parts, ce conflit, dans lequel ce qui est aimable succombe et ce qui est haïssable triomphe, puis la perspective qu'il sortira de là un troisième événement qui répondra au vœu de tous les hommes, voilà ce qui a valu à la pièce, non pas dès son apparition, mais plus tard et au bon moment, la faveur dont elle jouit encore. Et je veux, par égard pour quelques lecteurs aimés, anticiper sur moi-même, et, comme je ne sais pas si je reprendrai bientôt la plume, je vais exprimer ici une conviction qui ne s'est formée chez moi que beaucoup plus tard.

Quoique cet élément « démonique » se puisse manifester dans toutes les substances corporelles et incorporelles, que même il s'exprime chez les animaux de la manière la plus remarquable, c'est avec l'homme principalement qu'il se trouve dans la liaison la plus étrange, et qu'il forme une puissance, sinon opposée à l'ordre moral du monde, du moins entrelacée avec lui de telle sorte qu'on pourrait prendre l'un pour la chaîne et l'autre pour la trame. Pour les phénomènes qui en résultent, il y a des noms en foule : car, dans toutes les philosophies et toutes les religions, la prose et la poésie ont tâché de résoudre cette énigme, et d'en finir avec cette difficulté, ce qu'elles sont toujours libres d'entreprendre. Mais cet élément « démonique » paraît surtout redoutable, quand il se montre prépondérant chez tel ou tel homme. Pendant le cours de ma vie, j'en ai pu observer plusieurs soit de près soit de loin. Ce ne sont pas toujours les hommes les plus considérables par l'esprit et les talents; rarement ils se recommandent par la bonté du cœur; mais ils déploient une force prodigieuse, et ils exercent un empire incroyable sur toutes les créatures, même sur les éléments, et qui peut dire jusqu'où s'étendra une pareille influence? Toutes les forces morales réunies ne peuvent rien contre elle. C'est en vain que les esprits éclairés veulent rendre ces hommes suspects, comme trompés ou trompeurs : la masse est attirée par eux. Il est inouï, ou du moins il est rare, qu'il se rencontre en même temps plusieurs hommes pareils, et rien ne peut les surmonter que l'univers lui-même, avec lequel ils ont engagé la lutte, et ce sont peut-être des observations pareilles qui ont donné naissance à cette maxime singulière, mais d'une portée immense : *Nemo contra Deum nisi Deus ipse.*

De ces hautes méditations je reviens à ma petite existence, à laquelle étaient aussi réservés des événements étranges, qui eurent du moins l'apparence « démonique. » Du sommet du Saint-Gothard, tournant le dos à l'Italie, j'étais revenu à la maison, parce que je ne pouvais vivre séparé de Lili. Un amour qui est fondé sur l'espérance d'une possession mutuelle, d'une union durable, ne meurt pas tout d'un coup; il se nourrit par les vœux légitimes et les honnêtes espérances qu'on entretient. Il est dans la nature des choses qu'en pareil cas, la jeune fille se résigne plus tôt que le jeune homme. Comme filles de Pandore, ces belles ont reçu le don précieux de charmer, d'attirer, et, plus par nature, avec une demi-préméditation, que par inclination, même avec étourderie, de rassembler les hommes autour d'elles, ce qui les expose souvent au même danger que l'apprenti Sorcier[1], d'être effrayées du flot des adorateurs. Et cependant il faut finir par faire un choix ; il faut donner à l'un la préférence ; un des rivaux doit emmener chez lui la fiancée. Et combien est fortuit ce qui donne ici au choix une direction, ce qui détermine celle qui choisit ! J'avais renoncé à Lili avec conviction, mais l'amour me rendait cette conviction suspecte. Lili s'était séparée de moi dans le même sentiment, et j'avais entrepris ce beau voyage qui devait me distraire ; mais il produisit justement l'effet opposé. Tant que dura mon absence, je crus à l'éloignement, je ne crus pas à la séparation. Tous les souvenirs, les vœux et les espérances avaient libre carrière. Je revins, et, comme le revoir est le ciel pour ceux qui s'aiment avec joie et liberté, il est pour deux personnes, séparées seulement par des motifs de convenance, un insupportable purgatoire, un vestibule de l'enfer. Quand je me retrouvai dans la société de Lili, je sentis doublement les discordances qui avaient troublé notre liaison ; quand je reparus devant elle, je sentis avec amertume qu'elle était perdue pour moi.

Je résolus donc une seconde fois de prendre la fuite, et rien ne pouvait se rencontrer plus à souhait que le prochain passage du duc et de la duchesse de Weimar, qui allaient arriver de Carlsruhe, et que je devrais suivre à Weimar, en conséquence des invitations anciennes et récentes que j'avais reçues. Leurs Altesses m'avaient toujours témoigné la même faveur et la même confiance, auxquelles j'avais répondu, de mon côté, par la reconnaissance la plus vive. L'attachement que le duc m'avait inspiré dès la première vue, mon respect pour la princesse, que je connaissais dès longtemps, mais de vue seulement, le désir de témoigner en personne quelque amitié à Wieland, qui s'était conduit envers moi d'une manière si généreuse, et de réparer dans le lieu même mes offenses moitié badines, moitié accidentelles, étaient des motifs suffisants, qui auraient séduit et même entraîné un jeune homme sans passion. Mais il

---

[1] Tome I, page 89.

s'y joignait encore la nécessité de fuir Lili, que ce fût vers le Midi, où les récits journaliers de mon père faisaient briller à ma vue, pour les arts et la nature, le ciel le plus magnifique; que ce fût vers le Nord, où m'invitait une si remarquable et si excellente société.

Le jeune couple, revenant de Carlsruhe, arriva donc à Francfort. La cour ducale de Meiningen s'y trouvait en même temps, et elle me fit également le plus aimable accueil, ainsi que le conseiller intime de Durkheim, qui accompagnait les jeunes princes. Et, pour qu'il ne manquât pas à la circonstance une de ces bizarres aventures de jeunesse, un malentendu me jeta dans un embarras singulier, mais assez gai. Les deux cours logeaient dans le même hôtel. Je fus invité à dîner. J'avais tellement dans l'idée la cour de Weimar, que je ne songeai pas à prendre des informations exactes, n'ayant pas d'ailleurs assez de vanité pour croire que la cour de Meiningen voulût aussi m'honorer de quelque attention. Je me présente en grande tenue à l'hôtel de l'Empereur romain; je ne trouve personne chez le duc et la duchesse de Weimar, et, comme j'entends dire qu'ils sont chez le duc de Meiningen, je m'y présente et je suis amicalement reçu. Je suppose que c'est une visite avant dîner, ou qu'on dîne peut-être ensemble, et j'attends que l'on sorte. Tout à coup les princes de Weimar et leur suite se mettent en mouvement; je les suis, mais, au lieu de se rendre dans leurs appartements, ils descendent l'escalier pour monter en voiture, et je me trouve seul dans la rue. Au lieu de demander des informations avec adresse et de chercher une explication, je prends, avec ma résolution habituelle, le chemin de la maison, où je trouvai mes parents au dessert. Mon père secoua la tête, tandis que ma mère cherchait à me dédommager de son mieux. Elle me confia, le soir, que mon père avait dit, après ma sortie, qu'il s'étonnait qu'un homme comme moi, qui n'avait pas reçu un coup de marteau, ne voulût pas voir qu'on ne songeait de ce côté-là qu'à se moquer de moi et à m'humilier. Cela ne m'ébranla point, car j'avais déjà rencontré M. de Durkheim qui, avec sa douceur ordinaire, avec des reproches agréables et badins, m'avait demandé des explications. Alors je m'éveillai de mon rêve. J'eus l'occasion de remercier le duc et la duchesse pour l'honneur qu'ils avaient voulu me faire contre mon attente, et je leur fis agréer mes excuses.

Ainsi donc, après que j'eus accepté, pour de bonnes raisons, des propositions si obligeantes, voici ce qui fut convenu. Un cavalier resté à Carlsruhe, et qui attendait un landau fabriqué à Strasbourg, passerait à Francfort à un jour fixé; je devais me tenir prêt et partir avec lui pour Weimar. L'adieu riant et gracieux que m'adressèrent les jeunes époux, la politesse de leur suite, me firent vivement désirer ce voyage, pour lequel le chemin semblait si agréablement s'aplanir; mais des incidents compliquèrent encore une affaire si simple; la passion l'embrouilla et faillit la faire manquer. Car, après avoir fait partout mes adieux, après avoir annoncé le jour de mon départ, fait mes paquets à la hâte, sans oublier mes œuvres inédites, j'attendais l'heure qui devait amener mon compagnon de voyage dans la voiture de nouvelle fabrique, pour m'emmener dans un pays nouveau et dans une vie nouvelle. L'heure passa, le jour aussi, et, comme, pour ne pas faire deux fois mes adieux, pour n'être pas accablé de monde et de visites, j'avais fait dire, dès le jour fixé, que j'étais absent, je dus garder la maison et même la chambre, et je me trouvai par conséquent dans une singulière situation.

Mais la solitude et la retraite m'avaient toujours été favorables, parce que j'étais forcé de mettre ces heures à profit; je continuai de travailler à *Egmont* et je l'achevai à peu près. Je le lus à mon père, qui se prit pour cette pièce d'une affection toute particulière; il ne désirait rien tant que de la voir achevée et imprimée, parce qu'il espérait que la réputation de son fils en serait augmentée. Cette satisfaction et ce nouveau plaisir lui étaient d'ailleurs nécessaires, car il faisait sur les retards de la voiture les plus sérieux commentaires. Il ne voyait derechef dans tout cela qu'une invention; il ne croyait plus au landau neuf; il tenait pour un fantôme ce cavalier laissé en arrière. Il ne me le donnait à entendre que d'une manière indirecte, mais il n'en était que plus expansif dans les discours par lesquels il se tourmentait lui-même et ma mère avec lui; car il considérait toute l'affaire comme une plaisanterie de cour, par laquelle on s'était proposé de répondre à mes impertinences, pour me blesser et m'humilier en me laissant chez moi, au lieu de me faire l'honneur que j'avais espéré. Pour moi, je gardai d'abord toute ma confiance ; je jouissais de ces heures de retraite qui n'étaient troublées ni par des amis, ni par des étrangers, ni par aucune autre distraction de société; et je continuai avec ardeur de travailler à *Egmont*, mais ce ne fut pas sans agitation intérieure. Et peut-être cette disposition morale fut-elle avantageuse à la pièce, où tant de passions s'agitent, et que n'aurait guère pu écrire un homme sans passion.

Ainsi passèrent huit jours, et je ne sais combien d'autres encore, et cette incarcération absolue commença à me devenir pénible. Depuis plusieurs années, accoutumé à vivre en plein air, dans la société d'amis avec lesquels j'avais les relations les plus franches et les plus actives, dans le voisinage d'une amante, à laquelle j'avais résolu de renoncer, et qui m'attirait avec puissance, aussi longtemps qu'il m'était possible de me rapprocher d'elle : tout cela commençait à m'inquiéter si fort, que ma tragédie semblait m'attirer moins vivement et ma verve poétique s'éteindre par l'impatience. Depuis quelques soirs, je ne pouvais plus rester à la maison. Enveloppé d'un grand manteau, je parcourais la ville ; je passais devant les maisons de mes amis et de mes connaissances, et je ne manquai pas de m'approcher aussi des fenêtres de Lili. Elle demeurait au rez-de-chaussée d'une maison à l'angle de la rue ; les stores verts étaient baissés, mais je pouvais très-bien remarquer que les lumières étaient à la place accoutumée. Bientôt je l'entendis chanter au clavecin. C'était la chanson : « Hélas! pourquoi m'entraîner absolument[1] ? » que j'avais composée pour elle il y avait moins d'une année. Il me sembla qu'elle la chantait avec plus d'expression que jamais; je pus l'entendre distinctement sans perdre un mot ; j'avais appuyé mon oreille aussi près que le permettait la courbure de la grille. Après qu'elle eut fini, je vis, à l'ombre qui tomba sur les stores, qu'elle s'était levée: elle allait et venait, mais je cherchai vainement à saisir le conour de sa gracieuse personne à travers l'épais tissu. Ma ferme résolution de m'éloigner, de ne pas l'importuner par ma pré-

---

1. Voyez page 588.

sence, de renoncer à elle véritablement, et l'idée de l'étrange sensation que produirait ma réapparition, purent seules me décider à quitter un si cher voisinage.

Quelques jours s'écoulèrent encore, et l'hypothèse de mon père acquérait toujours plus de vraisemblance, d'autant qu'il ne venait pas même une lettre de Carlsruhe, pour annoncer les causes du retard de la voiture. Ma veine poétique cessa de couler, et l'inquiétude dont j'étais tourmenté en secret donna beau jeu à mon père. Il me représenta que je ne pouvais plus rester, que mes malles étaient faites ; il me donnerait de l'argent et des lettres de crédit pour l'Italie, mais il fallait me résoudre à partir sur-le-champ. Indécis et flottant, dans une affaire si importante, je promis enfin que si, à un jour fixé, il n'était arrivé ni voitures ni nouvelles, je partirais d'abord pour Heidelberg, et que de là je franchirais cette fois les Alpes par les Grisons ou le Tyrol, et non par la Suisse.

Il doit arriver de singulières choses, quand une jeunesse sans plan, qui s'égare si aisément elle-même, est poussée dans une fausse voie par une erreur passionnée de l'âge mûr. Mais telle est en général la jeunesse et la vie : nous n'apprenons d'ordinaire à connaître la stratégie qu'après la fin de la campagne. Dans le cours ordinaire des choses, il eût été facile de s'éclaircir sur un pareil accident : par malheur, nous conspirons trop volontiers avec l'erreur contre la simple vérité, de même que nous mêlons les cartes avant de les distribuer, afin de laisser au hasard sa part dans l'action; et c'est justement ainsi que se développe l'élément dans lequel et sur lequel le pouvoir « démonique » aime à s'exercer, et se joue de nous d'autant plus méchamment que nous avons davantage le pressentiment de son approche.

Le dernier jour était écoulé, je devais partir le lendemain, et je sentis alors un désir extrême de voir encore une fois mon cher Passavant, qui venait d'arriver de Suisse, car j'aurais mérité des reproches, si j'avais offensé un ami si particulier, en lui faisant un mystère absolu de mon projet. Je chargeai un inconnu de lui donner rendez-vous pour la nuit à une place déterminée, où j'arrivai avant lui, enveloppé de mon manteau. Il ne tarda pas à paraître aussi, et, si l'invitation l'avait surpris, il fut encore bien plus étonné, à la vue de celui qu'il trouvait à la place désignée. Sa joie fut égale à son étonnement. Il ne put être question de persuader et de délibérer; il me souhaita un bon voyage en Italie; nous nous séparâmes, et, le lendemain, je me vis de bonne heure sur la Bergstrasse.

J'avais plusieurs motifs pour me rendre à Heidelberg; j'en avais un raisonnable : j'avais appris que l'ami de Weimar passerait par Heidelberg en venant de Carlsruhe; et, aussitôt que je fus arrivé à la poste, je donnai un billet, qu'on devait remettre en main propre à un cavalier qui voyageait de telle et telle manière, que je désignai. Mon autre motif était de sentiment, et se rapportait à mes relations antérieures avec Lili. Mlle Delf, qui avait été la confidente de notre amour, et même, auprès de nos parents, l'intermédiaire d'un engagement sérieux, demeurait dans cette ville, et je regardais comme un grand bonheur de pouvoir, avant de quitter l'Allemagne, causer encore de ces temps heureux avec une bonne et indulgente amie.

Je fus bien reçu et introduit dans plusieurs familles; je me plus surtout dans la maison du grand maître des eaux et forêts, M. de W. Les parents étaient pleins de politesse et d'agrément : une de leurs filles ressemblait à Frédérique. C'était le moment de la vendange; le temps était beau, et tous les sentiments alsaciens se réveillèrent en moi dans la belle vallée du Rhin et du Necker. J'avais fait alors sur d'autres et sur moi d'étranges expériences, mais tout était encore à naître; il ne s'était encore produit en moi aucun résultat de la vie, et l'infini, que j'avais entrevu, ne faisait que me troubler. Dans le monde, j'étais encore comme auparavant, peut-être même plus empressé et plus agréable. Sous ce beau ciel, dans une société joyeuse, je recherchai les anciens jeux, qui restent toujours nouveaux et charmants pour la jeunesse. Toujours occupé d'un amour, qui n'était pas encore éteint, j'éveillai la sympathie sans le vouloir, lors même que je taisais l'état de mon âme, et je me trouvai bientôt familier et même nécessaire dans cette société; j'oubliais que mon plan avait été de passer deux ou trois soirées à babiller et de continuer mon voyage.

Mlle Delf était une de ces personnes qui, sans être précisément intrigantes, ont toujours une affaire, veulent occuper les autres et poursuivre quelque dessein. Elle avait pris une véritable amitié pour moi, et il lui fut d'autant plus facile de m'induire à demeurer plus longtemps, que je logeais chez elle, où elle pouvait offrir à mon séjour toute sorte de plaisirs et opposer à mon départ toute sorte d'empêchements. Quand je voulus porter la conversation sur Lili, je ne la trouvai pas aussi sympathique et aussi complaisante que je l'avais espéré. Elle approuvait au contraire notre résolution mutuelle de nous séparer, vu les circonstances, et elle soutenait qu'il faut se résigner à l'inévitable, bannir l'impossible de sa pensée et se chercher dans la vie un nouvel intérêt. Projeteuse comme elle l'était, elle n'avait pas voulu abandonner l'affaire au hasard; elle avait déjà formé un plan pour mon établissement futur, d'où je vis bien que sa dernière invitation à Heidelberg avait été plus calculée qu'il ne semblait.

L'électeur Charles-Théodore, qui a tant fait pour les arts et les sciences, résidait encore à Mannheim, et, précisément parce que la cour était catholique et le pays protestant, ce dernier parti avait grand intérêt à se fortifier par des hommes énergiques, sur lesquels on pût fonder des espérances. J'irais donc en Italie, à la garde de Dieu, et j'y perfectionnerais mes connaissances dans les arts; dans l'intervalle, on travaillerait pour moi, on saurait, à mon retour, si l'inclination naissante de Mlle de W. se serait développée ou évanouie, et s'il serait à propos d'établir, par une alliance avec une famille considérable, ma personne et ma fortune dans une nouvelle patrie. Je ne repoussai pas ces idées; mais moi, qui ne savais rien calculer, je ne pouvais m'accorder tout à fait avec les calculs de mon amie; je jouissais de la faveur du moment; l'image de Lili me poursuivait dans mes veilles et dans mes rêves, et se mêlait à tout ce qui aurait pu me charmer ou me distraire. Alors je me représentai l'importance de mon grand voyage, et je résolus de me dégager d'une manière douce et polie, puis de poursuivre ma route au bout de quelques jours.

Mlle Delf avait prolongé la veille, m'exposant en détail ses plans et ce qu'on était disposé à faire pour moi. Je ne pouvais que témoigner ma reconnaissance de pareils sentiments, bien que le dessein d'une certaine coterie de se fortifier par mon appui et par la faveur que j'obtiendrais peut-être à la cour se laissât un peu entrevoir. Nous nous séparâmes vers une heure. J'avais dormi peu de temps, mais d'un profond sommeil, quand je fus réveillé par le cor d'un postillon, qui arrêta son cheval devant la porte. Bientôt parut Mlle Delf, qui s'approcha de mon lit avec une lettre et une lumière. « Nous y voilà! s'écria-t-elle : lisez et dites-moi ce que c'est. Sans doute cela vient de Weimar! C'est une invitation. Ne vous y rendez pas, et rappelez-vous nos entretiens. » Je lui demandai de la lumière et un quart d'heure de solitude. Elle me quitta à regret. Sans ouvrir la lettre, je restai un moment rêveur. L'estafette venait de Francfort; je reconnus le sceau et la main. L'ami y était donc arrivé. Il m'invitait; la défiance et l'incertitude nous avaient fait agir à la précipitée. Pourquoi n'avoir pas attendu dans nos paisibles foyers un homme positivement annoncé, dont le voyage avait pu être retardé par tant d'accidents? Les écailles me tombèrent des yeux. Toute la bonté, la faveur et la confiance passées se représentèrent vivement à mon esprit; j'étais presque honteux de mon écart. J'ouvris la lettre, et je vis que tout s'était passé fort naturellement. Mon guide avait attendu de Strasbourg, jour par jour, heure par heure, la voiture neuve, comme nous l'avions attendu lui-même. Une affaire l'avait ensuite obligé de passer par Mannheim pour se rendre à Francfort, et, là, il avait été consterné de ne pas me trouver. Il m'avait envoyé aussitôt, par une estafette, une lettre pressée, dans laquelle il exprimait son assurance que, l'erreur une fois reconnue, je reviendrais sur-le-champ, et ne lui causerais pas la mortification d'arriver sans moi à Weimar.

Si vivement que ma raison et mon cœur inclinassent d'abord de ce côté, la nouvelle direction que j'avais prise y faisait un sérieux contre-poids. Mon père m'avait tracé un très-joli plan de voyage, et m'avait remis une petite bibliothèque, avec laquelle je pouvais me préparer et me guider sur les lieux. Dans mes heures de loisir, je n'avais pas eu jusqu'alors d'autre amusement, et même, dans mon dernier petit voyage en voiture, je n'avais pas songé à autre chose. Ces objets magnifiques, que j'avais appris à connaître dès mon enfance par des récits et des imitations de tout genre, se rassemblaient devant moi, et rien ne me paraissait plus désirable que de m'en rapprocher, puisque je m'éloignais définitivement de Lili. Cependant je m'étais habillé et je me promenais dans la chambre : mon hôtesse entra gravement. « Que dois-je espérer? s'écria-t-elle. — Mon amie, lui dis-je, ne me faites aucune objection. Je suis décidé à retourner. J'ai pesé les motifs en moi-même; les répéter serait inutile. Il faut finir par prendre une résolution, et qui doit la prendre, si ce n'est celui qu'elle concerne? »

J'étais ému, elle aussi, et il y eut une scène orageuse, à laquelle je mis fin en ordonnant à mon domestique de commander les chevaux. Vainement je priai mon hôtesse de se calmer, et de transformer en véritables adieux ceux que j'avais adressés la veille à la société dans une forme badine; de réfléchir qu'il ne s'agissait que d'une visite, d'un séjour momentané à la cour; mon voyage d'Italie n'était point abandonné, ni mon retour à Heidelberg impossible. Elle ne voulut rien entendre; ému comme je l'étais, elle me troubla toujours davantage. La voiture était devant la porte; mes effets étaient chargés, le postillon faisait entendre le signal ordinaire d'impatience. Je m'arrachai des bras de mon amie. Elle ne voulait pas me laisser partir, et employait, avec assez d'adresse, tous les arguments de circonstance, en sorte que je finis par m'écrier avec chaleur, avec transport, comme le comte d'Egmont : « Enfant! enfant! assez! Comme aiguillonnés par des esprits invisibles, les chevaux du soleil emportent le char léger de notre destinée, et il ne nous reste qu'à tenir bravement les rênes d'une main ferme, et à détourner les roues, tantôt à droite, tantôt à gauche, ici d'une pierre, là d'un précipice. Où nous allons.... qui le sait? A peine se souvient-on d'où l'on est venu[1]. »

1. *Egmont*, acte II. Voyez tome II, page 309.

FIN DES MÉMOIRES.

NOTE DU TRADUCTEUR.

Les Mémoires de Goethe ont été traduits plusieurs fois en français; mais ils ne l'avaient pas encore été dans toute leur étendue et sans lacunes. Nous les avons donnés dans leur intégrité. Nous nous sommes abstenu de faire aucune coupure, d'abord pour être fidèle à notre système, ensuite parce que nous avons cru impossible de faire un choix qui convînt à tous les lecteurs, les uns attachant plus d'importance et trouvant plus d'intérêt aux travaux biographiques les plus familiers, les autres aux notions et aux réflexions générales sur les arts, la littérature et la philosophie. Nous avons jugé préférable que chacun pût faire lui-même son choix, et qu'on n'eût pas à nous reprocher d'avoir éliminé précisément ce qu'on aurait voulu trouver dans ce remarquable ouvrage.

Il en est peu qui présentent aux lecteurs, aux jeunes lecteurs surtout, des directions et des enseignements plus utiles pour leur développement esthétique et moral, et pour la conduite de la vie ; il est peu de livres plus didactiques par le fond sans l'être beaucoup par la forme.

Après avoir étudié cette peinture idéale, et pourtant fidèle, que Goethe nous a donnée de son enfance et de sa jeunesse, on lira avec bien plus de fruit les biographies consacrées à notre poëte par des plumes étrangères. Leurs travaux nous ont servi à combler les lacunes laissées par les lettres et les souvenirs de Goethe, et qui forment la matière des tomes IX et X.

Le désir de renfermer dans un seul volume toute l'œuvre intitulée *Vérité et Poésie* nous a conduit à faire imprimer en petits caractères ce qui n'appartient pas à sa biographie proprement dite. Nous n'avons point voulu faire entendre par là que ces portions de l'ouvrage nous parussent d'un moindre intérêt.

Si l'espace nous l'avait permis, nous aurions ajouté au texte des notes assez nombreuses. Nous avons cru pouvoir réserver ces éclaircissements pour une table générale des matières, qui terminera le dernier volume, et dans laquelle nous nous attacherons à donner sur les personnes et les choses les explications les plus nécessaires.

TABLE DES MATIÈRES.

MÉMOIRES.

VÉRITÉ ET POÉSIE.

	Pages.
PREMIÈRE PARTIE	1
Avant-propos	1
Livre premier	4
Livre deuxième	38
Livre troisième	68
Livre quatrième	97
Livre cinquième	138
DEUXIÈME PARTIE	187
Livre sixième	187
Livre septième	225
Livre huitième	265
Livre neuvième	306
Livre dixième	343
TROISIÈME PARTIE	389
Livre onzième	389
Livre douzième	434
Livre treizième	479

	Pages.
Livre quatorzième	514
Livre quinzième	542
QUATRIÈME PARTIE	570
Avant-propos	570
Livre seizième	570
Livre dix-septième	587
Livre dix-huitième	609
Livre dix-neuvième	633
Livre vingtième	648

FIN DE LA TABLE DES MATIÈRES.

Paris. — Imprimerie de Ch. Lahure et Cie, rue de Fleurus, 9.

www.ingramcontent.com/pod-product-compliance
Lightning Source LLC
Chambersburg PA
CBHW060217230426
43664CB00011B/1461